Thielen ♦ Braunschneider



# Jura *light*

## Strafrecht
## BT 2

Aufbauschemata
Definitionen mit Fundstellen
Konkurrenzen

AchSo! Verlag
1998

**Autoren:**

Liz Thielen - Hartmut Braunschneider

**ISBN:**

3-926951-95-8

**Druck:**

Fortuna Druck, Aschmattstr. 8, 76532 Baden-Baden

**Bezug (nur für den Buchhandel):**

Ach*So!* Verlag GmbH
Herbigstr. 4a, 50825 Köln,
Tel. (0221): 555 9370 / Fax: 550 9231
email: AchSo@t-online.de

**Haftungshinweis:**

Die Aufbauschemata, Definitionen und Konkurrenzen sind inklusive der Quellenangaben sorgfältig zusammengestellt und geprüft worden. Trotzdem kann keine Garantie übernommen werden. Eine Haftung des Verlages und der Autoren für Vermögens-, Personen-, Sach- und sonstige Schäden ist ausgeschlossen.

Thielen, Liz / Braunschneider, Hartmut:
Jura light - Strafrecht BT 2
4. Aufl., Köln: Ach*So!* Verlag GmbH, 1998
ISBN 3-926951-95-8.

# Vorwörter zur 4. Auflage

## Das 6. StrRG ...

... hat **die umfassendsten Änderungen** des StGB seit dessen Erscheinen gebracht. Obwohl es wohl noch eine ganze Weile dauern wird, bis die Kommentare darauf reagieren, haben wir bereits jetzt eine Neuauflage vorgelegt, denn etliche alten Schemata waren durch die Gesetzesänderungen nicht mehr korrekt.

Und es wird sicher nicht dabei bleiben. Die **erste Berichtigung zum 6. StrRG** wurde bereits im Bundesgesetzblatt (BGBl. I S. 704 vom 14.4.1998) veröffentlicht. Weitere werden folgen, denn wir haben noch mehr **Fehler des Gesetzgebers** gefunden, die ebenfalls berichtigt werden müssen, vgl. §§ 330a, 330b.

## Warum einfach, wenn´s auch umständlich geht?

Soweit dies möglich war, haben wir die **Definitionsfundstellen aus den derzeit aktuellen Kommentaren** entnommen. Manchmal war es aber so, daß durch Umnumerierung bestehender Vorschriften neue Paragraphen die früher einem anderen „gehörende" Nummer bekamen (aus § 171 aF wurde § 172 nF, aus § 170d aF wurde § 171 nF). Damit hier bei Neuerscheinen eines Kommentars keine Irritationen auftreten können, haben wir die Kommentarauflage in die Fundstellenangabe mit einbezogen (z.B. Tr[48], Vor § 111 Rn. 1). Wenn dies nicht ging, haben wir die **Begründung der Gesetzesentwürfe** zum 6. StrRG herangezogen, bzw. die **Stellungnahme des Rechtsausschusses** hierzu (jeweils als Bundestagsdrucksache veröffentlicht). Das haben wird dann schlicht mit „Verf. (BTDr)" bezeichnet.

Abschließend der Hinweis, daß wir im Anhang noch einiges Material angesammelt haben, das den Einstieg in die Reform erleichtern soll.

## Alles frisch?

Unabhängig von den Gesetzesänderungen wurden die **Kommentare zum StGB** von TRÖNDLE (früher: DREHER/TRÖNDLE), SCHÖNKE/SCHRÖDER und LACKNER seit unserer 3. Auflage neu aufgelegt. Die zahlreichen hiervon betroffenen **Fundstellennachweise** haben wir natürlich auf den aktuellen Stand gebracht.

Jura light ist damit jetzt auf dem Stand vom Mai 1998.

L. Thielen
H. Braunschneider

# Vorwörter zur 1. Auflage

## Jetzt ist die Zeit für Jura *light* ...

Früher brauchte man 2,27 kg Schönke-Schröder, 1,06 kg Dreher-Tröndle und 0,67 kg Lackner (insgesamt also satte 4 kg), um die für eine gute Hausarbeit nötigen ***Definitionen*** und ***Konkurrenzen*** parat zu haben.

Heute genügen schlanke 580 Gramm Jura *light* - und man hat alles. Und nicht nur alles, sondern noch viel mehr: Schemata, soweit das Auge reicht.

## Nicht immer, aber immer öfter.

Durch diese Ansammlung der Definitionen mit Fundstellennachweis aus den drei wichtigsten Kommentaren wird so mancher Gang in die Bibliothek überflüssig werden.

- Bei einer ***Hausarbeit*** wird der Nutzen sowohl in der Einstiegsphase - wenn es um die erste Erarbeitung einer Materie geht - als auch in der Endphase liegen - wenn keine Zeit mehr da ist, die Definitionen in der Bibliothek zu suchen.
- Im Hinblick auf ***Klausuren*** kann die kurze Darstellung der Aufbau- und Sachfragen zur Vorbereitung helfen.
- Für´s ***Examen*** schließlich ist hier ein gedrängter Kontroll-Überblick über das eigene Wissen möglich.

## Schreib mal wieder!

Für Verbesserungsvorschläge, Korrekturanmerkungen und Anregungen haben wir stets einen offenen Briefkasten (siehe Impressum).

## Und Tschüß!

Leichtes Gelingen wünschen:

Liz & Hartmut.

# Gebrauchsanleitung

Bei der Arbeit mit dieser Sammlung ist einiges zu beachten.

1. **Einordnung.** Jeder Paragraph wird zunächst typologisch eingeordnet (z.B. Grundtatbestand, Qualifikation, Privilegierung, Strafzumessungsregel etc.), Versuchsstrafbarkeiten, Querverbindungen, geschützte Rechtsgüter und sonstige Hinweise folgen.

2. **Aufbauschemata.** Dann werden die einzelnen Merkmale des Paragraphen in der Reihenfolge aufgelistet, wie sie in einer Klausur und in einer Hausarbeit sinnvoll durchgeprüft werden können - die eigentlichen Aufbauschemata. Manche Vorschriften benötigen mehrere Schemata; dann haben wir mehrere erstellt.

   Diese Schemata stehen alle unter dem Hinweis *Aufbau*. Sofern es sich um Abwandlungen eines Grundtatbestandes handelt (Qualifikationen, Privilegierungen, Strafzumessungsregeln etc.) finden sich im Einordnungsteil Hinweise auf den **korrekten Obersatz**.

3. **Definitionen**. (Vlg. auch das Vorwort zur 4. Auflage!) Es folgen Definitionen der einzelnen Merkmale. Soweit es im **Tröndle** welche gab, stehen diese an erster Stelle. Damit soll die herausragende Bedeutung dieses Kommentars in der Praxis gewürdigt werden. Es folgen - soweit vorhanden - die Definitionen aus dem **Schönke-Schröder**, den Abschluß machen die Definitionen aus dem **Lackner**.

   Wenn **nirgendwo Definitionen** zu finden waren, steht hinter dem jeweiligen Merkmal k.A. (keine Angaben). Gab es nur in dem einen oder anderen Kommentar Definitionen, dann stehen eben nur diese dort.

   Dabei ist aber folgendes wichtig: teilweise werden in den Kommentaren **Verweisbrücken** gebildet, die auf einen anderen Paragraphen und dessen Kommentierung hinweisen (z.B. in § 315a auf § 315). Wenn eine solche nicht vorhanden war, dann haben wir die Merkmale ohne Verweisbrücke nur aufgenommen, wenn ansonsten gar keine Definition dagewesen wäre. Wir haben dann in der Regel nur die aus dem Tröndle aufgenommen. Für diese Fälle kann man aber bequem bei den anderen beim jeweiligen (Ursprungs-) Tatbestand weitere Definitionen finden (also z.B. bei § 315)

   Die **Reihenfolge der Definitionen** entspricht in der Regel dem Auftauchen im Aufbauschema. Sind für eine Vorschrift mehrere Schemata nötig, werden zuerst alle Merkmale des ersten Schemas, danach nur noch die fehlenden für die folgenden Schemata definiert.

**4. Konkurrenzen.** Den Abschluß machen die Konkurrenzen. Hier ist folgendes wichtig:

In den Konkurrenzen haben wir *nicht* beschrieben, wann die Vorschrift verdrängt werden, sondern nur, wann sie selber verdrängen (Gesetzeskonkurrenz) und neben welchen Vorschriften sie stehen kann (Idealkonkurrenz). Ob eine Vorschrift von einer anderen verdrängt wird, kann man dann bei der anderen nachlesen. Alle Konkurrenzausführungen gehen davon aus, daß eine (1) Handlung überprüft wird - bei mehr als einer wird regelmäßig Realkonkurrenz vorliegen. Die beschriebenen Idealkonkurrenzen sind deshalb immer nur *mögliche.*

**5. Gliederungsebenen.** Alle Schemaebenen sind gleichförmig durchgegliedert. Manchmal enthält eine Ebene aber nur *einen* Punkt (z.B. - *Tathandlung)* Da es *kein 1. ohne ein 2.* geben darf, ist hier in solchen Fällen ganz auf die Bezifferung verzichtet und stattdessen nur ein Gedankenstrich benutzt worden. Die folgenden Ebenen sind dann aber in konsequenter Fortführung der gleichförmigen Gliederung beziffert (also: *a., b.* etc.). Da das in einer Klausur oder Hausarbeit etwas unschön aussieht, empfiehlt es sich, den jeweilig fehlenden Punkt mit *Ergebnis* zu benennen (also: *1. Tathandlung, 2. Ergebnis).*

## 6. Kommentare.

- **Tröndle, Herbert** (zit.: Tr[48]), StGB, Strafgesetzbuch und Nebengesetze, 48. Auflage, 1997 München.
- **Lackner, Karl** (zit.: La[22]), StGB, Strafgesetzbuch mit Erläuterungen, 22. Auflage, 1997 München. Bearbeiter:

| | |
|---|---|
| Lackner, Karl | §§ 1-121, 218-219b |
| Kühl, Kristian | §§ 123-217, 220a-358 |

- **Schönke, Adolf / Schröder, Horst** (zit.: S/S[25]), Strafgesetzbuch, Kommentar, 25. Auflage, 1997 München. Bearbeiter:

| | |
|---|---|
| Cramer, Peter | §§ 15-18, 25-31, 132-144, 263-263a, 264a, 267-282, 306-324, 327-328, 330-353, 356-358. |
| Eser, Albin | §§ 1-12, 22-24, 73-76a, 102-121, 211-223, 234-256, 284-297, 329. |
| Lenckner, Theodor | §§ vor 13 Rn. 1-133, 14, 19-21, vor 32-37, 123-131, 153-205, 264, 265-266b, 326, 253a-355. |
| Stree, Walter | §§ vor 13 Rn. 134-164, 13, 38-72, 77-101a, 145-152a, 223a-233, 257-262, 283-283d, 302a-305a, 325. |

# Inhaltsverzeichnis

# Neunzehnter Abschnitt. Diebstahl und Unterschlagung.

## § 242. Diebstahl.

### Gesetzestext:

(1) Wer eine fremde bewegliche Sache einem anderen in der Absicht wegnimmt, die Sache sich oder einem Dritten rechtswidrig zuzueignen, wird mit Freiheitsstrafe bis zu fünf Jahren oder mit Geldstrafe bestraft.

(2) Der Versuch ist strafbar.

### Überblick:

- ***Typ:*** vorsätzliches Begehungsdelikt.
- ***Versuch*** ist strafbar, Abs. 2.
- Abs. 1 ist ***Grundtatbestand***. Besonders schwerer Fall in § 243, Qualifikationen in §§ 244 und 244a.
- ***Anträge*** nach § 247 und § 248a.
- ***Schutzgut*** sind das Eigentum und der Gewahrsam (Tr[48], § 242 Rn. 1).
- Wichtige Änderung durch das 6. StrRG (zum 1.4.1998): Die ***Drittzueignung*** ist strafbar geworden. Damit wird wohl die Klausurproblematik des ***dolos-absichtslosen*** Teilnehmers entfallen.

### Aufbau:

I. Tatbestand
  1. Objektiver Tatbestand:
    a. Tatobjekt Sache,
      aa. fremde,
      bb. bewegliche;
    b. Tathandlung - Wegnahme.
  2. Subjektiver Tatbestand:
    a. Vorsatz, mindestens bedingter, bez. obj. TB,
    b. zusätzlich: Absicht bez.
      aa. Zueignung,
        (1) für sich *oder*
        (2) für einen Dritten
      bb. Rechtswidrigkeit der erstrebten Zueignung.

II. Rechtswidrigkeit *und*

III. Schuld; keine Besonderheiten.

### Definitionen / Erläuterungen:

**SACHE** ist jeder körperliche Gegenstand (gleich welchen Aggregatzustandes). — Tr[48], § 242 Rn. 2

| | |
|---|---|
| **Sachen** sind körperliche Gegenstände (vgl. § 90 BGB), einschließlich Tiere trotz § 90a S.1 BGB wegen dessen S.3. Unerheblich ist der Aggregatzustand (fest, flüssig oder gasförmig). | S/S[25], § 242 Rn. 9 |
| **Sachen** sind grundsätzlich alle körperlichen Gegenstände (§ 90 BGB), auch Leichen, nicht aber lebende Menschen, Embryonen (Feten) und Tiere; letztere werden jedoch auch nach der gesetzestechnisch mißglückten Einführung des § 90a BGB erfaßt, weil die für Sachen geltenden Vorschriften, soweit nichts anderes bestimmt ist, kraft Gesetzes (also nicht aufgrund lückenfüllender Analogie) auf Tiere entsprechend anzuwenden sind. | La[22], § 242 Rn. 2 |
| **Beweglich** im natürlichen Sinne muß die Sache sein; so auch Teile von unbeweglichen Sachen, die zum Zwecke der Wegnahme losgelöst werden. | Tr[48], § 242 Rn. 3 |
| **Beweglich** sind alle Sachen, die tatsächlich fortbewegt werden können, also ohne Rücksicht auf die zivilrechtliche Einordnung als beweglich oder unbeweglich. | S/S[25], § 242 Rn. 11 |
| **Beweglich** sind – unabhängig von dem bürgerlichrechtlichen Begriff - Sachen, die tatsächlich fortgeschafft werden können; also auch beweglich gemachte Sachen, z.B. ausgebrochene Goldzähne oder spätestens durch die Tathandlung vom Grundstück getrennte Bodenbretter, Türen, Fenster usw., auch das von der Weide abgefressene Gras. | La[22], § 242 Rn. 3 |
| **Fremd** ist eine Sache die nach bürgerlichem Recht einem anderen gehört. | Tr[48], § 242 Rn. 4 |
| **Fremd** ist eine Sache, wenn sie (zumindestens auch) im Eigentum eines Anderen steht, also weder Alleineigentum des Täters noch herrenlos noch eigentumsunfähig ist. In wessen Eigentum die Sache steht, ist nach bürgerlichem Recht zu beurteilen, da es bei § 242 keinen besonderen strafrechtlichen Eigentumsbegriff gibt. | S/S[25], § 242 Rn. 12 |
| **Fremd** ist die Sache, die einem anderen als dem Täter gehört. Maßgebend ist das Eigentum nach bürgerlichem Recht. Erfaßt wird also das Eigentum aller Rechtssubjekte, auch des Staates. | La[22], § 242 Rn. 4 |
| **Wegnahme** bedeutet Bruch fremden und die gleichzeitige oder spätere Begründung neuen Gewahrsams für den Dieb oder einen Dritten. | Tr[48], § 242 Rn. 13 |
| **Wegnahme** bedeutet Bruch fremden und Begründung neuen (i.d.R. eigenen) Gewahrsams. | S/S[25], § 242 Rn. 22 |
| **Wegnahme** ist Bruch fremden und Begründung neuen Gewahrsams (Apprehensionstheorie, hM) | La[22], § 242 Rn. 8 |

| | |
|---|---|
| **GEWAHRSAM** bedeutet die Möglichkeit tatsächlicher Herrschaft, die von einem entsprechenden Beherrschungswillen getragen wird. | Tr[48], § 242 Rn. 9/11 |
| **GEWAHRSAM** ist ein tatsächliches Herrschaftsverhältnis zwischen einer Person und einer Sache (objektiv-physisches Element), das von einem Herrschaftswillen getragen ist (subjektiv-psychisches Element). | S/S[25], § 242 Rn. 23 |
| **GEWAHRSAM** ist ein tatsächliches von einem Herrschaftswillen getragenes Herrschaftsverhältnis. | La[22], § 242 Rn. 8a |
| **BRUCH** bedeutet Aufhebung der tatsächlichen Herrschaftsmacht ohne Willen des bisherigen Gewahrsamsinhabers oder einer zur Disposition befugten Person. | S/S[25], § 242 Rn. 35 |
| **BRECHEN** heißt ohne den Willen des Gewahrsamsinhaber den Gewahrsam aufheben. | La[22], § 242 Rn. 14 |
| **ZUEIGNUNG** besteht in der Begründung des Eigenbesitzes unter Ausschluß des Berechtigten mit dem Willen, wie ein Eigentümer über die Sache zu verfügen, sie insbesondere wirtschaftlich zu nutzen, wozu nicht die Absicht gehört, die Sache dauernd zu behalten. | Tr[48], § 242 Rn. 18 |
| **ZUEIGNUNG** bedeutet die Anmaßung einer eigentümerähnlichen Herrschaftsmacht über die Sache, in dem der Täter entweder die Sache selbst oder den in ihr verkörperten Sachwert dem eigenen Vermögen einverleibt, sich also wirtschaftlich an die Stelle des Eigentümers setzt (sog. Vereinigungstheorie). | S/S[25], § 242 Rn. 47 |
| Für die **ZUEIGNUNG** ist erforderlich, daß der Täter unter Anmaßung einer eigentümerähnlichen Stellung (se ut dominum gerere) dem Berechtigten die Sache ihrer Substanz nach oder ihren spezifischen Funktionswert (das sog. lucrum ex re) dauernd entzieht (Enteignung) und - sei es auch nur vorübergehend – seinem Vermögen zuführt. | La[22], § 242 Rn. 21 |
| ***BEACHTE:*** Die Zueignung muß beim Diebstahl nicht erreicht, sondern nur angestrebt werden. Dabei muß die Aneignung mit Absicht (dolus directus I) erstrebt werden, für die Enteignung und die Rechtswidrigkeit genügt Eventualvorsatz. | Verf. |
| **RECHTSWIDRIG** bedeutet hier: vom Recht nicht zugelassener Eingriff in die Eigentumsordnung durch Zueignung. Objektiv rechtswidrig muß die Zueignung sein. | Tr[48], § 242 Rn. 21 |
| **RECHTSWIDRIG** ist die Zueignung dann, wenn ihr kein Anspruch auf Übereignung zugrunde liegt. | S/S[25], § 242 Rn. 59 |
| **RECHTSWIDRIG** ist die erstrebte Zueignung, wenn sie der materiellen Eigentumsordnung widerspricht (h.M.). | La[22], § 242 Rn. 27 |

## Konkurrenzen:

§ 242 steht in Idealkonkurrenz mit §§ 132, 133, 211, 223, 259, 263, 266, 267, 274 (str., aA Konsumtion des § 274, vgl. La[22] § 274 Rn. 8), 303, 316. § 242 I verdrängt im Wege der Gesetzeskonkurrenz (Subsidiariät) § 246.

# § 243. Besonders schwerer Fall des Diebstahls.

## Gesetzestext:

(1) In besonders schweren Fällen wird der Diebstahl mit Freiheitsstrafe von drei Monaten bis zu zehn Jahren bestraft. Ein besonders schwerer Fall liegt in der Regel vor, wenn der Täter

1. zur Ausführung der Tat in ein Gebäude, einen Dienst- oder Geschäftsraum oder in einen anderen umschlossenen Raum einbricht, einsteigt, mit einem falschen Schlüssel oder einem anderen nicht zur ordnungsmäßigen Öffnung bestimmten Werkzeug eindringt oder sich in dem Raum verborgen hält,
2. eine Sache stiehlt, die durch ein verschlossenes Behältnis oder eine andere Schutzvorrichtung gegen Wegnahme besonders gesichert ist,
3. gewerbsmäßig stiehlt,
4. aus einer Kirche oder einem anderen der Religionsausübung dienenden Gebäude oder Raum eine Sache stiehlt, die dem Gottesdienst gewidmet ist oder der religiösen Verehrung dient,
5. eine Sache von Bedeutung für Wissenschaft, Kunst oder Geschichte oder für die technische Entwicklung stiehlt, die sich in einer allgemein zugänglichen Sammlung befindet oder öffentlich ausgestellt ist,
6. stiehlt, indem er die Hilflosigkeit einer anderen Person, einen Unglücksfall oder eine gemeine Gefahr ausnutzt oder
7. eine Handfeuerwaffe, zu deren Erwerb es nach dem Waffengesetz der Erlaubnis bedarf, ein Maschinengewehr, eine Maschinenpistole, ein voll- oder halbautomatisches Gewehr oder eine Sprengstoff enthaltende Kriegswaffe im Sinne des Kriegswaffenkontrollgesetzes oder Sprengstoff stiehlt.

(2) In den Fällen des Absatzes 1 Satz 2 Nr. 1 bis 6 ist ein besonders schwerer Fall ausgeschlossen, wenn sich die Tat auf eine geringwertige Sache bezieht.

## Überblick:

- *Typ:* Regelbeispiel = Strafzumessungsregel, kein Tatbestand. Merkmale werden aber teilweise zu TB-Merkmalen im Fall von § 244a. Bei Anhaltspunkten für dessen Vorliegen: nur noch § 244a prüfen, kein § 243 I S. 2 mehr.
- ***Prüfung*** immer mit dem Grunddelikt (Obersatz: §§ 242 I, 243 I S. 1, S. 2, Nr. ...) und zwar hinter Schuld des Grunddeliktes.
- Für Ziffern 1-6: ***Kein Ausschluß durch Abs. 2***. (Gilt nicht für Nr. 7.)
- ***Umstritten*** ist, ob das Regelbeispiel bereits durch den Versuch einer der genannten Tathandlungen verwirklicht werden kann (z.B. Dieb will Tür aufbrechen, stellt aber

fest, daß sie unverschlossen ist und betritt das Gebäude ohne „Einbruch") oder ob das Regelbeispiel für die Strafverschärfung stets voll verwirklicht sein muß, vgl. S/S[25], § 243 Rn. 44. Davon zu unterscheiden ist der Versuch des Diebstahls bei voll verwirklichtem Regelbeispiel (z.B. Dieb bricht Tür auf, betritt Gebäude, findet aber nichts Stehlenswertes).

❍ Wichtige Änderung durch das 6. StrRG (zum 1.4.1998): Der ***Diebstahl aus Wohnungen*** (früher in Nr.1) ist jetzt ***kein Regelbeispiel mehr***, sondern ein echtes Tatbestandsmerkmal und in § 244 I Nr. 3 geregelt.

**Aufbau (Nr. 1):**

1. Objektive Elemente:
   a. Tathandlung
      aa. Einbrechen *oder*
      bb. Einsteigen *oder*
      cc. Eindringen mit einem nicht zur ordnungsgemäßen Öffnung bestimmten Werkzeug (insbesondere falscher Schlüssel) *oder*
      dd. sich verborgen halten in Gebäude oder Dienst- oder Geschäftsraum oder anderem umschlossenen Raum.
2. Subjektive Elemente:
   a. Wissen und Wollen der objektiven Elemente (= Vorsatz) *und*
   b. Absicht, die Tathandlung zur Ausführung der Tat (= § 242) zu begehen.

**Aufbau (Nr. 2):**

1. Objektive Elemente: Besondere Sicherung gegen Wegnahme durch Schutzvorrichtung (insbesondere durch Behältnis, verschlossenes).
2. Subjektive Elemente: Vorsatz.

**Aufbau (Nr. 3):**

1. Objektive Elemente: keine.
2. Subjektive Elemente: Gewerbsmäßigkeit.

**Aufbau (Nr. 4):**

1. Objektive Elemente:
   a. Aus einem der Religionsausübung dienenden Raum oder Gebäude (insbesondere aus einer Kirche)
   b. eine Sache, die dem Gottesdienst gewidmet ist oder der religiösen Verehrung dient.
2. Subjektive Elemente: Vorsatz.

**Aufbau (Nr. 5):**

1. Objektive Elemente:

a. Aus einer allgemein zugänglichen Sammlung oder öffentlichen Ausstellung
b. eine Sache, die von Bedeutung für Wissenschaft oder Kunst oder Geschichte oder für die technische Entwicklung ist.

2. Subjektive Elemente: Vorsatz.

## Aufbau (Nr. 6):

1. Objektive Elemente:
   Ausnutzung der
   a. Hilflosigkeit einer anderen Person *oder*
   b. eines Unglücksfalles *oder*
   c. einer gemeinen Gefahr.
2. Subjektive Elemente: Vorsatz.

## Aufbau (Nr. 7):

1. Objektive Elemente:
   Diebstahlsobjekt ist
   a. eine Handfeuerwaffe, zu deren Erwerb es nach dem Waffengesetz der Erlaubnis bedarf, *oder*
   b. ein Maschinengewehr *oder*
   c. eine Maschinenpistole *oder*
   d. ein voll- oder halbautomatisches Gewehr *oder*
   e. eine Sprengstoff enthaltende Kriegswaffe i.S.d. Kriegswaffenkontrollgesetzes *oder*
   f. Sprengstoff.
2. Subjektive Elemente: Vorsatz.

## Definitionen / Erläuterungen:

Bei der **GERINGWERTIGKEIT** ist in erster Linie der objektive Wert der Sache entscheidend, nämlich der Verkehrswert, d.h. der Verkaufswert der Sache zur Tatzeit. Die Grenze der Geringwertigkeit wird man angesichts der Teuerung nunmehr etwa bei 50 DM anzunehmen haben. — Tr[48], § 243 Rn. 41 i.V.m. § 248a Rn. 5

Abs. 2 gilt nicht bei Nr. 7. — Tr[48], § 243 Rn. 41

---

**GEBÄUDE** ist ein durch Wände und Dach begrenztes, mit dem Erdboden fest- wenn auch nur durch die eigene Schwere - verbundenes Bauwerk, das den Eintritt von Menschen gestattet und das Unbefugte abhalten soll. — Tr[48], § 243 Rn. 6

**GEBÄUDE** ist ein mit dem Grund und Boden verbundenes Bauwerk, das den Eintritt von Menschen ermöglicht und geeignet und bestimmt ist, dem Schutze von Menschen oder Sachen zu dienen, und Unbefugte abhalten soll. — S/S[25], § 243 Rn. 7

**GEBÄUDE** ist ein durch Wände und Dach begrenztes, mit dem Erdboden fest - wenn auch nur durch eigene Schwere - verbundenes Bauwerk, das den Eintritt von Menschen gestattet und Unbefugte abhalten soll.

La[22], § 243 Rn. 9

---

**GESCHÄFTSRÄUME** sind abgeschlossene (auch mobile) Betriebs- und Verkaufsstätten, die hauptsächlich für eine gewisse Zeit oder dauernd gewerblichen, künstlerischen, wissenschaftlichen oder ähnlichen Zwecken dienen.

Tr[48], § 243 Rn. 6 i.V.m. § 123 Rn. 4

Der **GESCHÄFTSRAUM** muß dazu bestimmt sein, für eine gewisse Dauer zum Betrieb von Geschäften irgendwelcher, also nicht notwendig erwerbswirtschaftlicher Art zu dienen.

La[22], § 243 Rn. 9 i.V.m. § 123 Rn. 3

---

**DIENSTRAUM.** Abgeschlossene, dh baulich abgegrenzte, Räume sind zum öffentlichen Dienst bestimmt, wenn in ihnen Tätigkeiten aufgrund öffentlichrechtlicher Vorschriften ausgeübt werden.

La[22], § 243 Rn. 9 i.V.m. § 123 Rn. 4

---

**UMSCHLOSSENE RÄUME** sind alle Raumgebilde, die dazu bestimmt sind, von Menschen betreten zu werden, und die mit mindestens teilweise künstlichen Vorrichtungen zur Abwehr des Eindringens Unbefugter umgeben sind.

Tr[48], § 243 Rn. 6

Unter **UMSCHLOSSENEM RAUM** ist jedes durch (zumindest teilweise) künstliche Hindernisse gegen das Betreten durch Unbefugte geschützte Raumgebilde zu verstehen, das von Menschen betreten werden kann; gleichgültig ist, ob es mit dem Boden verbunden ist oder nicht. **UMSCHLOSSEN** bedeutet nicht verschlossen. Daher gehören auch Räume hierher, die zeitweilig unverschlossen sind, es sei denn, daß sie von jedermann frei und ungehindert benutzt werden konnen.

S/S[25], § 243 Rn. 8

**UMSCHLOSSENER RAUM** bildet den Oberbegriff, die übrigen genannten Räume sind nur Beispiele. Umschlossener Raum ist ein Raumgebilde, das - mindestens auch – zum Betreten von Menschen bestimmt ist und mit - mindestens teilweise künstlichen - Vorrichtungen zur Abwehr des Eindringens versehen ist.

La[22], § 243 Rn. 9

---

**EINBRECHEN** in den Raum ist die Aufhebung einer Umschließung durch gewaltsame Beseitigung eines dem Diebstahl entgegenstehenden Hindernisses.

Tr[48], § 243 Rn. 7

Das **EINBRECHEN** bezeichnet das gewaltsame Öffnen von Umschließungen, die dem Eintritt in den geschützten Raum entgegenstehen. Eine Substanzverletzung ist nicht erforderlich. Jedoch muß es sich um eine nicht ganz unerhebliche Anstrengung handeln.

S/S[25], § 243 Rn. 11

**EINBRECHEN** ist gewaltsames Öffnen einer den Zutritt verwehrenden Umschließung von außen; diese braucht nicht in ihrer

La[22], § 243 Rn. 10

Substanz verletzt zu werden (h.M.).

---

**EINDRINGEN** mit falschem Schlüssel heißt, daß der Täter einen Verschluß, der nur mit dem richtigen Schlüssel geöffnet werden soll, öffnet und auf diese Weise in den Raum gelangt. — Tr[48], § 243 Rn. 10

**EINDRINGEN** setzt voraus, daß der Körper des Täters mindestens zum Teil in den Raum gebracht wird, und zwar gegen den erkennbaren oder zu vermutenden Willen des Hausrechtsinhabers. — La[22], § 243 Rn. 12 i.V.m. § 123 Rn. 5

---

**EINSTEIGEN** in den Raum ist über den engeren Sprachsinn hinaus jedes nur unter Schwierigkeiten mögliche Eindringen durch eine zum ordnungsmäßigen Eintritt nicht bestimmte Öffnung, aber auch schwieriges Einkriechen oder Überspringen eines Hindernisses. — Tr[48], § 243 Rn. 8

**EINSTEIGEN** bedeutet das Betreten des geschützten Raumes auf einem dafür regelmäßig nicht bestimmten Wege unter Entfaltung einer gewissen Geschicklichkeit oder Kraft. — S/S[25], § 243 Rn. 12

**EINSTEIGEN** setzt voraus, daß der Täter in den Raum unter Überwindung von Hindernissen, die den Zugang nicht unerheblich erschweren, auf außergewöhnliche Weise eindringt. — La[22], § 243 Rn. 11

Der Täter braucht nicht mit dem ganzen Körper einzudringen (str.), er muß nur im Inneren einen Stützpunkt gewonnen haben.

---

**FALSCH** ist ein **SCHLÜSSEL**, der zZ der Tat nicht vom Berechtigten zur Öffnung bestimmt ist, den also der Berechtigte überhaupt nicht, nicht mehr oder noch nicht als Zubehör zum Schloß betrachtet (Entwidmung). — Tr[48], § 243 Rn. 10

Ein **SCHLÜSSEL** ist ein Instrument zum Betätigen von Schlössern, das traditionell aus Metall oder Holz geformt ist, aber auch - wie einem neueren Hoteltrend entsprechen - in einer scheibenartigen Codekarte bestehen kann. Schlüssel sind **FALSCH**, wenn sie zur Tatzeit vom Berechtigten nicht oder nicht mehr zur Öffnung des fraglichen Verschlusses bestimmt sind, nicht aber schon allein bei unbefugter Benutzung. — S/S[25], § 243 Rn. 14

**FALSCH** ist jeder Schlüssel, den der Berechtigte überhaupt nicht, nicht mehr oder noch nicht zur Öffnung des konkreten Schlosses bestimmt hat. — La[22], § 243 Rn. 12

---

**ANDERE WERKZEUGE, DIE NICHT ZUR ORDNUNGSMÄẞIGEN ÖFFNUNG BESTIMMT SIND**, sind nur solche, die, ohne Schlüssel ieS zu sein, doch auf den Schließmechanismus wirken, wenn auch nicht gerade unter Benutzung des Schlüssellochs. — Tr[48], § 243 Rn. 11

**ANDERE ZUR ORDNUNGSMÄẞIGEN ÖFFNUNG NICHT BESTIMMTE WERKZEUGE**, sind solche, durch die der Mechanis- — S/S[25], § 243 Rn. 15

mus des Verschlusses ordnungswidrig in Bewegung gesetzt wird, z.B. Dietriche, Haken, nicht dagegen Brechwerkzeuge, die nicht den Mechanismus in Bewegung setzen, sondern eine gewaltsame Eröffnung herbeiführen sollen.

---

| | |
|---|---|
| **SICHVERBORGENHALTEN** in dem Raum ist jedes Sichverstekken in dem Raum in einer Weise, die den Täter den Blicken arglos Eintretender entzieht. | Tr[48], § 243 Rn. 12 |
| **SICHVERBORGENHALTEN**. Der Strafschärfungsgrund liegt hier darin, daß das heimliche Verbergen es dem Täter gestattet, sich den Zeitpunkt für die Durchführung der Tat auszusuchen, in dem der geringste Gewahrsamsschutz wirksam ist. Nicht erforderlich ist, daß der Täter sich an dem Ort verborgen hält, an dem er auch den Diebstahl ausführen will. | S/S[25], § 243 Rn. 18 |
| **VERBORGENHALTEN** muß sich der Täter zum Zweck der Tatausführung, d.h. also i.d.R. vor deren Beginn. Wie er in den Raum gelangt ist, z.B. durch Einschleichen, ist unerheblich. „Verborgen" ist der unberechtigte Aufenthalt, wenn der Täter Vorkehrungen gegen ein Bemerktwerden trifft oder getroffen hat. | La[22], § 243 Rn. 13 |
| **ZUR AUSFÜHRUNG DER TAT** begeht der Täter die in Nr. 1 beschriebene Handlung, wenn sie nach seiner Vorstellung das Mittel zur Vollendung des Diebstahls ist. | Tr[48], § 243 Rn. 13 |
| **ZUR AUSFÜHRUNG** eines Diebstahls geschieht die Handlung, wenn der Täter bereits bei Vornahme einer der vorgenannten Handlungen Diebstahlsvorsatz hatte. | S/S[25], § 243 Rn. 17 |
| **BEHÄLTNIS** ist „ein zur Aufnahme von Sachen dienendes und sie umschließendes Raumgebilde, das nicht dazu bestimmt ist, von Menschen betreten zu werden". | Tr[48], § 243 Rn. 22 |
| Ein **BEHÄLTNIS** ist ein umschlossener Raum, der zur Verwahrung und Sicherung von Sachen dient, jedoch nicht dazu bestimmt ist, von Menschen betreten zu werden. | S/S[25], § 243 Rn. 22 |
| **BEHÄLTNIS** ist ein - die Voraussetzungen einer Schutzvorrichtung erfüllendes – Raumgebilde, das zur Aufnahme von Sachen und deren Umschließung, nicht aber zum Betreten durch Menschen bestimmt ist. | La[22], § 243 Rn. 15 |
| Es muß **VERSCHLIEßBAR** sein, also ein Schloß oder ihm vergleichbare Vorrichtung haben, und muß zur Zeit der Tat auch verschlossen sein. | Tr[48], § 243 Rn. 22 |
| **VERSCHLOSSEN** ist das Behältnis, wenn es nicht ohne weiteres zugänglich ist. | S/S[25], § 243 Rn. 22 |
| **VERSCHLOSSEN** ist das Behältnis, wenn sein Inhalt mittels einer technischen Schließeinrichtung oder auf andere Weise (z.B. | La[22], § 243 Rn. 15 |

durch Verschnüren) gegen den unmittelbaren ordnungswidrigen Zugriff von außen gesichert ist.

---

**ANDERE SCHUTZVORRICHTUNG**: Eine Sicherung, die sich aus der Natur der Sache, etwa ihrem schweren Gewicht, ergibt, reicht dafür nicht aus; es muß sich um eine besondere Vorrichtung handeln, die geeignet und bestimmt ist, die Wegnahme einer Sache zu erschweren.

Tr[48], § 243 Rn. 23

Als **ANDERE SCHUTZVORRICHTUNGEN** kommen z.B. die Lenkradschlösser von Autos, das Fahrradschloß oder eine die Sache umhüllende Zeltplane in Betracht, die durch eine Kette gesichert ist.

S/S[25], § 243 Rn. 23

**SCHUTZVORRICHTUNGEN** sind von Menschenhand geschaffene Einrichtungen, die ihrer Art nach geeignet und auch dazu bestimmt sind, die Wegnahme einer Sache erheblich zu erschweren.

La[22], § 243 Rn. 15

---

**GEGEN WEGNAHME BESONDERS GESICHERT** erfordert einen spezifischen Schutzzweck der Vorrichtung gegen Wegnahme gerade der konkreten Sache; wenn daneben noch andere Zwekke mitspielen, so ist das unerheblich.

La[22], § 243 Rn. 16

---

**GEWERBSMÄßIGKEIT** liegt dann vor, wenn sich der Täter aus wiederholten Diebstählen (möglicherweise aus solchen nach § 244) eine nicht nur vorübergehende Einnahmequelle verschaffen möchte.

Tr[48], § 243 Rn. 26

**GEWERBSMÄßIGKEIT** liegt bei dem Täter vor, der den Diebstahl mit der Absicht begeht, sich aus ihrer wiederholten Begehung eine Einnahmequelle von einer gewissen Dauer und Erheblichkeit zu schaffen. Diese Voraussetzungen können bereits bei der ersten Tat vorliegen.

S/S[25], § 243 Rn. 31

**GEWERBSMÄßIG** handelt, wem es darauf ankommt, sich aus wiederholter Begehung eine fortlaufende Haupt- oder auch nur Nebeneinnahmequelle von einiger Dauer und einigem Umfang zu schaffen, ohne daß er daraus ein „kriminelles Gewerbe“ zu machen braucht.

La[22], § 243 Rn. 18 i.V.m. vor § 52 Rn. 20

---

**DER RELIGIONSAUSÜBUNG DIENT EIN RAUM**, wenn es sich um eine Kirche handelt (also einem mindestens ganz überwiegend dem Gottesdienst gewidmeten Gebäude) oder um z.B. eine Kapelle, in der keine Gottesdienste stattfinden, Gläubige aber zu beten pflegen (auch: Betsäle).

Tr[48], § 243 Rn. 27

Zur **RELIGIONSAUSÜBUNG** dient ein Gebäude, wenn es zu diesem Zweck tatsächlich benutzt wird, ohne Rücksicht darauf, ob es dafür bereits errichtet wurde. Außer selbständigen Gebäuden werden auch abgeschlossene Räume innerhalb von Gebäuden erfaßt.

S/S[25], § 243 Rn. 33

---

**DEM GOTTESDIENST GEWIDMETE ODER DER RELIGIÖSEN VEREHRUNG DIENENDE BEWEGLICHE SACHEN** sind solche, an oder mit denen gottesdienstliche Handlungen vorgenommen werden.

Tr[48], § 243 Rn. 28

Dem **GOTTESDIENST GEWIDMET** sind Gegenstände, die dazu bestimmt sind, daß an oder mit ihnen religiöse Verrichtungen vorgenommen werden, wie z.B. der Altar oder ein Weihwasserkessel.

S/S[25], § 243 Rn. 34

Die Sachen müssen unmittelbar dem **GOTTESDIENST** oder der religiösen Verehrung (z.B. Votivtafeln, Madonnenbilder in Kapellen) gewidmet sein. Sachen, die nur mittelbar der Religionsausübung dienen oder zum Inventar gehören, wie z.B. Opferstöcke, Gesangbücher, religiöse Schriften und Kirchenstühle, werden nicht erfaßt.

La[22], § 242 Rn. 19

**GOTTESDIENST** ist die Vereinigung von Mitgliedern einer Religionsgesellschaft zur religiösen Verehrung oder Anbetung Gottes nach den Vorschriften, Gebräuchen und Formen ihrer Gemeinschaft sowohl im geschlossenen Raum wie auch im Freien; nicht der religiöse Unterricht, mag er auch in einer Kirche stattfinden.

La[22], § 243 Rn. 19 i.V.m. § 167 Rn. 2

---

**GEGENSTÄNDE DER RELIGIÖSEN VEREHRUNG**. Nicht erforderlich, daß die Gegenstände im kirchlichen Sinn geweiht oder gesegnet sind.

S/S[25], § 243 Rn. 34

---

Für den Begriff der **SAMMLUNGEN** ist es ohne Bedeutung, ob sie im Eigentum des Staates oder einer öffentlichen Körperschaft oder im Privateigentum stehen.

Tr[48], § 243 Rn. 32

**SAMMLUNG**. Privatsammlungen genießen nicht den Schutz des § 243, genausowenig wie die in abgeschlossenen Lagern verwahrten Bestände eines Museums oder einer Gerichtsbücherei. Werden diese Gegenstände jedoch der Öffentlichkeit zugänglich gemacht (Leihgabe Privater an ein Museum, turnusmäßiger Wechsel der Bilder in den Ausstellungsräumen), dann greift Nr. 5 ein.

S/S[25], § 243 Rn. 37

Die **SAMMLUNG** kann eine öffentliche oder private sein (z.B. Museen, Gemäldegalerien, Staats- und Universitätsbibliotheken, nicht aber Gerichtsbüchereien).

La[22], § 243 Rn. 20

---

**ALLGEMEIN ZUGÄNGLICH** sind sie auch dann, wenn Zutritt oder Benutzung von einem üblichen Entgelt, dem Nachweis bestimmter persönlicher Voraussetzungen oder einer besonderen Erlaubnis abhängt, wenn diese aber regelmäßig gewährt wird.

Tr[48], § 243 Rn. 32

**ALLGEMEIN ZUGÄNGLICH** bedeutet für einen nach Zahl und

La[22], § 243 Rn. 20

| | |
|---|---|
| Individualität unbestimmten oder für einen nicht durch persönliche Beziehungen innerlich verbundenen größeren bestimmten Kreis von Personen. Zugänglich ist eine Sammlung auch dann, wenn das übliche Entgelt verlangt oder wenn der Nachweis bestimmter persönlicher Voraussetzungen oder Erlaubnisse zwar gefordert, der Zutritt aber regelmäßig gewährt wird. | |
| **Öffentlich ausgestellt** sind Sachen in Ausstellungen, die allgemein zugänglich sind, oder aber einzelne Stücke an öffentlichen Orten, etwa in einem Rathaus, vor einer Schule oder in einem Park. Die Sache muß sich zur Besichtigung an ihrem Ort befinden, also ausgestellt, nicht nur aufgestellt sein oder sich sonst an einem öffentlichen Ort befinden. | Tr[48], § 243 Rn. 32 |
| **Öffentlich ausgestellt**. Öffentlich bedeutet für einen nach Zahl und Individualität unbestimmten oder für einen nicht durch persönliche Beziehungen innerlich verbundenen größeren bestimmten Kreis von Personen, zugänglich gemacht wird. | La[22], § 243 Rn. 20 i.V.m. § 74d Rn. 6 |
| Die Sache muß an einem **öffentlich zugänglichen Ort** aufgestellt, d.h. nicht nur allgemein zugänglich, sondern zur Besichtigung dargeboten sein. | La[22], § 243 Rn. 20 |
| **Von bedeutendem Wert** ist eine Sache, wenn ihr Verlust eine spürbare Einbuße für die aufgeführten Disziplinen darstellen würde, wenn vielleicht auch nur in einem lokalen Bereich oder für eine Teildisziplin. Bedeutung für die technische Entwicklung heißt sowohl Bedeutung für den bisherigen Gang als auch für die kommende Entwicklung. | Tr[48], § 243 Rn. 31 |
| **Von bedeutendem Wert** sind solche Sachen, deren Verlust für den jeweils betroffenen Bereich eine empfindliche Einbuße bedeuten. | La[22], § 243 Rn. 20 |
| **Wissenschaft.** | k.A. |
| **Kunst.** | k.A. |
| **Geschichte.** | k.A. |
| **Technische Entwicklung.** | k.A. |
| **Hilflos** ist, wer zur Zeit der Tat, verschuldet oder nicht, außerstande ist, sich ohne Hilfe anderer gegen eine sein Leben oder seine Gesundheit bedrohende Gefahr zu helfen. Der Hilflose muß nicht Gewahrsamsinhaber sein. | Tr[48], § 243 Rn. 34 i.V.m. § 221 Rn. 2 |
| Als Fälle der **Hilflosigkeit** kommen z.B. Krankheit, Blindheit, Lähmung, Schlaf usw. in Frage, u.U. auch die Sprachunkundigkeit eines Ausländers. Auch eine vom Opfer selbst planmäßig herbeigeführte Hilflosigkeit, etwa infolge eines Suizidversuchs, reicht aus. | S/S[25], § 243 Rn. 39 |

| | |
|---|---|
| **HILFLOSIGKEIT** liegt vor, wenn jemand sich aus eigener Kraft nicht gegen die dem Rechtsgut konkret drohenden Gefahren schützen kann; Schlaf gehört nicht ohne weiteres hierher. | La[22], § 243 Rn. 21 |
| **UNGLÜCKSFALL** ist ein plötzlich eintretendes Ereignis, das erhebliche Gefahr für ein Individualrechtsgut mit sich bringt. | Tr[48], § 243 Rn. 35 i.V.m. § 323c Rn. 3 |
| Beim **UNGLÜCKSFALL** ist unerheblich, wo er sich ereignet hat. Nicht nur Verkehrsunfälle, sondern Unfälle jeder Art fallen unter Nr. 6, gleichgültig, ob vom Opfer selbst verschuldet oder nicht. | S/S[25], § 243 Rn. 39 |
| **UNGLÜCKSFALL** ist ein plötzliches äußeres Ereignis, das eine erhebliche Gefahr für Personen oder Sachen bringt oder zu bringen droht; der Eintritt bloßer Sachgefahr kann danach genügen. | La[22], § 243 Rn. 21 i.V.m. § 323c Rn. 2 |
| **GEMEINE GEFAHR** ist eine konkrete Gefahr für eine unbestimmte Zahl von Menschen oder zahlreiche Sachen von mindestens insgesamt hohem Wert. | Tr[48], § 243 Rn. 36 |
| **GEMEINE GEFAHR** ist die Gefährdung einer größeren Anzahl von Menschen oder erheblicher Sachwerte | S/S[25], § 243 Rn. 39 i.V.m. vor § 306 Rn. 19 |
| **GEMEINE GEFAHR** ist ein Zustand, bei dem die Möglichkeit eines erheblichen Schadens an Leib oder Leben oder an bedeutenden Sachwerten für unbestimmt viele Personen naheliegt. | La[22], § 243 Rn. 21 i.V.m. § 323c Rn. 3 |
| **AUSNUTZEN** bedeutet, in Kenntnis der Umstände seine Tat gerade durch Ausnutzung der Situation erleichtern wollen. | S/S[25], § 243 Rn. 40 |
| **AUSNUTZEN** bedeutet hier, die infolge der Hilflosigkeit usw. entstandene Lockerung des Eigentumsschutzes als Gelegenheit zur Erleichterung des Diebstahls wahrnehmen. | La[22], § 243 Rn. 22 |
| Definitionen zu den einzelnen **WAFFEN** finden sich im WaffenG, im KriegswaffenG i.V.m. der Kriegswaffen-Liste, im SprengstoffG. | Tr[48], § 243 Rn. 36a |
| **SPRENGSTOFF** ist ein explosionsgefährlicher Stoff (§ 1 SprengstoffG), der Druckenergien von ungewöhnlicher Beschleunigung nach außen freizusetzen geeignet ist. **SPRENGSTOFF ENTHALTENDE KRIEGSWAFFEN** sind namentlich Handgranaten und Panzerfäuste. | La[22], § 243 Rn. 23 |
| **ERWERB** bedeutet die Erlangung der tatsächlichen Gewalt, § 4 I WaffenG. | Tr[48], § 243 Rn. 36a |

## Konkurrenzen:

Eigene Konkurrenzen gibt es keine. § 243 enthält nur Regelbeispiele, aber keinen eigenen Tatbestand. Aber §§ 242 I, 243 I S. 2 Nr. 1 verdrängen im Wege der Gesetzeskonkurrenz (Konsumtion) die §§ 123 und 303.

# § 244. Diebstahl mit Waffen; Bandendiebstahl; Wohnungseinbruchsdiebstahl.

## Gesetzestext:

(1) Mit Freiheitsstrafe von sechs Monaten bis zu zehn Jahren wird bestraft, wer

1. einen Diebstahl begeht, bei dem er oder ein anderer Beteiligter
   a) eine Waffe oder sonst ein gefährliches Werkzeug bei sich führt,
   b) sonst ein Werkzeug oder Mittel bei sich führt, um den Widerstand einer anderen Person durch Gewalt oder Drohung mit Gewalt zu verhindern oder zu überwinden,
2. als Mitglied einer Bande, die sich zur fortgesetzten Begehung von Raub oder Diebstahl verbunden hat, unter Mitwirkung eines anderen Bandenmitglieds stiehlt oder
3. einen Diebstahl begeht, bei dem er zur Ausführung der Tat in eine Wohnung einbricht, einsteigt, mit einem falschen Schlüssel oder einem anderen nicht zur ordnungsgemäßen Öffnung bestimmten Werkzeug eindringt oder sich in der Wohnung verborgen hält.

(2) Der Versuch ist strafbar.

(3) In den Fällen des Absatzes 1 Nr. 2 sind die §§ 43a, 73d anzuwenden.

## Überblick:

- ***Typ:*** Qualifikation zum Diebstahl.
- ***Versuch*** ist strafbar, Abs. 2. Abs. 3 enthält Rechtsfolgenregelung - klausurmäßig bedeutungslos. Ergänzung durch § 244a. Bei Anhaltspunkten für dessen Vorliegen: nur noch § 244a prüfen, kein § 244 mehr.
- ***Prüfung*** immer mit dem Grunddelikt (Obersatz: §§ 242 I, 244 I Nr. ...) und zwar entweder hinter subjektivem Tatbestand oder hinter Schuld des Grunddeliktes.
- Wichtige Änderung durch das 6. StrRG (zum 1.4.1998): Der Diebstahl aus ***Wohnungen*** wurde vom Regelbeispiel zur Qualifikation (Nr. 3). Durch die Formulierung in Nr. 1b), in der - anders als in 1a) - die Gefährlichkeit des Werkzeuges nicht mehr angesprochen wird, sind jetzt auch ***Scheinwaffen*** erfaßt.
- Die Definitionen für Nr. 3 wurden aus den Kommentierungen für § 243 I S. 2 Nr. 1 aF entnommen, da zur Zeit der Bearbeitung (April 1998) noch keine neuen Kommentierungen auf dem Markt waren.

## Aufbau:

I. Tatbestand
  1. Objektiver Tatbestand:
    a. Nr. 1.a)
      aa. Tatsubjekt:
        (1) Täter *oder*
        (2) ein anderer Beteiligter.
      bb. Tatobjekt: eineWaffe oder ein anderes gefährliches Werkzeug
      cc. Tathandlung: Beisichführen
    b. Nr. 1.b)
      aa. Tatsubjekt:
        (1) Täter *oder*
        (2) ein anderer Beteiligter.
      bb. Tatobjekt: sonst ein Werkzeuges oder Mittel
      cc. Tathandlung: Beisichführen
    c. Nr. 2
      aa. Tatsubjekt: ist Mitglied einer Bande (objektiver Teil), die sich zur fortgesetzten Begehung von Raub oder Diebstahl verbunden hat (subjektiver Teil), *und*
      bb. Tathandlung: stiehlt unter Mitwirkung eines anderen Bandenmitgliedes (objektiver Teil).
    d. Nr. 3
      aa. Tatobjekt: eine Wohnung.
      bb. Tathandlung:
        (1) Einbrechen *oder*
        (2) Einsteigen *oder*
        (3) Eindringen mit einem nicht zur ordnungsgemäßen Öffnung bestimmten Werkzeug (insbesondere falscher Schlüssel) *oder*
        (4) sich verborgen halten.
  2. Subjektiver Tatbestand:
    a. Vorsatz, mindestens bedingter.
    b. Bei Nr. 1.b) zusätzlich: Absicht, den Widerstand eines anderen durch Gewalt oder Drohung mit Gewalt zu verhindern oder zu überwinden.
    c. Bei Nr. 3 zusätzlich: die Tathandlung zur Ausführung der Tat (= § 242) zu begehen.

II. Rechtswidrigkeit *und*

III. Schuld: keine Besonderheiten.

IV. Strafantrag nach § 247. Kein Antragserfordernis nach § 248a.

## Definitionen / Erläuterungen:

**BEI SICH FÜHRT** die Waffe, wer sie bewußt gebrauchsbereit bei sich hat, am eigenen Körper braucht er sie nicht zu tragen; es genügt, wenn sie sich in Griffweite befindet oder er sich ihrer jederzeit ohne nennenswerten Zeitaufwand bedienen kann. — Tr[48], § 244 Rn. 4

**BEI SICH FÜHRT** bedeutet zeitlich-räumlich, daß der Täter die — S/S[25], § 244 Rn. 6

Waffe bei Begehung der Tat, d.h. in irgendeinem - vom Versuch bis zur Beendigung möglichen- Stadium des Tathergangs derart bei sich haben muß, daß er sie jederzeit, also ohne nennenswerten Zeitaufwand und ohne besondere Schwierigkeiten zum Einsatz bringen könnte.

**MITFÜHREN** unmittelbar vor Beginn des Versuchs oder auf der Flucht nach einem mißlungenen Versuch genügt nicht. Tragen der Waffe in der Hand oder am Körper ist nicht erforderlich; es reicht aus, wenn sie dem Beteiligten zur Verfügung steht, d.h. von ihm bei Annäherung anderer jederzeit ergriffen und gebraucht werden kann.

La[22], § 244 Rn. 2

---

Als **WAFFEN** kommen solche i. techn. S. in Betracht, wie auch sonstige Werkzeuge oder Mittel, mit denen gegebenenfalls der Widerstand eines anderen durch Gewalt oder Drohung mit Gewalt verhindert oder überwunden werden soll. Stets muß es sich dabei um körperliche Gegenstände handeln.

S/S[25], § 244 Rn. 13

Eine **WAFFE ODER SONST EIN WERKZEUG** oder ein Mittel ist nur ein Gegenstand, der nach seiner Art und seinem Verwendungszweck in der konkreten Situation dazu geeignet ist, Widerstand durch Gewalt oder durch Drohung mit Gewalt zu verhindern oder zu überwinden.

La[22], § 244 Rn. 4

---

**GEFÄHRLICHES WERKZEUG.** Der Begriff des „gefährlichen Werkzeugs" ist § 223a Abs. 1 (= § 224 Abs. 1 Nr. 2 nF) entnommen, so daß zur Auslegung auf die hierzu entwickelten Grundsätze zurückgegriffen werden kann. Danach ist z. B. Salzsäure als gefährliches Werkzeug anzusehen (BGHSt 1, 1).

Verf. (BTDr.)

**EIN GEFÄHRLICHES WERKZEUG** ist ein solches, das nach seiner objektiven Beschaffenheit und nach der Art seiner Benutzung im Einzelfall geeignet ist, erheblichere Körperverletzungen zuzufügen.

Tr[48], § 223a Rn. 2

**GEFÄHRLICHES WERKZEUG** ist jeder Gegenstand, der bei der konkreten Art der Benutzung und des Körperteils, auf den er angewendet wird, geeignet ist, erhebliche Verletzungen hervorzurufen.

S/S[25], § 223a Rn. 4

**GEFÄHRLICH** ist ein **WERKZEUG**, das nach objektiver Beschaffenheit und nach Art der Benutzung im konkreten Fall erhebliche Verletzungen herbeizuführen geeignet ist.

La[22], § 223a Rn. 5

---

**WERKZEUG** ist jeder Gegenstand, mittels dessen durch Einwirkung auf den Körper eine Verletzung zugefügt werden kann. Es muß nicht notwendig ein gefährliches Werkzeug i.S.d. § 223a sein.

Tr[48], § 244 Rn. 7 i.V.m. § 223a Rn. 2

---

**MITTEL.** Erfaßt werden sollen zum einen die sogenannten Scheinwaffen (z. B. eine Spielzeugpistole) und solche Gegen-

Verf. (BTDr.)

stände, die - wie z. B. ein Kabelstück oder ein Tuch - zur gewaltsamen Überwindung eingesetzt werden sollen, ohne hierbei objektiv wenigstens Leibesgefahr zu begründen. Es wird davon ausgegangen, daß die einschränkende neuere Rechtsprechung des BGH (St 38, 116, 117 bis 119 („kurzes gebogenes Plastikrohr von ca. 3 cm Durchmesser"); NStZ 1997, S. 184/185 („Lippenpflegestift Labello")) auch bei der Auslegung von § 250 Abs. 1 Nr. 1 Buchstabe b Beachtung finden wird.

---

**GEWALT** ist der physisch vermittelte Zwang zur Überwindung eines geleisteten oder erwarteten Widerstandes.

Tr[48], § 244 Rn. 8 i.V.m. § 240 Rn. 5

**GEWALT** in Form von vis absoluta ist das unmittelbare Erzwingen eines Verhaltens, indem entweder die Willensbildung oder die Verwirklichung des vorhandenen Willens durch Beseitigung ihrer äußeren Voraussetzungen absolut unmöglich gemacht wird.

S/S[25], vor § 234 Rn. 13

Bei vis compulsiva wird Zwang nicht durch die äußere Ausschaltung von alternativen Verhaltensmöglichkeiten, sondern dadurch ausgeübt, daß das Opfer mittels (meist psychischen) Drucks durch gegenwärtige Übelszufügung zu einem bestimmten Verhalten motiviert wird.

S/S[25], vor § 234 Rn. 15

---

**DROHUNG** ist das Inaussichtstellen eines künftigen Übels, auf dessen Eintritt der Drohende Einfluß hat oder zu haben vorgibt.

Tr[48], § 244 Rn. 8 i.V.m. § 240 Rn. 15

**DROHUNG** ist das Inaussichtstellen eines Übels, dessen Verwirklichung davon abhängen soll, daß der Betroffene nicht nach dem Willen des Täters reagiert.

S/S[25], § vor § 234 Rn.30

**DROHUNG** ist das - ausdrückliche oder schlüssige - In-Aussicht-Stellen eines Übels, dessen Eintritt davon abhängen soll, daß der Bedrohte sich nicht dem Willen des Drohenden beugt; dieser muß es daher, anders als bei der bloßen Warnung, als in seiner Macht stehend hinstellen, das Übel - sei es auch nur mittelbar durch Einschaltung eines Dritten - zu verwirklichen.

La[22], § 244 Rn. 4 i.V.m. § 240 Rn. 12

---

**ÜBERWINDEN** bedeutet, einen etwa geleisteten Widerstand zu brechen.

Tr[48], § 244 Rn. 8

---

**BANDE** ist eine lose Gruppe von mehr als (str.) 2 Mitgliedern.

Tr[48], § 244 Rn. 9

**BANDENDIEBSTAHL** liegt vor, wenn mindestens zwei Mitglieder einer Diebesbande, die sich zur fortgesetzten Begehung von Raub oder Diebstahl verbunden hat, den Diebstahl ausführen.

S/S[25], § 244 Rn. 23

**BANDE** ist nach der Rspr. eine auf ausdrücklicher oder stillschweigender Vereinbarung beruhende und für eine gewisse Dauer vorgesehene Verbindung einer Mehrzahl von Personen zur Begehung mehrerer selbständiger, im einzelnen noch un-

La[22], § 244 Rn. 6

gewisser Taten nach §§ 242, 249. Dabei soll die Verbindung von zwei Personen genügen.

**ALS MITGLIED DER BANDE** muß der Täter einen Diebstahl begehen. Er muß sich also der Verbindung mit ihrer Planung tatsächlich eingegliedert haben und die Tat muß in die Kette der fortlaufenden Begehung derartiger Taten gehören. — Tr[48], § 244 Rn. 11

Mit **FORTGESETZTER BEGEHUNG** ist nicht eine fortgesetzte Tat im herkömmlichen Sinn gemeint, sondern Begehung mehrerer selbständiger, im einzelnen noch ungewisser Taten, Beschränkung der geplanten Taten nach Zeit und Ort oder nach Gegenständen, ist ohne Bedeutung, die auf denselben Eigentümer jedoch nur dann, wenn er immer wieder an verschiedenen Orten und unter verschiedenen Möglichkeiten bestohlen werden kann. — Tr[48], § 244 Rn. 10

---

**MITWIRKEN** ist ein örtliches und zeitliches Zusammenwirken von mindestens zwei Bandenmitgliedern bei Ausführung der Tat. — S/S[25], § 244 Rn. 26

---

**MITWIRKEN** ist ein örtliches und zeitliches Zusammenwirken von mindestens zwei Bandenmitgliedern bei Ausführung der Tat. — S/S[25], § 244 Rn. 26

**MITWIRKEN** ist ein örtliches und zeitliches, wenn auch nicht notwendig körperliches, Zusammenwirken mit anderen am Tatort anwesenden Bandenmitgliedern. — La[22], § 244 Rn. 8

---

***BEACHTE:*** Bei Teilnahme von Personen, die nicht Bandenmitglied sind, ist hinter dem subj. TB eine eventuelle Tatbestandsverschiebung gemäß § 28 II zu prüfen (auf § 242). Es ist umstritten, ob die Bandenmitgliedschaft ein besonderes *persönliches* Merkmal i.S.d. § 28 II ist, da z.T. an die besondere Gefahr der Bandentätigkeit angeknüpft wird, was zu einem *tatbezogenen* Merkmal führt, vgl. La[22], § 244 Rn. 7. — Verf.

---

**WOHNUNG** ist der Inbegriff von Räumlichkeiten, deren Hauptzweck darin besteht, Menschen zur ständigen Benutzung zu dienen, ohne daß sie in erster Linie Arbeitsräume sind. — Tr[48], § 243 Rn. 6 i.V.m. § 123 Rn. 3

---

**EINBRECHEN** in den Raum ist die Aufhebung einer Umschließung durch gewaltsame Beseitigung eines dem Diebstahl entgegenstehenden Hindernisses. — Tr[48], § 243 Rn. 7

Das **EINBRECHEN** bezeichnet das gewaltsame Öffnen von Umschließungen, die dem Eintritt in den geschützten Raum entgegenstehen. Eine Substanzverletzung ist nicht erforderlich. Jedoch muß es sich um eine nicht ganz unerhebliche Anstrengung handeln. — S/S[25], § 243 Rn. 11

**EINBRECHEN** ist gewaltsames Öffnen einer den Zutritt verweh- — La[22], § 243 Rn. 10

renden Umschließung von außen; diese braucht nicht in ihrer Substanz verletzt zu werden (h.M.).

---

**EINSTEIGEN** in den Raum ist über den engeren Sprachsinn hinaus jedes nur unter Schwierigkeiten mögliche Eindringen durch eine zum ordnungsmäßigen Eintritt nicht bestimmte Öffnung, aber auch schwieriges Einkriechen oder Überspringen eines Hindernisses.

Tr[48], § 243 Rn. 8

**EINSTEIGEN** bedeutet das Betreten des geschützten Raumes auf einem dafür regelmäßig nicht bestimmten Wege unter Entfaltung einer gewissen Geschicklichkeit oder Kraft.

S/S[25], § 243 Rn. 12

**EINSTEIGEN** setzt voraus, daß der Täter in den Raum unter Überwindung von Hindernissen, die den Zugang nicht unerheblich erschweren, auf außergewöhnliche Weise eindringt.

La[22], § 243 Rn. 11

Der Täter braucht nicht mit dem ganzen Körper einzudringen (str.), er muß nur im Inneren einen Stützpunkt gewonnen haben.

---

**EINDRINGEN** mit falschem Schlüssel heißt, daß der Täter einen Verschluß, der nur mit dem richtigen Schlüssel geöffnet werden soll, öffnet und auf diese Weise in den Raum gelangt.

Tr[48], § 243 Rn. 10

**EINDRINGEN** setzt voraus, daß der Körper des Täters mindestens zum Teil in den Raum gebracht wird, und zwar gegen den erkennbaren oder zu vermutenden Willen des Hausrechtsinhabers.

La[22], § 243 Rn. 12
i.V.m. § 123 Rn. 5

---

**FALSCH** ist ein **SCHLÜSSEL**, der zZ der Tat nicht vom Berechtigten zur Öffnung bestimmt ist, den also der Berechtigte überhaupt nicht, nicht mehr oder noch nicht als Zubehör zum Schloß betrachtet (Entwidmung).

Tr[48], § 243 Rn. 10

Ein **SCHLÜSSEL** ist ein Instrument zum Betätigen von Schlössern, das traditionell aus Metall oder Holz geformt ist, aber auch - wie einem neueren Hoteltrend entsprechen - in einer scheibenartigen Codekarte bestehen kann. Schlüssel sind **FALSCH**, wenn sie zur Tatzeit vom Berechtigten nicht oder nicht mehr zur Öffnung des fraglichen Verschlusses bestimmt sind, nicht aber schon allein bei unbefugter Benutzung.

S/S[25], § 243 Rn. 14

**FALSCH** ist jeder Schlüssel, den der Berechtigte überhaupt nicht, nicht mehr oder noch nicht zur Öffnung des konkreten Schlosses bestimmt hat.

La[22], § 243 Rn. 12

---

**ANDERE WERKZEUGE, DIE NICHT ZUR ORDNUNGSMÄßIGEN ÖFFNUNG BESTIMMT SIND**, sind nur solche, die, ohne Schlüssel ieS zu sein, doch auf den Schließmechanismus wirken, wenn auch nicht gerade unter Benutzung des Schlüssellochs.

Tr[48], § 243 Rn. 11

**ANDERE ZUR ORDNUNGSMÄßIGEN ÖFFNUNG NICHT BE-**

S/S[25], § 243 Rn. 15

STIMMTE WERKZEUGE, sind solche, durch die der Mechanismus des Verschlusses ordnungswidrig in Bewegung gesetzt wird, z.B. Dietriche, Haken, nicht dagegen Brechwerkzeuge, die nicht den Mechanismus in Bewegung setzen, sondern eine gewaltsame Eröffnung herbeiführen sollen.

---

VERBORGEN HALTEN. Der Strafgrund liegt hier darin, daß das heimliche Verbergen es dem Täter gestattet, sich den Zeitpunkt für die Durchführung der Tat auszusuchen, in dem der geringste Gewahrsamsschutz wirksam ist. — S/S[25], § 243 Rn. 18

VERBORGEN HALTEN muß sich der Täter zum Zweck der Tatausführung, dh also idR vor deren Beginn. Wie er in den Raum gelangt ist, zB durch Einschleichen, ist unerheblich. — La[22], § 243 Rn. 13

---

*BEACHTE:* Da der Versuch des Diebstahls - §§ 242 I, II, 244 I, 22 - ohnehin schon wegen § 242 II strafbar ist, kann mit § 244 II sinnvoll nur der Fall gemeint sein, in dem der Täter einen Diebstahl vollendet (oder versucht) und die Qualifikation des § 244 versucht hat. (Täter glaubt unzutreffend, er habe bei dem vollendeten/versuchten Diebstahl eine Waffe mit.) Der Obersatz hier: §§ 242 I, 244 I, II, 22, bzw. §§ 242 I, II, 244 I, II, 22. — Verf.

## Konkurrenzen:

§ 244 I verdrängt § 242 I im Wege der Gesetzeskonkurrenz (Spezialität). Dies gilt auch dann, wenn mit § 242 I auch ein Regelbeispiel verwirklicht wurde (§§ 242 I, 243 I S. 2). Allerdings leben dann regelmäßig die (an sich) von §§ 242 I, 243 I S. 2 verdrängten (Gesetzeskonkurrenz - Konsumtion, s. o.) §§ 123 und 303 wieder auf und stehen zu § 244 I in Idealkonkurrenz. § 244 I Nr. 2 steht in Idealkonkurrenz zu § 244 I Nr. 1 und Nr.3 (innertatbestandliche Konkurrenz), sowie zu §§ 129 und 129a.

# § 244a. Schwerer Bandendiebstahl.

## Gesetzestext:

(1) Mit Freiheitsstrafe von einem Jahr bis zu zehn Jahren wird bestraft, wer den Diebstahl unter den in § 243 Abs. 1 Satz 2 genannten Voraussetzungen oder in den Fällen des § 244 Abs. 1 Nr. 1 oder 3 als Mitglied einer Bande, die sich zur fortgesetzten Begehung von Raub oder Diebstahl verbunden hat, unter Mitwirkung eines anderen Bandenmitglieds begeht.

(2) In minder schweren Fällen ist die Strafe Freiheitsstrafe von sechs Monaten bis zu fünf Jahren.

(3) Die §§ 43a, 73d sind anzuwenden.

## Überblick:

- *Typ:* Qualifikation zu § 242.
- ***Versuch*** ist strafbar (Verbrechen).
- Abs. 1 enthält den ***Qualifikationstatbestand,*** der die gleichzeitige Verwirklichung von § 244 I Nr. 2 und § 244 I Nrn. 1 oder 3 oder eines Regelbeispiels nach § 243 I S. 2 als eigenständige Qualifikation mit höherer Mindeststrafandrohung (Verbrechen) unter Strafe stellt. Abs. 2 enthält einen unbenannten minder schweren Fall (§ 12 III) - klausurmäßig bedeutungslos. Abs. 3 enthält Rechtsfolgenregelungen (Vermögensstrafe, Verfall) - klausurmäßig bedeutungslos.
- ***Prüfung*** immer mit dem Grunddelikt (Obersatz: § 242 I, 244a I) und zwar entweder hinter subjektivem Tatbestand oder hinter Schuld des Grunddeliktes. Läge an sich ein besonders schwerer Fall nach § 243 I S. 2 vor, prüft man diesen nicht, sondern sofort § 244a. Gleiches gilt für das gleichzeitige Vorliegen von § 244 I Nr. 2 und 1 oder 3: auch hier wird sofort § 244a I geprüft.
- ***Schutzgut***. Sinn ist die wirksamere Bekämpfung der organisierten Kriminalität (La[22], § 244a Rn. 1). Abs. 1 soll bestimmten Erscheinungsformen der organisierten Vermögenskriminalität entgegenwirken (Tr[48], § 244a Rn. 2).

## Aufbau:

I. Tatbestand
 1. Objektiver Tatbestand:
  a. Tatsubjekt: Täter ist
   aa. Mitglied einer Bande, die sich
   bb. zur (subjektive Ausrichtung der Bande!) fortgesetzten Begehung von Raub oder Diebstahl verbunden hat.
  b. Tathandlung: Täter stiehlt
   aa. unter Mitwirkung (mindestens) eines anderen Bandenmitgliedes *und*
   bb. unter den Voraussetzungen
    - des § 243 I S. 2 *oder*
    - des § 244 I Nr. 1 oder 3
 2. Subjektiver Tatbestand: Vorsatz, mindestens bedingter.

II. Rechtswidrigkeit: keine Besonderheiten.

III. Schuld: keine Besonderheiten.

## Definitionen / Erläuterungen:

| | |
|---|---|
| **ALS MITGLIED DER BANDE** muß der Täter einen Diebstahl begehen. Er muß sich also der Verbindung mit ihrer Planung tatsächlich eingegliedert haben und die Tat muß in die Kette der fortlaufenden Begehung derartiger Taten gehören. | TR, § 244a Rn. 2 i.V.m. § 244 Rn. 11 |
| **BANDE** ist eine lose Gruppe von mehr als (str.) 2 Mitgliedern. | Tr[48], § 244a Rn. 2 i.V.m. § 244 Rn. 9 |
| Mit **FORTGESETZTER BEGEHUNG** ist nicht eine fortgesetzte Tat im herkömmlichen Sinn gemeint, sondern Begehung meh- | Tr[48], § 244a Rn. 2 i.V.m. § 244 Rn. 10 |

rerer selbständiger, im einzelnen noch ungewisser Taten, Beschränkung der geplanten Taten nach Zeit und Ort oder nach Gegenständen, ist ohne Bedeutung, die auf denselben Eigentümer jedoch nur dann, wenn er immer wieder an verschiedenen Orten und unter verschiedenen Möglichkeiten bestohlen werden kann.

**MITWIRKUNG** eines anderen Bandenmitglieds setzt ein örtliches und zeitliches, wenn auch nicht notwendig körperliches Zusammenwirken mit ihm voraus.

Tr[48], § 244a Rn. 2 i.V.m. § 244 Rn. 11

### Konkurrenzen:

§ 244a I verdrängt § 242 I im Wege der Gesetzeskonkurrenz (Spezialität). §§ 243 (als Strafzumessungsnorm) und 244 kommen gar nicht mehr zur Anwendung, weil sie in § 244a enthalten sind.

## § 245. Führungsaufsicht.

### Gesetzestext:

In den Fällen der §§ 242 bis 244a kann das Gericht Führungsaufsicht anordnen (§ 68 Abs. 1).

### Überblick:

○ *Typ:* Rechtsfolgenregelung (vgl. auch §§ 68-68g). Klausurmäßig bedeutungslos.

## § 246. Unterschlagung.

### Gesetzestext:

(1) Wer eine fremde bewegliche Sache sich oder einem Dritten rechtswidrig zueignet, wird mit Freiheitsstrafe bis zu drei Jahren oder mit Geldstrafe bestraft, wenn die Tat nicht in anderen Vorschriften mit schwererer Strafe bedroht ist.

(2) Ist in den Fällen des Absatzes 1 die Sache dem Täter anvertraut, so ist die Strafe Freiheitsstrafe bis zu fünf Jahren oder Geldstrafe.

(3) Der Versuch ist strafbar.

### Überblick:

○ ***Typ:*** vorsätzliches Begehungsdelikt.
○ ***Versuch*** ist strafbar, Abs. 3.
○ Abs. 1 HS. 1 ist ***Grundtatbestand***,

- Abs. 1 HS. 2 ist Subsidiaritätsklausel (§ 246 erklärt sich selbst für nachrangig, wenn es eine - einschlägige - andere Vorschrift mit schwererer Strafandrohung gibt - z.B. § 242).
- Abs. 2 ist ***Qualifikation*** (veruntreuende Unterschlagung) Prüfung immer mit dem Grunddelikt (Obersatz: § 246 I, II) und zwar entweder hinter subjektivem Tatbestand oder hinter Schuld des Grunddeliktes.
- ***Anträge*** nach § 247 und § 248a.
- ***Schutzgut*** ist nur das Eigentum, nicht auch der Gewahrsam (Tr[48], § 246 Rn. 1).
- Wichtige Änderung durch das 6. StrRG (zum 1.4.1998): Es ist unwichtig geworden, ob der Täter Gewahrsam gehabt oder erlangt hat. Damit sind alle Streitigkeiten um ***strenge, kleine berichtigende oder große berichtigende Auslegung*** hinfällig geworden. Durch die weite Formulierung ist § 246 I nun auch immer schon dann einschlägig, wenn (z.B.) § 242 I (oder beim Sachbetrug auch § 263, oder § 259 etc.) einschlägig ist. Er tritt dann allerdings durch die ausdrückliche Subsidiaritätsklausel in Abs. 1 hinter § 242 I (und die anderen) zurück. Strafbar ist nunmehr auch - wie beim Diebstahl - die Drittzueignung.

## Aufbau (Grundtatbestand, Abs. 1):

I. Tatbestand
  1. Objektiver Tatbestand:
    a. Tatobjekt - Sache,
      aa. fremde,
      bb. bewegliche,
    b. Tathandlung – rechtswidrige Zueignung für
      aa. den Täter *oder*
      bb. einen Dritten.
  2. Subjektiver Tatbestand: Vorsatz, mindestens bedingter.
II. Rechtswidrigkeit *und*
III. Schuld: keine Besonderheiten.

## Aufbau (Qualifikation, Abs. 2):

I. Tatbestand
  1. Objektiver Tatbestand: die Sache ist dem Täter anvertraut.
  2. Subjektiver Tatbestand: Vorsatz, mindestens bedingter.
II. Rechtswidrigkeit *und*
III. Schuld: keine Besonderheiten.

## Definitionen / Erläuterungen:

| | |
|---|---|
| **SACHE** ist jeder körperliche Gegenstand (gleich welchen Aggregatzustandes). | Tr[48], § 246 Rn. 2 i.V.m. 242 Rn. 2 |
| **SACHEN** sind körperliche Gegenstände (vgl. § 90 BGB), einschließlich Tiere trotz § 90a S.1 BGB wegen dessen S.3. Unerheblich ist der Aggregatzustand (fest, flüssig oder gasförmig). | S/S[25], § 246 Rn. 3 i.V.m. § 242 Rn. 9 |

| | |
|---|---|
| **SACHEN** sind grundsätzlich alle körperlichen Gegenstände (§ 90 BGB), auch Leichen, nicht aber lebende Menschen, Embryonen (Feten) und Tiere; letztere werden jedoch auch nach der gesetzestechnisch mißglückten Einführung des § 90a BGB erfaßt, weil die für Sachen geltenden Vorschriften, soweit nichts anderes bestimmt ist, kraft Gesetzes (also nicht aufgrund lückenfüllender Analogie) auf Tiere entsprechend anzuwenden sind. | La[22], § 246 Rn. 2 i.V.m. § 242 Rn. 2 |
| **BEWEGLICH** im natürlichen Sinne muß die Sache sein; so auch Teile von unbeweglichen Sachen, die zum Zwecke der Wegnahme losgelöst werden. | Tr[48], § 246 Rn. 2 i.V.m. 242 Rn. 3 |
| **BEWEGLICH** sind alle Sachen, die tatsächlich fortbewegt werden können, also ohne Rücksicht auf die zivilrechtliche Einordnung als beweglich oder unbeweglich. | S/S[25], § 246 Rn. 3 i.V.m. § 242 Rn. 11 |
| **BEWEGLICH** sind - unabhängig von dem bürgerlich-rechtlichen Begriff - Sachen, die tatsächlich fortgeschafft werden können; also auch beweglich gemachte Sachen, z.B. ausgebrochene Goldzähne oder spätestens durch die Tathandlung vom Grundstück getrennte Bodenbretter, Türen, Fenster usw., auch das von der Weide abgefressene Gras. | La[22], § 246 Rn. 2 i.V.m. § 242 Rn. 3 |
| **FREMD** ist eine Sache die nach bürgerlichem Recht einem anderen gehört. | Tr[48], § 246 Rn. 2 i.V.m. 242 Rn. 4 |
| **FREMD** ist eine Sache, wenn sie (zumindestens auch) im Eigentum eines Anderen steht, also weder Alleineigentum des Täters noch herrenlos noch eigentumsunfähig ist. In wessen Eigentum die Sache steht, ist nach bürgerlichem Recht zu beurteilen, da es bei § 242 keinen besonderen strafrechtlichen Eigentumsbegriff gibt. | S/S[25], § 246 Rn. 3 i.V.m. § 242 Rn. 12 |
| **FREMD** ist die Sache, die einem anderen als dem Täter gehört. Maßgebend ist das Eigentum nach bürgerlichem Recht. | La[22], § 246 Rn. 2 i.V.m. § 242 Rn. 4 |
| **ZUEIGNUNG** besteht in der Begründung des Eigenbesitzes unter Ausschluß des Berechtigten mit dem Willen, wie ein Eigentümer über die Sache zu verfügen, sie insbesondere wirtschaftlich zu nutzen, wozu nicht die Absicht gehört, die Sache dauernd zu behalten. | Tr[48], § 242 Rn. 18 |
| Die Zueignung muß im Gegensatz zum Diebstahl zur Vollendung kommen. Dazu reicht der Entschluß als solcher nicht aus; dieser muß vielmehr durch eine nach außen erkennbare Handlung betätigt werden. | Tr[48], § 246 Rn. 13 |
| Die **ZUEIGNUNG** besteht darin, daß der Täter die Sache selbst oder den in ihr verkörperten Sachwert dem eigenen Vermögen einverleibt. Erforderlich ist ein nach außen manifestierter Zueignungsakt, in dem der Wille, die Sache zu behalten, durch ei- | S/S[25], § 246 Rn. 11 |

ne nach außen erkennbare Handlung betätigt wird.

Für die **ZUEIGNUNG** ist erforderlich, daß der Täter unter Anmaßung einer eigentümerähnlichen Stellung (se ut dominum gerere) dem Berechtigten die Sache ihrer Substanz nach oder ihren spezifischen Funktionswert (das sog. lucrum ex re) dauernd entzieht (Enteignung) und aus seiner Herrschaftsposition ausschließt und - sei es auch nur vorübergehend - die Sache ihrer Substanz nach seiner Verfügungsgewalt unterwirft oder ihren spezifischen Funktionswert seinem Vermögen zuführten will.

La[22], § 246 Rn. 4 i.V.m. § 242 Rn. 21

Für die **ZUEIGNUNG** genügt nicht der bloße innere Entschluß; dieser muß vielmehr durch eine „Manifestation des Zueignungswillens" betätigt werden, d.h. durch eine äußere Handlung, die auf den Willen schließen läßt, den Eigentümer dauernd auszuschließen und die Sache (oder ihren Sachwert) dem eigenen Vermögen einzuverleiben.

La[22], § 246 Rn. 4

---

**RECHTSWIDRIG** bedeutet hier: vom Recht nicht zugelassener Eingriff in die Eigentumsordnung durch Zueignung. Objektiv rechtswidrig muß die Zueignung sein.

Tr[48], § 242 Rn. 21

**RECHTSWIDRIG** ist die Zueignung dann, wenn ihr kein Anspruch auf Übereignung zugrunde liegt.

S/S[25], § 246 Rn. 22 i.V.m. § 242 Rn. 59

**RECHTSWIDRIG** ist die erstrebte Zueignung, wenn sie der materiellen Eigentumsordnung widerspricht (h.M.).

La[22], § 246 Rn. 10 i.V.m. § 242 Rn. 27

---

**ANVERTRAUEN** ist die Hingabe oder das Belassen in dem Vertrauen, der Besitzer werde mit der Sache nur i.S. des Anvertrauenden verfahren.

Tr[48], § 246 Rn. 26

**ANVERTRAUT** ist eine Sache, wenn der Täter den Gewahrsam mit der Verpflichtung erlangt hat, die Sache zurückzugeben oder zu bestimmten Zwecken zu verwenden.

S/S[25], § 246 Rn. 29

**ANVERTRAUT** (besonderes persönliches Merkmal i.S. des § 28 II, str.) ist eine Sache nicht erst bei Vorliegen eines besonderen Treueverhältnisses, sondern schon dann, wenn der Gewahrsam dem Täter in dem Vertrauen eingeräumt wurde, er werde die Gewalt nur im Sinne des Einräumenden ausüben.

La[22], § 246 Rn. 13

## Konkurrenzen:

§ 246 II verdrängt § 246 I im Wege der Gesetzeskonkurrenz (Spezialität), § 290 im Wege der Gesetzeskonkurrenz (Konsumtion). § 246 I steht in Idealkonkurrenz mit §§ 133, 136, 145d, 263, 266, 267, 268.

# § 247. Haus- und Familiendiebstahl.

## Gesetzestext:

Ist durch einen Diebstahl oder eine Unterschlagung ein Angehöriger, der Vormund oder der Betreuer verletzt oder lebt der Verletzte mit dem Täter in häuslicher Gemeinschaft, so wird die Tat nur auf Antrag verfolgt.

## Überblick:

- *Typ:* Antragserfordernis.
- ***Prüfungsstandort:*** nach der Schuld von § 242 oder § 246. Verletzter muß Angehöriger oder Vormund oder Betreuer sein oder in häuslicher Gemeinschaft mit dem Täter leben. Bei Auseinanderfallen von Eigentümer und Gewahrsamsinhaber ist str., ob Verletzter der Eigentümer oder der Gewahrsamsinhaber oder beide sind.

## Definitionen / Erläuterungen:

| | |
|---|---|
| **ANGEHÖRIGE**, vgl. § 11 I Nr. 1. | |
| Unter **VORMUND** i.S. der §§ 1773 ff. BGB ist auch der gem. § 1792 BGB bestellte Gegenvormund zu verstehen, obgleich dessen Verhältnis zum Mündel i.d.R. weniger eng sein wird als das des Vormunds i.e.S., aber auch für diesen wie etwa bei Vormundschaft über Volljährige nach §§ 1896 ff. BGB, nicht unbedingt eine enge persönliche Beziehung zum Mündel eigentümlich ist. | S/S[25], § 247 Rn. 5 |
| **VORMUND**: siehe §§ 1773 ff. BGB. | La[22], § 247 Rn. 2 |
| **BETREUER**: siehe §§ 1896 ff. BGB. | Tr[48], § 247 Rn. 3 = La[22], § 247 Rn. 2 |
| **UNTER HÄUSLICHER GEMEINSCHAFT** ist vor allem die Familiengemeinschaft zu verstehen, aber auch eine sonstige auf einem freien Entschluß beruhende Gemeinschaft mit gemeinsamem Haushalt für eine gewisse Dauer, oder gemeinsames Wohnen. | Tr[48], § 247 Rn. 4 |
| **ZUR HÄUSLICHEN GEMEINSCHAFT** zählen auch Familienangehörige iwS, sofern sie - wie etwa die unverheiratete Tante auf dem Gut des Hoferben - in der gleichen Hausgemeinschaft tatsächlich zusammenleben. | S/S[25], § 247 Rn. 6 |
| **EINE HÄUSLICHE GEMEINSCHAFT** setzt den freien und ernstlichen Willen der Mitglieder zum Zusammenleben auf eine gewisse Dauer voraus. | La[22], § 247 Rn. 2 |

## § 248a. Diebstahl und Unterschlagung geringwertiger Sachen.

### Gesetzestext:

Der Diebstahl und die Unterschlagung geringwertiger Sachen werden in den Fällen der §§ 242 und 246 nur auf Antrag verfolgt, es sei denn, daß die Strafverfolgungsbehörde wegen des besonderen öffentlichen Interesses an der Strafverfolgung ein Einschreiten von Amts wegen für geboten hält.

### Überblick:

- ***Typ:*** Antragserfordernis.
- ***Prüfungsstandort:*** nach der Schuld von § 242 oder § 246.

### Definitionen / Erläuterungen:

GERINGWERTIGE SACHEN: Entscheidend ist in erster Linie der objektive Wert der Sache, nämlich der Verkehrswert, d.h. der Verkaufswert der Sache zur Tatzeit. Die Grenze der Geringwertigkeit wird man angesichts der Teuerung derzeit etwa bei 50 DM anzunehmen haben. — Tr[48], § 248a Rn. 5

GERINGWERTIGE SACHEN. Der Wert der Sachen ist gering, wenn er nach allgemeiner Verkehrsauffassung als unerheblich sowohl für den Gewinn sowohl für den Verlust angesehen und behandelt wird. — S/S[25], § 248a Rn. 8

Ob Sachen GERINGWERTIG sind, bestimmt sich nach ihrem Verkehrswert zur Zeit der Tat, so daß nachträgliche Veränderungen zum Zwecke besserer Verwertung nicht zu Buch schlagen; bei der Beurteilung dürfen die Verhältnisse der Beteiligten, namentlich des Verletzten, nicht völlig außer Betracht bleiben (str.). Gegenwärtig dürfte die Grenze im Regelfall etwa bei 50,- DM liegen. — La[22], § 248a Rn. 3

## § 248b. Unbefugter Gebrauch eines Fahrzeuges.

### Gesetzestext:

(1) Wer ein Kraftfahrzeug oder ein Fahrrad gegen den Willen des Berechtigten in Gebrauch nimmt, wird mit Freiheitsstrafe bis zu drei Jahren oder mit Geldstrafe bestraft, wenn die Tat nicht in anderen Vorschriften mit schwererer Strafe bedroht ist.

(2) Der Versuch ist strafbar.

(3) Die Tat wird nur auf Antrag verfolgt.

(4) Kraftfahrzeuge im Sinne dieser Vorschrift sind die Fahrzeuge, die durch Maschinenkraft bewegt werden, Landkraftfahrzeuge nur insoweit, als sie nicht an Bahngleise gebunden sind.

## Überblick:

- *Typ:* vorsätzliches Begehungsdelikt.
- ***Versuch*** ist strafbar, Abs. 2.
- ***Antrag*** nach Abs. 3.
- ***Strafbarer Ausnahmefall*** des ansonsten straflosen Gebrauchs"diebstahls".
- ***Schutzgut***. Die Vorschrift will Schwarzfahrten und der damit verbundenen Gefährdung der öffentlichen Sicherheit entgegentreten (Tr[48], § 248b Rn. 1).

## Aufbau:

I. Tatbestand
  1. Objektiver Tatbestand:
    a. Tatobjekt - Kraftfahrzeug oder Fahrrad;
    b. Tathandlung - Ingebrauchnehmen gegen den Willen des Berechtigten.
  2. Subjektiver Tatbestand: Vorsatz, mindestens bedingter.

II. Rechtswidrigkeit *und*

III. Schuld: keine Besonderheiten.

## Definitionen / Erläuterungen:

| | |
|---|---|
| KRAFTFAHRZEUG, vgl. Abs. 4. Es sind alle durch Maschinenkraft bewegten Fahrzeuge, also auch Wassermotorboote und Flugzeuge. Ausgenommen sind Fahrzeuge, die wie z.B. Anhänger, von der Maschinenkraft anderer Fahrzeuge abhängig sind. | Tr[48], § 248b Rn. 1 |
| BEIM KRAFTFAHRZEUG handelt es sich nach der Legaldefinition von Abs. 4 um Fahrzeuge, die durch Maschinenkraft bewegt werden; auf die Art der Kraftquelle kommt es nicht an. | S/S[25], § 248b Rn. 3 |
| KRAFTFAHRZEUGE (Abs. 4) sind namentlich Autos, Motorräder, Flugzeuge, Schiffe, dagegen nicht Straßenbahnen, Autoanhänger, Schleppkähne ohne eigenen Antrieb usw. | La[22], § 248b Rn. 2 |
| Für das FAHRRAD fehlt eine Legaldefinition; doch wird dazu nicht nur das Zweirad zu rechnen sein, sondern auch Sondertypen, wie etwa das Dreirad. Sofern das Fahrrad über einen Hilfsmotor verfügt, rechnet es zu den Kfz iSv Abs. 4. | S/S[25], § 248b Rn. 3 |
| INGEBRAUCHNEHMEN meint das vorübergehende eigenmächtige Benutzen des Fahrzeugs unter zeitweiliger Brechung fremden Gewahrsams zur selbständigen Fahrt. | Tr[48], § 248b Rn. 2 |
| Der Täter muß das Fahrzeug als Fortbewegungsmittel in- | Tr[48], § 248b Rn. 3 |

gangsetzen oder inganghalten.

| | |
|---|---|
| **INGEBRAUCHNEHMEN** bedeutet, daß das Fahrzeug als Fortbewegungsmittel benutzt wird. Unerheblich ist, ob dies mit oder ohne Motorkraft (Abrollenlassen) geschieht. Voraussetzung ist aber, daß das Fahrzeug in Bewegung gesetzt wird. Die bloße Inbetriebnahme reicht dagegen nicht aus. | S/S[25], § 248b Rn. 4 |
| **INGEBRAUCHNEHMEN** setzt nach der Rspr. voraus, daß der Täter ein Fahrzeug nach seinem Willen - sei es auch nur im Leerlauf - zu einer Fahrt in Gang setzt oder in Gang hält. | La[22], § 248b Rn. 3 |
| **BERECHTIGTER** ist jeder, der als Eigentümer, Fahrzeughalter oder sonst kraft dinglichen, obligatorischen oder sonstigen Rechts befugt ist, das Fahrzeug als Fortbewegungsmittel zu benutzen; der angestellte Fahrer jedoch nicht bei Schwarzfahrten. | Tr[48], § 248b Rn. 4 |
| **BERECHTIGTER** ist grds. der Eigentümer. Dieser kann jedoch die Disposition über den Gebrauch auch an andere Personen übertragen, deren Erlaubnis dann den § 248 b ausschließt. | S/S[25], § 248b Rn. 7 |
| **BERECHTIGTER** ist jeder, der aus irgendeinem rechtlichen Grunde befugt ist, das Fahrzeug als Fortbewegungsmittel zu benutzen. | La[22], § 248b Rn. 4 |
| **GEGEN DEN WILLEN** setzt keine ausdrückliche Erklärung, sondern nur erkennbar oder mutmaßlich entgegenstehenden Willen voraus (h.M.). | La[22], § 248b Rn. 4 |

### Konkurrenzen:

§ 248b verdrängt § 242 I im Wege der Gesetzeskonkurrenz (Spezialität), soweit es den Verbrauch von Benzin, Schmiermittel etc. angeht. § 248b steht in Idealkonkurrenz mit §§ 222, 230, 315c, 316. § 248b bezeichnet sich selbst als subsidiär (wird im Wege der Gesetzeskonkurrenz verdrängt) im Hinblick auf andere Vorschriften, die dieselbe Tat mit schwererer Strafe bedrohen (§§ 242 und 246 II im Hinblick auf das Gesamtkraftfahrzeug).

## § 248c. Entziehung elektrischer Energie.

### Gesetzestext:

(1) Wer einer elektrischen Anlage oder Einrichtung fremde elektrische Energie mittels eines Leiters entzieht, der zur ordnungsmäßigen Entnahme von Energie aus der Anlage oder Einrichtung nicht bestimmt ist, wird, wenn er die Handlung in der Absicht begeht, die elektrische Energie sich oder einem Dritten rechtswidrig zuzueignen, mit Freiheitsstrafe bis zu fünf Jahren oder mit Geldstrafe bestraft.

(2) Der Versuch ist strafbar.

(3) Die §§ 247 und 248a gelten entsprechend.

(4) Wird die in Absatz 1 bezeichnete Handlung in der Absicht begangen, einem anderen rechtswidrig Schaden zuzufügen, so ist die Strafe Freiheitsstrafe bis zu zwei Jahren oder Geldstrafe. Die Tat wird nur auf Antrag verfolgt.

## Überblick:

- ***Typ:*** vorsätzliches Begehungsdelikt.
- ***Versuch*** ist strafbar, Abs. 2.
- ***Anträge*** nach § 247 und § 248a. ***Antrag*** nach Abs. 4 S. 2.
- Abs. 1 und Abs. 4 S. 1 sind ***eigenständige Tatbestände***.

## Aufbau (Abs. 1):

I. Tatbestand
  1. Objektiver Tatbestand:
    a. Tatobjekt - Energie,
      aa. elektrische,
      bb. fremde;
    b. Tathandlung
      aa. Entziehung aus einer elektrischen Anlage oder Einrichtung
      bb. mittels eines Leiters, der zur ordnungsgemäßen Entnahme von Energie aus der Anlage oder Einrichtung nicht bestimmt ist.
  2. Subjektiver Tatbestand:
    a. Vorsatz, mindestens bedingter, bez. obj. TB,
    b. zusätzlich: Absicht bez. Zueignung, rechtswidriger, für
      aa. den Täter *oder*
      bb. einen Dritten
II. Rechtswidrigkeit *und*
III. Schuld: keine Besonderheiten.

## Aufbau (Abs.4 S. 1):

I. Tatbestand
  1. Objektiver Tatbestand:
    a. Tatobjekt - Energie,
      aa. elektrische,
      bb. fremde;
    b. Tathandlung -
      aa. Entziehung aus einer elektrischen Anlage oder Einrichtung
      bb. mittels eines Leiters, der zur ordnungsgemäßen Entnahme von Energie aus der Anlage oder Einrichtung nicht bestimmt ist.
  2. Subjektiver Tatbestand:
    a. Vorsatz, mindestens bedingter, bez. obj. TB,
    b. zusätzlich: Absicht bez. Schaden, rechtswidriger, eines anderen.
II. Rechtswidrigkeit *und*
III. Schuld: keine Besonderheiten.

## Definitionen / Erläuterungen:

| | |
|---|---|
| **Energie, elektrische.** Ihre Merkmale bestimmen sich nach physikalisch-naturwissenschaftlichen Kriterien. | S/S[25], § 248 a Rn.2 |
| **Fremd** ist sie für jeden, der kein Recht zur Entnahme hat. Insofern ist der dem § 242 entnommene Begriff der Fremdheit hier im untechnischen Sinne zu verstehen, nachdem Elektrizität in niemandes Eigentum stehen kann. | S/S[25], § 248c Rn. 3-5 |
| **Fremd** ist die Energie, auf deren Entziehung der Täter kein Recht hat. | La[22], § 248c Rn. 1 |
| **Entziehung** ist die einseitig bewirkte Entnahme von Energie. | Tr[48], § 248c Rn. 2 |
| **Entzogen** ist die elektrische Energie dann, wenn sie nicht berechtigt empfangen ist. Dies setzt auf Seiten des Berechtigten einen Energieverlust voraus. | S/S[25], § 248c Rn. 6-8 |
| **Entziehen** ist Minderung des Energievorrats. | La[22], § 248c Rn. 2 |
| **Leiter** ist jede Einrichtung, die vermöge ihrer physikalischen Eigenschaften den Strom weiterleitet. | Tr[48], § 248c Rn. 3 |
| **Leiter** ist nicht nur jeder Stoff, der geeignet ist, Elektrizität weiterzuleiten, sondern erfaßt werden auch Stoffe und technische Mittel, die Elektrizität durch Induktion, Lichtbogen usw. aufzunehmen vermögen. | S/S[25], § 248c Rn. 9 |
| **Leiter** ist jeder physikalisch geeignete Stromleiter. | La[22], § 248c Rn. 2 |
| **Zur ordnungsgemäßen Energieentnahme bestimmt:** dies hängt vom Willen des Verfügungsberechtigten ab. Nicht erfaßt sind Fälle, in denen jemand ordnungsgemäße Leiter innerhalb von Anlagen und Einrichtungen lediglich unbefugt benutzt. | S/S[25], § 248c Rn. 10 |
| **Anlagen** sind solche, die der Erzeugung und Fortleitung des Stromes dienen. | Tr[48], § 248c Rn. 1 |
| **Einrichtungen** dienen der Ansammlung und Aufbewahrung von Strom. | Tr[48], § 248c Rn. 1 |
| Zu den **Anlagen** und **Einrichtungen** gehören auch Energiespeicher, wie z.B. Akkumulatoren oder Energieerzeuger. Anlage und Einrichtung unterscheiden sich lediglich insoweit, als der Einrichtung auch das Moment des nur Vorübergehenden eigen ist. | S/S[25], § 248c Rn. 6 8 |
| **Absicht der Zueignung** muß der Täter haben. Der Wille, den Strom zu entziehen, genügt. | Tr[48], § 248c Rn. 5 |
| **Absicht rechtswidriger Zueignung** erfordert hier i.d.R. eine Umwandlung der entzogenen elektrischen Energie in | S/S[25], § 248c Rn. 15 |

Licht, Wärme oder Kraft. Ebenso wie bei § 242 setzt dies nicht unbedingt eine Bereicherungsabsicht voraus.

Für die **ZUEIGNUNG** ist erforderlich, daß der Täter unter Anmaßung einer eigentümerähnlichen Stellung den Berechtigten dauernd aus seiner Herrschaftsposition ausschließt und - sei es auch nur vorübergehend - die Sache ihrer Substanz nach seiner Verfügungsgewalt unterwirft oder ihren spezifischen Funktionswert seinem Vermögen zuführen will. La[22], § 248c Rn. 3 i.V.m. § 242 Rn. 21

---

**RECHTSWIDRIG** ist eine Zueignung, auf die man kein Recht hat. Tr[48], § 248c Rn. 6

**RECHTSWIDRIG** ist die Zueignung dann, wenn ihr kein Anspruch auf Übereignung zugrunde liegt. S/S[25], § 248c Rn. 15 i.V.m. § 242 Rn. 59

## Konkurrenzen:

§ 248c verdrängt §§ 242 im Wege der Gesetzeskonkurrenz (Spezialität). Idealkonkurrenz mit § 263 ist möglich, jedoch dann zumeist Sicherungsbetrug (S/S[25], § 248 c Rn.20)

# Zwanzigster Abschnitt. Raub und Erpressung.

## § 249. Raub.

### Gesetzestext:

(1) Wer mit Gewalt gegen eine Person oder unter Anwendung von Drohungen mit gegenwärtiger Gefahr für Leib oder Leben eine fremde bewegliche Sache einem anderen in der Absicht wegnimmt, die Sache sich oder einem Dritten rechtswidrig zuzueignen, wird mit Freiheitsstrafe nicht unter einem Jahr bestraft.

(2) In minder schweren Fällen ist die Strafe Freiheitsstrafe von sechs Monaten bis zu fünf Jahren.

### Überblick:

- ***Typ:*** vorsätzliches Begehungsdelikt.
- ***Versuch*** ist strafbar (Verbrechen!).
- Kombination aus Diebstahl und Nötigung. (Reihenfolge: Erst hauen, dann klauen, s. a. § 252).
- Abs. 1 ist ***Grundtatbestand***.
- ***Schutzgut*** ist neben dem Vermögen (Eigentum und Gewahrsam) auch die persönliche Freiheit (Tr[48], § 249 Rn. 1a).
- Wichtige Änderung durch das 6. StrRG (zum 1.4.1998): Drittzueignung wurde - wie beim Diebstahl - unter Strafe gestellt.

### Aufbau:

I. Tatbestand
  1. Objektiver Tatbestand:
    a. Tatobjekt - Sache,
      aa. fremde,
      bb. bewegliche;
    b. Tathandlung - Wegnahme
      aa. mit Gewalt *oder*
      bb. unter Anwendung von Drohungen mit gegenwärtiger Gefahr für Leib oder Leben.
  2. Subjektiver Tatbestand:
    a. Vorsatz, mindestens bedingter, bez. obj. TB,
    b. zusätzlich: Absicht bez. Zueignung, rechtswidriger, für
      aa. Täter *oder*
      bb. einen Dritten
II. Rechtswidrigkeit *und*
III. Schuld: keine Besonderheiten.

## Definitionen / Erläuterungen:

| | |
|---|---|
| **Sache** ist jeder körperliche Gegenstand (gleich welchen Aggregatzustandes). | Tr[48], § 249 Rn. 2 i.V.m. 242 Rn. 2 |
| **Sachen** sind körperliche Gegenstände (vgl. § 90 BGB), einschließlich Tiere trotz § 90a S.1 BGB wegen dessen S.3. Unerheblich ist der Aggregatzustand (fest, flüssig oder gasförmig). | S/S[25], § 249 Rn. 2 i.V.m. § 242 Rn. 9 |
| **Sachen** sind grundsätzlich alle körperlichen Gegenstände (§ 90 BGB), auch Leichen, nicht aber lebende Menschen, Embryonen (Feten) und Tiere; letztere werden jedoch auch nach der gesetzestechnisch mißglückten Einführung des § 90a BGB erfaßt, weil die für Sachen geltenden Vorschriften, soweit nichts anderes bestimmt ist, kraft Gesetzes (also nicht aufgrund lückenfüllender Analogie) auf Tiere entsprechend anzuwenden sind. | La[22], § 249 Rn. 1 i.V.m. § 242 Rn. 2 |
| **Beweglich** im natürlichen Sinne muß die Sache sein; so auch Teile von unbeweglichen Sachen, die zum Zwecke der Wegnahme losgelöst werden. | Tr[48], § 249 Rn. 2 i.V.m. 242 Rn. 3 |
| **Beweglich** sind alle Sachen, die tatsächlich fortbewegt werden können, also ohne Rücksicht auf die zivilrechtliche Einordnung als beweglich oder unbeweglich. | S/S[25], § 249 Rn. 2 i.V.m. § 242 Rn. 11 |
| **Beweglich** sind - unabhängig von dem bürgerlich-rechtlichen Begriff - Sachen, die tatsächlich fortgeschafft werden können; also auch beweglich gemachte Sachen, z.B. ausgebrochene Goldzähne oder spätestens durch die Tathandlung vom Grundstück getrennte Bodenbretter, Türen, Fenster usw., auch das von der Weide abgefressene Gras. | La[22], § 249 Rn. 1 i.V.m. § 242 Rn. 3 |
| **Fremd** ist eine Sache die nach bürgerlichem Recht einem anderen gehört. | Tr[48], § 249 Rn. 2 i.V.m. 242 Rn. 4 |
| **Fremd** ist eine Sache, wenn sie (zumindestens auch) im Eigentum eines Anderen steht, also weder Alleineigentum des Täters noch herrenlos noch eigentumsunfähig ist. In wessen Eigentum die Sache steht, ist nach bürgerlichem Recht zu beurteilen, da es bei § 242 keinen besonderen strafrechtlichen Eigentumsbegriff gibt. | S/S[25], § 249 Rn. 2 i.V.m. § 242 Rn. 12 |
| **Fremd** ist die Sache, die einem anderen als dem Täter gehört. Maßgebend ist das Eigentum nach bürgerlichem Recht. | La[22], § 249 Rn. 1 i.V.m. § 242 Rn. 4 |
| **Wegnahme** bedeutet Bruch fremden und die gleichzeitige oder spätere Begründung neuen Gewahrsams für den Dieb oder einen Dritten. | Tr[48], § 249 Rn. 2 i.V.m. 242 Rn. 13 |
| **Wegnahme** bedeutet Bruch fremden und Begründung neuen (i.d.R. eigenen) Gewahrsams. | S/S[25], § 249 Rn. 2 i.V.m. § 242 Rn. 22 = La[22], § 249 Rn. 1 |

| | |
|---|---|
| | i.V.m. § 242 Rn. 8 |
| **GEWAHRSAM** bedeutet die Möglichkeit tatsächlicher Herrschaft, die von einem entsprechenden Beherrschungswillen getragen wird. | Tr[48], § 249 Rn. 2 i.V.m. 242 Rn. 9/11 |
| **GEWAHRSAM** ist ein tatsächliches Herrschaftsverhältnis zwischen einer Person und einer Sache, das von einem Herrschaftswillen getragen ist. | S/S[25], § 249 Rn. 2 i.V.m. § 242 Rn. 23 =La[22], § 249 Rn. 1 i.V.m. § 242 Rn. 8a |
| **BRUCH** bedeutet Aufhebung der tatsächlichen Herrschaftsmacht ohne Willen des bisherigen Gewahrsamsinhabers oder einer zur Disposition befugten Person. | S/S[25], § 242 Rn. 35 |
| **BRECHEN** heißt ohne den Willen des Gewahrsamsinhaber den Gewahrsam aufheben. | La[22], § 249 Rn. 1 i.V.m. § 242 Rn. 14 |
| **GEWALT** ist der (dem Opfer oder einem Dritten) physisch vermittelte Zwang (auch gegen Sachen) zur Überwindung eines geleisteten oder erwarteten Widerstandes. | Tr[48], § 249 Rn. 4 i.V.m. § 240 Rn. 5 |
| **GEWALT** i.allg.S. der Freiheitsdelikte ist jedes Mittel, mit dem auf den Willen oder das Verhalten eines anderen durch ein gegenwärtiges empfindliches Übel eine Zwangswirkung ausgeübt wird. Im übrigen kommt sowohl vis absoluta wie auch vis compulsiva in Betracht. | S/S[25], § 249 Rn. 4 i.V.m. vor § 234 Rn. 6 |
| Diese muß sich hier gegen eine Person richten. Dafür ist eine zumindest mittelbar gegen den Körper des Opfers gerichtete Einwirkung erforderlich. Daher muß diese (zumindest auch) als körperlicher Zwang empfunden werden. Ganz unwesentliche Beeinträchtigungen der körperlichen Unversehrtheit scheiden aus. | S/S[25], § 249 Rn. 4 |
| Die **GEWALT** gegen eine Person braucht keine gegenwärtige Leibes- oder Lebensgefahr zu bewirken; unbedeutende Beeinträchtigungen der Körperintegrität genügen jedoch nicht. | La[22], § 249 Rn. 2 |
| **GEWALT** in Form von vis absoluta ist das unmittelbare Erzwingen eines Verhaltens, indem entweder die Willensbildung oder die Verwirklichung des vorhandenen Willens durch Beseitigung ihrer äußeren Voraussetzungen absolut unmöglich gemacht wird. | S/S[25], vor § 234 Rn. 13 |
| Bei vis compulsiva wird Zwang nicht durch die äußere Ausschaltung von alternativen Verhaltensmöglichkeiten, sondern dadurch ausgeübt, daß das Opfer mittels (meist psychischen) Drucks durch gegenwärtige Übelszufügung zu einem bestimmten Verhalten motiviert wird. | S/S[25], vor § 234 Rn. 15 |
| **DROHUNG** ist das Inaussichtstellen eines künftigen Übels, auf dessen Eintritt der Drohende Einfluß hat oder zu haben vorgibt. | Tr[48], § 249 Rn. 5 i.V.m. § 240 Rn. 15 |

| | |
|---|---|
| Die **DROHUNG** bezeichnet das Inaussichtstellen eines Übels, dessen Verwirklichung davon abhängen soll, daß der Bedrohte nicht nach dem Willen des Täters reagiert. | S/S[25], § 249 Rn. 5 i.V.m. vor § 234 Rn. 30 |
| **DROHUNG** ist das - ausdrückliche oder schlüssige - In-Aussicht-Stellen eines Übels, dessen Eintritt davon abhängen soll, daß der Bedrohte sich nicht dem Willen des Drohenden beugt; dieser muß es daher, anders als bei der bloßen Warnung, als in seiner Macht stehend hinstellen, das Übel - sei es auch nur mittelbar durch Einschaltung eines Dritten - zu verwirklichen. | La[22], § 249 Rn. 3 i.V.m. § 240 Rn. 12 |

---

| | |
|---|---|
| **GEGENWÄRTIGE GEFAHR** ist ein durch eine beliebige Ursache eingetretener ungewöhnlicher Zustand, in welchem nach den konkreten Umständen der Eintritt eines Schadens wahrscheinlich ist. | Tr[48], § 249 Rn. 5 i.V.m. § 34 Rn. 3/4 |
| **GEGENWÄRTIG** ist die **GEFAHR** zunächst, wenn sie alsbald oder in allernächster Zeit in einen Schaden umschlagen kann. | S/S[25], § 249 Rn. 5 i.V.m. § 34 Rn. 17 |
| **GEGENWÄRTIG** ist eine **GEFAHR**, auch eine Dauergefahr, dann, wenn nach menschlicher Erfahrung der ungewöhnliche Zustand bei natürlicher Weiterentwicklung jederzeit in einen Schaden umschlagen kann, wenn also der Eintritt eines Schadens sicher oder doch höchstwahrscheinlich ist, sofern nicht alsbald Abwehrmaßnahmen ergriffen werden. | La[22], § 249 Rn. 3 i.V.m. § 34 Rn. 2 |
| **GEFAHR** ist ein ungewöhnlicher Zustand, in dem nach den konkreten Umständen der Eintritt eines Schadens naheliegt. | La[22], § 249 Rn. 3 i.V.m. § 315c Rn. 21 |
| **GEFAHR** für Leib oder Leben liegt vor, wenn als Schaden der Eintritt des Todes oder einer nicht unerheblichen Verletzung der körperlichen Unversehrtheit vorübergehender oder dauernder Art naheliegt. | La[22], § 249 Rn. 3 i.V.m. § 315c Rn. 23 |

---

| | |
|---|---|
| **ZUEIGNUNG** besteht in der Begründung des Eigenbesitzes unter Ausschluß des Berechtigten mit dem Willen, wie ein Eigentümer über die Sache zu verfügen, sie insbesondere wirtschaftlich zu nutzen, wozu nicht die Absicht gehört, die Sache dauernd zu behalten. | Tr[48], § 249 Rn. 2 i.V.m. 242 Rn. 18 |
| **ZUEIGNUNG** bedeutet die Anmaßung einer eigentümerähnlichen Herrschaftsmacht über die Sache, in dem der Täter entweder die Sache selbst oder den in ihr verkörperten Sachwert dem eigenen Vermögen einverleibt, sich also wirtschaftlich an die Stelle des Eigentümers setzt (sog. Vereinigungstheorie). | S/S[25], § 249 Rn. 8 i.V.m. § 242 Rn. 47 |
| Für die **ZUEIGNUNG** ist erforderlich, daß der Täter unter Anmaßung einer eigentümerähnlichen Stellung (se ut dominum gerere) dem Berechtigten die Sache ihrer Substanz nach oder ihren spezifischen Funktionswert (das sog. lucrum ex re) dauernd entzieht (Enteignung) und aus seiner Herrschaftsposition | La[22], § 249 Rn. 5 i.V.m. § 242 Rn. 21 |

ausschließt und - sei es auch nur vorübergehend - die Sache ihrer Substanz nach seiner Verfügungsgewalt unterwirft oder ihren spezifischen Funktionswert seinem Vermögen zuführten will.

*BEACHTE:* Die Zueignung muß – wie beim Diebstahl - nicht erreicht, sondern nur angestrebt werden. Dabei muß die Aneignung mit Absicht (dolus directus I) erstrebt werden, für die Enteignung und die Rechtswidrigkeit genügt Eventualvorsatz. — Verf.

**RECHTSWIDRIG** bedeutet hier: vom Recht nicht zugelassener Eingriff in die Eigentumsordnung durch Zueignung. Objektiv rechtswidrig muß die Zueignung sein. — Tr[48], § 242 Rn. 21

**RECHTSWIDRIG** ist die Zueignung dann, wenn ihr kein Anspruch auf Übereignung zugrunde liegt. — S/S[25], § 249 Rn. 8 i.V.m. § 242 Rn. 59

**RECHTSWIDRIG** ist die erstrebte Zueignung, wenn sie der materiellen Eigentumsordnung widerspricht (h.M.). — La[22], § 249 Rn. 5 i.V.m. § 242 Rn. 27

## Konkurrenzen:

§ 249 I verdrängt §§ 242 I, 243, 244 und 239, 240 I, 253 im Wege der Gesetzeskonkurrenz (Spezialität). § 249 I steht in Idealkonkurrenz mit §§ 223 I, 224, 222, 177, 178, 212, 211, 316a.

# § 250. Schwerer Raub.

## Gesetzestext:

(1) Auf Freiheitsstrafe nicht unter drei Jahren ist zu erkennen, wenn

1. der Täter oder ein anderer Beteiligter am Raub
   a) eine Waffe oder ein anderes gefährliches Werkzeug bei sich führt,
   b) sonst ein Werkzeug oder Mittel bei sich führt, um den Widerstand eines anderen durch Gewalt oder Drohung mit Gewalt zu verhindern oder zu überwinden,
   c) eine andere Person durch die Tat in die Gefahr einer schweren Gesundheitsschädigung bringt oder
2. der Täter den Raub als Mitglied einer Bande, die sich zur fortgesetzten Begehung von Raub oder Diebstahl verbunden hat, unter Mitwirkung eines anderen Bandenmitglieds begeht.

(2) Auf Freiheitsstrafe nicht unter fünf Jahren ist zu erkennen, wenn der Täter oder ein anderer Beteiligter am Raub

1. bei der Tat eine Waffe oder ein anderes gefährliches Werkzeug verwendet,
2. in den Fällen des Absatzes 1 Nr. 2 eine Waffe bei sich führt *oder*
3. eine andere Person

a) bei der Tat körperlich schwer mißhandelt *oder*

b) durch die Tat in die Gefahr des Todes bringt

(3) In minder schweren Fällen der Absätze 1 und 2 ist die Strafe Freiheitsstrafe von einem Jahr bis zu zehn Jahren.

## Überblick:

- ***Typ:*** Qualifikation zum Raub.
- ***Prüfung*** immer mit dem Grunddelikt (Obersatz: §§ 249 I, 250 I Nr. ...) und zwar entweder hinter subjektivem Tatbestand oder hinter Schuld des Grunddeliktes.
- Die Absätze 1 und 2 bilden ein abgestuftes System an Gefährlichkeit, wie z.B. die jeweilige Nr. 1 zeigt („nur" Beisichführen bzw. „schon" Verwenden).
- Absatz 3 enthält einen unbenannten minder schweren Fall (klausurmäßig bedeutungslos).
- Wichtige Änderung durch das 6. StrRG (zum 1.4.1998): Durch die Formulierung in Nr. 1b), in der - anders als in 1a) - die Gefährlichkeit des Werkzeuges nicht mehr angesprochen wird, sind jetzt auch ***Scheinwaffen*** erfaßt.

## Aufbau Abs. 1:

I. Tatbestand
  1. Objektiver Tatbestand:
    a. Nr. 1. - Tatsubjekt ist
      aa. Täter *oder*
      bb. ein anderer Beteiligter.
    b. Nr. 1.a)
      aa. Tathandlung: Beisichführen
      bb. Tatobjekt: einer Waffe oder eines anderen gefährlichen Werkzeuges
    c. Nr. 1.b)
      aa. Tathandlung: Beisichführen
      bb. Tatobjekt: sonst eines Werkzeuges oder Mittels
    d. Nr. 1.c)
      aa. Tatobjekt: eine andere Person
      bb. Taterfolg: Gefahr einer schweren Gesundheitsschädigung für das Tatobjekt durch die Tat
    e. Nr. 2
      aa. Tatsubjekt: ist Mitglied einer Bande (objektiver Teil), die sich zur fortgesetzten Begehung von Raub oder Diebstahl verbunden hat (subjektiver Teil), *und*
      bb. Tathandlung: raubt unter Mitwirkung eines anderen Bandenmitgliedes (objektiver Teil).
  2. Subjektiver Tatbestand:
    a. Vorsatz, mindestens bedingter.
    b. Bei Nr. 2 zusätzlich: Absicht, den Widerstand eines anderen durch Gewalt oder Drohung mit Gewalt zu verhindern oder zu überwinden.

II. Rechtswidrigkeit *und*

III. Schuld: keine Besonderheiten.

## Aufbau Abs. 2:

I. Tatbestand
  1. Objektiver Tatbestand:
    a. Tatsubjekt ist
      aa. Täter *oder*
      bb. ein anderer Beteiligter.
    b. Nr. 1.
      aa. Tathandlung: Verwenden
      bb. Tatobjekt: einer Waffe oder eines anderen gefährlichen Werkzeuges
    c. Nr. 2 i.V.m. I Nr. 2
      aa. Tatsubjekt: ist Mitglied einer Bande (objektiver Teil), die sich zur fortgesetzten Begehung von Raub oder Diebstahl verbunden hat (subjektiver Teil), *und*
      bb. Tathandlung I: raubt unter Mitwirkung eines anderen Bandenmitgliedes (objektiver Teil) *und*
      cc. Tathandlung II: Beisichführen
      dd. Tatobjekt: einer Waffe
    d. Nr. 3 - Tatobjekt: eine andere Person
      aa. Nr. 3.a) Taterfolg: schwere körperliche Mißhandlung bei der Tat
      bb. Nr. 3.b) Taterfolg: Gefahr des Todes durch die Tat
  2. Subjektiver Tatbestand: Vorsatz, mindestens bedingter.

II. Rechtswidrigkeit *und*

III. Schuld: keine Besonderheiten.

## Definitionen / Erläuterungen:

**BEI SICH FÜHRT** die Waffe, wer sie bewußt gebrauchsbereit bei sich hat, am eigenen Körper braucht er sie nicht zu tragen; es genügt, wenn sie sich in Griffweite befindet oder er sich ihrer jederzeit ohne nennenswerten Zeitaufwand bedienen kann.

Tr[48], § 250 Rn. 4 i.V.m. § 244 Rn. 4

Für das **MITSICHFÜHREN** ist keine bestimmte Gebrauchsabsicht erforderlich, sondern die Gefahr einer effektiven Anwendung ausreichend, d.h., daß die Schußwaffe bei Durchführung der Tat notfalls ohne weiteres zum Einsatz gebracht werden könnte.

S/S[25], § 250 Rn. 5

**BEI SICH FÜHRT** bedeutet zeitlich-räumlich, daß der Täter die Waffe bei Begehung der Tat, d.h. in irgendeinem - vom Versuch bis zur Beendigung möglichen- Stadium des Tathergangs derart bei sich haben muß, daß er sie jederzeit, also ohne nennenswerten Zeitaufwand und ohne besondere Schwierigkeiten zum Einsatz bringen könnte.

S/S[25], § 250 Rn. 5 i.V.m. § 244 Rn. 6

**MITFÜHREN** unmittelbar vor Beginn des Versuchs oder auf der

La[22], § 250 Rn. 2

| | |
|---|---|
| Flucht nach einem mißlungenen Versuch genügt nicht. Tragen der Waffe in der Hand oder am Körper ist nicht erforderlich; es reicht aus, wenn sie dem Beteiligten zur Verfügung steht, d.h. von ihm bei Annäherung anderer jederzeit ergriffen und gebraucht werden kann. | i.V.m. § 244 Rn. 2 |
| Eine **Waffe oder sonst ein Werkzeug** oder ein **Mittel** ist nur ein Gegenstand, der nach seiner Art und seinem Verwendungszweck in der konkreten Situation dazu geeignet ist, Widerstand durch Gewalt oder durch Drohung mit Gewalt zu verhindern oder zu überwinden. | La[22], § 250 Rn. 2<br>i.V.m. § 244 Rn. 4 |
| **Gefährliches Werkzeug.** Der Begriff des „gefährlichen Werkzeugs“ ist § 223a Abs. 1 (= § 224 Abs. 1 Nr. 2 nF) entnommen, so daß zur Auslegung auf die hierzu entwickelten Grundsätze zurückgegriffen werden kann. Danach ist z. B. Salzsäure als gefährliches Werkzeug anzusehen (BGHSt 1, 1). | Verf.<br>(BTDr.) |
| **Ein gefährliches Werkzeug** ist ein solches, das nach seiner objektiven Beschaffenheit und nach der Art seiner Benutzung im Einzelfall geeignet ist, erheblichere Körperverletzungen zuzufügen. | Tr[48], § 223a Rn. 2 |
| **Gefährliches Werkzeug** ist jeder Gegenstand, der bei der konkreten Art der Benutzung und des Körperteils, auf den er angewendet wird, geeignet ist, erhebliche Verletzungen hervorzurufen. | S/S[25], § 223a Rn. 4 |
| **Gefährlich** ist ein **Werkzeug**, das nach objektiver Beschaffenheit und nach Art der Benutzung im konkreten Fall erhebliche Verletzungen herbeizuführen geeignet ist. | La[22], § 223a Rn. 5 |
| **Werkzeug** ist jeder Gegenstand, mittels dessen durch Einwirkung auf den Körper eine Verletzung zugefügt werden kann. Es muß nicht notwendig ein gefährliches Werkzeug i.S. d. § 223a sein. | Tr[48], § 250 Rn. 4<br>i.V.m. § 244 Rn. 7<br>i.V.m. § 223a Rn. 2 |
| Unter **Werkzeuge** sind solche Gegenstände zu verstehen, mit denen gegebenenfalls der Widerstand eines anderen durch Gewalt oder Drohung mit Gewalt verhindert oder überwunden werden soll. Stets muß es sich dabei um körperliche Gegenstände handeln. | S/S[25], § 250 Rn. 15<br>i.V.m. § 244 Rn. 13 |
| **Mittel.** Erfaßt werden sollen zum einen die sogenannten Scheinwaffen (z. B. eine Spielzeugpistole) und solche Gegenstände, die - wie z. B. ein Kabelstück oder ein Tuch - zur gewaltsamen Überwindung eingesetzt werden sollen, ohne hierbei objektiv wenigstens Leibesgefahr zu begründen. Es wird davon ausgegangen, daß die einschränkende neuere Rechtsprechung des BGH (St 38, 116, 117 bis 119 („kurzes gebogenes Plastikrohr von ca. 3 cm Durchmesser“); NStZ 1997, S. 184/185 | Verf.<br>(BTDr.) |

(„Lippenpflegestift Labello“)) auch bei der Auslegung von § 250 Abs. 1 Nr. 1 Buchstabe b Beachtung finden wird.

| | |
|---|---|
| **GEWALT** ist der physisch vermittelte Zwang zur Überwindung eines geleisteten oder erwarteten Widerstandes. | Tr[48], § 250 Rn. 4 i.V.m. § 240 Rn. 5 |
| **GEWALT** in Form von vis absoluta ist das unmittelbare Erzwingen eines Verhaltens, indem entweder die Willensbildung oder die Verwirklichung des vorhandenen Willens durch Beseitigung ihrer äußeren Voraussetzungen absolut unmöglich gemacht wird. | S/S[25], vor § 234 Rn. 13 |
| Bei vis compulsiva wird Zwang nicht durch die äußere Ausschaltung von alternativen Verhaltensmöglichkeiten, sondern dadurch ausgeübt, daß das Opfer mittels (meist psychischen) Drucks durch gegenwärtige Übelszufügung zu einem bestimmten Verhalten motiviert wird. | S/S[25], vor § 234 Rn. 15 |
| **DROHUNG** ist das Inaussichtstellen eines künftigen Übels, auf dessen Eintritt der Drohende Einfluß hat oder zu haben vorgibt. | Tr[48], § 250 Rn. 4 i.V.m. § 240 Rn. 15 |
| **ÜBERWINDEN** bedeutet, einen etwa geleisteten Widerstand zu brechen. Wegen der Parallelität von § 250 I Nr. 2 und § 244 I Nr. 2 ist bei Taten, die im Versuchsstadium vor der Gewaltanwendung stehen bleiben, nur dann §§ 249 I, 250 I Nr. 2, 22 einschlägig, wenn der Täter das Mittel *unbedingt* benutzen wollte. Bei (nur) eventueller Benutzungsabsicht liegt dagegen nur §§ 242 I, 244 I Nr. 2, II, 22 vor. | Tr[48], § 250 Rn. 4 i.V.m. § 244 Rn. 8 |
| **GEFAHR** ist ein durch die Tat eingetretener ungewöhnlicher Zustand, in welchem nach den konkreten Umständen der Eintritt eines Schadens wahrscheinlich ist. | La[22], § 250 Rn. 3 i.V.m. § 315c Rn. 21 |
| **SCHWERE GESUNDHEITSBESCHÄDIGUNG**. Hierfür müssen nicht schwere Körperverletzungen i.S. von § 224 – (heute § 226 d.V.) zu befürchten sein, vielmehr genügen bereits Gesundheitsschäden, die den Verletzten in seiner physischen oder psychischen Stabilität oder in seiner Arbeitsfähigkeit nachhaltig beeinträchtigen oder ihn in eine qualvolle oder langwierige Krankheit stürzen könnten. | Verf. (S/S[25], § 218 Rn. 44) |
| **SCHWERE GESUNDHEITSBESCHÄDIGUNG** ist ein langwieriger, qualvoller oder die Leistungsfähigkeit schwer beeinträchtigender physischer oder psychischer Krankheitszustand. | Verf. (La[22], § 218 Rn. 20) |
| **SCHWERE GESUNDHEITSSCHÄDIGUNG** setzt keine schwere Körperverletzung (§ 224 [– heute § 226 d.V.]) voraus, sondern liegt etwa auch vor bei der Gefahr des Eintritts einer langwierigen ernsten Krankheit oder der Gefahr der erheblichen Beeinträchtigung der Arbeitskraft für eine lange Zeit. | Verf. (La[22], § 330 Rn. 2) |
| **BANDE** ist eine lose Gruppe von mehr als (str.) 2 Mitgliedern. | Tr[48], § 250 Rn. 8 |

i.V.m. § 244 Rn. 9

**Bandenraub** liegt vor, wenn mindestens zwei Mitglieder einer Raubesbande, die sich zur fortgesetzten Begehung von Raub oder Diebstahl verbunden hat, den Diebstahl ausführen.

S/S[25], § 250 Rn. 26
i.V.m. § 244 Rn. 23

**Bande** ist nach der Rspr. eine auf ausdrücklicher oder stillschweigender Vereinbarung beruhende und für eine gewisse Dauer vorgesehene Verbindung einer Mehrzahl von Personen zur Begehung mehrerer selbständiger, im einzelnen noch ungewisser Taten nach §§ 242, 249. Dabei soll die Verbindung von zwei Personen genügen.

La[22], § 250 Rn. 2
i.V.m. § 244 Rn. 6

Für den **Bandenraub** genügt es, daß die Verabredung nur auf Diebstähle (nicht auf Raub) ging.

La[22], § 250 Rn. 2

---

Mit **Fortgesetzter Begehung** ist nicht eine fortgesetzte Tat im herkömmlichen Sinn gemeint, sondern Begehung mehrerer selbständiger, im einzelnen noch ungewisser Taten, Beschränkung der geplanten Taten nach Zeit und Ort oder nach Gegenständen, ist ohne Bedeutung, die auf denselben Eigentümer jedoch nur dann, wenn er immer wieder an verschiedenen Orten und unter verschiedenen Möglichkeiten bestohlen werden kann.

Tr[48], § 250 Rn. 8
i.V.m. § 244 Rn. 10

---

**Als Mitglied der Bande** muß der Täter einen Diebstahl begehen. Er muß sich also der Verbindung mit ihrer Planung tatsächlich eingegliedert haben und die Tat muß in die Kette der fortlaufenden Begehung derartiger Taten gehören.

Tr[48], § 250 Rn. 8
i.V.m. § 244 Rn. 11

---

**Mitwirken** ist ein örtliches und zeitliches Zusammenwirken von mindestens zwei Bandenmitgliedern bei Ausführung der Tat.

S/S[25], § 244 Rn. 26

**Mitwirken** ist ein örtliches und zeitliches, wenn auch nicht notwendig körperliches, Zusammenwirken mit anderen am Tatort anwesenden Bandenmitgliedern.

La[22], § 244 Rn. 8

---

***Beachte:*** Bei Teilnahme von Personen, die nicht Bandenmitglied sind, ist hinter dem subj. TB eine eventuelle Tatbestandsverschiebung gemäß § 28 II zu prüfen (auf § 249). Es ist umstritten, ob die Bandenmitgliedschaft ein besonderes *persönliches* Merkmal i.S.d. § 28 II ist, da z.T. an die besondere Gefahr der Bandentätigkeit angeknüpft wird, was zu einem *tatbezogenen* Merkmal führt, vgl. La[22], § 244 Rn. 7.

Verf.

---

**Verwenden.**

k. A.

---

**Körperlich schwer mißhandelt** ist die Person nicht schon bei einer nicht unerheblichen Beeinträchtigung ihrer körperlichen Unversehrheit, selbst dann nicht, wenn es sich um eine rohe Mißhandlung handelt.

Verf.
(La[22], § 176 Rn. 9)

| | |
|---|---|
| **GEFAHR** ist ein durch die Tat eingetretener ungewöhnlicher Zustand, in welchem nach den konkreten Umständen der Eintritt eines Schadens wahrscheinlich ist. | La[22], § 250 Rn. 3 i.V.m. § 315c Rn. 21 |
| **TOD**. Für die Feststellung des Todes kommt es weder auf den völligen Ausfall jeglicher biologischer Lebensregungen noch bereits auf den Stillstand von Herz- und Atmungstätigkeit an, sondern allein auf den sog. Hirntod. Damit ist der irreversible und totale Funktionsausfall des Gehirns gemeint. | S/S[25], Vorbem. § 211 Rn. 18 |

### Konkurrenzen:

§ 250 II verdrängt § 250 I im Wege der Gesetzeskonkurrenz (Spezialität). § 250 I, bzw. II verdrängen § 249 I im Wege der Gesetzeskonkurrenz (Spezialität). § 250 I, bzw. II verdrängen § 239 im Wege der Gesetzeskonkurrenz (Konsumtion).

## § 251. Raub mit Todesfolge.

### Gesetzestext:

Verursacht der Täter durch den Raub (§§ 249 und 250) wenigstens leichtfertig den Tod eines anderen Menschen, so ist die Strafe lebenslange Freiheitsstrafe oder Freiheitsstrafe nicht unter zehn Jahren.

### Überblick:

- ***Typ:*** Erfolgsqualifikation (§ 18) zum Raub. Wie die Formulierung „***wenigstens*** leichtfertig" zeigt, kann die schwere Folge auch vorsätzlich herbeigeführt werden. Dann handelt es sich um ein unechtes EQ-Delikt, das wie ein ganz normales Vorsatzdelikt geprüft wird (Beachte aber die Konkurrenzen).
- ***Prüfung*** immer mit dem Grunddelikt (Obersatz: §§ 249 I, 251) und zwar entweder hinter subjektivem Tatbestand oder hinter Schuld des Grunddeliktes.
- (Wenn §§ 249 I, 250 I und 251 zusammentreffen, ***Prüfung trennen:*** 1. §§ 249 I, 250 I und 2. §§ 249 I, 251.)

### Aufbau:

I. Tatbestand
  1. Objektiver Tatbestand:
    a. schwere Folge (der Tod des Verletzten),
    b. Verbindung zur Tathandlung (Gewalt, Drohung, Wegnahme) des Grundtatbestandes (§ 249 I),
    c. Fahrlässigkeitsmerkmale (§ 18)
      aa. obj. Sorgfaltspflichtverletzung im Hinblick auf die schwere Folge (ist durch den Raub indiziert): wenigstens leichtfertig,

bb. obj. Vorhersehbarkeit,
cc. obj. Zurechnungszusammenhang,
dd. Schutzzweck der Sorgfaltspflicht (schwere Folge muß Realisierung der Raubgefahr sein).

2. Subjektiver Tatbestand: Eintritt der Folge gesehen (bewußte F.) oder nicht gesehen (unbewußte F.).

II. Rechtswidrigkeit.

III. Schuld:
1. Subj. Sorgfaltspflichtverletzung: wenigstens leichtfertig,
2. subj. Vorhersehbarkeit.

## Definitionen / Erläuterungen:

| | |
|---|---|
| **TOD**. Für die Feststellung des Todes kommt es weder auf den völligen Ausfall jeglicher biologischer Lebensregungen noch bereits auf den Stillstand von Herz- und Atmungstätigkeit an, sondern allein auf den sog. Hirntod. Damit ist der irreversible und totale Funktionsausfall des Gehirns gemeint. | S/S[25], Vorbem. § 211 Rn. 18 |
| Unter **LEICHTFERTIGKEIT** fällt nicht jede Fahrlässigkeit, sondern nur ein starker Grad von Fahrlässigkeit, etwa entsprechend der „groben Fahrlässigkeit" i.S. des Zivilrechts. | S/S[25], § 251 Rn. 6 i.V.m. § 15 Rn. 205 |
| **LEICHTFERTIGKEIT** ist ein erhöhter Grad von Fahrlässigkeit. Sie entspricht objektiv der groben Fahrlässigkeit des bürgerlichen Rechts, legt subjektiv aber die persönlichen Fähigkeiten und Kenntnisse des Täters zugrunde. | La[22], § 251 Rn. 2 i.V.m. § 15 Rn. 55 |
| Für die **LEICHTFERTIGKEIT** kommt es darauf an, ob Sorgfaltsmangel und Voraussehbarkeit - lediglich bezogen auf die Herbeiführung des Todes - das Urteil grober Fahrlässigkeit rechtfertigen. | La[22], § 251 Rn. 2 |

## Konkurrenzen:

§ 251 verdrängt im Wege der Gesetzeskonkurrenz (Spezialität) §§ 249 I, 222, 226. § 251 verdrängt 250 I im Wege der Gesetzeskonkurrenz (Konsumtion Nr. 1, 2 und 4 / Subsidiarität Nr. 3). § 251 steht in Idealkonkurrenz mit §§ 212, 211.

# § 252. Räuberischer Diebstahl.

## Gesetzestext:

Wer, bei einem Diebstahl auf frischer Tat betroffen, gegen eine Person Gewalt verübt oder Drohungen mit gegenwärtiger Gefahr für Leib oder Leben anwendet, um sich im Besitz des gestohlenen Gutes zu erhalten, ist gleich einem Räuber zu bestrafen.

## Überblick:

- *Typ:* vorsätzliches Begehungsdelikt.
- ***Versuch*** ist strafbar (Verbrechen!).
- Kombination aus Diebstahl (oder Raub) und Nötigung (Reihenfolge: Erst klauen, dann hauen, s. a. § 249).
- § 252 i.V.m. § 249 I ist ***Grundtatbestand***. Da § 252 keine eigene Strafandrohung hat, sondern auf die des § 249 verweist, gehört dieser mit in den Obersatz (Obersatz deshalb: §§ 252, 249 I).
- § 252 i.V.m. § 250 und 251 sind ***Qualifikationen***.
- ***Schutzgut*** wie beim Raub (§ 249).

## Aufbau:

I. Tatbestand
  1. Objektiver Tatbestand:
    a. Vortat - vollendeter (sonst Raub) aber noch nicht beendeter Diebstahl oder Raub;
    b. Situation - Täter ist auf frischer Tat betroffen;
    c. Tathandlung -
      aa. Gewaltanwendung *oder*
      bb. Drohungen mit gegenwärtiger Gefahr für Leib oder Leben.
  2. Subjektiver Tatbestand:
    a. Vorsatz, mindestens bedingter, bez. obj. TB,
    b. zusätzlich: Absicht, sich im Besitz des gestohlenen (geraubten) Gutes zu erhalten.
II. Rechtswidrigkeit *und*
III. Schuld: keine Besonderheiten.

## Definitionen / Erläuterungen:

| | |
|---|---|
| Als **VORTAT** nennt § 252 einen Diebstahl, erfaßt ist damit nach h.M. jede Form der Wegnahme in Zueignungsabsicht, also auch ein Raub, ebenso die privilegierten Fälle der §§ 247, 248a. | Tr[48], § 252 Rn. 11 |
| Als **VORTAT** ist ein vollendeter Diebstahl i.S. der §§ 242 ff. erforderlich, wobei unter Diebstahl jede Form der Wegnahme in Zueignungsabsicht zu verstehen ist. | S/S[25], § 252 Rn. 3 |
| Dem als **VORTAT** erforderlichen Diebstahl genügt auch ein Raub. | La[22], § 252 Rn. 2 |
| **AUF FRISCHER TAT BETROFFEN** wird der Täter, der noch in Tatortnähe und alsbald nach der Tatausführung wahrgenommen, also gesehen oder gehört wird. | Tr[48], § 252 Rn. 5/6 |
| **AUF FRISCHER TAT** betroffen ist der Dieb dann, wenn er noch am Tatort oder in dessen unmittelbarer Nähe nach der Tatausführung wahrgenommen oder bemerkt wird. | S/S[25], § 252 Rn. 4 |

| | |
|---|---|
| **AUF FRISCHER TAT** betroffen ist nach der Rspr., wer alsbald nach Vollendung der Tat am Tatort oder in dessen unmittelbarer Nähe von einem anderen bemerkt, d.h. namentlich durch Sehen, u.U. auch Hören, sinnlich wahrgenommen wird. | La[22], § 252 Rn. 4 |
| **BETROFFEN WERDEN** (Wahrnehmung von außen) ist nicht erforderlich, betroffen sein (Vorstellung des Täters) genügt. | Tr[48], § 252 Rn. 6 |
| **BETROFFEN.** Da das Gesetz unscharf nur von Betreffen, nicht von Bemerken spricht, dürfte ohne Überschreitung der Auslegungsgrenzen auch der Fall erfaßbar sein, daß der Täter, von dem anderen überrascht, dem unmittelbar bevorstehenden Bemerktwerden durch schnelles Zuschlagen zuvorkommt. | La[22], § 252 Rn. 4 |
| **GEWALT** ist der (dem Opfer oder einem Dritten) physisch vermittelte Zwang (auch gegen Sachen) zur Überwindung eines geleisteten oder erwarteten Widerstandes. | Tr[48], § 252 Rn. 8 i.V.m. § 249 Rn. 4 i.V.m. § 240 Rn. 5 |
| **GEWALT** i.allg.S. der Freiheitsdelikte ist jedes Mittel, mit dem auf den Willen oder das Verhalten eines anderen durch ein gegenwärtiges empfindliches Übel eine Zwangswirkung ausgeübt wird. | S/S[25], § 252 Rn. 5 i.V.m. vor § 234 Rn. 6 |
| Diese muß sich hier gegen eine Person richten. Dafür ist eine zumindest mittelbar gegen den Körper des Opfers gerichtete Einwirkung erforderlich. Daher muß diese (zumindest auch) als körperlicher Zwang empfunden werden. Ganz unwesentliche Beeinträchtigungen der körperlichen Unversehrtheit scheiden aus. | S/S[25], § 252 Rn. 5 i.V.m. § 249 Rn. 4 |
| **GEWALT** in Form von vis absoluta ist das unmittelbare Erzwingen eines Verhaltens, indem entweder die Willensbildung oder die Verwirklichung des vorhandenen Willens durch Beseitigung ihrer äußeren Voraussetzungen absolut unmöglich gemacht wird. | S/S[25], vor § 234 Rn. 13 |
| Bei vis compulsiva wird Zwang nicht durch die äußere Ausschaltung von alternativen Verhaltensmöglichkeiten, sondern dadurch ausgeübt, daß das Opfer mittels (meist psychischen) Drucks durch gegenwärtige Übelszufügung zu einem bestimmten Verhalten motiviert wird. | S/S[25], vor § 234 Rn. 15 |
| Die **GEWALT** gegen eine Person braucht keine gegenwärtige Leibes- oder Lebensgefahr zu bewirken; unbedeutende Beeinträchtigungen der Körperintegrität genügen jedoch nicht. | La[22], § 252 Rn. 1 i.V.m. § 249 Rn. 2 |
| **DROHUNG** ist das Inaussichtstellen eines künftigen Übels, auf dessen Eintritt der Drohende Einfluß hat oder zu haben vorgibt. | Tr[48], § 252 Rn. 8 i.V.m. § 249 Rn. 4 i.V.m. § 240 Rn. 15 |
| Die **DROHUNG** bezeichnet das Inaussichtstellen eines Übels, dessen Verwirklichung davon abhängen soll, daß der Bedrohte | S/S[25], § 252 Rn. 5 i.V.m. vor § 234 Rn. |

nicht nach dem Willen des Täters reagiert. 30

**DROHUNG** ist das - ausdrückliche oder schlüssige - In-Aussicht-Stellen eines Übels, dessen Eintritt davon abhängen soll, daß der Bedrohte sich nicht dem Willen des Drohenden beugt; dieser muß es daher, anders als bei der bloßen Warnung, als in seiner Macht stehend hinstellen, das Übel - sei es auch nur mittelbar durch Einschaltung eines Dritten - zu verwirklichen.

La[22], § 252 Rn. 1
i.V.m. § 249 Rn. 3
i.V.m. § 240 Rn. 12

---

**GEGENWÄRTIGE GEFAHR** ist ein durch eine beliebige Ursache eingetretener ungewöhnlicher Zustand, in welchem nach den konkreten Umständen der Eintritt eines Schadens wahrscheinlich ist.

Tr[48], § 252 Rn. 8
i.V.m. § 249 Rn. 5
i.V.m. § 34 Rn. 3/4

**GEGENWÄRTIG** ist die **GEFAHR** zunächst, wenn sie alsbald oder in allernächster Zeit in einen Schaden umschlagen kann.

S/S[25], § 252 Rn. 5
i.V.m. § 34 Rn. 17

---

**ABSICHT, SICH IM BESITZ DES GESTOHLENEN GUTES ZU ERHALTEN.** Sie muß von demselben Bestreben geleitet sein, das schon die Zueignungsabsicht bei der Vortat kennzeichnet.

La[22], § 252 Rn. 5

## Konkurrenzen:

§ 252 verdrängt §§ 242, 244, 239, 240 im Wege der Gesetzeskonkurrenz (Spezialität).
§ 252 steht in Idealkonkurrenz zu §§ 113, 211, 212, 223, 224, 255.
War die Vortat ein Diebstahl oder ein Raub, schließen diese auf Konkurrenzebene den § 252 aus, da das Diebstahlselement bereits von diesen erfaßt wird. Die Gewaltanwendung kann dann über § 240 (und ggf. § 223) in Ansatz gebracht werden und steht trotz zeitlicher Trennung in Idealkonkurrenz (Klammerwirkung des subsidiären § 252, vgl. S/S[25], § 252 Rn.13)

## §§ 252, 249, 250. Schwerer räuberischer Diebstahl.

- ***Typ:*** Qualifikation zum Räuberischen Diebstahl.
- ***Prüfung*** immer mit dem Grunddelikt (Obersatz: §§ 252, 249, 250 Abs. ... Nr. ...) und zwar entweder hinter subjektivem Tatbestand oder hinter Schuld des Grunddeliktes.
- Die Absätze 1 und 2 bilden ein abgestuftes System an Gefährlichkeit, wie z.B. die jeweilige Nr. 1 zeigt („nur" Beisichführen bzw. „schon" Verwenden).
- Absatz 3 enthält einen unbenannten minder schweren Fall (klausurmäßig bedeutungslos).
- Wichtige Änderung durch das 6. StrRG (zum 1.4.1998): Durch die Formulierung in Nr. 1b), in der - anders als in 1a) - die Gefährlichkeit des Werkzeuges nicht mehr angesprochen wird, sind jetzt auch Scheinwaffen erfaßt.

### Aufbau Abs. 1:

I. Tatbestand
  1. Objektiver Tatbestand:
    a. Nr. 1. - Tatsubjekt ist
      aa. Täter *oder*
      bb. ein anderer Beteiligter.
    b. Nr. 1.a)
      aa. Tathandlung: Beisichführen
      bb. Tatobjekt: einer Waffe oder eines anderen gefährlichen Werkzeuges
    c. Nr. 1.b)
      aa. Tathandlung: Beisichführen
      bb. Tatobjekt: sonst eines Werkzeuges oder Mittels
    d. Nr. 1.c)
      aa. Tatobjekt: eine andere Person
      bb. Taterfolg: Gefahr einer schweren Gesundheitsschädigung für das Tatobjekt durch die Tat
    e. Nr. 2
      aa. Tatsubjekt: ist Mitglied einer Bande (objektiver Teil), die sich zur fortgesetzten Begehung von Raub oder Diebstahl verbunden hat (subjektiver Teil), *und*
      bb. Tathandlung: Handlung aus Grundtatbestand unter Mitwirkung eines anderen Bandenmitgliedes (objektiver Teil).
  2. Subjektiver Tatbestand:
    a. Vorsatz, mindestens bedingter.
    b. Bei Nr. 2 zusätzlich: Absicht, den Widerstand eines anderen durch Gewalt oder Drohung mit Gewalt zu verhindern oder zu überwinden.

II. Rechtswidrigkeit *und*

III. Schuld: keine Besonderheiten.

### Aufbau Abs. 2:

I. Tatbestand
  1. Objektiver Tatbestand:
    a. Tatsubjekt ist
      aa. Täter *oder*
      bb. ein anderer Beteiligter.
    b. Nr. 1.
      aa. Tathandlung: Verwenden
      bb. Tatobjekt: einer Waffe oder eines anderen gefährlichen Werkzeuges
    c. Nr. 2 i.V.m. I Nr. 2
      aa. Tatsubjekt: ist Mitglied einer Bande (objektiver Teil), die sich zur fortgesetzten Begehung von Raub oder Diebstahl verbunden hat (subjektiver Teil), *und*
      bb. Tathandlung I: Handlung aus Grundtatbestand unter Mitwirkung eines anderen Bandenmitgliedes (objektiver Teil) *und*
      cc. Tathandlung II: Beisichführen
      dd. Tatobjekt: einer Waffe

d. Nr. 3 - Tatobjekt: eine andere Person
aa. Nr. 3.a) Taterfolg: schwere körperliche Mißhandlung bei der Tat
bb. Nr. 3.b) Taterfolg: Gefahr des Todes durch die Tat
2. Subjektiver Tatbestand: Vorsatz, mindestens bedingter.
II. Rechtswidrigkeit *und*
III. Schuld: keine Besonderheiten.

## Definitionen / Erläuterungen:

| | |
|---|---|
| **BEI SICH FÜHRT** die Waffe, wer sie bewußt gebrauchsbereit bei sich hat, am eigenen Körper braucht er sie nicht zu tragen; es genügt, wenn sie sich in Griffweite befindet oder er sich ihrer jederzeit ohne nennenswerten Zeitaufwand bedienen kann. | Tr[48], § 250 Rn. 4 i.V.m. § 244 Rn. 4 |
| Für das **MITSICHFÜHREN** ist keine bestimmte Gebrauchsabsicht erforderlich, sondern die Gefahr einer effektiven Anwendung ausreichend, d.h., daß die Schußwaffe bei Durchführung der Tat notfalls ohne weiteres zum Einsatz gebracht werden könnte. | S/S[25], § 250 Rn. 5 |
| **BEI SICH FÜHRT** bedeutet zeitlich-räumlich, daß der Täter die Waffe bei Begehung der Tat, d.h. in irgendeinem - vom Versuch bis zur Beendigung möglichen- Stadium des Tathergangs derart bei sich haben muß, daß er sie jederzeit, also ohne nennenswerten Zeitaufwand und ohne besondere Schwierigkeiten zum Einsatz bringen könnte. | S/S[25], § 250 Rn. 5 i.V.m. § 244 Rn. 6 |
| **MITFÜHREN** unmittelbar vor Beginn des Versuchs oder auf der Flucht nach einem mißlungenen Versuch genügt nicht. Tragen der Waffe in der Hand oder am Körper ist nicht erforderlich; es reicht aus, wenn sie dem Beteiligten zur Verfügung steht, d.h. von ihm bei Annäherung anderer jederzeit ergriffen und gebraucht werden kann. | La[22], § 250 Rn. 2 i.V.m. § 244 Rn. 2 |
| Eine **WAFFE ODER SONST EIN WERKZEUG** oder ein **MITTEL** ist nur ein Gegenstand, der nach seiner Art und seinem Verwendungszweck in der konkreten Situation dazu geeignet ist, Widerstand durch Gewalt oder durch Drohung mit Gewalt zu verhindern oder zu überwinden. | La[22], § 250 Rn. 2 i.V.m. § 244 Rn. 4 |
| **GEFÄHRLICHES WERKZEUG.** Der Begriff des „gefährlichen Werkzeugs" ist § 223a Abs. 1 (= § 224 Abs. 1 Nr. 2 nF) entnommen, so daß zur Auslegung auf die hierzu entwickelten Grundsätze zurückgegriffen werden kann. Danach ist z. B. Salzsäure als gefährliches Werkzeug anzusehen (BGHSt 1, 1). | Verf. (BTDr.) |
| **EIN GEFÄHRLICHES WERKZEUG** ist ein solches, das nach seiner objektiven Beschaffenheit und nach der Art seiner Benutzung im Einzelfall geeignet ist, erheblichere Körperverletzungen zuzufügen. | Tr[48], § 223a Rn. 2 |

**GEFÄHRLICHES WERKZEUG** ist jeder Gegenstand, der bei der konkreten Art der Benutzung und des Körperteils, auf den er angewendet wird, geeignet ist, erhebliche Verletzungen hervorzurufen.

S/S[25], § 223a Rn. 4

**GEFÄHRLICH** ist ein **WERKZEUG**, das nach objektiver Beschaffenheit und nach Art der Benutzung im konkreten Fall erhebliche Verletzungen herbeizuführen geeignet ist.

La[22], § 223a Rn. 5

---

**WERKZEUG** ist jeder Gegenstand, mittels dessen durch Einwirkung auf den Körper eine Verletzung zugefügt werden kann. Es muß nicht notwendig ein gefährliches Werkzeug i.S. d. § 223a sein.

Tr[48], § 250 Rn. 4
i.V.m. § 244 Rn. 7
i.V.m. § 223a Rn. 2

Unter **WERKZEUGE** sind solche Gegenstände zu verstehen, mit denen gegebenenfalls der Widerstand eines anderen durch Gewalt oder Drohung mit Gewalt verhindert oder überwunden werden soll. Stets muß es sich dabei um körperliche Gegenstände handeln.

S/S[25], § 250 Rn. 15
i.V.m. § 244 Rn. 13

---

**MITTEL.** Erfaßt werden sollen zum einen die sogenannten Scheinwaffen (z. B. eine Spielzeugpistole) und solche Gegenstände, die - wie z. B. ein Kabelstück oder ein Tuch - zur gewaltsamen Überwindung eingesetzt werden sollen, ohne hierbei objektiv wenigstens Leibesgefahr zu begründen. Es wird davon ausgegangen, daß die einschränkende neuere Rechtsprechung des BGH (St 38, 116, 117 bis 119 („kurzes gebogenes Plastikrohr von ca. 3 cm Durchmesser"); NStZ 1997, S. 184/185 („Lippenpflegestift Labello")) auch bei der Auslegung von § 250 Abs. 1 Nr. 1 Buchstabe b Beachtung finden wird.

Verf.
(BTDr.)

---

**GEWALT** ist der physisch vermittelte Zwang zur Überwindung eines geleisteten oder erwarteten Widerstandes.

Tr[48], § 250 Rn. 4
i.V.m. § 240 Rn. 5

**GEWALT** in Form von vis absoluta ist das unmittelbare Erzwingen eines Verhaltens, indem entweder die Willensbildung oder die Verwirklichung des vorhandenen Willens durch Beseitigung ihrer äußeren Voraussetzungen absolut unmöglich gemacht wird.

S/S[25], vor § 234
Rn. 13

Bei vis compulsiva wird Zwang nicht durch die äußere Ausschaltung von alternativen Verhaltensmöglichkeiten, sondern dadurch ausgeübt, daß das Opfer mittels (meist psychischen) Drucks durch gegenwärtige Übelszufügung zu einem bestimmten Verhalten motiviert wird.

S/S[25], vor § 234
Rn. 15

---

**DROHUNG** ist das Inaussichtstellen eines künftigen Übels, auf dessen Eintritt der Drohende Einfluß hat oder zu haben vorgibt.

Tr[48], § 250 Rn. 4
i.V.m. § 240 Rn. 15

---

**ÜBERWINDEN** bedeutet, einen etwa geleisteten Widerstand zu brechen. Wegen der Parallelität von § 250 I Nr. 2 und § 244 I

Tr[48], § 250 Rn. 4
i.V.m. § 244 Rn. 8

| | |
|---|---|
| Nr. 2 ist bei Taten, die im Versuchsstadium vor der Gewaltanwendung stehen bleiben, nur dann §§ 249 I, 250 I Nr. 2, 22 einschlägig, wenn der Täter das Mittel *unbedingt* benutzen wollte. Bei (nur) eventueller Benutzungsabsicht liegt dagegen nur §§ 242 I, 244 I Nr. 2, II, 22 vor. | |
| **GEFAHR** ist ein durch die Tat eingetretener ungewöhnlicher Zustand, in welchem nach den konkreten Umständen der Eintritt eines Schadens wahrscheinlich ist. | La[22], § 250 Rn. 3 i.V.m. § 315c Rn. 21 |
| **SCHWERE GESUNDHEITSBESCHÄDIGUNG**. Hierfür müssen nicht schwere Körperverletzungen i.S. von § 224 – (heute § 226 d.V.) zu befürchten sein, vielmehr genügen bereits Gesundheitsschäden, die den Verletzten in seiner physischen oder psychischen Stabilität oder in seiner Arbeitsfähigkeit nachhaltig beeinträchtigen oder ihn in eine qualvolle oder langwierige Krankheit stürzen könnten. | Verf. (S/S[25], § 218 Rn. 44) |
| **SCHWERE GESUNDHEITSBESCHÄDIGUNG** ist ein langwieriger, qualvoller oder die Leistungsfähigkeit schwer beeinträchtigender physischer oder psychischer Krankheitszustand. | Verf. (La[22], § 218 Rn. 20) |
| **SCHWERE GESUNDHEITSSCHÄDIGUNG** setzt keine schwere Körperverletzung (§ 224 [– heute § 226 d.V.]) voraus, sondern liegt etwa auch vor bei der Gefahr des Eintritts einer langwierigen ernsten Krankheit oder der Gefahr der erheblichen Beeinträchtigung der Arbeitskraft für eine lange Zeit. | Verf. (La[22], § 330 Rn. 2) |
| **BANDE** ist eine lose Gruppe von mehr als (str.) 2 Mitgliedern. | Tr[48], § 250 Rn. 8 i.V.m. § 244 Rn. 9 |
| **BANDENRAUB** liegt vor, wenn mindestens zwei Mitglieder einer Raubesbande, die sich zur fortgesetzten Begehung von Raub oder Diebstahl verbunden hat, den Diebstahl ausführen. | S/S[25], § 250 Rn. 26 i.V.m. § 244 Rn. 23 |
| **BANDE** ist nach der Rspr. eine auf ausdrücklicher oder stillschweigender Vereinbarung beruhende und für eine gewisse Dauer vorgesehene Verbindung einer Mehrzahl von Personen zur Begehung mehrerer selbständiger, im einzelnen noch ungewisser Taten nach §§ 242, 249. Dabei soll die Verbindung von zwei Personen genügen. | La[22], § 250 Rn. 2 i.V.m. § 244 Rn. 6 |
| Für den **BANDENRAUB** genügt es, daß die Verabredung nur auf Diebstähle (nicht auf Raub) ging. | La[22], § 250 Rn. 2 |
| Mit **FORTGESETZTER BEGEHUNG** ist nicht eine fortgesetzte Tat im herkömmlichen Sinn gemeint, sondern Begehung mehrerer selbständiger, im einzelnen noch ungewisser Taten, Beschränkung der geplanten Taten nach Zeit und Ort oder nach Gegenständen, ist ohne Bedeutung, die auf denselben Eigentümer jedoch nur dann, wenn er immer wieder an verschiedenen Orten und unter verschiedenen Möglichkeiten bestohlen wer- | Tr[48], § 250 Rn. 8 i.V.m. § 244 Rn. 10 |

den kann.

| | |
|---|---|
| **ALS MITGLIED DER BANDE** muß der Täter einen Diebstahl begehen. Er muß sich also der Verbindung mit ihrer Planung tatsächlich eingegliedert haben und die Tat muß in die Kette der fortlaufenden Begehung derartiger Taten gehören. | Tr[48], § 250 Rn. 8 i.V.m. § 244 Rn. 11 |
| **MITWIRKEN** ist ein örtliches und zeitliches Zusammenwirken von mindestens zwei Bandenmitgliedern bei Ausführung der Tat. | S/S[25], § 244 Rn. 26 |
| **MITWIRKEN** ist ein örtliches und zeitliches, wenn auch nicht notwendig körperliches, Zusammenwirken mit anderen am Tatort anwesenden Bandenmitgliedern. | La[22], § 244 Rn. 8 |
| ***BEACHTE:*** Bei Teilnahme von Personen, die nicht Bandenmitglied sind, ist hinter dem subj. TB eine eventuelle Tatbestandsverschiebung gemäß § 28 II zu prüfen (auf §§ 252, 249). Es ist umstritten, ob die Bandenmitgliedschaft ein besonderes *persönliches* Merkmal i.S.d. § 28 II ist, da z.T. an die besondere Gefahr der Bandentätigkeit angeknüpft wird, was zu einem *tatbezogenen* Merkmal führt, vgl. La[22], § 244 Rn. 7. | Verf. |
| **VERWENDEN.** | k. A. |
| **KÖRPERLICH SCHWER MIßHANDELT** ist die Person nicht schon bei einer nicht unerheblichen Beeinträchtigung ihrer körperlichen Unversehrheit, selbst dann nicht, wenn es sich um eine rohe Mißhandlung handelt. | Verf. (La[22], § 176 Rn. 9) |
| **GEFAHR** ist ein durch die Tat eingetretener ungewöhnlicher Zustand, in welchem nach den konkreten Umständen der Eintritt eines Schadens wahrscheinlich ist. | La[22], § 250 Rn. 3 i.V.m. § 315c Rn. 21 |
| **TOD.** Für die Feststellung des Todes kommt es weder auf den völligen Ausfall jeglicher biologischer Lebensregungen noch bereits auf den Stillstand von Herz- und Atmungstätigkeit an, sondern allein auf den sog. Hirntod. Damit ist der irreversible und totale Funktionsausfall des Gehirns gemeint. | S/S[25], Vorbem. § 211 Rn. 18 |

## Konkurrenzen:

§§ 252, 249, 250 Abs. ... Nr. ... verdrängen §§ 252, 249 im Wege der Gesetzeskonkurrenz (Spezialität). Hinter einem vollendeten qualifizierten Raub tritt §§ 252 (selbst wenn er selbst nach § 250 qualifiziert ist) zurück. Ein nicht qualifizierter Raub tritt aber seinerseits hinter § 252 zurück, wenn die Qualifikation bei der Beutesicherung verwirklicht wurde (S/S[25], § 250 Rn. 28).

# §§ 252, 249, 251. Räuberischer Diebstahl mit Todesfolge.

- ❍ ***Typ:*** Erfolgsqualifikation (§ 18) zum räuberischen Diebstahl.
- ❍ ***Prüfung*** immer mit dem Grunddelikt (Obersatz: §§ 252, 249, 251) und zwar entweder hinter subjektivem Tatbestand oder hinter Schuld des Grunddeliktes.
- ❍ (Wenn §§ 252, 249, 250 Abs. ... Nr. ... und 251 zusammentreffen, ***Prüfung trennen:*** 1. §§ 252, 249, 250 Abs. ..., Nr. ... und 2. §§ 252, 249, 251.)

## Aufbau:

I. Tatbestand
  1. Objektiver Tatbestand:
     a. schwere Folge (der Tod des Verletzten),
     b. Verbindung zur Tathandlung (Gewalt, Drohung) des Grundtatbestandes (§ 252),
     c. Fahrlässigkeitsmerkmale (§ 18)
        aa. obj. Sorgfaltspflichtverletzung im Hinblick auf die schwere Folge (ist durch den räuberischen Diebstahl indiziert),
        bb. obj. Vorhersehbarkeit,
        cc. obj. Zurechnungszusammenhang,
        dd. Schutzzweck der Sorgfaltspflicht (schwere Folge muß Realisierung der Raubgefahr sein).
  2. Subjektiver Tatbestand: Eintritt der Folge gesehen (bewußte F.) oder nicht gesehen (unbewußte F.).

II. Rechtswidrigkeit.

III. Schuld:
  1. Subj. Sorgfaltspflichtverletzung,
  2. subj. Vorhersehbarkeit.

## Definitionen / Erläuterungen:

| | |
|---|---|
| **Tod**. Für die Feststellung des Todes kommt es weder auf den völligen Ausfall jeglicher biologischer Lebensregungen noch bereits auf den Stillstand von Herz- und Atmungstätigkeit an, sondern allein auf den sog. Hirntod. Damit ist der irreversible und totale Funktionsausfall des Gehirns gemeint. | S/S[25], Vorbem. § 211 Rn. 18 |
| Unter **Leichtfertigkeit** fällt nicht jede Fahrlässigkeit, sondern nur ein starker Grad von Fahrlässigkeit, etwa entsprechend der „groben Fahrlässigkeit" i.S. des Zivilrechts. | S/S[25], § 251 Rn. 6 i.V.m. § 15 Rn. 205 |
| **Leichtfertigkeit** ist ein erhöhter Grad von Fahrlässigkeit. Sie entspricht objektiv der groben Fahrlässigkeit des bürgerlichen Rechts, legt subjektiv aber die persönlichen Fähigkeiten und Kenntnisse des Täters zugrunde. | La[22], § 251 Rn. 2 i.V.m. § 15 Rn. 55 |
| Für die **Leichtfertigkeit** kommt es darauf an, ob Sorgfaltsmangel und Voraussehbarkeit - lediglich bezogen auf die | La[22], § 251 Rn. 2 |

Herbeiführung des Todes - das Urteil grober Fahrlässigkeit rechtfertigen.

## Konkurrenzen:

§§ 252, 251 verdrängen im Wege der Gesetzeskonkurrenz (Spezialität) §§ 222, 226. §§ 252, 251 verdrängen §§ 252, 250 I im Wege der Gesetzeskonkurrenz (Konsumtion Nr. 1, 2 und 4 / Subsidiarität Nr. 3). §§ 252, 251 stehen in Idealkonkurrenz mit §§ 212, 211 (str., siehe Anmerkung zu § 251). Zum Verhältnis zu § 249 vgl. Anmerkung zu §§ 252, 250.

# § 253. Erpressung.

## Gesetzestext:

(1) Wer einen Menschen rechtswidrig mit Gewalt oder durch Drohung mit einem empfindlichen Übel zu einer Handlung, Duldung oder Unterlassung nötigt und dadurch dem Vermögen des Genötigten oder eines anderen Nachteil zufügt, um sich oder einen Dritten zu Unrecht zu bereichern, wird mit Freiheitsstrafe bis zu fünf Jahren oder mit Geldstrafe bestraft.

(2) Rechtswidrig ist die Tat, wenn die Anwendung der Gewalt oder die Androhung des Übels zu dem angestrebten Zweck als verwerflich anzusehen ist.

(3) Der Versuch ist strafbar.

(4) In besonders schweren Fällen ist die Strafe Freiheitsstrafe nicht unter einem Jahr. Ein besonders schwerer Fall liegt in der Regel vor, wenn der Täter gewerbsmäßig oder als Mitglied einer Bande handelt, die sich zur fortgesetzten Begehung einer Erpressung verbunden hat.

## Überblick:

- ***Typ:*** vorsätzliches Begehungsdelikt.
- ***Versuch*** ist strafbar, Abs. 3.
- Abs. 1 ist ***Grundtatbestand*** mit „offener Rechtswidrigkeit". Abs. 2 enthält daher eine dem § 240 II entsprechende Zweck-Mittel-Relationsklausel.
- Abs. 4 enthält in S. 2 zwei Strafzumessungsregeln (Regelbeispiele, wie § 243), kein Tatbestand. ***Prüfung*** immer mit dem Grunddelikt (Obersatz: § 253 I, IV S. 1, S. 2) und zwar hinter Schuld des Grunddeliktes.
- ***Qualifikation*** in §§ 255, 249.
- ***Schutzgut*** sind das Vermögen und die persönliche Freiheit, wobei allerdings der Schwerpunkt auf dem Vermögen liegt (La[22], § 253 Rn. 1).

## Aufbau (Abs. 1):

I. Tatbestand
   1. Objektiver Tatbestand:

a. Tathandlung - Nötigung mit Gewalt oder Drohung mit empfindlichen Übel;
b. dadurch kausal hervorgerufen: Taterfolg I - Verhalten des Genötigten (Handlung, Duldung, Unterlassung), das in einer Vermögensverfügung bestehen muß, (h.M., a.A. Rspr.);
c. dadurch kausal hervorgerufen: Taterfolg II - Vermögensnachteil beim Genötigten oder einem Dritten.

2. Subjektiver Tatbestand:
   a. Vorsatz, mindestens bedingter, bez. obj. TB,
   b. zusätzlich: Absicht der Bereicherung, rechtswidriger für sich oder einen Dritten.
   c. Stoffgleichheit zwischen Bereicherung und Schaden.

II. Rechtswidrigkeit:
1. allgemeine Rechtfertigungsgründe prüfen *und*
2. die Voraussetzungen des Abs. 2 feststellen: Verwerflichkeit - Überprüfung anhand der Zweck-Mittel-Relation, Abs. 2.
   a. Bestimmung der Zweck-Qualität,
   b. Bestimmung der Mittel-Qualität,
   c. Bestimmung der Relation.

   *Nur die Relation* entscheidet, nicht die einzelne Qualität!

   Aufbauhinweis: Wenn § 255 in Frage kommt, diesen direkt mitprüfen und zwar am besten schon im objektiven (!) TB. Man muß dann auf die Zweck-Mittel-Relation nicht mehr eingehen.

III. Schuld: keine Besonderheiten.

## Aufbau (Abs. 4 S. 2 - Regelbeispiele):

1. Objektive Elemente:
   a. (Verwirklichung des Grunddeliktes geschah) gewerbsmäßig *oder*
   b. (Täter handelte) als Mitglied einer Bande, die sich zur fortgesetzten Begehung einer Erpressung verbunden hat („Schutzgelderpressung“)
2. Subjektive Elemente: Vorsatz, mindestens bedingter

## Definitionen / Erläuterungen:

| | |
|---|---|
| **GEWALT** ist der physisch vermittelte Zwang zur Überwindung eines geleisteten oder erwarteten Widerstandes. Da es zu einer Vermögensverfügung kommen muß, fällt nur die willensbeugende Gewalt (vis compulsiva) hierunter, nicht aber die willensverhindernde Gewalt (vis absoluta). | Tr[48], § 253 Rn. 5 i.V.m. § 240 Rn. 5 |
| **GEWALT** i.allg.S. der Freiheitsdelikte ist jedes Mittel, mit dem auf den Willen oder das Verhalten eines anderen durch ein gegenwärtiges empfindliches Übel eine Zwangswirkung ausgeübt wird. | S/S[25], § 253 Rn. 3 i.V.m. vor § 234 Rn. 6 |
| Hier kommt mit Rücksicht darauf, daß sich das abgenötigte Verhalten als Vermögensverfügung darstellen muß, nur vis compulsiva in Betracht, nicht vis absoluta. | S/S[25], § 253 Rn. 3 |

Bei **GEWALT** in Form von vis compulsiva wird Zwang nicht durch die äußere Ausschaltung von alternativen Verhaltensmöglichkeiten, sondern dadurch ausgeübt, daß das Opfer mittels (meist psychischen) Drucks durch gegenwärtige Übelszufügung zu einem bestimmten Verhalten motiviert wird. Vis absoluta ist das unmittelbare Erzwingen eines Verhaltens, indem entweder die Willensbildung oder die Verwirklichung des vorhandenen Willens durch Beseitigung ihrer äußeren Voraussetzungen absolut unmöglich gemacht wird.

S/S[25], vor § 234 Rn. 153

Als **GEWALT** kommt hier jedoch nur vis compulsiva, d.h. Einwirkung auf den Willen des Opfers in Frage.

La[22], § 253 Rn. 2

---

***BEACHTE:*** Da die Gewalt *gegen eine Person* gemäß § 255 qualifizierend wirkt, gilt § 253 isoliert nur bei Gewalt gegen Sachen. Im übrigen liegt er natürlich *auch* bei Gewalt gegen eine Person vor, wird dann aber (in den Konkurrenzen) von § 255 verdrängt.

Verf.

---

**DROHUNG** ist das Inaussichtstellen eines künftigen Übels, auf dessen Eintritt der Drohende Einfluß hat oder zu haben vorgibt. Mit einem empfindlichen Übel wird gedroht, wenn der in Aussicht gestellte Nachteil von einer Erheblichkeit ist, daß seine Ankündigung geeignet erscheint, den Bedrohten i.S. des Täterverlangens zu motivieren, es sei denn, daß gerade von diesem Bedrohten in seiner Lage erwartet werden kann, daß er der Drohung in besonnener Selbstbehauptung standhält.

Tr[48], § 253 Rn. 6 i.V.m. § 240 Rn. 15-17

Die **DROHUNG** bezeichnet das Inaussichtstellen eines Übels, dessen Verwirklichung davon abhängen soll, daß der Bedrohte nicht nach dem Willen des Täters reagiert.

S/S[25], § 253 Rn. 4 i.V.m. § 240 Rn. 9 i.V.m. vor § 234 Rn. 30

---

**VERMÖGEN** ist der Inbegriff aller geldwerten Güter einer Person (h.M.: extrem-wirtschaftlicher Vermögensbegriff).

Tr[48], § 263 Rn. 27

**VERMÖGEN** ist nach herrschender, aber zunehmend in Frage gestellter Meinung die Summe aller wirtschaftlichen (geldwerten) Güter einer natürlichen oder juristischen Person nach Abzug der Verbindlichkeiten.

La[22], § 253 Rn. 4 i.V.m. § 263 Rn. 33

---

***BEACHTE:*** Einzelne **VERMÖGENSBEGRIFFE** sind strittig. Juristischer Vermögensbegriff: nur rechtlich geschütztes Vermögen; Personaler Vermögensbegriff: die wirtschaftliche Potenz des Vermögensträgers; juristisch-ökonomischer Vermögensbegriff: wie wirtschaftlicher V., aber ohne „Ansprüche" aus verbotenen oder unsittlichen Rechtsgeschäften und ohne den unrechtmäßigen Besitz.

Gute Darstellung bei: S/S[25], § 263 Rn. 80-82

---

**VERMÖGENSVERFÜGUNG** ist jedes Handeln, Dulden oder Un-

S/S[25], § 253 Rn. 8

| | |
|---|---|
| terlassen, das eine Vermögensminderung (Schaden) unmittelbar herbeiführt. Es reicht daher jede tatsächliche Einwirkung auf das Vermögen aus, eine Verfügung i.S. des bürgerlichen Rechts oder auch nur eine Willenserklärung ist nicht erforderlich. | i.V.m. § 263 Rn. 55 |
| **VERFÜGUNG** ist jedes Handeln, Dulden oder Unterlassen, das sich unmittelbar, d.h. ohne zusätzliche deliktische Zwischenhandlung des Täters, vermögensmindernd auswirkt; ob die Minderung durch ein Äquivalent kompensiert wird, ist unerheblich. | La[22], § 253 Rn. 3 i.V.m. § 263 Rn. 22 |
| Bei der **VERMÖGENSVERFÜGUNG** ist die Unmittelbarkeit der Vermögensminderung nicht in jedem Falle erforderlich; es genügt, wenn der Genötigte an der Vermögensverschiebung in einer Weise mitwirkt, die nach seiner Vorstellung für die Herbeiführung des Schadens unerläßlich ist. | La[22], § 253 Rn. 3 |
| ***BEACHTE:*** **VERMÖGENSVERFÜGUNG** ist also jedes unmittelbar vermögensmindernde vom Willen des Opfers abhängende Verhalten (= Verhalten, bei dem das Opfer eine sinnvolle Verhaltensalternative hat - ansonsten liegt z.B. Wegnahme vor). Genötigter und Verfügender müssen identisch sein (aber auch durch die Bedrohung eines Dritten kann das Opfer genötigt werden). | Verf. |
| **VERMÖGENSNACHTEIL = VERMÖGENSSCHADEN** = wenn sich eine Wertminderung des Vermögens und zwar in seinem funktionalen Gesamtbestand ergibt. | Tr[48], § 253 Rn. 11 i.V.m. § 263 Rn. 27a |
| **VERMÖGENSNACHTEIL**. Das Vermögen erleidet einen Schaden, wenn sein wirtschaftlicher Gesamtwert durch die Verfügung des Getäuschten vermindert wird, wenn also nicht lediglich eine Vermögensvermehrung ausbleibt, sondern entweder die Aktiven ihrem Wert nach verringert werden oder neue Verbindlichkeiten entstehen, ohne daß diese Einbuße durch einen unmittelbaren Zuwachs voll ausgeglichen wird. | La[22], § 253 Rn. 4 i.V.m. § 263 Rn. 36 |
| ***BEACHTE:*** Dies ist der Fall, wenn sich bei einer Saldierung der Vermögenslage vor und nach der Verfügung ein Minus ergibt. Hier sind jetzt - im Gegensatz zur Vermögensverfügung - auch erlangte Vorteile zu berechnen. | Verf. |
| Der **VERMÖGENSVORTEIL** ist das Gegenstück zum Vermögensschaden des Geschädigten. Daher stellt jede günstigere Gestaltung der Vermögenslage, jede Erhöhung des Vermögenswertes einen Vermögensvorteil dar. | S/S[25], § 253 Rn. 17 i.V.m. § 263 Rn. 167 |
| **VERMÖGENSVORTEIL** = Bereicherung. Bereicherung ist jede günstigere Gestaltung der Vermögenslage. | S/S[25], § 253 Rn. 17 |
| **VERMÖGENSVORTEIL** ist jede wirtschaftliche Verbesserung der Vermögenslage, also das genaue Gegenteil des Vermögens- | La[22], § 253 Rn. 8 i.V.m. § 263 Rn. 59 |

schadens.

| | |
|---|---|
| *BEACHTE:* **BEREICHERUNG = VERMÖGENSVORTEIL** ist jede günstigere Gestaltung der Vermögenslage, also wenn sich nach der Verfügung für den Täter oder einen Dritten ein Plus ergibt. **STOFFGLEICHHEIT** liegt vor, wenn die Bereicherung ohne Umweg über das Vermögen eines Dritten unmittelbar aufgrund der Verfügung erfolgt (str., ob bei 253 erforderlich). Zu vergleichen sind dabei im wesentlichen nur die durch die Verfügung bewirkte Minderung auf der Seite des Geschädigten und die dadurch erlangten Vorteile auf der Seite des Täters, bzw. Dritten. Die vom Geschädigten erlangten Vorteile können außer acht bleiben (keine Gesamtsaldierung). | Verf. |
| **RECHTSWIDRIG** bedeutet hier materielles und nicht formales Unrecht. | Tr[48], § 253 Rn. 14 |
| **RECHTSWIDRIG** ist jeder Vermögensvorteil, auf den man kein Recht hat. | Tr[48], § 253 Rn. 14 i.V.m. § 263 Rn. 43 = La[22], § 253 Rn. 9 i.V.m. § 263 Rn. 61 |
| **GEWERBSMÄßIG** handelt, wer sich aus wiederholter Tatbegehung (und sei es auch nur innerhalb des Gesamtvorsatzes einer Fortsetzungstat) eine nicht nur vorübergehende Einnahmequelle von einigem Umfang verschaffen möchte, ohne daß er daraus ein „kriminelles Gewerbe" zu machen braucht. | Tr[48], § 253 Rn. 16a i.V.m. vor § 52 Rn. 43 |
| **GEWERBSMÄßIG** handelt, wem es darauf ankommt, sich aus wiederholter (u.U. auch nur fortgesetzter) Begehung eine fortlaufende Haupt- oder auch nur Nebeneinnahmequelle von einiger Dauer und einigem Umfang zu schaffen, ohne daß er daraus ein „kriminelles Gewerbe" zu machen braucht. | La[22], § 253 Rn. 12 i.V.m. § 261 Rn. 12 i.V.m. vor § 52 Rn. 20 |
| **BANDE** ist eine lose Gruppe von mehr als (str.) 2 Mitgliedern. | Tr[48], § 253 Rn. 16a i.V.m. § 244 Rn. 9 |
| **ALS MITGLIED DER BANDE** muß der Täter eine Erpressung begehen. Er muß sich also der Verbindung mit ihrer Planung tatsächlich eingegliedert haben und die Tat muß in die Kette der fortlaufenden Begehung derartiger Taten gehören. | Tr[48], § 253 Rn. 16a i.V.m. § 244 Rn. 11 |
| Mit **FORTGESETZTER BEGEHUNG** ist nicht eine fortgesetzte Tat im herkömmlichen Sinn gemeint, sondern Begehung mehrerer selbständiger, im einzelnen noch ungewisser Taten, Beschränkung der geplanten Taten nach Zeit und Ort oder nach Gegenständen, ist ohne Bedeutung, die auf dasselbe Opfer jedoch nur dann, wenn es immer wieder an verschiedenen Orten und unter verschiedenen Möglichkeiten erpreßt werden kann. | Tr[48], § 253 Rn. 16a i.V.m. § 244 Rn. 10 |

## Konkurrenzen:

§ 253 I verdrängt §§ 240, 241 im Wege der Gesetzeskonkurrenz (Spezialität). § 253 I steht in Idealkonkurrenz mit §§ 239b, 302a, 224, 259, 263, 315b.

# § 255. Räuberische Erpressung.

## Gesetzestext:

Wird die Erpressung durch Gewalt gegen eine Person oder unter Anwendung von Drohungen mit gegenwärtiger Gefahr für Leib oder Leben begangen, so ist der Täter gleich einem Räuber zu bestrafen.

## Überblick:

- ***Typ:*** Qualifikation zur Erpressung.
- ***Versuch*** ist strafbar (Verbrechen).
- ***Prüfung*** immer mit dem Grunddelikt (Obersatz: §§ 253 I, 255, 249). Dogmatisch richtig wäre eine Prüfung hinter subjektivem Tatbestand und ***vor der Rechtswidrigkeit des Grunddeliktes*** (wenn § 255 vorliegt, entfällt die Zweck-Mittel-Relationsprüfung). Zweckmäßig ist es jedoch, im Rahmen von §§ 253, 255 ***ausnahmsweise (!)*** Grunddelikt und Qualifikation bereits im objektiven (und danach dann natürlich auch subj.) Tatbestand zusammen zu prüfen.
- §§ 250 und 251 sind weitere ***Qualifikationen***.

## Aufbau:

I. Tatbestand
   1. Objektiver Tatbestand:
      a. Tathandlung -
         aa. Gewalt gegen eine Person *oder*
         bb. Anwendung von Drohungen mit gegenwärtiger Gefahr für Leib oder Leben.
   2. Subjektiver Tatbestand: Vorsatz, mindestens bedingter.
II. Rechtswidrigkeit: Keine Zweck Mittel Relation.
III. Schuld: keine Besonderheiten.

## Definitionen / Erläuterungen:

**GEWALT** ist der (dem Opfer oder einem Dritten) physisch vermittelte Zwang (hier: nicht gegen Sachen) zur Überwindung eines geleisteten oder erwarteten Widerstandes. Da eine Verfügung erreicht werden muß (str. siehe oben), kommt auch hier nur willensbeugende Gewalt in Betracht. — Tr[48], § 255 Rn. 1 i.V.m. § 240 Rn. 5 und § 253 Rn. 4

**GEWALT** i.allg.S. der Freiheitsdelikte ist jedes Mittel, mit dem — S/S[25], § 255 Rn. 2

auf den Willen oder das Verhalten eines anderen durch ein gegenwärtiges empfindliches Übel eine Zwangswirkung ausgeübt wird. Im übrigen kommt sowohl vis absoluta wie auch vis compulsiva in Betracht.

i.V.m. 249 Rn. 4
i.V.m. vor § 234 Rn. 6

Diese muß sich hier gegen eine Person richten. Dafür ist eine zumindest mittelbar gegen den Körper des Opfers gerichtete Einwirkung erforderlich. Daher muß diese (zumindest auch) als körperlicher Zwang empfunden werden. Ganz unwesentliche Beeinträchtigungen der körperlichen Unversehrtheit scheiden aus.

S/S[25], § 255 Rn. 2
i.V.m. § 249 Rn. 4

**GEWALT** in Form von vis absoluta ist das unmittelbare Erzwingen eines Verhaltens, indem entweder die Willensbildung oder die Verwirklichung des vorhandenen Willens durch Beseitigung ihrer äußeren Voraussetzungen absolut unmöglich gemacht wird.

S/S[25], vor § 234 Rn. 13

Bei vis compulsiva wird Zwang nicht durch die äußere Ausschaltung von alternativen Verhaltensmöglichkeiten, sondern dadurch ausgeübt, daß das Opfer mittels (meist psychischen) Drucks durch gegenwärtige Übelszufügung zu einem bestimmten Verhalten motiviert wird.

S/S[25], vor § 234 Rn. 15

Die **GEWALT** gegen eine Person braucht keine gegenwärtige Leibes- oder Lebensgefahr zu bewirken; unbedeutende Beeinträchtigungen der Körperintegrität genügen jedoch nicht.

La[22], § 255 Rn. 1
i.V.m. § 249 Rn. 2

---

**DROHUNG** ist das Inaussichtstellen eines künftigen Übels, auf dessen Eintritt der Drohende Einfluß hat oder zu haben vorgibt.

Tr[48], § 255 Rn. 1
i.V.m. § 240 Rn. 15

Die **DROHUNG** bezeichnet das Inaussichtstellen eines Übels, dessen Verwirklichung davon abhängen soll, daß der Bedrohte nicht nach dem Willen des Täters reagiert.

S/S[25], § 255 Rn. 2
i.V.m. vor § 234 Rn. 30

**DROHUNG** ist das - ausdrückliche oder schlüssige - In-Aussicht-Stellen eines Übels, dessen Eintritt davon abhängen soll, daß der Bedrohte sich nicht dem Willen des Drohenden beugt; dieser muß es daher, anders als bei der bloßen Warnung, als in seiner Macht stehend hinstellen, das Übel - sei es auch nur mittelbar durch Einschaltung eines Dritten - zu verwirklichen.

La[22], § 255 Rn. 1
i.V.m. § 249 Rn. 3
i.V.m. § 240 Rn. 12

---

**GEFAHR** ist ein durch eine beliebige Ursache eingetretener ungewöhnlicher Zustand, in welchem nach den konkreten Umständen der Eintritt eines Schadens wahrscheinlich ist.

Tr[48], § 255 Rn. 1
i.V.m. § 34 Rn. 3

Eine **GEFAHR** liegt vor, wenn nicht nur die gedankliche Möglichkeit, sondern eine auf festgestellte tatsächliche Umstände gegründete, über die allgemeinen Lebensrisiken hinausgehende Wahrscheinlichkeit eines schädigenden Ereignisses besteht.

S/S[25], § 255 Rn. 2
i.V.m. § 34 Rn. 12

**GEFAHR** ist ein ungewöhnlicher Zustand, in dem nach den

La[22], § 255 Rn. 1

| | |
|---|---|
| konkreten Umständen der Eintritt eines Schadens naheliegt. | i.V.m. § 249 Rn. 3<br>i.V.m. § 315c Rn. 21 |
| **GEGENWÄRTIG** ist die Gefahr zunächst, wenn sie alsbald oder in allernächster Zeit in einen Schaden umschlagen kann. | S/S[25], § 255 Rn. 2<br>i.V.m. § 34 Rn. 17 |
| **GEGENWÄRTIG** ist eine **GEFAHR**, auch eine Dauergefahr, dann, wenn nach menschlicher Erfahrung der ungewöhnliche Zustand bei natürlicher Weiterentwicklung jederzeit in einen Schaden umschlagen kann, wenn also der Eintritt eines Schadens sicher oder doch höchstwahrscheinlich ist, sofern nicht alsbald Abwehrmaßnahmen ergriffen werden. | La[22], § 255 Rn. 1<br>i.V.m. § 249 Rn. 3<br>i.V.m. § 34 Rn. 2 |

## Konkurrenzen:

§ 255 verdrängt § 253 im Wege der Gesetzeskonkurrenz (Spezialität). § 255 steht in Idealkonkurrenz mit §§ 125a Nr. 4, 113, 177, 212, 211, 223. Das Verhältnis zu § 249 ist umstritten, verlangt man eine Vermögensverfügung im Rahmen der § 253, 255, schließen sich die beiden Delikte tatbestandlich aus, verlangt man mit der Rspr. keine Vermögensverfügung, so liegen beide Delikte nebeneinander vor, wobei § 255 im Rahmen der Gesetzeskonkurrenz (Spezialität) zurücktritt, vgl. S/S[25], § 253 Rn. 31.

# §§ 253, 255, 249, 250. Schwere räuberische Erpressung.

- ***Typ:*** Qualifikation zur räuberischen Erpressung.
- ***Prüfung*** immer mit dem Grunddelikt (Obersatz: §§ 253, 255, 249, 250 Abs. ... Nr. ...) und zwar entweder hinter subjektivem Tatbestand oder hinter Schuld des Grunddeliktes.
- Die Absätze 1 und 2 bilden ein abgestuftes System an Gefährlichkeit, wie z.B. die jeweilige Nr. 1 zeigt („nur" Beisichführen bzw. „schon" Verwenden).
- Absatz 3 enthält einen unbenannten minder schweren Fall (klausurmäßig bedeutungslos).
- Wichtige Änderung durch das 6. StrRG (zum 1.4.1998): Durch die Formulierung in Nr. 1b), in der - anders als in 1a) - die Gefährlichkeit des Werkzeuges nicht mehr angesprochen wird, sind jetzt auch Scheinwaffen erfaßt.

## Aufbau Abs. 1:

I. Tatbestand
   1. Objektiver Tatbestand:
      a. Nr. 1. - Tatsubjekt ist
         aa. Täter *oder*
         bb. ein anderer Beteiligter.
      b. Nr. 1.a)
         aa. Tathandlung: Beisichführen
         bb. Tatobjekt: einer Waffe oder eines anderen gefährlichen Werkzeuges

c. Nr. 1.b)
  aa. Tathandlung: Beisichführen
  bb. Tatobjekt: sonst eines Werkzeuges oder Mittels
d. Nr. 1.c)
  aa. Tatobjekt: eine andere Person
  bb. Taterfolg: Gefahr einer schweren Gesundheitsschädigung für das Tatobjekt durch die Tat
e. Nr. 2
  aa. Tatsubjekt: ist Mitglied einer Bande (objektiver Teil), die sich zur fortgesetzten Begehung von Raub oder Diebstahl verbunden hat (subjektiver Teil), *und*
  bb. Tathandlung: Handlung aus Grundtatbestand unter Mitwirkung eines anderen Bandenmitgliedes (objektiver Teil).

2. Subjektiver Tatbestand:
  a. Vorsatz, mindestens bedingter.
  b. Bei Nr. 2 zusätzlich: Absicht, den Widerstand eines anderen durch Gewalt oder Drohung mit Gewalt zu verhindern oder zu überwinden.

II. Rechtswidrigkeit *und*
III. Schuld: keine Besonderheiten.

**Aufbau Abs. 2:**

I. Tatbestand
1. Objektiver Tatbestand:
  a. Tatsubjekt ist
    aa. Täter *oder*
    bb. ein anderer Beteiligter.
  b. Nr. 1.
    aa. Tathandlung: Verwenden
    bb. Tatobjekt: einer Waffe oder eines anderen gefährlichen Werkzeuges
  c. Nr. 2 i.V.m. I Nr. 2
    aa. Tatsubjekt: ist Mitglied einer Bande (objektiver Teil), die sich zur fortgesetzten Begehung von Raub oder Diebstahl verbunden hat (subjektiver Teil), *und*
    bb. Tathandlung I: Handlung aus Grundtatbestand unter Mitwirkung eines anderen Bandenmitgliedes (objektiver Teil) *und*
    cc. Tathandlung II: Beisichführen
    dd. Tatobjekt: einer Waffe
  d. Nr. 3 - Tatobjekt: eine andere Person
    aa. Nr. 3.a) Taterfolg: schwere körperliche Mißhandlung bei der Tat
    bb. Nr. 3.b) Taterfolg: Gefahr des Todes durch die Tat
2. Subjektiver Tatbestand: Vorsatz, mindestens bedingter.

II. Rechtswidrigkeit *und*
III. Schuld: keine Besonderheiten.

## Definitionen / Erläuterungen:

| | |
|---|---|
| **BEI SICH FÜHRT** die Waffe, wer sie bewußt gebrauchsbereit bei sich hat, am eigenen Körper braucht er sie nicht zu tragen; es genügt, wenn sie sich in Griffweite befindet oder er sich ihrer jederzeit ohne nennenswerten Zeitaufwand bedienen kann. | Tr[48], § 250 Rn. 4 i.V.m. § 244 Rn. 4 |
| Für das **MITSICHFÜHREN** ist keine bestimmte Gebrauchsabsicht erforderlich, sondern die Gefahr einer effektiven Anwendung ausreichend, d.h., daß die Schußwaffe bei Durchführung der Tat notfalls ohne weiteres zum Einsatz gebracht werden könnte. | S/S[25], § 250 Rn. 5 |
| **BEI SICH FÜHRT** bedeutet zeitlich-räumlich, daß der Täter die Waffe bei Begehung der Tat, d.h. in irgendeinem - vom Versuch bis zur Beendigung möglichen- Stadium des Tathergangs derart bei sich haben muß, daß er sie jederzeit, also ohne nennenswerten Zeitaufwand und ohne besondere Schwierigkeiten zum Einsatz bringen könnte. | S/S[25], § 250 Rn. 5 i.V.m. § 244 Rn. 6 |
| **MITFÜHREN** unmittelbar vor Beginn des Versuchs oder auf der Flucht nach einem mißlungenen Versuch genügt nicht. Tragen der Waffe in der Hand oder am Körper ist nicht erforderlich; es reicht aus, wenn sie dem Beteiligten zur Verfügung steht, d.h. von ihm bei Annäherung anderer jederzeit ergriffen und gebraucht werden kann. | La[22], § 250 Rn. 2 i.V.m. § 244 Rn. 2 |
| Eine **WAFFE ODER SONST EIN WERKZEUG** oder ein **MITTEL** ist nur ein Gegenstand, der nach seiner Art und seinem Verwendungszweck in der konkreten Situation dazu geeignet ist, Widerstand durch Gewalt oder durch Drohung mit Gewalt zu verhindern oder zu überwinden. | La[22], § 250 Rn. 2 i.V.m. § 244 Rn. 4 |
| **GEFÄHRLICHES WERKZEUG.** Der Begriff des „gefährlichen Werkzeugs" ist § 223a Abs. 1 (= § 224 Abs. 1 Nr. 2 nF) entnommen, so daß zur Auslegung auf die hierzu entwickelten Grundsätze zurückgegriffen werden kann. Danach ist z. B. Salzsäure als gefährliches Werkzeug anzusehen (BGHSt 1, 1). | Verf. (BTDr.) |
| **EIN GEFÄHRLICHES WERKZEUG** ist ein solches, das nach seiner objektiven Beschaffenheit und nach der Art seiner Benutzung im Einzelfall geeignet ist, erheblichere Körperverletzungen zuzufügen. | Tr[48], § 223a Rn. 2 |
| **GEFÄHRLICHES WERKZEUG** ist jeder Gegenstand, der bei der konkreten Art der Benutzung und des Körperteils, auf den er angewendet wird, geeignet ist, erhebliche Verletzungen hervorzurufen. | S/S[25], § 223a Rn. 4 |
| **GEFÄHRLICH** ist ein **WERKZEUG**, das nach objektiver Beschaffenheit und nach Art der Benutzung im konkreten Fall erhebliche Verletzungen herbeizuführen geeignet ist. | La[22], § 223a Rn. 5 |

| | |
|---|---|
| **WERKZEUG** ist jeder Gegenstand, mittels dessen durch Einwirkung auf den Körper eine Verletzung zugefügt werden kann. Es muß nicht notwendig ein gefährliches Werkzeug i.S. d. § 223a sein. | Tr[48], § 250 Rn. 4 i.V.m. § 244 Rn. 7 i.V.m. § 223a Rn. 2 |
| Unter **WERKZEUGE** sind solche Gegenstände zu verstehen, mit denen gegebenenfalls der Widerstand eines anderen durch Gewalt oder Drohung mit Gewalt verhindert oder überwunden werden soll. Stets muß es sich dabei um körperliche Gegenstände handeln. | S/S[25], § 250 Rn. 15 i.V.m. § 244 Rn. 13 |
| **MITTEL.** Erfaßt werden sollen zum einen die sogenannten Scheinwaffen (z. B. eine Spielzeugpistole) und solche Gegenstände, die - wie z. B. ein Kabelstück oder ein Tuch - zur gewaltsamen Überwindung eingesetzt werden sollen, ohne hierbei objektiv wenigstens Leibesgefahr zu begründen. Es wird davon ausgegangen, daß die einschränkende neuere Rechtsprechung des BGH (St 38, 116, 117 bis 119 („kurzes gebogenes Plastikrohr von ca. 3 cm Durchmesser"); NStZ 1997, S. 184/185 („Lippenpflegestift Labello")) auch bei der Auslegung von § 250 Abs. 1 Nr. 1 Buchstabe b Beachtung finden wird. | Verf. (BTDr.) |
| **GEWALT** ist der physisch vermittelte Zwang zur Überwindung eines geleisteten oder erwarteten Widerstandes. | Tr[48], § 250 Rn. 4 i.V.m. § 240 Rn. 5 |
| **GEWALT** in Form von vis absoluta ist das unmittelbare Erzwingen eines Verhaltens, indem entweder die Willensbildung oder die Verwirklichung des vorhandenen Willens durch Beseitigung ihrer äußeren Voraussetzungen absolut unmöglich gemacht wird. | S/S[25], vor § 234 Rn. 13 |
| Bei vis compulsiva wird Zwang nicht durch die äußere Ausschaltung von alternativen Verhaltensmöglichkeiten, sondern dadurch ausgeübt, daß das Opfer mittels (meist psychischen) Drucks durch gegenwärtige Übelszufügung zu einem bestimmten Verhalten motiviert wird. | S/S[25], vor § 234 Rn. 15 |
| **DROHUNG** ist das Inaussichtstellen eines künftigen Übels, auf dessen Eintritt der Drohende Einfluß hat oder zu haben vorgibt. | Tr[48], § 250 Rn. 4 i.V.m. § 240 Rn. 15 |
| **ÜBERWINDEN** bedeutet, einen etwa geleisteten Widerstand zu brechen. Wegen der Parallelität von § 250 I Nr. 2 und § 244 I Nr. 2 ist bei Taten, die im Versuchsstadium vor der Gewaltanwendung stehen bleiben, nur dann §§ 249 I, 250 I Nr. 2, 22 einschlägig, wenn der Täter das Mittel *unbedingt* benutzen wollte. Bei (nur) eventueller Benutzungsabsicht liegt dagegen nur §§ 242 I, 244 I Nr. 2, II, 22 vor. | Tr[48], § 250 Rn. 4 i.V.m. § 244 Rn. 8 |
| **GEFAHR** ist ein durch die Tat eingetretener ungewöhnlicher Zustand, in welchem nach den konkreten Umständen der Ein- | La[22], § 250 Rn. 3 i.V.m. § 315c Rn. 21 |

tritt eines Schadens wahrscheinlich ist.

| | |
|---|---|
| **SCHWERE GESUNDHEITSBESCHÄDIGUNG**. Hierfür müssen nicht schwere Körperverletzungen i.S. von § 224 – (heute § 226 d.V.) zu befürchten sein, vielmehr genügen bereits Gesundheitsschäden, die den Verletzten in seiner physischen oder psychischen Stabilität oder in seiner Arbeitsfähigkeit nachhaltig beeinträchtigen oder ihn in eine qualvolle oder langwierige Krankheit stürzen könnten. | Verf. (S/S[25], § 218 Rn. 44) |
| **SCHWERE GESUNDHEITSBESCHÄDIGUNG** ist ein langwieriger, qualvoller oder die Leistungsfähigkeit schwer beeinträchtigender physischer oder psychischer Krankheitszustand. | Verf. (La[22], § 218 Rn. 20) |
| **SCHWERE GESUNDHEITSSCHÄDIGUNG** setzt keine schwere Körperverletzung (§ 224 [– heute § 226 d.V.]) voraus, sondern liegt etwa auch vor bei der Gefahr des Eintritts einer langwierigen ernsten Krankheit oder der Gefahr der erheblichen Beeinträchtigung der Arbeitskraft für eine lange Zeit. | Verf. (La[22], § 330 Rn. 2) |
| **BANDE** ist eine lose Gruppe von mehr als (str.) 2 Mitgliedern. | Tr[48], § 250 Rn. 8 i.V.m. § 244 Rn. 9 |
| **BANDENRAUB** liegt vor, wenn mindestens zwei Mitglieder einer Raubesbande, die sich zur fortgesetzten Begehung von Raub oder Diebstahl verbunden hat, den Diebstahl ausführen. | S/S[25], § 250 Rn. 26 i.V.m. § 244 Rn. 23 |
| **BANDE** ist nach der Rspr. eine auf ausdrücklicher oder stillschweigender Vereinbarung beruhende und für eine gewisse Dauer vorgesehene Verbindung einer Mehrzahl von Personen zur Begehung mehrerer selbständiger, im einzelnen noch ungewisser Taten nach §§ 242, 249. Dabei soll die Verbindung von zwei Personen genügen. | La[22], § 250 Rn. 2 i.V.m. § 244 Rn. 6 |
| Für den **BANDENRAUB** genügt es, daß die Verabredung nur auf Diebstähle (nicht auf Raub) ging. | La[22], § 250 Rn. 2 |
| Mit **FORTGESETZTER BEGEHUNG** ist nicht eine fortgesetzte Tat im herkömmlichen Sinn gemeint, sondern Begehung mehrerer selbständiger, im einzelnen noch ungewisser Taten. Beschränkung der geplanten Taten nach Zeit und Ort oder nach Gegenständen, ist ohne Bedeutung, die auf denselben Eigentümer jedoch nur dann, wenn er immer wieder an verschiedenen Orten und unter verschiedenen Möglichkeiten bestohlen werden kann. | Tr[48], § 250 Rn. 8 i.V.m. § 244 Rn. 10 |
| **ALS MITGLIED DER BANDE** muß der Täter einen Diebstahl begehen. Er muß sich also der Verbindung mit ihrer Planung tatsächlich eingegliedert haben und die Tat muß in die Kette der fortlaufenden Begehung derartiger Taten gehören. | Tr[48], § 250 Rn. 8 i.V.m. § 244 Rn. 11 |
| **MITWIRKEN** ist ein örtliches und zeitliches Zusammenwirken | S/S[25], § 244 Rn. 26 |

| | |
|---|---|
| von mindestens zwei Bandenmitgliedern bei Ausführung der Tat. | |
| **MITWIRKEN** ist ein örtliches und zeitliches, wenn auch nicht notwendig körperliches, Zusammenwirken mit anderen am Tatort anwesenden Bandenmitgliedern. | La[22], § 244 Rn. 8 |
| ***BEACHTE:*** Bei Teilnahme von Personen, die nicht Bandenmitglied sind, ist hinter dem subj. TB eine eventuelle Tatbestandsverschiebung gemäß § 28 II zu prüfen (auf §§ 253, 255, 249). Es ist umstritten, ob die Bandenmitgliedschaft ein besonderes *persönliches* Merkmal i.S.d. § 28 II ist, da z.T. an die besondere Gefahr der Bandentätigkeit angeknüpft wird, was zu einem *tatbezogenen* Merkmal führt, vgl. La[22], § 244 Rn. 7. | Verf. |
| **VERWENDEN.** | k. A. |
| **KÖRPERLICH SCHWER MIßHANDELT** ist die Person nicht schon bei einer nicht unerheblichen Beeinträchtigung ihrer körperlichen Unversehrheit, selbst dann nicht, wenn es sich um eine rohe Mißhandlung handelt. | Verf. (La[22], § 176 Rn. 9) |
| **GEFAHR** ist ein durch die Tat eingetretener ungewöhnlicher Zustand, in welchem nach den konkreten Umständen der Eintritt eines Schadens wahrscheinlich ist. | La[22], § 250 Rn. 3 i.V.m. § 315c Rn. 21 |
| **TOD**. Für die Feststellung des Todes kommt es weder auf den völligen Ausfall jeglicher biologischer Lebensregungen noch bereits auf den Stillstand von Herz- und Atmungstätigkeit an, sondern allein auf den sog. Hirntod. Damit ist der irreversible und totale Funktionsausfall des Gehirns gemeint. | S/S[25], Vorbem. § 211 Rn. 18 |

### Konkurrenzen:

§§ 253, 255, 250 I Nr. ... verdrängen §§ 253, 255 im Wege der Gesetzeskonkurrenz (Spezialität).

## §§ 253, 255, 249, 251. Räuberische Erpressung mit Todesfolge.

- *Typ:* Erfolgsqualifikation (§ 18) zur räuberischen Erpressung.
- ***Prüfung*** immer mit dem Grunddelikt (Obersatz: §§ 253, 255, 249, 251) und zwar entweder hinter subjektivem Tatbestand oder hinter Schuld des Grunddeliktes.
- (Wenn §§ 253, 255, 249, 250 und 251 zusammentreffen, ***Prüfung trennen:*** 1. §§ 253, 255, 249, 250 und 2. §§ 253, 255, 249, 251.)

### Aufbau:

I. Tatbestand

1. Objektiver Tatbestand:
   a. schwere Folge (der Tod des Verletzten),
   b. Verbindung zur Tathandlung (Gewalt, Drohung) des Grundtatbestandes (§§ 253, 255, 249),
   c. Fahrlässigkeitsmerkmale (§ 18)
      aa. obj. Sorgfaltspflichtverletzung im Hinblick auf die schwere Folge (ist durch die räuberische Erpressung indiziert),
      bb. obj. Vorhersehbarkeit,
      cc. obj. Zurechnungszusammenhang,
      dd. Schutzzweck der Sorgfaltspflicht (schwere Folge muß Realisierung der Raubgefahr sein).
2. Subjektiver Tatbestand: Eintritt der Folge gesehen (bewußte F.) oder nicht gesehen (unbewußte F.).

II. Rechtswidrigkeit.

III. Schuld:
1. Subj. Sorgfaltspflichtverletzung,
2. subj. Vorhersehbarkeit.

## Definitionen / Erläuterungen:

| | |
|---|---|
| **TOD**. Für die Feststellung des Todes kommt es weder auf den völligen Ausfall jeglicher biologischer Lebensregungen noch bereits auf den Stillstand von Herz- und Atmungstätigkeit an, sondern allein auf den sog. Hirntod. Damit ist der irreversible und totale Funktionsausfall des Gehirns gemeint. | S/S[25], Vorbem. § 211 Rn. 18 |
| Unter **LEICHTFERTIGKEIT** fällt nicht jede Fahrlässigkeit, sondern nur ein starker Grad von Fahrlässigkeit, etwa entsprechend der „groben Fahrlässigkeit" i.S. des Zivilrechts. | S/S[25], § 251 Rn. 6 i.V.m. § 15 Rn. 205 |
| **LEICHTFERTIGKEIT** ist ein erhöhter Grad von Fahrlässigkeit. Sie entspricht objektiv der groben Fahrlässigkeit des bürgerlichen Rechts, legt subjektiv aber die persönlichen Fähigkeiten und Kenntnisse des Täters zugrunde. | La[22], § 251 Rn. 2 i.V.m. § 15 Rn. 55 |
| Für die **LEICHTFERTIGKEIT** kommt es darauf an, ob Sorgfaltsmangel und Voraussehbarkeit - lediglich bezogen auf die Herbeiführung des Todes - das Urteil grober Fahrlässigkeit rechtfertigen. | La[22], § 251 Rn. 2 |

## Konkurrenzen:

§§ 253, 255, 249, 251 verdrängen im Wege der Gesetzeskonkurrenz (Spezialität) §§ 222, 226. §§ 253, 255, 249, 251 verdrängen §§ 253, 255, 249, 250 im Wege der Gesetzeskonkurrenz. §§ 253, 255, 249, 251 stehen in Idealkonkurrenz mit §§ 212, 211.

## § 256. Führungsaufsicht, Vermögensstrafe und erweiterter Verfall.

### Gesetzestext:

(1) In den Fällen der §§ 249 bis 255 kann das Gericht Führungsaufsicht anordnen (§ 68 Abs. 1).

(2) In den Fällen der §§ 253 und 255 sind die §§ 43a, 73d anzuwenden, wenn der Täter als Mitglied einer Bande handelt, die sich zur fortgesetzten Begehung solcher Taten verbunden hat. § 73d ist auch dann anzuwenden, wenn der Täter gewerbsmäßig handelt.

### Überblick:

- *Typ:* Rechtsfolgenregelung. Klausurmäßig bedeutungslos.

# Einundzwanzigster Abschnitt. Begünstigung und Hehlerei.

## § 257. Begünstigung.

### Gesetzestext:

(1) Wer einem anderen, der eine rechtswidrige Tat begangen hat, in der Absicht Hilfe leistet, ihm die Vorteile der Tat zu sichern, wird mit Freiheitsstrafe bis zu fünf Jahren oder mit Geldstrafe bestraft.

(2) Die Strafe darf nicht schwerer sein als die für die Vortat angedrohte Strafe.

(3) Wegen Begünstigung wird nicht bestraft, wer wegen Beteiligung an der Vortat strafbar ist. Dies gilt nicht für denjenigen, der einen an der Vortat Unbeteiligten zur Begünstigung anstiftet.

(4) Die Begünstigung wird nur auf Antrag, mit Ermächtigung oder auf Strafverlangen verfolgt, wenn der Begünstiger als Täter oder Teilnehmer der Vortat nur auf Antrag, mit Ermächtigung oder auf Strafverlangen verfolgt werden könnte. § 248a gilt sinngemäß.

### Überblick:

- ***Typ:*** vorsätzliches Begehungsdelikt - Begehungsdelikt. Anschlußstraftat (sachliche Begünstigung, vgl. auch § 258). Vermögensdelikt.
- ***Versuch*** ist nicht strafbar (Vergehen!).
- Abs. 1 enthält das ***eigentliche Delikt***,
- Abs. 2 enthält ***Strafrahmenbegrenzung***,
- Abs. 3 enthält ***Strafausschließungsgrund***, S. 1, mit Ausnahme, S. 2,
- Abs. 4 enthält ***Antragserfordernis***.
- ***Schutzgut*** ist die Rechtspflege in ihrer Aufgabe, die Wirkungen von Straftaten zu beseitigen, h.M, aber str., a.A.: das Vermögen, bzw. das ***Schutzgut*** aus der Vortat.

### Aufbau:

I. Tatbestand
  1. Objektiver Tatbestand:
    a. Vortat,
      aa. rechtswidrige (aber nicht notwendig: schuldhafte),
      bb. eines anderen;
    b. Tathandlung - Hilfe leisten.
  2. Subjektiver Tatbestand:
    a. Vorsatz, mindestens bedingter, bez. obj. TB,
    b. zusätzlich: Absicht, die Vorteile der Vortat zu sichern.

II. Rechtswidrigkeit *und*

III. Schuld: keine Besonderheiten.

IV. Besonderheiten: Antrag nach Abs. 4.

## Definitionen / Erläuterungen:

| | |
|---|---|
| **VORTAT** ist jede mit Strafe bedrohte Handlung, die dem Vortäter Vorteile gebracht hat oder bringen soll, so daß nicht nur Vermögensdelikte in Betracht kommen, sondern auch andere (z.B. §§ 108b II, 136, 146 ff, 180a, 181a, 184, 203, 235, 267 ff, 259). Ordnungswidrigkeiten scheiden aus. | Tr[48], § 257 Rn. 2 |
| Bei der **VORTAT** muß es sich um eine rechtswidrige Tat i.S. des § 11 I Nr. 5 handeln. Sie muß wider das Recht den objektiven Tatbestand eines Strafgesetzes verwirklicht haben und sich damit objektiv als ein kriminelles Geschehen erweisen; eine Ordnungswidrigkeit genügt nicht. | S/S[25], § 257 Rn. 4 |
| Unerheblich für das Vorliegen einer Begünstigung ist die Verfolgbarkeit des Vortäters. | S/S[25], § 257 Rn.10 |
| Die **VORTAT** muß eine rechtswidrige, nicht notwendig schuldhafte Tat sein, eine Ordnungs- oder Disziplinarwidrigkeit genügt nicht. Außerdem darf bei Vorsatztaten der Vorsatz im Sinne des Wissens und Wollens der Tatbestandsverwirklichung und bei Fahrlässigkeitstaten der objektive Sorgfaltsmangel nicht fehlen. | La[22], § 257 Rn. 2 i.V.m. § 259 Rn. 4 |
| **BEGANGEN** ist die Vortat, wenn sie mindestens in mit Strafe bedrohter Form vorbereitet oder versucht wurde. | Tr[48], § 257 Rn. 4 |
| **HILFE LEISTET**, wer eine Handlung vornimmt, die objektiv geeignet ist (obj. TB) und mit der Tendenz (subj. TB) vorgenommen wird, die durch die Vortat erlangten oder entstandenen Vorteile gegen Entziehung zu sichern. Die Hilfeleistung kann - bei Garantenstellung - auch in einem Unterlassen liegen. | Tr[48], § 257 Rn. 6 |
| Die **HILFELEISTUNG** erfordert eine objektive Eignung, vom Erfordernis einer tatsächlichen Besserstellung des Vortäters kann abgesehen werden. | S/S[25], § 257 Rn. 15 |
| **HILFELEISTEN** ist jede Handlung, die objektiv geeignet ist, den Vortäter im Hinblick auf die Vorteilssicherung unmittelbar besserzustellen, und die subjektiv mit dieser Tendenz vorgenommen wird. Daß die Lage des Vortäters tatsächlich gebessert wird, ist nicht erforderlich. | La[22], § 257 Rn. 3 |
| Bei der **ABSICHT**, durch die Hilfeleistung dem Vortäter **DIE VORTEILE DER VORTAT ZU SICHERN**, muß es dem Täter, ohne daß dies der einzige Zweck zu sein brauchte, darauf ankommen, die Wiederherstellung des gesetzmäßigen Zustandes zu verhindern oder zu erschweren. | Tr[48], § 257 Rn. 9 |
| **ABSICHT, DURCH DIE HILFELEISTUNG DEM VORTÄTER DIE VORTEILE DER VORTAT ZU SICHERN.** Unter der Absicht, die Vorteile der Tat zu sichern, ist nach h.M. der zielgerichtete | S/S[25], § 257 Rn. 22 |

Wille zu verstehen, neben dem auch andere Zwecke maßgeblich sein können. Dem Täter muß es danach u.a. auf die Vorteilssicherung ankommen; sie braucht aber nicht Beweggrund des Täters zu sein und kann auch bloßen Zwischenziel zu einem weiteren Ziel sein..

Die **ABSICHT**, die Vorteile der Tat zu sichern, ist zielgerichtetes Wollen. Der Begünstigungserfolg braucht daher nicht Motiv (Endziel) des Täters zu sein; es genügt, daß es ihm auf diesen Erfolg - um seiner selbst willen oder zur Erreichung eines weiteren Ziels – ankommt. La[22], § 257 Rn. 5

Die **SICHERUNG** der Vorteile ist **BEABSICHTIGT**, wenn es dem Täter darauf ankommt, im Interesse des Vortäters die Wiederherstellung des gesetzmäßigen Zustandes zu verhindern oder zu erschweren. La[22], § 257 Rn. 5

---

Als **VORTEILE**, die gesichert werden sollen, kommen Vorteile aller Art, nicht nur Vermögensvorteile in Betracht. Es kommen nur Vorteile in Betracht, die unmittelbar durch die Vortat erlangt sind. S/S[25], § 257 Rn. 23

**VORTEILE** (nicht notwendig Vermögensvorteile) sind nur die unmittelbaren. Die Tragweite dieses Erfordernisses ist umstritten. Während die Rspr. bei der Ausgrenzung von Surrogaten uneinheitlich verfährt, werden im Schrifttum Ersatzvorteile ausgeschieden. La[22], § 257 Rn. 5

---

**BETEILIGT** i.S. d. Abs. 3 ist jeder, der als Täter, Mittäter, Gehilfe, Anstifter der Vortat strafbar ist. Wenn der Vortatbeteiligte sich an einer Begünstigung beteiligt, die ein anderer zu seinen Gunsten begeht (§§ 257, 26 oder §§ 257, 27), dann bleibt er straflos, es sei denn, er stiftet einen an der Vortat Unbeteiligten an (§§ 257, 26). Tr[48], § 257 Rn. 10

---

***ABGRENZUNG ZUR BEIHILFE ZUR VORTAT:*** Überschneidungen mit einer Beihilfe zur Vortat sind denkbar, wenn die Vortat *voll-*, aber noch nicht *be*endet ist und in diesem Stadium eine Unterstützungshandlung vorgenommen wird. Verf.

Die Abgrenzung zur Beihilfe ist hier umstritten. Im wesentlichen taucht zunächst das Problem auf, ob eine Beihilfe nach *Voll*endung der Tat überhaupt noch möglich ist (*sukzessive Beihilfe*). Die hM bejaht dies. Dagegen eine Mindermeinung, die den Begriff der Beendung wegen Art. 103 GG für zu unbestimmt hält.

Folgt man der hM, ist eine Abgrenzung der Beihilfe nach § 27 von der Begünstigung nach § 257 vonnöten (**Eselsbrücke:** § 2(5)7 StGB).

Die *hM* stellt dazu auf die *Willensrichtung des Hilfeleistenden* ab. Begünstigung ist anzunehmen, wenn man die Vorteile der Tat sichern will (= **nach** der Vortat), Beihilfe dagegen, wenn man die Vortat beenden helfen will (= **bei** der Vortat).

Die *Gegenansicht* geht von dem *Rechtsgedanken der Subsidiarität des § 257* hinter der Beihilfe aus (vgl. dazu *dessen* Abs. 3 Satz 1), will wegen der subjektiven Abgrenzungskriterien auftauchende Beweisschwierigkeiten umgehen und nimmt deswegen *generell* Beihilfe an, vgl. S/S[25], § 257 Rn. 8.

### Konkurrenzen:

§ 257 steht in Idealkonkurrenz mit §§ 258, 258a, 259, 153 ff, 145d.

## § 258. Strafvereitelung.

### Gesetzestext:

(1) Wer absichtlich oder wissentlich ganz oder zum Teil vereitelt, daß ein anderer dem Strafgesetz gemäß wegen einer rechtswidrigen Tat bestraft oder einer Maßnahme (§ 11 Abs. 1 Nr. 8) unterworfen wird, wird mit Freiheitsstrafe bis zu fünf Jahren oder mit Geldstrafe bestraft.

(2) Ebenso wird bestraft, wer absichtlich oder wissentlich die Vollstreckung einer gegen einen anderen verhängten Strafe oder Maßnahme ganz oder zum Teil vereitelt.

(3) Die Strafe darf nicht schwerer sein als die für die Vortat angedrohte Strafe.

(4) Der Versuch ist strafbar.

(5) Wegen Strafvereitelung wird nicht bestraft, wer durch die Tat zugleich ganz oder zum Teil vereiteln will, daß er selbst bestraft oder einer Maßnahme unterworfen wird oder daß eine gegen ihn verhängte Strafe oder Maßnahme vollstreckt wird.

(6) Wer die Tat zugunsten eines Angehörigen begeht, ist straffrei.

### Überblick:

- ***Typ:*** vorsätzliches Begehungsdelikt. Anschlußstraftat (persönliche Begünstigung, vgl. auch § 257), Rechtspflegedelikt.
- ***Versuch*** ist strafbar, Abs. 4.
- Abs. 1 (Verfolgungsvereitelung) und Abs. 2 i.V.m. Abs. 1 (Vollstreckungsvereitelung) enthalten die ***eigentlichen Delikte***,
- Abs. 3 enthält ***Strafrahmenbegrenzung***,
- Abs. 5 und 6 enthalten ***Strafausschließungsgründe***.
- ***Schutzgut*** ist die deutsche staatliche Rechtspflege in ihrer Aufgabe, den Täter einer rechtswidrigen Tat zu bestrafen und einer Maßnahme zu unterwerfen (Tr[48], vor § 257 Rn. 2).

## Aufbau Abs. 1 (Verfolgungsvereitelung):

I. Tatbestand
   1. Objektiver Tatbestand:
      a. Vortat,
         aa. rechtswidrige (zur Schuld, s. u.!),
         bb. eines anderen,
         cc. für die diesem eine Bestrafung oder eine Maßnahme droht;
      b. Tathandlung - Vereitelung, ganz oder teilweise, des staatlichen Anspruches auf Verhängung der Strafe oder Anordnung der Maßnahme.
   2. Subjektiver Tatbestand:
      a. Vorsatz, mindestens bedingter, bez. Vortat;
      b. Absicht (dolus directus I) oder direkter Vorsatz (dolus directus II) bez. der Vereitelung;
II. Rechtswidrigkeit *und*
III. Schuld: keine Besonderheiten.
IV. Persönliche Strafausschließungsgründe, § 258, Abs. 5, Abs. 6 (str. aA Entschuldigungsgründe).

## Aufbau Abs. 2 (Vollstreckungsvereitelung):

I. Tatbestand
   1. Objektiver Tatbestand:
      a. Tatsituation: Gegen einen anderen rechtskräftig verhängte Strafe oder Maßnahme,
      b. die mindestens zum Teil noch nicht vollstreckt ist;
      c. Tathandlung - Vereitelung, ganz oder teilweise, der Vollstreckung.
   2. Subjektiver Tatbestand:
      a. Vorsatz, mindestens bedingter, bez. rechtskräftige Verurteilung;
      b. Absicht (dolus directus I) oder direkter Vorsatz (dolus directus II) bez. der Vereitelung;
II. Rechtswidrigkeit *und*
III. Schuld: keine Besonderheiten.
IV. Persönlicher Strafausschließungsgrund, § 258, Abs. 6 (str., aA Entschuldigungsgrund)

## Definitionen / Erläuterungen:

Eine Tat (die Vortat) ist nur dann **MIT STRAFE**, auch mit Nebenstrafen (z.B. Fahrverbot) **BEDROHT**, wenn sie auch schuldhaft begangen wurde. Keine Vortat i.S. d. § 258 bei Rücktritt (§ 24), Verjährung, Amnestie, Begnadigung oder Verstreichen der Strafantragsfrist. Keine Strafe bei (nur) Disziplinarmaßnahmen, Geldbußen, Beschlagnahmungen, Sicherstellungen. Maßnahmen können auch ohne Verschulden verhängt werden (§§ 63, 64, 68 II, 69, 70), wenn § 20 eingreift. — Tr[48], § 258 Rn. 3-4

**VORTAT.** Welche Merkmale sie aufweisen muß, hängt davon — S/S[25], § 258 Rn. 3

ab, auf welche Deliktsfolge sich die Verfolgungsvereitelung erstreckt. Da diese ein Erfolgsdelikt darstellt und Tatvollendung erst eintritt, wenn eine Strafe oder eine Maßnahme wenigstens z.T. vereitelt worden ist, müssen bei der Vortat alle Voraussetzungen erfüllt sein, die für die Verhängung der Betroffenen Deliktssanktion notwendig sind. Im Falle einer Strafe muß die Vortat tatbestandsmäßig, rechtswidrig und schuldhaft begangen worden sein, und es darf kein Strafausschließungs- oder Strafaufhebungsgrund eingreifen.

---

**VEREITELUNG** bedeutet jede Besserstellung des Täters der Vortat im Hinblick auf den staatlichen Anspruch auf Verhängung der Strafe oder Anordnung der Maßnahme, insb. auch Verzögerung auf geraume Zeit. — Tr[48], § 258 Rn. 5

**VEREITELUNG** besteht darin, daß verhindert wird, daß der Vortäter eine Bestrafung oder eine Maßnahme erleidet. Das Merkmal der Vereitelung ist nicht erst dann erfüllt, wenn eine Strafe oder eine Maßnahme endgültig nicht mehr verhängt werden kann, etwa wegen Eintritts der Verjährung, sondern schon dann, wenn der Strafanspruch oder die Anordnung einer Maßnahme für geraume Zeit unverwirklicht bleibt. — S/S[25], § 258 Rn. 16

Eine **VERFOLGUNGSVEREITELUNG** liegt nach Abs. 1 vor, wenn jemand absichtlich oder wissentlich ganz oder zum Teil vereitelt, daß ein anderer dem Strafgesetz gemäß wegen einer rechtswidrigen Tat bestraft oder einer Maßnahme i.S. des § 11 I Nr. 8 unterworfen wird. — S/S[25], § 258 Rn. 2

Der **VEREITELUNGSERFOLG** tritt nicht erst ein, wenn die Verfolgung oder Vollstreckung ganz oder zum Teil endgültig unmöglich wird (z.B. durch Herbeiführung der Verjährung), ebenso wie bei § 346 aF genügt es schon, daß der staatliche Zugriff infolge der Handlung für geraume Zeit nicht verwirklicht worden ist. — La[22], § 258 Rn. 4

**ZUM TEIL** vereiteln betrifft daher nur die Fälle, in denen mit der beschriebenen endgültigen oder vorübergehenden Wirkung ein inhaltlich begrenzter Teil der Strafe, Maßnahme oder Vollstreckung vereitelt wird. — La[22], § 258 Rn. 4

---

**GEGEN EINEN ANDEREN RECHTSKRÄFTIG VERHÄNGTE STRAFE ODER MAẞNAHME** liegt auch dann vor, wenn die der Verurteilung zugrunde liegende Vortat nicht begangen wurde (§ 258 ist Rechtspflegedelikt). Vollstreckung muß noch möglich sein (nicht bei Amnestie und Verjährung). — Tr[48], § 258 Rn. 8

**VOLLSTRECKUNGSVEREITELUNG** setzt Vollstreckbarkeit der Entscheidung voraus, die i.d.R. erst mit Rechtskraft eintritt (§449 StPO). — La[22], § 258 Rn. 13

| | |
|---|---|
| ANGEHÖRIGE, vgl. § 11 Abs. 1 Nr. 1, nicht wie in § 35 auch für nahestehende Personen. | La[22], § 258 Rn. 17 |

## Konkurrenzen:

§ 258 verdrängt § 145d im Wege der Gesetzeskonkurrenz (Subsidiarität). § 258 steht in Idealkonkurrenz mit §§ 257, 259, 120.

# § 258a. Strafvereitelung im Amt.

## Gesetzestext:

(1) Ist in den Fällen des § 258 Abs. 1 der Täter als Amtsträger zur Mitwirkung bei dem Strafverfahren oder dem Verfahren zur Anordnung der Maßnahme (§ 11 Abs. 1 Nr. 8) oder ist er in den Fällen des § 258 Abs. 2 als Amtsträger zur Mitwirkung bei der Vollstreckung der Strafe oder Maßnahme berufen, so ist die Strafe Freiheitsstrafe von sechs Monaten bis zu fünf Jahren, in minder schweren Fällen Freiheitsstrafe bis zu drei Jahren oder Geldstrafe.

(2) Der Versuch ist strafbar.

(3) § 258 Abs. 3 und 6 ist nicht anzuwenden.

## Überblick:

- ***Typ:*** Qualifikation zur Strafvereitelung.
- ***Versuch*** ist strafbar,
- ***Prüfung*** immer mit dem Grunddelikt (Obersatz: §§ 258 I, 258a I bzw. §§ 258 II, 258a I) und zwar entweder hinter subjektivem Tatbestand oder hinter Schuld des Grunddeliktes.
- Abs. 2. ***Strafrahmenbegrenzung*** des § 258 Abs. 3 ***gilt nicht***,
- ***Strafausschließungsgrund*** des 6 ***gilt nicht***.

## Aufbau:

I. Tatbestand
   1. Objektiver Tatbestand:
      - Tatsubjekt: Täter begeht die Tathandlung von § 258 I oder II als Amtsträger, der am Verfahren nach I oder II beteiligt ist
   2. Subjektiver Tatbestand:
      a. Vorsatz, mindestens bedingter, bez. Amtsträgerschaft und Beteiligung am Verfahren;
      b. Absicht (dolus directus I) oder direkter Vorsatz (dolus directus II) bez. der Vereitelung;

II. Rechtswidrigkeit *und*

III. Schuld: keine Besonderheiten.

## Definitionen / Erläuterungen:

| | |
|---|---|
| **AMTSTRÄGER**, vgl. § 11 I Nr. 2. | Tr[48], § 258a Rn. 2 |
| **BERUFEN** ist ein Amtsträger, wenn die konkrete Amtsstellung ihm die Möglichkeit gibt, in das Verfahren einzugreifen, sei es auch unter Verletzung innerdienstlicher Zuständigkeiten oder sogar in einer strafbaren Weise. | S/S[25], § 258a Rn. 4 |
| ***BEACHTE:*** Die Eigenschaft als Amtsträger ist ein besonderes persönliches Merkmal, das strafschärfend wirkt. Für Beteiligte gilt daher § 28 II (hinter subj. TB vor RW prüfen). | Verf. |

## Konkurrenzen:

§ 258a verdrängt § 258 und § 145d im Wege der Gesetzeskonkurrenz (Spezialität, 258 - Subsidiarität, § 145d). § 258a steht in Idealkonkurrenz mit §§ 257, 259, 120, 336, 345.

# § 259. Hehlerei.

## Gesetzestext:

(1) Wer eine Sache, die ein anderer gestohlen oder sonst durch eine gegen fremdes Vermögen gerichtete rechtswidrige Tat erlangt hat, ankauft oder sonst sich oder einem Dritten verschafft, sie absetzt oder absetzen hilft, um sich oder einen Dritten zu bereichern, wird mit Freiheitsstrafe bis zu fünf Jahren oder mit Geldstrafe bestraft.

(2) Die §§ 247 und 248a gelten sinngemäß.

(3) Der Versuch ist strafbar.

## Überblick:

- ***Typ:*** vorsätzliches Begehungsdelikt.
- ***Versuch*** ist strafbar, Abs. 3.
- ***Anschlußstraftat***, kein Rechtspflege-, sondern Vermögensdelikt - Perpetuierung (Aufrechterhaltung) eines rechtswidrigen Zustandes.
- ***Anträge*** nach Abs. 2 i.V.m. §§ 247 und 248a.
- ***Schutzgut*** ist das Vermögen vor Aufrechterhaltung der durch die Tat geschaffenen rechtswidrigen Vermögenslage durch einverständliches Zusammenwirken mit dem Vortäter sowie nach neuerer Ansicht *zusätzlich* das allgemeine Sicherheitsinteresse, i.E. sehr str., vgl. dazu S/S[25], § 259 Rn.3.

## Aufbau:

I. Tatbestand

1. Objektiver Tatbestand:

a. Tatobjekt - Sache,
  aa. die ein anderer
  bb. aus einer gegen fremdes Vermögen gerichteten Vortat (Diebstahl oder sonstige),
  cc. rechtswidrig (aber nicht notwendig: schuldhaft),
  dd. erlangt hat;

b. Tathandlung -
  aa. Ankaufen *oder*
  bb. sonst sich oder einem Dritten verschaffen *oder*
  cc. absetzen *oder*
  dd. absetzen helfen.

2. Subjektiver Tatbestand:
  a. Vorsatz, mindestens bedingter, bez. obj. TB,
  b. zusätzlich: Absicht, sich oder einen Dritten zu bereichern.

II. Rechtswidrigkeit *und*
III. Schuld: keine Besonderheiten.

## Definitionen / Erläuterungen:

| | |
|---|---|
| **SACHE** ist jeder körperliche Gegenstand (gleich welchen Aggregatzustandes). | Tr[48], § 259 Rn. 1b i.V.m. § 242 Rn. 2 |
| **SACHEN** sind grundsätzlich alle körperlichen Gegenstände (§ 90 BGB), auch Leichen, nicht aber lebende Menschen, Embryonen (Feten) und Tiere; letztere werden jedoch auch nach der gesetzestechnisch mißglückten Einführung des § 90a BGB erfaßt, weil die für Sachen geltenden Vorschriften, soweit nichts anderes bestimmt ist, kraft Gesetzes (also nicht aufgrund lückenfüllender Analogie) auf Tiere entsprechend anzuwenden sind. | La[22], § 259 Rn. 2 i.V.m. § 242 Rn. 2 |
| Jedoch abweichend von den Zueignungsdelikten auch unbewegliche und herrenlose, ausnahmsweise sogar eigene Sachen des Hehlers. | La[22], § 259 Rn. 2 |
| ***BEACHTE:*** Es können fremde Sachen sein (z.B. bei Vortat § 242), es können eigene Sachen sein (z.B. bei Vortat § 289). | Verf. |
| **DIE VORTAT** muß nicht schuldhaft begangen sein. Sie muß fremdes Vermögen verletzt haben. Daran fehlt es bei der Verletzung rein polizeilicher, steuer- oder waffenrechtlicher Vorschriften. Die Vortat muß aber kein Vermögensdelikt sein. Möglich sind u.a.: §§ 154, 240, 257, 259 selbst, 267, 283. Aber nicht: §§ 133, 136. | Tr[48], § 259 Rn. 5 |
| Als **VORTAT** reicht nur eine rechtswidrige Tat aus, die den Tatbestand eines Strafgesetzes verwirklicht (§ 11 I Nr. 5) und sich gegen fremdes Vermögen richtet. Ein Versuch genügt, wenn er zur Erlangung der Sache geführt hat. | S/S[25], § 259 Rn. 7 |

Die **VORTAT** muß eine rechtswidrige, nicht notwendig schuldhafte Tat sein; eine Ordnungs- oder Disziplinarwidrigkeit genügt nicht.

La[22], § 259 Rn. 4

---

**GEGEN FREMDES VERMÖGEN GERICHTET** setzt kein Vermögensdelikt im technischen Sinne (Betrug, Erpressung, Umtreue) voraus, nach der Rspr. kann vielmehr jede Tat genügen, wenn sie fremde Vermögensinteressen verletzt und eine rechtswidrige Vermögenslage schafft.

La[22], § 259 Rn. 4

---

***BEACHTE ZUM TATOBJEKT:*** Das Wesen der Hehlerei ist nicht die Sicherung der Tatvorteile schlechthin, sondern die Aufrechterhaltung eines rechtswidrigen Zustandes im Hinblick auf eine bestimmte Sache. Wenn die durch rechtswidrige Vortat (z.B. Diebstahl) erworbene Sache daher durch eine andere ersetzt wird (z.B. durch den Erlös aus einem Verkauf), dann ist im Hinblick auf die neue Sache (z.B. Geld) und die alte Vortat (z.B. Diebstahl) keine Hehlerei mehr möglich. Sie ist insoweit kein taugliches Tatobjekt (keine Strafbarkeit der ***Ersatzhehlerei).***

Bewertet man aber den Ersetzungsvorgang (z.B. den Verkauf) selbst wieder als Straftat (z.B. § 263 zum Nachteil des Käufers, vgl. § 935 I BGB), dann kann an der neuen Sache (z.B. das als Erlös erlangte Geld) wieder Hehlerei angenommen werden. Ersatzhehlerei sollte daher nicht vorschnell bejaht werden!

Die Aufrechterhaltung des rechtswidrigen Zustands kann z.B. auch durch Erbfall zugunsten des Vortäters oder Verarbeitung der Sache (§950 BGB) entfallen, vgl. dazu S/S[25], § 259 Rn.8..

Verf.

---

**ERLANGT** aus der Vortat ist eine Sache dann, wenn der Vortäter die körperliche Verfügungsgewalt über die Sache kausal durch die Vortat erlangt hat. Erlangt ist eine Sache nicht, wenn sie vom Vortäter hergestellt wird (Münzfälschung). Das Erlangtsein muß der Hehlerei vorausgehen, darf nicht mit ihr in einem Akt zusammenfallen. Die Vortat muß vollendet sein.

Tr[48], § 259 Rn. 10

Das Merkmal des **ERLANGENS** setzt nicht stets voraus, daß der Täter erst mit seiner Tat die Sachherrschaft begründet, sondern ist auch schon dann erfüllt, wenn der Täter schon vorher Besitz an der Sache gehabt hat, mit seiner Tat aber eine veränderte Besitzposition manifestiert, wie z.B. bei der Unterschlagung. Tauglicher Hehlereigegenstand sind jedoch allein Sachen, die der Vortäter unmittelbar durch die Vortat erlangt hat.

S/S[25], § 259 Rn. 13

Durch die Vortat **ERLANGT** ist eine Sache, wenn tatsächliche Sachherrschaft über sie, sei es auch nur als Mitgewahrsamsinhaber, erreicht wurde. Nach Rspr. und hM muß die Erlangung vor Begehung der Hehlerei abgeschlossen ist. Danach ist, wer

La[22], § 259 Rn. 6

eine Sache von einem Fremdbesitzer, etwa dem Entleiher, erwirbt, nur an dessen Unterschlagung beteiligt, es sei denn, daß die Vortat schon vor dem Erwerb abgeschlossen wurde.

---

| | |
|---|---|
| Bei allen Tathandlungen muß **EINVERSTÄNDLICHES ZUSAMMENWIRKEN** des Täters (Hehlers) mit (mindestens einem der) Vortäter vorliegen. Fehlt dieses, so liegen evtl. § 242 oder § 246 vor. | Tr[48], § 259 Rn. 16 |
| **SICH VERSCHAFFEN** ist die Herstellung einer vom Vortäter abgeleiteten tatsächlichen Herrschaft über die Sache (im einverständlichen Zusammenwirken mit dem Vordermann). Der Hehler muß die Sache zur eigenen Verfügungsgewalt bekommen, und zwar in dem Sinne, daß er den Willen hat, über die Sache als eigene oder zu eigenen Zwecken zu verfügen. | Tr[48], § 259 Rn. 14-15 |
| Der Täter **VERSCHAFFT SICH** oder einem Dritten den Hehlereigegenstand, wenn er oder der Dritte über diesen Gegenstand die tatsächliche Verfügungsgewalt durch deren Übertragung erlangt. | S/S[25], § 259 Rn. 19 |
| **VERSCHAFFEN** setzt, wie das gesetzliche Beispiel des Ankaufens zeigt, einen derivativen Erwerb, d.h. ein einverständliches, nicht notwendig kollusives Zusammenwirken mit dem Vortäter voraus. Eigenmächtiges Verschaffen genügt nicht. Außerdem muß der Täter auf der Grundlage dieses Einvernehmens eigene tatsächliche Verfügungsgewalt über die Sache erlangen oder entsprechende Verfügungsgewalt eines Dritten herstellen. | La[22], § 259 Rn. 10 |
| Beim **ANKAUFEN** handelt es sich, wie die Gesetzesformulierung eindeutig erkennen läßt, um einen Unterfall des Verschaffens. | S/S[25], § 259 Rn. 30 |
| **ABSETZEN** liegt vor, wenn die Sache im Einverständnis mit dem Vortäter oder Zwischenhehler und in dessen Interesse, im übrigen aber selbständig, durch rechtsgeschäftliche Weitergabe an einen gut- oder bösgläubigen Dritten gegen Entgelt wirtschaftlich verwertet wird. | Tr[48], § 259 Rn. 18 |
| **ABSETZEN** bedeutet die Übertragung der tatsächlichen Verfügungsgewalt über die Sache auf einen Dritten. | S/S[25], § 259 Rn. 32 |
| Der Absetzende muß im Interesse des Vortäters (Vorbesitzers) tätig werden. | S/S[25], § 259 Rn. 34 |
| **ABSETZEN** ist die im Interesse des Vortäters und mit seinem Einverständnis erfolgende wirtschaftliche Verwertung der Sache durch deren entgeltliche Veräußerung an Dritte; jedoch soll es nach der Rspr. nicht auf das Gelingen des Absatzes, sondern nur auf ein selbständiges Unterstützen des Vortäters ankom- | La[22], § 259 Rn. 14 |

men.

| | |
|---|---|
| **ABSETZEN HILFT**, wer den Vortäter oder Zwischenhehler beim Absetzen der Sache unmittelbar unterstützt. Absetzen und Absetzen helfen setzen ein Handeln für einen anderen voraus. | Tr[48], § 259 Rn. 19 |
| **HELFEN** ist jede vorbereitende, ausführende oder nur unterstützende Tätigkeit zum Zwecke des Absatzes, selbst wenn dieser nicht gelingt. | (TrD-T, § 259 Rn. 19) |
| Täterschaftliche **ABSATZHILFE** ist nur die Unterstützung, die unmittelbar dem Vortäter (Vorbesitzer) gewährt oder die in mittelbarer Täterschaft erbracht wird. | S/S[25], § 259 Rn. 37 |
| Wie das Absetzen selbst, so setzt auch die **ABSATZHILFE** einen Absatzerfolg voraus, d.h. den Übergang der tatsächlichen Verfügungsgewalt auf einen Dritten; es genügt nicht die bloße auf Absatz hinzielende Hilfe. | S/S[25], § 259 Rn. 38 |
| **ABSETZEN HELFEN** ist jede Hilfeleistung im Sinne des § 27 I bei den Bemühungen des Vortäters um Absatz. | La[22], § 259 Rn. 15 |
| ***ABGRENZUNGSFRAGEN:*** Der Unterschied zwischen Absatzhilfe (§ 259 I) und Beihilfe (§§ 259 I, 27) zum Absetzen liegt darin, daß bei der Absatzhilfe der Vortäter unterstützt wird, während bei der Beihilfe zum Absetzen der Absetzer unterstützt wird (in der Klausur: Zeichnung machen). | Verf. |
| Für den **SUBJEKTIVEN TATBESTAND** ist nicht notwendig, daß der Täter eine genaue Vorstellung von der Vortat hat. Es genügt, daß er im Bewußtsein handelt, die Sache sei durch (irgendeine) rechtswidrige Vortat erlangt. Der Täter muß das Bewußtsein haben, eine der Tathandlungen zu begehen und dadurch die rechtswidrige Vermögenslage aufrechtzuerhalten. | Tr[48], § 259 Rn. 20 |
| **BEREICHERN** bedeutet Erlangung eines Vermögensvorteils. | Tr[48], § 259 Rn. 22 |
| **BEREICHERUNGSABSICHT** bedeutet Streben nach Vermögensvorteilen. | S/S[25], § 259 Rn. 47 |
| Die **ABSICHT, SICH ODER EINEN DRITTEN ZU BEREICHERN** entspricht der beim Betrug vorausgesetzten Absicht, sich oder einem Dritten einen Vermögensvorteil zu verschaffen. | La[22], § 259 Rn. 17 |

## Konkurrenzen:

§ 259 I verdrängt § 246 I im Wege der Gesetzeskonkurrenz. § 259 I steht in Idealkonkurrenz mit §§ 253, 263, 266, 267, 268.

# § 260. Gewerbsmäßige Hehlerei. Bandenhehlerei.

## Gesetzestext:

(1) Mit Freiheitsstrafe von sechs Monaten bis zu zehn Jahren wird bestraft, wer die Hehlerei

1. gewerbsmäßig *oder*
2. als Mitglied einer Bande, die sich zur fortgesetzten Begehung von Raub, Diebstahl oder Hehlerei verbunden hat,

begeht.

(2) Der Versuch ist strafbar.

(3) In den Fällen des Absatzes 1 Nr. 2 sind die §§ 43a, 73d anzuwenden. § 73d ist auch in den Fällen des Absatzes 1 Nr. 1 anzuwenden.

## Überblick:

- ***Typ:*** Qualifikation zur Hehlerei. Prüfung immer mit dem Grunddelikt (Obersatz: § 259 I, 260 I Nr. ...) und zwar entweder hinter subjektivem Tatbestand oder hinter Schuld des Grunddeliktes.
- ***Versuch*** ist strafbar, Abs. 2.
- Abs. 1 enthält ***Qualifikationstatbestand.*** Abs. 3 enthält Rechtsfolgenregelung, geteilt für Nr. 1 und 2 (klausurmäßig bedeutungslos). Wer beide Varianten (Nr. 1 und 2) gleichzeitig verwirklicht, ist nach § 260a strafbar (Verbrechen!).
- Keine Strafantragserfordernisse nach §§ 247, 248a.
- ***Schutzgut*** wie bei der Hehlerei.

## Aufbau:

I. Tatbestand
  1. Objektiver Tatbestand:
     - (Nr. 1: keine objektiven Merkmale)
     - (Nr. 2) Tatsubjekt: Täter hehlt als
       aa. Mitglied einer Bande, die sich
       bb. zur (subjektive Ausrichtung der Bande!) fortgesetzten Begehung von Raub oder Diebstahl oder Hehlerei verbunden hat.
  2. Subjektiver Tatbestand:
     a. (Nr. 1) Gewerbsmäßigkeit.
     b. (Nr. 2) Vorsatz, mindestens bedingter.

II. Rechtswidrigkeit: keine Besonderheiten.

III. Schuld: keine Besonderheiten.

## Definitionen / Erläuterungen:

**BANDE** ist eine lose Gruppe von mehr als (str.) 2 Mitgliedern. Tr[48], § 260 Rn. 3 i.V.m. § 244 Rn. 9

**BANDE** ist nach der Rspr. eine auf ausdrücklicher oder stillschweigender Vereinbarung beruhende und für eine gewisse Dauer vorgesehene Verbindung einer Mehrzahl von Personen zur Begehung mehrerer selbständiger, im einzelnen noch ungewisser Taten nach §§ 242, 249. Dabei soll die Verbindung von zwei Personen genügen.

La[22], § 260a Rn. 1
i.V.m. § 260 Rn. 4
i.V.m. § 244 Rn. 6

**ALS MITGLIED DER BANDE** muß der Täter eine Hehlerei begehen. Er muß sich also der Verbindung mit ihrer Planung tatsächlich eingegliedert haben und die Tat muß in die Kette der fortlaufenden Begehung derartiger Taten gehören.

Tr[48], § 260 Rn. 3
i.V.m. § 250 Rn. 8
i.V.m. § 244 Rn. 11

**BANDENHEHLEREI** setzt voraus, daß der Hehler und mindestens ein anderer sich mit dem ernsthaften Willen zusammengetan haben, für eine gewisse Dauer selbständig Straftaten zu begehen.

S/S[25], § 260 Rn. 2a

**MITGLIED EINER BANDE**. Die Verbindung muß sich hier auf die fortgesetzte Begehung (nicht identisch mit dem von der Rspr. grundsätzlich aufgegebenen Rechtsinstitut der fortgesetzten Tat) von Raub, Diebstahl oder Hehlerei beziehen, mit der Folge, daß nicht nur Taten im Rahmen einer Verbindung mehrerer Hehler erfaßt werden, sondern namentlich auch solche Taten, die Mitglieder einer Diebes- oder Räuberbande im Rahmen ihrer Bandentätigkeit als Hehler begehen.

La[22], § 260 Rn. 4

---

Mit **FORTGESETZTER BEGEHUNG** ist nicht eine fortgesetzte Tat im herkömmlichen Sinn gemeint, sondern Begehung mehrerer selbständiger, im einzelnen noch ungewisser Taten, Beschränkung der geplanten Taten nach Zeit und Ort oder nach Gegenständen, ist ohne Bedeutung, die auf denselben Eigentümer jedoch nur dann, wenn er immer wieder an verschiedenen Orten und unter verschiedenen Möglichkeiten bestohlen werden kann.

Tr[48], § 260 Rn. 3
i.V.m. § 244 Rn. 10

---

**GEWERBSMÄßIG** handelt, wer sich aus wiederholter Tatbegehung (und sei es auch nur innerhalb des Gesamtvorsatzes einer Fortsetzungstat) eine nicht nur vorübergehende Einnahmequelle von einigem Umfang verschaffen möchte, ohne daß er daraus ein „kriminelles Gewerbe“ zu machen braucht.

Tr[48], § 260 Rn. 2
i.V.m. vor § 52 Rn. 43

Für die **GEWERBSMÄßIGE** Straftat ist kennzeichnend die Absicht des Täters, sich durch wiederholte Begehung des Verbrechens eine fortlaufende Einnahmequelle von einiger Dauer und einigem Umfang zu verschaffen. Die Einnahmequelle braucht jedoch nicht den hauptsächlichen oder regelmäßigen Erwerb zu bilden.

S/S[25], § 260 Rn. 2
i.V.m. vor § 52 Rn. 95

**GEWERBSMÄßIG** erfordert auch bei der Hehlerei keinen bestimmten Tätertyp, etwa einen „typischen gewerbsmäßigen Hehler“; Erstreben einer Nebeneinnahmequelle genügt.

La[22], § 260 Rn. 2

***Beachte:*** Ob Gewerbsmäßigkeit und Bandenmitgliedschaft besondere persönliche Merkmale sind (§ 28 II, nach dem subj. TB prüfen) ist str. Insbesondere bei der Bandenmitgliedschaft wird die besondere Gefährlichkeit nicht unbedingt in der *Person* des Täters, sondern in der (*objektiven*) Bandentätigkeit an sich gesehen, vgl.dazu S/S[25], § 260 Rn. 4 i.V.m. § 244 Rn. 28 — Verf.

## Konkurrenzen:

§ 260 verdrängt § 259 im Wege der Gesetzeskonkurrenz (Spezialität).

# § 260a. Gewerbsmäßige Bandenhehlerei.

## Gesetzestext:

(1) Mit Freiheitsstrafe von einem Jahr bis zu zehn Jahren wird bestraft, wer die Hehlerei als Mitglied einer Bande, die sich zur fortgesetzten Begehung von Raub, Diebstahl oder Hehlerei verbunden hat, gewerbsmäßig begeht.

(2) In minder schweren Fällen ist die Strafe Freiheitsstrafe von sechs Monaten bis zu fünf Jahren.

(3) Die §§ 43a, 73d sind anzuwenden.

## Überblick:

- ***Typ:*** Qualifikation zur Hehlerei. Prüfung immer mit dem Grunddelikt (Obersatz: § 259 I, 260a I) und zwar entweder hinter subjektivem Tatbestand oder hinter Schuld des Grunddeliktes.
- ***Versuch*** ist strafbar (Verbrechen).
- § 260a I ist eine Zusammenfassung von § 260 I Nr. 1 und Nr. 2. Er wird ***anstelle*** des § 260 geprüft, wenn Anhaltspunkte für volle Verwirklichung vorliegen. Abs. 2 enthält minder schweren Fall (klausurmäßig bedeutungslos). Abs. 3 enthält Rechtsfolgenregelung (Vermögensstrafe, Verfall) - klausurmäßig bedeutungslos.
- Keine Strafantragserfordernisse nach §§ 247, 248a.
- ***Schutzgut*** wie bei der Hehlerei.

## Aufbau:

I. Tatbestand
   1. Objektiver Tatbestand:
      a. Tatsubjekt: Täter hehlt als
         aa. Mitglied einer Bande, die sich
         bb. zur (subjektive Ausrichtung der Bande!) fortgesetzten Begehung von Raub oder Diebstahl oder Hehlerei verbunden hat.
      b. Tathandlung: Täter hehlt

- unter Mitwirkung (mindestens) eines anderen Bandenmitgliedes

2. Subjektiver Tatbestand:
   a. Vorsatz, mindestens bedingter,
   b. zusätzlich: Gewerbsmäßigkeit.

II. Rechtswidrigkeit: keine Besonderheiten.
III. Schuld: keine Besonderheiten.

## Definitionen / Erläuterungen:

| | |
|---|---|
| **ALS MITGLIED DER BANDE** muß der Täter eine Hehlerei begehen. Er muß sich also der Verbindung mit ihrer Planung tatsächlich eingegliedert haben und die Tat muß in die Kette der fortlaufenden Begehung derartiger Taten gehören. | Tr[48], § 260a Rn. 2 i.V.m. § 250 Rn. 8 i.V.m. § 244 Rn. 11 |
| **BANDE** ist eine lose Gruppe von mehr als (str.) 2 Mitgliedern. | Tr[48], § 260a Rn. 2 i.V.m. § 244 Rn. 9 |
| **BANDE** ist nach der Rspr. eine auf ausdrücklicher oder stillschweigender Vereinbarung beruhende und für eine gewisse Dauer vorgesehene Verbindung einer Mehrzahl von Personen zur Begehung mehrerer selbständiger, im einzelnen noch ungewisser Taten nach §§ 242, 249. Dabei soll die Verbindung von zwei Personen genügen. | La[22], § 260a Rn. 1 i.V.m. § 260 Rn. 4 i.V.m. § 244 Rn. 6 |
| Mit **FORTGESETZTER BEGEHUNG** ist nicht eine fortgesetzte Tat im herkömmlichen Sinn gemeint, sondern Begehung mehrerer selbständiger, im einzelnen noch ungewisser Taten, Beschränkung der geplanten Taten nach Zeit und Ort oder nach Gegenständen, ist ohne Bedeutung, die auf denselben Eigentümer jedoch nur dann, wenn er immer wieder an verschiedenen Orten und unter verschiedenen Möglichkeiten bestohlen werden kann. | Tr[48], § 260a Rn. 2 i.V.m. § 244 Rn. 10 |
| **GEWERBSMÄßIG** handelt, wer sich aus wiederholter Tatbegehung (und sei es auch nur innerhalb des Gesamtvorsatzes einer Fortsetzungstat) eine nicht nur vorübergehende Einnahmequelle von einigem Umfang verschaffen möchte, ohne daß er daraus ein „kriminelles Gewerbe" zu machen braucht. | Tr[48], § 260a Rn. 2 i.V.m. vor § 52 Rn. 43 |
| Für die **GEWERBSMÄßIGE** Straftat ist kennzeichnend die Absicht des Täters, sich durch wiederholte Begehung des Verbrechens eine fortlaufende Einnahmequelle von einiger Dauer und einigem Umfang zu verschaffen. Die Einnahmequelle braucht jedoch nicht den hauptsächlichen oder regelmäßigen Erwerb zu bilden. | S/S[25], § 260a Rn. 1 i.V.m. § 260 Rn. 2 i.V.m. vor § 52 Rn. 95 |
| **GEWERBSMÄßIG** erfordert auch bei der Hehlerei keinen bestimmten Tätertyp, etwa einen „typischen gewerbsmäßigen Hehler"; Erstreben einer Nebeneinnahmequelle genügt. | La[22], § 260a Rn. 1 i.V.m. § 260 Rn. 2 |

*BEACHTE:* Gewerbsmäßigkeit ist ein bes. persönliches Merkmal iSd § 28 II, str. ist das aber bei der Bandenmitgliedschaft, da die besondere Gefahr dort nicht unbedingt in der Person des Täters, sondern in der Bandentätigkeit an sich liegt, vgl. dazu S/S[25], § 260 a Rn.2 i.V.m. § 260 Rn. 4 i.V.m. § 244 Rn. 28

Verf,

**Konkurrenzen:**

§ 260a verdrängt § 259 im Wege der Gesetzeskonkurrenz (Spezialität). § 260 kommt daneben gar nicht mehr zur Anwendung, weil er in § 260a enthalten ist.

## § 261. Geldwäsche, Verschleierung unrechtmäßiger Vermögenswerte.

**Gesetzestext:**

(1) Wer einen Gegenstand, der aus einer in Satz 2 genannten rechtswidrigen Tat herrührt, verbirgt, dessen Herkunft verschleiert oder die Ermittlung der Herkunft, das Auffinden, den Verfall, die Einziehung oder die Sicherstellung eines solchen Gegenstandes vereitelt oder gefährdet, wird mit Freiheitsstrafe von drei Monaten bis zu fünf Jahren bestraft. Rechtswidrige Taten im Sinne des Satzes 1 sind

1. Verbrechen,
2. Vergehen nach
   a. § 332 Abs. 1, auch in Verbindung mit Abs. 3, und § 334
   b. § 29 Abs. 1 Satz 1 Nr. 1 des Betäubungsmittelgesetzes und § 29 Abs. 1 Nr. 1 des Grundstoffüberwachungsgesetzes,
3. Vergehen nach § 273 und, wenn der Täter gewerbsmäßig handelt, nach § 374 der Abgabenordnung, jeweils auch in Verbindung mit § 12 Abs. 1 des Gesetzes zur Durchführung der Gemeinsamen Marktorganisationen,
4. Vergehen
   a. nach den §§ 180b, 181a, 242, 246, 253, 259, 263 bis 264, 266, 267, 269, 284, 326 Abs. 1, 2 und 4 sowie § 328 Abs. 1, 2 und 4,
   b. nach § 92a des Ausländergesetzes und § 84 des Asylverfahrensgesetzes,

   die gewerbsmäßig oder von einem Mitglied einer Bande, die sich zur fortgesetzten Begehung solcher Taten verbunden hat, begangen worden sind, und
5. von einem Mitglied einer kriminellen Vereinigung (§ 129) begangenen Vergehen

In den Fällen des Satzes 2 Nr. 3 gilt Satz 1 auch für einen Gegenstand, hinsichtlich dessen Abgaben hinterzogen worden sind.

(2) Ebenso wird bestraft, wer einen in Absatz 1 bezeichneten Gegenstand

1. sich oder einem Dritten verschafft *oder*

2. verwahrt oder für sich oder einen Dritten verwendet, wenn er die Herkunft des Gegenstandes zu dem Zeitpunkt gekannt hat, zu dem er ihn erlangt hat.

(3) Der Versuch ist strafbar.

(4) In besonders schweren Fällen ist die Strafe Freiheitsstrafe von sechs Monaten bis zu zehn Jahren. Ein besonders schwerer Fall liegt in der Regel vor, wenn der Täter gewerbsmäßig oder als Mitglied einer Bande handelt, die sich zur fortgesetzten Begehung einer Geldwäsche verbunden hat.

(5) Wer in den Fällen des Absatzes 1 oder 2 leichtfertig nicht erkennt, daß der Gegenstand aus einer in Absatz 1 genannten rechtswidrigen Tat herrührt, wird mit Freiheitsstrafe bis zu zwei Jahren oder mit Geldstrafe bestraft.

(6) Die Tat ist nicht nach Absatz 2 strafbar, wenn zuvor ein Dritter den Gegenstand erlangt hat, ohne hierdurch eine Straftat zu begehen.

(7) Gegenstände, auf die sich die Straftat bezieht, können eingezogen werden. § 74a ist anzuwenden. Die §§ 43a, 73d sind anzuwenden, wenn der Täter als Mitglied einer Bande handelt, die sich zur fortgesetzten Begehung einer Geldwäsche verbunden hat. § 73d ist auch dann anzuwenden, wenn der Täter gewerbsmäßig handelt.

(8) Den in den Absätzen 1, 2 und 5 bezeichneten Gegenständen stehen solche gleich, die aus einer im Ausland begangenen Tat der in Absatz 1 bezeichneten Art herrühren, wenn die Tat auch am Tatort mit Strafe bedroht ist.

(9) Nach den Absätzen 1 bis 5 wird nicht bestraft, wer

1. die Tat freiwillig bei der zuständigen Behörde anzeigt oder freiwillig eine solche Anzeige veranlaßt, wenn nicht die Tat in diesem Zeitpunkt ganz oder zum Teil bereits entdeckt war und der Täter dies wußte oder bei verständiger Würdigung der Sachlage damit rechnen mußte, *und*
2. in den Fällen des Absatzes 1 oder 2 unter den in Nummer 1 genannten Voraussetzungen die Sicherstellung des Gegenstandes bewirkt, auf den sich die Straftat bezieht.

Nach den Absätzen 1 bis 5 wird außerdem nicht bestraft, wer wegen Beteiligung an der Vortat strafbar ist.

(10) Das Gericht kann in den Fällen der Absätze 1 bis 5 die Strafe nach seinem Ermessen mildern (§ 49 Abs. 2) oder von Strafe nach diesen Vorschriften absehen, wenn der Täter durch die freiwillige Offenbarung seines Wissens wesentlich dazu beigetragen hat, daß die Tat über seinen eigenen Tatbeitrag hinaus oder eine in Absatz 1 genannte rechtswidrige Tat eines anderen aufgedeckt werden konnte.

## Überblick:

- ***Typ:*** vorsätzliches Begehungsdelikt (in Abs. 1 und 2). Vorsätzlich-fahrlässiges (Leichtfertigkeit) Begehungsdelikt in Abs. 5). Teilweise (nur) Gefährdungsdelikt, konkretes (vgl. Formulierung von I letzte Var.).
- ***Versuch*** ist strafbar, Abs. 3.
- Abs. 1 enthält den ***Tatbestand.*** Abs. 2 ***erweitert den Tatbestand*** um verschiedene Begehungsweisen; er kann durch den Verweis auf Abs. 1 nicht alleine stehen (Obersatz demnach: § 261 I, II). Abs. 4 enthält in S. 1 einen unbenannten besonders

schweren Fall (klausurmäßig bedeutungslos), in S. 2 ein ***Regelbeispiel*** (wie § 243). Prüfungsstandort: nach der Schuld von § 261 (Obersatz: § 261 I (ggfls. II), IV S. 2).

- Weil § 261 I S. 2 auf andere Straftaten verweist, sollte man in der Klausur - soweit die Aufgabenstellung das zuläßt - die anderen Straftaten vorher geprüft haben.
- Abs. 5 enthält eine ***Vorsatz-Fahrlässigkeits-Kombination***.
- Abs. 6 enthält einen ***TB-Ausschluß*** für Abs. 2. Abs. 7 enthält Rechtsfolgenregelungen (klausurmäßig bedeutungslos). Abs. 8 ***erweitert den Tatbestand*** des Abs. 1 (und damit auch von II und V) auf andere Tatobjekte.
- Abs. 9 enthält einen ***Strafaufhebungsgrund*** in Form der tätigen Reue. Abs. 10 enthält einen ***Strafmilderungs- bzw. Strafabsehungsgrund*** in Form der tätigen Reue. Prüfungsstandort für beide: hinter der Schuld. Abs. 9, da weitergehend, vor Abs. 10.
- ***Schutzgut*** ist in Abs. 1 die inländische Rechtspflege in ihrer Aufgabe, die Wirkung von Straftaten zu beseitigen. Der Schutzzweck des Abs. 2 stimmt mit dem des § 257 überein. Schutzgüter sind danach das durch die Vortat verletzte Interesse und die inländische Rechtspflege (Tr[48], § 261 Rn. 3b; La[22], § 261 Rn. 1).
- ***Hinweis:*** § 261 wird hier bereits in der Fassung des Gesetzes zur Verbesserung der Bekämpfung der Organisierten Kriminalität (Bundestagsbeschluß 5.3.1998) wiedergegeben.
- ***Bemerkung:*** § 261 ist von Aufbau, Inhalt und Änderungsrhythmus ein gutes Beispiel für populistisch orientierte Aktivitäten des Gesetzgebers („Verbrechen darf sich nicht lohnen"). Ohne Rücksicht auf empirische Erkenntnisse zur Wirksamkeit wird dauernd geändert. Lernbar ist da nicht viel.

## Aufbau Abs. 1 (Abs. 2):

I. Tatbestand
   1. Objektiver Tatbestand:
      a. Tatobjekt (Abs. 1 Satz 2): Gegenstand, herrührend aus
         aa. (Nr. 1) Verbrechen
         bb. (Nr. 2) Vergehen nach BTM-G oder GÜG
         cc. (Nr. 3) Vergehen nach AO bzw. GzDGM
         dd. (Nr. 4) Vergehen nach §§ 180b, 181a, 242, 246, 253, 259, 263 bis 264, 266, 267, 269, 284, 326 Abs. 1, 2 und 4 sowie § 328 Abs. 1, 2 und 4 und § 92a des Ausländergesetzes und § 84 des Asylverfahrensgesetzes, die begangen wurden
            (1) von einem Mitglied einer Bande,
            (2) die sich zur fortgesetzten Begehung solcher Taten verbunden hat,
         ee. (Nr. 5) Vergehen eines Mitgliedes einer kriminellen Vereinigung (§ 129).
         ff. (Abs. 8) Taten
            - im Ausland
            - bei Strafbarkeit nach Tatortvorschriften.
      b. Tathandlung (Abs. 1):
         aa. Verbergen *oder*
         bb. Herkunft verschleiern *oder*
         cc. Vereiteln oder Gefährden von
            - Ermittlung der Herkunft *oder*

- Auffinden *oder*
- Verfall *oder*
- Einziehung *oder*
- Sicherstellung

c. Tathandlung (Abs. 2):

aa. Kein Ausschluß nach Abs. 6
- Erlangung durch einen Dritten
- ohne Begehung einer Straftat hierdurch.

bb. (Nr. 1) Verschaffen
- sich *oder*
- einem Dritten

cc. (Nr. 2)
- Verwahren
- Verwenden, für sich oder einen Dritten

2. Subjektiver Tatbestand:

a. Vorsatz, mindestens bedingter,
b. zusätzlich (bei Abs. 1 Nr. 3, Var. 2): Gewerbsmäßigkeit
c. zusätzlich (bei Abs. 1 Nr. 4): Gewerbsmäßigkeit
d. zusätzlich (bei Abs. 2 Nr. 2, Var. 2):
aa. Kenntnis von der Herkunft des Gegenstandes
bb. zum Zeitpunkt der Erlangung.

II. Rechtswidrigkeit: keine Besonderheiten.

III. Schuld: keine Besonderheiten.

IV. Besonderheiten:

1. Strafaufhebungsgrund, Abs. 9

a. (Nr. 1) Anzeige oder Veranlassen einer Anzeige
b. (Nr. 1) bei der zuständigen Behörde *oder*
c. (Nr. 2) Bewirkung der Sicherstellung des Tatobjektes *und*
d. Freiwilligkeit *und*
e. Kein Ausschluß durch
aa. Entdeckung, vollständige oder teilweise *und*
bb. Wissen des Täters hierum *oder*
cc. Rechnen müssen damit bei verständiger Würdigung.
f. Beteiligung an der Vortat

2. Strafabsehung-, Strafmilderungsgrund, Abs. 10

a. Täterverhalten:
aa. Offenbarung seines Wissens
bb. Freiwilligkeit.
b. Erfolg: Aufdeckung der Tat
aa. über Täter-Tatbeitrag hinaus *oder*
bb. eines anderen.
c. Wesentlichkeit des Täterbeitrages für die Aufdeckung.

3. Besonders schwerer Fall, Abs. 4 S. 1, S. 2

a. Objektive Elemente:
- (Var. 1: keine)
- (Var. 2): Tatsubjekt handelt als
  - Mitglied einer Bande, die sich

- zur (subj. Zielsetzung der Bande!) zur fortgesetzten Begehung einer Geldwäsche verbunden hat.

b. Subjektive Elemente:
aa. (Var. 1): Gewerbsmäßigkeit.
bb. (Var. 2): Vorsatz, mindestens bedingter.

**Aufbau Abs. 3 (Vorsatz-Leichtfertigkeits-Kombination):**

I. Tatbestand
a. Tatobjekt (Abs. 1 Satz 2): Gegenstand, herrührend aus
aa. (Nr. 1) Verbrechen
bb. (Nr. 2) Vergehen nach BTM-G oder GÜG
cc. (Nr. 3) Vergehen nach AO bzw. GzDGM
dd. (Nr. 4) Vergehen nach §§ 180b, 181a, 242, 246, 253, 259, 263 bis 264, 266, 267, 269, 284, 326 Abs. 1, 2 und 4 sowie § 328 Abs. 1, 2 und 4 und § 92a des Ausländergesetzes und § 84 des Asylverfahrensgesetzes, die begangen wurden
(1) von einem Mitglied einer Bande,
(2) die sich zur fortgesetzten Begehung solcher Taten verbunden hat,
ee. (Nr. 5) Vergehen eines Mitgliedes einer kriminellen Vereinigung (§ 129).
ff. (Abs. 8) Taten
- im Ausland
- bei Strafbarkeit nach Tatortvorschriften.

b. Tathandlung (Abs. 1):
aa. Verbergen *oder*
bb. Herkunft verschleiern *oder*
cc. Vereiteln oder Gefährden von
- Ermittlung der Herkunft *oder*
- Auffinden *oder*
- Verfall *oder*
- Einziehung *oder*
- Sicherstellung

c. Tathandlung (Abs. 2):
aa. Kein Ausschluß nach Abs. 6
- Erlangung durch einen Dritten
- ohne Begehung einer Straftat hierdurch.
bb. (Nr. 1) Verschaffen
- sich *oder*
- einem Dritten
cc. (Nr. 2)
- Verwahren
- Verwenden, für sich oder einen Dritten

d. Objektive Sorgfaltspflichtverletzung, besonders grobe (Leichtfertigkeit), im Hinblick auf die Herkunft des Gegenstandes aus einer rechtswidrigen Tat.

2. Subjektiver Tatbestand: Vorsatz, mindestens bedingter, bez.
a. des Gegenstandes als solchem *und*

b. der Tathandlung.
c. zusätzlich (bei Abs. 1 Nr. 3, Var. 2): Gewerbsmäßigkeit
d. zusätzlich (bei Abs. 1 Nr. 4): Gewerbsmäßigkeit
e. zusätzlich (bei Abs. 2 Nr. 2, Var. 2):
aa. Kenntnis von der Herkunft des Gegenstandes
bb. zum Zeitpunkt der Erlangung.

II. Rechtswidrigkeit: keine Besonderheiten.

III. Schuld:
- insbesondere: subjektive Sorgfaltspflichtverletzung, besonders grobe (Leichtfertigkeit), im Hinblick auf die Herkunft des Gegenstandes aus einer rechtswidrigen Tat.

IV. Besonderheiten:
1. Strafaufhebungsgrund, Abs. 9
a. (Nr. 1) Anzeige oder Veranlassen einer Anzeige
b. (Nr. 1) bei der zuständigen Behörde *oder*
c. (Nr. 2) Bewirkung der Sicherstellung des Tatobjektes *und*
d. Freiwilligkeit *und*
e. Kein Ausschluß durch
aa. Entdeckung, vollständige oder teilweise
*und*
bb. Wissen des Täters hierum *oder*
cc. Rechnen müssen damit bei verständiger Würdigung.
f. Teilnahme an der Vortat
2. Strafabsehung-, Strafmilderungsgrund, Abs. 10
a. Täterverhalten:
aa. Offenbarung seines Wissens
bb. Freiwilligkeit.
b. Erfolg: Aufdeckung der Tat
aa. über Täter-Tatbeitrag hinaus *oder*
bb. eines anderen.
c. Wesentlichkeit des Täterbeitrages für die Aufdeckung.
3. Besonders schwerer Fall, Abs. 4 S. 1, S. 2: wohl nicht denkbar, wenn der Täter keinen Vorsatz bez. der Herkunft hatte.

## Definitionen / Erläuterungen:

**GEGENSTAND** sind Sachen und Rechte, also nicht nur Geld (Bargeld, Buchgeld in inländischen und ausländischen Währungen), Wertpapiere und Forderungen, sondern auch andere bewegliche Sachen, wie Edelmetalle, Edelsteine, aber auch unbewegliche Sachen, wie Grundstücke und Rechte an solchen. — Tr[48], § 261 Rn. 4

**GEGENSTAND** ist jedes Rechtsobjekt, dh eine Sache oder ein Recht. Darüber hinaus dürften auch tatsächliche Positionen einbezogen sein, die den Anschein eines Rechts erwecken und wie dieses auch verkehrsfähig sind, aber von der Rechtsordnung nicht anerkannt werden. — La[22], § 261 Rn. 3

**Herrühren** kann nicht nur das unmittelbar aus einer (oder für eine) Katalogtat Erlangte, sondern auch ein Gegenstand der durch (uU eine Kette von) Verwertungshandlungen das ursprünglich Erlangte ersetzt hat.

S/S[25], § 261 Rn. 7

Ein **Herrühren** liegt vor, wenn der Gegenstand aus einer rechtswidrigen Tat (als Bruttogewinn) oder für eine solche Tat (als Entgelt) erlangt oder durch eine rechtswidrige Tat hervorgebracht worden ist und häufig auch, wenn er als sog Beziehungsgegenstand der Einziehung unterliegt. Aus dem Schutzzweck folgt ferner, daß der Begriff nicht nur die unmittelbar aus der rechtswidrigen Tat herrührenden Gegenstände umfaßt, sondern auch alle weiteren, die aufgrund nachfolgender Vermögenstransaktionen als ersatzgegenstände ohne wesentliche Wertveränderung an ihre Stelle getreten sind.

La[22], § 261 Rn. 5

---

**Verbrechen**. § 12 I.

Tr[48], § 261 Rn. 6

Es genügt jedes **Verbrechen**, auch wenn eine unbenannte Strafmilderung vorliegt.

La[22], § 261 Rn. 4a

---

**Vergehen eines anderen nach § 29 I Nr. 1 BtMG** bedeutet praktisch alle Straftaten, die sich auf illegalen BtM-Verkehr beziehen, insbesondere das Handeltreiben mit BtM, aber auch das Herstellen, das Ein- und Ausführen, das Inverkehrbringen, Veräußern, Abgeben und Erwerben sowie das sonstige Sichverschaffen von BtM und Vortaten einer Geldwäsche, wie sie in § 29 I Nr. 1 GÜG in bezug auf Grundstoffe (§ 3 GÜG), wenn sie zur unerlaubten Herstellung von BtM verwendet werden sollen, umschrieben sind, nämlich solche Grundstoffe herzustellen, mit ihnen Handel zu treiben, sie, ohne Handel zu treiben, einzuführen, auszuführen, durchzuführen, zu veräußern, abzugeben, sonst in den Verkehr zu bringen, zu erwerben oder sich in sonstiger Weise zu verschaffen.

Tr[48], § 261 Rn. 7

---

Für die **Beteiligung als Mitglied** einer kriminellen Vereinigung ist förmliche Mitgliedschaft weder erforderlich noch ausreichend. Vorauszusetzen ist vielmehr eine einvernehmliche, auf Dauer gerichtete, sei es auch zunächst nur erstmalige Teilnahme am Verbandsleben, die sich in aktiven, dem Organisationswillen untergeordneten Handlungen zur Förderung von Aufbau, Zusammenhalt oder Tätigkeit der Vereinigung äußern muß; nach der Rspr. soll uU auch der einvernehmliche Eintritt in die Vereinigung genügen, wenn er sich als gewichtige Unterstützungshandlung darstellt.

La[22], § 261 Rn. 4a i.V.m. § 129 Rn. 5

---

**Räumlicher Geltungsbereich des Gesetzes** ist seit dem Beitritt der DDR zur BRD mit dem Inlandsbegriff deckungsgleich. Er umfaßt nunmehr die in der Präambel des GG ge-

Tr[48], § 261 Rn. 9 i.V.m. vor § 3 Rn. 8

nannten Länder.

Der Begriff des **RÄUMLICHEN GELTUNGSBEREICHES DES GESETZES** deckt sich seit Wirksamwerden des Beitritts der DDR grundsätzlich mit dem Begriff des Inlands. Jedoch gibt es keinen räumlichen Geltungsbereich des StGB im ganzen, sondern nur der einzelnen Vorschriften, von denen einige nur in einem Teilgebiet gelten.
La[22], § 261 Rn. 16 i.V.m. vor § 3 Rn. 5

---

**VERBERGEN** ist jede Tätigkeit, die mittels einer nicht üblichen örtlichen Unterbringung oder einer den gegenstand verdeckenden Handlung den Zugang zu einem Tatobjekt erschwert.
S/S[25], § 261 Rn. 11

**VERBERGEN** erfordert zielgerichtete Vorkehrungen, um durch die Art der örtlichen Unterbringung, namentlich durch Ortsveränderung, durch täuschende Manipulationen oder in ähnlicher Weise den behördlichen Zugriff auf den Gegenstand zu erschweren.
La[22], § 261 Rn. 7

---

**HERKUNFT VERSCHLEIERN** bedeutet irreführende Machenschaften, die den Nachweis erschweren oder unmöglich machen, daß der Gegenstand aus einer Straftat stammt.
Tr[48], § 261 Rn. 11

**VERSCHLEIERUNG DER HERKUNFT** sind irreführende Machenschaften, die darauf abzielen, einem Tatobjekt den Anschein einer anderen (legalen) Herkunft zu verleihen oder zumindest die wahre Herkunft zu verbergen.
S/S[25], § 261 Rn. 11

**HERKUNFT VERSCHLEIERN** erfordert zielgerichtete Vorkehrungen, um durch die Art der örtlichen Unterbringung, namentlich durch Ortsveränderung, durch täuschende Manipulationen oder in ähnlicher Weise den behördlichen Zugriff auf den Gegenstand zu erschweren.
La[22], § 261 Rn. 7

---

Im Falle des **VEREITELN** ist der Tatbestand ein Erfolgsdelikt.
Tr[48], § 261 Rn. 12

**VEREITELUNG** bedeutet jede Besserstellung des Täters der Vortat im Hinblick auf den staatlichen Anspruch auf Verhängung der Strafe oder Anordnung der Maßnahme, insb. auch Verzögerung auf geraume Zeit.
Tr[48], § 261 Rn. 12 i.V.m. § 258 Rn. 5

Die Ermittlung der Herkunft **VEREITELN** setzt voraus, daß die Ermittlung zum Scheitern gebracht wird.
La[22], § 261 Rn. 7

---

Im Falle des **GEFÄHRDENS** liegt ein konkretes Gefährdungsdelikt vor.
Tr[48], § 261 Rn. 12

**ERMITTLUNG DER HERKUNFT**. Gemeint ist die Herkunft aus einer Straftat.
Tr[48], § 261 Rn. 11

**GEFÄHRDEN** bedeutet Herbeiführen der konkreten Gefahr, daß die Herkunftsermittlung, der Verfall usw unterbleibt.
S/S[25], § 261 Rn. 11

Für das **GEFÄHRDEN** der Ermittlung genügt die Herbeiführung
La[22], § 261 Rn. 7

der konkreten Gefahr des Scheiterns.

---

| | |
|---|---|
| **VERFALL**. §§ 73 ff. | La[22], § 261 Rn. 7 |
| **EINZIEHUNG**. §§ 74 ff. | La[22], § 261 Rn. 7 |
| **SICHERSTELLUNG**. §§ 111b ff. StPO. | La[22], § 261 Rn. 7 |
| **SICH VERSCHAFFEN**. Hierunter ist wie in § 259 die Verschaffung eigener Verfügungsgewalt auf abgeleitetem Wege gemeint. | Tr[48], § 261 Rn. 14 |
| **SICH VERSCHAFFEN** ist die Herstellung einer vom Vortäter abgeleiteten tatsächlichen Herrschaft über die Sache (im einverständlichen Zusammenwirken mit dem Vordermann). Der Hehler muß die Sache zur eigenen Verfügungsgewalt bekommen, und zwar in dem Sinne, daß er den Willen hat, über die Sache als eigene oder zu eigenen Zwecken zu verfügen. | Tr[48], § 261 Rn. 14 i.V.m. § 259 Rn. 14-15 |
| **VERSCHAFFEN** setzt einen derivativen Erwerb, d.h. ein einverständliches, nicht notwendig kollusives Zusammenwirken mit dem Vortäter voraus. | La[22], § 261 Rn. 8 i.V.m. § 259 Rn. 10 |
| **VERWAHREN** bedeutet, die Gegenstände in Gewahrsam nehmen oder halten, um sie für sich oder einen Dritten zur Verfügung zu halten. | Tr[48], § 261 Rn. 14 |
| **VERWAHREN** bedeutet, eine Sache in Gewahrsam nehmen oder halten, um sie für einen Dritten oder für die eigene spätere Verwendung zu erhalten. | La[22], § 261 Rn. 8 |
| **FÜR SICH ODER EINEN DRITTEN VERWENDEN** bedeutet jede Form des bestimmungsgemäßen Gebrauchs dieser Vermögensgegenstände, insbesondere die vielfältigen Geldgeschäfte. | Tr[48], § 261 Rn. 14 |
| **VERWENDEN** ist das Gebrauchmachen von Tatobjekten. | S/S[25], § 261 Rn. 13 |
| **VERWENDEN** ist bestimmungsmäßiges Gebrauchen und erfaßt vor allem die vielfältigen Geldgeschäfte. | La[22], § 261 Rn. 8 |
| **HERKUNFT ZUM ZEITPUNKT DER ERLANGUNG GEKANNT**. Als Kenntnis reicht ein dem bedingten Vorsatz genügendes Für-möglich Halten aus. | La[22], § 261 Rn. 8 |
| **ZUSTÄNDIGE BEHÖRDE**. § 158 I S. 1 StPO. | Tr[48], § 261 Rn. 23 |
| **ZUSTÄNDIGE BEHÖRDE** ist die Polizei, StA, AG, (§ 158 I StPO). | La[22], § 261 Rn. 17a |
| **VERANLASSEN EINER ANZEIGE** erfordert (Mit-) Ursächlichkeit für deren Erstattung durch einen anderen. | La[22], § 261 Rn. 17a |
| **FREIWILLIG** gibt der Täter die weitere Ausführung der Tat auf, wenn er, obwohl er ihr ursprüngliches Ziel noch für erreichbar | Tr[48], § 261 Rn. 23 i.V.m. § 24 Rn. 6 |

hält, die Tatvollendung aus autonomen (selbstgesetzten) Motiven nicht mehr erreichen will.

**FREIWILLIG** handelt der Täter - unabhängig davon, ob bei seinem Entschluß äußere Umstände mitwirken oder nicht -, wenn ihm nach seinem Vorstellungsbild die Tat - sei es auch mit anderen Mitteln - ohne unvertretbar erhöhtes Risiko noch ausführbar und ihr Zweck noch erreichbar erscheint.

La[22], § 261 Rn. 17
i.V.m. § 24 Rn. 29
i.V.m. § 24 Rn. 16

---

Ob der Täter **BEI VERSTÄNDIGER WÜRDIGUNG** mit Entdekkung **RECHNEN MUßTE**, bestimmt sich nach den für die (objektive und subjektive) Sorgfaltspflichtverletzung bei Fahrlässigkeit entwickelten Maßstäben.

La[22], § 261 Rn. 17a

---

**ALS MITGLIED DER BANDE** muß der Täter die Tat begehen. Er muß sich also der Verbindung mit ihrer Planung tatsächlich eingegliedert haben und die Tat muß in die Kette der fortlaufenden Begehung derartiger Taten gehören.

Tr[48], § 261 Rn. 20
i.V.m. § 244 Rn. 11

---

**BANDE** ist eine lose Gruppe von mehr als (str.) 2 Mitgliedern.

Tr[48], § 261 Rn. 20
i.V.m. § 244 Rn. 9

**BANDE** ist eine auf ausdrücklicher oder stillschweigender Vereinbarung beruhende und für eine gewisse Dauer vorgesehene Verbindung einer Mehrzahl von Personen zur Begehung mehrerer selbständiger, im einzelnen noch ungewisser Taten der Geldwäsche, nicht dagegen zur Begehung nur einer fortgesetzten Tat. Dabei soll die Verbindung von zwei Personen genügen.

La[22], § 261 Rn. 12
i.V.m. § 244 Rn. 6

Mit **FORTGESETZTER BEGEHUNG** ist nicht eine fortgesetzte Tat im herkömmlichen Sinn gemeint, sondern Begehung mehrerer selbständiger, im einzelnen noch ungewisser Taten, Beschränkung der geplanten Taten nach Zeit und Ort oder nach Gegenständen, ist ohne Bedeutung, die auf denselben Eigentümer jedoch nur dann, wenn er immer wieder an verschiedenen Orten und unter verschiedenen Möglichkeiten bestohlen werden kann.

Tr[48], § 261 Rn. 20
i.V.m. § 244 Rn. 10

---

Unter **GELDWASCHEN** ist die Einschleusung von Vermögensgegenständen aus Organisierter Kriminalität (OK) in den legalen Finanz- und Wirtschaftskreislauf zum Zwecke der Tarnung zu verstehen. Der Finanz- und Wirtschaftsverkehr wird in allen seinen Formen zum Geldwaschen mißbraucht.

Tr[48], § 261 Rn. 3

Als **GELDWÄSCHE** werden die Mittel bezeichnet, „mit denen man die Existenz, die illegale Quelle oder die illegale Verwendung von Einkommen verbirgt und dann dieses Einkommen so bemäntelt, daß es aus einer legalen Quelle zu stammen scheint".

La[22], § 261 Rn. 2

---

**GEWERBSMÄßIG** handelt, wer sich aus wiederholter Tatbege-

Tr[48], § 261 Rn. 20

| | |
|---|---|
| hung (und sei es auch nur innerhalb des Gesamtvorsatzes einer Fortsetzungstat) eine nicht nur vorübergehende Einnahmequelle von einigem Umfang verschaffen möchte, ohne daß er daraus ein „kriminelles Gewerbe" zu machen braucht. | i.V.m. vor § 52 Rn. 43 |
| **GEWERBSMÄßIG** handelt, wem es darauf ankommt, sich aus wiederholter (uU auch nur fortgesetzter) Begehung eine fortlaufende Haupt- oder auch nur Nebeneinnahmequelle von einiger Dauer und einigem Umfang zu schaffen, ohne daß er daraus ein „kriminelles Gewerbe" zu machen braucht. | La[22], § 261 Rn. 12 i.V.m. vor § 52 Rn. 20 |
| **LEICHTFERTIG** bedeutet einen erhöhten Grad von Fahrlässigkeit, der etwa der groben Fahrlässigkeit des bürgerlichen Rechts entspricht, aber im Gegensatz dazu auf die persönlichen Fähigkeiten des Täters abstellt. Auch Fälle unbewußter Fahrlässigkeit können darunter fallen; jedoch können die Fälle bewußter Fahrlässigkeit nicht mit denen der Leichtfertigkeit gleichgesetzt werden. | Tr[48], § 261 Rn. 17 i.V.m. § 15 Rn. 20 |
| **LEICHTFERTIGKEIT** ist ein erhöhter Grad von Fahrlässigkeit. Sie entspricht objektiv der groben Fahrlässigkeit des bürgerlichen Rechts, legt subjektiv aber die persönlichen Fähigkeiten und Kenntnisse des Täters zugrunde. | La[22], § 261 Rn. 13 i.V.m. § 15 Rn. 55 |
| Für die **RECHTSWIDRIGE TAT** ist stets eine tatbestandsmäßige und rechtswidrige Handlung Voraussetzung. | La[22], § 261 Rn. 4 i.V.m. § 11 Rn. 18 |

### Konkurrenzen:

Innerhalb von Abs. 1 und Abs. 2 ist Idealkonkurrenz möglich (Tr[48], § 261 Rn. 25), a.A.: nur eine (1) Tat jeweils innerhalb von Abs. 1 oder Abs. 2 (La[22], § 261 Rn. 19).
§ 261 I verdrängt § 261 II im Wege der Gesetzeskonkurrenz (Konsumtion) (La[22], § 261 Rn. 19).
§ 261 steht in Idealkonkurrenz mit §§ 257-259, 263, 267.

## § 262. Führungsaufsicht.

### Gesetzestext:

In den Fällen der §§ 259 bis 261 kann das Gericht Führungsaufsicht anordnen (§ 68 Abs. 1).

### Überblick:

○ ***Typ:*** Rechtsfolgenregelung (vgl. auch §§ 68-68g). Klausurmäßig bedeutungslos.

## Zweiundzwanzigster Abschnitt. Betrug und Untreue.

### § 263. Betrug.

#### Gesetzestext:

(1) Wer in der Absicht, sich oder einem Dritten einen rechtswidrigen Vermögensvorteil zu verschaffen, das Vermögen eines anderen dadurch beschädigt, daß er durch Vorspiegelung falscher oder durch Entstellung oder Unterdrückung wahrer Tatsachen einen Irrtum erregt oder unterhält, wird mit Freiheitsstrafe bis zu fünf Jahren oder mit Geldstrafe bestraft.

(2) Der Versuch ist strafbar.

(3) In besonders schweren Fällen ist die Strafe Freiheitsstrafe von sechs Monaten bis zu zehn Jahren. Ein besonders schwerer Fall liegt in der Regel vor, wenn der Täter

1. gewerbsmäßig oder als Mitglied einer Bande handelt, die sich zur fortgesetzten Begehung von Urkundenfälschung oder Betrug verbunden hat,
2. einen Vermögensverlust großen Ausmaßes herbeiführt oder in der Absicht handelt, durch die fortgesetzte Begehung von Betrug eine große Zahl von Menschen in die Gefahr des Verlustes von Vermögenswerten zu bringen,
3 eine andere Person in wirtschaftliche Not bringt,
4. seine Befugnisse oder seine Stellung als Amtsträger mißbraucht *oder*
5. einen Versicherungsfall vortäuscht, nachdem er oder ein anderer zu diesem Zweck eine Sache von bedeutendem Wert in Brand gesetzt oder durch eine Brandlegung ganz oder teilweise zerstört oder ein Schiff zum Sinken oder Stranden gebracht hat.“

(4) § 243 Abs. 2 sowie die §§ 247 und 248a gelten entsprechend.

(5) Mit Freiheitsstrafe von einem Jahr bis zu zehn Jahren, in minder schweren Fällen mit Freiheitsstrafe von sechs Monaten bis zu fünf Jahren wird bestraft, wer den Betrug als Mitglied einer Bande, die sich zur fortgesetzten Begehung von Straftaten nach den §§ 263 bis 264 oder 267 bis 269 verbunden hat, gewerbsmäßig begeht.

(6) Das Gericht kann Führungsaufsicht anordnen (§ 68 Abs. 1).

(7) Die §§ 43a und 73d sind anzuwenden, wenn der Täter als Mitglied einer Bande handelt, die sich zur fortgesetzten Begehung von Straftaten nach den §§ 263 bis 264 oder 267 bis 269 verbunden hat. § 73d ist auch dann anzuwenden, wenn der Täter gewerbsmäßig handelt.

#### Überblick:

- ***Typ:*** vorsätzliches Begehungsdelikt.
- ***Versuch*** ist strafbar, Abs. 2.
- Abs. 1 ist ***Grundtatbestand***. Abs. 5 HS 2 enthält eine ***Qualifikation,*** die die Merkmale, die beim Regelbeispiel nach Abs. 3 S. 2 Nr. 1 *alternativ* vorliegen müssen, *kumuliert*. ***Prüfung*** immer mit dem Grunddelikt (Obersatz: §§ 263 I, V) und zwar entweder hinter subjektivem Tatbestand oder hinter Schuld des Grunddeliktes.

- Abs. 3 enthält in S. 1 einen unbenannten besonders schweren Fall (klausurmäßig bedeutungslos), in S. 2 fünf ***Regelbeispiele*** (wie § 243). Prüfungsstandort: nach der Schuld von § 263 (Obersatz: § 263 I, III S. 1, 2 Nr. ...).
- Abs. 5 HS. 1 enthält einen unbenannten minder schweren Fall (klausurmäßig bedeutungslos).
- Rechtsfolgenregelung in Abs. 6 und 7 - klausurmäßig bedeutungslos.
- ***Anträge*** nach Abs. 4 i.V.m. § 247 und § 248a. Gilt nach systematischer Stellung nicht für Abs. 5.
- ***Schutzgut*** ist das Vermögen und nicht die Verfügungsfreiheit des Vermögensinhabers und damit auch nicht die Vereitelung einer Vermögensvermehrung (Tr[48], § 263 Rn. 1a).

## Aufbau (Abs. 1):

I. Tatbestand
  1. Objektiver Tatbestand:
    a. Tathandlung - Täuschung (mit subjektivem Element: Kenntnis von der Unrichtigkeit);
    b. Taterfolg - darauf kausal beruhend:
      aa. Irrtum; darauf kausal beruhend:
      bb. Vermögensverfügung; darauf kausal beruhend:
      cc. Vermögensschaden;
  2. Subjektiver Tatbestand:
    a. Vorsatz, mindestens bedingter, bez. obj. TB,
    b. zusätzlich: Absicht,
      aa. sich (eigennützig) *oder*
      bb. einem Dritten (fremdnützig)
      einen Vermögensvorteil, rechtswidriger, zu verschaffen.
    c. Stoffgleichheit zwischen Schaden und Vorteil.

II. Rechtswidrigkeit *und*

III. Schuld: keine Besonderheiten.

IV. Besonderheiten:
  1. Besonders schwerer Fall nach Abs. 3 S. 1, 2 Nr. ...
  2. Strafantrag nach Abs. 4 i.V.m. § 247 und § 248a.

## Aufbau (Abs. 5 HS. 2):

I. Tatbestand
  1. Objektiver Tatbestand:
    - Tatsubjekt: ist Mitglied einer Bande, die sich zur fortgesetzten Begehung von Straftaten nach den §§ 263 bis 264 oder 267 bis 269 verbunden hat.
  2. Subjektiver Tatbestand:
    a. Vorsatz, mindestens bedingter, bez. obj. TB,
    b. *zusätzlich*: Gewerbsmäßigkeit.

II. Rechtswidrigkeit *und*

III. Schuld: keine Besonderheiten.

## Aufbau (Abs. 3 S. 1, 2):

IV. Strafzumessungsregel
  1. Objektive Elemente:
    a. (Nr. 1) *statt(!)* der Gewerbsmäßigkeit: Tatsubjekt ist Mitglied einer Bande, die sich zur fortgesetzten Begehung von Urkundenfälschung oder Betrug verbunden hat *oder*
    b. (Nr. 2) *statt(!)* der Verlustabsicht: Taterfolg: Herbeiführung eines Vermögensverlustes großen Ausmaßes
    c. (Nr. 3) Taterfolg: wirtschaftliche Not einer anderen Person
    d. (Nr. 4)
      aa. Tatsubjekt: Amtsträger
      bb. Tathandlung: Mißbrauch der daraus resultierenden Befugnisse oder Stellung
    e. (Nr. 5)
      aa. Tatsituation:
        (1) Inbrandsetzung einer Sache von bedeutendem Wert *oder*
        (2) Zerstörung einer Sache von bedeutendem Wert, teilweise oder vollständige durch eine Brandlegung *oder*
        (3) Zum Sinken oder Strandenbringen eines Schiffes *und*
      bb. Tathandlung: Vortäuschung eines Versicherungsfalles *und*
      cc. finale Verknüpfung zwischen aa. und bb.
  2. Subjektive Elemente:
    a. Vorsatz, mindestens bedingter, bez. obj. TB,
    b. zusätzlich:
      aa. (Nr. 1) *statt(!)* der Bandenmitgliedschaft: Gewerbsmäßigkeit. *oder*
      bb. (Nr. 2) *statt(!)* der *Herbeiführung* eines Vermögensverlustes: Absicht, durch die fortgesetzte Begehung von Betrug eine große Zahl von Menschen in *die Gefahr* des Verlustes von Vermögenswerten zu bringen.

## Definitionen / Erläuterungen:

| | |
|---|---|
| **TÄUSCHUNG**. Die Täuschung ist ein Verhalten (positives Tun oder pflichtwidriges Unterlassen), das irreführen oder den Irrtum unterhalten und damit auf die Vorstellung eines anderen einwirken soll. | Tr[48], § 263 Rn. 6 |
| Eine **TÄUSCHUNGSHANDLUNG** liegt vor, wenn der Täter durch sein Verhalten auf das intellektuelle Vorstellungsbild eines anderen einzuwirken sucht oder bei bestehender Rechtspflicht einen schon vorhandenen Irrtum oder eine sich bildende Fehlvorstellung nicht beseitigt. | S/S[25], § 263 Rn. 11 |
| **TÄUSCHUNG** ist ein zur Irreführung (u.U. auch nur zur Unterhaltung eines Irrtums) bestimmtes und damit der Einwirkung auf die Vorstellung eines anderen dienendes Gesamtverhalten. | La[22], § 263 Rn. 6 |
| Unter **TATSACHEN** sind alle konkreten vergangenen oder gegenwärtigen Geschehnisse oder Zustände der Außenwelt und | S/S[25], § 263 Rn. 8 |

| | |
|---|---|
| des menschlichen Innenlebens zu verstehen. Als Tatsache ist nicht nur das tatsächlich, sondern auch das angeblich Geschehene oder Bestehende anzusehen, sofern ihm das Merkmal der objektiven Bestimmtheit und Gewißheit eigen ist. | |
| **TATSACHEN** sind nicht nur äußere Vorgänge oder Zustände der Vergangenheit oder Gegenwart, sondern nach h.M. auch psychische Gegebenheiten und Abläufe. | La[22], § 263 Rn. 4 |
| Eine **TATSACHE** ist etwas Geschehenes oder Bestehendes, das in die Wirklichkeit getreten und daher dem Beweis zugänglich ist. | La[22], § 263 Rn. 4 i.V.m. § 186 Rn. 3 |
| **VORSPIEGELN** einer Tatsache bedeutet, daß der Täter einem anderen eine nicht bestehende Tatsache als bestehend zur Kenntnis bringt. | S/S[25], § 263 Rn. 6 |
| **VORSPIEGELN** durch schlüssiges Verhalten bedeutet ein auf Irreführung gerichtetes Gesamtverhalten, das nach der Verkehrsanschauung als stillschweigende Erklärung über eine Tatsache zu deuten ist. | La[22], § 263 Rn. 7 |
| **IRRTUM** ist jeder Widerspruch zwischen einer Vorstellung und der Wirklichkeit. | Tr[48], § 263 Rn. 18 |
| **IRRTUM** ist jeder Widerspruch zwischen Vorstellung und Wirklichkeit. | S/S[25], § 263 Rn. 33 |
| Der **IRRTUM** setzt eine Fehlvorstellung, d.h. die positive Vorstellung einer der Wirklichkeit widersprechenden Tatsache voraus; das bloße Fehlen der Vorstellung einer wahren Tatsache ist kein Irrtum. | La[22], § 263 Rn. 18 |
| **ERREGEN** eines Irrtums bedeutet Verursachen oder auch nur Mitverursachen der Fehlvorstellung. | La[22], § 263 Rn. 20 |
| **UNTERHALTEN** eines Irrtums ist nicht nur Verhindern der oder Erschweren der Aufklärung, sondern auch Bestärken einer bestehenden Fehlvorstellung. | La[22], § 263 Rn. 20 |
| **VERMÖGEN** ist der Inbegriff aller geldwerten Güter einer Person.(h.M.: extrem-wirtschaftlicher Vermögensbegriff) | Tr[48], § 263 Rn. 27 |
| **VERMÖGEN** ist nach herrschender, aber zunehmend in Frage gestellter Meinung die Summe aller wirtschaftlichen (geldwerten) Güter einer natürlichen oder juristischen Person nach Abzug der Verbindlichkeiten. | La[22], § 263 Rn. 33 |
| ***BEACHTE:*** (Einzelne Vermögensbegriffe sind strittig. Juristischer Vermögensbegriff: nur rechtlich geschütztes Vermögen; Personaler Vermögensbegriff: die wirtschaftliche Potenz des Vermögensträgers; juristisch-ökonomischer Vermögensbegriff: wie wirtschaftlicher V., aber ohne „Ansprüche" aus verbotenen | hierzu ausführlich: S/S[25], § 263 Rn. 80-82 |

oder unsittlichen Rechtsgeschäften und ohne den unrechtmäßigen Besitz.)

| | |
|---|---|
| **VERFÜGUNG** ist jedes Handeln, Dulden oder Unterlassen, das sich unmittelbar vermögensmindernd auswirkt, wenn der Verfügende, von seinem Irrtum abgesehen, in seiner Willensentschließung frei war. | Tr[48], § 263 Rn. 24 |
| **VERMÖGENSVERFÜGUNG** ist jedes Handeln, Dulden oder Unterlassen, das eine Vermögensminderung (Schaden) unmittelbar herbeiführt. Es reicht daher jede tatsächliche Einwirkung auf das Vermögen aus, eine Verfügung i.S. des bürgerlichen Rechts oder auch nur eine Willenserklärung ist nicht erforderlich. | S/S[25], § 263 Rn. 55 |
| **VERFÜGUNG** ist jedes Handeln, Dulden oder Unterlassen, das sich unmittelbar, d.h. ohne zusätzliche deliktische Zwischenhandlung des Täters, vermögensmindernd auswirkt; ob die Minderung durch ein Äquivalent kompensiert wird, ist unerheblich. | La[22], § 263 Rn. 22 |

| | |
|---|---|
| **VERMÖGENSSCHADEN** ist der Unterschied zwischen dem Wert des Vermögens vor und nach der Vermögensverfügung des Getäuschten. | Tr[48], § 263 Rn. 30 |
| **VERMÖGENSSCHADEN**. Ein Vermögensschaden ist nicht nur die effektive, rechnerisch nachweisbare Vermögensminderung, sondern u.U. auch schon die bloße konkrete Gefährdung von Vermögenswerten, wenn sie nach wirtschaftlicher Betrachtungsweise bereits eine Verschlechterung der gegenwärtigen Vermögenslage bedeutet. | S/S[25], § 263 Rn. 143 |
| Das **VERMÖGEN** erleidet einen **SCHADEN**, wenn sein wirtschaftlicher Gesamtwert durch die Verfügung des Getäuschten vermindert wird, wenn also nicht lediglich eine Vermögensvermehrung ausbleibt, sondern entweder die Aktiven ihrem Wert nach verringert werden oder neue Verbindlichkeiten entstehen, ohne daß diese Einbuße durch einen unmittelbaren Zuwachs voll ausgeglichen wird. | La[22], § 263 Rn. 36 |

| | |
|---|---|
| ***BEACHTE:*** Es findet eine *Saldierung* statt. Verrechnungspostensind bei Eingehungsbetrug die entstandenen Forderungen, bei Erfüllungsbetrug die vorherige Forderung und erhaltene Leistung. Entscheidender Zeitpunkt: Verfügung. Maßstab: Objektiv-Individualisierend (Objektiv: Verkehrsanschauung / Konkrete Gefährdung genügt; individualisierend: persönlicher Einschlag (3 Fallgruppen: a. unbrauchbar / b. eigene Schädigung zur Erfüllung / c. übermäßige Beschränkung der eigenen Lebensverhältnisse). Für alles: -> *Melkmaschinen*.) Mit zu berechnen: erlangte Vorteile (Pfandrechte), wenn leicht und ohne Abhängigkeit vom Betrüger durchsetzbar. Aber nicht: Schadensersatzansprüche, Anfechtbarkeit, Rückzahlung. | Verf |

| | |
|---|---|
| **VERMÖGENSVORTEIL** ist das genaue Gegenstück zum Vermögensschaden, also die günstigere Gestaltung der Vermögenslage, selbst, wenn später Ersatz zu leisten ist. | Tr[48], § 263 Rn. 42 |
| Der **VERMÖGENSVORTEIL** ist das Gegenstück zum Vermögensschaden des Geschädigten. Daher stellt jede günstigere Gestaltung der Vermögenslage, jede Erhöhung des Vermögenswertes einen Vermögensvorteil dar. | S/S[25], § 263 Rn. 167 |
| **VERMÖGENSVORTEIL** ist jede wirtschaftliche Verbesserung der Vermögenslage, also das genaue Gegenteil des Vermögensschadens; auch das Nichterbringen einer Leistung genügt. | La[22], § 263 Rn. 59 |
| **RECHTSWIDRIG** ist jeder Vermögensvorteil, auf den man kein Recht hat. | Tr[48], § 263 Rn. 43 |
| Der Vermögensvorteil ist **RECHTSWIDRIG**, wenn der Täter auf ihn (nach bürgerlichem oder öffentlichem Recht) keinen Anspruch hat. | La[22], § 263 Rn. 61 |
| **STOFFGLEICHHEIT** liegt vor, wenn die Bereicherung ohne Umweg über das Vermögen eines Dritten unmittelbar aufgrund der Verfügung erfolgt. | Tr[48], § 263 Rn. 39 |
| **STOFFGLEICHHEIT** liegt vor, wenn der Täter den Vorteil unmittelbar aus dem Vermögen des Geschädigten in der Weise anstrebt, das der Vorteil die Kehrseite des Schadens ist. Mit der Rspr. ist davon auszugehen, daß es für die Stoffgleichheit ausreicht, wenn Vorteil und Schaden auf derselben Verfügung beruhen und daß der Vorteil zu Lasten des geschädigten Vermögens geht. | S/S[25], § 263 Rn. 168 |
| Für die **STOFFGLEICHHEIT** ist ausreichend, daß Vorteil und Schaden auf derselben Vermögensverfügung beruhen und daß der Vorteil zu Lasten des geschädigten Vermögens geht. | La[22], § 263 Rn. 59 |
| ***BEACHTE:*** Liegt nicht vor, wenn der Täter etwas anderes bekommt (-> *Provisionsvertreter*). Betrug ist unmittelbare Vermögensverschiebung, Provision ist nur mittelbar geschoben. | Verf. |
| **BANDE** ist eine lose Gruppe von mehr als (str.) 2 Mitgliedern. | Tr[48], § 244 Rn. 9 |
| **BANDE** ist eine auf ausdrücklicher oder stillschweigender Vereinbarung beruhende und für eine gewisse Dauer vorgesehene Verbindung einer Mehrzahl von Personen zur Begehung mehrerer selbständiger, im einzelnen noch ungewisser Taten der Geldwäsche, nicht dagegen zur Begehung nur einer fortgesetzten Tat. Dabei soll die Verbindung von zwei Personen genügen. | La[22], § 244 Rn. 6 |
| Mit **FORTGESETZTER BEGEHUNG** ist nicht eine fortgesetzte Tat im herkömmlichen Sinn gemeint, sondern Begehung mehrerer selbständiger, im einzelnen noch ungewisser Taten, Be- | Tr[48], § 244 Rn. 10 |

schränkung der geplanten Taten nach Zeit und Ort oder nach Gegenständen, ist ohne Bedeutung, die auf denselben Eigentümer jedoch nur dann, wenn er immer wieder an verschiedenen Orten und unter verschiedenen Möglichkeiten bestohlen werden kann.

| | |
|---|---|
| **GEWERBSMÄßIG** handelt, wer sich aus wiederholter Tatbegehung (und sei es auch nur innerhalb des Gesamtvorsatzes einer Fortsetzungstat) eine nicht nur vorübergehende Einnahmequelle von einigem Umfang verschaffen möchte, ohne daß er daraus ein „kriminelles Gewerbe" zu machen braucht. | Tr[48], vor § 52 Rn. 43 |
| **GEWERBSMÄßIG** handelt, wem es darauf ankommt, sich aus wiederholter (uU auch nur fortgesetzter) Begehung eine fortlaufende Haupt- oder auch nur Nebeneinnahmequelle von einiger Dauer und einigem Umfang zu schaffen, ohne daß er daraus ein „kriminelles Gewerbe" zu machen braucht. | La[22], vor § 52 Rn. 20 |
| Der Begriff „**GROßE ZAHL**" mag bei 50 beginnen. | Tr[48], § 330 Rn. 4 |
| **GEFAHR** ist ein durch die Tat eingetretener ungewöhnlicher Zustand, in welchem nach den konkreten Umständen der Eintritt eines Schadens wahrscheinlich ist. | La[22], § 250 Rn. 3 i.V.m. § 315c Rn. 21 |
| **VERMÖGENSVERLUST GROßEN AUSMAßES.** Der Verbrechenstatbestand ist damit nur bei hohem Schaden anwendbar. Er geht auf das tatbestandsähnliche Regelbeispiel in § 264 Abs. 2 Satz 2 Nr. 1 zurück. Es wird ein Betrag von etwa 100 000 DM zugrunde zu legen sein | Verf. (BTDr.) |
| **WIRTSCHAFTLICHE NOT.** | k.A. |
| **AMTSTRÄGER.** Vgl. § 11 Nr. 2. | |
| **MIßBRAUCH DER DARAUS RESULTIERENDEN BEFUGNISSE ODER STELLUNG** | k.A. |
| **SACHE** ist jeder körperliche Gegenstand. | Tr[48], § 242 Rn. 2 |
| **SACHEN** sind körperliche Gegenstände (vgl. § 90 BGB), einschließlich Tiere. Unerheblich ist der Aggregatzustand (fest, flüssig oder gasförmig). | S/S[25], § 242 Rn. 9 |
| **SACHEN** sind grundsätzlich alle körperlichen Gegenstände (§ 90 BGB), auch Leichen, nicht aber lebende Menschen, Embryonen (Feten) und Tiere; letztere werden jedoch auch nach der gesetzestechnisch mißglückten Einführung des § 90a BGB erfaßt, weil die für Sachen geltenden Vorschriften, soweit nichts anderes bestimmt ist, kraft Gesetzes (also nicht aufgrund lückenfüllender Analogie) auf Tiere entsprechend anzuwenden sind. | La[22], § 242 Rn. 2 |

---

**VON BEDEUTENDEM WERT**. Der bedeutende Wert ist nach dem Umfang des drohenden Schadens, und zwar nach dem Verkehrswert der gefährdeten Sache und nicht nach dem Wiederherstellungsaufwand zu bestimmen, und nicht nach deren Funktionswert. Das Ausmaß der Gefährdung braucht sich mit dem eingetretenen Schaden nicht zu decken, dieser kann hinter der Gefährdung erheblich zurückbleiben. Es genügt nicht, daß eine Sache von bedeutendem Wert in unbedeutendem Umfang gefährdet wird, vielmehr muß der bei dem konkreten Verkehrsvorgang drohende Schaden bedeutend sein. Die Mindestgrenze für einen bedeutenden Sachwert wird inzwischen bei etwa 1200 DM angesichts der Teuerung u.U. auch höher liegen.

Tr[48], § 315 Rn. 16

Maßgeblich für den **BEDEUTENDEN WERT** ist der wirtschaftliche Wert des Arbeitsmittels, nicht dessen funktionelle Bedeutung für die Allgemeinheit oder das betroffene Unternehmen usw. Dabei kommt es auch bei teilweiser Zerstörung des Arbeitsmittels auf seinen Verkehrswert an, nicht auf die Kosten einer Instandsetzung.

S/S[25], § 305a Rn. 6

Der **BEDEUTENDE WERT** einer fremden Sache hängt allein von ihrem Verkehrswert, nicht von ihrer funktionellen Bedeutung ab.

La[22], § 315c Rn. 24

---

**INBRANDSETZEN** liegt vor, wenn der Brand auch nach Entfernung des Zündstoffs sich an der Sache weiter auszubreiten vermag.

Tr[48], § 265 Rn. 5 i.V.m. § 306 Rn. 6

**INBRANDSETZEN** liegt vor, wenn die Sache derart vom Feuer ergriffen ist, daß sie auch nach Entfernung oder Erlöschen des Zündstoffs selbständig weiterbrennen kann.

S/S[25], § 265 Rn. 8 i.V.m. § 306 Rn. 9

**IN BRAND GESETZT** ist ein Gebäude usw., wenn es vom Feuer in einer Weise erfaßt ist, die ein Fortbrennen aus eigener Kraft ermöglicht.

La[22], § 265 Rn. 2 i.V.m. § 306 Rn. 5

---

**BRANDLEGUNG** setzt nicht eine Zerstörung durch ein „Brennen mit heller Flamme" voraus, sondern erfaßt auch Fälle, in denen - vom Täter nicht gewollt - der Zündstoff statt zu brennen explodiert.

Verf. (BTDr.)

---

**ZERSTÖREN** ist eine so weitgehende Beschädigung einer Sache, daß ihre Gebrauchsfähigkeit völlig aufgehoben wird.

Tr[48], § 303 Rn. 10

**ZERSTÖRT** ist eine Sache, wenn sie so wesentlich beschädigt wurde, daß sie für ihren Zweck völlig unbrauchbar wird; eine teilweise Zerstörung, d.h. die funktionelle Ausschaltung eines wesentlichen Teiles, genügt.

S/S[25], § 303 Rn. 11

**ZERSTÖREN** ist nur ein stärkerer Grad des Beschädigens, d.h. eine Einwirkung mit der Folge, daß die bestimmungsmäßige

La[22], § 303 Rn. 7

Brauchbarkeit der Sache völlig aufgehoben wird.

| | |
|---|---|
| **Schiff** ist nicht nur ein solches i.S.d. § 4, sondern auch ein Schiff jeder Art und Größe, welches als solches oder in seiner Ladung oder in seinem Frachtlohn versichert ist. Dabei ist eine Versicherung gegen die Gefahren der Schiffahrt gemeint. | Tr[48], § 265 Rn. 6 |
| **Schiff** bedeutet hier jedes Wasserfahrzeug, unabhängig von seiner Größe. | S/S[25], § 265 Rn. 5 |
| **Sinken**. Es reicht aus, wenn wesentliche Teile des Schiffes unter die Wasseroberfläche geraten; nicht erforderlich ist ein völliges Versinken. | S/S[25], § 265 Rn. 9 |
| Für das **Sinken-Machen** reicht es aus, wenn wesentliche Teile des Schiffes unter die Wasseroberfläche geraten; nicht erforderlich ist ein völliges Versinken. | S/S[25], § 265 Rn. 9 |
| **Stranden-machen** bedeutet das Herbeiführen des Auf-Strand-Geratens unter Verlust der Bewegungsfähigkeit des Schiffes. | S/S[25], § 265 Rn. 9 |

### Konkurrenzen:

§ 263 kann in Idealkonkurrenz mit nahezu allen Delikten stehen.

## § 263a. Computerbetrug.

### Gesetzestext:

(1) Wer in der Absicht, sich oder einem Dritten einen rechtswidrigen Vermögensvorteil zu verschaffen, das Vermögen eines anderen dadurch beschädigt, daß er das Ergebnis eines Datenverarbeitungsvorgangs durch unrichtige Gestaltung des Programms, durch Verwendung unrichtiger oder unvollständiger Daten, durch unbefugte Verwendung von Daten oder sonst durch unbefugte Einwirkung auf den Ablauf beeinflußt, wird mit Freiheitsstrafe bis zu fünf Jahren oder mit Geldstrafe bestraft.

(2) § 263 Abs. 2 bis 7 gilt entsprechend.

### Überblick:

- *Typ:* vorsätzliches Begehungsdelikt.
- Abs. 2 verweist (auch) auf § 263 II-V: ***Versuch*** ist strafbar, Abs. 2 i.V.m. § 263 II.
- Abs. 1 ist ***Grundtatbestand***.
- (Unbenannter schwerer Fall in Abs. 2 i.V.m. § 263 III mit Ausschluß in Abs. 2 i.V.m. § 263 IV durch Verweis auf § 243 II - klausurmäßig bedeutungslos.)
- ***Anträge*** nach Abs. 2 i.V.m. § 263 IV i.V.m. § 247 und § 248a.
- ***Schutzgut*** ist das Individualvermögen (Tr[48], § 263a Rn. 2).

## Aufbau:

I. Tatbestand
  1. Objektiver Tatbestand:
    a. Tathandlung - Beeinflussung des Ergebnisses eines Datenverarbeitungsvorganges
      aa. durch unrichtige Gestaltung des Programmes *oder*
      bb. durch Verwendung unrichtiger oder unvollständiger Daten *oder*
      cc. durch unbefugte (hier TB-merkmal) Verwendung von Daten *oder*
      dd. sonst durch unbefugte (hier TB-merkmal) Einwirkung auf den Ablauf;
    b. Taterfolg - darauf kausal beruhend: Vermögensschaden.
  2. Subjektiver Tatbestand:
    a. Vorsatz, mindestens bedingter, bez. obj. TB,
    b. zusätzlich: Absicht,
      aa. sich *oder*
      bb. einem Dritten
      einen Vermögensvorteil, rechtswidriger, zu verschaffen.
    c. Stoffgleichheit zwischen Schaden und Vorteil
II. Rechtswidrigkeit *und*
III. Schuld: keine Besonderheiten.

## Definitionen / Erläuterungen:

**ERGEBNIS EINES DATENVERARBEITUNGSVORGANGES**. Dieses Merkmal erfaßt anstelle des Ergebnisses des irrigen menschlichen Denk- und Entscheidungsprozesses (Täuschung, Irrtum, Verfügung) alle technischen (automatischen) Vorgänge (Arbeitsweisen), bei denen durch Aufnahme von Daten und ihre Verknüpfung nach Programmen Arbeitsergebnisse erzielt werden.

Tr[48], § 263a Rn. 3

Unter **DATENVERARBEITUNG** sind diejenigen technischen Vorgänge zu verstehen, bei denen durch Aufnahme von Daten und ihre Verknüpfung nach Programmen Arbeitsergebnisse erzielt werden. Unter Datenverarbeitungsvorgänge sind nur die konkreten, dem jeweiligen Ergebnis vorausliegenden Vorgänge gemeint.

La[22], § 263a Rn. 4

---

**BEEINFLUSSUNG** ist eine Tathandlung, nach der die Arbeitsergebnisse des Datenverarbeitungsvorganges von denen abweichen, die ohne die Tathandlung erzielt wären, die damit falsch sind.

Tr[48], § 263a Rn. 3

Das Ergebnis eines Datenverarbeitungsvorganges ist dann durch die Tathandlung **BEEINFLUßT**, wenn es von dem Ergebnis abweicht, das bei einem programmgemäßen Ablauf des Computers erzielt worden wäre.

S/S[25], § 263a Rn. 22

---

**PROGRAMM** ist eine durch Daten fixierte Arbeitsanweisung an

Tr[48], § 263a Rn. 6

den Computer.

Unter **PROGRAMM** ist die Arbeitsanweisung an einen Computer zu verstehen, die aus einer Folge von Einzelbefehlen besteht. — S/S[25], § 263a Rn. 6

**PROGRAMME** sind aus Daten zusammengefügte, fixierte Arbeitsanweisungen an den Computer. — La[22], § 263a Rn. 3

---

**UNRICHTIG** ist ein Programm, wenn seine in Form von Daten fixierte Arbeitsanweisung an den Computer inhaltlich unrichtig ist, diesen also „täuscht", so daß es auf die materielle Wahrheit ankommt. — Tr[48], § 263a Rn. 6

**UNRICHTIG** ist ein Programm dann, wenn es dem Willen und den Gestaltungsvorstellungen des hierüber Verfügungsberechtigten nicht entspricht. — S/S[25], § 263a Rn. 6

Für die **UNRICHTIGE** Gestaltung des Programms kommt es darauf an, ob das Programm die aus dem Verhältnis zwischen den Beteiligten abzuleitende Aufgabenstellung der Datenverarbeitung richtig bewältigt. Ein Programm ist danach immer, aber auch nur dann richtig gestaltet, wenn es bei Verwendung richtiger und vollständiger Daten nicht nur zufällig, sondern in systematischen Arbeitsschritten das den Zwecken der Datenverarbeitung entsprechende Ergebnis liefert. — La[22], § 263a Rn. 7

---

**DATEN** sind codierte, auf einen Datenträger fixierte Informationen über eine außerhalb des verwendeten Zeichensystems befindliche Wirklichkeit. — Tr[48], § 263a Rn. 7 i.V.m. § 268 Rn. 4

Die Verwendung unrichtiger oder unvollständiger Daten erfaßt Fälle, in denen eingegebene Daten in einen anderen Zusammenhang gebracht oder unterdrückt werden. — Tr[48], § 263a Rn. 7

**DATEN** sind in erster Linie „speicherbare Informationen aller Art, die einer weiteren Verarbeitung in einer Datenverarbeitungsanlage unterliegen". — S/S[25], § 263a Rn. 7 i.V.m. § 202a Rn. 3 i.V.m. § 268 Rn. 11

Unter dem Begriff **DATEN** werden alle durch Zeichen oder kontinuierliche Funktionen dargestellten Informationen erfaßt, die sich als Gegenstand oder Mittel der Datenverarbeitung für eine Datenverarbeitungsanlage kodieren lassen oder die das Ergebnis eines Datenverarbeitungsvorgangs sind. — S/S[25], § 263a Rn. 7 i.V.m. § 202a Rn. 3

---

**UNBEFUGTE VERWENDUNG** von Daten umfaßt in weiter Auslegung des Tatbestandsmerkmals unbefugt nicht nur „betrugsspezifische" Verhaltensweisen, sondern z.B. auch Untreuehandlungen. Die Auslegung des Merkmals „unbefugt" hat sich daher, um zu einer Eingrenzung auf betrugsspezifisches Verhalten zu gelangen, an der Auslegung des § 263 zu orientieren; verfassungsrechtliche Bedenken bestehen hiergegen nicht. — Tr[48], § 263a Rn. 8

| | |
|---|---|
| **VERWENDUNG UNRICHTIGER ODER UNVOLLSTÄNDIGER DATEN**: Verwendet sind die Daten, wenn sie in den Computer eingebracht werden. Unrichtig sind Daten, wenn sie den darzustellenden Lebenssachverhalt unzutreffend wiedergeben. Unvollständig sind sie, wenn sie ihn nicht ausreichend erkennen lassen. | S/S[25], § 263a Rn. 7 |
| **VERWENDEN** bedeutet hier Einführen von Daten in den - beginnenden oder bereits ablaufenden - Verarbeitungsvorgang. | La[22], § 263a Rn. 9 |
| Verwendete Daten sind **UNRICHTIG**, wenn die mit ihnen dargestellten Informationen im Sinne des Betrugstatbestandes „falsche oder entstellte" Tatsachen bedeuten, und **UNVOLLSTÄNDIG**, wenn sie Informationen über „wahre Tatsachen" pflichtwidrig vorenthalten. | La[22], § 263a Rn. 10 |

| | |
|---|---|
| **UNBEFUGT**. Die unbefugte Datenverwendung muß Täuschungswert iSd § 263 haben. Dieser ist unter der Voraussetzung gegeben, daß die Befugnis des Täters zur Inanspruchnahme der Computerleistung zur Geschäftsgrundlage gehört, so daß sie auch beim Schweigen der Beteiligten als selbstverständlich vorausgesetzt werden kann. | (TrD-T, § 263a Rn. 8) |
| **UNBEFUGTE VERWENDUNG VON DATEN**. Bei dieser Tatmodalität geht es nicht um eine programmwidrige oder sachlich unrichtige Beeinflussung eines Datenverarbeitungsvorgangs, sondern um die unerlaubte Einflußnahme auf einen autorisierten Computerablauf durch Personen, die hierzu nicht berechtigt sind oder ihre Zugangsmöglichkeit zum Computer zu unerlaubten Zwecken benutzen. | S/S[25], § 263a Rn. 8 |
| Eine **UNBEFUGTE VERWENDUNG** ist nur dann tatbestandsmäßig, soweit dabei nicht lediglich eine das Innenverhältnis zwischen Bank und Codekarteninhaber betreffende befugnis überschritten wird; der Nichtberechtigte muß also durch verbotene Eigenmacht in den Besitz der Daten gelangt sein. | S/S[25], § 263a Rn. 11 |
| **UNBEFUGTE VERWENDUNG.** Zur Wahrung der Strukturgleichheit mit dem Betrug muß die Auslegung von § 263 ausgehen. <br><br> Die unbefugte Datenverwendung ist nur dann betrugsspezifisch, wenn die befugnis des Täters zu den Grundlagen des jeweiligen Geschäftstypus gehört und nach der Verkehrsauffassung als selbstverständlich vorhanden vorausgesetzt wird, daß also dieselbe Rechtshandlung, vorgenommen gegenuber einem menschen, als mindestens schlüssige Behauptung der Befugnis zu deuten wäre.. | La[22], § 263a Rn. 13 |

| | |
|---|---|
| **UNBEFUGTE EINWIRKUNG** auf den Ablauf, also auf das Programm oder den Datenfluß, umfaßt als Auffangteil alle strafwürdigen Manipulation, die nicht unter die benannten Manipu- | Tr[48], § 263a Rn. 9 |

| | |
|---|---|
| lationen fallen (z.B. die Verhinderung eines Ausdruckes), darüber hinaus auch noch nicht bekannte, d.h. neue Techniken, insbesondere Hardwaremanipulationen. | |
| **Unbefugte Einwirkung auf den Ablauf**. Hierbei muß es sich um „gerätefremde“ Eingriffe handeln. | S/S[25], § 263a Rn. 12 |
| **Vermögensbeschädigung** erfordert eine Wertminderung des Vermögens, und zwar in seinem funktionalen Gesamtbestand. | Tr[48], § 263 Rn. 27a |
| **Vermögensschaden**. Ein Vermögensschaden ist nicht nur die effektive, rechnerisch nachweisbare Vermögensminderung, sondern u.U. auch schon die bloße konkrete Gefährdung von Vermögenswerten, wenn sie nach wirtschaftlicher Betrachtungsweise bereits eine Verschlechterung der gegenwärtigen Vermögenslage bedeutet. | S/S[25], § 263a Rn. 27 i.V.m. § 263 Rn. 143 |
| Das **Vermögen** erleidet einen **Schaden**, wenn sein wirtschaftlicher Gesamtwert durch die Verfügung des Getäuschten vermindert wird, wenn also nicht lediglich eine Vermögensvermehrung ausbleibt, sondern entweder die Aktiven ihrem Wert nach verringert werden oder neue Verbindlichkeiten entstehen, ohne daß diese Einbuße durch einen unmittelbaren Zuwachs voll ausgeglichen wird. | La[22], § 263a Rn. 23 i.V.m. § 263 Rn. 36 |
| **Vermögensvorteil** ist das genaue Gegenstück zum Vermögensschaden, also die günstigere Gestaltung der Vermögenslage, selbst, wenn später Ersatz zu leisten ist. | Tr[48], § 263a Rn. 13 i.V.m. § 263 Rn. 42 |
| **Vermögensvorteil** ist jede wirtschaftliche Verbesserung der Vermögenslage, also das genaue Gegenteil des Vermögensschadens; auch das Nichterbringen einer Leistung genügt. | La[22], § 263a Rn. 25 i.V.m. § 263 Rn. 59 |
| **Rechtswidrig** ist jeder Vermögensvorteil, auf den man kein Recht hat. | Tr[48], § 263a Rn. 13 i.V.m. § 263 Rn. 43 |
| **Stoffgleichheit** liegt vor, wenn die Bereicherung ohne Umweg über das Vermögen eines Dritten unmittelbar aufgrund der Verfügung erfolgt. | Tr[48], § 263a Rn. 13 i.V.m. § 263 Rn. 39 |
| **Stoffgleichheit** liegt vor, wenn der Täter den Vorteil unmittelbar aus dem Vermögen des Geschädigten in der Weise anstrebt, das der Vorteil die Kehrseite des Schadens ist. Mit der Rspr. ist davon auszugehen, daß es für die Stoffgleichheit ausreicht, wenn Vorteil und Schaden auf derselben Verfügung beruhen und daß der Vorteil zu Lasten des geschädigten Vermögens geht. | S/S[25], § 263a Rn. 36 i.V.m. § 263 Rn. 168 |
| Für die **Stoffgleichheit** ist ausreichend, daß Vorteil und Schaden auf derselben Vermögensverfügung beruhen und daß der Vorteil zu Lasten des geschädigten Vermögens geht. | La[22], § 263a Rn. 25 i.V.m. § 263 Rn. 59 |

## Konkurrenzen:

§ 263a steht in Idealkonkurrenz mit §§ 267, 268, 269, 274 I Nr. 1, 2, 303, 303a, 303b.

## § 264. Subventionsbetrug (nicht bearbeitet).

(1) Mit Freiheitsstrafe bis zu fünf Jahren oder mit Geldstrafe wird bestraft, wer

1. einer für die Bewilligung einer Subvention zuständigen Behörde oder einer anderen in das Subventionsverfahren eingeschalteten Stelle oder Person (Subventionsgeber) über subventionserhebliche Tatsachen für sich oder einen anderen unrichtige oder unvollständige Angaben macht, die für ihn oder den anderen vorteilhaft sind,
2. den Subventionsgeber entgegen den Rechtsvorschriften über die Subventionsvergabe über subventionserhebliche Tatsachen in Unkenntnis läßt *oder*
3. in einem Subventionsverfahren eine durch unrichtige oder unvollständige Angaben erlangte Bescheinigung über eine Subventionsberechtigung oder über subventionserhebliche Tatsachen gebraucht.

(2) In besonders schweren Fällen ist die Strafe Freiheitsstrafe von sechs Monaten bis zu zehn Jahren. Ein besonders schwerer Fall liegt in der Regel vor, wenn der Täter

1. aus grobem Eigennutz oder unter Verwendung nachgemachter oder verfälschter Belege für sich oder einen anderen eine nicht gerechtfertigte Subvention großen Ausmaßes erlangt,
2. seine Befugnisse oder seine Stellung als Amtsträger mißbraucht *oder*
3. die Mithilfe eines Amtsträgers ausnutzt, der seine Befugnisse oder seine Stellung mißbraucht.

(3) § 263 Abs. 5 gilt entsprechend

(4) Wer in den Fällen des Absatzes 1 Nr. 1 oder 2 leichtfertig handelt, wird mit Freiheitsstrafe bis zu drei Jahren oder mit Geldstrafe bestraft.

(5) Nach den Absätzen 1 und 4 wird nicht bestraft, wer freiwillig verhindert, daß auf Grund der Tat die Subvention gewährt wird. Wird die Subvention ohne Zutun des Täters nicht gewährt, so wird er straflos, wenn er sich freiwillig und ernsthaft bemüht, das Gewähren der Subvention zu verhindern.

(6) Neben einer Freiheitsstrafe von mindestens einem Jahr wegen einer Straftat nach den Absätzen 1 bis 3 kann das Gericht die Fähigkeit, öffentliche Ämter zu bekleiden, und die Fähigkeit, Rechte aus öffentlichen Wahlen zu erlangen, aberkennen (§ 45 Abs. 2). Gegenstände, auf die sich die Tat bezieht, können eingezogen werden; § 74a ist anzuwenden.

(7) Subvention im Sinne dieser Vorschrift ist eine Leistung aus öffentlichen Mitteln nach Bundes- oder Landesrecht oder nach dem Recht der Europäischen Gemeinschaften an Betriebe oder Unternehmen, die wenigstens zum Teil

1. ohne marktmäßige Gegenleistung gewährt wird *und*
2. der Förderung der Wirtschaft dienen soll.

Betrieb oder Unternehmen im Sinne des Satzes 1 ist auch das öffentliche Unternehmen.

(8) Subventionserheblich im Sinne des Absatzes 1 sind Tatsachen,

1. die durch Gesetz oder auf Grund eines Gesetzes von dem Subventionsgeber als subventionserheblich bezeichnet sind *oder*
2. von denen die Bewilligung, Gewährung, Rückforderung, Weitergewährung oder das Belassen einer Subvention oder eines Subventionsvorteils gesetzlich abhängig ist.

## § 264a. Kapitalanlagebetrug (nicht bearbeitet).

(1) Wer im Zusammenhang mit

1. dem Vertrieb von Wertpapieren, Bezugsrechten oder von Anteilen, die eine Beteiligung an dem Ergebnis eines Unternehmens gewähren sollen, *oder*
2. dem Angebot, die Einlage auf solche Anteile zu erhöhen,

in Prospekten oder in Darstellungen oder Übersichten über den Vermögensstand hinsichtlich der für die Entscheidung über den Erwerb oder die Erhöhung erheblichen Umstände gegenüber einem größeren Kreis von Personen unrichtige vorteilhafte Angaben macht oder nachteilige Tatsachen verschweigt, wird mit Freiheitsstrafe bis zu drei Jahren oder mit Geldstrafe bestraft.

(2) Absatz 1 gilt entsprechend, wenn sich die Tat auf Anteile an einem Vermögen bezieht, das ein Unternehmen im eigenen Namen, jedoch für fremde Rechnung verwaltet.

(3) Nach den Absätzen 1 und 2 wird nicht bestraft, wer freiwillig verhindert, daß auf Grund der Tat die durch den Erwerb oder die Erhöhung bedingte Leistung erbracht wird. Wird die Leistung ohne Zutun des Täters nicht erbracht, so wird er straflos, wenn er sich freiwillig und ernsthaft bemüht, das Erbringen der Leistung zu verhindern.

## § 265. Versicherungsmißbrauch.

### Gesetzestext:

(1) Wer eine gegen Untergang, Beschädigung, Beeinträchtigung der Brauchbarkeit, Verlust oder Diebstahl versicherte Sache beschädigt, zerstört, in ihrer Brauchbarkeit beeinträchtigt, beiseite schafft oder einem anderen überläßt, um sich oder einem Dritten Leistungen aus der Versicherung zu verschaffen, wird mit Freiheitsstrafe bis zu drei Jahren oder mit Geldstrafe bestraft, wenn die Tat nicht in § 263 mit Strafe bedroht ist.

(2) Der Versuch ist strafbar.

## Überblick:

- *Typ:* vorsätzliches Begehungsdelikt.
- *Versuch* ist strafbar, Abs. 2
- § 265 ist *Auffangdelikt zu § 263.* In Abs. 1 letzter HS. ausdrückliche Subsidiarität, wenn § 263 einschlägig ist.
- Wichtige Änderung durch das 6. StrRG (zum 1.4.1998): § 265 wurde völlig neu geschaffen und hat mit dem § 265 aF (ist in § 263 III Nr. 5 eingegangen) nichts mehr gemein. Die Definitionen zu § 265 sind deshalb nur eingeschränkt zu verstehen, obwohl sie teilweise gleichklingend sind.

## Aufbau:

I. Tatbestand
  1. Objektiver Tatbestand:
    a. Tatobjekt:
      aa. eine Sache, die
      bb. versichert ist gegen
      cc. Untergang, Beschädigung, Beeinträchtigung der Brauchbarkeit, Verlust oder Diebstahl
    b. Tathandlung:
      aa. beschädigen *oder* zerstören *oder* in ihrer Brauchbarkeit beeinträchtigen *oder*
      bb. beiseite schaffen *oder* einem anderen überlassen
  2. Subjektiver Tatbestand:
    a. Vorsatz, mindestens bedingter, bez. obj. TB,
    b. zusätzlich: Absicht,
      aa. sich *oder*
      bb. einem Dritten
      Leistungen aus der Versicherung zu verschaffen
II. Rechtswidrigkeit *und*
III. Schuld: keine Besonderheiten.

## Definitionen / Erläuterungen:

| | |
|---|---|
| **SACHE** ist jede gegen Feuersgefahr versicherte Sache irgendwelcher Art, auch bewegliches Sachen (Kfz), desgleichen ein Schiff, wenn es gegen Feuersgefahr versichert ist. | Tr[48], § 265 Rn. 4 |
| Als **SACHEN** kommen solche jeder Art, bewegliche wie unbewegliche, in Betracht. § 265 ist mithin nicht auf Objekte der §§ 306 ff. beschränkt. | S/S[25], § 265 Rn. 5 |
| Gegenstand der Handlung kann jede, nicht nur eine in §§ 306, 308 geschützte, **SACHE** sein, auch jedes **SCHIFF**, ohne Rücksicht auf seine Größe. | La[22], § 265 Rn. 2 |
| **VERSICHERT** ist die Sache, wenn der Versicherungsvertrag | Tr[48], § 265 Rn. 4a |

formell gültig ist, die materielle Gültigkeit ist unerheblich.

**VERSICHERT** ist die Sache , wenn formell überhaupt ein Versicherungsvertrag abgeschlossen und rechtsgeschäftlich nicht wieder aufgehoben worden ist. Gleichgültig ist, ob dieser anfechtbar oder nichtig ist, da auch hier die Gefahr besteht, daß die Versicherung, für die die fraglichen Umstände vielfach nicht ohne weiteres überschaubar sind, zu Unrecht leistet. — S/S[25], § 265 Rn. 7

**VERSICHERT** ist eine Sache, wenn über sie ein förmlicher, rechtsgeschäftlich nicht wieder aufgehobener Versicherungsvertrag gegen Untergang oder Beschädigung durch Feuer oder durch Sinken bzw. Stranden besteht, mag er auch als sog. verbundene Versicherung noch weitere Risiken abdecken, nichtig oder anfechtbar sein oder vom Versicherer nach §§ 38 II, 39 II, III VVG nicht erfüllt werden müssen. — La[22], § 265 Rn. 2

---

**BESCHÄDIGUNG** ist eine nicht ganz unerhebliche Verletzung der Substanz, der äußeren Erscheinung oder der Form einer Sache, durch welche die Brauchbarkeit der Sache zu ihrem bestimmten Zweck beeinträchtigt wird. — Tr[48], § 303 Rn. 5

Der Täter **BESCHÄDIGT** eine Sache, wenn er ihre Substanz nicht unerheblich verletzt oder auf sie körperlich derart einwirkt, daß dadurch die bestimmungsgemäße Brauchbarkeit der Sache mehr als nur geringfügig beeinträchtigt oder der Zustand der Sache mehr als nur belanglos verändert wird. — S/S[25], § 303 Rn. 8

**BESCHÄDIGEN** ist nach der Rspr. des BGH jede nicht ganz unerhebliche körperliche Einwirkung auf die Sache, durch die ihre stoffliche Zusammensetzung verändert oder ihre Unversehrtheit derart aufgehoben wird, daß die Brauchbarkeit für ihre Zwecke gemindert ist. — La[22], § 303 Rn. 3

---

**ZERSTÖREN** ist eine so weitgehende Beschädigung einer Sache, daß ihre Gebrauchsfähigkeit völlig aufgehoben wird. — Tr[48], § 303 Rn. 10

**ZERSTÖRT** ist eine Sache, wenn sie so wesentlich beschädigt wurde, daß sie für ihren Zweck völlig unbrauchbar wird; eine teilweise Zerstörung, d.h. die funktionelle Ausschaltung eines wesentlichen Teiles, genügt. — S/S[25], § 303 Rn. 11

**ZERSTÖREN** ist nur ein stärkerer Grad des Beschädigens, d.h. eine Einwirkung mit der Folge, daß die bestimmungsmäßige Brauchbarkeit der Sache völlig aufgehoben wird. — La[22], § 303 Rn. 7

---

**BEISEITE SCHAFFEN** bedeutet jede räumliche Entfernung der Sache oder jedes Verändern der rechtlichen Lage. — Verf. (S/S[25], § 283 Rn. 4)

---

**EINEM ANDEREN ÜBERLASSEN.** Davon wird insbesondere im Bereich der Kfz-Verschiebung der praktisch bedeutsame Fall erfaßt, daß der Täter die versicherte Sache einem anderen zu — Verf. (BTDr.)

besagtem Zweck überläßt.

| | |
|---|---|
| **EINEM ANDEREN ÜBERLASSEN** wird eine Sache, wenn sie einem anderen zum Gebrauch übergeben wird. | Verf. (S/S[25], § 149 Rn. 6) |
| **LEISTUNGEN VERSCHAFFEN.** Primär geht es um das Auslösen des Versicherungsfalls. | Verf. (BTDr.) |

## § 265a. Erschleichen von Leistungen.

### Gesetzestext:

(1) Wer die Leistung eines Automaten oder eines öffentlichen Zwecken dienenden Fernmeldenetzes, die Beförderung durch ein Verkehrsmittel oder den Zutritt zu einer Veranstaltung oder einer Einrichtung in der Absicht erschleicht, das Entgelt nicht zu entrichten, wird mit Freiheitsstrafe bis zu einem Jahr oder mit Geldstrafe bestraft, wenn die Tat nicht in anderen Vorschriften mit schwererer Strafe bedroht ist.

(2) Der Versuch ist strafbar.

(3) Die §§ 247 und 248a gelten entsprechend.

### Überblick:

- ***Typ:*** vorsätzliches Begehungsdelikt.
- ***Versuch*** ist strafbar, Abs.2.
- § 265a ist ***selbständiges Delikt.*** (Obersatz also: § 265a I.)
- ***Anträge*** nach Abs. 3 i.V.m. § 247 und § 248a.
- ***Schutzgut*** ist wie bei § 263 das Vermögen (La[22], § 265a Rn. 1).

### Aufbau:

I. Tatbestand
  1. Objektiver Tatbestand:
    - Tathandlung - Erschleichen
      aa. der Leistung, (ungeschriebenes Merkmal: entgeltliche), eines Automaten oder eines öffentlichen Zwecken dienenden Fernmeldenetzes *oder*
      bb. der Beförderung durch ein Verkehrsmittel *oder*
      cc. des Zutrittes zu einer Veranstaltung oder einer Einrichtung.
  2. Subjektiver Tatbestand:
    a. Vorsatz, mindestens bedingter, bez. obj. TB,
    b. zusätzlich: Absicht, das Entgelt nicht zu bezahlen.

II. Rechtswidrigkeit *und*

III. Schuld: keine Besonderheiten.

## Definitionen / Erläuterungen:

| | |
|---|---|
| **ERSCHLEICHEN** bedeutet das unbefugte und ordnungswidrige Erreichen der Leistung oder des Zutritts. | Tr[48], § 265a Rn. 3 |
| Damit von einem „**ERSCHLEICHEN**" gesprochen werden kann, muß vielmehr hinzukommen, daß die unbefugte Inanspruchnahme ohne Wissen des Berechtigten und unter Umgehung der von diesem gegen eine unerlaubte Benutzung geschaffenen Sicherungsvorkehrungen erfolgt. | S/S[25], § 265a Rn. 8 |
| **ERSCHLEICHEN** ist das unbefugte Inanspruchnehmen der Leistung; hinzukommen muß, daß ohne Wissen des Berechtigten Sicherungsvorkehrungen gegen unbefugte Benutzung umgangen oder ausgeschaltet werden. | La[22], § 265a Rn. 6 |
| Beim **AUTOMATENMIẞBRAUCH** ist eine „täuschungsähnliche manipulation des Mechanismus" erforderlich. | La[22], § 265a Rn. 6a |
| Bei **FERNMELDELEISTUNGEN** steht das Umgehen von Abrechnungseinrichtungen im Vordergrund. | La[22], § 265a Rn. 6a |
| Bei **BEFÖRDERUNGSLEISTUNGEN** wird vorausgesetzt, daß sich der Täter in den Genuß der Leistung setzt und dabei entweder sich mit dem Anschein der Ordnungsmäßigkeit umgibt oder Sicherheitsvorkehrungen gegen unbefugte Benutzung umgeht oder ausschaltet. | La[22], § 265a Rn. 6a |
| Für den **ZUTRITT ZU VERANSTALTUNGEN UND EINRICHTUNGEN** gelten die Ausführungen zu den Beförderungsleistungen weitgehend sinngemäß. | La[22], § 265a Rn. 6a |
| **ENTGELTLICHKEIT** ist ein ungeschriebenes Merkmal. Dies folgt aus der Ergänzungsfunktion zu § 263. | S/S[25], § 265a Rn. 2 |
| **AUTOMAT**. Ein Automat ist an sich jedes technische Gerät, das dadurch, daß mit der Entrichtung des vorgesehenen Entgelts ein Mechanismus oder ein elektronisches Steuerungssystem in Funktion gesetzt wird, selbsttätig bestimmte Gegenstände abgibt (Waren etc. *Warenautomat*) oder sonstige, nicht in der Hergabe von Sachen bestehende Leistungen erbringt (*Leistungsautomat*). § 265a gilt nach h.M. nur für Leistungsautomaten (bei Warenautomaten ist § 242 zu prüfen). | S/S[25], § 265a Rn. 4 |
| Nur sog. **LEISTUNGSAUTOMATEN** sind für die 1. Alternative relevant, z.B Fernsprech-, Wiege-, Spiel- und Musikautomaten sowie Münzkassiergeräte an Stromanlagen, | La[22], § 265a Rn. 1 |
| **ÖFFENTLICHEN ZWECKEN DIENENDEN FERNMELDENETZES** Diese Alternative meint nicht den Fall eines Telefonautomatenmißbrauchs, sondern erfaßt Fälle, in denen Täter mit Hilfe von Geräten und besonderen Methoden bei Ferngesprächen die Schaltsignale zur Steuerung der Übertragungs- und Vermitt- | Tr[48], § 265a Rn. 1b |

lungssysteme simulieren oder illegale, gebührenmäßig nicht erfaßte Anschlüsse von Fernsprechapparaten an Schaltpunkte des öffentlichen Fernsprechnetzes herstellen.

Die **Leistung eines öffentlichen Zwecken dienenden Fernmeldenetzes** besteht in der Eröffnung der Möglichkeit, durch technische kommunikationssysteme nachreichten zu übermitteln bzw. zu empfangen.
S/S[25], § 265a Rn. 5

**Öffentlichen Zwecken dienenden Fernmeldenetzes**: Fernmeldenetze sind nicht nur die Telefon- unter Telexnetze, sondern alle Datenübertragungssysteme im Fernmeldebereich, namentlich auch die Breitband-(Kabel-)netze zur Verteilung von Fernseh- und Hörfunkprogrammen.
La[22], § 265a Rn. 3

---

**Beförderung** ist jeder Transport von Personen oder Sachen durch ein Verkehrsmittel.
S/S[25], § 265a Rn. 6

**Beförderung** durch ein Verkehrsmittel ist jede Transportleistung, ohne Unterschied, ob Personen oder Sachen befördert werden, ob es sich um Massenleistungen oder nur um eine Einzelleistung handelt und ob das Verkehrsmittel öffentlich oder privat ist.
La[22], § 265a Rn. 4

---

**Verkehrsmittel** können öffentliche oder private sein, gleichgültig, ob es sich um eine Massenleistung (Eisenbahn) oder eine Einzelleistung (Taxi) handelt.
S/S[25], § 265a Rn. 6

---

**Zutritt** erfordert körperliche Anwesenheit.
S/S[25], § 265a Rn. 7
=
La[22], § 265a Rn. 5

---

**Veranstaltung** sind z.B. Theater, Konzerte, Vorträge, Sportveranstaltungen.
S/S[25], § 265a Rn. 7

---

**Einrichtungen** sind Sacheinheiten oder -gesamtheiten, z.B. Badeanstalten, Bibliotheken, Museen, Kuranlagen, Parkhäuser.
S/S[25], § 265a Rn. 7

**Einrichtung** ist z.B. Museum, Kurpark, Schwimmbad.
La[22], § 265a Rn. 5

Nach dem Schutzzweck der Vorschrift sind nur **Einrichtungen** gemeint, bei denen das Entgelt aus wirtschaftlichen Gründen, also nicht ausschließlich zur Begrenzung des Zutritts gefordert wird.
La[22], § 265a Rn. 5

## Konkurrenzen:

§ 265a steht in Idealkonkurrenz mit §§ 123, 146, 147, 267, 269.

## § 265b. Kreditbetrug (nicht bearbeitet).

(1) Wer einem Betrieb oder Unternehmen im Zusammenhang mit einem Antrag auf Gewährung, Belassung oder Veränderung der Bedingungen eines Kredits für einen Betrieb oder ein Unternehmen oder einen vorgetäuschten Betrieb oder ein vorgetäuschtes Unternehmen

1. über wirtschaftliche Verhältnisse

   a) unrichtige oder unvollständige Unterlagen, namentlich Bilanzen, Gewinn- und Verlustrechnungen, Vermögensübersichten oder Gutachten vorlegt *oder*

   b) schriftlich unrichtige oder unvollständige Angaben macht, die für den Kreditnehmer vorteilhaft und für die Entscheidung über einen solchen Antrag erheblich sind, *oder*

2. solche Verschlechterungen der in den Unterlagen oder Angaben dargestellten wirtschaftlichen Verhältnisse bei der Vorlage nicht mitteilt, die für die Entscheidung über einen solchen Antrag erheblich sind,

wird mit Freiheitsstrafe bis zu drei Jahren oder mit Geldstrafe bestraft.

(2) Nach Absatz 1 wird nicht bestraft, wer freiwillig verhindert, daß der Kreditgeber auf Grund der Tat die beantragte Leistung erbringt. Wird die Leistung ohne Zutun des Täters nicht erbracht, so wird er straflos, wenn er sich freiwillig und ernsthaft bemüht, das Erbringen der Leistung zu verhindern.

(3) Im Sinne des Absatzes 1 sind

1. Betriebe und Unternehmen unabhängig von ihrem Gegenstand solche, die nach Art und Umfang einen in kaufmännischer Weise eingerichteten Geschäftsbetrieb erfordern;
2. Kredite Gelddarlehen aller Art, Akzeptkredite, der entgeltliche Erwerb und die Stundung von Geldforderungen, die Diskontierung von Wechseln und Schecks und die Übernahme von Bürgschaften, Garantien und sonstigen Gewährleistungen.

## § 266. Untreue.

### Gesetzestext:

(1) Wer die ihm durch Gesetz, behördlichen Auftrag oder Rechtsgeschäft eingeräumte Befugnis, über fremdes Vermögen zu verfügen oder einen anderen zu verpflichten, mißbraucht oder die ihm kraft Gesetzes, behördlichen Auftrags, Rechtsgeschäfts oder eines Treueverhältnisses obliegende Pflicht, fremde Vermögensinteressen wahrzunehmen, verletzt und dadurch dem, dessen Vermögensinteressen er zu betreuen hat, Nachteil zufügt, wird mit Freiheitsstrafe bis zu fünf Jahren oder mit Geldstrafe bestraft.

(2) § 243 Abs. 2 und die §§ 247, 248a und 263 Abs. 3 gelten entsprechend.

## Überblick:

- *Typ:* vorsätzliches Begehungsdelikt.
- *Versuch* ist nicht strafbar (Vergehen!).
- Durch Verweis von Abs. 2 auf § 263 III *besonders schwerer Fall* in Form eines *Regelbeispiels*.
- *Anträge* nach Abs. 2 i.V.m. § 247 und § 248a.
- Abs. 1 enthält *zwei Fälle:* 1. Var. = Mißbrauchstatbestand, 2. Var. = Treuebruchstatbestand. Die 1. Var. ist ein „ausgestanzter Spezialfall“ der 2. (str.) und daher immer zuerst zu prüfen. Die Namen der Varianten nennen!
- *Schutzgut* ist nur das Vermögen (La[22], § 266 Rn. 1).

## Aufbau Mißbrauchstatbestand (1. Var.):

I. Tatbestand
   1. Objektiver Tatbestand:
      a. Tathandlung - Mißbrauch einer Befugnis (beruhend auf Gesetz oder behördlichem Auftrag oder Rechtsgeschaft),
         aa. über fremdes Vermögen zu verfügen *oder*
         bb. einen anderen zu verpflichten;
      b. Taterfolg - darauf kausal beruhend: Vermögensnachteil beim Opfer;
      c. Vermögensbetreuungspflicht im Hinblick auf dieses Opfer (str., h.M.).
   2. Subjektiver Tatbestand: Vorsatz, mindestens bedingter, bez. obj. TB.

II. Rechtswidrigkeit *und*

III. Schuld: keine Besonderheiten.

## Aufbau Treuebruchstatbestand (2. Var.):

I. Tatbestand
   1. Objektiver Tatbestand:
      a. Tathandlung - Verletzung einer Pflicht
         aa. beruhend auf Gesetz oder behördlichem Auftrag oder Rechtsgeschäft (= rechtl.) *oder*
         bb. einem Treueverhältnis (= tatsächl.),
         fremde Vermögensinteressen wahrzunehmen (= Vermögenswahrnehmungspflicht, weite);
      b. Taterfolg - darauf kausal beruhend: Vermögensnachteil beim Opfer;
      c. Vermögensbetreuungspflicht (enge) im Hinblick auf dieses Opfer.
   2. Subjektiver Tatbestand: Vorsatz, mindestens bedingter, bez. obj. TB.

II. Rechtswidrigkeit *und*

III. Schuld: keine Besonderheiten.

## Aufbau (Abs. 2 i.V.m. § 263 Abs. 3 S. 1, 2):

IV. Strafzumessungsregel
   1. Objektive Elemente:

a. (Nr. 1) *statt(!)* der Gewerbsmäßigkeit: Tatsubjekt ist Mitglied einer Bande, die sich zur fortgesetzten Begehung von Urkundenfälschung oder Betrug verbunden hat *oder*
b. (Nr. 2) *statt(!)* der Verlustabsicht: Taterfolg: Herbeiführung eines Vermögensverlustes großen Ausmaßes
c. (Nr. 3) Taterfolg: wirtschaftliche Not einer anderen Person
d. (Nr. 4)
   aa. Tatsubjekt: Amtsträger
   bb. Tathandlung: Mißbrauch der daraus resultierenden Befugnisse oder Stellung
e. (Nr. 5)
   aa. Tatsituation:
      (1) Inbrandsetzung einer Sache von bedeutendem Wert *oder*
      (2) Zerstörung einer Sache von bedeutendem Wert, teilweise oder vollständige durch eine Brandlegung *oder*
      (3) Zum Sinken oder Strandenbringen eines Schiffes *und*
   bb. Tathandlung: Vortäuschung eines Versicherungsfalles *und*
   cc. finale Verknüpfung zwischen aa. und bb.

2. Subjektive Elemente:
   a. Vorsatz, mindestens bedingter, bez. obj. TB,
   b. zusätzlich:
      aa. (Nr. 1) *statt(!)* der Bandenmitgliedschaft: Gewerbsmäßigkeit. *oder*
      bb. (Nr. 2) *statt(!)* der *Herbeiführung* eines Vermögensverlustes: Absicht, durch die fortgesetzte Begehung von Betrug eine große Zahl von Menschen in *die Gefahr* des Verlustes von Vermögenswerten zu bringen.

## Definitionen / Erläuterungen:

| | |
|---|---|
| **MIẞBRAUCH** ist jede im Verhältnis zum Geschäftsherrn bestimmungswidrige Ausübung der Befugnis. | S/S[25], § 266 Rn. 18 |
| **MIẞBRAUCH** bedeutet eine Verletzung der im Innenverhältnis bestehenden Pflichten. | La[22], § 266 Rn. 6 |
| **BEFUGNIS** Die Befugnis, über fremdes Vermögen zu verfügen, setzt eine Rechtsmacht voraus, die ihren Ursprung in dem rechtlichen Verhältnis zwischen ihrem Träger und demjenigen hat, zu dessen Lasten sie wirksam werden kann. | Tr[48], § 266 Rn. 2 |
| Unter **BEFUGNIS** ist eine Rechtsstellung zu verstehen, die den Täter nach außen in den Stand setzt, Vermögensrechte eines anderen wirksam zu ändern, zu übertragen oder aufzuheben oder ihn mit Verbindlichkeiten zu belasten. | S/S[25], § 266 Rn. 4 |
| **DURCH GESETZ ODER BEHÖRDLICHEN AUFTRAG.** Hierher gehören die Machtträger kraft Amtes i.S. des früheren § 266 I Nr.1; so Vormünder, der Beistand (§ 1690 BGB), Pfleger, einschließlich des Pflegers für das nichteheliche Kind und des Nachlaßpflegers; desgl. der Testamentsvollstrecker, Konkurs- | Tr[48], § 266 Rn. 3a |

verwalter, Nachlaßverwalter; ferner die Eltern hinsichtlich des Kindesvermögens; die nichteheliche Mutter, zahlreiche Beamte kraft öffentlichen Rechts.

Als **DURCH GESETZ** eingeräumt sind solche Befugnisse anzusehen, die dem Täter nicht auf Grund eines gerade auf ihre Begründung gerichteten Verleihungsakts, sondern auf Grund gesetzlicher Regelung als Inhaber einer bestimmten Stellung zukommen.

S/S[25], § 266 Rn. 8

**DURCH BEHÖRDLICHEN AUFTRAG** eingeräumt sind nicht nur die für einen Einzelfall zur Erledigung eines Sonderauftrags erteilten Befugnisse, sondern auch diejenigen, deren Ausübung die gewöhnlich dem Täter zugewiesenen Dienstgeschäfte mit sich bringen.

S/S[25], § 266 Rn. 9

---

**DURCH RECHTSGESCHÄFT**. Die dadurch geschaffene Befugnis, zu verfügen oder zu verpflichten, ist die Vollmacht.

Tr[48], § 266 Rn. 4

**RECHTSGESCHÄFTLICH** begründete Befugnisse sind die Vollmacht und die Ermächtigung.

S/S[25], § 266 Rn. 10

---

**VERMÖGEN**. Der Begriff des Vermögens bestimmt sich nicht lediglich nach dem bürgerlichen Recht und ist weiter zu ziehen als im Falle des Betruges. Es gehört zum Vermögen des Auftraggebers i.S. des § 266 alles, was seiner Obhut mit der Befugnis zur alleinigen rechtlichen Verfügung unterworfen ist, so daß durch die Untreue sein wirtschaftlicher Machtbereich geschmälert wird.

Tr[48], § 266 Rn. 17

---

**VERMÖGEN** ist nach herrschender, aber zunehmend in Frage gestellter Meinung die Summe aller wirtschaftlichen (geldwerten) Güter einer natürlichen oder juristischen Person nach Abzug der Verbindlichkeiten.

La[22], § 266 Rn. 17
i.V.m. § 263 Rn. 33

---

**VERFÜGUNG** ist im rechtsgeschäftlichen Sinne des bürgerlichen Rechts gemeint.

Tr[48], § 266 Rn. 21

**VERFÜGUNG** ist die Änderung, Übertragung oder Aufhebung eines Vermögensrechts; rein tatsächliches Einwirken auf fremdes Vermögen genügt hingegen nicht

S/S[25], § 266 Rn. 15

---

**VERPFLICHTEN** bedeutet die Begründung einer Verbindlichkeit. In Betracht kommen nicht nur rechtsgeschäftliche Handlungen, sondern, da die Befugnis auch öffentlich-rechtlicher Natur sein kann, ebenso entsprechende hoheitliche Akte, wie z.B. der Erlaß einer Steuerschuld.

S/S[25], § 266 Rn. 15

---

***BEACHTE ZUM ERFORDERNIS EINER VERMÖGENSBETREUUNGSPFLICHT IN DER ERSTEN VARIANTE:*** Es war lange Zeit heftig umstritten, ob für die erste Variante ebenfalls eine Vermögensbetreuungspflicht zu fordern ist (so die hM) oder ob

Verf.

bereits jeder Mißbrauch einer Befugnis genügend sei (so die aA). Aufgetaucht ist das Problem bei Scheckkartenmißbrauch, der mittlerweile in § 266b eine eigene Regelung erfahren hat, weil es nämlich in diesen Fällen gerade an der von der hM geforderten Vermögensbetreuungspflicht fehlt und § 266 daher nicht in Betracht kam. Mit der gesetzlichen Regelung des § 266b ist die hM daher letztlich gesetzlich „bestätigt“ worden.

---

Nicht jede Pflicht rechtsgeschäftlicher oder gesetzlicher Art schafft schon ein **TREUEVERHÄLTNIS**. Dies zeigen schon die Worte, „wahrzunehmen, betreuen, Vermögensinteressen“, die auf selbständige Bewegungsfreiheit innerhalb eines gewissen Spielraums hinweisen.

Tr[48], § 266 Rn. 9

**VERMÖGENSBETREUUNGSPFLICHT**. Es sind nur inhaltlich besonders qualifizierte Pflichten gemeint. Notwendig für den Treubruchstatbestand ist das Bestehen eines Verhältnisses, das seinem Inhalt nach wesentlich durch die Besorgung fremder Vermögensangelegenheiten bestimmt wird.

S/S[25], § 266 Rn. 23

In der Regel finden sich Treuepflichten nur in fremdnützig typisierten Schuldverhältnissen. Erforderlich ist aber auch hier eine qualifizierte Garantenbeziehung zu dem fremden Vermögen, die auch die Verfolgung der wirtschaftlichen Ziele des Geschäftsherrn umfaßt und damit i.d.R. zugleich auf eine Vermögensvermehrung gerichtet ist. Hinzu kommen muß ferner, daß dem Täter die ihm übertragene Tätigkeit nicht durch ins einzelne gehende Weisungen vorgezeichnet ist, sondern ihm, sei es auch im Rahmen vorgegebener Ziele und allgemeiner Richtlinien, Raum für eigenverantwortliche Entscheidungen läßt, also den Charakter einer Geschäftsbesorgung i.S.d. § 675 BGB hat.

S/S[25], § 266 Rn. 23a

Der wesentliche Inhalt des **TREUEVERHÄLTNISSES** muß -bei wirtschaftlicher Betrachtung- gerade die Wahrnehmung fremder Vermögensinteressen sein. Grundlage dieser Wahrnehmungspflicht ist deshalb stets ein fremdnützig typisiertes Schuldverhältnis.

La[22], § 266 Rn. 11

---

***BEACHTE ZUR VERMÖGENSWAHRNEHMUNGSPFLICHT.***: Mit diesem Merkmal wird der Tatbestand des Treuebruchs uferlos weit gemacht. Denn nahezu jede dienstvertragliche Pflicht enthält vermögenswahrnehmungspflichtige Elemente (Kassiererin). Die Reduzierung des derart weit gewordenen Tatbestandes wird mit Hilfe der eng aufzufassenden Vermögensbetreuungspflicht vorgenommen. „Leitbild“ zur Bestimmung der Vermögensbetreuungspflicht ist die entgeltliche Geschäftsbesorgung i.S.d. § 675 BGB. Nicht von § 266 sanktioniert werden darf die Verletzung *allgemeiner* Pflichten aus dem Schuldverhältnis. Sonst wäre fast jede pFV zugleich Untreue!

Verf.

**VERLETZUNG DER TREUPFLICHT** kann sowohl durch rechtsgeschäftliches Handeln - wenn damit nicht schon die 1. Alt. erfüllt ist - als auch durch ein tatsächliches Verhalten erfolgen, und sie kann sowohl in einem positiven Tun wie in einem Unterlassen bestehen. § 13 ist bei Unterlassen unanwendbar, daß die Pflicht zum Tätigwerden schon von der 2. Alt. erfaßt ist. — S/S[25], § 266 Rn. 35

Um eine **PFLICHTVERLETZUNG** handelt es sich insbesondere, wenn der Täter die ihm übertragene Geschäftsbesorgung nicht oder nicht ordnungsgemäß ausführt. — S/S[25], § 266 Rn. 35a

Die Tathandlung besteht in einer **VERLETZUNG** gerade der **SPEZIFISCHEN TREUPFLICHTEN**, also nicht allgemein in der Verletzung jeglicher Schuldnerpflicht. Neben rechtsgeschäftlichem Handeln kommt hier jedes tatsächliche Verhalten (Tun odert Unterlassen) in Frage, das innerhalb des durch das Treueverhältnis begründeten Pflichtenkreises liegt. — La[22], § 266 Rn. 15

---

**ZUFÜGUNG EINES NACHTEILS** ist erforderlich, und zwar im Fall des Mißbrauchstatbestandes durch Ausübung der rechtlichen Verfügungsmacht, während im Fall des Treubruchstatbestandes Handlungen jeder Art möglich sind. — Tr[48], § 266 Rn. 20

**VERMÖGENSNACHTEIL.** Als Nachteil genügt nach Abs. 1 auch die bloße Belastung des Vermögens mit einer Verbindlichkeit. — Tr[48], § 266 Rn. 16

Im übrigen gilt: Eine Vermögensbeschädigung erfordert eine Wertminderung des Vermögens, und zwar in seinem funktionalen Gesamtbestand. — Tr[48], § 266 Rn. 20 i.V.m. § 263 Rn. 27a

**VERMÖGENSNACHTEIL**: Unter Nachteil ist daher jede durch die Tathandlung verursachte Vermögenseinbuße zu verstehen, wobei die Vermögensminderung auch hier nach dem Prinzip der Gesamtsaldierung - Vergleich des Vermögensstand vor und nach der treuwidrigen Handlung - festzustellen ist. — S/S[25], § 266 Rn. 40

Das **VERMÖGEN** erleidet einen **SCHADEN**, wenn sein wirtschaftlicher Gesamtwert durch die Verfügung des Getäuschten vermindert wird, wenn also nicht lediglich eine Vermögensvermehrung ausbleibt, sondern entweder die Aktiven ihrem Wert nach verringert werden oder neue Verbindlichkeiten entstehen, ohne daß diese Einbuße durch einen unmittelbaren Zuwachs voll ausgeglichen wird. — La[22], § 266 Rn. 17 i.V.m. § 263 Rn. 36

---

**BANDE** ist eine lose Gruppe von mehr als (str.) 2 Mitgliedern. — Tr[48], § 244 Rn. 9

**BANDE** ist eine auf ausdrücklicher oder stillschweigender Vereinbarung beruhende und für eine gewisse Dauer vorgesehene Verbindung einer Mehrzahl von Personen zur Begehung mehrerer selbständiger, im einzelnen noch ungewisser Taten der Geldwäsche, nicht dagegen zur Begehung nur einer fortgesetzten Tat. Dabei soll die Verbindung von zwei Personen genügen. — La[22], § 244 Rn. 6

| | |
|---|---|
| Mit **FORTGESETZTER BEGEHUNG** ist nicht eine fortgesetzte Tat im herkömmlichen Sinn gemeint, sondern Begehung mehrerer selbständiger, im einzelnen noch ungewisser Taten, Beschränkung der geplanten Taten nach Zeit und Ort oder nach Gegenständen, ist ohne Bedeutung, die auf denselben Eigentümer jedoch nur dann, wenn er immer wieder an verschiedenen Orten und unter verschiedenen Möglichkeiten bestohlen werden kann. | Tr[48], § 244 Rn. 10 |
| **GEWERBSMÄßIG** handelt, wer sich aus wiederholter Tatbegehung (und sei es auch nur innerhalb des Gesamtvorsatzes einer Fortsetzungstat) eine nicht nur vorübergehende Einnahmequelle von einigem Umfang verschaffen möchte, ohne daß er daraus ein „kriminelles Gewerbe" zu machen braucht. | Tr[48], vor § 52 Rn. 43 |
| **GEWERBSMÄßIG** handelt, wem es darauf ankommt, sich aus wiederholter (uU auch nur fortgesetzter) Begehung eine fortlaufende Haupt- oder auch nur Nebeneinnahmequelle von einiger Dauer und einigem Umfang zu schaffen, ohne daß er daraus ein „kriminelles Gewerbe" zu machen braucht. | La[22], vor § 52 Rn. 20 |
| Der Begriff „**GROßE ZAHL**" mag bei 50 beginnen. | Tr[48], § 330 Rn. 4 |
| **GEFAHR** ist ein durch die Tat eingetretener ungewöhnlicher Zustand, in welchem nach den konkreten Umständen der Eintritt eines Schadens wahrscheinlich ist. | La[22], § 250 Rn. 3 i.V.m. § 315c Rn. 21 |
| **VERMÖGENSVERLUST GROßEN AUSMAßES.** Der Verbrechenstatbestand ist damit nur bei hohem Schaden anwendbar. Er geht auf das tatbestandsähnliche Regelbeispiel in § 264 Abs. 2 Satz 2 Nr. 1 zurück. Es wird ein Betrag von etwa 100 000 DM zugrunde zu legen sein | Verf. (BTDr.) |
| **WIRTSCHAFTLICHE NOT.** | k.A. |
| **AMTSTRÄGER.** Vgl. § 11 Nr. 2. | |
| **MIßBRAUCH DER DARAUS RESULTIERENDEN BEFUGNISSE ODER STELLUNG** | k.A. |
| **SACHE** ist jeder körperliche Gegenstand. | Tr[48], § 242 Rn. 2 |
| **SACHEN** sind körperliche Gegenstände (vgl. § 90 BGB), einschließlich Tiere. Unerheblich ist der Aggregatzustand (fest, flüssig oder gasförmig). | S/S[25], § 242 Rn. 9 |
| **SACHEN** sind grundsätzlich alle körperlichen Gegenstände (§ 90 BGB), auch Leichen, nicht aber lebende Menschen, Embryonen (Feten) und Tiere; letztere werden jedoch auch nach der gesetzestechnisch mißglückten Einführung des § 90a BGB erfaßt, weil die für Sachen geltenden Vorschriften, soweit | La[22], § 242 Rn. 2 |

nichts anderes bestimmt ist, kraft Gesetzes (also nicht aufgrund lückenfüllender Analogie) auf Tiere entsprechend anzuwenden sind.

---

**VON BEDEUTENDEM WERT**. Der bedeutende Wert ist nach dem Umfang des drohenden Schadens, und zwar nach dem Verkehrswert der gefährdeten Sache und nicht nach dem Wiederherstellungsaufwand zu bestimmen, und nicht nach deren Funktionswert. Das Ausmaß der Gefährdung braucht sich mit dem eingetretenen Schaden nicht zu decken, dieser kann hinter der Gefährdung erheblich zurückbleiben. Es genügt nicht, daß eine Sache von bedeutendem Wert in unbedeutendem Umfang gefährdet wird, vielmehr muß der bei dem konkreten Verkehrsvorgang drohende Schaden bedeutend sein. Die Mindestgrenze für einen bedeutenden Sachwert wird inzwischen bei etwa 1200 DM angesichts der Teuerung u.U. auch höher liegen.

Tr[48], § 315 Rn. 16

Maßgeblich für den **BEDEUTENDEN WERT** ist der wirtschaftliche Wert des Arbeitsmittels, nicht dessen funktionelle Bedeutung für die Allgemeinheit oder das betroffene Unternehmen usw. Dabei kommt es auch bei teilweiser Zerstörung des Arbeitsmittels auf seinen Verkehrswert an, nicht auf die Kosten einer Instandsetzung.

S/S[25], § 305a Rn. 6

Der **BEDEUTENDE WERT** einer fremden Sache hängt allein von ihrem Verkehrswert, nicht von ihrer funktionellen Bedeutung ab.

La[22], § 315c Rn. 24

---

**INBRANDSETZEN** liegt vor, wenn der Brand auch nach Entfernung des Zündstoffs sich an der Sache weiter auszubreiten vermag.

Tr[48], § 265 Rn. 5 i.V.m. § 306 Rn. 6

**INBRANDSETZEN** liegt vor, wenn die Sache derart vom Feuer ergriffen ist, daß sie auch nach Entfernung oder Erlöschen des Zündstoffs selbständig weiterbrennen kann.

S/S[25], § 265 Rn. 8 i.V.m. § 306 Rn. 9

**IN BRAND GESETZT** ist ein Gebäude usw., wenn es vom Feuer in einer Weise erfaßt ist, die ein Fortbrennen aus eigener Kraft ermöglicht.

La[22], § 265 Rn. 2 i.V.m. § 306 Rn. 5

---

**BRANDLEGUNG** setzt nicht eine Zerstörung durch ein „Brennen mit heller Flamme“ voraus, sondern erfaßt auch Fälle, in denen - vom Täter nicht gewollt - der Zündstoff statt zu brennen explodiert.

Verf. (BTDr.)

---

**ZERSTÖREN** ist eine so weitgehende Beschädigung einer Sache, daß ihre Gebrauchsfähigkeit völlig aufgehoben wird.

Tr[48], § 303 Rn. 10

**ZERSTÖRT** ist eine Sache, wenn sie so wesentlich beschädigt wurde, daß sie für ihren Zweck völlig unbrauchbar wird; eine teilweise Zerstörung, d.h. die funktionelle Ausschaltung eines wesentlichen Teiles, genügt.

S/S[25], § 303 Rn. 11

| | |
|---|---|
| **ZERSTÖREN** ist nur ein stärkerer Grad des Beschädigens, d.h. eine Einwirkung mit der Folge, daß die bestimmungsmäßige Brauchbarkeit der Sache völlig aufgehoben wird. | La[22], § 303 Rn. 7 |
| **SCHIFF** ist nicht nur ein solches i.S.d. § 4, sondern auch ein Schiff jeder Art und Größe, welches als solches oder in seiner Ladung oder in seinem Frachtlohn versichert ist. Dabei ist eine Versicherung gegen die Gefahren der Schiffahrt gemeint. | Tr[48], § 265 Rn. 6 |
| **SCHIFF** bedeutet hier jedes Wasserfahrzeug, unabhängig von seiner Größe. | S/S[25], § 265 Rn. 5 |
| **SINKEN**. Es reicht aus, wenn wesentliche Teile des Schiffes unter die Wasseroberfläche geraten; nicht erforderlich ist ein völliges Versinken. | S/S[25], § 265 Rn. 9 |
| Für das **SINKEN**-MACHEN reicht es aus, wenn wesentliche Teile des Schiffes unter die Wasseroberfläche geraten; nicht erforderlich ist ein völliges Versinken. | S/S[25], § 265 Rn. 9 |
| **STRANDEN-MACHEN** bedeutet das Herbeiführen des Auf-Strand-Geratens unter Verlust der Bewegungsfähigkeit des Schiffes. | S/S[25], § 265 Rn. 9 |

## Konkurrenzen:

§ 266 steht in Idealkonkurrenz mit §§ 242, 246, 263, 267-269, 274 I Nr. 1, 2, 352.

# § 266a. Vorenthalten und Veruntreuen von Arbeitsentgelt (nicht bearbeitet).

(1) Wer als Arbeitgeber Beiträge des Arbeitnehmers zur Sozialversicherung oder zur Bundesanstalt für Arbeit der Einzugsstelle vorenthält, wird mit Freiheitsstrafe bis zu fünf Jahren oder mit Geldstrafe bestraft.

(2) Ebenso wird bestraft, wer als Arbeitgeber sonst Teile des Arbeitsentgelts, die er für den Arbeitnehmer an einen anderen zu zahlen hat, dem Arbeitnehmer einbehält, sie jedoch an den anderen nicht zahlt und es unterläßt, den Arbeitnehmer spätestens im Zeitpunkt der Fälligkeit oder unverzüglich danach über das Unterlassen der Zahlung an den anderen zu unterrichten. Satz 1 gilt nicht für die Teile des Arbeitsentgelts, die als Lohnsteuer einbehalten werden.

(3) Wer als Mitglied einer Ersatzkasse Beiträge zur Sozialversicherung oder zur Bundesanstalt für Arbeit, die er von seinem Arbeitgeber erhalten hat, der Einzugsstelle vorenthält, wird mit Freiheitsstrafe bis zu einem Jahr oder mit Geldstrafe bestraft.

(4) Dem Arbeitgeber stehen der Auftraggeber eines Heimarbeiters, Hausgewerbetreibenden oder einer Person, die im Sinne des Heimarbeitsgesetzes diesen gleichgestellt ist, sowie der Zwischenmeister gleich.

(5) In den Fällen des Absatzes 1 kann das Gericht von einer Bestrafung nach dieser Vorschrift absehen, wenn der Arbeitgeber spätestens im Zeitpunkt der Fälligkeit oder unverzüglich danach der Einzugsstelle schriftlich

die Höhe der vorenthaltenen Beiträge mitteilt *und*

darlegt, warum die fristgemäße Zahlung nicht möglich ist, obwohl er sich darum ernsthaft bemüht hat.

Liegen die Voraussetzungen des Satzes 1 vor und werden die Beiträge dann nachträglich innerhalb der von der Einzugsstelle bestimmten angemessenen Frist entrichtet, wird der Täter insoweit nicht bestraft. In den Fällen des Absatzes 3 gelten die Sätze 1 und 2 entsprechend.

# § 266b Mißbrauch von Scheck- und Kreditkarten.

## Gesetzestext:

(1) Wer die ihm durch die Überlassung einer Scheckkarte oder einer Kreditkarte eingeräumte Möglichkeit, den Aussteller zu einer Zahlung zu veranlassen, mißbraucht und diesen dadurch schädigt, wird mit Freiheitsstrafe bis zu drei Jahren oder mit Geldstrafe bestraft.

(2) § 248a gilt entsprechend.

## Überblick:

- ***Typ:*** vorsätzliches Begehungsdelikt. Sonderdelikt.
- ***Versuch*** ist nicht strafbar (Vergehen).
- ***Antrag*** nach Abs. 2 i.V.m. § 248a.
- ***Schutzgut*** ist in erster Linie das Vermögen, daneben auch die Funktionsfähigkeit des bargeldlosen Zahlungsverkehrs in seiner volkswirtschaftlichen Bedeutung (Tr[48], § 266b Rn. 2, La[22], § 266b Rn. 1).

## Aufbau:

I. Tatbestand
  1. Objektiver Tatbestand:
    a. Tatsubjekt: Täter, dem
      aa. durch Überlassung einer
        - Scheckkarte *oder*
        - Kreditkarte
      aa. eine Möglichkeit eingeräumt wurde,
      bb. den Aussteller zu einer Zahlung zu veranlassen (keine *Vermögensbetreuungspflicht* i.S.d. § 266).
    b. Tathandlung: Mißbrauch.
    c. Taterfolg: Schädigung des Ausstellers.
  2. Subjektiver Tatbestand: Vorsatz, mindestens bedingter.

II. Rechtswidrigkeit: keine Besonderheiten.

III. Schuld: keine Besonderheiten.
IV. Besonderheiten: Antrag nach II i.V.m. § 248a.

**Definitionen / Erläuterungen:**

| | |
|---|---|
| Als **SCHECKKARTEN** sind gegenwärtig wohl nur die dem verbreiteten, aufgrund von Vereinbarungen der europäischen Kreditwirtschaft einheitlich gestalteten Euroscheck-System zugehörigen Euroscheckkarten gebräuchlich. Die Vorschrift ist jedoch auch für Scheckkarten anderer Systeme offen. | La[22], § 266b Rn. 3 |
| **KREDITKARTE** ist zB die Visa-Karte, Eurocards. | Tr[48], § 266b Rn. 5 |
| **KREDITKARTE** ist zB die Eurocard, American Express-Karten, Diners-Club, VISA. | S/S[25], § 266b Rn. 5 |
| Als **KREDITKARTEN** kommen nur Karten im sog „Drei-Partner-System" (zB American Express-Karten, Eurocards) in Frage. | La[22], § 266b Rn. 4 |
| **ZAHLUNG** ist nicht nur rein technisch iS der Hingabe von Bargeld zu verstehen, sondern es ist jegliche Geldleistung gemeint, insbesondere im Verrechnungswege. | Tr[48], § 266b Rn. 3 |
| Ein **MIßBRAUCH** liegt vor, wenn sich der Täter zwar im Rahmen seines rechtlichen Könnens hält, im Innenverhältnis jedoch die Grenzen seines Dürfens überschreitet. | Tr[48], § 266b Rn. 6 |
| Der **MIßBRAUCH** besteht in der Ausnutzung des rechtlichen Könnens nach außen unter Überschreitung des rechtlichen Dürfens im Innenverhältnis. | S/S[25], § 266b Rn. 9 |
| Der **MIßBRAUCH** muß sich auf die dem Täter durch Überlassung einer Scheck- oder Kreditkarte eingeräumte Möglichkeit beziehen, den Aussteller zu einer Zahlung zu veranlassen. | S/S[25], § 266b Rn. 8 |
| **MIßBRAUCH** erfordert, daß sich der Täter zwar nach außen im Rahmen seines rechtlichen Könnens hält, im Innenverhältnis zu dem Kartenaussteller aber die Grenzen seines rechtlichen Dürfens überschreitet. | La[22], § 266b Rn. 5 |
| **SCHÄDIGUNG** meint einen Vermögensschaden i.S.d. §§ 263, 266, wobei eine Vermögensgefährdung nicht ausreichen kann. | Tr[48], § 266b Rn. 7 |
| **SCHÄDIGUNG** meint nur die Bewirkung eines Vermögensschadens. | S/S[25], § 266b Rn. 10 |
| **SCHÄDIGEN** ist gleichbedeutend mit dem Herbeiführen eines Vermögensschadens. | La[22], § 266b Rn. 6 |

**Konkurrenzen:**

§ 266b verdrängt im Wege der Gesetzeskonkurrenz (Spezialität) §§ 263, 266. § 266b kann aber auch in Idealkonkurrenz mit §§ 263 und 266 stehen.

# Dreiundzwanzigster Abschnitt. Urkundenfälschung.

## § 267. Urkundenfälschung.

### Gesetzestext:

(1) Wer zur Täuschung im Rechtsverkehr eine unechte Urkunde herstellt, eine echte Urkunde verfälscht oder eine unechte oder verfälschte Urkunde gebraucht, wird mit Freiheitsstrafe bis zu fünf Jahren oder mit Geldstrafe bestraft.

(2) Der Versuch ist strafbar.

(3) In besonders schweren Fällen ist die Strafe Freiheitsstrafe von sechs Monaten bis zu zehn Jahren. Ein besonders schwerer Fall liegt in der Regel vor, wenn der Täter

1. gewerbsmäßig oder als Mitglied einer Bande handelt, die sich zur fortgesetzten Begehung von Betrug oder Urkundenfälschung verbunden hat,
2. einen Vermögensverlust großen Ausmaßes herbeiführt,
3. durch eine große Zahl von unechten oder verfälschten Urkunden die Sicherheit des Rechtsverkehrs erheblich gefährdet *oder*
4. seine Befugnisse oder seine Stellung als Amtsträger mißbraucht.

(4) Mit Freiheitsstrafe von einem Jahr bis zu zehn Jahren, in minder schweren Fällen mit Freiheitsstrafe von sechs Monaten bis zu fünf Jahren wird bestraft, wer die Urkundenfälschung als Mitglied einer Bande, die sich zur fortgesetzten Begehung von Straftaten nach den §§ 263 bis 264 oder 267 bis 269 verbunden hat, gewerbsmäßig begeht.

### Überblick:

- ***Typ:*** vorsätzliches Begehungsdelikt.
- ***Versuch*** ist strafbar, Abs. 2.
- Abs. 1 enthält als ***Grundtatbestand drei Fälle*** (1. Var. - Herstellen, 2. Var. - Verfälschen, 3. Var. - Gebrauchen). Abs. 4 HS 2 enthält eine ***Qualifikation,*** die die Merkmale, die beim Regelbeispiel nach Abs. 3 S. 2 Nr. 1 *alternativ* vorliegen müssen, *kumuliert*. ***Prüfung*** immer mit dem Grunddelikt (Obersatz: §§ 267 I, IV HS. 2) und zwar entweder hinter subjektivem Tatbestand oder hinter Schuld des Granddeliktes.
- Abs. 3 enthält in S. 1 einen unbenannten besonders schweren Fall (klausurmäßig bedeutungslos), in S. 2 vier ***Regelbeispiele*** (ähnlich § 263 III). Prüfungsstandort: nach der Schuld von § 267 (Obersatz: § 267 I, III S. 1, 2 Nr. ...).
- Abs. 4 HS. 1 enthält einen unbenannten minder schweren Fall (klausurmäßig bedeutungslos).
- Mit dem Verfälschen einer echten Urkunde wird immer auch eine unechte hergestellt. Das ***Verfälschen ist daher spezieller*** und immer vor dem (allgemeinen) Herstellen zu prüfen.
- § 267 ***schützt*** Echtheit und Unverfälschtheit (= Fragen des Ausstellers).

- *Nicht geschützt* sind Fragen der inhaltlichen Wahrheit (dazu §§ 271, 348), der Beweisposition (dazu § 274 I Nr. 1), der unberechtigten Verwendung echter Urkunden (dazu § 281). § 267 schützt alle Urkunden.
- *Nicht geschützt* sind technische Aufzeichnungen (dazu § 268), Daten (dazu § 269). Tatbestandsgleichstellung in § 270 beachten!
- *Schutzgut* ist die Sicherheit und Zuverlässigkeit des Rechtsverkehrs (Tr[48], § 267 Rn. 1).

## Aufbau Herstellen (I 1. Var.):

I. Tatbestand
   1. Objektiver Tatbestand:
      a. Tatobjekt - Urkunde, unechte;
      b. Tathandlung - Herstellen.
   2. Subjektiver Tatbestand:
      a. Vorsatz, mindestens bedingter, bez. obj. TB,
      b. zusätzlich: Absicht, die Urkunde zur Täuschung im Rechtsverkehr zu gebrauchen.

! Bei allen Urkundsdelikten !

II. Rechtswidrigkeit *und*
III. Schuld: keine Besonderheiten.

## Aufbau Verfälschen (I 2. Var.):

I. Tatbestand
   1. Objektiver Tatbestand:
      a. Tatobjekt - Urkunde, echte;
      b. Tathandlung - Verfälschen.
   2. Subjektiver Tatbestand:
      a. Vorsatz, mindestens bedingter, bez. obj. TB,
      b. zusätzlich: Absicht, die Urkunde zur Täuschung im Rechtsverkehr zu gebrauchen.
II. Rechtswidrigkeit *und*
III. Schuld: keine Besonderheiten.

## Aufbau Gebrauchen (I 3. Var.):

I. Tatbestand
   1. Objektiver Tatbestand:
      a. Tatobjekt - Urkunde, unechte oder verfälschte;
      b. Tathandlung - Gebrauchen.
   2. Subjektiver Tatbestand:
      a. Vorsatz, mindestens bedingter, bez. obj. TB,
      b. zusätzlich: Absicht, die Urkunde zur Täuschung im Rechtsverkehr zu gebrauchen.
II. Rechtswidrigkeit *und*
III. Schuld: keine Besonderheiten.

## Aufbau (Abs. 4 HS. 2):

I. Tatbestand
  1. Objektiver Tatbestand:
    - Tatsubjekt: ist Mitglied einer Bande, die sich zur fortgesetzten Begehung von Straftaten nach den §§ 263 bis 264 oder 267 bis 269 verbunden hat.
  2. Subjektiver Tatbestand:
    a. Vorsatz, mindestens bedingter, bez. obj. TB,
    b. zusätzlich: Gewerbsmäßigkeit.
II. Rechtswidrigkeit *und*
III. Schuld: keine Besonderheiten.

## Aufbau (Abs. 3 S. 1, 2):

IV. Strafzumessungsregel
  1. Objektive Elemente:
    a. (Nr. 1) *statt(!)* der Gewerbsmäßigkeit: Tatsubjekt ist Mitglied einer Bande, die sich zur fortgesetzten Begehung von Urkundenfälschung oder Betrug verbunden hat *oder*
    b. (Nr. 2) Taterfolg: Herbeiführung eines Vermögensverlustes großen Ausmaßes
    c. (Nr. 3) Taterfolg:
      aa. erhebliche Gefährdung der Sicherheit des Rechtsverkehrs
      bb. durch eine große Zahl von unechten oder verfälschten Urkunden *oder*
    d. (Nr. 4)
      aa. Tatsubjekt: Amtsträger
      bb. Tathandlung: Mißbrauch der daraus resultierenden Befugnisse oder Stellung
  2. Subjektive Elemente:
    a. Vorsatz, mindestens bedingter, bez. obj. TB, .
    b. zusätzlich: (Nr. 1) *statt(!)* der Bandenmitgliedschaft: Gewerbsmäßigkeit

## Definitionen / Erläuterungen:

| | |
|---|---|
| **URKUNDE** ist die verkörperte (d.h. mit einer Sache fest verbundene), allgemein oder für Eingeweihte verständliche, menschliche Gedankenerklärung, die geeignet und bestimmt ist, im Rechtsverkehr Beweis zu erbringen, und ihren Aussteller (den Erklärenden) erkennen läßt. | Tr[48], § 267 Rn. 2 |
| **URKUNDEN** i.S. des Strafrechts sind verkörperte Erklärungen, die ihrem gedanklichen Inhalt nach geeignet und bestimmt sind, für ein Rechtsverhältnis Beweis zu erbringen und die ihren Aussteller erkennen lassen. | S/S[25], § 267 Rn. 2 |
| **URKUNDE** ist eine verkörperte Gedankenerklärung, die allgemein oder für Eingeweihte verständlich ist und einen Aussteller erkennen läßt und die zum Beweis einer rechtlich erheblichen | La[22], § 267 Rn. 2 |

| | |
|---|---|
| Tatsache geeignet und bestimmt ist, gleichviel ob ihr die Bestimmung schon bei der Ausstellung oder erst später gegeben wird. | |
| **ECHT** ist die Urkunde dann, wenn sie in der gegenwärtigen Gestalt vom angegebenen Aussteller herrührt oder von der Person, die er befugterweise zur Leistung seiner Unterschrift ermächtigt hat. | Tr[48], § 267 Rn. 18 |
| Eine Urkunde ist un**ECHT**, wenn sie nicht von dem stammt, der in ihr als Aussteller bezeichnet ist. Entscheidend ist also, daß die Urkunde über die Identität des Ausstellers täuscht. | S/S[25], § 267 Rn. 48 |
| **HERSTELLEN** einer unechten Urkunde ist das Ausstellen mit dem Ansehen, als sei sie von einer anderen Person ausgestellt, mithin echt. | Tr[48], § 267 Rn. 20 |
| **HERSTELLEN** einer unechten Urkunde setzt das Hervorbringen einer Urkunde voraus, die den unrichtigen Anschein erweckt, von dem aus ihr erkennbaren Aussteller herzurühren. | La[22], § 267 Rn. 17 |
| **VERFÄLSCHEN** einer echten Urkunde erfordert die Veränderung der gedanklichen Erklärung in eine andere. | Tr[48], § 267 Rn. 19a |
| Als **VERFÄLSCHUNG** ist jede nachträgliche Veränderung des gedanklichen Inhalts einer echten Urkunde anzusehen, durch die der Anschein erweckt wird, als habe der Aussteller die Erklärung in der Form abgegeben, die sie durch die Verfälschung erlangt hat. | S/S[25], § 267 Rn. 64 |
| **VERFÄLSCHEN** ist das nachträgliche Verändern des gedanklichen Inhalts einer echten Urkunde, das den Anschein erweckt, als habe der Aussteller die Erklärung von Anfang an so abgegeben, wie sie nach der Veränderung vorliegt. | La[22], § 267 Rn. 20 |
| **GEBRAUCHEN** bedeutet: Zur sinnlichen Wahrnehmung zugänglich machen, sei es durch Vorlegen, Übergeben, Hinterlegen, Veröffentlichen, Verlesen, ggfls. sogar Bereitstellen. | Tr[48], § 267 Rn. 23 |
| Eine unechte oder verfälschte Urkunde ist **GEBRAUCHT**, wenn sie dem zu Täuschenden zugänglich gemacht und diesem damit die Möglichkeit der Kenntnisnahme gegeben ist. | S/S[25], § 267 Rn. 73 |
| **GEBRAUCHEN** der vom Täter oder einem Dritten gefälschten oder verfälschten Urkunde bedeutet, sie dem zu Täuschenden so zugänglich machen, daß dieser sie wahrnehmen kann. | La[22], § 267 Rn. 23 |
| **TÄUSCHUNG** bedeutet Irrtumserregung. | Tr[48], § 267 Rn. 30 |
| **RECHTSVERKEHR** liegt bei rechtlich erheblichen Verhalten vor (Gegenstück: gesellschaftlicher Verkehr und rein zwischenmenschliche Beziehungen). | Tr[48], § 267 Rn. 30 |
| **ZUR TÄUSCHUNG IM RECHTSVERKEHR**. Dieses Merkmal liegt | S/S[25], § 267 Rn. 85 |

| | |
|---|---|
| vor, wenn ein Irrtum über die Echtheit der Urkunde erregt und der Getäuschte durch den gedanklichen Inhalt zu einem rechtlich erheblichen Verhalten bestimmt werden soll. | |
| **Zur Täuschung im Rechtsverkehr** handelt, wer zur Zeit der Tathandlung den Willen hat, einen anderen über die Echtheit der Urkunde zu täuschen und damit zu einem durch den Falschheitsgehalt (mit-) motivierten rechtserheblichen Verhalten zu veranlassen, oder wer diesen Willen eines Dritten kennt und mit dessen Verwirklichung rechnet. | La[22], § 267 Rn. 25 |
| **Bande** ist eine lose Gruppe von mehr als (str.) 2 Mitgliedern. | Tr[48], § 244 Rn. 9 |
| **Bande** ist eine auf ausdrücklicher oder stillschweigender Vereinbarung beruhende und für eine gewisse Dauer vorgesehene Verbindung einer Mehrzahl von Personen zur Begehung mehrerer selbständiger, im einzelnen noch ungewisser Taten der Geldwäsche, nicht dagegen zur Begehung nur einer fortgesetzten Tat. Dabei soll die Verbindung von zwei Personen genügen. | La[22], § 244 Rn. 6 |
| Mit **Fortgesetzter Begehung** ist nicht eine fortgesetzte Tat im herkömmlichen Sinn gemeint, sondern Begehung mehrerer selbständiger, im einzelnen noch ungewisser Taten, Beschränkung der geplanten Taten nach Zeit und Ort oder nach Gegenständen, ist ohne Bedeutung, die auf denselben Eigentümer jedoch nur dann, wenn er immer wieder an verschiedenen Orten und unter verschiedenen Möglichkeiten bestohlen werden kann. | Tr[48], § 244 Rn. 10 |
| **Gewerbsmäßig** handelt, wer sich aus wiederholter Tatbegehung (und sei es auch nur innerhalb des Gesamtvorsatzes einer Fortsetzungstat) eine nicht nur vorübergehende Einnahmequelle von einigem Umfang verschaffen möchte, ohne daß er daraus ein „kriminelles Gewerbe“ zu machen braucht. | Tr[48], vor § 52 Rn. 43 |
| **Gewerbsmäßig** handelt, wem es darauf ankommt, sich aus wiederholter (uU auch nur fortgesetzter) Begehung eine fortlaufende Haupt- oder auch nur Nebeneinnahmequelle von einiger Dauer und einigem Umfang zu schaffen, ohne daß er daraus ein „kriminelles Gewerbe“ zu machen braucht. | La[22], vor § 52 Rn. 20 |
| **Vermögensverlust großen Ausmaßes.** Der Verbrechenstatbestand ist damit nur bei hohem Schaden anwendbar. Er geht auf das tatbestandsähnliche Regelbeispiel in § 264 Abs. 2 Satz 2 Nr. 1 zurück. Es wird ein Betrag von etwa 100 000 DM zugrunde zu legen sein | Verf. (BTDr.) |
| **Erhebliche Gefährdung der Sicherheit des Rechtsverkehrs.** | k.A. |
| **Große Zahl von Urkunden.** | k.A. |

| | |
|---|---|
| **AMTSTRÄGER.** Vgl. § 11 I Nr. 2. | |
| **MIßBRAUCH DER DARAUS RESULTIERENDEN BEFUGNISSE ODER STELLUNG.** | k.A. |

## Konkurrenzen:

§ 267 verdrängt § 281 im Wege der Gesetzeskonkurrenz (Konsumtion). § 267 steht in Idealkonkurrenz mit §§ 107a, 109a, 133, 142, 154, 156, 164, 185ff, 239, 253, 242, 255, 263, 263a, 266, 269, 271. Innertatbestandlich: Erfüllt ein Täter sowohl die Herstellungs- bzw. Verfälschungsalternative und die Gebrauchsalternative, so liegt im Ganzen dennoch nur eine (1) Urkundenfälschung vor. Voraussetzung ist nach dem BGH, daß der Täter bei der Fälschung einen Gesamtvorsatz auch für's Gebrauchen hatte. Da bei jeder Verfälschung zugleich die (vormals) echte Urkunde anschließend nicht mehr existiert, wird § 274 insoweit von § 267 verdrängt.

# § 268. Fälschung technischer Aufzeichnungen.

## Gesetzestext:

(1) Wer zur Täuschung im Rechtsverkehr

1. eine unechte technische Aufzeichnung herstellt oder eine technische Aufzeichnung verfälscht *oder*
2. eine unechte oder verfälschte technische Aufzeichnung gebraucht,

wird mit Freiheitsstrafe bis zu fünf Jahren oder mit Geldstrafe bestraft.

(2) Technische Aufzeichnung ist eine Darstellung von Daten, Meß- oder Rechenwerten, Zuständen oder Geschehensabläufen, die durch ein technisches Gerät ganz oder zum Teil selbsttätig bewirkt wird, den Gegenstand der Aufzeichnung allgemein oder für Eingeweihte erkennen läßt und zum Beweis einer rechtlich erheblichen Tatsache bestimmt ist, gleichviel ob ihr die Bestimmung schon bei der Herstellung oder erst später gegeben wird.

(3) Der Herstellung einer unechten technischen Aufzeichnung steht es gleich, wenn der Täter durch störende Einwirkung auf den Aufzeichnungsvorgang das Ergebnis der Aufzeichnung beeinflußt.

(4) Der Versuch ist strafbar.

(5) § 267 Abs. 3 und 4 gilt entsprechend.

## Überblick:

- ***Typ:*** vorsätzliches Begehungsdelikt.
- ***Versuch*** ist strafbar, Abs. 4.
- Abs. 1 enthält ***drei Fälle*** (1. Var. - Herstellen, 2. Var. - Verfälschen, 3. Var. - Gebrauchen).
- Abs. 2 enthält ***erläuternde Begriffsbestimmung*** (Legaldefinition).

- Abs. 3 enthält ***erweiternde Begriffsbestimmung***.
- Abs. 5 i.V.m. § 267 Abs. 4 HS 2 enthält eine ***Qualifikation,*** die die Merkmale, die beim Regelbeispiel nach Abs. 5 i.V.m. § 267 Abs. 3 S. 2 Nr. 1 *alternativ* vorliegen müssen, *kumuliert*. ***Prüfung*** immer mit dem Grunddelikt (Obersatz: §§ 268 I, V i.V.m. § 267 IV HS. 2) und zwar entweder hinter subjektivem Tatbestand oder hinter Schuld des Grunddeliktes.
- Abs. 5 i.V.m. § 267 Abs. 3 S. 1 enthält einen unbenannten besonders schweren Fall (klausurmäßig bedeutungslos), S. 2 vier ***Regelbeispiele*** (ähnlich § 263 III). Prüfungsstandort: nach der Schuld von § 268 (Obersatz: § 268 I, V i.V.m. § 267 III S. 1, 2 Nr. ...).
- Abs. 5 i.V.m. § 267 Abs. 4 HS. 1 enthält einen unbenannten minder schweren Fall (klausurmäßig bedeutungslos).
- Mit dem Verfälschen einer technischen Aufzeichnung wird immer auch eine unechte hergestellt. Das ***Verfälschen ist daher spezieller*** und immer vor dem (allgemeinen) Herstellen zu prüfen.
- § 268 ***schützt*** Sicherheit und Zuverlässigkeit des Rechts- und Beweisverkehrs (= Fragen der ordnungsgemäßen Herstellung).
- § 268 ***schützt*** nur technische Aufzeichnungen. Tatbestandsgleichstellung in § 270 beachten!
- ***Schutzgut*** ist die Sicherheit und Zuverlässigkeit des Rechts- und Beweisverkehrs mit Aufzeichnungen aus technischen Geräten (Tr[48], § 268 Rn. 2).

## Aufbau Herstellen (I 1. Var.):

I. Tatbestand
  1. Objektiver Tatbestand:
    a. Tatobjekt - technische Aufzeichnung, unechte;
    b. Tathandlung - Herstellen.
  2. Subjektiver Tatbestand:
    a. Vorsatz, mindestens bedingter, bez. obj. TB,
    b. zusätzlich: Absicht, die technische Aufzeichnung zur Täuschung im Rechtsverkehr zu gebrauchen.

II. Rechtswidrigkeit *und*

III. Schuld: keine Besonderheiten.

## Aufbau Verfälschen (I 2. Var.):

I. Tatbestand
  1. Objektiver Tatbestand:
    a. Tatobjekt - technische Aufzeichnung, echte;
    b. Tathandlung - Verfälschen.
  2. Subjektiver Tatbestand:
    a. Vorsatz, mindestens bedingter, bez. obj. TB,
    b. zusätzlich: Absicht, die technische Aufzeichnung zur Täuschung im Rechtsverkehr zu gebrauchen.

II. Rechtswidrigkeit *und*

III. Schuld: keine Besonderheiten.

**Aufbau Gebrauchen (I 3. Var.):**

I. Tatbestand
1. Objektiver Tatbestand:
a. Tatobjekt - technische Aufzeichnung, unechte oder verfälschte;
b. Tathandlung - Gebrauchen.
2. Subjektiver Tatbestand:
a. Vorsatz, mindestens bedingter, bez. obj. TB,
b. zusätzlich: Absicht, die technische Aufzeichnung zur Täuschung im Rechtsverkehr zu gebrauchen.

II. Rechtswidrigkeit *und*
III. Schuld: keine Besonderheiten.

**Aufbau (Abs. 5 i.V.m. § 267 Abs. 4 HS. 2):**

I. Tatbestand
1. Objektiver Tatbestand:
- Tatsubjekt: ist Mitglied einer Bande, die sich zur fortgesetzten Begehung von Straftaten nach den §§ 263 bis 264 oder 267 bis 269 verbunden hat.
2. Subjektiver Tatbestand:
a. Vorsatz, mindestens bedingter, bez. obj. TB,
b. zusätzlich: Gewerbsmäßigkeit.

II. Rechtswidrigkeit *und*
III. Schuld: keine Besonderheiten.

**Aufbau (Abs. 5 i.V.m. § 267 Abs. 3 S. 1, 2):**

IV. Strafzumessungsregel
1. Objektive Elemente:
a. (Nr. 1) *statt(!)* der Gewerbsmäßigkeit: Tatsubjekt ist Mitglied einer Bande, die sich zur fortgesetzten Begehung von Urkundenfälschung oder Betrug verbunden hat *oder*
b. (Nr. 2) Taterfolg: Herbeiführung eines Vermögensverlustes großen Ausmaßes
c. (Nr. 3) Taterfolg:
aa. erhebliche Gefährdung der Sicherheit des Rechtsverkehrs
bb. durch eine große Zahl von unechten oder verfälschten Urkunden *oder*
d. (Nr. 4)
aa. Tatsubjekt: Amtsträger
bb. Tathandlung: Mißbrauch der daraus resultierenden Befugnisse oder Stellung
2. Subjektive Elemente:
a. Vorsatz, mindestens bedingter, bez. obj. TB,
b. zusätzlich: (Nr. 1) *statt(!)* der Bandenmitgliedschaft: Gewerbsmäßigkeit

## Definitionen / Erläuterungen:

TECHNISCHE AUFZEICHNUNG vgl. Abs. 2.

| | |
|---|---|
| **DARSTELLUNG** ist jegliche Fixierung von Daten usw., gleichviel, in welcher Art und Weise sie erfolgt. | S/S[25], § 268 Rn. 8 |
| Die **DARSTELLUNG** muß, um „Aufzeichnung“ zu sein, eine gewisse Dauerhaftigkeit aufweisen, also das Aufgezeichnete „perpetuieren“. | S/S[25], § 268 Rn. 9 |
| **DARSTELLUNGEN** sind Zeichen von einiger Dauerhaftigkeit, die von einem technischen Gerät aufgezeichnet sind und die Vorstellung eines Sinngehalts vermitteln. Wie bei der Urkunde ist eine feste, auf Dauer angelegte Verkörperung (auch Speicherung) erforderlich (h.M.). | La[22], § 268 Rn. 3 |
| **DATEN** sind in erster Linie „speicherbare Informationen aller Art, die einer weiteren Verarbeitung in einer Datenverarbeitungsanlage unterliegen“. | S/S[25], § 268 Rn. 11 |
| **DATEN** sind durch Zeichen oder kontinuierliche Funktionen auf Grund bekannter oder unterstellter Abmachungen zum Zwecke der Verarbeitung dargestellte Informationen. | La[22], § 288 Rn. 3 i.V.m. § 263a Rn. 3 |
| **MEßWERTE** sind Meßergebnisse (End- und Zwischenergebnisse) von Objekten jeglicher Art nach Maßstäben jeglicher Art. | S/S[25], § 268 Rn. 12 |
| **RECHENWERTE** sind sämtliche Positionen (nicht nur End- oder Zwischenergebnisse) von Berechnungen aller Art, gleichviel, ob es sich um sachbezogene oder abstrakte Rechenoperationen handelt. | S/S[25], § 268 Rn. 12a |
| Mit dem Ausdruck **MEß- UND RECHENWERTE** soll klargestellt werden, daß nicht nur durch Messung ermittelte Ausgangswerte, sondern auch die Ergebnisse von Rechenoperationen Schutz genießen können. | La[22], § 268 Rn. 3 |
| **ZUSTÄNDE** i.S. des § 268 II sind reale Gegebenheiten jeglicher Art. Es kann sich dabei um Zustände materialer wie auch nichtmaterialer Objekte handeln. | S/S[25], § 268 Rn. 12b |
| Der Begriff „**GESCHEHENSABLÄUFE**“ bezeichnet die Entwicklung, die ein „Zustand“ im Ablauf einer bestimmten Zeitspanne nimmt. | S/S[25], § 268 Rn. 12c |
| **TEILWEISE SELBSTTÄTIGKEIT** ist nur zu bejahen, wenn die den konkreten Aufzeichnungsvorgang steuernden menschlichen Eingriffe von der Maschine in erheblicher Weise umgewandelt oder verarbeitet werden. | S/S[25], § 268 Rn. 16 |
| **SELBSTTÄTIG** bewirkt das Gerät die Aufzeichnung, wenn seine Leistung darin besteht, durch einen in Konstruktion oder Pro- | La[22], § 268 Rn. 4 |

| | |
|---|---|
| grammierung festgelegten automatischen Vorgang einen Aufzeichnungsinhalt mit neuem Informationsgehalt hervorzubringen. | |
| ***BEACHTE:*** Inwieweit die Aufzeichnung ganz oder zum Teil selbständig aufgezeichnet sein muß, ist str. Klausurrelevant ist die Frage, ob Fotokopien technische Aufzeichnungen sind (hM (-), da „selbständige" Herstellung (-), vgl. S/S[25], § 268 Rn. 16f). | Verf. |
| **UNECHT** i.S. des § 268 ist eine Aufzeichnung dann, wenn sie überhaupt nicht aus einem technischen Gerät oder nicht aus dem Aufzeichnungsvorgang eines solchen in seiner Selbständigkeit ungestörten Gerät stammt, obwohl sie nach Aussage und Inhalt einen solchen Eindruck erweckt. | Tr[48], § 268 Rn. 11 |
| **UNECHT** ist eine technische Aufzeichnung nach allem, wenn sie so, wie sie vorliegt, überhaupt nicht das Ergebnis eines selbsttätigen und unbeeinflußten Herstellungsvorgangs ist. | S/S[25], § 268 Rn. 33 |
| Eine technische Aufzeichnung ist **UNECHT**, wenn sie überhaupt nicht oder nicht in ihrer konkreten Gestalt aus einem in seinem automatischen Ablauf unberührten Herstellungsvorgang stammt, obwohl sie diesen Eindruck erweckt. | La[22], § 268 Rn. 7 |
| **HERSTELLEN** ist das Anfertigen einer Aufzeichnung. | Tr[48], § 268 Rn. 11 |
| Das **HERSTELLEN** einer unechten besteht in der Nachahmung einer echten technischen Aufzeichnung. | S/S[25], § 268 Rn. 38 |
| **HERSTELLEN** einer unechten Urkunde setzt das Hervorbringen einer Urkunde voraus, die den unrichtigen Anschein erweckt, von dem aus ihr erkennbaren Aussteller herzurühren. | La[22], § 268 Rn. 10 i.V.m. § 267 Rn. 17 |
| **VERFÄLSCHEN** einer bereits vorhandenen Aufzeichnung ist eine Veränderung in rechtserheblicher Weise, die vortäuscht, als trüge sie im veränderten Zustand die Gestalt, in der sie nach ordnungsgemäßem Herstellungsvorgang das Gerät verlassen hat. | Tr[48], § 268 Rn. 12 |
| **VERFÄLSCHUNG** einer technischen Aufzeichnung bedeutet deren Veränderung in solcher Weise, daß sie zur unechten technischen Aufzeichnung wird. | S/S[25], § 268 Rn. 40 |
| **VERFÄLSCHEN** bedeutet, den automatisch hergestellten Zeichen bei Zugrundelegung des standardisierten Codes durch nachträgliche Veränderung einen anderen gedanklichen Inhalt geben. | La[22], § 268 Rn. 10 |
| **GEBRAUCHEN** bedeutet: Zur sinnlichen Wahrnehmung, Zugänglichmachen, sei es durch Vorlegen, Übergeben, Hinterlegen, Veröffentlichen, Verlesen, ggfls. sogar Bereitstellen. | Tr[48], § 268 Rn. 14 i.V.m. § 267 Rn. 23 |
| **GEBRAUCHEN** der vom Täter oder einem Dritten gefälschten | La[22], § 268 Rn. 10 |

| | |
|---|---|
| oder verfälschten Urkunde bedeutet, sie dem zu Täuschenden so zugänglich machen, daß dieser sie wahrnehmen kann. | i.V.m. § 267 Rn. 23 |
| **TÄUSCHUNG** bedeutet Irrtumserregung. | Tr[48], § 268 Rn. 16 i.V.m. § 267 Rn. 30. |
| **RECHTSVERKEHR** liegt bei rechtlich erheblichen Verhalten vor (Gegenstück: gesellschaftlicher Verkehr und rein zwischenmenschliche Beziehungen). | Tr[48], § 268 Rn. 16 i.V.m. § 267 Rn. 30 |
| **ZUR TÄUSCHUNG IM RECHTSVERKEHR**. Dieses Merkmal liegt vor, wenn ein Irrtum über die Echtheit der Urkunde erregt und der Getäuschte durch den gedanklichen Inhalt zu einem rechtlich erheblichen Verhalten bestimmt werden soll. | S/S[25], § 268 Rn. 64 i.V.m. § 267 Rn. 85 |
| **ZUR TÄUSCHUNG IM RECHTSVERKEHR** handelt, wer zur Zeit der Tathandlung den Willen hat, einen anderen über die Echtheit der Urkunde zu täuschen und damit zu einem durch den Falschheitsgehalt (mit-)motivierten (str.) rechtserheblichen Verhalten zu veranlassen, oder wer diesen Willen eines Dritten kennt und mit dessen Verwirklichung rechnet. | La[22], § 268 Rn. 11 i.V.m. § 267 Rn. 25 |
| **BANDE** ist eine lose Gruppe von mehr als (str.) 2 Mitgliedern. | Tr[48], § 244 Rn. 9 |
| **BANDE** ist eine auf ausdrücklicher oder stillschweigender Vereinbarung beruhende und für eine gewisse Dauer vorgesehene Verbindung einer Mehrzahl von Personen zur Begehung mehrerer selbständiger, im einzelnen noch ungewisser Taten der Geldwäsche, nicht dagegen zur Begehung nur einer fortgesetzten Tat. Dabei soll die Verbindung von zwei Personen genügen. | La[22], § 244 Rn. 6 |
| Mit **FORTGESETZTER BEGEHUNG** ist nicht eine fortgesetzte Tat im herkömmlichen Sinn gemeint, sondern Begehung mehrerer selbständiger, im einzelnen noch ungewisser Taten, Beschränkung der geplanten Taten nach Zeit und Ort oder nach Gegenständen, ist ohne Bedeutung, die auf denselben Eigentümer jedoch nur dann, wenn er immer wieder an verschiedenen Orten und unter verschiedenen Möglichkeiten bestohlen werden kann. | Tr[48], § 244 Rn. 10 |
| **GEWERBSMÄßIG** handelt, wer sich aus wiederholter Tatbegehung (und sei es auch nur innerhalb des Gesamtvorsatzes einer Fortsetzungstat) eine nicht nur vorübergehende Einnahmequelle von einigem Umfang verschaffen möchte, ohne daß er daraus ein „kriminelles Gewerbe" zu machen braucht. | Tr[48], vor § 52 Rn. 43 |
| **GEWERBSMÄßIG** handelt, wem es darauf ankommt, sich aus wiederholter (uU auch nur fortgesetzter) Begehung eine fortlaufende Haupt- oder auch nur Nebeneinnahmequelle von einiger Dauer und einigem Umfang zu schaffen, ohne daß er daraus ein „kriminelles Gewerbe" zu machen braucht. | La[22], vor § 52 Rn. 20 |

| | |
|---|---|
| **VERMÖGENSVERLUST GROßEN AUSMAßES.** Der Verbrechenstatbestand ist damit nur bei hohem Schaden anwendbar. Er geht auf das tatbestandsähnliche Regelbeispiel in § 264 Abs. 2 Satz 2 Nr. 1 zurück. Es wird ein Betrag von etwa 100 000 DM zugrunde zu legen sein | Verf. (BTDr.) |
| **ERHEBLICHE GEFÄHRDUNG DER SICHERHEIT DES RECHTSVERKEHRS.** | k.A. |
| **GROßE ZAHL VON URKUNDEN.** | k.A. |
| **AMTSTRÄGER.** Vgl. § 11 I Nr. 2. | |
| **MIßBRAUCH DER DARAUS RESULTIERENDEN BEFUGNISSE ODER STELLUNG.** | k.A. |

## Konkurrenzen:

§ 268 steht in Idealkonkurrenz mit §§ 107a, 109a, 133, 142, 154, 156, 164, 185ff, 239, 253, 242, 255, 263, 263a, 266, 267, 269.

# § 269. Fälschung beweiserheblicher Daten.

## Gesetzestext:

(1) Wer zur Täuschung im Rechtsverkehr beweiserhebliche Daten so speichert oder verändert, daß bei ihrer Wahrnehmung eine unechte oder verfälschte Urkunde vorliegen würde, oder derart gespeicherte oder veränderte Daten gebraucht, wird mit Freiheitsstrafe bis zu fünf Jahren oder mit Geldstrafe bestraft.

(2) Der Versuch ist strafbar.

(3) § 267 Abs. 3 und 4 gilt entsprechend.

## Überblick:

- ***Typ:*** vorsätzliches Begehungsdelikt.
- ***Versuch*** ist strafbar, Abs. 2.
- Abs. 1 enthält ***drei Fälle*** (1. Var - Speichern, 2. Var. - Verändern, 3. Var. - Gebrauchen).
- Abs. 3 i.V.m. § 267 Abs. 4 HS 2 enthält eine ***Qualifikation,*** die die Merkmale, die beim Regelbeispiel nach Abs. 3 i.V.m. § 267 Abs. 3 S. 2 Nr. 1 *alternativ* vorliegen müssen, *kumuliert*. ***Prüfung*** immer mit dem Grunddelikt (Obersatz: §§ 269 I, III i.V.m. § 267 IV HS. 2) und zwar entweder hinter subjektivem Tatbestand oder hinter Schuld des Grunddeliktes.
- Abs. 3 i.V.m. § 267 Abs. 3 S. 1 enthält einen unbenannten besonders schweren Fall (klausurmäßig bedeutungslos), S. 2 vier ***Regelbeispiele*** (ähnlich § 263 III). Prü-

fungsstandort: nach der Schuld von § 269 (Obersatz: § 269 I, III i.V.m. § 267 III S. 1, 2 Nr. ...).

- Abs. 3 i.V.m. § 267 Abs. 4 HS. 1 enthält einen unbenannten minder schweren Fall (klausurmäßig bedeutungslos).
- Mit dem Verändern beweiserheblicher Daten wird immer auch eine Speicherung vorgenommen werden. Das ***Verändern ist daher spezieller*** und immer vor dem (allgemeinen) Speichern zu prüfen.
- § 269 ***schützt*** Sicherheit und Zuverlässigkeit des Rechts- und Beweisverkehrs (= Fragen der ordnungsgemäßen Datenverarbeitung).
- § 269 ***schützt*** nur Daten.
- ***Schutzgut*** ist wie bei §§ 267, 268 die Sicherheit und Zuverlässigkeit des Rechts- und Beweisverkehrs, soweit er sich im Zusammenhang mit Datenverarbeitungsvorgängen beweiserheblicher Daten bedient (Tr[48], § 269 Rn. 2).

### Aufbau Herstellen (I 1. Var.):

I. Tatbestand
   1. Objektiver Tatbestand:
      a. Tatobjekt - Daten, beweiserhebliche;
      b. Tathandlung - Speichern in einer Weise, daß bei Wahrnehmung eine unechte Urkunde vorliegen würde (also *„hypothetische" Urkundenprüfung*).
   2. Subjektiver Tatbestand:
      a. Vorsatz, mindestens bedingter, bez. obj. TB,
      b. zusätzlich: Absicht, die beweiserheblichen Daten zur Täuschung im Rechtsverkehr zu gebrauchen.

II. Rechtswidrigkeit *und*

III. Schuld: keine Besonderheiten.

### Aufbau Verfälschen (I 2. Var.):

I. Tatbestand
   1. Objektiver Tatbestand:
      a. Tatobjekt - Daten, beweiserhebliche;
      b. Tathandlung - Verändern in einer Weise, daß bei Wahrnehmung eine verfälschte Urkunde vorliegen würde (also *„hypothetische" Urkundenprüfung*).
   2. Subjektiver Tatbestand:
      a. Vorsatz, mindestens bedingter, bez. obj. TB,
      b. zusätzlich: Absicht, die beweiserheblichen Daten zur Täuschung im Rechtsverkehr zu gebrauchen.

II. Rechtswidrigkeit *und*

III. Schuld: keine Besonderheiten.

### Aufbau Gebrauchen (I 3. Var.):

I. Tatbestand
   1. Objektiver Tatbestand:
      a. Tatobjekt - Daten, beweiserhebliche, gespeicherte oder veränderte;

b. Tathandlung - Gebrauchen.
2. Subjektiver Tatbestand:
a. Vorsatz, mindestens bedingter, bez. obj. TB,
b. zusätzlich: Absicht, die beweiserheblichen Daten zur Täuschung im Rechtsverkehr zu gebrauchen.

II. Rechtswidrigkeit *und*
III. Schuld: keine Besonderheiten.

**Aufbau (Abs. 3 i.V.m. § 267 Abs. 4 HS. 2):**

I. Tatbestand
1. Objektiver Tatbestand:
- Tatsubjekt: ist Mitglied einer Bande, die sich zur fortgesetzten Begehung von Straftaten nach den §§ 263 bis 264 oder 267 bis 269 verbunden hat.

2. Subjektiver Tatbestand:
a. Vorsatz, mindestens bedingter, bez. obj. TB,
b. zusätzlich: Gewerbsmäßigkeit.

II. Rechtswidrigkeit *und*
III. Schuld: keine Besonderheiten.

**Aufbau (Abs. 3 i.V.m. § 267 Abs. 3 S. 1, 2):**

IV. Strafzumessungsregel
1. Objektive Elemente:
a. (Nr. 1) *statt(!)* der Gewerbsmäßigkeit: Tatsubjekt ist Mitglied einer Bande, die sich zur fortgesetzten Begehung von Urkundenfälschung oder Betrug verbunden hat *oder*
b. (Nr. 2) Taterfolg: Herbeiführung eines Vermögensverlustes großen Ausmaßes
c. (Nr. 3) Taterfolg:
aa. erhebliche Gefährdung der Sicherheit des Rechtsverkehrs
bb. durch eine große Zahl von unechten oder verfälschten Urkunden *oder*
d. (Nr. 4)
aa. Tatsubjekt: Amtsträger
bb. Tathandlung: Mißbrauch der daraus resultierenden Befugnisse oder Stellung

2. Subjektive Elemente:
a. Vorsatz, mindestens bedingter, bez. obj. TB,
b. zusätzlich: (Nr. 1) *statt(!)* der Bandenmitgliedschaft: Gewerbsmäßigkeit

**Definitionen / Erläuterungen:**

**DATEN** sind codierte, auf einen Datenträger fixierte Informationen über eine außerhalb des verwendeten Zeichensystems befindliche Wirklichkeit. — Tr[48], § 269 Rn. 3 i.V.m. § 268 Rn. 4

**DATEN** sind in erster Linie speicherbare Informationen aller — S/S[25], § 269 Rn. 6

| | |
|---|---|
| Art, die Gegenstand einer weiteren Verarbeitung in einer Datenverarbeitungsanlage unterliegen. | i.V.m. § 202a Rn. 3<br>i.V.m. § 268 Rn. 11 |
| **BEWEISERHEBLICH**: Es sollen nur solche Daten erfaßt werden, die dazu bestimmt sind, bei einer Verarbeitung im Rechtsverkehr als Beweisdaten für rechtlich erhebliche Tatsachen benutzt zu werden. | Tr[48], § 269 Rn. 3 |
| **BEWEISERHEBLICH** bedeutet, daß die verkörperte Erklärung bestimmt und geeignet sein muß, für ein Rechtsverhältnis Beweis zu erbringen. | S/S[25], § 269 Rn. 9 |
| Daten sind **BEWEISERHEBLICH**, wenn sie nach ihrem Informationsgehalt Gedankenerklärungen sind, die abgesehen von ihrer visuellen Wahrnehmbarkeit, sämtliche Urkundenmerkmale erfüllen. | La[22], § 269 Rn. 4 |
| **SPEICHERN** bedeutet, auf einem Datenträger zum Zwecke der weiteren Verwendung erfassen, aufnehmen oder aufbewahren. | Tr[48], § 269 Rn. 4a |
| Daten werden **GESPEICHERT**, wenn sie über die Konsolmaschine oder in anderer Weise, z.B. durch Übertragung von einem anderen Computer in eine EDV-Anlage eingegeben werden. | S/S[25], § 269 Rn. 16 |
| Die Daten sind **GESPEICHERT**, wenn sie zur Wiederverwendung erfaßt, aufgenommen oder aufbewahrt sind. | La[22], § 269 Rn. 8<br>i.V.m. § 202a Rn. 2 |
| **WAHRNEHMUNG** = Wahrnehmbarkeit = Sichtbarkeit | Tr[48], § 269 Rn. 4 |
| **VERFÄLSCHEN** einer echten Urkunde erfordert die Veränderung der gedanklichen Erklärung in eine andere. | Tr[48], § 267 Rn. 19a) |
| **VERÄNDERN** bedeutet, die beweiserheblichen gespeicherten oder übermittelten Daten in einer Weise inhaltlich umgestalten, daß hierdurch ein Falsifikat entsteht, das - von der Wahrnehmbarkeit abgesehen - im besagten Sinne die Merkmale einer falschen Urkunde aufweist. | Tr[48], § 269 Rn. 5) |
| Daten werden **VERÄNDERT**, wenn deren Bestand so geändert wird, daß bei ihrer visuellen Darstellung ein anderes Ergebnis als das vom Betreiber der Anlage durch die Festlegung des Programms gewollte erreicht wird. | S/S[25], § 269 Rn. 17 |
| **VERÄNDERN** bedeutet Einwirken auf bereits vorhandene Daten mit der Folge, daß der Inhalt einer gespeicherten Gedankenerklärung durch einen anderen ersetzt und damit die Beweisrichtung geändert wird. | La[22], § 269 Rn. 9 |
| **GEBRAUCHEN** bedeutet: Zur sinnlichen Wahrnehmung, Zugänglichmachen, sei es durch Vorlegen, Übergeben, Hinterlegen, Veröffentlichen, Verlesen, ggfls. sogar Bereitstellen. | Tr[48], § 269 Rn. 5<br>i.V.m. § 267 Rn. 23 |
| Daten sind **GEBRAUCHT**, wenn sie einem anderen zugänglich | S/S[25], § 269 Rn. 21 |

| | |
|---|---|
| gemacht werden. | |
| **GEBRAUCHEN** der vom Täter oder einem Dritten gefälschten oder verfälschten Urkunde bedeutet, sie dem zu Täuschenden so zugänglich machen, daß dieser sie wahrnehmen kann. | La[22], § 269 Rn. 10 i.V.m. § 267 Rn. 23 |
| Es liegt namentlich vor, wenn dem zu Täuschenden Kenntnis durch Sichtbarmachen am Bildschirm verschafft, der ungehinderte Abruf ermöglicht oder die Verfügung über den Datenträger eingeräumt wird. | La[22], § 269 Rn. 10 |

| | |
|---|---|
| **URKUNDE** ist die verkörperte (d.h. mit einer Sache fest verbundene), allgemein oder für Eingeweihte verständliche, menschliche Gedankenerklärung, die geeignet und bestimmt ist, im Rechtsverkehr Beweis zu erbringen, und ihren Aussteller (den Erklärenden) erkennen läßt. | Tr[48], § 267 Rn. 2 |
| **URKUNDEN** i.S. des Strafrechts sind verkörperte Erklärungen, die ihrem gedanklichen Inhalt nach geeignet und bestimmt sind, für ein Rechtsverhältnis Beweis zu erbringen und die ihren Aussteller erkennen lassen. | S/S[25], § 269 Rn. 18 i.V.m. § 267 Rn. 2 |
| **URKUNDE** ist eine verkörperte Gedankenerklärung, die allgemein oder für Eingeweihte verständlich ist und einen Aussteller erkennen läßt und die zum Beweis einer rechtlich erheblichen Tatsache geeignet und bestimmt ist, gleichviel ob ihr die Bestimmung schon bei der Ausstellung oder erst später gegeben wird. | La[22], § 269 Rn. 4 i.V.m. § 267 Rn. 2 |

| | |
|---|---|
| **ECHT** ist die Urkunde dann, wenn sie in der gegenwärtigen Gestalt vom angegebenen Aussteller herrührt oder von der Person, die er befugterweise zur Leistung seiner Unterschrift ermächtigt hat. | Tr[48], § 267 Rn. 18 |
| Eine Urkunde ist un**ECHT**, wenn sie nicht von dem stammt, der in ihr als Aussteller bezeichnet ist. | S/S[25], § 269 Rn. 18 i.V.m. § 267 Rn. 48 |

| | |
|---|---|
| **TÄUSCHUNG** bedeutet Irrtumserregung. | Tr[48], § 269 Rn. 7 i.V.m. § 267 Rn. 30 |
| **RECHTSVERKEHR** liegt bei rechtlich erheblichen Verhalten vor (Gegenstück: gesellschaftlicher Verkehr und rein zwischenmenschliche Beziehungen). | Tr[48], § 269 Rn. 7 i.V.m. § 267 Rn. 30 |
| **ZUR TÄUSCHUNG IM RECHTSVERKEHR**. Dieses Merkmal liegt vor, wenn ein Irrtum über die Echtheit der Urkunde erregt und der Getäuschte durch den gedanklichen Inhalt zu einem rechtlich erheblichen Verhalten bestimmt werden soll. | S/S[25], § 269 Rn. 22 i.V.m. § 267 Rn. 85 |
| **ZUR TÄUSCHUNG IM RECHTSVERKEHR** handelt, wer zur Zeit der Tathandlung den Willen hat, einen anderen über die Echtheit der Urkunde zu täuschen und damit zu einem durch den Falschheitsgehalt (mit-)motivierten (str.) rechtserheblichen | La[22], § 269 Rn. 11 i.V.m. § 267 Rn. 25 |

Verhalten zu veranlassen, oder wer diesen Willen eines Dritten kennt und mit dessen Verwirklichung rechnet.

| | |
|---|---|
| **BANDE** ist eine lose Gruppe von mehr als (str.) 2 Mitgliedern. | Tr[48], § 244 Rn. 9 |
| **BANDE** ist eine auf ausdrücklicher oder stillschweigender Vereinbarung beruhende und für eine gewisse Dauer vorgesehene Verbindung einer Mehrzahl von Personen zur Begehung mehrerer selbständiger, im einzelnen noch ungewisser Taten der Geldwäsche, nicht dagegen zur Begehung nur einer fortgesetzten Tat. Dabei soll die Verbindung von zwei Personen genügen. | La[22], § 244 Rn. 6 |
| Mit **FORTGESETZTER BEGEHUNG** ist nicht eine fortgesetzte Tat im herkömmlichen Sinn gemeint, sondern Begehung mehrerer selbständiger, im einzelnen noch ungewisser Taten, Beschränkung der geplanten Taten nach Zeit und Ort oder nach Gegenständen, ist ohne Bedeutung, die auf denselben Eigentümer jedoch nur dann, wenn er immer wieder an verschiedenen Orten und unter verschiedenen Möglichkeiten bestohlen werden kann. | Tr[48], § 244 Rn. 10 |
| **GEWERBSMÄßIG** handelt, wer sich aus wiederholter Tatbegehung (und sei es auch nur innerhalb des Gesamtvorsatzes einer Fortsetzungstat) eine nicht nur vorübergehende Einnahmequelle von einigem Umfang verschaffen möchte, ohne daß er daraus ein „kriminelles Gewerbe“ zu machen braucht. | Tr[48], vor § 52 Rn. 43 |
| **GEWERBSMÄßIG** handelt, wem es darauf ankommt, sich aus wiederholter (uU auch nur fortgesetzter) Begehung eine fortlaufende Haupt- oder auch nur Nebeneinnahmequelle von einiger Dauer und einigem Umfang zu schaffen, ohne daß er daraus ein „kriminelles Gewerbe“ zu machen braucht. | La[22], vor § 52 Rn. 20 |
| **VERMÖGENSVERLUST GROßEN AUSMAßES.** Der Verbrechenstatbestand ist damit nur bei hohem Schaden anwendbar. Er geht auf das tatbestandsähnliche Regelbeispiel in § 264 Abs. 2 Satz 2 Nr. 1 zurück. Es wird ein Betrag von etwa 100 000 DM zugrunde zu legen sein | Verf. (BTDr.) |
| **ERHEBLICHE GEFÄHRDUNG DER SICHERHEIT DES RECHTSVERKEHRS.** | k.A. |
| **GROßE ZAHL VON URKUNDEN.** | k.A. |
| **AMTSTRÄGER.** Vgl. § 11 I Nr. 2. | |
| **MIßBRAUCH DER DARAUS RESULTIERENDEN BEFUGNISSE ODER STELLUNG.** | k.A. |

## Konkurrenzen:

§ 269 verdrängt § 281 im Wege der Gesetzeskonkurrenz (Konsumtion). § 269 steht in Idealkonkurrenz mit §§ 263, 263a, 266, 267, 268, 274 I Nr. 1, 2, 303, 303a, u.U. 303b. Innertatbestandlich: Erfüllt ein Täter sowohl die Speicherungs- bzw. Veränderungsalternative und die Gebrauchsalternative, so liegt im Ganzen dennoch nur eine (1) Fälschung vor. Voraussetzung ist nach dem BGH, daß der Täter bei der Fälschung einen Gesamtvorsatz auch für's Gebrauchen hatte.

# § 270. Täuschung im Rechtsverkehr bei Datenverarbeitung.

## Gesetzestext:

Der Täuschung im Rechtsverkehr steht die fälschliche Beeinflussung einer Datenverarbeitung im Rechtsverkehr gleich.

## Überblick:

- *Typ:* Begriffsbestimmung - Erweiterung des Täuschungsbestandteiles aus allen Urkundendelikten (§§ 152a III, 267, 268, 269, 273, 281).
- ***Prüfung*** immer zusammen mit dem jeweiligen Urkundendelikt. (Obersatz also z.B.: §§ 267 I 1.Var., 270 oder: § 268 I 2.Var., 270 etc.).
- ***Im subjektiven Tatbestand*** des jeweiligen Deliktes anstelle des Merkmals zur Täuschung im Rechtsverkehr: zur fälschlichen Beeinflussung einer Datenverarbeitung im Rechtsverkehr.

## Definitionen / Erläuterungen:

**ERGEBNIS EINES DATENVERARBEITUNGSVORGANGES.** Dieses Merkmal erfaßt anstelle des Ergebnisses des irrigen menschlichen Denk- und Entscheidungsprozesses (Täuschung, Irrtum, Verfügung) alle technischen (automatischen) Vorgänge (Arbeitsweisen), bei denen durch Aufnahme von Daten und ihre Verknüpfung nach Programmen Arbeitsergebnisse erzielt werden. (Tr[48], § 270 i.V.m. § 263a Rn. 3)

**RECHTSVERKEHR** liegt bei rechtlich erheblichen Verhalten vor (Gegenstück: gesellschaftlicher Verkehr und rein zwischenmenschliche Beziehungen). (Tr[48], § 267 Rn. 30)

# § 271. Mittelbare Falschbeurkundung.

## Gesetzestext:

(1) Wer bewirkt, daß Erklärungen, Verhandlungen oder Tatsachen, welche für Rechte oder Rechtsverhältnisse von Erheblichkeit sind, in öffentlichen Urkunden, Büchern, Dateien oder Registern als abgegeben oder geschehen beurkundet oder gespeichert werden, während sie überhaupt nicht oder in anderer Weise oder von einer Person in einer ihr nicht zustehenden Eigenschaft oder von einer anderen Person abgegeben oder geschehen sind, wird mit Freiheitsstrafe bis zu drei Jahren oder mit Geldstrafe bestraft.

(2) Ebenso wird bestraft, wer eine falsche Beurkundung oder Datenspeicherung der in Absatz 1 bezeichneten Art zur Täuschung im Rechtsverkehr gebraucht.

(3) Handelt der Täter gegen Entgelt oder in der Absicht, sich oder einen Dritten zu bereichern oder eine andere Person zu schädigen, so ist die Strafe Freiheitsstrafe von drei Monaten bis zu fünf Jahren.

(4) Der Versuch ist strafbar.

## Überblick:

- ***Typ:*** vorsätzliches Begehungsdelikt.
- ***Versuch*** ist strafbar, Abs. 4.
- Abs. 1 enthält nur ***eine Begehungsweise***: das Bewirken. ***Abs. 2 erweitert*** dies um die Begehungsweise des Gebrauchens (durch den Verweis kann II nicht alleine stehen; Obersatz: § 271 II, I).
- Abs. 3 enthält eine ***Qualifikation***. Prüfung immer mit dem Grunddelikt (Obersatz: §§ 271 I, III) und zwar entweder hinter subjektivem Tatbestand oder hinter Schuld des Grunddeliktes.
- § 271 ***schützt*** die besondere Beweiskraft öffentlicher Urkunden (= Fragen der inhaltlichen Wahrheit).
- § 271 ***schützt*** Urkunden und Daten.

## Aufbau (Abs. 1):

I. Tatbestand
  1. Objektiver Tatbestand:
    a. Tatobjekt -
      aa. Erklärungen *oder*
      bb. Verhandlungen *oder*
      cc. Tatsachen,
      welche für Rechte oder Rechtsverhältnisse von Erheblichkeit sind;
    b. Taterfolg -
      aa. Beurkundung *oder*
      bb. Speicherung (= was) des Tatobjektes, in (= wo)
        - öffentlichen Urkunden,
        - Büchern,

- Dateien *oder*
- Registern,

cc. als abgegeben, bzw. geschehen (= wie),

dd. während das Tatobjekt (in Wirklichkeit) entweder

- überhaupt nicht *oder*
- in anderer Weise *oder*
- von einer Person in einer ihr nicht zustehenden Eigenschaft *oder*
- von einer anderen Person

abgegeben oder geschehen ist.

c. Tathandlung - Bewirken.

2. Subjektiver Tatbestand:
   a. Vorsatz, mindestens bedingter, bez. obj. TB,
   b. mehr noch: Kenntnis der Rechtserheblichkeit.

II. Rechtswidrigkeit *und*

III. Schuld: keine Besonderheiten.

**Aufbau (Abs. 2):**

I. Tatbestand

1. Objektiver Tatbestand:
   a. Tatobjekt - falsche Beurkundung oder Datenspeicherung der in Absatz 1 bezeichneten Art
   b. Tathandlung - Gebrauchen.
2. Subjektiver Tatbestand:
   a. Vorsatz, mindestens bedingter, bez. obj. TB,
   b. zusätzlich: Absicht, das Objekt zur Täuschung im Rechtsverkehr zu gebrauchen.

II. Rechtswidrigkeit *und*

III. Schuld: keine Besonderheiten.

**Aufbau (Abs. 3):**

I. Tatbestand

1. Objektiver Tatbestand: *statt* der Absicht: Handeln gegen Entgelt.
2. Subjektiver Tatbestand:
   a. Vorsatz, mindestens bedingter *oder*
   b. *statt* des Handelns gegen Entgelt: Absicht,
      aa. sich *oder*
      bb. einem anderen
      einen Vermögensvorteil zu verschaffen (Var. 1) *oder*
      cc. einem anderen Schaden zuzufügen (Var. 2).

II. Rechtswidrigkeit *und*

III. Schuld: keine Besonderheiten.

## Definitionen / Erläuterungen:

| | |
|---|---|
| **ERKLÄRUNGEN** sind Äußerungen, die von dem beurkundenden Beamten nicht abgegeben, sondern entgegengenommen werden. Äußerungen des Beamten selbst sind i.S. dieser Vorschrift Tatsachen. | S/S[25], § 271 Rn. 17 |
| **TATSACHEN** sind nicht nur alle Sachverhalte, die Gegenstand sinnlicher Wahrnehmung sein könnten, sondern auch innere Sachverhalte (wie Charaktereigenschaften), sobald sie zu äußeren Erscheinungen in Beziehung treten. | Tr[48], § 186 Rn. 1 |
| **RECHTE ODER RECHTSVERHÄLTNISSE VON ERHEBLICHKEIT** = Rechtserheblichkeit liegt vor, wenn die Erklärung allein oder in Verbindung mit anderen Tatsachen für die Entstehung, Erhaltung, Veränderung eines öffentlichen oder privaten Rechts oder Rechtsverhältnisses von unmittelbarer oder mittelbarer Bedeutung ist. | S/S[25], § 271 Rn. 18 |
| **BEURKUNDEN** i.S. dieser Vorschrift ist eine Erklärung, wenn ihre inhaltliche Richtigkeit in der vorgeschriebenen Form in einer Weise festgestellt ist, die dazu bestimmt ist, Beweis für und gegen jedermann zu begründen. | S/S[25], § 271 Rn. 19 |
| **ÖFFENTLICHE URKUNDEN**. Für den Begriff beruft sich die Rspr. meist auf §§ 415, 417, 418 ZPO. In Wahrheit verstehen aber die §§ 271, 348 den Begriff enger. Er umfaßt auch ausländische Urkunden, wenn (auch) deutsche Rechtsgüter durch sie geschützt oder (beim Mißbrauch) beeinträchtigt sind. | Tr[48], § 271 Rn. 3 |
| **ÖFFENTLICH** ist nur das, was Beweiskraft für und gegen jedermann hat, denn nur dies genießt Wahrheitsschutz. | Tr[48], § 271 Rn. 6 |
| **ÖFFENTLICHE URKUNDEN** sind Urkunden, die von einer öffentlichen Behörde oder einer mit öffentlichem Glauben versehenen Person innerhalb ihrer Zuständigkeit in der vorgeschriebenen Form aufgenommen sind. Diese Begriffsbestimmung des § 415 I ZPO gilt auch für das Strafrecht. | S/S[25], § 271 Rn. 4 |
| **ÖFFENTLICHE URKUNDEN** sind nach § 415 I ZPO solche, die von einer Behörde oder einer mit öffentlichem Glauben versehenen Person innerhalb ihrer sachlichen Zuständigkeit in der vorgeschriebenen Form aufgenommen werden und außerdem öffentlichen Glauben genießen, d.h. Beweis für und gegen jedermann erbringen. | La[22], § 271 Rn. 2 |
| Es muß **BESTIMMUNGSGEMÄß** für den Verkehr nach außen bestimmt sein. | Tr[48], § 271 Rn. 7 |
| Die öffentliche Urkunde usw. muß dazu **BESTIMMT** sein, hinsichtlich der Erklärung, Verhandlung oder Tatsache Beweis für | S/S[25], § 271 Rn. 20 |

| | |
|---|---|
| und gegen jedermann zu erbringen. | |
| Zur Falschbeurkundung gehört, daß sich die **BEWEISKRAFT** gerade auf die niedergeschriebene Erklärung, Verhandlung oder tatsache erstreckt. | La[22], § 271 Rn. 2 |
| **BÜCHER**. Die wichtigsten Beispiele sind Heirats-, Geburten- oder Sterbebuch und die Auszüge aus diesen Büchern. | Tr[48], § 271 Rn. 12 |
| **DATEIEN** sind codierte, auf einen Datenträger fixierte Informationen über eine außerhalb des verwendeten Zeichensystems befindliche Wirklichkeit. | Tr[48], § 268 Rn. 4 |
| Als **DATEIEN** kommen nicht nur Datenspeicher in EDV-Anlagen, sondern auch in anderen Systemen in Frage. | La[22], § 271 Rn. 4 |
| Daten sind **BEWEISERHEBLICH**, wenn sie nach ihrem Informationsgehalt Gedankenerklärungen sind, die abgesehen von ihrer visuellen Wahrnehmbarkeit, sämtliche Urkundenmerkmale erfüllen. | La[22], § 271 Rn. 4 i.V.m. § 269 Rn. 4 |
| **REGISTER, ÖFFENTLICHE**, sind z.B. das Vereins- und das Handelsregister. | Tr[48], § 271 Rn. 13 |
| **ÖFFENTLICH** sind die Bücher und die Register, die öffentlichen Glauben haben, die Beweis für und gegen jedermann begründen; sie gehören in den weiteren Kreis der öffentlichen Urkunden. | S/S[25], § 271 Rn. 14 |
| **ABGEGEBEN UND GESCHEHEN** (k.A.) | |
| **BEURKUNDUNG** ist die Herstellung einer echten öffentlichen Urkunde (evtl. mit unwahrem Inhalt) durch einen Amtsträger. | Tr[48], § 271 Rn. 15 i.V.m. § 348 Rn. 3 |
| **SPEICHERN** bedeutet, auf einem Datenträger zum Zwecke der weiteren Verwendung erfassen, aufnehmen oder aufbewahren. | Tr[48], § 271 Rn. 15 i.V.m. § 269 Rn. 4a |
| **BEWIRKEN** ist jede Verursachung, und zwar Eintragung durch den als Werkzeug dienenden zuständigen gutgläubigen Amtsträger, nicht durch den Täter. | Tr[48], § 271 Rn. 15 |
| **BEWIRKEN** ist jede Verursachung der unwahren Beurkundung oder Speicherung. | S/S[25], § 271 Rn. 25 |
| **BEWIRKEN** bedeutet Verursachen der unrichtigen Beurkundung oder Datenspeicherung. | La[22], § 271 Rn. 6 |
| ***BEACHTE:*** „Bewirken" ist grundsätzlich nur beim gutgläubigen Amtsträger anzunehmen, andernfalls ist dieser selbst nach § 348 strafbar, der „Bewirkende" dann Anstifter dazu. | Verf. |
| Problematisch sind aber Fälle, in denen der Täter den Amtsträger irrig für gutgläubig hält. Hier herrscht Streit, ob auch diese Fälle von § 271 erfaßt werden, vgl. S/S[25], § 271 Rn. 30 (auch | |

zu anderen Konstellationen).

| | |
|---|---|
| **GEBRAUCHEN** bedeutet: Zur sinnlichen Wahrnehmung zugänglich machen, sei es durch Vorlegen, Übergeben, Hinterlegen, Veröffentlichen, Verlesen, ggfls. sogar Bereitstellen. | Tr[48], § 267 Rn. 23 |
| Eine unechte oder verfälschte Urkunde ist **GEBRAUCHT**, wenn sie dem zu Täuschenden zugänglich gemacht und diesem damit die Möglichkeit der Kenntnisnahme gegeben ist. | S/S[25], § 267 Rn. 73 |
| **GEBRAUCHEN** der vom Täter oder einem Dritten gefälschten oder verfälschten Urkunde bedeutet, sie dem zu Täuschenden so zugänglich machen, daß dieser sie wahrnehmen kann. | La[22], § 267 Rn. 23 |
| **ENTGELT.** Vgl. § 11 I Nr. 6. | |
| Der Begriff erfaßt nur die vermögenswerte Gegenleistung. Immaterielle und solche Vorteile, die nicht in einem Austauschverhältnis gewährt werden, scheiden daher aus. | La[22], § 11 Rn. 22 |
| **ABSICHT**. Es muß dem Täter (...) darauf ankommen, einen bestimmten Erfolg zu erreichen; allerdings braucht der Erfolg nicht das Endziel oder der ausschließliche Beweggrund zu sein. | Tr[48], § 272 Rn. 1 |
| **ABSICHT** ist hier der auf den Erfolg zielgerichtete Wille. | La[22], § 272 Rn. 1 |
| **VERMÖGENSVORTEIL** ist die günstigere Gestaltung der Vermögenslage, selbst wenn später Ersatz zu leisten ist. | Tr[48], § 263 Rn. 42 |
| **VERMÖGENSVORTEIL** ist auch die Erhaltung eines schon erlangten Vorteils. | Tr[48], § 272 Rn. 2 |
| Ein **VERMÖGENSVORTEIL** ist auch die Abwendung eines drohenden Vermögensnachteils. Ebenfalls erstrebt einen Vermögensvorteil, wer eine Anstellung und das damit verbundene Einkommen zu erlangen oder eine Kündigung zu vermeiden sucht. | S/S[25], § 272 Rn. 1 |
| Als **VERMÖGENSVORTEIL** genügt nicht nur die mit dem späteren Gebrauch der Falschbeurkundung, sondern jede mit der Tathandlung unmittelbar oder mittelbar verbundene Bereicherung. | La[22], § 272 Rn. 1 |

## Konkurrenzen:

§ 271 steht in Idealkonkurrenz mit §§ 169, 171, 246, 263, 267, 263a, 269.

- Unterschlagung
- Betrug
- Urkundenfälschung
- Computerbetrug
- Fälschung beweiserhebl. Daten

## § 272. Aufgehoben durch Art. 1 Nr. 67 des 6. StrRG.

## § 273. Verändern von amtlichen Ausweisen.

### Gesetzestext:

(1) Wer zur Täuschung im Rechtsverkehr

1. eine Eintragung in einem amtlichen Ausweis entfernt, unkenntlich macht, überdeckt oder unterdrückt oder eine einzelne Seite aus einem amtlichen Ausweis entfernt *oder*
2. einen derart veränderten amtlichen Ausweis gebraucht,

wird mit Freiheitsstrafe bis zu drei Jahren oder mit Geldstrafe bestraft, wenn die Tat nicht in § 267 oder § 274 mit Strafe bedroht ist.

(2) Der Versuch ist strafbar.

### Überblick:

- ***Typ:*** vorsätzliches Begehungsdelikt - Erfolgsdelikt.
- ***Versuch*** ist strafbar, Abs. 2.
- Abs. 1 Nr. 1 entspricht dem ***Verfälschen*** aus § 267 I, Nr. 2 dem ***Gebrauchen***.
- Abs. 1 letzter HS. enthält eine ausdrückliche ***Subsidiaritätsklausel***.

### Aufbau:

I. Tatbestand
  1. Objektiver Tatbestand:
    a. Tatobjekt: amtlicher Ausweis
    b. Tathandlung (Nr.1):
      aa. Eintrag
        (1) entfernen *oder*
        (2) unkenntlich machen *oder*
        (3) überdecken oder
        (4) unterdrücken
      bb. eine einzelne Seite entfernen
    c. Tathandlung (Nr.2): Gebrauch eines Objektes nach Vornahme einer Handlung aus Nr.1
  2. Subjektiver Tatbestand:
    a. Vorsatz, mindestens bedingter
    b. zusätzlich: Absicht, zur Täuschung im Rechtsverkehr zu handeln

II. Rechtswidrigkeit *und*

III. Schuld: keine Besonderheiten.

### Definitionen / Erläuterungen:

**AMTLICHE AUSWEISE** sind solche Urkunden, die von einer — Tr[48], § 275 Rn. 2

| | |
|---|---|
| Behörde oder sonstigen Stelle, die Aufgaben der öffentlichen Verwaltung wahrnimmt, ausgestellt sind, um die Identität einer Person oder ihre persönlichen Verhältnisse nachzuweisen. | |
| **AUSWEISPAPIERE** sind Papiere, die dem Nachweis der Identität oder der persönlichen Verhältnisse dienen sollen und von einer hoheitlichen Stelle ausgestellt sind, z.B. Pässe, Personalausweise, Führerscheine, Behördenausweise mit Lichtbildern, Studentenausweise, jedoch nicht Kraftfahrzeugscheine. | S/S[25], § 275 Rn. 5 i.V.m. § 281 Rn. 3 |
| **AMTLICHE AUSWEISE** sind ausschließlich oder neben anderen Zwecken auch zur Ermöglichung des Identitätsnachweises ausgestellte amtliche Urkunden, namentlich Pässe, Personal-, Dienst- und Studentenausweise, auch Führerscheine, nicht dagegen Fahrzeugbriefe und -scheine. | La[22], § 275 Rn. 1 |
| **EINTRAG** | k.A. |
| **ENTFERNEN.** | k.A. |
| **UNKENNTLICH GEMACHT** ist ein Eintrag, wenn seine gedankliche Aussage nicht mehr ohne weiteres zur Kenntnis genommen werden kann. | Verf. (S/S[25], § 145 Rn.15) |
| **ÜBERDECKEN.** | k.A. |
| **UNTERDRÜCKT** werden Daten, wenn sie dem Zugriff des Verfügungsberechtigten entzogen werden und deshalb von diesem nicht mehr verwendet werden können. | S/S[25], § 274 Rn. 22e i.V.m. § 303a Rn. 4 |
| **UNTERDRÜCKEN** bedeutet - insoweit über § 303 I hinausgehend -, die Daten dauernd oder auch nur vorübergehend dem Zugriff des Berechtigten entziehen und dadurch ihre Verwendbarkeit ausschließen. | La[22], § 274 Rn. 5 i.V.m. § 303a Rn. 3 |
| **GEBRAUCHEN** bedeutet: Zur sinnlichen Wahrnehmung zugänglich machen, sei es durch Vorlegen, Übergeben, Hinterlegen, Veröffentlichen, Verlesen, ggfls. sogar Bereitstellen. | Tr[48], § 267 Rn. 23 |
| Eine unechte oder verfälschte Urkunde ist **GEBRAUCHT**, wenn sie dem zu Täuschenden zugänglich gemacht und diesem damit die Möglichkeit der Kenntnisnahme gegeben ist. | S/S[25], § 267 Rn. 73 |
| **GEBRAUCHEN** der vom Täter oder einem Dritten gefälschten oder verfälschten Urkunde bedeutet, sie dem zu Täuschenden so zugänglich machen, daß dieser sie wahrnehmen kann. | La[22], § 267 Rn. 23 |
| **TÄUSCHUNG** bedeutet Irrtumserregung. | Tr[48], § 267 Rn. 30 |
| Dies muß hier über eine Identitätstäuschung gehen. | Tr[48], § 281 Rn. 5 |
| **RECHTSVERKEHR** liegt bei rechtlich erheblichen Verhalten vor (Gegenstück: gesellschaftlicher Verkehr und rein zwischenmenschliche Beziehungen). | Tr[48], § 267 Rn. 30 |

| | |
|---|---|
| **ZUR TÄUSCHUNG IM RECHTSVERKEHR**. Dieses Merkmal liegt vor, wenn ein Irrtum über die Echtheit der Urkunde erregt und der Getäuschte durch den gedanklichen Inhalt zu einem rechtlich erheblichen Verhalten bestimmt werden soll. | S/S[25], § 267 Rn. 85 |
| **ZUR TÄUSCHUNG IM RECHTSVERKEHR** handelt, wer zur Zeit der Tathandlung den Willen hat, einen anderen über die Echtheit der Urkunde zu täuschen und damit zu einem durch den Falschheitsgehalt (mit-)motivierten (str.) rechtserheblichen Verhalten zu veranlassen, oder wer diesen Willen eines Dritten kennt und mit dessen Verwirklichung rechnet. | La[22], § 267 Rn. 25 |
| Hier muß jedoch eine Identitätstäuschung, d.h. die Erweckung des Irrtums bezweckt sein, daß der, für den die Urkunde gebraucht wird, mit dem durch sie Ausgewiesenen personengleich sei. | La[22], § 281 Rn. 4 |

## Konkurrenzen:

# § 274. Urkundenunterdrückung; Veränderung einer Grenzbezeichnung.

## Gesetzestext:

(1) Mit Freiheitsstrafe bis zu fünf Jahren oder mit Geldstrafe wird bestraft, wer

1. eine Urkunde oder eine technische Aufzeichnung, welche ihm entweder überhaupt nicht oder nicht ausschließlich gehört, in der Absicht, einem anderen Nachteil zuzufügen, vernichtet, beschädigt oder unterdrückt,
2. beweiserhebliche Daten (§ 202a Abs. 2, über die er nicht oder nicht ausschließlich verfügen darf, in der Absicht, einem anderen Nachteil zuzufügen, löscht, unterdrückt, unbrauchbar macht oder verändert *oder*
3. einen Grenzstein oder ein anderes zur Bezeichnung einer Grenze oder eines Wasserstandes bestimmtes Merkmal in der Absicht, einem anderen Nachteil zuzufügen, wegnimmt, vernichtet, unkenntlich macht, verrückt oder fälschlich setzt.

(2) Der Versuch ist strafbar.

## Überblick:

- ***Typ:*** vorsätzliches Begehungsdelikt.
- ***Versuch*** ist strafbar, Abs. 2.
- Abs. 1 enthält ***3 Fälle*** (Nr. 1-3),
- § 274 ***schützt*** den Bestand der Schutzobjekte.

- § 274 ***schützt*** Urkunden, techn. Aufzeichnungen, Daten, Grenzbezeichnungen, also alles.
- ***Schutzgut*** ist das Beweiserbringungsrecht.

**Aufbau (Abs. 1, Nr. 1):**

I. Tatbestand
  1. Objektiver Tatbestand:
    a. Tatobjekt -
      aa. Urkunde, echte (wie § 267) *oder*
      bb. technische Aufzeichnung (wie § 268), die dem Täter
        - überhaupt nicht *oder*
        - nicht ausschließlich gehört;
    b. Tathandlung -
      aa. vernichten *oder*
      bb. beschädigen *oder*
      cc. unterdrücken.
  2. Subjektiver Tatbestand:
    a. Vorsatz, mindestens bedingter, bez. obj. TB,
    b. zusätzlich: Absicht, einem anderen einen Nachteil zuzufügen.

II. Rechtswidrigkeit *und*

III. Schuld: keine Besonderheiten.

**Aufbau (Abs. 1, Nr. 2):**

I. Tatbestand
  1. Objektiver Tatbestand:
    a. Tatobjekt -
      - Daten, beweiserhebliche (wie § 269, aber nur existent gespeicherte oder übermittelte, § 202a II), über die der Täter nicht oder nicht ausschließlich verfügen darf;
    b. Tathandlung -
      aa. löschen *oder*
      bb. unterdrücken *oder*
      cc. unbrauchbar machen *oder*
      dd. verändern.
  2. Subjektiver Tatbestand:
    a. Vorsatz, mindestens bedingter, bez. obj. TB,
    b. zusätzlich: Absicht, einem anderen einen Nachteil zuzufügen.

II. Rechtswidrigkeit *und*

III. Schuld: keine Besonderheiten.

**Aufbau (Abs. 1, Nr. 3):**

I. Tatbestand
  1. Objektiver Tatbestand:

- a. Tatobjekt - Merkmal, das zur Bezeichnung einer Grenze oder eines Wasserstandes bestimmt ist, insbesondere: ein Grenzstein;
- b. Tathandlung -
  - aa. wegnehmen *oder*
  - bb. vernichten *oder*
  - cc. unkenntlich machen *oder*
  - dd. verrücken *oder*
  - ee. fälschlich setzen.

2. Subjektiver Tatbestand:
   - a. Vorsatz, mindestens bedingter, bez. obj. TB,
   - b. zusätzlich: Absicht, einem anderen einen Nachteil zuzufügen.

II. Rechtswidrigkeit *und*

III. Schuld: keine Besonderheiten.

## Definitionen / Erläuterungen:

| | |
|---|---|
| **URKUNDE** ist die verkörperte (d.h. mit einer Sache fest verbundene), allgemein oder für Eingeweihte verständliche, menschliche Gedankenerklärung, die geeignet und bestimmt ist, im Rechtsverkehr Beweis zu erbringen, und ihren Aussteller (den Erklärenden) erkennen läßt. | Tr[48], § 267 Rn. 2 |
| **URKUNDE** bedeutet hier jeder Gegenstand, der einen gedanklichen Inhalt hat, zum Beweise bestimmt und geeignet ist und einen Aussteller erkennen läßt. | S/S[25], § 274 Rn. 4 |
| **URKUNDE** ist eine verkörperte Gedankenerklärung, die allgemein oder für Eingeweihte verständlich ist und einen Aussteller erkennen läßt und die zum Beweis einer rechtlich erheblichen Tatsache geeignet und bestimmt ist, gleichviel ob ihr die Bestimmung schon bei der Ausstellung oder erst später gegeben wird. | La[22], § 274 Rn. 2 i.V.m. § 267 Rn. 2 |
| **ECHT** ist die Urkunde dann, wenn sie in der gegenwärtigen Gestalt vom angegebenen Aussteller herrührt oder von der Person, die er befugterweise zur Leistung seiner Unterschrift ermächtigt hat. | Tr[48], § 267 Rn. 18 |
| **TECHNISCHE AUFZEICHNUNG**, vgl. § 268 Abs. 2. | |
| **ÜBERHAUPT NICHT ODER NICHT AUSSCHLIEẞLICH GEHÖRT.** Der Täter hat nicht das alleinige Verfügungsrecht. | Tr[48], § 274 Rn. 2 |
| „**GEHÖREN**" bezeichnet hier nicht die dinglichen Eigentumsverhältnisse, sondern das Recht, mit der Urkunde oder der technischen Aufzeichnung im Rechtsverkehr Beweis zu erbringen. | S/S[25], § 274 Rn. 5 |
| **GEHÖREN** ist nicht im Sinne von Eigentum zu verstehen; maßgebend ist vielmehr, wer an der Urkunde ein Beweisführungs- | La[22], § 274 Rn. 2 |

| | |
|---|---|
| recht hat, d.h. nach bürgerlichem oder öffentlichem (str.) Recht die Herausgabe, die Vorlage oder das Bereithalten zur Einsichtnahme verlangen kann. | |
| **VERNICHTEN**. Es führt wie das Zerstören zur Aufhebung der Gebrauchsfähigkeit, die bei einer Urkunde gegeben ist, wenn ihr gedanklicher Inhalt völlig beseitigt ist, so daß sie als Beweismittel nicht mehr vorhanden ist. | Tr[48], § 274 Rn. 3 |
| **VERNICHTET** ist die Urkunde (Aufzeichnung), wenn ihr gedanklicher Inhalt (Darstellungsinhalt) überhaupt nicht mehr zu erkennen ist, wenn sie aufgehört hat, als Beweismittel zu bestehen. | S/S[25], § 274 Rn. 7 |
| **VERNICHTEN** ist gleichbedeutend mit Zerstören. | La[22], § 274 Rn. 2 |
| **ZERSTÖREN** ist nur ein stärkerer Grad des Beschädigens, d.h. eine Einwirkung mit der Folge, daß die bestimmungsmäßige Brauchbarkeit der Sache völlig aufgehoben wird. | La[22], § 274 Rn. 2 i.V.m. § 303 Rn. 7 |
| **BESCHÄDIGUNG** ist eine nicht ganz unerhebliche Verletzung der Substanz, der äußeren Erscheinung oder der Form einer Sache, durch welche die Brauchbarkeit der Sache zu ihrem bestimmten Zweck beeinträchtigt wird. | Tr[48], § 274 Rn. 4 i.V.m. § 303 Rn. 5 |
| **BESCHÄDIGEN** ist gegeben, wenn an der Urkunde Veränderungen vorgenommen werden, die sie in ihrem Wert als Beweismittel beeinträchtigen. | Tr[48], § 274 Rn. 4 |
| **BESCHÄDIGT** ist die Urkunde oder Aufzeichnung, wenn sie derart verändert wird, daß sie in ihrem Wert als Beweismittel beeinträchtigt ist. | S/S[25], § 274 Rn. 8 |
| **BESCHÄDIGEN** ist nach der Rspr. des BGH jede nicht ganz unerhebliche körperliche Einwirkung auf die Sache, durch die ihre stoffliche Zusammensetzung verändert oder ihre Unversehrtheit derart aufgehoben wird, daß die Brauchbarkeit für ihre Zwecke gemindert ist. | La[22], § 274 Rn. 2 i.V.m. § 303 Rn. 3 |
| **UNTERDRÜCKEN** liegt vor, wenn die Urkunde der Benutzung des Berechtigten zu Beweiszwecken entzogen wird. | Tr[48], § 274 Rn. 5 |
| Als **UNTERDRÜCKUNG** ist jede Handlung anzusehen, durch die dem Berechtigten die Benutzung der Urkunde oder Aufzeichnung als Beweismittel entzogen oder vorenthalten wird. | S/S[25], § 274 Rn. 9 |
| **UNTERDRÜCKEN** setzt voraus, daß der Berechtigte - sei es auch nur vorübergehend - an der Benutzung der Urkunde als Beweismittel gehindert wird. | La[22], § 274 Rn. 2 |
| **EINEM ANDEREN SCHADEN ZUZUFÜGEN**. Damit ist nicht nur ein Vermögensschaden (s. o. bei § 263), sondern jeder Nachteil gemeint. | Tr[48], § 272 Rn. 4 |

| | |
|---|---|
| Unter **NACHTEIL** ist jede Beeinträchtigung fremder Rechte zu verstehen; es kommen nicht nur vermögensrechtliche Nachteile in Betracht. | S/S[25], § 274 Rn. 16 |
| **NACHTEIL** ist jede Beeinträchtigung fremder Beweisführungsrechte, nicht nur der Vermögensschaden. | La[22], § 274 Rn. 7 |
| **DATEN** sind codierte, auf einen Datenträger fixierte Informationen über eine außerhalb des verwendeten Zeichensystems befindliche Wirklichkeit. | Tr[48], § 268 Rn. 4 |
| Der Begriff **DATEN** umfaßt ausschließlich elektronisch, magnetisch oder sonst nicht unmittelbar wahrnehmbar gespeicherte oder übermittelte Daten. | S/S[25], § 274 Rn. 22c |
| **DATEN** sind nur solche, die im Sinne des § 269 urkundengleiche Beweisfunktion haben. | La[22], § 274 Rn. 5 |
| **BEWEISERHEBLICH**: Es sollen nur solche Daten erfaßt werden, die dazu bestimmt sind, bei einer Verarbeitung im Rechtsverkehr als Beweisdaten für rechtlich erhebliche Tatsachen benutzt zu werden. | Tr[48], § 274 Rn. 5a i.V.m. § 269 Rn. 3 |
| Daten sind **BEWEISERHEBLICH**, wenn sie nach ihrem Informationsgehalt Gedankenerklärungen sind, die abgesehen von ihrer visuellen Wahrnehmbarkeit, sämtliche Urkundenmerkmale erfüllen. | La[22], § 274 Rn. 5 i.V.m. § 269 Rn. 4 |
| **VERFÜGEN** dürfen bedeutet dasselbe wie Gehören. | Tr[48], § 274 Rn. 2 = La[22], § 274 Rn. 5 |
| **LÖSCHEN** ist das Unkenntlichmachen gespeicherter Daten; es entspricht dem Vernichten einer Urkunde und dem Zerstören einer Sache. | Tr[48], § 274 Rn. 5c |
| **GELÖSCHT** werden Daten, wenn sie vollständig und unwiederbringlich unkenntlich gemacht werden, also sich nicht mehr rekonstruieren lassen und damit für immer gänzlich verloren sind. | S/S[25], § 274 Rn. 22e i.V.m. § 303a Rn. 4 |
| **LÖSCHEN** entspricht dem Zerstören nach § 303 I und erfordert daher nicht wiederherstellbare, vollständige Unkenntlichkeit der konkreten Speicherung. | La[22], § 274 Rn. 5 i.V.m. § 303a Rn. 3 |
| **UNTERDRÜCKT** werden Daten, wenn sie dem Zugriff des Verfügungsberechtigten entzogen werden und deshalb von diesem nicht mehr verwendet werden können. | S/S[25], § 274 Rn. 22e i.V.m. § 303a Rn. 4 |
| **UNTERDRÜCKEN** bedeutet - insoweit über § 303 I hinausgehend -, die Daten dauernd oder auch nur vorübergehend dem Zugriff des Berechtigten entziehen und dadurch ihre Verwendbarkeit ausschließen. | La[22], § 274 Rn. 5 i.V.m. § 303a Rn. 3 |

| | |
|---|---|
| Das **Unbrauchbarmachen** von Daten entspricht dem Beschädigen und ist die Aufhebung der bestimmungsgemäßen Verwendbarkeit. Dies kann z.B. durch zusätzliche Einfügungen oder Verfälschung von verknüpften Datensätzen geschehen. | Tr[48], § 274 Rn. 5c i.V.m. § 303a Rn. 7 |
| Ein **Unbrauchbarmachen** liegt vor, wenn Daten in ihrer Gebrauchsfähigkeit so beeinträchtigt werden, daß sie nicht mehr ordnungsgemäß verwendet werden können und damit ihren bestimmungsgemäßen Zweck nicht mehr zu erfüllen vermögen. | S/S[25], § 274 Rn. 22e i.V.m. § 303a Rn. 4 |
| **Unbrauchbarmachen** heißt, die Daten in ihrer Gebrauchsfähigkeit so beeinträchtigen, daß sie ihren Zweck nicht mehr erfüllen können. | La[22], § 274 Rn. 5 i.V.m. § 303a Rn. 3 |
| **Verändern** ist das inhaltliche Umgestalten gespeicherter Daten. | Tr[48], § 274 Rn. 5c |
| **Verändert** werden Daten, wenn sie einen anderen Informationsgehalt (Aussagewert) erhalten und dadurch der ursprüngliche Verwendungszweck beeinträchtigt wird. | S/S[25], § 274 Rn. 22e i.V.m. § 303a Rn. 4 |
| **Verändern** erfordert das Herstellen eines neuen Dateninhalts, sei es durch inhaltliche Umgestaltung, durch Teillöschung oder durch veränderte Verknüpfung mit anderen Daten; die bloße Vervielfältigung von Daten durch Übertragung auf einen (weiteren) Datenträger genügt nicht. | La[22], § 274 Rn. 5 i.V.m. § 303a Rn. 3 |
| **Zur Bezeichnung einer Grenze bestimmte Merkmale** sind solche, die dazu dienlich und dazu von befugter Stelle bestimmt sind. Es kann sich um künstliche und um naturgegebene Merkmale handeln. | Tr[48], § 274 Rn. 11 |
| Ein anderes **zur Bezeichnung einer Grenze bestimmtes Merkmal** ist ein Gegenstand, der geeignet und bestimmt ist, zur Beurkundung der Grenze zu dienen. Die Bestimmung als Grenzzeichen kann dem Gegenstand durch eine zuständige Behörde, durch Vereinbarung der Berechtigten, zwischen denen die Grenze gezogen ist, oder durch Herkommen gegeben sein. | S/S[25], § 274 Rn. 26 |
| **Zur Bezeichnung eines Wasserstandes bestimmte Merkmale** sind solche, die Nutzungsrechte abgrenzen sollen, nicht auch die allgemeinen Wasserpegel und Erinnerungsmarken an hohe Fluten. | Tr[48], § 274 Rn. 12 |
| **Zur Bezeichnung eines Wasserstandes bestimmte Merkmale.** Wasserstandszeichen sind Merkmale, die zur Regelung der Nutzungsrechte am Wasser bestimmt sind. | S/S[25], § 274 Rn. 28 |
| **Wegnehmen** bedeutet, von seiner Stelle entfernen. | Tr[48], § 274 Rn. 13 |
| Für das **Wegnehmen** genügt jedes Entfernen des Merkmals | La[22], § 274 Rn. 6 |

| | |
|---|---|
| von der Stelle, für welche es von dem hierzu Befugten als Beweiszeichen bestimmt wurde. | |
| **VERNICHTET** bedeutet, ihre Substanz als Sache völlig beseitigen. | Tr[48], § 274 Rn. 13 |
| **UNKENNTLICH MACHT**, z.B. durch Übermalen. | Tr[48], § 274 Rn. 13 i.V.m. § 90a Rn. 9 |
| **VERRÜCKEN** bedeutet, an eine andere Stelle setzen. | Tr[48], § 274 Rn. 13 |
| **FÄLSCHLICHES SETZEN EINES BISHER NICHT BESTEHENDEN ZEICHENS** bedeutet, den Anschein zu erwecken, es handle sich um ein richtiges Grenzmerkmal. Das Grenzmal muß äußerlich als solches erscheinen. | Tr[48], § 274 Rn. 14 |
| Beim **FÄLSCHLICHEN SETZEN** kommt es nicht darauf an, ob Gegenstände dazu verwendet werden, die schon zur Bezeichnung einer Grenze gedient hatten oder nicht. | S/S[25], § 274 Rn. 29 |

## Konkurrenzen:

§ 274 verdrängt § 303a im Wege der Gesetzeskonkurrenz. § 274 steht in Idealkonkurrenz mit §§ 107a, 133, 136, 242 (str.), 246, 267, 268, 269.

# § 275. Vorbereitung der Fälschung von amtlichen Ausweisen.

## Gesetzestext:

(1) Wer eine Fälschung von amtlichen Ausweisen vorbereitet, indem er

1. Platten, Formen, Drucksätze, Druckstöcke, Negative, Matrizen oder ähnliche Vorrichtungen, die ihrer Art nach zur Begehung der Tat geeignet sind, *oder*
2. Papier, das einer solchen Papierart gleicht oder zum Verwechseln ähnlich ist, die zur Herstellung von amtlichen Ausweisen bestimmt und gegen Nachahmung besonders gesichert ist,
3. Vordrucke für amtliche Ausweise

herstellt, sich oder einem anderen verschafft, feilhält, verwahrt, einem anderen überläßt oder einzuführen oder auszuführen unternimmt, wird mit Freiheitsstrafe bis zu zwei Jahren oder mit Geldstrafe bestraft.

(2) Handelt der Täter gewerbsmäßig oder als Mitglied einer Bande, die sich zur fortgesetzten Begehung von Straftaten nach Absatz 1 verbunden hat, so ist die Strafe Freiheitsstrafe von drei Monaten bis zu fünf Jahren.

(3) § 149 Abs. 2 und 3 gilt entsprechend.

## Überblick:

- *Typ:* vorsätzliches Begehungsdelikt - Tätigkeitsdelikt.
- ***Versuch*** ist nicht strafbar (Vergehen!).
- Abs. 1 enthält ***3 Fälle*** (Nr. 1, 2 und 3) in ***7 Begehungsweisen***. Einfuhr und Ausfuhr sind als Unternehmensdelikt ausgestaltet (Versuch steht der Vollendung gleich, vgl. § 11 Nr. 6). Durch § 276a ***Tatbestandserweiterung*** (im obj. TB mitprüfen, dann im Obersatz: §§ 275, 276a).
- Abs. 2 enthält ***Qualifikation***. Prüfung immer mit dem Grunddelikt (Obersatz: §§ 275 I, II) und zwar entweder hinter subjektivem Tatbestand oder hinter Schuld des Grunddeliktes.
- Abs. 3 i.V.m. §§ 149 Abs. 2 und 3 ermöglicht ***tätige Reue*** („Rücktritt nach Vollendung").
- Die Tathandlungen des § 275 (Herstellen etc.) sind zu unterscheiden vom dahinterstehenden Ziel ( ... Fälschung von amtlichen Ausweisen vorbereitet ...).

## Aufbau (Abs. 1):

I. Tatbestand
  1. Objektiver Tatbestand:
    a. Tatobjekt -
      aa. Vorrichtungen, die ihrer Art nach zur Fälschung von amtlichen Ausweisen geeignet sind, insbesondere: Platten, Formen, Drucksätze, Druckstöcke, Negative, Matrizen (Abs. 1, Nr. 1) *oder*
      bb. Papier, das einer Papierart gleicht oder zum Verwechseln ähnlich ist, die zur Herstellung von amtlichen Ausweisen bestimmt und gegen Nachahmung besonders gesichert ist (Abs. 1, Nr. 2);
      cc. Vordrucke für amtliche Ausweise
      dd. (§ 276a) aufenthaltsrechtliche Papiere (namentlich Aufenthaltsgenehmigungen) und Fahrzeugpapiere (namentlich Fahrzeugscheine und Fahrzeugbriefe).
    b. Tathandlung -
      aa. herstellen *oder*
      bb. verschaffen (sich oder einem anderen) *oder*
      cc. feilhalten *oder*
      dd. verwahren *oder*
      ee. einem anderen überlassen *oder*
      ff. das Unternehmen, das Tatobjekt
        (1) einzuführen *oder*
        (2) auszuführen.
  2. Subjektiver Tatbestand: Vorsatz, mindestens bedingter, bez. obj. TB.

II. Rechtswidrigkeit *und*

III. Schuld: keine Besonderheiten.

IV. Persönlicher Strafausschließungsgrund nach Abs. 2 i.V.m. §§ 149 Abs. 2 und 3 (s.o.) wird nach der Schuld geprüft.

## Aufbau (Abs. 2):

I. Tatbestand
   1. Objektiver Tatbestand:
      - *statt!* der Gewerbsmäßigkeit: Tatsubjekt ist Mitglied einer Bande, die sich zur fortgesetzten Begehung von Straftaten nach Abs. 1 verbunden hat.
   2. Subjektiver Tatbestand:
      a. Vorsatz, mindestens bedingter, bez. obj. TB,
      b. *statt!* der Bandenmitgliedschaft: Gewerbsmäßigkeit.

II. Rechtswidrigkeit *und*

III. Schuld: keine Besonderheiten.

## Definitionen / Erläuterungen:

| | |
|---|---|
| **VORRICHTUNGEN** ist der Oberbegriff. Gemeint sind alle Vorrichtungen, denen ihrer Art nach eine spezifische Verwendbarkeit zur Ausführungen von Fälschungen innewohnt. | S/S[25], § 275 Rn. 3 i.V.m. § 149 Rn. 3 |
| **AMTLICHE AUSWEISE** sind solche Urkunden, die von einer Behörde oder sonstigen Stelle, die Aufgaben der öffentlichen Verwaltung wahrnimmt, ausgestellt sind, um die Identität einer Person oder ihre persönlichen Verhältnisse nachzuweisen. | Tr[48], § 275 Rn. 2 |
| **AUSWEISPAPIERE** sind Papiere, die dem Nachweis der Identität oder der persönlichen Verhältnisse dienen sollen und von einer hoheitlichen Stelle ausgestellt sind, z.B. Pässe, Personalausweise, Führerscheine, Behördenausweise mit Lichtbildern, Studentenausweise, jedoch nicht Kraftfahrzeugscheine. | S/S[25], § 275 Rn. 5 i.V.m. § 281 Rn. 3 |
| **AMTLICHE AUSWEISE** sind ausschließlich oder neben anderen Zwecken auch zur Ermöglichung des Identitätsnachweises ausgestellte amtliche Urkunden, namentlich Pässe, Personal-, Dienst- und Studentenausweise, auch Führerscheine, nicht dagegen Fahrzeugbriefe und -scheine. | La[22], § 275 Rn. 1 |
| Platten (k.A.), Drucksätze (k.A.), Druckstöcke (k.A.), Matrizen (k.A.) | |
| **FORMEN** sind Gegenstände, die ein Bild dessen enthalten, was durch Guß oder Druck als Zeichen oder Figur in Metall, Papier oder einem sonstigen Stoff hervorgebracht werden soll. | S/S[25], § 275 Rn. 3 i.V.m. § 149 Rn. 3 = La[22], § 275 Rn. 2 i.V.m. § 149 Rn. 2 |
| **NEGATIVE** sind nur Fotonegative, die unmittelbar zum Herstellen der Fälschungsprodukte gebraucht werden können, nicht auch Negative, die nur mittelbar für die Fälschung von Bedeutung sein können. | S/S[25], § 275 Rn. 3 i.V.m. § 149 Rn. 3 |
| **PAPIER**. Hierzu gehört ein Papier, das der für echte Ausweise bestimmten Papierart gleicht oder nach Gesamtbild oder Ge- | Tr[48], § 275 Rn. 3 i.V.m. § 149 Rn. 4 |

| | |
|---|---|
| samteindruck trotz der vorhandenen Abweichungen geeignet ist, bei einem durchschnittlichen, über besondere Sachkunde nicht verfügenden Betrachter, der das Papier nicht besonders prüft, den Irrtum aufkommen zu lassen, es handle sich um gleiches Papier. | |
| **Gegen Nachahmung besonders gesichert** ist ein Papier z.B. durch Wasserzeichen oder Einstreuung möglicherweise unsichtbarer Fasern. | Tr[48], § 275 Rn. 3 i.V.m. § 149 Rn. 4 |
| **Gegen Nachahmung besonders gesichert** ist eine Papierart, wenn - etwa durch Wasserzeichen oder Einstreuung unsichtbarer Fasern - gezielte Vorkehrungen getroffen sind, die ein Nachahmen wirksam erschweren sollen. | La[22], § 275 Rn. 2 i.V.m. § 149 Rn. 3 |
| **Zum Verwechseln ähnlich** ist das Papier, wenn es nach seinem Gesamteindruck geeignet ist, bei einem durchschnittlichen, über besondere Sachkunde nicht verfügenden und auch nicht genau prüfenden Beurteiler die irrige Vorstellungen von einer besonders gesicherten Papierart zu erwecken. | La[22], § 275 Rn. 2 i.V.m. § 149 Rn. 3 |
| **Zur Begehung geeignet** setzt voraus, daß zu ihrer Verwendbarkeit keine nennenswerte weitere Bearbeitung mehr erforderlich ist, daß sie vielmehr gebrauchsfertig sind. Es genügt nicht, daß der Täter sie für gebrauchsfertig hält. | S/S[25], § 275 Rn. 3 i.V.m. § 149 Rn. 4 |
| Das Merkmal „**zur Begehung geeignet**" bezieht sich auf alle genannten Vorrichtungen und setzt eine spezifische Verwendbarkeit gerade zur Ausführung von Geld- oder Wertzeichenfälschungen voraus; ein einfacher Hammer oder Meißel scheidet daher aus. | La[22], § 275 Rn. 2 i.V.m. § 149 Rn. 2 |
| **Vordrucke für amtliche Ausweise** sind Schriftstücke, die zur Vervollständigung durch Einzelangaben bestimmt sind; auch Formulare, die nur (oder schon) zT ausgefüllt sind, fallen darunter. Ist der Vordruck hingegen vollständig ausgefüllt, greift § 276 ein. | Tr[48], § 275 Rn. 3a = La[22], § 275 Rn. 2 |
| **Aufenthaltsrechtliche Papiere** sind Urkunden, die die aufenthaltsrechtliche Stellung einer Person - mit konstitutiver oder deklaratorischer Wirkung - dokumentieren. | Tr[48], § 276a Rn. 2 = La[22], § 276a Rn. 1 |
| **Fahrzeugpapiere** sind auch internationale Zulassungsscheine (§ 1 Int KfzV), sowie entsprechende ausländische Urkunden. | Tr[48], § 276a Rn. 2 |
| **Herstellen** heißt anfertigen. | Tr[48], § 275 Rn. 3 i.V.m. § 149 Rn. 4 |
| **Herstellen** bedeutet das tatsächliche Fertigstellen einer Sache, so daß sie unmittelbar verwendungsfähig ist. Unberücksichtigt haben geringfügige Ergänzungserfordernisse zu bleiben. Als fertiggestellt ist eine Sache schon dann anzusehen, | S/S[25], § 275 Rn. 3 i.V.m. § 149 Rn. 6 |

| | |
|---|---|
| wenn nur noch unbedeutende Nebenarbeiten auszuführen sind, damit sie zur Fälschung eingesetzt werden kann. | |
| **HERSTELLEN** bedeutet Fertigstellen einer Sache so weit, daß sie, von unbedeutenden Korrekturen abgesehen, gebrauchsfertig ist. | La[22], § 275 Rn. 2<br>i.V.m. § 149 Rn. 4 |
| **VERSCHAFFEN**. Dazu braucht der Täter keine aktive Tätigkeit zu entfalten. Es genügt, daß der Täter die Sache in seinen Besitz oder seine Verfügungsgewalt bringt, auch wenn er das Inverkehrbringen nur einem anderen ermöglichen will. | Tr[48], § 275 Rn. 3<br>i.V.m. § 149 Rn. 4<br>i.V.m. § 146 Rn. 7 |
| Der Täter **VERSCHAFFT** sich die Sache, wenn er sie zu eigener Verfügungsgewalt in Besitz nimmt oder sonstwie eigene Verfügungsgewalt begründet. | S/S[25], § 275 Rn. 3<br>i.V.m. § 149 Rn. 3<br>i.V.m. § 146 Rn. 15 |
| **SICHVERSCHAFFEN** setzt voraus, daß der Täter falsches Geld irgendwie in seine eigene (Mit-) Verfügungsgewalt übernimmt; er muß also selbst verfügen, nicht etwa nur den Gewahrsam über einen Dritten ausüben wollen. | La[22], § 275 Rn. 2<br>i.V.m. § 149 Rn. 4<br>i.V.m. § 146 Rn. 6 |
| **FEILHALTEN** ist das äußerlich als solches erkennbare Bereitstellen zum Zweck des Verkaufs an das Publikum. Bloßes Ankündigen genügt noch nicht. | Tr[48], § 275 Rn. 3<br>i.V.m. § 149 Rn. 4<br>i.V.m. § 319 Rn. 6 |
| Unter **FEILHALTEN** ist das äußerlich erkennbare Bereitstellen zum Verkauf an das Publikum zu verstehen. | S/S[25], § 275 Rn. 3<br>i.V.m. § 149 Rn. 6<br>i.V.m. § 148 Rn. 13 |
| **VERWAHREN** heißt in Gewahrsam halten. | Tr[48], § 275 Rn. 3<br>i.V.m. § 149 Rn. 4. |
| **VERWAHREN** liegt vor, wenn jemand Gewahrsam an einer Sache hat. | S/S[25], § 275 Rn. 3<br>i.V.m. § 149 Rn. 6 |
| **VERWAHREN** bedeutet in Gewahrsam haben. | La[22], § 275 Rn. 2<br>i.V.m. § 149 Rn. 4 |
| **EINEM ANDEREN ÜBERLASSEN** heißt das Übertragen des Besitzes zu eigener Verfügung und damit auch Kenntnisnahme. | Tr[48], § 275 Rn. 3<br>i.V.m. § 149 Rn. 4<br>i.V.m. § 184 Rn. 13 |
| **ÜBERLASSEN** wird eine Sache, wenn sie **EINEM ANDEREN** zum Gebrauch übergeben wird. Hierfür genügt es, wenn jemand das Ansichnehmen durch den anderen zuläßt. | S/S[25], § 275 Rn. 3<br>i.V.m. § 149 Rn. 6 |
| **ÜBERLASSEN** ist Verschaffen (auch unentgeltliches) des Gewahrsams. | La[22], § 275 Rn. 2<br>i.V.m. § 149 Rn. 4 |
| **EINFÜHREN** ist jedes Verbringen über die Grenze, wobei Einführer jeder ist, der das Verbringen veranlaßt oder durchführt. | Tr[48], § 275 Rn. 3<br>i.V.m. § 184 Rn. 21 |
| **AUSFÜHREN** bedeutet aus der BRD (was auch bei Durchfuhr möglich ist) über deren Grenzen in ein beliebiges fremdes | Tr[48], § 275 Rn. 3<br>i.V.m. § 184 Rn. 32 |

Land.

| | |
|---|---|
| **Bande** ist eine lose Gruppe von mehr als (str.) 2 Mitgliedern. | Tr[48], § 244 Rn. 9 |
| **Bande** ist eine auf ausdrücklicher oder stillschweigender Vereinbarung beruhende und für eine gewisse Dauer vorgesehene Verbindung einer Mehrzahl von Personen zur Begehung mehrerer selbständiger, im einzelnen noch ungewisser Taten der Geldwäsche, nicht dagegen zur Begehung nur einer fortgesetzten Tat. Dabei soll die Verbindung von zwei Personen genügen. | La[22], § 244 Rn. 6 |
| Mit **Fortgesetzter Begehung** ist nicht eine fortgesetzte Tat im herkömmlichen Sinn gemeint, sondern Begehung mehrerer selbständiger, im einzelnen noch ungewisser Taten, Beschränkung der geplanten Taten nach Zeit und Ort oder nach Gegenständen, ist ohne Bedeutung, die auf denselben Eigentümer jedoch nur dann, wenn er immer wieder an verschiedenen Orten und unter verschiedenen Möglichkeiten bestohlen werden kann. | Tr[48], § 244 Rn. 10 |
| **Gewerbsmäßig** handelt, wer sich aus wiederholter Tatbegehung (und sei es auch nur innerhalb des Gesamtvorsatzes einer Fortsetzungstat) eine nicht nur vorübergehende Einnahmequelle von einigem Umfang verschaffen möchte, ohne daß er daraus ein „kriminelles Gewerbe“ zu machen braucht. | Tr[48], vor § 52 Rn. 43 |
| **Gewerbsmäßig** handelt, wem es darauf ankommt, sich aus wiederholter (uU auch nur fortgesetzter) Begehung eine fortlaufende Haupt- oder auch nur Nebeneinnahmequelle von einiger Dauer und einigem Umfang zu schaffen, ohne daß er daraus ein „kriminelles Gewerbe“ zu machen braucht. | La[22], vor § 52 Rn. 20 |

## Konkurrenzen:

§ 275 steht in Idealkonkurrenz mit §§ 83, 87, 149.

# § 276. Verschaffen von falschen amtlichen Ausweisen.

## Gesetzestext:

(1) Wer einen unechten oder verfälschten amtlichen Ausweis oder einen amtlichen Ausweis, der eine falsche Beurkundung der in den §§ 271 und 348 bezeichneten Art enthält,

1. einzuführen oder auszuführen unternimmt *oder*
2. in der Absicht, dessen Gebrauch zur Täuschung im Rechtsverkehr zu ermöglichen, sich oder einem anderen verschafft, verwahrt oder einem anderen überläßt,

wird mit Freiheitsstrafe bis zu zwei Jahren oder mit Geldstrafe bestraft.

(2) Handelt der Täter gewerbsmäßig oder als Mitglied einer Bande, die sich zur fortgesetzten Begehung von Straftaten nach Absatz 1 verbunden hat, so ist die Strafe Freiheitsstrafe von drei Monaten bis zu fünf Jahren.

## Überblick:

- ***Typ:*** vorsätzliches Begehungsdelikt, in Abs. 1 Nr. 1 Unternehmensdelikt (§ 11 Nr. 6).
- Ausdehnung der Strafbarkeit auf bestimmte ***Vorbereitungshandlungen***.
- Abs. 2 enthält ***Qualifikation***. Prüfung immer mit dem Grunddelikt (Obersatz: §§ 276 I, II) und zwar entweder hinter subjektivem Tatbestand oder hinter Schuld des Grunddeliktes.

## Aufbau (Abs. 1):

I. Tatbestand
  1. Objektiver Tatbestand:
    a. Tatobjekt -
      aa. amtlicher Ausweis
        (1) unecht *oder*
        (2) verfälscht *oder*
        (3) eine falsche Beurkundung der in den §§ 271 und 348 bezeichneten Art enthaltend
      bb. (§ 276a) aufenthaltsrechtliche Papiere (namentlich Aufenthaltsgenehmigungen) und Fahrzeugpapiere (namentlich Fahrzeugscheine und Fahrzeugbriefe).
    b. Tathandlung -
      aa. das Unternehmen, das Tatobjekt
        (1) einzuführen *oder*
        (2) auszuführen.
      bb. verschaffen (sich oder einem anderen) *oder*
      cc. verwahren *oder*
      dd. einem anderen überlassen *oder*
  2. Subjektiver Tatbestand:
    a. Vorsatz, mindestens bedingter, bez. obj. TB,
    b. bei Nr. 2 zusätzlich: Absicht, den Gebrauch zur Täuschung im Rechtsverkehr zu ermöglichen.
II. Rechtswidrigkeit *und*
III. Schuld: keine Besonderheiten.

## Aufbau (Abs. 2):

I. Tatbestand
  1. Objektiver Tatbestand:

- *statt!* der Gewerbsmäßigkeit: Tatsubjekt ist Mitglied einer Bande, die sich zur fortgesetzten Begehung von Straftaten nach Abs. 1 verbunden hat.

2. Subjektiver Tatbestand:
   a. Vorsatz, mindestens bedingter, bez. obj. TB,
   b. *statt!* der Bandenmitgliedschaft: Gewerbsmäßigkeit.

II. Rechtswidrigkeit *und*
III. Schuld: keine Besonderheiten.

## Definitionen / Erläuterungen:

| | |
|---|---|
| **AMTLICHE AUSWEISE** sind solche Urkunden, die von einer Behörde oder sonstigen Stelle, die Aufgaben der öffentlichen Verwaltung wahrnimmt, ausgestellt sind, um die Identität einer Person oder ihre persönlichen Verhältnisse nachzuweisen. | Tr[48], § 276 Rn. 2 i.V.m. § 275 Rn. 2 |
| **AUSWEISPAPIERE** sind Papiere, die dem Nachweis der Identität oder der persönlichen Verhältnisse dienen sollen und von einer hoheitlichen Stelle ausgestellt sind, z.B. Pässe, Personalausweise, Führerscheine, Behördenausweise mit Lichtbildern, Studentenausweise, jedoch nicht Kraftfahrzeugscheine. | S/S[25], § 275 Rn. 5 i.V.m. § 281 Rn. 3 |
| **AMTLICHE AUSWEISE** sind ausschließlich oder neben anderen Zwecken auch zur Ermöglichung des Identitätsnachweises ausgestellte amtliche Urkunden, namentlich Pässe, Personal-, Dienst- und Studentenausweise, auch Führerscheine, nicht dagegen Fahrzeugbriefe und -scheine. | La[22], § 275 Rn. 1 |
| **ECHT** ist die Urkunde dann, wenn sie in der gegenwärtigen Gestalt vom angegebenen Aussteller herrührt oder von der Person, die er befugterweise zur Leistung seiner Unterschrift ermächtigt hat. | Tr[48], § 276 Rn. 2 i.V.m. § 267 Rn. 18 |
| **VERFÄLSCHEN** einer echten Urkunde erfordert die Veränderung der gedanklichen Erklärung in eine andere. | Tr[48], § 276 Rn. 2 i.V.m. § 267 Rn. 19a |
| **VERFÄLSCHEN** ist das nachträgliche Verändern des gedanklichen Inhalts einer echten Urkunde, das den Anschein erweckt, als habe der Aussteller die Erklärung von Anfang an so abgegeben, wie sie nach der Veränderung vorliegt. | La[22], § 267 Rn. 20 |
| **EINFÜHREN** ist jedes Verbringen über die Grenze, wobei Einführer jeder ist, der das Verbringen veranlaßt oder durchführt. | Tr[48], § 275 Rn. 3 i.V.m. § 184 Rn. 21 |
| **AUSFÜHREN** bedeutet aus der BRD (was auch bei Durchfuhr möglich ist) über deren Grenzen in ein beliebiges fremdes Land. | Tr[48], § 275 Rn. 3 i.V.m. § 184 Rn. 32 |
| **VERSCHAFFEN**. Dazu braucht der Täter keine aktive Tätigkeit zu entfalten. Es genügt, daß der Täter die Sache in seinen Besitz oder seine Verfügungsgewalt bringt, auch wenn er das In- | Tr[48], § 275 Rn. 3 i.V.m. § 149 Rn. 4 i.V.m. § 146 Rn. 7 |

verkehrbringen nur einem anderen ermöglichen will.

| | |
|---|---|
| Der Täter **VERSCHAFFT** sich die Sache, wenn er sie zu eigener Verfügungsgewalt in Besitz nimmt oder sonstwie eigene Verfügungsgewalt begründet. | S/S[25], § 275 Rn. 3<br>i.V.m. § 149 Rn. 3<br>i.V.m. § 146 Rn. 15 |
| **VERSCHAFFEN** liegt vor, wenn der Täter den amtlichen Ausweis zu eigener oder fremder Verfügungsgewalt in Besitz bringt oder sonstwie die Verfügungsgewalt begründet. | S/S[25], § 276 Rn. 5 |
| **SICHVERSCHAFFEN** setzt voraus, daß der Täter falsches Geld irgendwie in seine eigene (Mit-) Verfügungsgewalt übernimmt; er muß also selbst verfügen, nicht etwa nur den Gewahrsam über einen Dritten ausüben wollen. | La[22], § 275 Rn. 2<br>i.V.m. § 149 Rn. 4<br>i.V.m. § 146 Rn. 6 |
| **VERWAHRUNG** ist die Verschaffung eigenen Gewahrsamsan dem amtlichen Ausweis, nicht erforderlich ist, daß der Täter eigene Verfügungsgewalt behält. | S/S[25], § 276 Rn. 6 |
| **ÜBERLASSEN** ist die Verschaffung des Besitzes zur eigenen Verfügung. | S/S[25], § 276 Rn. 7 |
| **TÄUSCHUNG** bedeutet Irrtumserregung. | Tr[48], § 276 Rn. 5<br>i.V.m. § 267 Rn. 30 |
| **RECHTSVERKEHR** liegt bei rechtlich erheblichen Verhalten vor (Gegenstück: gesellschaftlicher Verkehr und rein zwischenmenschliche Beziehungen). | Tr[48], § 276 Rn. 5<br>i.V.m. § 267 Rn. 30 |
| **ZUR TÄUSCHUNG IM RECHTSVERKEHR**. Dieses Merkmal liegt vor, wenn ein Irrtum über die Echtheit der Urkunde erregt und der Getäuschte durch den gedanklichen Inhalt zu einem rechtlich erheblichen Verhalten bestimmt werden soll. | S/S[25], § 267 Rn. 85 |
| **ZUR TÄUSCHUNG IM RECHTSVERKEHR** handelt, wer zur Zeit der Tathandlung den Willen hat, einen anderen über die Echtheit der Urkunde zu täuschen und damit zu einem durch den Falschheitsgehalt (mit-) motivierten rechtserheblichen Verhalten zu veranlassen, oder wer diesen Willen eines Dritten kennt und mit dessen Verwirklichung rechnet. | La[22], § 276 Rn. 3<br>i.V.m. § 267 Rn. 25 |
| **BANDE** ist eine lose Gruppe von mehr als (str.) 2 Mitgliedern. | Tr[48], § 244 Rn. 9 |
| **BANDE** ist eine auf ausdrücklicher oder stillschweigender Vereinbarung beruhende und für eine gewisse Dauer vorgesehene Verbindung einer Mehrzahl von Personen zur Begehung mehrerer selbständiger, im einzelnen noch ungewisser Taten der Geldwäsche, nicht dagegen zur Begehung nur einer fortgesetzten Tat. Dabei soll die Verbindung von zwei Personen genügen. | La[22], § 244 Rn. 6 |
| Mit **FORTGESETZTER BEGEHUNG** ist nicht eine fortgesetzte Tat im herkömmlichen Sinn gemeint, sondern Begehung mehrerer selbständiger, im einzelnen noch ungewisser Taten, Be- | Tr[48], § 244 Rn. 10 |

schränkung der geplanten Taten nach Zeit und Ort oder nach Gegenständen, ist ohne Bedeutung, die auf denselben Eigentümer jedoch nur dann, wenn er immer wieder an verschiedenen Orten und unter verschiedenen Möglichkeiten bestohlen werden kann.

| | |
|---|---|
| **GEWERBSMÄẞIG** handelt, wer sich aus wiederholter Tatbegehung (und sei es auch nur innerhalb des Gesamtvorsatzes einer Fortsetzungstat) eine nicht nur vorübergehende Einnahmequelle von einigem Umfang verschaffen möchte, ohne daß er daraus ein „kriminelles Gewerbe" zu machen braucht. | Tr[48], vor § 52 Rn. 43 |
| **GEWERBSMÄẞIG** handelt, wem es darauf ankommt, sich aus wiederholter (uU auch nur fortgesetzter) Begehung eine fortlaufende Haupt- oder auch nur Nebeneinnahmequelle von einiger Dauer und einigem Umfang zu schaffen, ohne daß er daraus ein „kriminelles Gewerbe" zu machen braucht. | La[22], vor § 52 Rn. 20 |

## § 276a. Aufenthaltsrechtliche Papiere; Fahrzeugpapiere.

### Gesetzestext:

Die §§ 275 und 276 gelten auch für aufenthaltsrechtliche Papiere, namentlich Aufenthaltsgenehmigungen und Duldungen, sowie für Fahrzeugpapiere, namentlich Fahrzeugscheine und Fahrzeugbriefe.

### Überblick:

- ***Typ:*** Tatbestandserweiterung der §§ 275 und 276 auf bestimmte Tatobjekte. Dort mitprüfen (vgl. oben).

### Definitionen / Erläuterungen:

| | |
|---|---|
| **AUFENTHALTSRECHTLICHE PAPIERE** sind Urkunden, die die aufenthaltsrechtliche Stellung einer Person - mit konstitutiver oder deklaratorischer Wirkung - dokumentieren. | Tr[48], § 276a Rn. 2 = La[22], § 276a Rn. 1 |
| **AUFENTHALTSRECHTLICHE PAPIERE** sind Urkunden, die mit konstitutiver oder deklaratorischer Wirkung die aufenthaltsrechtliche Stellung einer Person dokumentieren. | S/S[25], § 276 a Rn. 2 |
| **FAHRZEUGPAPIERE** sind auch internationale Zulassungsscheine (§ 1 Int KfzV), sowie entsprechende ausländische Urkunden. | Tr[48], § 276a Rn. 2 |

## § 277. Fälschung von Gesundheitszeugnissen.

### Gesetzestext:

Wer unter der ihm nicht zustehenden Bezeichnung als Arzt oder als eine andere approbierte Medizinalperson oder unberechtigt unter dem Namen solcher Personen ein Zeugnis über seinen oder eines anderen Gesundheitszustand ausstellt oder ein derartiges echtes Zeugnis verfälscht und davon zur Täuschung von Behörden oder Versicherungsgesellschaften Gebrauch macht, wird mit Freiheitsstrafe bis zu einem Jahr oder mit Geldstrafe bestraft.

### Überblick:

- ***Typ:*** vorsätzliches Begehungsdelikt. Zweiaktiges Delikt (Fälschen + Gebrauchmachen).
- ***Versuch*** ist nicht strafbar (Vergehen!).
- § 277 enthält ***3 Fälschungsvarianten***.
- Var. 1 enthält den (strafbaren) Fall einer ***schriftlichen Lüge*** (***Schutzgut***: inhaltliche Wahrheit),
- Var. 2 und 3 sind ***Spezialfälle der Urkundenfälschung*** (Herstellen, bzw. Verfälschen).
- Alle drei Var. benötigen aber - anders als § 267 - einen ***zweiten Akt: Gebrauchmachen***.

### Aufbau (Var. 1):

I. Tatbestand
   1. Objektiver Tatbestand:
      a. Tatobjekt - Zeugnis über den Gesundheitszustand des Täters oder eines anderen, echtes;
      b. Tathandlung -
         aa. Ausstellen unter eigenem Namen, aber mit nicht zustehender Bezeichnung als approbierte Medizinalperson, insbesondere: Arzt, *und*
         bb. Gebrauchmachen.
   2. Subjektiver Tatbestand:
      a. Vorsatz, mindestens bedingter, bez. obj. TB.,
      b. zusätzlich: Absicht zur Täuschung von Behörden oder Versicherungsgesellschaften.

II. Rechtswidrigkeit *und*

III. Schuld: keine Besonderheiten.

### Aufbau (Var. 2):

I. Tatbestand
   1. Objektiver Tatbestand:
      a. Tatobjekt - Zeugnis über den Gesundheitszustand des Täters oder eines anderen, unechtes;

b. Tathandlung -
   aa. Ausstellen unter dem (fremden) Namen einer approbierten Medizinalperson, insbesondere: Arzt, *und*
   bb. Gebrauchmachen.
2. Subjektiver Tatbestand:
   a. Vorsatz, mindestens bedingter, bez. obj. TB.,
   b. zusätzlich: Absicht zur Täuschung von Behörden oder Versicherungsgesellschaften.

II. Rechtswidrigkeit *und*
III. Schuld: keine Besonderheiten.

## Aufbau:

I. Tatbestand
   1. Objektiver Tatbestand Var. 3:
      a. Tatobjekt - Zeugnis über den Gesundheitszustand des Täters oder eines anderen, echtes;
      b. Tathandlung -
         aa. Verfälschen *und*
         bb. Gebrauchmachen.
   2. Subjektiver Tatbestand:
      a. Vorsatz, mindestens bedingter, bez. obj. TB.,
      b. zusätzlich: Absicht zur Täuschung von Behörden oder Versicherungsgesellschaften.

II. Rechtswidrigkeit *und*
III. Schuld: keine Besonderheiten.

## Definitionen / Erläuterungen:

**Zeugnisse über den Gesundheitszustand = Gesundheitszeugnisse** können den gegenwärtigen Körperbefund eines Menschen betreffen, aber auch überstandene Krankheiten und deren Folgen, das Ergebnis einer Blutalkoholuntersuchung, gutachtliche Äußerungen, auch über die künftigen Aussichten, nicht aber die Todesursache. — Tr[48], § 277 Rn. 3

**Gesundheitszeugnisse** sind nicht nur Zeugnisse über den gegenwärtigen Gesundheitszustand eines Menschen, wie etwa die von einem Arzt zum Gebrauch bei einer Ortskrankenkasse ausgestellten Krankenscheine, sondern auch solche über früher durchgemachte Krankheiten und die von ihnen zurückgelassenen Spuren, weiter auch Zeugnisse über die Aussichten, von gewissen Krankheiten befallen oder von ihnen verschont zu werden. Blutalkoholberichte sind Gesundheitszeugnisse, nicht dagegen Zeugnisse über die Todesursache eines Menschen. — S/S[25], § 277 Rn. 2

**Gesundheitszeugnisse** sind Erklärungen über die jetzige, frühere oder voraussichtliche künftige Gesundheit eines Men- — La[22], § 277 Rn. 1

| | |
|---|---|
| schen (nicht über die Todesursache). Hierher gehören auch Krankenscheine und ärztliche Berichte über Blutalkoholuntersuchungen. | |
| **AUSSTELLEN** bedeutet Herstellen. | |
| **APPROBIERTE MEDIZINALPERSON.** Heilberufe, nämlich Ärzte, Zahnärzte, einschließlich derjenigen Dentisten, die in den Berufsstand der Zahnärzte eingegliedert worden sind, Tierärzte, Apotheker und Angehörige eines anderen Heilberufs, der für die Berufsausübung oder Führung der Berufsbezeichnung eine staatlich geregelte Ausbildung erfordert. Nicht erfaßt werden die Heilpraktiker. | Tr[48], § 277 Rn. 2 i.V.m. § 203 Rn. 14 |
| Andere Heilberufe sind die der folgenden Heilberufsgesetze: §§ 1, 25 KrPflG, §§ 1, 25 HebG, § 15 MPhG, § 12 MTA-G, § 10 DiätAssG, § 12 RettAssG, § 7 BeArbThG, §§ 1, 10 PharmTechAssG, § 3 ApoAnwRStG, § 7 LogopädG. | Tr[48], § 277 Rn. 2 i.V.m. § 203 Rn. 14 i.V.m. § 132a Rn. 2 |
| Zu den anderen **APPROBIERTEN MEDIZINALPERSONEN** gehören z.B. Hebammen, Heilpraktiker, Krankenpfleger und (Kinder-) Krankenschwestern, medizinisch-technische Assistenten, Masseure, medizinische Bademeister und Krankengymnasten. | S/S[25], § 277 Rn. 3 |
| **ECHT** ist das Zeugnis dann, wenn es in der gegenwärtigen Gestalt vom angegebenen Aussteller herrührt oder von der Person, die er befugterweise zur Leistung seiner Unterschrift ermächtigt hat. | Tr[48], § 277 Rn. 1 i.V.m. § 267 Rn. 18 |
| **VERFÄLSCHEN** erfordert die Veränderung der gedanklichen Erklärung in eine andere. | Tr[48], § 267 Rn. 19 |
| **VERFÄLSCHEN** setzt voraus, daß der Inhalt der Bescheinigung verändert wird. | S/S[25], § 277 Rn. 8 |
| Erfaßt wird nur die **FORMELLE FÄLSCHUNG**, nicht die inhaltliche Unrichtigkeit. | La[22], § 277 Rn. 1 |
| **GEBRAUCHEN** bedeutet: Zur sinnlichen Wahrnehmung zugänglich machen, sei es durch Vorlegen, Übergeben, Hinterlegen, Veröffentlichen, Verlesen, ggfls. sogar Bereitstellen. | Tr[48], § 267 Rn. 23 |
| Das **GEBRAUCHEN** des Gesundheitszeugnisses bedeutet, es dem zu Täuschenden so zugänglich machen, daß dieser es wahrnehmen kann. | La[22], § 277 Rn. 3 i.V.m. § 267 Rn. 23 |
| **TÄUSCHUNG** bedeutet Irrtumserregung. | Tr[48], § 267 Rn. 30 |
| **BEHÖRDE** ist auch ein Gericht, d.h. ein Organ der rechtsprechenden Gewalt in der BRep. Im übrigen ist Behörde ein ständiges, von der Person des Inhabers unabhängiges, in das Gefüge der öffentlichen Verwaltung eingeordnetes Organ der | Tr[48], § 11 Rn. 35 |

Staatsgewalt mit der Aufgabe, unter öffentlicher Autorität nach eigener Entschließung für Staatszwecke tätig zu sein.

**BEHÖRDEN** i.S. dieser Bestimmung sind auch Ortskrankenkassen und Unfallberufsgenossenschaften. — S/S[25], § 277 Rn. 9

**BEHÖRDEN** sind ständige, von der Person ihres Trägers unabhängige Organe der inländischen (nach dem jeweiligen Schutzzweck u.U. auch ausländischen) Staatsgewalt, die dazu berufen sind, unter öffentlicher Autorität für die Erreichung der Zwecke des Staates tätig zu sein. — La[22], § 277 Rn. 4 i.V.m. § 11 Rn. 20

---

**VERSICHERUNGSGESELLSCHAFT** ist jedes private Versicherungsunternehmen. Die Täuschung einer Versicherungsgesellschaft muß sich im Rahmen eines Versicherungsverhältnisses abspielen. — S/S[25], § 277 Rn. 9

## Konkurrenzen:

§ 277 verdrängt § 267 im Wege der Gesetzeskonkurrenz (Spezialität). § 277 verdrängt § 281 im Wege der Gesetzeskonkurrenz (Konsumtion). § 277 steht in Idealkonkurrenz mit § 263.

# § 278. Ausstellung unrichtiger Gesundheitszeugnisse.

## Gesetzestext:

Ärzte und andere approbierte Medizinalpersonen, welche ein unrichtiges Zeugnis über den Gesundheitszustand eines Menschen zum Gebrauch bei einer Behörde oder Versicherungsgesellschaft wider besseres Wissen ausstellen, werden mit Freiheitsstrafe bis zu zwei Jahren oder mit Geldstrafe bestraft.

## Überblick:

- *Typ:* vorsätzliches Begehungsdelikt - Tätigkeitsdelikt.
- ***Versuch*** ist nicht strafbar (Vergehen!).
- § 278 enthält den (strafbaren) Fall einer ***schriftlichen Lüge*** (***Schutzgut:*** inhaltliche Wahrheit).
- Wenn der Täter kein Arzt etc. ist -> § 277, wenn er Amtsarzt ist -> § 348.

## Aufbau:

I. Tatbestand
   1. Objektiver Tatbestand:
      a. Tatsubjekt - approbierte Medizinalperson, insbesondere: Arzt;
      b. Tatobjekt - Zeugnis über den Gesundheitszustand eines Menschen, unrichtiges aber echtes;

c. Tathandlung - Ausstellen.
2. Subjektiver Tatbestand:
a. Vorsatz, mindestens bedingter, bez. obj. TB.,
b. speziell: wider besseres Wissen (dolus directus 2. Grades) im Hinblick auf den Gesundheitszustand,
c. zusätzlich: Vorsatz zum Gebrauch bei Behörden oder Versicherungsgesellschaften.

II. Rechtswidrigkeit *und*
III. Schuld: keine Besonderheiten.

## Definitionen / Erläuterungen:

| | |
|---|---|
| **APPROBIERTE MEDIZINALPERSON**. Heilberufe, nämlich Ärzte, Zahnärzte, einschließlich derjenigen Dentisten, die in den Berufsstand der Zahnärzte eingegliedert worden sind, Tierärzte, Apotheker und Angehörige eines anderen Heilberufs, der für die Berufsausübung oder Führung der Berufsbezeichnung eine staatlich geregelte Ausbildung erfordert. Nicht erfaßt werden die Heilpraktiker. | Tr[48], § 278 Rn. 1 i.V.m. § 277 Rn. 2 i.V.m. § 203 Rn. 14 |
| Andere Heilberufe sind die der folgenden Heilberufsgesetze: §§ 1, 25 KrPflG, §§ 1, 25 HebG, § 15 MPhG, § 12 MTA-G, § 10 DiätAssG, § 12 RettAssG, § 7 BeArbThG, §§ 1, 10 PharmTechAssG, § 3 ApoAnwRStG, § 7 LogopädG. | Tr[48], § 278 Rn. 1 i.V.m. § 277 Rn. 2 i.V.m. § 203 Rn. 14 i.V.m. § 132a Rn. 2 |
| Zu den anderen **APPROBIERTEN MEDIZINALPERSONEN** gehören z.B. Hebammen, Heilpraktiker, Krankenpfleger und (Kinder-) Krankenschwestern, medizinisch-technische Assistenten, Masseure, medizinische Bademeister und Krankengymnasten. | S/S[25], § 278 Rn. 3 i.V.m. § 277 Rn. 3 |
| **ZEUGNISSE ÜBER DEN GESUNDHEITSZUSTAND** können den gegenwärtigen Körperbefund eines Menschen betreffen, aber auch überstandene Krankheiten und deren Folgen, das Ergebnis einer Blutalkoholuntersuchung, gutachtliche Äußerungen, auch über die künftigen Aussichten, nicht aber die Todesursache. | Tr[48], § 278 Rn. 1 i.V.m. § 277 Rn. 3 |
| **GESUNDHEITSZEUGNISSE** sind nicht nur Zeugnisse über den gegenwärtigen Gesundheitszustand eines Menschen, wie etwa die von einem Arzt zum Gebrauch bei einer Ortskrankenkasse ausgestellten Krankenscheine, sondern auch solche über früher durchgemachte Krankheiten und die von ihnen zurückgelassenen Spuren, weiter auch Zeugnisse über die Aussichten, von gewissen Krankheiten befallen oder von ihnen verschont zu werden. Blutalkoholberichte sind Gesundheitszeugnisse, nicht dagegen Zeugnisse über die Todesursache eines Menschen. | S/S[25], § 278 Rn. 2 i.V.m. § 277 Rn. 2 |
| **GESUNDHEITSZEUGNISSE** sind Erklärungen über die jetzige, frühere oder voraussichtliche künftige Gesundheit eines Menschen (nicht über die Todesursache). Hierher gehören auch | La[22], § 278 Rn. 2 i.V.m. § 277 Rn. 1 |

Krankenscheine und ärztliche Berichte über Blutalkoholuntersuchungen.

---

**UNRICHTIG** ist ein Zeugnis, wenn es inhaltlich nicht der Wahrheit entspricht, unabhängig vom Aussteller („schriftliche Lüge“).

**UNRICHTIG** ist auch ein Zeugnis, in dem ein Arzt einen Befund bescheinigt, ohne eine Untersuchung vorgenommen zu haben, da das Vertrauen in das ärztliche Zeugnis darauf beruht, daß eine ordnungsgemäße Untersuchung stattgefunden hat; ebenso das Vertauschen von Blutproben. — S/S[25], § 278 Rn. 2

Das Gesundheitszeugnis ist **UNRICHTIG**, wenn es in irgendeinem wesentlichen Punkt den Tatsachen oder medizinischen Erfahrungen oder Erkenntnissen widerspricht. — La[22], § 278 Rn. 2

---

**ECHT** ist das Zeugnis dann, wenn es in der gegenwärtigen Gestalt vom angegebenen Aussteller herrührt oder von der Person, die er befugterweise zur Leistung seiner Unterschrift ermächtigt hat, unabhängig von der inhaltlichen Wahrheit. — Tr[48], § 267 Rn. 18

---

**AUSSTELLEN** bedeutet Herstellen. — Tr[48], § 267 Rn. 23

**GEBRAUCHEN** bedeutet: Zur sinnlichen Wahrnehmung zugänglich machen, sei es durch Vorlegen, Übergeben, Hinterlegen, Veröffentlichen, Verlesen, ggfls. sogar Bereitstellen.

Das bloße Ausstellen zum Zwecke des Gebrauchs genügt bei § 278, ein Gebrauch ist nicht nötig. — Tr[48], § 278 Rn. 3

---

**AUSSTELLEN** bedeutet nicht nur intern Anfertigen, sondern sich seiner - etwa durch Übergabe an einen Empfänger oder zur Absendung an die Arzthilfe - entäußern; eine bloße Aktennotiz reicht daher nicht, während umgekehrt der Gebrauch bei der Behörde usw. unerheblich ist. — La[22], § 278 Rn. 4

---

**GEBRAUCHMACHEN ZUR TÄUSCHUNG**. Bei den Versicherungsgesellschaften muß es sich um eine Täuschung im Rahmen eines Versicherungsverhältnisses handeln. Bei Behörden genügt eine Täuschung bei jeder Maßnahme, bei der der Gesundheitszustand zur Grundlage der Entscheidung gemacht wird. — S/S[25], § 278 Rn. 4 i.V.m. § 277 Rn. 9

---

**BEHÖRDE** ist auch ein Gericht, d.h. ein Organ der rechtsprechenden Gewalt in der BRep. Im übrigen ist Behörde ein ständiges, von der Person des Inhabers unabhängiges, in das Gefüge der öffentlichen Verwaltung eingeordnetes Organ der Staatsgewalt mit der Aufgabe, unter öffentlicher Autorität nach eigener Entschließung für Staatszwecke tätig zu sein. — Tr[48], § 11 Rn. 35

**BEHÖRDEN** sind ständige, von der Person ihres Trägers unab- — La[22], § 278 Rn. 3

| | |
|---|---|
| hängige Organe der inländischen (nach dem jeweiligen Schutzzweck u.U. auch ausländischen) Staatsgewalt, die dazu berufen sind, unter öffentlicher Autorität für die Erreichung der Zwecke des Staates tätig zu sein. | i.V.m. § 277 Rn. 4<br>i.V.m. § 11 Rn. 20 |
| **VERSICHERUNGSGESELLSCHAFT** ist jedes private Versicherungsunternehmen. Die Täuschung einer Versicherungsgesellschaft muß sich im Rahmen eines Versicherungsverhältnisses abspielen. | S/S[25], § 277 Rn. 9 |
| **WIDER BESSERES WISSEN** ist sichere Kenntnis der Unwahrheit; daß der Täter diese nur für möglich hält, genügt nicht, wohl aber, daß er von der Unwahrheit einer aus der Luft gegriffenen Behauptung überzeugt ist. | La[22], § 278 Rn. 5<br>i.V.m. § 187 Rn. 1 |

## Konkurrenzen:

§ 278 steht in Idealkonkurrenz mit §§ 133, 136 I, 219a, 258

# § 279. Gebrauch unrichtiger Gesundheitszeugnisse.

## Gesetzestext:

Wer, um eine Behörde oder eine Versicherungsgesellschaft über seinen oder eines anderen Gesundheitszustand zu täuschen, von einem Zeugnis der in den §§ 277 und 278 bezeichneten Art Gebrauch macht, wird mit Freiheitsstrafe bis zu einem Jahr oder mit Geldstrafe bestraft.

## Überblick:

- ***Typ:*** vorsätzliches Begehungsdelikt - Tätigkeitsdelikt.
- ***Versuch*** ist nicht strafbar (Vergehen!).
- § 279 enthält den (strafbaren) Fall des ***Gebrauchens einer schriftlichen Lüge*** (***Schutzgut:*** inhaltliche Wahrheit).
- § 279 ist ***selbständig*** (Obersatz: nur § 279), auch wenn er auf §§ 277 und 278 teilweise Bezug nimmt.
- ***Anders als bei § 277*** muß der Täter das Zeugnis nicht selbst hergestellt haben.
- ***Anders als bei § 278*** muß das Zeugnis von der Medizinalperson nicht wider besseres Wissen unrichtig ausgestellt worden sein.

## Aufbau:

I. Tatbestand
   1. Objektiver Tatbestand:
      a. Tatobjekt -

aa. Zeugnis über den Gesundheitszustand eines Menschen, echtes, mit nicht zustehender Bezeichnung (als approbierte Medizinalperson, insbesondere: Arzt) ausgestellt (Zeugnis aus § 277 Var. 1) *oder*
bb. ursprünglich unechtes (Zeugnis aus § 277 Var. 2) *oder*
cc. verfälschtes, ursprünglich echtes (Zeugnis aus § 277 Var. 3) *oder*
dd. unrichtiges, aber echtes (Zeugnis aus § 278);

b. Tathandlung - Gebrauch machen.

2. Subjektiver Tatbestand:
   a. Vorsatz, mindestens bedingter, bez. obj. TB.,
   b. zusätzlich: Absicht zur Täuschung von Behörden oder Versicherungsgesellschaften über den Gesundheitszustandes des Täters oder eines anderen.

II. Rechtswidrigkeit *und*

III. Schuld: keine Besonderheiten.

## Definitionen / Erläuterungen:

| | |
|---|---|
| **ZEUGNISSE** über den Gesundheitszustand können den gegenwärtigen Körperbefund eines Menschen betreffen, aber auch überstandene Krankheiten und deren Folgen, das Ergebnis einer Blutalkoholuntersuchung, gutachtliche Äußerungen, auch über die künftigen Aussichten, nicht aber die Todesursache. | Tr[48], § 279 Rn. 1<br>i.V.m. § 277 Rn. 3 |
| **ECHT** ist das Zeugnis dann, wenn es in der gegenwärtigen Gestalt vom angegebenen Aussteller herrührt oder von der Person, die er befugterweise zur Leistung seiner Unterschrift ermächtigt hat. | Tr[48], § 279 Rn. 1<br>i.V.m. § 277 Rn. 1<br>i.V.m. § 267 Rn. 18 |
| **APPROBIERTE MEDIZINALPERSON**. Heilberufe, nämlich Ärzte, Zahnärzte, einschließlich derjenigen Dentisten, die in den Berufsstand der Zahnärzte eingegliedert worden sind, Tierärzte, Apotheker und Angehörige eines anderen Heilberufs, der für die Berufsausübung oder Führung der Berufsbezeichnung eine staatlich geregelte Ausbildung erfordert. Nicht erfaßt werden die Heilpraktiker. | Tr[48], § 279 Rn. 1<br>i.V.m. § 278 Rn. 1<br>i.V.m. § 277 Rn. 2<br>i.V.m. § 203 Rn. 14 |
| Andere Heilberufe sind die der folgenden Heilberufsgesetze: §§ 1, 25 KrPflG, §§ 1, 25 HebG, § 15 MPhG, § 12 MTA-G, § 10 DiätAssG, § 12 RettAssG, § 7 BeArbThG, §§ 1, 10 PharmTechAssG, § 3 ApoAnwRStG, § 7 LogopädG. | Tr[48], § 279 Rn. 1<br>i.V.m. § 278 Rn. 1<br>i.V.m. § 277 Rn. 2<br>i.V.m. § 203 Rn. 14<br>i.V.m. 132a Rn. 2 |
| **VERFÄLSCHT** bedeutet die Veränderung der gedanklichen Erklärung in eine andere durch einen anderen als den Aussteller. | Tr[48], § 267 Rn. 19a |
| **GEBRAUCHEN** bedeutet: Zur sinnlichen Wahrnehmung zugänglich machen, sei es durch Vorlegen, Übergeben, Hinterlegen, Veröffentlichen, Verlesen, ggfls. sogar Bereitstellen. | Tr[48], § 267 Rn. 23 |
| **TÄUSCHUNG** bedeutet Irrtumserregung. | Tr[48], § 267 Rn. 30 |

| | |
|---|---|
| **BEHÖRDE** ist auch ein Gericht, d.h. ein Organ der rechtsprechenden Gewalt in der BRep. Im übrigen ist Behörde ein ständiges, von der Person des Inhabers unabhängiges, in das Gefüge der öffentlichen Verwaltung eingeordnetes Organ der Staatsgewalt mit der Aufgabe, unter öffentlicher Autorität nach eigener Entschließung für Staatszwecke tätig zu sein. | Tr[48], § 11 Rn. 35 |
| **VERSICHERUNGSGESELLSCHAFT** ist jedes private Versicherungsunternehmen. Die Täuschung einer Versicherungsgesellschaft muß sich im Rahmen eines Versicherungsverhältnisses abspielen. | S/S[25], § 277 Rn. 9 |

### Konkurrenzen:

§ 279 steht in Idealkonkurrenz mit § 263.

## § 280. (Aufgehoben durch Art. 8 des 1. StrRG.)

## § 281. Mißbrauch von Ausweispapieren.

### Gesetzestext:

(1) Wer ein Ausweispapier, das für einen anderen ausgestellt ist, zur Täuschung im Rechtsverkehr gebraucht, oder wer zur Täuschung im Rechtsverkehr einem anderen ein Ausweispapier überläßt, das nicht für diesen ausgestellt ist, wird mit Freiheitsstrafe bis zu einem Jahr oder mit Geldstrafe bestraft. Der Versuch ist strafbar.

(2) Einem Ausweispapier stehen Zeugnisse und andere Urkunden gleich, die im Verkehr als Ausweis verwendet werden.

### Überblick:

- ***Typ:*** vorsätzliches Begehungsdelikt - Tätigkeitsdelikt.
- ***Versuch*** ist strafbar, Abs. 1 S. 2.
- Abs. 1 S. 1 enthält ***zwei Varianten*** (Gebrauchen und Überlassen).
- Abs. 2 enthält eine ***Begriffserweiterung***.
- § 281 I ist ***selbständig*** (Obersatz: nur § 281 I, bzw. § 281 I, II).
- ***Tatbestandsgleichstellung in § 270*** beachten!

### Aufbau (Var. 1):

I. Tatbestand
   1. Objektiver Tatbestand:
      a. Tatobjekt - Ausweispapier, das für einen anderen ausgestellt ist;
      b. Tathandlung - Gebrauchen.

2. Subjektiver Tatbestand:
   a. Vorsatz, mindestens bedingter, bez. obj. TB.,
   b. zusätzlich: Absicht zur Täuschung im Rechtsverkehr.

II. Rechtswidrigkeit *und*

III. Schuld: keine Besonderheiten.

## Aufbau (Var. 2):

I. Tatbestand
   1. Objektiver Tatbestand:
      a. Tatobjekt - Ausweispapier, das nicht für einen (bestimmten) anderen ausgestellt ist;
      b. Tathandlung - Überlassung des Tatobjektes an den (bestimmten) anderen.
   2. Subjektiver Tatbestand:
      a. Vorsatz, mindestens bedingter, bez. obj. TB.,
      b. zusätzlich: Absicht zur Täuschung im Rechtsverkehr.

II. Rechtswidrigkeit *und*

III. Schuld: keine Besonderheiten.

## Definitionen / Erläuterungen:

| | |
|---|---|
| **AUSWEISPAPIER** sind solche Urkunden, die von einer Behörde oder sonstigen Stelle, die Aufgaben der öffentlichen Verwaltung wahrnimmt, ausgestellt sind, um die Identität einer Person oder ihre persönlichen Verhältnisse nachzuweisen. | Tr[48], § 281 Rn. 2 i.V.m. § 275 Rn. 2 |
| **AUSWEISPAPIERE** sind Papiere, die den Nachweis der Identität oder der persönlichen Verhältnisse dienen sollen und von einer hoheitlichen Stelle ausgestellt sind. | S/S[25], § 281 Rn. 3 |
| **AMTLICHE AUSWEISE** sind ausschließlich oder neben anderen Zwecken auch zur Ermöglichung des Identitätsnachweises ausgestellte amtliche Urkunden, namentlich Pässe, Personal-, Dienst- und Studentenausweise, auch Führerscheine, nicht dagegen Fahrzeugbriefe und -scheine. | La[22], § 281 Rn. 2 i.V.m. § 275 Rn. 1 |
| Für das Merkmal der „**GLEICHGESTELLTEN URKUNDEN**“ ist erforderlich, daß diese Urkunden „als Ausweis“ verwendet werden, d.h. zum Nachweis der Identität des Inhabers oder bestimmter persönlicher Umstände. In Betracht kommen z.B. Schulzeugnisse, Taufscheine, Geburtsurkunden usw. | S/S[25], § 281 Rn. 4 |
| **GLEICHGESTELLTE URKUNDEN** (Abs. 2) sind nur solche, die üblicherweise im Verkehr zum Nachweis der Identität des Inhabers verwendet werden, also z.B. Arbeitsbuch, Werksausweis, Geburtsurkunde, Taufschein, Diplom, aber wohl nicht die Kredit- und die Scheckkarte. | La[22], § 281 Rn. 2 |
| **GEBRAUCHEN** bedeutet: Zur sinnlichen Wahrnehmung zu- | Tr[48], § 267 Rn. 23 |

| | |
|---|---|
| gänglich machen, sei es durch Vorlegen, Übergeben, Hinterlegen, Veröffentlichen, Verlesen, ggfls. sogar Bereitstellen. | |
| Erforderlich ist, daß die Urkunde als Ausweispapier gebraucht wird, es wird nicht vorausgesetzt, daß sie ihrer Beweisbestimmung gemäß gebraucht wird (Studentenausweis an Theaterkasse). | S/S[25], § 281 Rn. 5 |
| **Gebrauchen** bedeutet, das Papier der unmittelbaren Wahrnehmung des zu Täuschenden zugänglich machen. | La[22], § 281 Rn. 3 |

---

| | |
|---|---|
| **Täuschung** bedeutet Irrtumserregung. | Tr[48], § 267 Rn. 30 |
| Dies muß hier über eine Identitätstäuschung gehen. | Tr[48], § 281 Rn. 5 |
| **Rechtsverkehr** liegt bei rechtlich erheblichen Verhalten vor (Gegenstück: gesellschaftlicher Verkehr und rein zwischenmenschliche Beziehungen). | Tr[48], § 267 Rn. 30 |
| **Zur Täuschung im Rechtsverkehr**. Dieses Merkmal liegt vor, wenn ein Irrtum über die Echtheit der Urkunde erregt und der Getäuschte durch den gedanklichen Inhalt zu einem rechtlich erheblichen Verhalten bestimmt werden soll. | S/S[25], § 281 Rn. 8 i.V.m. § 267 Rn. 85 |
| **Zur Täuschung im Rechtsverkehr** handelt, wer zur Zeit der Tathandlung den Willen hat, einen anderen über die Echtheit der Urkunde zu täuschen und damit zu einem durch den Falschheitsgehalt (mit-)motivierten (str.) rechtserheblichen Verhalten zu veranlassen, oder wer diesen Willen eines Dritten kennt und mit dessen Verwirklichung rechnet. | La[22], § 281 Rn. 4 i.V.m. § 267 Rn. 25 |
| Hier muß jedoch eine Identitätstäuschung, d.h. die Erweckung des Irrtums bezweckt sein, daß der, für den die Urkunde gebraucht wird, mit dem durch sie Ausgewiesenen personengleich sei. | La[22], § 281 Rn. 4 |

---

| | |
|---|---|
| **Überlassung** ist eine zum selbständigen Delikt erhobene Beihilfehandlung. | Tr[48], § 281 Rn. 4 |
| Erforderlich ist die Übertragung der Verfügungsgewalt derart, daß der Empfänger in die Lage versetzt wird, das Ausweispapier zu gebrauchen, wobei nicht verlangt wird, daß es für den Überlassenden ausgestellt ist. | S/S[25], § 281 Rn. 6 |
| **Überlassen** werden kann auch der Ausweis eines Dritten. | La[22], § 281 Rn. 3 |

## Konkurrenzen:

§ 281 steht in Idealkonkurrenz mit § 263. Wer als Täter ein Ausweispapier überläßt, ist nicht zugleich der Beihilfe zum Gebrauch strafbar (mitbestrafte Nachtat). Wer ein Ausweispapier gebraucht, ist nicht der Anstiftung zum Überlassen strafbar (mitbestrafte Vortat).

## § 282. Vermögensstrafe, Erweiterter Verfall und Einziehung.

### Gesetzestext:

(1) In den Fällen der §§ 267 bis 269, 275 und 276 sind die §§ 43a und 73d anzuwenden, wenn der Täter als Mitglied einer Bande handelt, die sich zur fortgesetzten Begehung solcher Taten verbunden hat. § 73d ist auch dann anzuwenden, wenn der Täter gewerbsmäßig handelt.

(2) Gegenstände, auf die sich eine Straftat nach § 267, § 268, § 271 Abs. 2 und 3, § 273 oder § 276, dieser auch in Verbindung mit § 276a, oder nach § 279 bezieht, können eingezogen werden. In den Fällen des § 275, auch in Verbindung mit § 276a, werden die dort bezeichneten Fälschungsmittel eingezogen.

### Überblick:

- *Typ:* Rechtsfolgenregelung, vgl auch §§ 73 ff. Klausurmäßig bedeutungslos.

# Vierundzwanzigster Abschnitt. Konkursstraftaten.

## § 283. Bankrott (Nicht bearbeitet).

(1) Mit Freiheitsstrafe bis zu fünf Jahren oder mit Geldstrafe wird bestraft, wer bei Überschuldung oder bei drohender oder eingetretener Zahlungsunfähigkeit

1. Bestandteile seines Vermögens, die im Falle der Konkurseröffnung zur Konkursmasse gehören, beiseite schafft oder verheimlicht oder in einer den Anforderungen einer ordnungsgemäßen Wirtschaft widersprechenden Weise zerstört, beschädigt oder unbrauchbar macht,
2. in einer den Anforderungen einer ordnungsgemäßen Wirtschaft widersprechenden Weise Verlust- oder Spekulationsgeschäfte oder Differenzgeschäfte mit Waren oder Wertpapieren eingeht oder durch unwirtschaftliche Ausgaben, Spiel oder Wette übermäßige Beträge verbraucht oder schuldig wird,
3. Waren oder Wertpapiere auf Kredit beschafft und sie oder die aus diesen Waren hergestellten Sachen erheblich unter ihrem Wert in einer den Anforderungen einer ordnungsgemäßen Wirtschaft widersprechenden Weise veräußert oder sonst abgibt,
4. Rechte anderer vortäuscht oder erdichtete Rechte anerkennt,
5. Handelsbücher, zu deren Führung er gesetzlich verpflichtet ist, zu führen unterläßt oder so führt oder verändert, daß die Übersicht über seinen Vermögensstand erschwert wird,
6. Handelsbücher oder sonstige Unterlagen, zu deren Aufbewahrung ein Kaufmann nach Handelsrecht verpflichtet ist, vor Ablauf der für Buchführungspflichtige bestehenden Aufbewahrungsfristen beiseite schafft, verheimlicht, zerstört oder beschädigt und dadurch die Übersicht über seinen Vermögensstand erschwert,
7. entgegen dem Handelsrecht
   a) Bilanzen so aufstellt, daß die Übersicht über seinen Vermögensstand erschwert wird, *oder*
   b) es unterläßt, die Bilanz seines Vermögens oder das Inventar in der vorgeschriebenen Zeit aufzustellen, *oder*
8. in einer anderen, den Anforderungen einer ordnungsgemäßen Wirtschaft grob widersprechenden Weise seinen Vermögensstand verringert oder seine wirklichen geschäftlichen Verhältnisse verheimlicht oder verschleiert.

(2) Ebenso wird bestraft, wer durch eine der in Absatz 1 bezeichneten Handlungen seine Überschuldung oder Zahlungsunfähigkeit herbeiführt.

(3) Der Versuch ist strafbar.

(4) Wer in den Fällen

1. des Absatzes 1 die Überschuldung oder die drohende oder eingetretene Zahlungsunfähigkeit fahrlässig nicht kennt *oder*
2. des Absatzes 2 die Überschuldung oder Zahlungsunfähigkeit leichtfertig verursacht,

wird mit Freiheitsstrafe bis zu zwei Jahren oder mit Geldstrafe bestraft.

(5) Wer in den Fällen

1. des Absatzes 1 Nr. 2, 5 oder 7 fahrlässig handelt und die Überschuldung oder die drohende oder eingetretene Zahlungsunfähigkeit wenigstens fahrlässig nicht kennt *oder*
2. des Absatzes 2 in Verbindung mit Absatz 1 Nr. 2, 5 oder 7 fahrlässig handelt und die Überschuldung oder Zahlungsunfähigkeit wenigstens leichtfertig verursacht,

wird mit Freiheitsstrafe bis zu zwei Jahren oder mit Geldstrafe bestraft.

(6) Die Tat ist nur dann strafbar, wenn der Täter seine Zahlungen eingestellt hat oder über sein Vermögen das Konkursverfahren eröffnet oder der Eröffnungsantrag mangels Masse abgewiesen worden ist.

## § 283a. Besonders schwerer Fall des Bankrotts (Nicht bearbeitet).

In besonders schweren Fällen des § 283 Abs. 1 bis 3 wird der Bankrott mit Freiheitsstrafe von sechs Monaten bis zu zehn Jahren bestraft. In besonders schwerer Fall liegt in der Regel vor, wenn der Täter

1. aus Gewinnsucht handelt *oder*
2. wissentlich viele Personen in die Gefahr des Verlustes ihrer ihm anvertrauten Vermögenswerte oder in wirtschaftliche Not bringt.

## § 283b. Verletzung der Buchführungspflicht (Nicht bearbeitet).

(1) Mit Freiheitsstrafe bis zu zwei Jahren oder mit Geldstrafe wird bestraft, wer

1. Handelsbücher, zu deren Führung er gesetzlich verpflichtet ist, zu führen unterläßt oder so führt oder verändert, daß die Übersicht über seinen Vermögensstand erschwert wird,
2. Handelsbücher oder sonstige Unterlagen, zu deren Aufbewahrung er nach Handelsrecht verpflichtet ist, vor Ablauf der gesetzlichen Aufbewahrungsfristen beiseite schafft, verheimlicht, zerstört oder beschädigt und dadurch die Übersicht über seinen Vermögensstand erschwert,
3. entgegen dem Handelsrecht
   a) Bilanzen so aufstellt, daß die Übersicht über seinen Vermögensstand erschwert wird, *oder*
   b) es unterläßt, die Bilanz seines Vermögens oder das Inventar in der vorgeschriebenen Zeit aufzustellen.

(2) Wer in den Fällen des Absatzes 1 Nr. 1 oder 3 fahrlässig handelt, wird mit Freiheitsstrafe bis zu einem Jahr oder mit Geldstrafe bestraft.

(3) § 283 Abs. 6 gilt entsprechend.

## § 283c. Gläubigerbegünstigung (Nicht bearbeitet).

(1) Wer in Kenntnis seiner Zahlungsunfähigkeit einem Gläubiger eine Sicherheit oder Befriedigung gewährt, die dieser nicht oder nicht in der Art oder nicht zu der Zeit zu beanspruchen hat, und ihn dadurch absichtlich oder wissentlich vor den übrigen Gläubigern begünstigt, wird mit Freiheitsstrafe bis zu zwei Jahren oder mit Geldstrafe bestraft.

(2) Der Versuch ist strafbar.

(3) § 283 Abs. 6 gilt entsprechend.

## § 283d. Schuldnerbegünstigung (Nicht bearbeitet).

(1) Mit Freiheitsstrafe bis zu fünf Jahren oder mit Geldstrafe wird bestraft, wer

1. in Kenntnis der einem anderen drohenden Zahlungsunfähigkeit *oder*
2. nach Zahlungseinstellung, in einem Konkursverfahren, in einem gerichtlichen Vergleichsverfahren zur Abwendung des Konkurses oder in einem Verfahren zur Herbeiführung der Entscheidung über die Eröffnung des Konkurs- oder gerichtlichen Vergleichsverfahrens eines anderen

Bestandteile des Vermögens eines anderen, die im Falle der Konkurseröffnung zur Konkursmasse gehören, mit dessen Einwilligung oder zu dessen Gunsten beiseite schafft oder verheimlicht oder in einer den Anforderungen einer ordnungsgemäßen Wirtschaft widersprechenden Weise zerstört, beschädigt oder unbrauchbar macht.

(2) Der Versuch ist strafbar.

(3) In besonders schweren Fällen ist die Strafe Freiheitsstrafe von sechs Monaten bis zu zehn Jahren. Ein besonders schwerer Fall liegt in der Regel vor, wenn der Täter

1. aus Gewinnsucht handelt *oder*
2. wissentlich viele Personen in die Gefahr des Verlustes ihrer dem anderen anvertrauten Vermögenswerte oder in wirtschaftliche Not bringt.

(4) Die Tat ist nur dann strafbar, wenn der andere seine Zahlungen eingestellt hat oder über sein Vermögen das Konkursverfahren eröffnet oder der Eröffnungsantrag mangels Masse abgewiesen worden ist.

## Fünfundzwanzigster Abschnitt. Strafbarer Eigennutz.

## § 284. Unerlaubte Veranstaltung eines Glückspiels.

### Gesetzestext:

(1) Wer ohne behördliche Erlaubnis öffentlich ein Glücksspiel veranstaltet oder hält oder die Einrichtungen hierzu bereitstellt, wird mit Freiheitsstrafe bis zu zwei Jahren oder mit Geldstrafe bestraft.

(2) Als öffentlich veranstaltet gelten auch Glücksspiele in Vereinen oder geschlossenen Gesellschaften, in denen Glücksspiele gewohnheitsmäßig veranstaltet werden.

(3) Wer in den Fällen des Absatzes 1

1. gewerbsmäßig *oder*
2. als Mitglied einer Bande handelt, die sich zur fortgesetzten Begehung solcher Taten verbunden hat,

wird mit Freiheitsstrafe von drei Monaten bis zu fünf Jahren bestraft.

(4) Wer für ein öffentliches Glücksspiel (Absätze 1 und 2) wirbt, wird mit Freiheitsstrafe bis zu einem Jahr oder mit Geldstrafe bestraft.

### Überblick:

- ***Typ:*** vorsätzliches Begehungsdelikt - Tätigkeitsdelikt.
- ***Versuch*** ist nicht strafbar (Vergehen!).
- Abs. 2 enthält eine ***Begriffserweiterung***. Abs. 3 enthält eine ***Qualifikation*** (vgl. auch § 260). Prüfung immer mit dem Grunddelikt (Obersatz: § 284 I (ggfls. II), III) und zwar entweder hinter subjektivem Tatbestand oder hinter Schuld des Grunddeliktes. Abs. 4 enthält ein ***eigenständiges Delikt*** für den Personenkreis *Werber*. Wegen des Verweises auf Abs. 1 und 2 aber Obersatz: § 284 IV, I (bzw. II)
- ***Schutzgut*** ist die Sicherung der staatlichen Kontrolle einer Kommerzialisierung der natürlichen Spielleidenschaft (Tr[48], § 284 Rn. 1).

### Aufbau Abs. 1 (Abs. 2):

I. Tatbestand
  1. Objektiver Tatbestand:
    a. Tatobjekt - ein Glückspiel,
      aa. öffentliches *oder*
      bb. in Vereinen oder geschlossenen Gesellschaften, in denen Glücksspiele gewohnheitsmäßig veranstaltet werden.
    b. Tathandlung -
      aa. Veranstalten *oder*
      bb. halten *oder*
      cc. die Einrichtung hierzu bereit halten,
      jeweils ohne behördliche Erlaubnis.
  2. Subjektiver Tatbestand: Vorsatz, mindestens bedingter, bez. obj. TB.

II. Rechtswidrigkeit *und*
III. Schuld: keine Besonderheiten.

## Aufbau Abs. 3 (Qualifikation):

I. Tatbestand
 1. Objektiver Tatbestand:
  a. Nr. 1: keine objektiven Merkmale.
  b. Nr. 2: Täter handelt als
   aa. Mitglied einer Bande, die sich
   bb. zur (subjektive Ausrichtung der Bande!) fortgesetzten Begehung solcher Taten verbunden hat.
 2. Subjektiver Tatbestand:
  a. Nr. 1: Gewerbsmäßigkeit.
  b. Nr. 2: Vorsatz, mindestens bedingter.
II. Rechtswidrigkeit *und*
III. Schuld: keine Besonderheiten.

## Aufbau (Abs. 4):

I. Tatbestand
 1. Objektiver Tatbestand:
  a. Tatobjekt: öffentliches Glücksspiel i.S.v. Abs. 1 und 2
  b. Tathandlung: Werben
 2. Subjektiver Tatbestand: Vorsatz, mindestens bedingter.
II. Rechtswidrigkeit *und*
III. Schuld: keine Besonderheiten.

## Definitionen / Erläuterungen:

**GLÜCKSPIEL**. Beim Glücksspiel wird die Entscheidung über Gewinn und Verlust nach den Vertragsbedingungen nicht wesentlich von den Fähigkeiten und Kenntnissen und vom Grade der Aufmerksamkeit der Spieler bestimmt, sondern allein oder hauptsächlich vom Zufall, nämlich vom Wirken unberechenbarer, dem Einfluß der Beteiligten in ihrem Durchschnitt entzogener Ursachen. — Tr[48], § 284 Rn. 3

Als **GLÜCKSSPIEL** ist ein Spiel anzusehen, bei dem die Entscheidung über Gewinn und Verlust nicht wesentlich von den Fähigkeiten und Kenntnissen und vom Grade der Aufmerksamkeit der Spieler bestimmt wird, sondern allein oder hauptsächlich vom Zufall. Als Zufall ist dabei das Wirken einer unberechenbaren, der entscheidenden Mitwirkung der Beteiligten in ihrem Durchschnitt entzogenen Ursächlichkeit anzusehen. — S/S[25], § 284 Rn. 5

Ein **GLÜCKSSPIEL** liegt vor, wenn die Beteiligten zur Unterhaltung oder aus Gewinnstreben über den Gewinn oder Verlust — La[22], § 284 Rn. 2

eines nicht ganz unbeträchtlichen Vermögenswertes ein ungewisses Ereignis entscheiden lassen, dessen Eintritt nicht wesentlich von Aufmerksamkeit, Fähigkeiten und Kenntnissen der Spieler abhängt, sondern allein oder hauptsächlich vom Zufall.

| | |
|---|---|
| **ÖFFENTLICH.** Dieses Merkmal ist nur erfüllt, wenn die Veranstaltung dem Publikum als solchem, also einem nicht festgeschlossenen Personenkreise nach außen erkennbar, zugänglich gemacht wird. Öffentlichkeit ist auch gegeben, wenn der Personenkreis zwar begrenzt, aber nicht durch Beziehungen verbunden ist. | Tr48, § 284 Rn. 14 |
| **ÖFFENTLICH** ist das Glücksspiel, wenn für einen größeren, nicht fest geschlossenen Personenkreis die Möglichkeit besteht, sich an ihm zu beteiligen und bei den Spielern der Wille vorhanden und äußerlich erkennbar ist, auch andere am Spiel teilnehmen zu lassen. Entscheidend ist also nicht die Öffentlichkeit des Ortes, an dem das Spiel stattfindet, sondern die Tatsache, daß es dem Publikum freisteht, sich am Spiel zu beteiligen. | S/S25, § 284 Rn. 9 |
| **ÖFFENTLICH** ist das Glücksspiel, wenn die Beteiligung in erkennbarer Weise beliebigen Personen ermöglicht, also nicht auf einen geschlossenen, durch konkrete außerhalb des Spielzwecks liegende Interessen verbundenen, Personenkreis beschränkt wird. | La22, § 284 Rn. 10 |
| **VERANSTALTEN** bedeutet, ein Unternehmen auf eigene Rechnung ins Werk zu setzen. | Tr48, § 284 Rn. 11 |
| Ein Glücksspiel **VERANSTALTET**, wer dem Publikum Gelegenheit zur Beteiligung daran gibt. Dafür kann bereits die Aufstellung und das Zugänglichmachen eines Spielplans genügen; daher ist nicht erforderlich, daß bereits eine Beteiligung am Spiel tatsächlich stattgefunden hat. | S/S25, § 284 Rn. 12 |
| **VERANSTALTER** ist, wer dem Publikum eine von ihm beherrschte, vor allem nach Spielplan und Gewinnmöglichkeiten konkretisierte, Spielgelegenheit eröffnet; also nur die - nicht notwendig schon vollzogene - Spielaufnahme ermöglicht (h.M.); er muß nicht wie der gewerbliche Unternehmer das Risiko der Spielveranstaltung tragen. | La22, § 284 Rn. 11 |
| **HALTEN.** Halter eines Glücksspiels ist der Unternehmer, der die Spieleinrichtungen zum Spiel zur Verfügung stellt. | Tr48, § 284 Rn. 12 |
| Ein Glücksspiel **HÄLT**, wer als Unternehmer die Spieleinrichtungen zur Verfügung stellt. Halten als qualifizierte Form des Mitspielens; auch hier ist nicht der Beginn des Spieles erforderlich. | S/S25, § 284 Rn. 13 |
| **HALTER** ist, wer das Spiel selbst leitet, für den eigentlichen Spielverlauf verantwortlich ist und sich in qualifizierter Form | La22, § 284 Rn. 11 |

| | |
|---|---|
| an diesem beteiligt, um das Spiel zu ermöglichen, z.B. auch ein Mitspieler ohne finanzielle Interessen. | |
| **Die Einrichtung hierzu bereit halten**. Nicht nötig ist, daß es sich (lediglich) um Spieleinrichtungen handelt, auch die Hergabe von Räumen, Stühlen und Tischen zum Spielen genügt. | Tr[48], § 284 Rn. 13 |
| **Spieleinrichtungen** sind alle Gegenstände, die ihrer Natur nach geeignet oder dazu bestimmt sind, zu Glücksspielen benutzt zu werden. Dazu ist zwischen eigentlichen und uneigentlichen Spieleinrichtungen zu unterscheiden: Ein Roulette-Tisch z.B. kann anderen Zwecken nicht dienen und ist daher stets Spieleinrichtung. Bei Spielkarten, Würfeln o.ä. hingegen, die auch erlaubten Spielen dienen können, ist darüber hinaus erforderlich, daß sie zur Verwendung für Glücksspiele bestimmt sind. Unter dieser Voraussetzung können auch völlig neutrale Gegenstände, wie Stühle, normale Tische usw. zur Spieleinrichtung werden. | S/S[25], § 284 Rn. 15 |
| **Bereitgestellt** sind Spieleinrichtungen, wenn sie den Spielern zur Nutzung beim Spiel zur Verfügung stehen. Beginn des Spiels ist nicht erforderlich. | S/S[25], § 284 Rn. 16 |
| **Bereitstellen** ist Zugänglichmachen der Einrichtungen; es müssen Spieleinrichtungen sein, d.h. solche, die nach den Umständen eine Eignung gerade zum Spielen haben; es genügt jedoch nicht, daß der Wirt nur das Spiel im gewöhnlichen, der Öffentlichkeit zugänglichen Schankraum duldet. | La[22], § 284 Rn. 11 |
| Als **geschlossene Gesellschaften** können auch regelmäßige Zusammenkünfte eines bestimmten Verwandten- oder Freundeskreises anzusehen sein. Es ist nicht erforderlich, daß die einzelnen Teilnehmer einen Hang zum Spielen haben; vielmehr reicht aus, daß die Gesellschaft als Personenmehrheit auf Grund eines durch Übung ausgebildeten Hanges zum Glücksspiel zusammenkommt. | (S/S[25], § 284 Rn. 10) |
| **Gewohnheitsmäßig** handelt, wer aus einem durch Übung ausgebildeten, selbständig fortwirkenden Hang tätig wird, dessen Befriedigung ihm bewußt oder unbewußt ohne innere Auseinandersetzung gleichsam von der Hand geht. | (La[22], § 284 Rn. 10 i V m. vor § 52 Rn. 20) |
| **Ohne behördliche Erlaubnis**. Vgl hierzu das SpielbankenG v. 14.7.1933, das zT als Landesrecht fortgilt, ferner die SpielbankenVO. | Tr[48], § 284 Rn. 10 |
| Die **behördliche Erlaubnis** schließt die Tatbestandsmäßigkeit aus (str.), sie muß verwaltungsrechtlich bestandskräftig, nicht notwendig materiell fehlerfrei sein. | La[22], § 284 Rn. 12 |

| | |
|---|---|
| **ALS MITGLIED DER BANDE** muß der Täter die Tat begehen. Er muß sich also der Verbindung mit ihrer Planung tatsächlich eingegliedert haben und die Tat muß in die Kette der fortlaufenden Begehung derartiger Taten gehören. | Tr[48], 284 Rn. 14aa i.V.m. § 244 Rn. 11 |
| **BANDE** ist eine lose Gruppe von mehr als (str.) 2 Mitgliedern. | Tr[48], 284 Rn. 14aa i.V.m. § 244 Rn. 9 |
| **BANDE** ist eine auf ausdrücklicher oder stillschweigender Vereinbarung beruhende und für eine gewisse Dauer vorgesehene Verbindung einer Mehrzahl von Personen zur Begehung mehrerer selbständiger, im einzelnen noch ungewisser Taten des Glücksspiels, nicht dagegen zur Begehung nur einer fortgesetzten Tat. Dabei soll die Verbindung von zwei Personen genügen. | La[22], § 284 Rn. 14 i.V.m. § 260 Rn. 2 i.V.m. § 244 Rn. 6 |
| Mit **FORTGESETZTER BEGEHUNG** ist nicht eine fortgesetzte Tat im herkömmlichen Sinn gemeint, sondern Begehung mehrerer selbständiger, im einzelnen noch ungewisser Taten, Beschränkung der geplanten Taten nach Zeit und Ort oder nach Gegenständen, ist ohne Bedeutung, die auf denselben Eigentümer jedoch nur dann, wenn er immer wieder an verschiedenen Orten und unter verschiedenen Möglichkeiten bestohlen werden kann. | Tr[48], § 284 Rn. 14a i.V.m. § 244 Rn. 10 |
| **GEWERBSMÄßIG** handelt, wer sich aus wiederholter Tatbegehung (und sei es auch nur innerhalb des Gesamtvorsatzes einer Fortsetzungstat) eine nicht nur vorübergehende Einnahmequelle von einigem Umfang verschaffen möchte, ohne daß er daraus ein „kriminelles Gewerbe" zu machen braucht. | Tr[48], § 284 Rn. 14a i.V.m. vor § 52 Rn. 43 |
| **GEWERBSMÄßIG** handelt, wem es darauf ankommt, sich aus wiederholter (uU auch nur fortgesetzter) Begehung eine fortlaufende Haupt- oder auch nur Nebeneinnahmequelle von einiger Dauer und einigem Umfang zu schaffen, ohne daß er daraus ein „kriminelles Gewerbe" zu machen braucht. | La[22], § 284 Rn. 14 i.V.m. § 260 Rn. 2 i.V.m. vor § 52 Rn. 20 |
| **WERBEN.** Das Auffordern oder Sicherbietens zur Vermittlung von Spielverträgen sind typische Vorgänge im organisatorischen Innenbereich des anbietenden Unternehmens und damit dem straflosen Vorfeld des „Veranstaltens" zuzurechnen sind. Hingegen ist der Bereich rein innerorganisatorischer Vorbereitungshandlungen mit dem nach außen hin deutlichen Werben für eine Lotterie oder Ausspielung verlassen. | Verf. (BTDr.) |

## Konkurrenzen:

§ 284 verdrängt § 285 im Wege der Gesetzeskonkurrenz (Konsumtion). § 284 steht in Idealkonkurrenz mit § 263.

# § 285. Beteiligung am unerlaubten Glücksspiel.

## Gesetzestext:

Wer sich an einem öffentlichen Glücksspiel (§ 284) beteiligt, wird mit Freiheitsstrafe bis zu sechs Monaten oder mit Geldstrafe bis zu einhundertachtzig Tagessätzen bestraft.

## Überblick:

- ***Typ:*** vorsätzliches Begehungsdelikt - Tätigkeitsdelikt.
- ***Versuch*** ist nicht strafbar (Vergehen!).
- ***Eigenständiges Delikt*** (Obersatz: § 285), Verweis auf § 284 ist lediglich ***Begriffsbestimmung***.

## Aufbau:

I. Tatbestand
   1. Objektiver Tatbestand:
      a. Tatobjekt - ein Glückspiel, öffentliches, i.S.v. § 284;
      b. Tathandlung - Beteiligung.
   2. Subjektiver Tatbestand: Vorsatz, mindestens bedingter, bez. obj. TB.

II. Rechtswidrigkeit *und*

III. Schuld: keine Besonderheiten.

## Definitionen / Erläuterungen:

| | |
|---|---|
| **GLÜCKSPIEL**. Beim Glücksspiel wird die Entscheidung über Gewinn und Verlust nach den Vertragsbedingungen nicht wesentlich von den Fähigkeiten und Kenntnissen und vom Grade der Aufmerksamkeit der Spieler bestimmt, sondern allein oder hauptsächlich vom Zufall, nämlich vom Wirken unberechenbarer, dem Einfluß der Beteiligten in ihrem Durchschnitt entzogener Ursachen. | Tr[48], § 284 Rn. 3 |
| Ein **GLÜCKSSPIEL** liegt vor, wenn die Beteiligten zur Unterhaltung oder aus Gewinnstreben über den Gewinn oder Verlust eines nicht ganz unbeträchtlichen Vermögenswertes ein ungewisses Ereignis entscheiden lassen, dessen Eintritt nicht wesentlich von Aufmerksamkeit, Fähigkeiten und Kenntnissen der Spieler abhängt, sondern allein oder hauptsächlich vom Zufall. | La[22], § 284a Rn. 2 i.V.m. § 284 Rn. 2 |
| **ÖFFENTLICH** ist das Glücksspiel, wenn die Beteiligung in erkennbarer Weise beliebigen Personen ermöglicht, also nicht auf einen geschlossenen, durch konkrete außerhalb des Spielzwecks liegende Interessen verbundenen, Personenkreis beschränkt wird. | La[22], § 284a Rn. 2 i.V.m. § 284 Rn. 10 |

**ÖFFENTLICH**. Dieses Merkmal ist nur erfüllt, wenn die Veranstaltung dem Publikum als solchem, also einem nicht festgeschlossenen Personenkreise nach außen erkennbar, zugänglich gemacht wird. Öffentlichkeit ist auch gegeben, wenn der Personenkreis zwar begrenzt, aber nicht durch Beziehungen verbunden ist. — Tr[48], § 284 Rn. 14

---

**BETEILIGUNG**. Der Täter muß an dem Spiel als Spieler teilnehmen, nämlich an der Gewinn- und Verlustchance, Täter kann auch der Veranstalter sein. — Tr[48], § 284a Rn. 1

Am Glücksspiel **BETEILIGT** sich, wer selbst spielt, d.h. sich den vom Zufall abhängenden Gewinn- und Verlustaussichten unterwirft. Beteiligter ist auch, wer in Vertretung oder als Beauftragter eines anderen auf dessen Rechnung spielt, ebenso der Veranstalter oder Halter, der selbst mitspielt. Eine Beteiligung liegt erst dann vor, wenn das Spiel begonnen hat. — S/S[25], § 284a Rn. 2

**BETEILIGUNG** ist Teilnahme als Spieler, also an der Möglichkeit von Gewinn und Verlust. — La[22], § 284a Rn. 1

## Konkurrenzen:

§ 285 steht in Idealkonkurrenz mit § 263.

# § 286. Vermögensstrafe, Erweiterter Verfall und Einziehung.

## Gesetzestext:

(1) In den Fällen des § 284 Abs. 3 Nr. 2 sind die §§ 43a, 73d anzuwenden. § 73d ist auch in den Fällen des § 284 Abs. 3 Nr. 1 anzuwenden.

(2) In den Fällen der §§ 284 und 285 werden die Spieleinrichtungen und das auf dem Spieltisch oder in der Bank vorgefundene Geld eingezogen, wenn sie dem Täter oder Teilnehmer zur Zeit der Entscheidung gehören. Andernfalls können die Gegenstände eingezogen werden; § 74a ist anzuwenden.

## Überblick:

○ ***Typ:*** Rechtsfolgenregelung, vgl auch §§ 73 ff. Klausurmäßig bedeutungslos.

## § 287. Unerlaubte Veranstaltung einer Lotterie oder einer Ausspielung.

### Gesetzestext:

(1) Wer ohne behördliche Erlaubnis öffentliche Lotterien oder Ausspielungen beweglicher oder unbeweglicher Sachen veranstaltet, namentlich den Abschluß von Spielverträgen für eine öffentliche Lotterie oder Ausspielung anbietet oder auf den Abschluß solcher Spielverträge gerichtete Angebote annimmt, wird mit Freiheitsstrafe bis zu zwei Jahren oder mit Geldstrafe bestraft.

(2) Wer für öffentliche Lotterien oder Ausspielungen (Absatz 1) wirbt, wird mit Freiheitsstrafe bis zu einem Jahr oder mit Geldstrafe bestraft."

### Überblick:

- ***Typ:*** vorsätzliches Begehungsdelikt - Tätigkeitsdelikt.
- ***Versuch*** ist nicht strafbar (Vergehen!).
- Abs. 1 und 2 enthalten ***selbständige Delikte***. Wegen des Verweises von Abs. 2 auf 1 aber Obersatz: § 287 II, I.

### Aufbau (Abs. 1):

I. Tatbestand
  1. Objektiver Tatbestand:
    a. Tatobjekt:
      aa. eine Lotterie, öffentliche *oder*
      bb. Ausspielungen beweglicher oder unbeweglicher Sachen
    b. Tathandlung: Veranstalten ohne behördliche Erlaubnis, namentlich:
      aa. den Abschluß von Spielverträgen für das Tatobjekt anbieten *oder*
      bb. auf den Abschluß solcher Spielverträge gerichtete Angebote annehmen
  2. Subjektiver Tatbestand: Vorsatz, mindestens bedingter, bez. obj. TB.
II. Rechtswidrigkeit *und*
III. Schuld: keine Besonderheiten.

### Aufbau (Abs. 2):

I. Tatbestand
  1. Objektiver Tatbestand:
    a. Tatobjekt: Lotterie *oder* Ausspielungen i.S.v. Abs. 1
    b. Tathandlung: Werben
  2. Subjektiver Tatbestand: Vorsatz, mindestens bedingter.
II. Rechtswidrigkeit *und*
III. Schuld: keine Besonderheiten.

## Definitionen / Erläuterungen:

| | |
|---|---|
| **LOTTERIE**. Die Lotterie ist, wie die Ausspielung in Abs. 2, eine besondere Art des Glückspiels (s.o. § 284). Sie liegt vor, wenn eine Mehrzahl von Personen vertragsgemäß die Möglichkeit hat, nach einem bestimmten Lotterieplan gegen bestimmten Einsatz einen bestimmten Geldgewinn zu machen, dessen Erzielung, den Mitspielern erkennbar, vom Zufalle abhängig ist. | Tr[48], § 286 Rn. 2 |
| **LOTTERIE** ist ein Unternehmen, bei dem einer Mehrzahl von Personen die Möglichkeit eröffnet wird, nach einem bestimmten Plan gegen einen bestimmten Einsatz ein vom Eintritt eines zufälligen Ereignisses abhängiges Recht auf einen bestimmten Geldgewinn zu erstreben. | S/S[25], § 286 Rn. 2 |
| **LOTTERIE** und **AUSSPIELUNG** sind Glücksspiele, haben aber die Besonderheit, daß hier nach einem vom Unternehmer einseitig festgelegten Spielplan gespielt wird. | La[22], § 286 Rn. 1 |
| Der Unterschied zwischen **LOTTERIE** und **AUSSPIELUNG** besteht darin, daß der Gewinn bei der Lotterie stets in Geld, bei der Ausspielung in geldwerten Sachen oder Leistungen (z.B. Ferienreise) besteht. | La[22], § 286 Rn. 4 |
| Die **AUSSPIELUNG** unterscheidet sich von der Lotterie dadurch, daß nicht Geld, sondern andere Sachen oder geldwerte Leistungen die Gewinne bilden. | S/S[25], § 286 Rn. 2 |
| **ÖFFENTLICH**. Die Lotterie/Ausspielung muß jedermann aus dem Publikum, oder zwar einem begrenzten, aber nicht durch persönliche Beziehungen verbundenen Personenkreis zugänglich gemacht werden. | Tr[48], § 286 Rn. 12 |
| Die Veranstaltung ist **ÖFFENTLICH**, sobald das Anbieten von Losen sich nicht auf einen bestimmten Kreis von Teilnehmern beschränkt, sondern an eine Mehrzahl unbestimmter Personen erfolgt, die weder als Mitglieder einer gleichgerichteten Interessengemeinschaft noch in persönlicher Hinsicht miteinander verbunden sind. | S/S[25], § 286 Rn. 17 |
| **ÖFFENTLICH** ist die Veranstaltung, wenn die Beteiligung in erkennbarer Weise beliebigen Personen ermöglicht, also nicht auf einen geschlossenen, durch konkrete außerhalb des Spielzwecks liegende Interessen verbundenen, Personenkreis beschränkt wird. | La[22], § 286 Rn. 5 i.V.m. § 284 Rn. 10 |
| **VERANSTALTEN** bedeutet, ein Unternehmen auf eigene Rechnung ins Werk zu setzen. | Tr[48], § 284 Rn. 11 |
| **VERANSTALTET** ist die Lotterie oder Ausspielung bereits dann, wenn die Möglichkeit der Beteiligung gewährt ist; der tatsäch- | S/S[25], § 286 Rn. 15 |

liche Abschluß von Spielverträgen ist nicht erforderlich.

| | |
|---|---|
| **Veranstalten** ist Eröffnen der Möglichkeit zur Beteiligung am Spiel nach dem aufgestellten Spielplan; zum Abschluß von Spielverträgen braucht es nicht gekommen zu sein. | La[22], § 286 Rn. 6 |
| **Werben.** Das Auffordern oder Sicherbietens zur Vermittlung von Spielverträgen sind typische Vorgänge im organisatorischen Innenbereich des anbietenden Unternehmens und damit dem straflosen Vorfeld des „Veranstaltens“ zuzurechnen sind. Hingegen ist der Bereich rein innerorganisatorischer Vorbereitungshandlungen mit dem nach außen hin deutlichen Werben für eine Lotterie oder Ausspielung verlassen. | Verf. (BTDr.) |
| Die Zuständigkeit zur Erteilung der **Erlaubnis** ist in der LotterieVO sowie in Landesgesetzen geregelt. | S/S[25], § 286 Rn. 18 |
| Die **Erlaubnis** fehlt auch beim Abweichen von den genehmigten Spielbedingungen. Die Zuständigkeit für die ist landesrechtlich geregelt. | La[22], § 286 Rn. 7 |

## Konkurrenzen:

§ 286 verdrängt § 284 im Wege der Gesetzeskonkurrenz (Spezialität). § 286 steht in Idealkonkurrenz mit § 263.

# § 287. (Ersetzt durch §§ 25d ff. WZG.)

# § 288. Vereitelung der Zwangsvollstreckung.

## Gesetzestext:

(1) Wer bei einer ihm drohenden Zwangsvollstreckung in der Absicht, die Befriedigung des Gläubigers zu vereiteln, Bestandteile seines Vermögens veräußert oder beiseite schafft, wird mit Freiheitsstrafe bis zu zwei Jahren oder mit Geldstrafe bestraft.

(2) Die Tat wird nur auf Antrag verfolgt.

## Überblick:

- ❍ ***Typ:*** vorsätzliches Begehungsdelikt - Tätigkeitsdelikt
- ❍ ***Versuch*** ist nicht strafbar (Vergehen!).
- ❍ Abs. 2 enthält ***Antragserfordernis***.
- ❍ § 288 ***schützt*** die ***Einzelvollstreckung***, d.h. das Recht des einzelnen Gläubigers auf Befriedigung aus dem Schuldnervermögen (anders: §§ 283 ff: Schutz der ***Gesamtvollstreckung***) (Tr[48], § 288 Rn. 1).

## Aufbau:

I. Tatbestand
  1. Objektiver Tatbestand:
    a. Tatsituation - eine dem Täter drohende Zwangsvollstreckung.
      aa. Ein Anspruch liegt der Zwangsvollstreckung zugrunde
      bb. fällig
      cc. einredefrei
      dd. Zwangsvollstreckung ist drohend
    b. Tatobjekt - Bestandteile des Tätervermögens;
    c. Tathandlung -
      aa. Veräußern *oder*
      bb. beiseite schaffen;
  2. Subjektiver Tatbestand:
    a. Vorsatz, mindestens bedingter, bez. obj. TB.,
    b. zusätzlich: Absicht, die Befriedigung des Gläubigers zu vereiteln.

II. Rechtswidrigkeit *und*

III. Schuld: keine Besonderheiten.

IV. Strafausschließungsgrund: Antrag nach Abs. 2.

## Definitionen / Erläuterungen:

| | |
|---|---|
| **Bestandteile des Tätervermögens**. Zum Vermögen des Täters in diesem Sinne gehört alles, was der Vollstreckung unterliegt. | Tr[48], § 288 Rn. 6 |
| **Bestandteil des Vermögens** sind alle pfändbaren Rechte und Sachen, u.U. auch der Besitz fremder Sachen, soweit die Vollstreckung in sie zulässig ist. | S/S[25], § 288 Rn. 14 |
| **Vermögensbestandteile** sind alle beweglichen und unbeweglichen geldwerten Gegenstände, wenn sie für den Fall der Konkurseröffnung zur Konkursmasse gehören; namentlich auch Sachen, die einem anderen zur Sicherung übereignet wurden, Anwartschaften auf Eigentumserwerb an Sachen, die unter Eigentumsvorbehalt gekauft wurden, Ankaufsrechte an einem Grundstück, wenn sie übertragbar sind, unredlich durch anfechtbares Rechtsgeschäft erlangte Sachen und Forderungen, selbst wenn sie in ihrem wirtschaftlichen Wert zweifelhaft sind, nicht aber, wenn ihre Wertlosigkeit feststeht. | La[22], § 288 Rn. 3 i.V.m. § 283 Rn. 9 |
| **Veräußern** ist jede Rechtshandlung, durch die ein dem Gläubiger haftender Vermögenswert aus dem Vermögen des Schuldners ausgeschieden wird, ohne daß der volle Gegenwert in das Schuldnervermögen gelangt, so daß sie rechtlich der Vollstreckung entzogen sind. | Tr[48], § 288 Rn. 7 |
| **Veräußerung** bedeutet jede Verfügung, durch die ein den Gläubigern haftendes Vermögensstück durch Rechtsgeschäft | S/S[25], § 288 Rn. 15 |

aus dem Vermögen des Schuldners ausgeschieden wird.

**VERÄUßERN** ist jede rechtliche Verfügung, durch die ein Vermögenswert ohne vollen Ausgleich aus dem Vermögen ausscheidet, so daß er dem Zugriff des Gläubigers entzogen oder dessen Befriedigungsmöglichkeit verringert ist. — La[22], § 288 Rn. 4

---

**BEISEITESCHAFFEN** ist jede Handlung, durch welche ein Gegenstand der Zwangsvollstreckung tatsächlich entzogen wird. — Tr[48], § 288 Rn. 10

**BEISEITESCHAFFEN** bedeutet zunächst jede räumliche Entfernung der Sache, so daß sie der Zwangsvollstreckung tatsächlich entzogen wird. — S/S[25], § 288 Rn. 17

**BEISEITESCHAFFEN** setzt voraus, daß der Vermögensbestandteil in eine (veränderte) tatsächliche oder rechtliche Lage verbracht wird, in der den Gläubigern ein alsbaldiger Zugriff unmöglich gemacht oder erschwert wird, ohne daß dies im Rahmen ordnungsmäßiger Wirtschaft liegt. — La[22], § 288 Rn. 4 i.V.m. § 283 Rn. 10

---

**ZWANGSVOLLSTRECKUNG** ist die zwangsweise Durchsetzung des Anspruchs durch das zuständige Vollstreckungsorgan, wie Gericht, Gerichtsvollzieher, Verwaltungsbehörde. Auch die Zwangsverwaltung gehört hierher, während der Vollzug eines Arrestes zwar noch keine Zwangsvollstreckung i.S. des § 288 ist, aber dem Schuldner deutlich macht, daß eine solche droht. — Tr[48], § 288 Rn. 3

Unter **ZWANGSVOLLSTRECKUNG** ist die durch staatliche (auch ausländische) Organe erfolgende zwangsweise Verwirklichung eines Anspruchs zu verstehen. — S/S[25], § 288 Rn. 5

---

**DROHEN** muß die Zwangsvollstreckung dem Täter; es muß objektiv anzunehmen sein, daß der Gläubiger demnächst zur zwangsweisen Durchsetzung seines Anspruchs schreiten wird, ein vorübergehender Vollstreckungsschutz beseitigt das „Drohen" der Zwangsvollstreckung nicht, sie braucht also noch nicht begonnen zu haben; es ist nicht einmal erforderlich, daß eine vollstreckbare Forderung vorliegt oder Klage erhoben wurde. — Tr[48], § 288 Rn. 4

Die Zwangsvollstreckung ist **DROHEND**, sobald nach den Umständen des Falles anzunehmen ist, daß der Gläubiger den Willen hat, seinen Anspruch demnächst zwangsweise durchzusetzen. — S/S[25], § 288 Rn. 10

Die Zwangsvollstreckung **DROHT** schon, wenn Tatsachen vorliegen, die auf die Absicht des Gläubigers schließen lassen, die Vollstreckung zu betreiben. Eine Klage braucht noch nicht erhoben zu sein; dringende Mahnungen können u.U. genügen. — La[22], § 288 Rn. 2

---

**VEREITELN** der Befriedigung des Gläubigers muß der Schuldner wollen. Dies ist nicht der Fall, wenn noch genügend Befrie- — Tr[48], § 288 Rn. 13

digungsstücke übrig bleiben; dann fällt die Entziehung eines bestimmten Gegenstandes nicht unter § 288, es sei denn, daß sich der Anspruch gerade auf diesen Gegenstand richtet.

**VEREITELN DER BEFRIEDIGUNG DES GLÄUBIGERS**. Nicht ausreichend ist bei der Zwangsvollstreckung wegen Geldforderungen die Absicht, eine bestimmte Vollstreckungsmaßregel zu hindern oder ein bestimmtes Vermögensstück dem Zugriff des Gläubigers zu entziehen, sofern nach andere Vermögensstücke vorhanden sind, die für die Befriedigung des Gläubigers ausreichen. S/S[25], § 288 Rn. 19-22

Die **ABSICHT** braucht nur auf zeitweilige Vollstreckungsvereitelung gerichtet zu sein. Sie fehlt regelmäßig, wenn der Gläußiger unabhängig von der tathandlung keine Zugriffsmöglichkeit gehabt hätte oder wenn umgekehrt genügend anderes Vermögen vorhanden ist. La[22], § 288 Rn. 6

---

Die Tat ist **VOLLENDET** mit der Veräußerung oder dem Beiseiteschaffen; darauf, ob tatsächlich die Befriedigung des Gläubigers vereitelt wird, kommt es nicht an. S/S[25], § 288 Rn. 23

### Konkurrenzen:

§ 288 steht in Idealkonkurrenz mit §§ 136, 246, 283, 283c.

## § 289. Pfandkehr.

### Gesetzestext:

(1) Wer seine eigene bewegliche Sache oder eine fremde bewegliche Sache zugunsten des Eigentümers derselben dem Nutznießer, Pfandgläubiger oder demjenigen, welchem an der Sache ein Gebrauchs- oder Zurückbehaltungsrecht zusteht, in rechtswidriger Absicht wegnimmt, wird mit Freiheitsstrafe bis zu drei Jahren oder mit Geldstrafe bestraft.

(2) Der Versuch ist strafbar.

(3) Die Tat wird nur auf Antrag verfolgt.

### Überblick:

- ***Typ:*** vorsätzliches Begehungsdelikt - Tätigkeitsdelikt.
- ***Versuch*** ist strafbar. Abs. 2. Abs. 3 enthält ***Antragserfordernis***.
- Abs. 1 enthält ***2 Varianten*** (für eigene und fremde Sachen, wobei die Var. 2 noch ein zusätzliches subj. Element hat).
- § 289 ***schützt*** (auch) bewegliche Sachen in der Hand des Nichteigentümers, an denen jemand ein bestimmtes Recht hat („Diebstahl" eigener Sachen) (Tr[48], § 289 Rn. 1).

## Aufbau:

I. Tatbestand
  1. Objektiver Tatbestand:
    a. Tatobjekt - Sache, bewegliche,
      aa. eigene (Var. 1) *oder*
      bb. fremde (Var. 2),
      cc. an der ein Recht für einen Dritten besteht und zwar:
        - Nutznießrecht *oder*
        - Pfandrecht *oder*
        - Gebrauchsrecht *oder*
        - Zurückbehaltungsrecht;
    b. Tathandlung - Wegnahme;
  2. Subjektiver Tatbestand:
    a. Vorsatz, mindestens bedingter, bez. des Vorliegens eines der Dritt-Rechte,
    b. zusätzlich: Absicht, rechtswidrige (hier: dolus directus I oder II) bez. der Vereitelung dieses Rechtes durch die Wegnahme.
    c. Zusätzlich (für Var. 2): Vorsatz, mindestens bedingter, im Hinblick darauf, daß die Tathandlung zugunsten des Eigentümers erfolgt.

II. Rechtswidrigkeit *und*
III. Schuld: keine Besonderheiten.
IV. Strafausschließungsgrund: Antrag nach Abs. 3.

## Definitionen / Erläuterungen:

| | |
|---|---|
| **SACHE** ist ein körperlicher Gegenstand. | Tr[48], § 242 Rn. 2 |
| **SACHEN** sind grundsätzlich alle körperlichen Gegenstände (§ 90 BGB), auch Leichen, nicht aber lebende Menschen, Embryonen (Feten) und Tiere; letztere werden jedoch auch nach der gesetzestechnisch mißglückten Einführung des § 90a BGB erfaßt, weil die für Sachen geltenden Vorschriften, soweit nichts anderes bestimmt ist, kraft Gesetzes (also nicht aufgrund lückenfüllender Analogie) auf Tiere entsprechend anzuwenden sind. | La[22], § 289 Rn. 3 i.V.m. § 242 Rn. 2 |
| **BEWEGLICH** im natürlichen Sinne muß die Sache sein; so auch Teile von unbeweglichen Sachen, die zum Zwecke der Wegnahme losgelöst werden. | Tr[48], § 242 Rn. 3 |
| **BEWEGLICH** sind - unabhängig von dem bürgerlich-rechtlichen Begriff - Sachen, die tatsächlich fortgeschafft werden konnen; also auch beweglich gemachte Sachen, z.B. ausgebrochene Goldzähne oder spätestens durch die Tathandlung vom Grundstück getrennte Bodenbretter, Türen, Fenster usw., auch das von der Weide abgefressene Gras. | La[22], § 289 Rn. 3 i.V.m. § 242 Rn. 3 |
| **EIGEN** ist die Sache, wenn sie im Alleineigentum des Täters steht. | Tr[48], § 242 Rn. 4 |

| | |
|---|---|
| **FREMD** ist eine Sache, die nach bürgerlichem Recht einem anderen gehört. | |
| **FREMD** ist die Sache, die einem anderen als dem Täter gehört. Maßgebend ist das Eigentum nach bürgerlichem Recht. | La[22], § 289 Rn. 3 i.V.m. § 242 Rn. 4 |
| **NUTZNIEẞUNGSRECHTE** sind in §§ 1030 ff, 1417 III S.2, 1649 II BGB geregelt. | Tr[48], § 289 Rn. 1 |
| Zu den **NUTZNIEẞUNGSRECHTEN** gehören z.B. das Nießbrauchsrecht nach §§ 1030 ff. BGB, das Nutzungsrecht der Eltern am Kindesvermögen nach § 1649 II BGB. Unerheblich ist, ob das Recht durch Gesetz, Vertrag oder letztwillige Verfügung begründet worden ist. | S/S[25], § 289 Rn. 3 |
| **PFANDRECHTE** sind in §§ 1204 ff BGB geregelt. | Tr[48], § 289 Rn. 1 |
| An **PFANDRECHTEN** kommen vertragsmäßige sowie gesetzliche Pfandrechte in Betracht, z.B. das Unternehmerpfandrecht nach § 647 BGB, u.U. auch das gesetzliche Pfandrecht des Vermieters (§§ 559 ff. BGB) sowie des Verpächters (§§ 581 II, 585 BGB); auch Pfändungspfandrechte gehören hierher, soweit die Sachen nicht im Gewahrsam des Schuldners bleiben. | S/S[25], § 289 Rn. 4 |
| **GEBRAUCHSRECHT** kann dinglicher oder persönlicher Art sein. | Tr[48], § 289 Rn. 1 |
| Bei den **GEBRAUCHSRECHTEN** macht es keinen Unterschied, ob es sich um dingliche oder persönliche Rechte, um privatrechtliche oder öffentlich-rechtliche, um gesetzliche oder vertragsmäßige Rechte handelt; z.B. gehören auch die obligatorischen Gebrauchsrechte des Mieters oder Entleihers hierher. | S/S[25], § 289 Rn. 5 |
| **ZURÜCKBEHALTUNGSRECHT** kann kraft Gesetzes (§ 273 BGB; §§ 369 ff HGB) oder kraft Vertrages entstehen. | Tr[48], § 289 Rn. 1 |
| Bei den **ZURÜCKBEHALTUNGSRECHTE** macht es keinen Unterschied, ob sie auf Gesetz oder auf Vertrag beruhen, ob sie dinglicher oder obligatorischer Natur sind. | S/S[25], § 289 Rn. 6 |
| **WEGNAHME** bedeutet nach der h.M. nicht dasselbe wie im § 242, sondern liegt schon dann vor, wenn die Sache dem tatsächlichen Machtbereich eines anderen so entzogen wird, daß diesem die Ausübung der genannten Rechte unmöglich gemacht wird. | S/S[25], § 289 Rn. 8 |
| Der **WEGNAHME**begriff ist hier weiter auszulegen als beim Diebstahl (h.M.); er umfaßt zwar nicht die sofortige Zerstörung der Sache (h.M.), wohl aber die Vereitelung bloßer Zugriffsmöglichkeiten, die ein besitzähnlicher, rechtlich fundierter Machtbereich gewährt (str.), wie das z.B. beim Vermieterpfandrecht nach § 559 BGB zutrifft. | La[22], § 289 Rn. 3 |

| | |
|---|---|
| **VEREITELN** wird in der Regel durch den Bruch des Gewahrsams des Berechtigten geschehen, niemals durch bloßes Zerstören der Sache. | Tr[48], § 289 Rn. 2 |

**Konkurrenzen:**

§ 289 steht in Idealkonkurrenz mit §§ 136, 223, 240, 249, 288. Ob auch mit §§ 253, 263 ist zweifelhaft.

# § 290. Unerlaubter Gebrauch von Pfandsachen.

**Gesetzestext:**

Öffentliche Pfandleiher, welche die von ihnen in Pfand genommenen Gegenstände unbefugt in Gebrauch nehmen, werden mit Freiheitsstrafe bis zu einem Jahr oder mit Geldstrafe bestraft.

**Überblick:**

- ***Typ:*** vorsätzliches Begehungsdelikt - Tätigkeitsdelikt.
- ***Versuch*** ist nicht strafbar (Vergehen!).
- § 290 bestraft Gebrauch ohne Zueignung (wenn Zueignung -> § 246).

**Aufbau:**

I. Tatbestand
  1. Objektiver Tatbestand:
    a. Tatsubjekt - Pfandleiher, öffentlicher;
    b. Tatobjekt - Gegenstand, der in Pfand genommen wurde;
    c. Tathandlung - Gebrauchnahme. (Unbefugt ist hier kein TB-merkmal, sondern lediglich Hinweis auf die allgemeine Rechtswidrigkeit);
  2. Subjektiver Tatbestand: Vorsatz, mindestens bedingter.

II. Rechtswidrigkeit *und*

III. Schuld: keine Besonderheiten.

**Definitionen / Erläuterungen:**

| | |
|---|---|
| **ÖFFENTLICHE** Pfandleiher sind Personen, die ein allgemein zugängliches Pfandleihgeschäft betreiben, ohne Rücksicht darauf, ob es behördlich konzessioniert ist. | Tr[48], § 290 Rn. 1 |
| **ÖFFENTLICHE PFANDLEIHER** sind Personen, deren Geschäft allgemein zugänglich ist. Es kommt nicht darauf an, ob der Pfandleiher eine Konzession hat. | S/S[25], § 290 Rn. 2 |

| | |
|---|---|
| **Gegenstand** = Sache ist ein körperlicher Gegenstand. | Tr[48], § 242 Rn. 2 |
| **In Pfand genommen** bedeutet mit einem Pfandrecht (vertraglich oder gesetzlich) belegt, vgl. §§ 1204 ff, 1257 BGB. | |
| **Ingebrauchnahme** ist jede mit der Beschaffenheit des Gegenstandes verträgliche nutzbare Verwendung. | Tr[48], § 290 Rn. 2 |
| **Gebrauch** ist nicht nur eine körperliche Benutzung der Sache, sondern auch eine Weiterverpfändung in der Absicht, das Pfand wiedereinzulösen. | S/S[25], § 290 Rn. 3. |
| **Ingebrauchnehmen** bedeutet, daß das Fahrzeug als Fortbewegungsmittel benutzt wird. Unerheblich ist, ob dies mit oder ohne Motorkraft (Abrollenlassen) geschieht. Voraussetzung ist aber, daß das Fahrzeug in Bewegung gesetzt wird. Die bloße Inbetriebnahme reicht dagegen nicht aus. | S/S[25], § 290 Rn. 3 i.V.m. § 248b Rn. 4 |
| **Unbefugt** ist jeder Gebrauch ohne Einwilligung des Verpfänders. | S/S[25], § 290 Rn. 3 |

## § 291. Wucher.

### Gesetzestext:

(1) Wer die Zwangslage, die Unerfahrenheit, den Mangel an Urteilsvermögen oder die erhebliche Willensschwäche eines anderen dadurch ausbeutet, daß er sich oder einem Dritten

1. für die Vermietung von Räumen zum Wohnen oder damit verbundene Nebenleistungen,
2. für die Gewährung eines Kredits,
3. für eine sonstige Leistung *oder*
4. für die Vermittlung einer der vorbezeichneten Leistungen

Vermögensvorteile versprechen oder gewähren läßt, die in einem auffälligen Mißverhältnis zu der Leistung oder deren Vermittlung stehen, wird mit Freiheitsstrafe bis zu drei Jahren oder mit Geldstrafe bestraft. Wirken mehrere Personen als Leistende, Vermittler oder in anderer Weise mit und ergibt sich dadurch ein auffälliges Mißverhältnis zwischen sämtlichen Vermögensvorteilen und sämtlichen Gegenleistungen, so gilt Satz 1 für jeden, der die Zwangslage oder sonstige Schwäche des anderen für sich oder einen Dritten zur Erzielung eines übermäßigen Vermögensvorteils ausnutzt.

(2) In besonders schweren Fällen ist die Strafe Freiheitsstrafe von sechs Monaten bis zu zehn Jahren. Ein besonders schwerer Fall liegt in der Regel vor, wenn der Täter

1. durch die Tat den anderen in wirtschaftliche Not bringt,
2. die Tat gewerbsmäßig begeht,
3. sich durch Wechsel wucherische Vermögensvorteile versprechen läßt.

## Überblick:

- *Typ:* vorsätzliches Begehungsdelikt - Tätigkeitsdelikt - Vermögensgefährdungsdelikt (kein Schaden nötig).
- ***Versuch*** ist nicht strafbar (Vergehen!).
- Abs. 1 S. 1 enthält ***3 Varianten***, die auf dem Leistungsbegriff aufbauen.
- Abs. 1 S. 2 enthält eine sog. ***Additionsklausel***, die nur eingreift, wenn keine Mittäterschaft vorliegt (dann § 25 II), sondern Nebentäterschaft.
- Benannte besonders schwere Fälle in Abs. 2 S. 1 i.V.m. S. 2. Die benannten führen nicht zwingend, sondern nur regelmäßig zur Strafschärfung (***Strafzumessungsregelbeispiele wie bei § 243***, kein Tatbestand). Prüfung immer mit dem Grunddelikt (Obersatz: §§ 302a I, II S. 1, S. 2, Nr. ...) und zwar hinter Schuld des Grunddeliktes.
- ***Schutzgut***. Schutz einer bedrängten Einzelperson oder einer Gruppe von ihnen vor krasser wirtschaftlicher Übervorteilung (Tr[48], § 302a Rn. 3).

## Aufbau (Abs. 1 S. 1):

I. Tatbestand
  1. Objektiver Tatbestand:
    a. Tatobjekt - ein anderer;
    b. Tatsituation -
      aa. Zwangslage *oder*
      bb. Unerfahrenheit *oder*
      cc. Mangel an Urteilsvermögen *oder*
      dd. erhebliche Willensschwäche des anderen;
    c. Tathandlung - Ausbeuten (= Was) durch
      aa. Versprechenlassen *oder*
      bb. Gewährenlassen von Vermögensvorteilen für sich oder einen Dritten (= Wie)
      cc. für eine Leistung (Nr. 3), insbesondere:
        - die Vermietung von Räumen zum Wohnen oder damit verbundenen Nebenleistungen (Nr. 1) *oder*
        - die Gewährung eines Kredites (Nr. 2) *oder*
        - die Vermittlung von Leistungen (Nr. 4) (= Wofür),
      dd. auffälliges Mißverhältnis zwischen Leistung (Nr. 1 - 4) und Vermögensvorteil;
  2. Subjektiver Tatbestand: Vorsatz, mindestens bedingter.

II. Rechtswidrigkeit *und*

III. Schuld: keine Besonderheiten.

## Aufbau (Abs. 1 S. 1 i.V.m. S. 2):

I. Tatbestand
  1. Objektiver Tatbestand:
    a. Tatobjekt - ein anderer;
    b. Tatsubjekt - Täter ist einer von mehreren, die mitwirken, insbesondere als Leistender oder als Vermittler;

c. Tatsituation -
   aa. Zwangslage *oder*
   bb. Unerfahrenheit *oder*
   cc. Mangel an Urteilsvermögen *oder*
   dd. erhebliche Willensschwäche des anderen;
d. Tathandlung - Ausbeuten (= Was) durch
   aa. Versprechenlassen *oder*
   bb. Gewährenlassen von Vermögensvorteilen für sich oder einen Dritten (= Wie)
   cc. für mehrere Leistungen (Nr. 3), insbesondere:
      - die Vermietung von Räumen zum Wohnen oder damit verbundenen Nebenleistungen (Nr. 1) *oder*
      - die Gewährung eines Kredites (Nr. 2) *oder*
      - die Vermittlung von Leistungen (Nr. 4) (= Wofür),
   dd. auffälliges Mißverhältnis zwischen sämtlichen Leistungen (Nr. 1 - 4) und sämtlichen Vermögensvorteilen;

2. Subjektiver Tatbestand:
   a. Vorsatz, mindestens bedingter,
   b. zusätzlich: Absicht des Täters, sich oder einem Dritten einen übermäßigen, nicht notwendig auffällig mißverhältnismäßigen, Vermögensvorteil zu verschaffen.

II. Rechtswidrigkeit *und*
III. Schuld: keine Besonderheiten.

**Aufbau (Abs. 2 Nr. 1):**

1. Objektive Elemente:
   a. Taterfolg - Opfer gerät in wirtschaftliche Not
   b. Kausalität zu Versprechenlassen oder Gewährenlassen.
2. Subjektive Elemente: Wissen und Wollen der objektiven Elemente (= Vorsatz).

**Aufbau (Abs. 2 Nr. 2):**

1. Objektive Elemente: keine.
2. Subjektive Elemente: Gewerbsmäßigkeit.

**Aufbau (Abs. 2 Nr. 3):**

1. Objektive Elemente:
   a. auffällig mißverhältnismäßige Vermögensvorteile sind durch Wechsel versprochen (i.V.m. Abs. 1 S. 1) *oder*
   b. übermäßige Vermögensvorteile sind durch Wechsel versprochen (i.V.m. Abs. 1 S. 2).
2. Subjektive Elemente: Wissen und Wollen der objektiven Elemente (= Vorsatz).

## Definitionen / Erläuterungen:

| | |
|---|---|
| ***Beachte:*** Zur Zeit der Drucklegung hatten die Kommentare die „Verschiebung“ des Wuchertatbestandes von seinem angestammten Platz in § 302a StGB noch nicht berücksichtigt. | Verf. |
| **Zwangslage** ist zwar auch die Notlage, d.h. die dringende wirtschaftliche Not, die zwar noch nicht dem völligen Zusammenbruch gleichzustehen braucht, die angemessene wirtschaftliche Lebenshaltung aber fühlbar einengt oder doch eine den Betroffenen stark bedrängende, wenn auch vielleicht vorübergehende Geldknappheit bedeutet. Der Begriff der Zwangslage umfaßt aber darüber hinaus auch eine wirtschaftliche Bedrängnis, die zwar die Existenz des Betroffenen nicht bedroht, aber schwere wirtschaftliche Nachteile mit sich bringt oder befürchten läßt. | Tr[48], § 302a, Rn. 10 |
| Eine **Zwangslage** besteht, wenn jemand sich in ernster Bedrängnis befindet und zu deren Beseitigung auf eine der genannten Leistungen angewiesen ist. Die Bedrängnis kann wirtschaftlicher Art sein; sie kann aber auch auf sonstigen Umständen beruhen, die ein zwingendes Bedürfnis nach bestimmten Leistungen entstehen lassen. | S/S[25], § 302a Rn. 23 |
| **Zwangslage** erfordert nicht notwendig eine existenzbedrohende wirtschaftliche Bedrängnis; es genügt, daß der Bewucherte nach seinen Verhältnissen die Leistung dringend benötigt und sie nach den Umständen anderweitig nicht günstiger erlangen kann. | La[22], § 302a Rn. 8 |
| **Unerfahrenheit** ist der Mangel an Geschäftskenntnis und Lebenserfahrung allgemein oder auf bestimmten Gebieten, welche die Fähigkeit beschränkt, gewisse Lebensverhältnisse richtig zu beurteilen. | Tr[48], § 302a Rn. 11 |
| **Unerfahrenheit** ist eine auf Mangel an Geschäftskenntnis und Lebenserfahrung beruhende Eigenschaft eines Menschen, durch die er gegenüber Durchschnittsmenschen benachteiligt ist. Dieser Mangel muß beim Betroffenen allgemein bestehen oder sich auf Teilbereiche menschlichen Wirkens erstrecken, namentlich auf finanzielle Dinge, und zudem die Fähigkeit einschränken, gewisse Lebensverhältnisse richtig zu beurteilen. | S/S[25], § 302a Rn. 25 |
| **Unerfahrenheit** ist eine den Ausgebeuteten vom Durchschnittsmenschen unterscheidende Eigenschaft, die auf einem Mangel an Geschäftskenntnis und Lebenserfahrung im allgemeinen oder auf einzelnen Gebieten beruht und eine Einschränkung der Fähigkeit zur Wahrnehmung oder richtigen Beurteilung von Zuständen oder Geschehnissen zur Folge hat. | La[22], § 302a Rn. 8 |
| **Mangel an Urteilsvermögen** bedeutet einen intellektuel- | Tr[48], § 302a Rn. 12 |

len, nicht durch bloße Erfahrung ausgleichbaren Leistungsmangel, der es dem Betroffenen nicht möglich macht oder doch erheblich erschwert, bei einem Rechtsgeschäft Leistung und Gegenleistung richtig gegeneinander abzuwägen und das Unseriöse eines vielleicht komplizierten und die wirkliche Belastung verschleiernden Angebots zu durchschauen. Schwachsinn i.S. von § 20 braucht noch nicht gegeben zu sein; doch sind Fälle geistiger Defekte mit erfaßt.

Ein **MANGEL AN URTEILSVERMÖGEN** liegt vor, wenn beim Betroffenen infolge einer geistigen, nicht durch Erfahrung ausgleichbaren Schwäche in erheblichem Maße die Fähigkeit herabgesetzt ist, sich durch vernünftige Beweggründe leiten zu lassen oder die beiderseitigen Leistungen sowie die wirtschaftlichen Folgen des Geschäftsabschlusses richtig zu bewerten. Ein geistiger Defekt i.S. des § 20 ist nicht erforderlich; er wird aber ebenfalls erfaßt. — S/S[25], § 302a Rn. 26

**MANGEL AN URTEILSVERMÖGEN** ist mehr als bloße Unerfahrenheit; er ist namentlich anzunehmen, wenn dem Bewucherten - i.d.R. infolge von Verstandesschwäche - die Fähigkeit abgeht, die beiderseitigen Leistungen und die wirtschaftlichen Folgen des Geschäftsabschlusses vernünftig zu bewerten. — La[22], § 302a Rn. 8

---

**ERHEBLICHE WILLENSSCHWÄCHE**. Dabei handelt es sich um eine gravierende und häufig, wenn auch nicht immer krankhafte oder Krankheitswert erreichende angeborene oder erworbene Schwächung der Widerstandsfähigkeit gegenüber Trieben oder Verlockungen, welche die Fähigkeit des Betroffenen, sich einem wucherischen Geschäft zu entziehen, das etwa gefährliche Augenblicksvorteile verspricht, beträchtlich herabsetzt. — Tr[48], § 302a Rn. 13

Eine **ERHEBLICHE WILLENSSCHWÄCHE** ist gegeben, wenn die Widerstandskraft, einem wucherischen Angebot zu widerstehen, in so starkem Maße vermindert ist, daß der Schwächezustand gradmäßig den sonstigen in § 302a genannten Schwächesituationen gleichkommt. — S/S[25], § 302a Rn. 27

**WILLENSSCHWÄCHE** ist jeder - sei es auch krankhafte, u.U. auf Alkohol- oder Drogenabhängigkeit beruhende - Mangel an Widerstandsfähigkeit gegenüber psychischen Reizen; sie ist **ERHEBLICH**, wenn sie nicht lediglich Ausdruck einer verbreiteten Anfälligkeit gegenüber modernen Werbemethoden ist, sondern deutlich hinter der Widerstandskraft des am Geschäftsverkehr teilnehmenden Durchschnittsmenschen zurückbleibt. — La[22], § 302a Rn. 8

---

**AUSBEUTEN** ist das rücksichtslose und anstößige Ausnutzen des Schwächezustandes zur Erlangung eines übermäßigen Vermögensvorteils. Bloßes Streben nach Vermögensvorteilen — Tr[48], § 302a Rn. 15

reicht nicht aus.

Unter **Ausbeuten** verstand die Rspr. das bewußte Ausnutzen, den Mißbrauch der Schwächesituation zur Erlangung übermäßiger Vermögensvorteile. Indes ist der Begriff des Ausbeutens enger auszulegen. Ausbeuten muß demnach eine qualifizierte Form des Ausnutzens sein.

S/S[25], § 302a Rn. 29

**Ausbeuten** ist die bewußte und besonders anstößige Ausnutzung der Lage des anderen zur Erlangung übermäßiger Vermögensvorteile.

La[22], § 302a Rn. 8

---

**Sich versprechen lassen** bedeutet die Entgegennahme einer vielleicht bedingten Verpflichtungserklärung mit dem Willen, sich das Versprochene gewähren zu lassen; späteres Aufgeben dieses Willens oder Rücktritt vom Vertrag beseitigen die Strafbarkeit aber nicht.

Tr[48], § 302a Rn. 18

**Sichversprechenlassen** bedeutet die Annahme der Verpflichtung zur Gegenleistung mit dem Willen, sich das Versprochene tatsächlich gewähren zu lassen. Es kann sich auch auf eine bedingte Zusicherung von Vermögensvorteilen erstrecken. Für die Annahme des Versprechens genügt ein schlüssiges Handeln.

S/S[25], § 302a Rn. 19

---

**Sich gewähren lassen** hat nur selbständige Bedeutung, wenn ein Versprechen nicht vorausgegangen ist oder wenn ein ursprünglich nicht wucherischer Vertrag durch Änderung der Verhältnisse im Zeitpunkt der Erfüllung diesen Charakter annimmt.

Tr[48], § 302a Rn. 19

Das **Sichgewährenlassen** liegt vor, wenn der Vermögensvorteil entgegengenommen wird.

S/S[25], § 302a Rn. 19

---

**Vermögensvorteil** ist als jede günstigere Gestaltung der Vermögenslage zu verstehen, doch muß es sich um einen Vorteil handeln, der in ein wertmäßiges Verhältnis zur Leistung des Täters gesetzt werden kann.

Tr[48], § 302a Rn. 17

Ein **Vermögensvorteil** ist jede günstigere Gestaltung der Vermögenslage. In Geld braucht er nicht zu bestehen. Es genügen andere vermögenswerte Vorteile, z.B. Sach- oder Dienstleistungen. Voraussetzung ist jedoch, daß sie wertmäßig bestimmbar sind und somit ein Wertvergleich mit der Leistung möglich ist, da sich sonst nicht feststellen läßt, ob ein auffälliges Mißverhältnis zur Leistung vorliegt.

S/S[25], § 302a Rn. 10

---

**Leistung** ist jede Art von Leistung, nicht nur wirtschaftlicher Art. Die Hauptfälle, mit denen die Praxis es zu tun haben wird, dürften allerdings wirtschaftliche Leistungen sein, zumal bei anderen (z.B. Lebensrettung, Fluchthilfe) mangels eines Marktwertes nur schwer feststellbar ist, ob ein auffälliges Miß-

S/S[25], § 302a Rn. 7

verhältnis zwischen Leistung und Gegenleistung besteht.

---

**VERMIETUNG VON RÄUMEN ZUM WOHNEN ODER DAMIT VERBUNDENEN NEBENLEISTUNGEN** ist nicht nur die Begründung eines Hauptmietverhältnisses, sondern ebenso die Untervermietung. Hotelzimmer und Urlaubsunterkünfte fallen ebenfalls darunter. Unerheblich ist, ob die Räume beweglich oder unbeweglich sind. Es ist ohne Bedeutung, ob die Räume an sich zum Wohnen bestimmt, zugelassen oder hierzu geeignet sind. Es kommt allein darauf an, daß ein Raum zum Wohnen vermietet wird (Bruchbude).

S/S[25], § 302a Rn. 4

---

**GEWÄHRUNG EINES KREDITES** bedeutet in erster Linie die Fälle des Gelddarlehens und die Stundung einer Geldforderung. Der Begriff des Kredites richtet sich aber weiter auch nach der in § 265b III Nr. 2 enthaltenen Definition.

S/S[25], § 302a Rn. 6

---

**VERMITTLUNG VON LEISTUNGEN** ist selbst nur ein ausdrücklich genannter Spezialfall einer Leistung.

S/S[25], § 302a Rn. 8

---

**AUFFÄLLIGES MIßVERHÄLTNIS**. Ein auffälliges Mißverhältnis muß zwischen der angebotenen oder erbrachten Leistung i.S. von Nr. 1 bis 4 und den versprochenen oder gewährten Vermögensvorteilen bestehen, und zwar derart, daß deren Wert den der Leistung so beträchtlich übersteigt, daß das Ausmaß, wenn vielleicht auch erst nach genauer Prüfung des oft verschleierten Sachverhalts für den Kundigen ins Auge springt.

Tr[48], § 302a Rn. 22

Das **MIßVERHÄLTNIS** ist **AUFFÄLLIG**, wenn einem Kundigen bei Kenntnis der maßgeblichen Faktoren ohne weiteres ersichtlich ist, also sozusagen in die Augen springt, daß der ausbedungene Vermögensvorteil den Wert der Leistung in einem völlig unangemessenen Umfang übertrifft.

S/S[25], § 302a Rn. 12

Das **MIßVERHÄLTNIS** ist **AUFFÄLLIG**, wenn für den Kundigen - sei es auch erst nach genauer Aufklärung des Sachverhalts - ein unverhältnismäßiger Wertunterschied zwischen den Leistungen unmittelbar ins Auge springt.

La[22], § 302a Rn. 3

---

**ÜBERMÄßIGER VERMÖGENSVORTEIL** ist ein Vorteil, der das angemessene Entgelt nicht unwesentlich übersteigt.

S/S[25], § 302a Rn. 33

**ÜBERMÄßIG** ist der **VERMÖGENSVORTEIL** wenn er wirtschaftlich unangemessen ist.

La[22], § 302a Rn. 9

---

**WIRTSCHAFTLICHE NOT**. Hierfür ist zu verlangen, daß der Bewucherte als Folge der Tat in eine Mangellage gerät, die im geschäftlichen Bereich seine Daseinsgrundlage gefährdet oder auf Grund deren im persönlichen Bereich der notwendige Lebensunterhalt ohne Hilfe Dritter nicht mehr gewährleistet ist.

Tr[48], § 302a Rn. 36

In **WIRTSCHAFTLICHE NOT** gerät das Opfer, wenn es einer sol-

S/S[25], § 302a Rn. 44

chen Mangellage ausgesetzt ist, daß ihm die eigenen Mittel für lebenswichtige Dinge fehlen, etwa im geschäftlichen Bereich seine Daseinsgrundlage gefährdet oder im persönlichen Bereich der notwendige Lebensunterhalt ohne Hilfe Dritter nicht mehr gewährleistet ist. Lebenswichtig sind nicht nur existenznotwendige Gegenstände, sondern auch solche, die nach dem heutigen Lebensstandard zur Befriedigung materieller und kultureller Bedürfnisse der Mehrzahl der Bevölkerung zur Verfügung stehen. Eine bloße wirtschaftliche Bedrängnis reicht dagegen noch nicht aus, ebensowenig eine fühlbare Beeinträchtigung der gewohnten Lebensführung.

**WIRTSCHAFTLICHE NOT** ist eine Lage, in der das Opfer in seiner wirtschaftlichen Lebensführung objektiv so eingeengt ist, daß es auch lebenswichtige Aufwendungen nicht mehr bestreiten kann.

La[22], § 302a Rn. 11 i.V.m. § 283a Rn. 2

---

**GEWERBSMÄẞIG** handelt, wer sich aus wiederholter Tatbegehung (und sei es auch nur innerhalb des Gesamtvorsatzes einer Fortsetzungstat) eine nicht nur vorübergehende Einnahmequelle von einigem Umfang verschaffen möchte, ohne daß er daraus ein „kriminelles Gewerbe" zu machen braucht.

Tr[48], Vor § 52 Rn. 43

Für die **GEWERBSMÄẞIGE** Straftat ist kennzeichnend die Absicht des Täters, sich durch wiederholte Begehung des Verbrechens eine fortlaufende Einnahmequelle von einiger Dauer und einigem Umfang zu verschaffen. Die Einnahmequelle braucht jedoch nicht den hauptsächlichen oder regelmäßigen Erwerb zu bilden.

S/S[25], § 302a Rn. 46 i.V.m. vor § 52 Rn. 95

**GEWERBSMÄẞIG** handelt, wem es darauf ankommt, sich aus wiederholter Begehung eine fortlaufende Haupt- oder auch nur Nebeneinnahmequelle von einiger Dauer und einigem Umfang zu schaffen, ohne daß er daraus ein „kriminelles Gewerbe" zu machen braucht.

La[22], § 302a Rn. 11 i.V.m. vor § 52 Rn. 20

---

**DURCH WECHSEL VERSPROCHEN** bedeutet, daß der Betroffene sein übersetztes Versprechen in der Form eines Wechsels abgegeben haben muß. Die Wechselsumme muß also die wucherischen Vermögensvorteile einschließen.

S/S[25], § 302a Rn. 47

## Konkurrenzen:

Innerhalb des § 291 schließen sich I S. 1 und S. 2 grundsätzlich aus. I Nr. 3 wird von Nr. 1, 2 und 4 verdrängt. Nr. 1 und Nr. 2 können in Idealkonkurrenz miteinander stehen, ebenso Nr. 4 und Teilnahme an Nr. 1 bis 3. § 291 steht in Idealkonkurrenz mit §§ 253, 263.

## § 292. Jagdwilderei.

### Gesetzestext:

(1) Wer unter Verletzung fremden Jagdrechts oder Jagdausübungsrechts

1. dem Wild nachstellt, es fängt, erlegt oder sich oder einem Dritten zueignet *oder*
2. eine Sache, die dem Jagdrecht unterliegt, sich oder einem Dritten zueignet, beschädigt oder zerstört,

wird mit Freiheitsstrafe bis zu drei Jahren oder mit Geldstrafe bestraft.

(2) In besonders schweren Fällen ist die Strafe Freiheitsstrafe von drei Monaten bis zu fünf Jahren. Ein besonders schwerer Fall liegt in der Regel vor, wenn die Tat

1. gewerbs- oder gewohnheitsmäßig,
2. zur Nachtzeit, in der Schonzeit, unter Anwendung von Schlingen oder in anderer nicht weidmännischer Weise *oder*
3. von mehreren mit Schußwaffen ausgerüsteten Beteiligten gemeinschaftlich

begangen wird."

### Überblick:

- ***Typ:*** vorsätzliches Begehungsdelikt.
- ***Versuch*** ist nicht strafbar (Vergehen!).
- Abs. 1 enthält ***2 Varianten*** (Wilderei im engen Sinne, Jagdrechtsverletzung im weiten Sinne).
- Benannte (S. 2) und unbenannte (S. 1) besonders schwere Fälle in Abs. 2 - die unbenannten sind klausurmäßig bedeutungslos.
- Die benannten sind seit 1.4.1998 als Regelbeispiele ausgeführt (wie bei § 243). Prüfung immer mit dem Grunddelikt (Obersatz: § 292 I, II S. 1, 2 Nr. ...) und zwar hinter Schuld des Grunddeliktes. Der frühere Abs. 3 wurde zu Abs. 2 Nr. 1.
- § 294 stellt ***Antragserfordernis*** auf.
- ***Schutzgut*** ist ein durch Hege erhaltener Wildbestand (Tr[48], § 292 Rn. 1 (hM), str., vgl. S/S[25], § 292 Rn. 1, Schutz des Aneignungsrechts des Jagdberechtigten).

### Aufbau (Abs. 1 Nr. 1):

I. Tatbestand
  1. Objektiver Tatbestand:
    a. Tatobjekt - das Wild;
    b. Tathandlung - Unter Verletzung fremden Jagdrechtes oder Jagdausübungsrechts (vgl. § 3 Abs. 1, § 11 Abs. 1 BJagdG):
      aa. Nachstellen *oder*
      bb. fangen *oder*
      cc. erlegen *oder*
      dd. zueignen, sich *oder* einem Dritten;
  2. Subjektiver Tatbestand: Vorsatz, mindestens bedingter.

II. Rechtswidrigkeit *und*
III. Schuld: keine Besonderheiten.
IV. Strafausschließungsgrund: Antrag nach § 294.

**Aufbau (Abs. 1 Nr. 2):**

I. Tatbestand
  1. Objektiver Tatbestand:
    a. Tatobjekt - eine Sache, die dem Jagdrecht unterliegt;
    b. Tathandlung - Unter Verletzung fremden Jagdrechtes oder Jagdausübungsrechts (vgl. § 3 Abs. 1, § 11 Abs. 1 BJagdG):
      aa. zueignen, sich *oder* einem Dritten *oder*
      bb. beschädigen *oder*
      cc. zerstören;
  2. Subjektiver Tatbestand: Vorsatz, mindestens bedingter.
II. Rechtswidrigkeit *und*
III. Schuld: keine Besonderheiten.
IV. Strafausschließungsgrund: Antrag nach § 294.

**Aufbau (Abs. 2 S. 1, 2):**

IV. Besonderheiten: Regelbeispiel
  1. Objektive Elemente:
    - Tathandlung:
      aa. (Nr. 1) *statt* Gewerbsmäßigkeit: gewohnheitsmäßige Begehung (Gewerbsmäßigkeit: rein subj., s.u.);
      bb. (Nr. 2)
        (1) während (und unter Ausnutzung) der Nachtzeit *oder*
        (2) in der Schonzeit *oder*
        (3) in nicht weidmännischer Weise, insbesondere: unter Anwendung von Schlingen *oder*
      cc. (Nr. 3) von mehreren Tätern gemeinsam, die mit Schußwaffen ausgerustet sind;
  2. Subjektive Elemente:
    a. Vorsatz, mindestens bedingter.
    b. bei Nr. 1 zusätzlich:
      aa. *statt* Gewerbsmäßigkeit: Absicht zur Gewohnheitsmäßigkeit *oder*
      bb. *statt* Gewohnheitsmäßigkeit: Gewerbsmäßigkeit.

**Definitionen / Erläuterungen:**

**WILD** bedeutet ein wildes und herrenloses Tier; ein gezähmtes Tier wird wieder wild, wenn es die Gewohnheit aufgibt, zu den Menschen zurückzukehren, § 960 III BGB. — Tr[48], § 292 Rn. 3

**WILD** sind die in § 2 BJagdG aufgezählten jagdbaren Tiere. Teile eines Tieres, die vom Tierkörper abgetrennt sind, können — S/S[25], § 292 Rn. 4

nicht Gegenstand dieser Alternative sein, ebensowenig totes Wild, gleichgültig, wodurch der Tod herbeigeführt worden ist; statt dessen kommt die 2. Alternative in Betracht.

---

**FREMDES JAGDRECHT**. Das Jagdrecht steht dem Eigentümer zu, § 3 I BJagdG. An dem Meeresstrand, den Küstengewässern, den Haffs, Wasserläufen und auf Flächen, an denen kein Eigentum begründet ist, steht das Jagdrecht den Ländern zu, § 3 II BjagdG. Das Jagdrecht kann auch verpachtet sein, §§ 11 ff. BJagdG, dann steht es dem Pächter zu.

Tr[48], § 292, Rn. 5, 7.

**FREMDES JAGDRECHT**. Der Begriff des Jagdrechts umfaßt sowohl das dingliche i.S.v. § 3 BJagdG als auch das Jagdausübungsrecht. Stehen beide verschiedenen Personen zu, so geht das Jagdausübungsrecht dem dinglichen Jagdrecht vor, so daß der Grundstückseigentümer, dem nach § 3 BJagdG das Jagdrecht zusteht, auf seinem eigenen Grundstück Wilderei begehen kann.

S/S[25], § 292 Rn. 9

Ein Eingriff in **FREMDES JAGDRECHT** fehlt bei Erlaubnis des Berechtigten (Jagdgast) oder bei vertraglich oder gesetzlich erlaubter Wildfolge; er wird gerechtfertigt u.a. durch Sachwehr nach § 228 BGB. Der Jagdgast, der mehr oder anderes schießt als erlaubt oder der erlaubt erlegtes Wild sich unerlaubt aneignet, verletzt § 292.

La[22], § 292 Rn. 4

---

**JAGDAUSÜBUNGSRECHT.** Es wird lediglich klargestellt, daß die Tat nicht nur unter Verletzung des Jagdrechts, sondern auch des Jagdausübungsrechts begangen werden kann (vgl. § 3 Abs. 1, § 11 Abs. 1 BJagdG).

Verf. (BTDr.)

---

**NACHSTELLEN** sind alle Handlungen, die die Durchführung der anderen Handlungen (Fangen etc.) bezwecken.

S/S[25], § 292 Rn. 5

**NACHSTELLEN** ist die unmittelbare Vorbereitung dieser Handlungen (Fangen, Erlegen), z.B. Durchstreifen des Gebietes mit gebrauchsfertigen Jagdwaffen.

La[22], § 292 Rn. 2

---

**FANGEN** ist (mit Nachstellen) eine Vorstufe des Erlegens, bzw. Sichzueignens.

S/S[25], § 292 Rn. 5

**FANGEN** heißt, sich des lebenden Tieres bemächtigen.

La[22], § 292 Rn. 2

---

**ERLEGEN** ist jede Form der Einwirkung, durch die das Tier den Tod findet.

S/S[25], § 292 Rn. 5

**ERLEGEN** bedeutet das Tier auf irgendeine Weise töten.

La[22], § 292 Rn. 2

---

**ZUEIGNUNG** besteht in der Begründung des Eigenbesitzes unter Ausschluß des Berechtigten mit dem Willen, wie ein Eigentümer über die Sache zu verfügen, sie insbesondere wirtschaftlich zu nutzen, wozu nicht die Absicht gehört, die Sache dauernd zu

Tr[48], § 242 Rn. 18

behalten.

**Sich zueignen** bedeutet die Besitzergreifung mit Zueignungsabsicht. Fehlt letztere, so ist die bloße Inbesitznahme und Nichtablieferung nicht nach § 292 strafbar.
S/S[25], § 292 Rn. 5

Das **Zueignen** erfordert eine Gewahrsamsbegründung mit Zueignungswillen.
La[22], § 292 Rn. 2

Für die **Zueignung** ist erforderlich, daß der Täter unter Anmaßung einer eigentümerähnlichen Stellung den Berechtigten dauernd aus seiner Herrschaftsposition ausschließt und - sei es auch nur vorübergehend - die Sache ihrer Substanz nach seiner Verfügungsgewalt unterwirft oder ihren spezifischen Funktionswert seinem Vermögen zuführen will.
La[22], § 292 Rn. 2 i.V.m. § 242 Rn. 21

---

**Sachen**, die dem Jagdrecht unterliegen werden in § 2 I BJagdG und in den nach § 2 II BJagdG erlassenen landesrechtlichen Vorschriften bestimmt.
Tr[48], § 292 Rn. 4

**Sachen, die dem Jagdrecht unterliegen.** Gemäß § 1 V BJagdG kommt hier einmal sog. Fallwild in Betracht, d.h. Wild, dessen Tod auf natürliche Ursachen wie Krankheit, Alter, Hunger, Kälte zurückzuführen ist; ferner Wild, das durch äußere Einwirkungen verendet ist. Erfaßbar sind ferner Eier jagdbaren Federwildes, und zwar verdorbene, schließlich die Gelege geschützter Raubvögel.
S/S[25], § 292 Rn. 7

---

**Beschädigung** ist eine nicht ganz unerhebliche Verletzung der Substanz, der äußeren Erscheinung oder der Form einer Sache, durch welche die Brauchbarkeit der Sache zu ihrem bestimmten Zweck beeinträchtigt wird.
Tr[48], § 303 Rn. 5

Der Täter **beschädigt** eine Sache, wenn er ihre Substanz nicht unerheblich verletzt oder auf sie körperlich derart einwirkt, daß dadurch die bestimmungsgemäße Brauchbarkeit der Sache mehr als nur geringfügig beeinträchtigt oder der Zustand der Sache mehr als nur belanglos verändert wird.
S/S[25], § 292 Rn. 8 i.V.m. § 303 Rn. 8

**Beschädigen** ist nach der Rspr. des BGH jede nicht ganz unerhebliche körperliche Einwirkung auf die Sache, durch die ihre stoffliche Zusammensetzung verändert oder ihre Unversehrtheit derart aufgehoben wird, daß die Brauchbarkeit für ihre Zwecke gemindert ist.
La[22], § 292 Rn. 3 i.V.m. § 303 Rn. 3

---

**Zerstören** ist eine so weitgehende Beschädigung einer Sache, daß ihre Gebrauchsfähigkeit völlig aufgehoben wird.
Tr[48], § 303 Rn. 10

**Zerstört** ist eine Sache, wenn sie so wesentlich beschädigt wurde, daß sie für ihren Zweck völlig unbrauchbar wird; eine teilweise Zerstörung, d.h. die funktionelle Ausschaltung eines wesentlichen Teiles, genügt.
S/S[25], § 292 Rn. 8 i.V.m. § 303 Rn. 11

| | |
|---|---|
| **ZERSTÖREN** ist nur ein stärkerer Grad des Beschädigens, d.h. eine Einwirkung mit der Folge, daß die bestimmungsmäßige Brauchbarkeit der Sache völlig aufgehoben wird. | La[22], § 292 Rn. 3 i.V.m. § 303 Rn. 7 |
| **GEWERBSMÄßIGE**. Im Fall der Gewerbsmäßigkeit kann der Gewinn durch Verkauf oder durch Verwendung im Haushalt des Täters erstrebt werden. | Tr[48], § 292 Rn. 31 |
| **GEWERBS- ODER GEWOHNHEITSMÄßIGKEIT**, welche die Einzeltaten nicht zu einem sog. Kollektivdelikt verbindet, ist ein straferhöhender Umstand nach § 28 II, so daß nur derjenige Beteiligte nach III bestraft wird, bei dem der Umstand vorliegt; bloße Kenntnis vom gewerbs- oder gewohnheitsmäßigen Handeln des (Mit-)Täters genügt daher nicht. | Tr[48], § 292 Rn. 31 |
| **GEWERBSMÄßIGKEIT** liegt dann vor, wenn sich der Täter aus wiederholten Straftaten eine nicht nur vorübergehende Einnahmequelle verschaffen möchte. Auf den Willen des Täters kommt es an, deshalb ist dieses Merkmal rein subjektiv. | S/S[25], § 292 Rn. 29 i.V.m. vor § 52 Rn. 95 |
| Für die **GEWERBSMÄßIGE** Straftat ist kennzeichnend die Absicht des Täters, sich durch wiederholte Begehung des Verbrechens eine fortlaufende Einnahmequelle von einiger Dauer und einigem Umfang zu verschaffen. Die Einnahmequelle braucht jedoch nicht den hauptsächlichen oder regelmäßigen Erwerb zu bilden. | |
| **GEWERBSMÄßIG** handelt, wem es darauf ankommt, sich aus wiederholter Begehung eine fortlaufende Haupt- oder auch nur Nebeneinnahmequelle von einiger Dauer und einigem Umfang zu schaffen, ohne daß er daraus ein „kriminelles Gewerbe“ zu machen braucht. | La[22], § 292 Rn. 7 i.V.m. vor § 52 Rn. 20 |
| **GEWOHNHEITSMÄßIGKEIT** ist gekennzeichnet durch einen durch wiederholte Begehung erzeugten, eingewurzelten und selbständig fortwirkenden Hang. Der Täter hat sich dadurch an die Begehung von Straftaten so gewöhnt, daß ihm jeder weitere Förderungsakt gleichsam von der Hand geht, ohne daß es in diesem Augenblick für ihn noch zu einer Auseinandersetzung mit irgendwelchen sittlichen Bedenken kommt. Gewohnheitsmäßigkeit setzt daher voraus, daß mindestens zwei Einzeltaten begangen sind, diese können auch im Fortsetzungszusammenhang stehen. | S/S[25], § 292 Rn. 29 i.V.m. Vorbem. § 52 Rn. 98 |
| **GEWOHNHEITSMÄßIG** handelt, wer aus einem durch Übung ausgebildeten, selbständig fortwirkenden Hang tätig wird, dessen Befriedigung ihm bewußt oder unbewußt ohne innere Auseinandersetzung gleichsam von der Hand geht. | La[22], § 292 Rn. 7 i.V.m. vor § 52 Rn. 20 |
| **WÄHREND (UND UNTER AUSNUTZUNG) DER NACHTZEIT** ist die Zeit vom Ende der Abend- bis zum Beginn der Morgen- | Tr[48], § 292 Rn. 28 |

| | |
|---|---|
| dämmerung, also nicht der Zeit der üblichen Nachtruhe. Gleichgültig ist es, ob der Mond scheint. | |
| **WÄHREND (UND UNTER AUSNUTZUNG) DER NACHTZEIT.** Hierfür muß der Täter die Dunkelheit für die Tat ausgenutzt haben. Daran fehlt es, wenn er zufällig ein auf der Straße verendetes Wild findet und sich zueignet. | S/S[25], § 292 Rn. 23 |
| **NACHTZEIT** bedeutet während der Dunkelheit. | La[22], § 292 Rn. 6 |
| **IN DER SCHONZEIT.** Die Schonzeit ergibt sich, soweit nicht abweichende landesrechtliche Vorschriften bestehen, aus § 22 BJagdG mit der JagdzeitV. | Tr[48], § 292 Rn. 27 |
| Die **SCHONZEITEN** sind in § 22 BJagdG nur im Grundsätzlichen festgelegt; zu Einzelheiten vgl. VO über Jagdzeiten. | S/S[25], § 292 Rn. 24 |
| Die Verletzung der **SCHONZEIT** (§ 22 BJagdG und die JagdzeitV) muß dem Täter bekannt sein. | La[22], § 292 Rn. 6 |
| **NICHT WEIDMÄNNISCH** sind nur solche Arten unüblicher Jagdausübung, die eine empfindliche Schädigung des Wildbestandes bedeuten oder geeignet sind, dem Wild besondere Qualen zu verursachen. | Tr[48], § 292 Rn. 26 |
| In **NICHT WEIDMÄNNISCHER WEISE** ist die Tat begangen, wenn sie gegen die auch für den Jagdausübungsberechtigten verbindlichen gesetzlichen Vorschriften verstößt. Bei sonstigem nicht weidgerechten, aber nicht gesetzlich verbotenem Verhalten ist nicht allein deswegen ein besonders schwerer Fall gegeben. | S/S[25], § 292 Rn. 25-26 |
| In **NICHT WEIDMÄNNISCHER WEISE** erfordert eine empfindliche Schädigung des Wildbestandes oder die Zufügung erheblicher Qualen und die Vorstellung von der Unjagdlichkeit des Verhaltens. | La[22], § 292 Rn. 6 |
| **GEMEINSAM VON MEHREREN.** Mindestens zwei müssen Mittäter sein, und zwar auch subjektiv; es reicht nicht aus, wenn jemand, der nur für seine Person jagdberechtigt ist, einen anderen mitnimmt, von dem beide wissen, daß er kein Jagdrecht hat. | Tr[48], § 292 Rn. 29 |
| Das **SCHLINGENSTELLEN** zehrt eine i.d.R. vorliegende Tierquälerei auf. | La[22], § 292 Rn. 6 |
| **SCHUßWAFFEN** sind alle Instrumente, mit denen aus einem Lauf mechanisch wirkende Geschosse gegen den Körper eines anderen abgefeuert werden können, mag dies mit Hilfe von Explosivstoffen oder mit Hilfe von Luftdruck geschehen. | S/S[25], § 292 Rn. 27 i.V.m. § 244 Rn. 4 |
| **BETEILIGTE.** Erfaßt werden sowohl Täter als auch Teilnehmer. | Verf. |

## § 293. Fischwilderei.

### Gesetzestext:

Wer unter Verletzung fremden Fischereirechts oder Fischereiausübungsrechts

1. fischt *oder*
2. eine Sache, die dem Fischereirecht unterliegt, sich oder einem Dritten zueignet, beschädigt oder zerstört,

wird mit Freiheitsstrafe bis zu zwei Jahren oder mit Geldstrafe bestraft.

### Überblick:

- ***Typ:*** vorsätzliches Begehungsdelikt.
- ***Versuch*** ist nicht strafbar (Vergehen!).
- Abs. 1 enthält ***2 Varianten*** (Fisch-Wilderei im engen Sinne, Fischerei-Rechtsverletzung im weiten Sinne).
- § 294 stellt ***Antragserfordernis*** auf.
- Wichtige Änderung durch das 6. StrRG (zum 1.4.1998): Die bisher in § 293 Abs. 2 und 3 vorgesehenen Strafschärfungen waren ausweislich der Strafverfolgungsstatistik entbehrlich und sind deshalb gestrichen worden.

### Aufbau (Var. 1):

I. Tatbestand
  1. Objektiver Tatbestand:
    a. Tatobjekt - fischbare Wassertiere, lebende; herrenlose;
    b. Tathandlung - Unter Verletzung fremden Fischereirechtes: Fischen;
  2. Subjektiver Tatbestand: Vorsatz, mindestens bedingter.

II. Rechtswidrigkeit *und*

III. Schuld: keine Besonderheiten.

IV. Strafausschließungsgrund: Antrag nach § 294.

### Aufbau (Var. 2):

I. Tatbestand
  1. Objektiver Tatbestand:
    a. Tatobjekt - eine Sache, die dem Fischereirecht unterliegt; herrenlose;
    b. Tathandlung - Unter Verletzung fremden Fischereirechtes:
      aa. zueignen, sich oder einem Dritten *oder*
      bb. beschädigen *oder*
      cc. zerstören;
  2. Subjektiver Tatbestand: Vorsatz, mindestens bedingter.

II. Rechtswidrigkeit *und*

III. Schuld: keine Besonderheiten.

IV. Strafausschließungsgrund: Antrag nach § 294.

## Definitionen / Erläuterungen:

| | |
|---|---|
| **FISCHBARE WASSERTIERE**. Sie müssen herrenlos sein. In Betracht kommen: Fische, Krebse, Schildkröten, Frösche, Austern. Fische in Teichen und anderen geschlossenen Privatgewässern können nicht Gegenstand der Fischwilderei sein, an ihnen ist vielmehr nur Diebstahl möglich. | S/S[25], § 293 Rn. 4 |
| ***BEACHTE:*** § 960 BGB anprüfen bei Fischen in Privatteichen o.ä. | Verf. |
| **FREMDES FISCHEREIRECHT**. Das Fischereirecht ist landesrechtlich geregelt, vgl. Art. 69 EGBGB und die Landesfischereigesetze und Fischereiordnungen. | Tr[48], § 293, Rn. 1 |
| **FREMDES FISCHEREIRECHT**. Der Umfang des Fischereirechts bestimmt sich nach Landesrecht. Unter Verletzung fremden Fischereirechts fischt auch, wer Umfang und Inhalt des ihm übertragenen Fischereirechts überschreitet. | S/S[25], § 293 Rn. 9 |
| **FISCHEN**. Hier genügt jede auf Fang oder Erlegen gerichtete Tätigkeit, auch wenn sie keinen Erfolg hat; noch nicht jedoch das Montieren oder Beködern der Angel am Gewässer. | Tr[48], § 293 Rn. 2 |
| Unter **FISCHEN** ist jede auf Erlegung oder Fang eines Wassertieres gerichtete Tätigkeit zu verstehen. Dazu gehört aber noch nicht das bloße Montieren oder Beködern der Angel, sondern erst das unmittelbare Ansetzen zum Auswerfen; dagegen ist nicht erforderlich, daß der Täter etwas fängt. | S/S[25], § 293 Rn. 5 |
| **FISCHEN** ist jede auf Fang oder Erlegen frei lebender Wassertiere (auch Krebse, Frösche, Schildkröten, Austern, bestimmte Muscheln) gerichtete Handlung ohne Rücksicht auf den Erfolg. | La[22], § 293 Rn. 3 |
| **UNBERECHTIGT FISCHT**, wem das Fischereirecht zu eigenem Recht oder kraft Erlaubnis nicht zusteht, oder wer den Umfang des ihm übertragenen Fischereirechts überschreitet, so auch, wer entgegen der sich auf das Alleinfischen beziehenden Erlaubnis mit noch einem unberechtigten anderen fischt. | Tr[48], § 293 Rn. 4 |
| **SACHE**, die dem Fischereirecht unterliegt. Dazu gehören neben toten Fischen vor allem Muscheln, Seemoos und sonstige Gegenstände nach den maßgebenden Landesgesetzen (s.o.). Fischereigeräte gehören nicht dazu. | S/S[25], § 293 Rn. 7 |
| **SICH ZUEIGNEN** bedeutet , daß der Täter sich die Sache selbst oder den in ihr verkörperten Sachwert dem eigenen Vermögen einverleibt. Erforderlich ist ein nach außen manifestierter Zueignungsakt, indem der Wille, die Sache zu behalten, durch eine nach außen erkennbare Handlung betätigt wird. | S/S[25], § 292 Rn. 8 i.V.m. § 246 Rn. 11 |
| **ZUEIGNUNG** besteht in der Begründung des Eigenbesitzes unter | Tr[48], § 242 Rn. 18 |

| | |
|---|---|
| Ausschluß des Berechtigten mit dem Willen, wie ein Eigentümer über die Sache zu verfügen, sie insbesondere wirtschaftlich zu nutzen, wozu nicht die Absicht gehört, die Sache dauernd zu behalten. | |
| **BESCHÄDIGUNG** ist eine nicht ganz unerhebliche Verletzung der Substanz, der äußeren Erscheinung oder der Form einer Sache, durch welche die Brauchbarkeit der Sache zu ihrem bestimmten Zweck beeinträchtigt wird. | Tr[48], § 303 Rn. 5 |
| Der Täter **BESCHÄDIGT** eine Sache, wenn er ihre Substanz nicht unerheblich verletzt oder auf sie körperlich derart einwirkt, daß dadurch die bestimmungsgemäße Brauchbarkeit der Sache mehr als nur geringfügig beeinträchtigt oder der Zustand der Sache mehr als nur belanglos verändert wird. | S/S[25], § 293 Rn. 8 i.V.m. § 303 Rn. 8 |
| **BESCHÄDIGEN** ist nach der Rspr. des BGH jede nicht ganz unerhebliche körperliche Einwirkung auf die Sache, durch die ihre stoffliche Zusammensetzung verändert oder ihre Unversehrtheit derart aufgehoben wird, daß die Brauchbarkeit für ihre Zwecke gemindert ist. | La[22], § 293 Rn. 4 i.V.m. § 292 Rn. 3 i.V.m. § 303 Rn. 3 |
| **ZERSTÖREN** ist eine so weitgehende Beschädigung einer Sache, daß ihre Gebrauchsfähigkeit völlig aufgehoben wird. | Tr[48], § 303 Rn. 10 |
| **ZERSTÖRT** ist eine Sache, wenn sie so wesentlich beschädigt wurde, daß sie für ihren Zweck völlig unbrauchbar wird; eine teilweise Zerstörung, d.h. die funktionelle Ausschaltung eines wesentlichen Teiles, genügt. | S/S[25], § 293 Rn. 8 i.V.m. § 303 Rn. 11 |
| **ZERSTÖREN** ist nur ein stärkerer Grad des Beschädigens, d.h. eine Einwirkung mit der Folge, daß die bestimmungsmäßige Brauchbarkeit der Sache völlig aufgehoben wird. | La[22], § 293 Rn. 4 i.V.m. § 292 Rn. 3 i.V.m. § 303 Rn. 7 |

## § 294. Strafantrag.

### Gesetzestext:

In den Fällen des § 292 Abs. 1 und des § 293 wird die Tat nur auf Antrag des Verletzten verfolgt, wenn sie von einem Angehörigen oder an einem Ort begangen worden ist, wo der Täter die Jagd oder die Fischerei in beschränktem Umfang ausüben durfte.

### Überblick:

- *Typ:* Antragserfordernis. Gilt nur für Abs. 1 von § 292, also nicht für den folgenden.
- Wenn kein ***Antrag*** gestellt wird, bleiben noch Strafbarkeiten nach dem Tierschutzgesetz (nicht klausurrelevant).

## § 295. Einziehung.

### Gesetzestext:

Jagd- und Fischereigeräte, Hunde und andere Tiere, die der Täter oder Teilnehmer bei der Tat mit sich geführt oder verwendet hat, können eingezogen werden. § 74a ist anzuwenden.

### Überblick:

❍ ***Typ:*** Rechtsfolgenregelung, vgl auch §§ 73 ff. Klausurmäßig bedeutungslos.

## § 296. (Aufgehoben durch Art. 1 Nr. 86 des 1. StrRG.)

## § 296a. (Aufgehoben durch § 12 des Seefischereigesetzes vom 12.7.1994, BGBl. I S. 876.)

## § 297. Gefährdung von Schiffen, Kraft- und Luftfahrzeugen durch Bannware (nicht bearbeitet).

(1) Wer ohne Wissen des Reeders oder des

Schiffsführers oder als Schiffsführer ohne Wissen des Reeders eine Sache an Bord eines deutschen Schiffes bringt oder nimmt, deren Beförderung

1. für das Schiff oder die Ladung die Gefahr einer Beschlagnahme oder Einziehung *oder*
2. für den Reeder oder den Schiffsführer die Gefahr einer Bestrafung

verursacht, wird mit Freiheitsstrafe bis zu zwei Jahren oder mit Geldstrafe bestraft.

(2) Ebenso wird bestraft, wer als Reeder ohne Wissen des Schiffsführers eine Sache an Bord eines deutschen Schiffes bringt oder nimmt, deren Beförderung für den Schiffsführer die Gefahr einer Bestrafung verursacht.

(3) Absatz 1 Nr. 1 gilt auch für ausländische Schiffe, die ihre Ladung ganz oder zum Teil im Inland genommen haben.

(4) Die Absätze 1 bis 3 sind entsprechend anzuwenden, wenn Sachen in Kraft- oder Luftfahrzeuge gebracht oder genommen werden. An die Stelle des Reeders und des Schiffsführers treten der Halter und der Führer des Kraft- oder Luftfahrzeuges.“

## Sechsundzwanzigster Abschnitt. Straftaten gegen den Wettbewerb.

### § 298. Wettbewerbsbeschränkende Absprachen bei Ausschreibungen. (nicht bearbeitet)

**Gesetzestext:**

(1) Wer bei einer Ausschreibung über Waren oder gewerbliche Leistungen ein Angebot abgibt, das auf einer rechtswidrigen Absprache beruht, die darauf abzielt, den Veranstalter zur Annahme eines bestimmten Angebots zu veranlassen, wird mit Freiheitsstrafe bis zu fünf Jahren oder mit Geldstrafe bestraft.

(2) Der Ausschreibung im Sinne des Absatzes 1 steht die freihändige Vergabe eines Auftrages nach vorausgegangenem Teilnahmewettbewerb gleich.

(3) Nach Absatz 1, auch in Verbindung mit Absatz 2, wird nicht bestraft, wer freiwillig verhindert, daß der Veranstalter das Angebot annimmt oder dieser seine Leistung erbringt. Wird ohne Zutun des Täters das Angebot nicht angenommen oder die Leistung des Veranstalters nicht erbracht, so wird er straflos, wenn er sich freiwillig und ernsthaft bemüht, die Annahme des Angebots oder das Erbringen der Leistung zu verhindern.

### § 299. Bestechlichkeit und Bestechung im geschäftlichen Verkehr. (nicht bearbeitet)

**Gesetzestext:**

(1) Wer als Angestellter oder Beauftragter eines geschäftlichen Betriebes im geschäftlichen Verkehr einen Vorteil für sich oder einen Dritten als Gegenleistung dafür fordert, sich versprechen läßt oder annimmt, daß er einen anderen bei dem Bezug von Waren oder gewerblichen Leistungen im Wettbewerb in unlauterer Weise bevorzuge, wird mit Freiheitsstrafe bis zu drei Jahren oder mit Geldstrafe bestraft.

(2) Ebenso wird bestraft, wer im geschäftlichen Verkehr zu Zwecken des Wettbewerbs einem Angestellten oder Beauftragten eines geschäftlichen Betriebes einen Vorteil für diesen oder einen Dritten als Gegenleistung dafür verspricht oder gewährt, daß er ihn oder einen anderen bei dem Bezug von Waren oder gewerblichen Leistungen im Wettbewerb in unlauterer Weise bevorzuge.

## § 300. Besonders schwere Fälle der Bestechlichkeit und Bestechung im geschäftlichen Verkehr. (nicht bearbeitet)

### Gesetzestext:

In besonders schweren Fällen wird eine Tat nach § 299 mit Freiheitsstrafevon drei Monaten bis zu fünf Jahren bestraft. Ein besonders schwerer Fall liegt in der Regel vor, wenn

1. die Tat sich auf einen Vorteil großen Ausmaßes bezieht *oder*
2. der Täter gewerbsmäßig oder als Mitglied einer Bande handelt, die sich zur fortgesetzten Begehung solcher Taten verbunden hat.

## § 301. Strafantrag. (nicht bearbeitet)

### Gesetzestext:

(1) Die Bestechlichkeit und Bestechung im geschäftlichen Verkehr nach § 299 wird nur auf Antrag verfolgt, es sei denn, daß die Strafverfolgungsbehörde wegen des besonderen öffentlichen Interesses an der Strafverfolgung ein Einschreiten von Amts wegen für geboten hält.

(2) Das Recht, den Strafantrag nach Absatz 1 zu stellen, hat neben dem Verletzten jeder der in § 13 Abs. 2 Nr. 1, 2 und 4 des Gesetzes gegen den unlauteren Wettbewerb bezeichneten Gewerbetreibenden, Verbände und Kammern.

## § 302. Vermögensstrafe und erweiterter Verfall. (nicht bearbeitet)

### Gesetzestext:

(1) In den Fällen des § 299 Abs. 1 ist § 73 d anzuwenden, wenn der Täter gewerbsmäßig oder als Mitglied einer Bande handelt, die sich zur fortgesetzen Begehung solcher Taten verbunden hat.

(2) In den Fällen des § 299 Abs. 2 sind die §§ 43 a, 73 d anzuwenden, der Täter als Mitglied einer Bande handelt, die sich zur fortgesetzen Begehung solcher Taten verbunden hat. § 73 d ist auch dann anzuwenden, wenn der Täter gewerbsmäßig handelt.

# Siebenundzwanzigster Abschnitt. Sachbeschädigung.

## § 303. Sachbeschädigung.

### Gesetzestext:

(1) Wer rechtswidrig eine fremde Sache beschädigt oder zerstört, wird mit Freiheitsstrafe bis zu zwei Jahren oder mit Geldstrafe bestraft.

(2) Der Versuch ist strafbar.

### Überblick:

- ***Typ:*** vorsätzliches Begehungsdelikt.
- ***Versuch*** ist strafbar, Abs. 2.
- Vermögensschaden ist nicht nötig, es genügt Verletzung von Funktions- oder Affektionsinteresse.
- § 303c stellt ***Antragserfordernis*** auf.
- ***Schutzgut*** ist das Eigentum, sowohl der Substanz- als auch der Gebrauchswert.

### Aufbau:

I. Tatbestand
  1. Objektiver Tatbestand:
    a. Tatobjekt - Sache, fremde; (*Merke:* auf „beweglich" kommt es *nicht* an)
    b. Tathandlung -
      aa. Beschädigen *oder*
      bb. Zerstören;
  2. Subjektiver Tatbestand: Vorsatz, mindestens bedingter.
II. Rechtswidrigkeit *und*
III. Schuld: keine Besonderheiten.
IV. Strafausschließungsgrund: Antrag nach § 303c.

### Definitionen / Erläuterungen:

| | |
|---|---|
| SACHE ist jeder körperliche Gegenstand. | Tr[48], § 303 Rn. 1c i.V.m. § 242 Rn. 2 |
| SACHEN sind körperliche Gegenstände (vgl. § 90 BGB), einschließlich Tiere. Unerheblich ist der Aggregatzustand (fest, flüssig oder gasförmig). | S/S[25], § 303 Rn. 3 i.V.m. § 242 Rn. 9 |
| SACHEN sind grundsätzlich alle körperlichen Gegenstände (§ 90 BGB), auch Leichen, nicht aber lebende Menschen, Embryonen (Feten) und Tiere; letztere werden jedoch auch nach der gesetzestechnisch mißglückten Einführung des § 90a BGB erfaßt, weil die für Sachen geltenden Vorschriften, soweit nichts anderes bestimmt ist, kraft Gesetzes (also nicht aufgrund | La[22], § 303 Rn. 2 i.V.m. § 242 Rn. 2 |

lückenfüllender Analogie) auf Tiere entsprechend anzuwenden sind.

| | |
|---|---|
| **FREMD** ist eine Sache, die nach bürgerlichem Recht einem anderen gehört. | Tr[48], § 303 Rn. 3 i.V.m. § 242 Rn. 4 |
| **FREMD** ist eine Sache, wenn sie (zumindestens auch) im Eigentum eines anderen steht, also weder Alleineigentum des Täters noch herrenlos noch eigentumsunfähig ist. In wessen Eigentum die Sache steht, ist nach bürgerlichem Recht zu beurteilen, da es bei § 242 keinen besonderen strafrechtlichen Eigentumsbegriff gibt. | S/S[25], § 303 Rn. 4 i.V.m. § 242 Rn. 12 |
| **FREMD** ist die Sache, die einem anderen als dem Täter gehört. Maßgebend ist das Eigentum nach bürgerlichem Recht. | La[22], § 303 Rn. 2 i.V.m. § 242 Rn. 4 |
| **BESCHÄDIGUNG** ist eine nicht ganz unerhebliche Verletzung der Substanz, der äußeren Erscheinung oder der Form einer Sache, durch welche die Brauchbarkeit der Sache zu ihrem bestimmten Zweck beeinträchtigt wird. | Tr[48], § 303 Rn. 5 |
| Der Täter **BESCHÄDIGT** eine Sache, wenn er ihre Substanz nicht unerheblich verletzt oder auf sie körperlich derart einwirkt, daß dadurch die bestimmungsgemäße Brauchbarkeit der Sache mehr als nur geringfügig beeinträchtigt oder der Zustand der Sache mehr als nur belanglos verändert wird. | S/S[25], § 303 Rn. 8 |
| **BESCHÄDIGEN** ist nach der Rspr. des BGH jede nicht ganz unerhebliche körperliche Einwirkung auf die Sache, durch die ihre stoffliche Zusammensetzung verändert oder ihre Unversehrtheit derart aufgehoben wird, daß die Brauchbarkeit für ihre Zwecke gemindert ist. | La[22], § 303 Rn. 3 |
| **ZERSTÖREN** ist eine so weitgehende Beschädigung einer Sache, daß ihre Gebrauchsfähigkeit völlig aufgehoben wird. | Tr[48], § 303 Rn. 10 |
| **ZERSTÖRT** ist eine Sache, wenn sie so wesentlich beschädigt wurde, daß sie für ihren Zweck völlig unbrauchbar wird; eine teilweise Zerstörung, d.h. die funktionelle Ausschaltung eines wesentlichen Teiles, genügt. | S/S[25], § 303 Rn. 11 |
| **ZERSTÖREN** ist nur ein stärkerer Grad des Beschädigens, d.h. eine Einwirkung mit der Folge, daß die bestimmungsmäßige Brauchbarkeit der Sache völlig aufgehoben wird. | La[22], § 303 Rn. 7 |

## Konkurrenzen:

§ 303 verdrängt § 145 II im Wege der Gesetzeskonkurrenz. § 303 steht in Idealkonkurrenz mit §§ 133, 185, 224, 242, 289, 306ff.

# § 303a. Datenveränderung.

## Gesetzestext:

(1) Wer rechtswidrig Daten (§ 202a Abs. 2) löscht, unterdrückt, unbrauchbar macht oder verändert, wird mit Freiheitsstrafe bis zu zwei Jahren oder mit Geldstrafe bestraft.

(2) Der Versuch ist strafbar.

## Überblick:

- ***Typ:*** vorsätzliches Begehungsdelikt.
- ***Versuch*** ist strafbar, Abs. 2.
- § 303c stellt ***Antragserfordernis*** auf.
- ***Schutzgut*** ist das Interesse an unversehrter Verwendbarkeit der Daten und ihrer Informationen.

## Aufbau:

I. Tatbestand
  1. Objektiver Tatbestand:
    a. Tatobjekt - Daten;
    b. Tathandlung -
      aa. Löschen *oder*
      bb. Unterdrücken *oder*
      cc. Unbrauchbarmachen *oder*
      dd. Verändern;
  2. Subjektiver Tatbestand: Vorsatz, mindestens bedingter.

II. Rechtswidrigkeit *und*

III. Schuld: keine Besonderheiten.

IV. Strafausschließungsgrund: Antrag nach § 303c.

## Definitionen / Erläuterungen:

| | |
|---|---|
| **DATEN** sind codierte, auf einen Datenträger fixierte Informationen über eine außerhalb des verwendeten Zeichensystems befindliche Wirklichkeit. | Tr[48], § 303a Rn. 3<br>i.V.m. § 202a Rn. 3<br>i.V.m. § 268 Rn. 4 |
| **DATEN** sind in erster Linie „speicherbare Informationen aller Art, die einer weiteren Verarbeitung in einer Datenverarbeitungsanlage unterliegen". Unter dem Begriff Daten werden alle durch Zeichen oder kontinuierliche Funktionen dargestellten Informationen erfaßt, die sich als Gegenstand oder Mittel der Datenverarbeitung für eine Datenverarbeitungsanlage kodieren lassen oder die das Ergebnis eines Datenverarbeitungsvorgangs sind. | S/S[25], § 303a Rn. 2<br>i.V.m. § 202a Rn. 3<br>i.V.m. § 268 Rn. 11 |
| Tatgegenstand sind **DATEN** i.S. des § 202a II, also Daten, die | S/S[25], § 303a Rn. 2 |

elektronisch, magnetisch oder sonst nicht unmittelbar wahrnehmbar gespeichert sind oder übermittelt werden.

---

| | |
|---|---|
| **LÖSCHEN** ist das unwiederbringliche Unkenntlichmachen der konkreten Speicherung. | Tr[48], § 303a Rn. 5 |
| **GELÖSCHT** werden Daten, wenn sie vollständig und unwiederbringlich unkenntlich gemacht werden, also sich nicht mehr rekonstruieren lassen und damit für immer gänzlich verloren sind. | S/S[25], § 303a Rn. 4 |
| **LÖSCHEN** entspricht dem Zerstören nach § 303 I und erfordert daher nicht wiederherstellbare, vollständige Unkenntlichkeit der konkreten Speicherung. | La[22], § 303a Rn. 3 |
| **UNTERDRÜCKT** bedeutet, daß die Daten dem Zugriff des Berechtigten auf Dauer oder zeitweilig entzogen werden und er sie deshalb nicht mehr verwenden kann. | Tr[48], § 303a Rn. 6 |
| **UNTERDRÜCKT** werden Daten, wenn sie dem Zugriff des Verfugungsberechtigten entzogen werden und deshalb von diesem nicht mehr verwendet werden können. | S/S[25], § 303a Rn. 4 |
| **UNTERDRÜCKEN** bedeutet - insoweit über § 303 I hinausgehend -, die Daten dauernd oder auch nur vorübergehend dem Zugriff des Berechtigten entziehen und dadurch ihre Verwendbarkeit ausschließen. | La[22], § 303a Rn. 3 |
| **UNBRAUCHBARMACHEN** entspricht dem Beschädigen und ist die Aufhebung der bestimmungsgemäßen Verwendbarkeit. | Tr[48], § 303a Rn. 7 |
| Ein **UNBRAUCHBARMACHEN** liegt vor, wenn Daten in ihrer Gebrauchsfähigkeit so beeinträchtigt werden, daß sie nicht mehr ordnungsgemäß verwendet werden können und damit ihren bestimmungsgemäßen Zweck nicht mehr zu erfüllen vermögen. | S/S[25], § 303a Rn. 4 |
| **UNBRAUCHBARMACHEN** heißt, die Daten in ihrer Gebrauchsfähigkeit so beeinträchtigen, daß sie ihren Zweck nicht mehr erfüllen können. | La[22], § 303a Rn. 3 |
| **VERÄNDERN** von Daten bedeutet jede Form inhaltlichen Umgestaltens gespeicherter Daten. | Tr[48], § 303a Rn. 8 |
| **VERÄNDERT** werden Daten, wenn sie einen anderen Informationsgehalt (Aussagewert) erhalten und dadurch der ursprüngliche Verwendungszweck beeinträchtigt wird. | S/S[25], § 303a Rn. 4 |
| **VERÄNDERN** erfordert das Herstellen eines neuen Dateninhalts, sei es durch inhaltliche Umgestaltung, durch Teillöschung oder durch veränderte Verknüpfung mit anderen Daten; die bloße Vervielfältigung von Daten durch Übertragung auf einen (weiteren) Datenträger genügt nicht. | La[22], § 303a Rn. 3 |

### Konkurrenzen:

§ 303a steht in Idealkonkurrenz mit §§ 303, 263a, 269.

## § 303b. Computersabotage.

### Gesetzestext:

(1) Wer eine Datenverarbeitung, die für einen fremden Betrieb, ein fremdes Unternehmen oder eine Behörde von wesentlicher Bedeutung ist, dadurch stört, daß er

1. eine Tat nach § 303a Abs. 1 begeht *oder*
2. eine Datenverarbeitungsanlage oder einen Datenträger zerstört, beschädigt, unbrauchbar macht, beseitigt oder verändert,

wird mit Freiheitsstrafe bis zu fünf Jahren oder mit Geldstrafe bestraft.

(2) Der Versuch ist strafbar.

### Überblick:

- ***Typ:*** vorsätzliches Begehungsdelikt.
- ***Versuch*** ist strafbar, Abs. 2.
- Abs. 1 enthält ***zwei Varianten***.
- Nr. 1 ist eine ***Qualifikation*** des § 303a I. Prüfung immer mit dem Grunddelikt (Obersatz: §§ 303a I, 303 b I Nr. 1) und zwar entweder hinter subjektivem Tatbestand oder hinter Schuld des Grunddeliktes.
- Nr. 2 ist ***keine Qualifikation*** des § 303 (es kommt nicht auf die Fremdheit an), sondern ein eigenständiges Delikt. Prüfung separat (Obersatz: § 303 b I Nr. 1)
- § 303c stellt ***Antragserfordernis*** auf.
- ***Schutzgut*** ist das Interesse von Wirtschaft und Verwaltung am störungsfreien Ablauf der Datenverarbeitung (Tr[48], § 303b Rn. 2).

### Aufbau (Nr. 1):

I. Tatbestand
   1. Objektiver Tatbestand:
      a. Taterfolg - Störung einer Datenverarbeitung, die für einen fremden Betrieb, ein fremdes Unternehmen oder eine Behörde von wesentliche Bedeutung ist,
      b. Kausalität zur Tathandlung aus § 303a;
   2. Subjektiver Tatbestand: Vorsatz, mindestens bedingter.

II. Rechtswidrigkeit *und*

III. Schuld: keine Besonderheiten.

IV. Strafausschließungsgrund: Antrag nach § 303c.

### Aufbau (Nr. 2):

I. Tatbestand

1. Objektiver Tatbestand:
   a. Tatobjekt - Datenverarbeitungsanlage oder Datenträger;
   b. Tathandlung -
      aa. Zerstörung *oder*
      bb. Beschädigung *oder*
      cc. Unbrauchbarmachung *oder*
      dd. Beseitigung *oder*
      ee. Veränderung;
   c. Taterfolg - Störung einer Datenverarbeitung, die für einen fremden Betrieb, ein fremdes Unternehmen oder eine Behörde von wesentliche Bedeutung ist,
   d. Kausalität zur Tathandlung;
2. Subjektiver Tatbestand: Vorsatz, mindestens bedingter.

II. Rechtswidrigkeit *und*
III. Schuld: keine Besonderheiten.
IV. Strafausschließungsgrund: Antrag nach § 303c.

## Definitionen / Erläuterungen:

| | |
|---|---|
| **DATENVERARBEITUNG**. Hierunter ist in weiter Auslegung nicht nur der einzelne Datenverarbeitungs-Vorgang gemeint, sondern „auch der weitere Umgang mit Daten und deren Verwertung“. | Tr[48], § 303b Rn. 3 |
| Der Begriff der **DATENVERARBEITUNG** umfaßt nicht nur den einzelnen Datenverarbeitungsvorgang i.S. des § 263a. | S/S[25], § 303b Rn. 3 |
| (Das Ergebnis eines Datenverarbeitungsvorganges ist dann durch die Tathandlung beeinflußt, wenn es von dem Ergebnis abweicht, das bei einem programmgemäßen Ablauf des Computers erzielt worden wäre.) | S/S[25], § 263a Rn. 22 |
| Er erstreckt sich darüber hinaus auf den weiteren Umgang mit Daten einschließlich ihrer Verwertung (z.B. Speicherung, Dokumentierung, Aufbereitung). | S/S[25], § 303b Rn. 3 |
| Unter **DATENVERARBEITUNG** sind diejenigen technischen Vorgänge zu verstehen, bei denen durch Aufnahme von Daten und ihre Verknüpfung nach Programmen Arbeitsergebnisse erzielt werden. Unter Datenverarbeitungsvorgängen sind nur die konkreten, dem jeweiligen Ergebnis vorausliegenden Vorgänge gemeint. | La[22], § 303b Rn. 2 i.V.m. § 263a Rn. 4 |
| **STÖRUNG**. Eine bloße Gefährdung der Datenverarbeitung reicht nicht aus, vielmehr muß ihr reibungsloser Ablauf nicht unerheblich beeinträchtigt sein. | Tr[48], § 303b Rn. 5 |
| Die Datenverarbeitung ist **GESTÖRT**, wenn ihr reibungsloser Ablauf nicht unerheblich beeinträchtigt ist. Die Erheblichkeit der Beeinträchtigung ist an sich unabhängig von deren Dauer. Nur wenn die Beeinträchtigung sich ohne großen Aufwand an | S/S[25], § 303b Rn. 10 |

Zeit, Mühe und Kosten beheben läßt, ist sie als unerheblich anzusehen, so daß eine Störung nicht vorliegt.

**STÖREN** setzt nicht nur eine Gefährdung, sondern eine nicht unerhebliche Beeinträchtigung des reibungslosen Ablaufs der Datenverarbeitung voraus. — La[22], § 303b Rn. 6

---

**BETRIEB** ist die nicht nur vorübergehende Zusammenfassung mehrerer Personen unter Einsatz von Sachmitteln in gewissem räumlichen Zusammenhang unter einer Leitung zur Erreichung eines bestimmten, nicht stets wirtschaftlichen Zweckes. Auf die rechtliche Form kommt es nicht an. — Tr[48], § 14 Rn. 8

**BETRIEB** ist eine nicht nur vorübergehende organisatorische, meist auch räumlich zusammengefaßte Einheit von Personen und Sachmitteln unter einheitlicher Leitung zu dem arbeitstechnischen Zweck, bestimmte Leistungen hervorzubringen oder zur Verfügung zu stellen. Diese können sowohl materieller wie immaterieller Art sein; erfaßt werden deshalb nicht nur gewerbliche und landwirtschaftliche Betriebe, sondern z.B. auch Büros der verschiedensten Art, Apotheken, Arzt- und Anwaltspraxen, Theater usw. Nicht notwendig ist die Absicht der Gewinnerzielung; Betriebe sind daher auch Krankenhäuser und sonstige karitative Einrichtungen. Nicht hierher gehören dagegen private Haushalte. — S/S[25], § 303b Rn. 5 i.V.m. § 14 Rn. 28

**BETRIEB** ist eine, gleichgültig in welcher Rechtsform, auf Dauer angelegte organisatorische Zusammenfassung von persönlichen und sachlichen Mitteln zur Erreichung des - nicht notwendig wirtschaftlichen - Zwecks, Güter oder Leistungen zu erzeugen oder zur Verfügung zu stellen. — La[22], § 303b Rn. 2 i.V.m. § 11 Rn. 15

---

**UNTERNEHMEN** ist ein Komplex von mehreren Betrieben. — Tr[48], § 14 Rn. 8

Als Unterscheidungsmerkmale von Betrieb und **UNTERNEHMEN** werden genannt: das Unternehmen sei mehr auf eine kaufmännische, der Betrieb dagegen auf eine mehr technische Tätigkeit gerichtet; der Betrieb sei die technisch-organisatorische, das Unternehmen die rechtlich-wirtschaftliche Einheit; der Betrieb sei die Einheit im Hinblick auf den arbeitstechnischen Zweck, der Unternehmensbegriff dagegen beschreibe den damit verfolgten weiteren Zweck; der Begriff des Unternehmens kennzeichne vor allem die Rechtsform des Betriebs und den Zweck der betrieblichen Betätigung als einen wirtschaftlichen. — S/S[25], § 303b Rn. 5 i.V.m. § 14 Rn. 29

---

**BEHÖRDE** (vgl. § 11 Nr. 7) ist ein ständiges, von der Person des Inhabers unabhängiges, in das Gefüge der öffentlichen Verwaltung eingeordnetes Organ der Staatsgewalt mit der Aufgabe, unter öffentlicher Autorität nach eigener Entschließung für Staatszwecke tätig zu sein. — Tr[48], § 11 Rn. 35

| | |
|---|---|
| **BEHÖRDE**. Es muß sich jeweils um eine von der Person des Inhabers unabhängige, mit bestimmten Mitteln für eine gewisse Dauer ausgestattete Einrichtung handeln, die unter (unmittelbarer oder mittelbarer) staatlicher Autorität für öffentliche Zwekke tätig wird. | S/S[25], § 303b Rn. 5 i.V.m. § 11 Rn. 59 |
| **BEHÖRDEN** sind ständige, von der Person ihres Trägers unabhängige Organe der inländischen (nach dem jeweiligen Schutzzweck u.U. auch ausländischen) Staatsgewalt, die dazu berufen sind, unter öffentlicher Autorität für die Erreichung der Zwecke des Staates tätig zu sein. | La[22], § 303b Rn. 2 i.V.m. § 11 Rn. 20 |
| **WESENTLICHE BEDEUTUNG**. Hiermit sollen untergeordnete DVVorgänge in Kleincomputern und Beeinträchtigungen des Funktionierens elektronischer Schreibmaschinen oder Taschenrechner nicht tatbestandsmäßig sein. | Tr[48], § 303b Rn. 4 |
| Ob die Datenverarbeitung **WESENTLICHE BEDEUTUNG** für den Betrieb usw. hat, entscheidet sich nicht nach dem Umfang der Datenverarbeitung. Maßgebend ist vielmehr, daß die Datenverarbeitung die für die Funktionsfähigkeit des betroffenen Betriebs usw. zentralen Informationen enthält, die Funktionsfähigkeit des Betriebs usw. also auf der Grundlage seiner konkreten Arbeitsweise, Ausstattung und Organisation ganz oder zu einem wesentlichen Teil vom dem einwandfreien Funktionieren der Datenverarbeitung abhängt. | S/S[25], § 303b Rn. 7 |
| Das Merkmal „von **WESENTLICHER BEDEUTUNG**" setzt eine Datenverarbeitung von solcher Komplexität voraus, daß von ihrem einigermaßen störungsfreien Ablauf die Funktionstüchtigkeit der Einrichtung im ganzen abhängt. | La[22], § 303b Rn. 2 |
| **DATENVERARBEITUNGSANLAGE** meint die maschinentechnische Ausstattung (Hardware, Anmerk. d. Verf.) z.B. Rechen- und Steuerwerk, Eingabe-, Ausgabe-, Speicher- und Dialoggeräte. | Tr[48], § 303b Rn. 7 |
| Eine **DATENVERARBEITUNGSANLAGE** ist die Funktionseinheit technischer Geräte, die die Verarbeitung elektronisch, magnetisch oder sonst nicht unmittelbar wahrnehmbar gespeicherter Daten ermöglicht. Zu einer solchen Einrichtung gehört deren gesamte maschinentechnische Ausstattung (Hardware), z.B. das Steuer- und Rechenwerk, auch Speicher-, Ein- und Ausgabegeräte. | S/S[25], § 303b Rn. 13 |
| **DATENTRÄGER** meint die Aufzeichnungsmedien (Bänder, Platten, Kassetten etc.) | Tr[48], § 303b Rn. 7 |
| Als **DATENTRÄGER** kommen insb. Magnetbänder, Festplatten und Disketten in Betracht. | S/S[25], § 303b Rn. 13 |

| | |
|---|---|
| **ZERSTÖREN** ist eine so weitgehende Beschädigung einer Sache, daß ihre Gebrauchsfähigkeit völlig aufgehoben wird. | Tr[48], § 303b Rn. 7 i.V.m. § 303 Rn. 10 |
| **ZERSTÖRT** ist eine Sache, wenn sie so wesentlich beschädigt wurde, daß sie für ihren Zweck völlig unbrauchbar wird; eine teilweise Zerstörung, d.h. die funktionelle Ausschaltung eines wesentlichen Teiles, genügt. | S/S[25], § 303b Rn. 15 i.V.m. § 303 Rn. 11 |
| **ZERSTÖREN** ist nur ein stärkerer Grad des Beschädigens, d.h. eine Einwirkung mit der Folge, daß die bestimmungsmäßige Brauchbarkeit der Sache völlig aufgehoben wird. | La[22], § 303b Rn. 5 i.V.m. § 303 Rn. 7 |
| **BESCHÄDIGUNG** ist eine nicht ganz unerhebliche Verletzung der Substanz, der äußeren Erscheinung oder der Form einer Sache, durch welche die Brauchbarkeit der Sache zu ihrem bestimmten Zweck beeinträchtigt wird. | Tr[48], § 303b Rn. 7 i.V.m. § 303 Rn. 5 |
| Der Täter **BESCHÄDIGT** eine Sache, wenn er ihre Substanz nicht unerheblich verletzt oder auf sie körperlich derart einwirkt, daß dadurch die bestimmungsgemäße Brauchbarkeit der Sache mehr als nur geringfügig beeinträchtigt oder der Zustand der Sache mehr als nur belanglos verändert wird. | S/S[25], § 303b Rn. 15 i.V.m. § 303 Rn. 8 |
| **BESCHÄDIGEN** ist nach der Rspr. des BGH jede nicht ganz unerhebliche körperliche Einwirkung auf die Sache, durch die ihre stoffliche Zusammensetzung verändert oder ihre Unversehrtheit derart aufgehoben wird, daß die Brauchbarkeit für ihre Zwecke gemindert ist. | La[22], § 303b Rn. 5 i.V.m. § 303 Rn. 3 |
| **UNBRAUCHBARMACHEN** bedeutet eine so starke Beeinträchtigung der Gebrauchsfähigkeit, daß eine ordnungsgemäße Verwendung nicht mehr möglich ist. | Tr[48], § 303b Rn. 7 |
| **UNBRAUCHBAR GEMACHT** ist eine Sache dann, wenn ihre Eignung für den vorgesehenen Zweck beseitigt wird. | S/S[25], § 303b Rn. 15 i.V.m. § 109e Rn. 10 |
| **UNBRAUCHBARMACHEN** heißt, die Daten in ihrer Gebrauchsfähigkeit so beeinträchtigen, daß sie ihren Zweck nicht mehr erfüllen können. | La[22], § 303b Rn. 5 i.V.m. § 303a Rn. 3 |
| **BESEITIGT** bedeutet, aus dem Verfügungs- und Gebrauchsbereich des Berechtigten entfernen. | Tr[48], § 303b Rn. 7 |
| **BESEITIGEN** ist jede Aufhebung der Dispositionsmöglichkeit für den Berechtigten; dies kann auch ohne Ortsveränderung durch Täuschung geschehen. | S/S[25], § 303b Rn. 15 i.V.m. § 109e Rn. 10 |
| **VERÄNDERN** bedeutet, einen Zustand herbeiführen, der vom bisherigen abweicht. | Tr[48], § 303b Rn. 7 |
| Eine **VERÄNDERUNG** liegt vor, wenn der frühere Zustand durch einen anderen ersetzt wird, ohne daß das Merkmal der Beschädigung gegeben ist. | S/S[25], § 303b Rn. 15 i.V.m. § 109e Rn. 10 |

| | |
|---|---|
| **FREMD**. Zu prüfen sind die Eigentums-, Gebrauchs- und Verfügungsrechte sowohl an der Computerhardware (DVAnlage, Datenträger) als auch an der Software. Hier einerseits die Systemsoftware (DOS, OS2, Unix, Xenix etc., Anmerk. d. Verf.) und andererseits die problemlösungsorientierte Anwendungssoftware (Datenbankprogramme, Textverarbeitungen etc., Anmerk. d. Verf.). | Tr[48], § 303b Rn. 8 |
| **FREMD** ist ein Betrieb oder ein Unternehmen nicht nur für einen außenstehenden Täter, sondern auch für Betriebs- und Unternehmensangehörige, soweit der Betrieb usw. bei rechtlich-wirtschaftlicher Betrachtung nicht oder nicht ausschließlich dem Tätervermögen zugeordnet ist. | S/S[25], § 303b Rn. 6 |
| Betrieb und Unternehmen sind **FREMD**, wenn der Täter nicht selbst deren Inhaber oder vertretungsberechtigter Repräsentant des Inhabers ist oder für diesen mit dessen Einwilligung handelt. | La[22], § 303b Rn. 2 |

### Konkurrenzen:

§ 303b I Nr. 1 verdrängt § 303a im Wege der Gesetzeskonkurrenz. § 303b steht in Idealkonkurrenz mit §§ 303, u.U. mit 304, ferner: 87, 88, 109e, 263a, 269, 316b, 316c I Nr. 2, 317.

## § 303c. Strafantrag.

### Gesetzestext:

In den Fällen der §§ 303 bis 303b wird die Tat nur auf Antrag verfolgt, es sei denn, daß die Strafverfolgungsbehörde wegen des besonderen öffentlichen Interesses an der Strafverfolgung ein Einschreiten von Amts wegen für geboten hält.

### Überblick:

❍ *Typ:* Antragserfordernis. Prüfungsstandort: nach der Schuld von § 303 bis § 303b.

## § 304. Gemeinschädliche Sachbeschädigung.

### Gesetzestext:

(1) Wer rechtswidrig Gegenstände der Verehrung einer im Staat bestehenden Religionsgesellschaft oder Sachen, die dem Gottesdienst gewidmet sind, oder Grabmäler, öffentliche Denkmäler, Naturdenkmäler, Gegenstände der Kunst, der Wissenschaft oder des Gewerbes, welche in öffentlichen Sammlungen aufbewahrt werden oder öffentlich

aufgestellt sind, oder Gegenstände, welche zum öffentlichen Nutzen oder zur Verschönerung öffentlicher Wege, Plätze oder Anlagen dienen, beschädigt oder zerstört, wird mit Freiheitsstrafe bis zu drei Jahren oder mit Geldstrafe bestraft.

(2) Der Versuch ist strafbar.

## Überblick:

- ***Typ:*** vorsätzliches Begehungsdelikt.
- ***Versuch*** ist strafbar, Abs. 2.
- § 304 ist daher ***eigenständig*** und ***keine Qualifikation***.
- ***Schutzgut*** ist das Kulturinteresse, das Interesse der Allgemeinheit an bedeutsamen Gütern, also nicht: das Eigentum eines Einzelnen. Geschützt werden auch herrenlose Güter.

## Aufbau:

I. Tatbestand
  1. Objektiver Tatbestand:
    a. Tatobjekt -
      aa. Gegenstände der Verehrung einer im Staat bestehenden Religionsgemeinschaft *oder*
      bb. Sachen, die dem Gottesdienst gewidmet sind, *oder*
      cc. Grabmäler *oder*
      dd. öffentliche Denkmäler *oder*
      ee. Naturdenkmäler *oder*
      ff. Gegenstände der Kunst, der Wissenschaft oder des Gewerbes, die in öffentlichen Sammlungen aufbewahrt werden oder öffentlich aufgestellt sind *oder*
      gg. Gegenstände, welche zum öffentlichen Nutzen oder zur Verschönerung öffentlicher Wege, Plätze, Anlagen dienen;
    b. Tathandlung -
      aa. Beschädigen *oder*
  bb. Zerstören;
  2. Subjektiver Tatbestand: Vorsatz, mindestens bedingter.
II. Rechtswidrigkeit *und*
III. Schuld: keine Besonderheiten.

## Definitionen / Erläuterungen:

| | |
|---|---|
| GEGENSTÄNDE DER VEREHRUNG sind solche, wie Reliquien, Madonnen- oder Heiligenbilder, Statuen oder Votivtafeln in einer Wallfahrtskirche. Geweiht oder gesegnet brauchen die Sachen nicht zu sein. | Tr[48], § 304 Rn. 5 i.V.m. § 243 Rn. 28 |
| RELIGIONSGESELLSCHAFTEN sind Vereinigungen, gleichgültig, ob sie Körperschaften des öffentlichen Rechtes sind (vgl. | Tr[48], § 304 Rn. 5 i.V.m. § 166 Rn. 3 |

Art. 140 GG i.V.m. Art. 137 WRV). Darunter fallen also auch die anglikanische Kirche, die griechisch-orthodoxe, die altkatholische, die griechisch-katholische, sowie die Heilsarmee, die Baptisten oder die Mennoniten.

Eine **RELIGIONSGESELLSCHAFT** ist der die Angehörigen desselben oder eines verwandten Glaubensbekenntnisses - wobei es sich um den Glauben an ein höheres göttliches Wesen handeln muß - zusammenfassende Verband zur allseitigen Erfüllung der dem gemeinsamen Bekenntnis dienenden Aufgaben.

S/S[25], § 304 Rn. 3 i.V.m. § 166 Rn. 15

---

**SACHEN**, die dem Gottesdienst gewidmet sind Sachen, an oder mit denen gottesdienstliche Handlungen vorgenommen werden.

Tr[48], § 304 Rn. 6 i.V.m. § 243 Rn. 28

Dem **GOTTESDIENST GEWIDMET** sind Gegenstände, die dazu bestimmt sind, daß an oder mit ihnen religiöse Verrichtungen vorgenommen werden, wie z.B. der Altar oder ein Weihwasserkessel.

S/S[25], § 304 Rn. 3 i.V.m. § 243 Rn. 34

---

**GRABMÄLER** sind die einen Teil des Grabes bildenden Zeichen zur Erinnerung an den Begrabenen.

Tr[48], § 304 Rn. 7

**GRABMÄLER** sind die Zeichen, die als Bestandteil eines Grabes zur Erinnerung an den Verstorbenen dienen und damit im Interesse der Pietät der Angehörigen geschützt werden sollen. Ihr Schutz nach § 304 dauert auch nach Wegfall des Anspruchs auf Benutzung der Grabstätte fort, solange ein Pietätsinteresse erkennbar ist, etwa auf Grund der Grabpflege.

S/S[25], § 304 Rn. 3

**GRABMÄLER** sind die der Erinnerung an den Toten dienenden Teile des Grabes.

La[22], § 304 Rn. 2

---

**ÖFFENTLICHE** Denkmäler sind Erinnerungszeichen, die wegen ihrer wissenschaftlichen, geschichtlichen oder landeskundlichen Bedeutung, Eigenart oder Schönheit schützenswert sind.

Tr[48], § 304 Rn. 8

**DENKMÄLER** sind Erinnerungszeichen, die dem Andenken an Personen, Ereignisse oder Zustände zu dienen bestimmt sind. Diese Eigenschaft braucht einer Sache nicht von vornherein zuzukommen; sie kann ihr auch nachträglich zugelegt worden sein. **ÖFFENTLICH** sind alle Denkmäler, die der Öffentlichkeit gewidmet sind; sie brauchen sich nicht an öffentlichen Wegen, Straßen oder Plätzen zu befinden.

S/S[25], § 304 Rn. 4

**ÖFFENTLICH** (dh allgemein zugängliche) **DENKMÄLER** sind von Menschen geschaffene Sachen aus vergangener Zeit, deren Erhaltung wegen ihrer geschichtlichen, künstlerischen, städtebaulichen, wissenschaftlichen oder volkskundlichen Bedeutung im Allgemeininteresse liegt. Sie sind öffentlich, wenn sie allgemein zugänglich sind.

La[22], § 304 Rn. 2

---

**NATURDENKMÄLER** sind nach § 17 BNatSchG Einzelschöp-

Tr[48], § 304 Rn. 8

fungen der Natur, die schutzbedürftig sind. Der Schutz erstreckt sich bei einer entsprechenden Festsetzung auch auf die unmittelbare Umgebung des Denkmals, sofern dies für die Erhaltung der Eigenart oder Schönheit erforderlich ist.

Bei den **NATURDENKMÄLERN** handelt es sich um Einzelschöpfungen der Natur, die aus wissenschaftlichen, naturgeschichtlichen oder landeskundlichen Gründen oder wegen ihrer Seltenheit, Eigenart oder Schönheit rechtsverbindlich auf Grund gesetzlicher Vorschriften als Naturdenkmäler ausgewiesen sind (vgl. § 17 BNatSchG). Geschützt ist auch die Umgebung, soweit die rechtsverbindliche Festsetzung sie als für den Schutz des Naturdenkmals notwendig einbezieht (vgl. § 17 II 2 BNatSchG). — S/S[25], § 304 Rn. 4

**NATURDENKMÄLER** sind im Sinne des § 17 I BNatSchG zu verstehen. — La[22], § 304 Rn. 2

---

**GEGENSTÄNDE DER KUNST** (k.A.) **WISSENSCHAFT** (k.A.) **GEWERBES** (k.A.)

---

**IN ÖFFENTLICHEN SAMMLUNGEN AUFBEWAHRT WERDEN.** Öffentlich meint allgemein zugänglich. Allgemein zugänglich ist eine Sammlung dann, wenn der Zutritt oder die Benutzung von einem üblichen Entgelt, den Nachweis bestimmter persönlicher Voraussetzungen oder einer besonderen Erlaubnis abhängt, wenn diese aber regelmäßig gewährt wird. — Tr[48], § 304 Rn. 9 i.V.m. § 243 Rn. 32

---

**ÖFFENTLICH** aufgestellt sind Sachen in Ausstellungen, die allgemein zugänglich sind. Die Sache muß sich zur Besichtigung an ihrem Ort befinden, also nicht nur aufgestellt sein oder sich sonst an einem öffentlichen Ort befinden. — Tr[48], § 304 Rn. 9 i.V.m. § 243 Rn. 32

---

**ÖFFENTLICHEM** Nutzen dienen Sachen, die dem Publikum unmittelbaren Nutzen bringen, sei es durch ihren Gebrauch, sei es in anderer Weise. — Tr[48], § 304 Rn. 10

Ein Gegenstand dient dem **ÖFFENTLICHEN NUTZEN**, wenn er nach seiner gegenwärtigen Zweckbestimmung der Allgemeinheit zugute kommt, ihm also eine Gemeinwohlfunktion beigelegt worden ist. — S/S[25], § 304 Rn. 5

Ein Gegenstand dient dem **ÖFFENTLICHEN NUTZEN**, wenn ihm der Zweck, der Allgemeinheit zu nützen, unmittelbar beigelegt ist, wenn er auf einer ausdrücklichen oder aus allgemeiner Übung erwachsenen, nicht notwendig von der Staatsgewalt erlassenen Widmung beruht und wenn er nicht durch einen zugleich verfolgten schädlichen Zweck aufgewogen wird. — La[22], § 304 Rn. 3

---

**GEGENSTÄNDE, WELCHE ZUR VERSCHÖNERUNG ÖFFENTLICHER WEGE, PLÄTZE, ANLAGEN DIENEN.** Vorausset- — S/S[25], § 304 Rn. 7

zung ist eine entsprechende Zweckbestimmung, so daß ein zufälliger Verschönerungseffekt nicht ausreicht. In Betracht kommen hier z.B. Bäume, Sträucher und Blumen, u.U. aber auch Fahnen.

---

| | |
|---|---|
| **BESCHÄDIGUNG** ist eine nicht ganz unerhebliche Verletzung der Substanz, der äußeren Erscheinung oder der Form einer Sache, durch welche die Brauchbarkeit der Sache zu ihrem bestimmten Zweck beeinträchtigt wird. | Tr[48], § 304 Rn. 13 i.V.m. § 303 Rn. 5 |
| Eine Sache ist hier nur dann als **BESCHÄDIGT** anzusehen, wenn der besondere Zweck, dem die Sache dient, durch die Handlung beeinträchtigt wird. Keine Beschädigung Isv § 304 stellt es z.B. dar, wenn in eine Ruhebank eine Inschrift eingeritzt wird. | S/S[25], § 304 Rn. 9 |
| **BESCHÄDIGEN** ist nach der Rspr. des BGH jede nicht ganz unerhebliche körperliche Einwirkung auf die Sache, durch die ihre stoffliche Zusammensetzung verändert oder ihre Unversehrtheit derart aufgehoben wird, daß die Brauchbarkeit für ihre Zwecke gemindert ist. | La[22], § 304 Rn. 4 i.V.m. § 303 Rn. 3 |
| Jedoch muß hier gerade der besondere Zweck der Sache beeinträchtigt werden. | |

---

| | |
|---|---|
| **ZERSTÖREN** ist eine so weitgehende Beschädigung einer Sache, daß ihre Gebrauchsfähigkeit völlig aufgehoben wird. | Tr[48], § 304 Rn. 13 i.V.m. § 303 Rn. 10 |
| **ZERSTÖREN** ist nur ein stärkerer Grad des Beschädigens, d.h. eine Einwirkung mit der Folge, daß die bestimmungsmäßige Brauchbarkeit der Sache völlig aufgehoben wird. | La[22], § 304 Rn. 4 i.V.m. § 303 Rn. 7 |

### Konkurrenzen:

§ 304 verdrängt § 303 im Wege der Gesetzeskonkurrenz (Spezialität), 145 II (Subsidiarität). § 304 steht in Idealkonkurrenz mit §§ 136, 168, 274 I Nr. 2.

## § 305. Zerstörung von Bauwerken.

### Gesetzestext:

(1) Wer rechtswidrig ein Gebäude, ein Schiff, eine Brücke, einen Damm, eine gebaute Straße, eine Eisenbahn oder ein anderes Bauwerk, welche fremdes Eigentum sind, ganz oder teilweise zerstört, wird mit Freiheitsstrafe bis zu fünf Jahren oder mit Geldstrafe bestraft.

(2) Der Versuch ist strafbar.

## Überblick:

- *Typ:* vorsätzliches Begehungsdelikt.
- *Versuch* ist strafbar, Abs. 2.
- § 305 I ist eine *Qualifikation* des § 303 I. Prüfung immer mit dem Grunddelikt (Obersatz: §§ 303 I, 305 I) und zwar entweder hinter subjektivem Tatbestand oder hinter Schuld des Grunddeliktes.
- *Schutzgut* ist das Eigentum.

## Aufbau:

I. Tatbestand
   1. Objektiver Tatbestand:
      a. Tatobjekt - die beeinträchtigte Sache (aus § 303 I) war: ein Bauwerk, das fremdes Eigentum ist, insbesondere: ein Gebäude oder ein Schiff oder eine Brücke oder ein Damm oder eine gebaute Straße oder eine Eisenbahn (i.S.v. Schienen und Bahndamm) oder ein anderes;
      b. Tathandlung: Zerstören, ganz oder teilweise (nicht nur Beschädigen);
   2. Subjektiver Tatbestand: Vorsatz, mindestens bedingter.

II. Rechtswidrigkeit *und*

III. Schuld: keine Besonderheiten.

## Definitionen / Erläuterungen:

| | |
|---|---|
| **(ANDERE) BAUWERKE** sind hier (mit Ausnahme der besonders genannten Schiffe) unbewegliche selbständige Werke, die von Menschenhand auf eine gewisse Dauer errichtet sind. | Tr[48], § 305 Rn. 7 |
| Als **BAUWERK** sind alle baulichen Anlagen von einiger Bedeutung anzusehen. Regelmäßig werden sie mit dem Boden fest verbunden sein; erforderlich ist dies jedoch nicht. | S/S[25], § 305 Rn. 4 |
| Ein anderes **BAUWERK** ist z.B. das noch nicht fertiggestellte Gebäude, der Staudamm, das private Denkmal und die Gartenmauer. | La[22], § 305 Rn. 2 |
| **GEBÄUDE** ist ein durch Wände und Dach begrenztes, mit dem Erdboden fest- wenn auch nur durch die eigene Schwere - verbundenes Bauwerk, das den Eintritt von Menschen gestattet und das Unbefugte abhalten soll. | Tr[48], § 305 Rn. 3 i.V.m. § 306 Rn. 3 i.V.m. § 243 Rn. 6 |
| **GEBÄUDE** ist ein mit dem Grund und Boden verbundenes Bauwerk, das den Eintritt von Menschen ermöglicht. Da jedoch anders als in § 243 hier das Gebäude als solches und nicht nur die in seinem Inneren befindlichen Sachen geschützt werden sollen, ist nicht erforderlich, daß das Bauwerk den Zutritt Unbefugter hindern kann. | S/S[25], § 305 Rn. 3 i.V.m. § 243 Rn. 7 |
| **GEBÄUDE** ist - weiter als in § 243 Nr. 1 - auch der türen- und fensterlose Rohbau (str.). | La[22], § 305 Rn. 2 |

| | |
|---|---|
| **SCHIFF** sind die zur See- und Binnenschiffahrt bestimmten Wasserfahrzeuge jeder Art, die nach dem FlaggenrechtsG verpflichtet oder berechtigt sind, die Bundesflagge zu führen. | Tr[48], § 4 Rn. 2 |
| Hierzu sind nur Fahrzeuge von einiger Größe und Bedeutung zu rechnen. | Tr[48], § 305 Rn. 3 |
| Zu den **SCHIFFEN** sind nur größere Fahrzeuge zu rechnen. | S/S[25], § 305 Rn. 3 |
| **SCHIFF** ist nur ein größeres Wasserfahrzeug (h.M.). | La[22], § 305 Rn. 2 |
| **BRÜCKEN** müssen im Gegensatz zum Steg Bauwerke von einer gewissen Größe, einiger Tragfähigkeit und innerer Festigkeit sein. | Tr[48], § 305 Rn. 4 |
| **BRÜCKE** bedeutet hier ein Bauwerk von einiger Erheblichkeit, d.h. von einer gewissen Größe, inneren Festigkeit und nicht ganz unbedeutender Tragfähigkeit; Fußgängerstege kommen daher nicht in Betracht. | S/S[25], § 305 Rn. 3 |
| Keine **BRÜCKE** ist ein wenig tragfähiger Steg. | La[22], § 305 Rn. 2 |
| **DAMM**. Gemeint sind Staudämme, Deiche und sonstige Schutzdämme. | S/S[25], § 305 Rn. 3 |
| **GEBAUTE STRAßEN** sind solche, wenn sie im wesentlichen von Menschenhand planmäßig angelegt sind. (Auch die Kanäle gehören dazu.) | Tr[48], § 305 Rn. 5 |
| Zu den **GEBAUTEN STRAßEN** gehören auch Kanäle. | S/S[25], § 305 Rn. 3 |
| **GEBAUTE STRAßE** ist auch der Kanal. | La[22], § 305 Rn. 2 |
| **EISENBAHNEN** sind hier der Bahnkörper mit den Schienen, nicht die Bahnwagen, da nur jener einem Bauwerk gleichsteht. | Tr[48], § 305 Rn. 6 |
| Als **EISENBAHN** ist hier nur der Bahnkörper mit den Schienen anzusehen; nicht gehören hierher die Wagen und Lokomotiven. | S/S[25], § 305 Rn. 3 |
| **EISENBAHN** bezeichnet nur den gebauten Bahnkörper mit Schienen, nicht die Wagen. | La[22], § 305 Rn. 2 |
| **ZERSTÖREN** ist eine so weitgehende Beschädigung einer Sache, daß ihre Gebrauchsfähigkeit völlig aufgehoben wird. | Tr[48], § 305 Rn. 2 i.V.m. § 303 Rn. 10 |
| **ZERSTÖREN** ist das Beseitigen der Eignung zur bestimmungsgemäßen Verwendung für eine nicht unerhebliche Zeit. | S/S[25], § 305 Rn. 5 |
| **ZERSTÖREN** ist eine so wesentliche Beschädigung, daß das Gebäude längere Zeit für seinen Zweck unbrauchbar wird. | (La[22], § 305 Rn. 3) |
| **TEILWEISE ZERSTÖRUNG** liegt vor, wenn entweder einzelne Teile der Sache, die zur Erfüllung ihrer Bestimmung dienten, unbrauchbar gemacht sind oder wenn die ganze Sache zur Erfüllung von einzelnen Aufgaben unbrauchbar geworden ist. | Tr[48], § 305 Rn. 2 |

**Teilweise Zerstörung** liegt vor, wenn einzelne Teile der Sache, die der Erfüllung ihrer Zweckbestimmung dienen, mittels Substanzeinwirkung unbrauchbar gemacht werden oder wenn infolge des Eingriffs eine von mehreren Zweckbestimmung der Sache aufgehoben wird. Dies ist regelmäßig der Fall, wenn ein funktionell selbständiger Teil der Sache unbrauchbar gemacht wird. S/S[25], § 305 Rn. 5

## Konkurrenzen:

§ 305 verdrängt § 303 im Wege der Gesetzeskonkurrenz (Spezialität). § 305 steht in Idealkonkurrenz mit §§ 304, 306.

# § 305a. Zerstörung wichtiger Arbeitsmittel.

## Gesetzestext:

(1) Wer rechtswidrig

1. ein fremdes technisches Arbeitsmittel von bedeutendem Wert, das für die Errichtung einer Anlage oder eines Unternehmens im Sinne des § 316b Abs. 1 Nr. 1 oder 2 oder einer Anlage, die dem Betrieb oder der Entsorgung einer solchen Anlage oder eines solchen Unternehmens dient, von wesentlicher Bedeutung ist, *oder*
2. ein Kraftfahrzeug der Polizei oder der Bundeswehr

ganz oder teilweise zerstört, wird mit Freiheitsstrafe bis zu fünf Jahren oder mit Geldstrafe bestraft.

(2) Der Versuch ist strafbar.

## Überblick:

- ***Typ:*** vorsätzliches Begehungsdelikt.
- ***Versuch*** ist strafbar, Abs. 2.
- § 305a I ist eine ***Qualifikation*** des § 303 I. Prüfung immer mit dem Grunddelikt (Obersatz: §§ 303 I, 305a I) und zwar entweder hinter subjektivem Tatbestand oder hinter Schuld des Grunddeliktes.
- Spezielle ***Strafmilderungsgründe*** und ***Strafabsehungsgründe*** im ***Kronzeugengesetz*** (Art. 4, § 2, abgedruckt als Fußnote zu § 129a, Geltungsdauer beachten, § 5!).
- ***Schutzgut*** ist in erster Linie nicht das Eigentum, sondern das Allgemeininteresse an der Funktionstüchtigkeit lebenswichtiger Betriebe und Einrichtungen (La[22], § 305a Rn. 1).

## Aufbau:

I. Tatbestand

1. Objektiver Tatbestand:
   a. Tatobjekt - die beeinträchtigte Sache (aus § 303 I) war:
      aa. (Nr. 1) ein fremdes technisches Arbeitsmittel von bedeutendem Wert, das von wesentlicher Bedeutung ist für die Errichtung:
         - einer Anlage oder eines Unternehmens im Sinne des § 316b I Nr. oder 2 *oder*
         - einer Anlage, die dem Betrieb oder der Entsorgung einer solchen Anlage oder eines solchen Unternehmens dient *oder*
      bb. (Nr. 2) ein Kraftfahrzeug
         - der Polizei *oder*
         - Bundeswehr;
   b. Tathandlung: Zerstören, ganz oder teilweise (nicht nur Beschädigen);
2. Subjektiver Tatbestand: Vorsatz, mindestens bedingter.

II. Rechtswidrigkeit *und*

III. Schuld: keine Besonderheiten.

## Definitionen / Erläuterungen:

| | |
|---|---|
| **TECHNISCHE ARBEITSMITTEL** sind „verwendungsfertige Arbeitseinrichtungen, vor allem Werkzeuge, Arbeitsgeräte, Arbeits- und Kraftmaschinen, Hebe- und Fördereinrichtungen sowie Beförderungsmittel“. | Tr[48], § 305a Rn. 3 |
| Der Begriff des **TECHNISCHEN ARBEITSMITTELS** umfaßt verwendungsfertige Arbeitseinrichtungen, d.h. gebrauchsfähige technische Einrichtungen, die dazu bestimmt sind, Arbeit im weitesten Sinne zu verrichten. Hierzu zählen insbesondere Arbeits- und Kraftmaschinen, Hebe- und Fördereinrichtungen sowie Beförderungsmittel. | S/S[25], § 305a Rn. 4 |
| **TECHNISCHES ARBEITSMITTEL** ist jeder aufgrund technischer Erfahrungen hergestellte Gegenstand, der geeignet und dazu bestimmt ist, die Arbeitsvorgange bei der Errichtung von Anlagen usw. zu ermöglichen oder zu erleichtern, z.B. Arbeits- und Kraftmaschinen, Hebe- und Fördereinrichtungen sowie Beförderungsmittel. | La[22], § 305a Rn. 2 |
| **FREMD** ist eine Sache, die nach bürgerlichem Recht einem anderen gehört. | Tr[48], § 305a Rn. 4 i.V.m. § 242 Rn. 4 |
| Das technische Arbeitsmittel ist **FREMD**, wenn es im Eigentum (zumindest Miteigentum) eines anderen steht. | S/S[25], § 305a Rn. 5 |
| **FREMD** ist die Sache, die einem anderen als dem Täter gehört. Maßgebend ist das Eigentum nach bürgerlichem Recht. | La[22], § 305a Rn. 2 i.V.m. § 242 Rn. 4 |
| **VON BEDEUTENDEM WERT**. Der bedeutende Wert ist nach dem Umfang des drohenden Schadens, und zwar nach dem Verkehrswert der gefährdeten Sache und nicht nach dem Wiederherstellungsaufwand zu bestimmen, und nicht nach deren | Tr[48], § 305a Rn. 4 i.V.m. § 315 Rn. 16 |

Funktionswert. Das Ausmaß der Gefährdung braucht sich mit dem eingetretenen Schaden nicht zu decken, dieser kann hinter der Gefährdung erheblich zurückbleiben. Es genügt nicht, daß eine Sache von bedeutendem Wert in unbedeutendem Umfang gefährdet wird, vielmehr muß der bei dem konkreten Verkehrsvorgang drohende Schaden bedeutend sein. Die Mindestgrenze für einen bedeutenden Sachwert wird inzwischen bei etwa 1200 DM angesichts der Teuerung u.U. auch höher liegen.

Maßgeblich für den **BEDEUTENDEN WERT** ist der wirtschaftliche Wert des Arbeitsmittels, nicht dessen funktionelle Bedeutung für die Allgemeinheit oder das betroffene Unternehmen usw. Dabei kommt es auch bei teilweiser Zerstörung des Arbeitsmittels auf seinen Verkehrswert an, nicht auf die Kosten einer Instandsetzung.
S/S[25], § 305a Rn. 6

Der **BEDEUTENDE WERT** einer fremden Sache hängt allein von ihrem Verkehrswert, nicht von ihrer funktionellen Bedeutung ab.
La[22], § 305a Rn. 2 i.V.m. § 315c Rn. 24

---

**VON WESENTLICHER BEDEUTUNG** sind solche Arbeitsmittel, deren Ausfall den störungsfreien Ablauf der für die Anlage und das Unternehmen vorgesehenen Errichtungsmaßnahmen im Ganzen beeinträchtigen würden.
Tr[48], § 305a Rn. 5

**WESENTLICHE BEDEUTUNG** hat das Arbeitsmittel, wenn die Erstellung der Anlage oder des Unternehmens ganz oder zu einem wesentlichen Teil vom einwandfreien Funktionieren des Arbeitsmittels abhängt. Dies ist dann der Fall, wenn bei der Errichtung der Anlage usw. mit anderen Hilfsmitteln ein nicht unerheblicher Mehraufwand anfällt oder beträchtliche Zeitverzögerungen auftreten.
S/S[25], § 305a Rn. 8

Von **WESENTLICHER BEDEUTUNG** ist ein Arbeitsmittel, wenn sein Ausfall den störungsfreien Ablauf der für die Anlage (das Unternehmen) vorgesehenen Baumaßnahmen im ganzen beeinträchtigen würde.
La[22], § 305a Rn. 2

---

**ERRICHTUNG** ist ein Stadium, in dem sich die Anlagen noch im Bau befinden.
Tr[48], § 305a Rn. 1

---

**ANLAGE**. Vgl. die Beschreibung in § 316b Abs. 1.

---

**UNTERNEHMEN** ist ein Komplex von mehreren Betrieben.
Tr[48], § 14 Rn. 8

---

**BETRIEB** ist die nicht nur vorübergehende Zusammenfassung mehrerer Personen unter Einsatz von Sachmitteln in gewissem räumlichen Zusammenhang unter einer Leitung zur Erreichung eines bestimmten, nicht stets wirtschaftlichen Zweckes. Auf die rechtliche Form kommt es nicht an.
Tr[48], § 14 Rn. 8

---

**BETRIEB (I.S.V. BETREIBEN) ODER ENTSORGUNG**. Vgl. die
Verf.

Beschreibung in § 316b Abs. 1.

---

**KRAFTFAHRZEUGE**. Vgl. zu diesem Begriff § 248b Abs. 4. Es sind alle durch Maschinenkraft bewegten Fahrzeuge, also auch Wassermotorboote und Flugzeuge. Ausgenommen sind Fahrzeuge, die wie z.B. Anhänger, von der Maschinenkraft anderer Fahrzeuge abhängig sind.

Tr[48], § 305a Rn. 6 i.V.m. § 248b Rn. 1

Bei den **KRAFTFAHRZEUGEN** der Polizei und der Bundeswehr handelt es sich um Fahrzeuge, die durch Maschinenkraft bewegt werden. Sie sind nicht auf Landfahrzeuge beschränkt. Mit „**POLIZEI**“ und „**BUNDESWEHR**“ wird nicht der Eigentümer gekennzeichnet, sondern der Funktionsträger. Maßgebend ist daher allein, daß das Fahrzeug dienstlichen Zwecken der Polizei oder der Bundeswehr dient.

S/S[25], § 305a Rn. 9

**KRAFTFAHRZEUG** ist hier im Hinblick auf den Schutzzweck der Vorschrift entsprechend § 248b IV und damit weiter als in § 1 II StVG zu verstehen(hM) erfaßt sind deshalb auch Luft- und Wasserfahrzeuge. Es kommt nicht auf die Eigentumsverhältnisse, sondern darauf an, ob das Fahrzeug von einer zuständigen Stelle der Polizei oder Bundeswehr für dienstliche Zwekke bereitgestellt ist. Besondere Kennzeichnung als Polizei- oder Militärfahrzeug ist nicht erforderlich.

La[22], § 305a Rn. 3

---

**BUNDESWEHR- ODER POLIZEIKRAFTFAHRZEUGE**. Auf die Eigentumsverhältnisse oder auf ihre Kennzeichnung kommt es nicht an, es genügt, wenn die Fahrzeuge für den dienstlichen Einsatz bereitgestellt sind. Auch Wassermotorboote und Hubschrauber gehören dazu.

Tr[48], § 305a Rn. 6

---

**ZERSTÖREN** ist eine so weitgehende Beschädigung einer Sache, daß ihre Gebrauchsfähigkeit völlig aufgehoben wird.

Tr[48], § 305a Rn. 7 i.V.m. § 303 Rn. 10

**ZERSTÖREN** ist nur ein stärkerer Grad des Beschädigens, d.h. eine Einwirkung mit der Folge, daß die bestimmungsmäßige Brauchbarkeit der Sache völlig aufgehoben wird.

La[22], § 305a Rn. 4 i.V.m. § 303 Rn. 7

---

**TEILWEISE ZERSTÖRUNG** liegt vor, wenn entweder einzelne Teile der Sache, die zur Erfüllung ihrer Bestimmung dienten, unbrauchbar gemacht sind oder wenn die ganze Sache zur Erfüllung von einzelnen Aufgaben unbrauchbar geworden ist.

Tr[48], § 305a Rn. 7 i.V.m. § 305 Rn. 2

**TEILWEISE ZERSTÖRUNG** liegt vor, wenn einzelne Teile der Sache, die der Erfüllung ihrer Zweckbestimmung dienen, mittels Substanzeinwirkung unbrauchbar gemacht werden oder wenn infolge des Eingriffs eine von mehreren Zweckbestimmung der Sache aufgehoben wird. Dies ist regelmäßig der Fall, wenn ein funktionell selbständiger Teil der Sache unbrauchbar gemacht wird.

S/S[25], § 305a Rn. 10 i.V.m. § 305 Rn. 5

**TEILWEISES ZERSTÖREN** bedeutet, von den bestimmungsmä-

La[22], § 305a Rn. 4

ßigen Funktionen des Arbeitsmittels eine oder mehrere vollständig aufheben.

**Konkurrenzen:**

§ 305a verdrängt § 303 im Wege der Gesetzeskonkurrenz (Spezialität). § 305a steht in Idealkonkurrenz mit §§ 125, 125a, 306ff, 316b.

## Achtundzwanzigster Abschnitt. Gemeingefährliche Straftaten.

### Brandstiftungsdelikte – alte Fassung

**§ 306. Schwere Brandstiftung.** **(alte Fassung – bis 31.3.1998)** Mit Freiheitsstrafe nicht unter einem Jahr wird bestraft, wer in Brand setzt

1. ein zu gottesdienstlichen Versammlungen bestimmtes Gebäude,
2. ein Gebäude, ein Schiff oder eine Hütte, welche zur Wohnung von Menschen dienen, *oder*
3. eine Räumlichkeit, welche zeitweise zum Aufenthalt von Menschen dient, und zwar zu einer Zeit, während welcher Menschen in derselben sich aufzuhalten pflegen.

**§ 307. Besonders schwere Brandstiftung.** **(alte Fassung – bis 31.3.1998)** Die schwere Brandstiftung (§ 306) wird mit lebenslanger Freiheitsstrafe oder mit Freiheitsstrafe nicht unter zehn Jahren bestraft, wenn

1. der Brand den Tod eines Menschen dadurch verursacht hat, daß dieser zur Zeit der Tat in einer der in Brand gesetzten Räumlichkeiten sich befand,
2. der Täter in der Absicht handelt, die Tat zur Begehung eines Mordes (§ 211), eines Raubes (§§ 249 oder 250), eines räuberischen Diebstahls (§ 252) oder einer räuberischen Erpressung (§ 255) auszunutzen, *oder*
3. der Täter, um das Löschen des Feuers zu verhindern oder zu erschweren, Löschgerätschaften entfernt oder unbrauchbar gemacht hat.

**§ 308. Brandstiftung.** **(alte Fassung – bis 31.3.1998)** (1) Mit Freiheitsstrafe von einem Jahr bis zu zehn Jahren wird bestraft, wer Gebäude, Schiffe, Hütten, Bergwerke, Magazine, Warenvorräte, welche auf dazu bestimmten öffentlichen Plätzen lagern, Vorräte von landwirtschaftlichen Erzeugnissen oder von Bau- oder Brennmaterialien, Früchte auf dem Feld, Waldungen oder Torfmoore in Brand setzt, wenn diese Gegenstände entweder fremdes Eigentum sind oder zwar Eigentum des Täters sind, jedoch ihrer Beschaffenheit und Lage nach geeignet sind, das Feuer einer der in § 306 Nr. 1 bis 3 bezeichneten Räumlichkeiten oder einem der vorstehend bezeichneten fremden Gegenstände mitzuteilen.

(2) In minder schweren Fällen ist die Strafe Freiheitsstrafe von sechs Monaten bis zu fünf Jahren.

**§ 309. Fahrlässige Brandstiftung.** **(alte Fassung – bis 31.3.1998)** Wer einen Brand der in den §§ 306 und 308 bezeichneten Art fahrlässig verursacht, wird mit Freiheitsstrafe bis zu drei Jahren oder mit Geldstrafe und, wenn durch den Brand der Tod eines Menschen verursacht wird, mit Freiheitsstrafe bis zu fünf Jahren oder mit Geldstrafe bestraft.

**§ 310. Tätige Reue.** **(alte Fassung – bis 31.3.1998)** Hat der Täter den Brand, bevor derselbe entdeckt und ein weiterer als der durch die bloße Inbrandsetzung bewirkte

Schaden entstanden war, wieder gelöscht, so wird er nicht wegen Brandstiftung bestraft.

## § 310a. Herbeiführen einer Brandgefahr. (alte Fassung – bis 31.3.1998)

(1) Wer

1. feuergefährdete Betriebe und Anlagen, insbesondere solche, in denen explosive Stoffe, brennbare Flüssigkeiten oder brennbare Gase hergestellt oder gewonnen werden oder sich befinden, sowie Anlagen oder Betriebe der Land- oder Ernährungswirtschaft, in denen sich Getreide, Futter- oder Streumittel, Heu, Stroh, Hanf, Flachs oder andere land- oder ernährungswirtschaftliche Erzeugnisse befinden,
2. Wald-, Heide- oder Moorflächen, bestellte Felder oder Felder, auf denen Getreide, Heu oder Stroh lagert, durch Rauchen, durch Verwenden von offenem Feuer oder Licht oder deren ungenügende Beaufsichtigung, durch Wegwerfen brennender oder glimmender Gegenstände oder in sonstiger Weise

in Brandgefahr bringt, wird mit Freiheitsstrafe bis zu drei Jahren oder mit Geldstrafe bestraft.

(2) Verursacht der Täter die Brandgefahr fahrlässig, so ist die Strafe Freiheitsstrafe bis zu einem Jahr oder Geldstrafe.

## Ab hier: neue Fassung

## § 306. Brandstiftung.

### Gesetzestext:

(1) Wer fremde

1. Gebäude oder Hütten,
2. Betriebsstätten oder technische Einrichtungen, namentlich Maschinen,
3. Warenlager oder -vorräte,
4. Kraftfahrzeuge, Schienen-, Luft- oder Wasserfahrzeuge,
5. Wälder, Heiden oder Moore *oder*
6. land-, ernährungs- oder forstwirtschaftliche Anlagen oder Erzeugnisse

in Brand setzt oder durch eine Brandlegung ganz oder teilweise zerstört, wird mit Freiheitsstrafe von einem Jahr bis zu zehn Jahren bestraft.

(2) In minder schweren Fällen ist die Strafe Freiheitsstrafe von sechs Monaten bis zu fünf Jahren.

### Überblick:

○ ***Typ:*** vorsätzliches Begehungsdelikt.

- § 306 I ist der ***Spezialfall einer Sachbeschädigung***, denn es geht (nur noch) um *fremde* Sachen. Eine Prüfung der §§ 303 ff ist wegen der Strafandrohung des § 306 I entbehrlich (Verbrechen!) § 306 I ist zugleich (teilweise) ***Grundtatbestand*** für die folgenden Brandstiftungsvarianten.
- (Unbenannter minder schwerer Fall in Abs. 2 - klausurmäßig bedeutungslos.)
- ***Versuch*** ist strafbar (Verbrechen).
- ***Qualifikationen*** in § 306a. ***Qualifikationen und Erfolgsqualifikationen*** (§ 18) in § 306b und § 306c. ***Fahrlässigkeitsvarianten*** in § 306d.
- § 306e, ***tätige Reue***, gibt Rücktrittsmöglichkeit nach Vollendung.
- Spezielle ***Strafmilderungsgründe*** und ***Strafabsehungsgründe*** im ***Kronzeugengesetz*** (Art. 4, § 2, abgedruckt als Fußnote zu § 129a, Geltungsdauer beachten, § 5!).
- ***Schutzgut*** ist das Privat-Eigentum (trotz der gesetzlichen Abschnittsüberschrift). Deshalb ist – anders als bei §§ 306a ff (gemeingefährliche Delikte) – auch an ***Einverständnis*** und ***Einwilligung*** zu denken.
- Wichtige Änderung durch das 6. StrRG (zum 1.4.1998): Die ursprünglich in § 308 aF enthaltene Regelung wurde zu einem konkreten Verletzungsdelikt umgestaltet (früher durch Verweis auf § 306 I Nr. 1 bis 3 aF auch: abstraktes Gefährdungsdelikt). Insoweit ist § 306 I ***enger***. Die Tathandlungen wurden um die Zerstörungsvariante *durch Brandlegung* ***erweitert***. Die Tatobjekte wurden ***modernisiert***.

**Aufbau:**

I. Tatbestand
   1. Objektiver Tatbestand:
      a. Tatobjekte - jeweils fremde:
         aa. (Nr. 1) Gebäude *oder* Hütten *oder*
         bb. (Nr. 2) Betriebsstätten *oder* technische Einrichtungen, namentlich Maschinen *oder*
         cc. (Nr. 3) Warenlager *oder* -vorräte *oder*
         dd. (Nr. 4) Kraftfahrzeuge *oder* Schienen- *oder* Luft- *oder* Wasserfahrzeuge *oder*
         ee. (Nr. 5) Wälder *oder* Heiden *oder* Moore *oder*
         ff. (Nr. 6) Anlagen *oder* Erzeugnisse
            - land- *oder*
            - ernährungs- *oder*
            - forstwirtschaftliche
      b. Tathandlung
         aa. Inbrandsetzen *oder*
         bb. Brandlegung.
      c. bei Brandlegung zusätzlich: Taterfolg: Zerstörung eines Tatobjektes (ganz oder teilweise)
   2. Subjektiver Tatbestand: Vorsatz, mindestens bedingter.
II. Rechtswidrigkeit (rechtfertigende Einwilligung möglich) *und*
III. Schuld: keine Besonderheiten.
IV. Strafausschließungsgrund: Tätige Reue, § 306e I.

## Definitionen / Erläuterungen:

| | |
|---|---|
| **FREMD** ist eine Sache, die nach bürgerlichem Recht einem anderen gehört. | Tr[48], § 242 Rn. 4 |
| **FREMD** sind für den Täter auch die Gegenstände, an denen ihm Miteigentum zusteht. | S/S[25], § 308 Rn. 12 |
| **FREMD** ist die Sache, die einem anderen als dem Täter gehört. Maßgebend ist das Eigentum nach bürgerlichem Recht. | La[22], § 308 Rn. 3 i.V.m. § 242 Rn. 4 |
| **GEBÄUDE** ist ein durch Wände und Dach begrenztes, mit dem Erdboden fest- wenn auch nur durch die eigene Schwere - verbundenes Bauwerk, das den Eintritt von Menschen gestattet und das Unbefugte abhalten soll. | Tr[48], § 308 Rn. 4 i.V.m. 306 Rn. 3 i.V.m. § 243 Rn. 6 |
| **GEBÄUDE** ist ein mit dem Grund und Boden verbundenes Bauwerk, das den Eintritt von Menschen ermöglicht und geeignet und bestimmt ist, dem Schutze von Menschen oder Sachen zu dienen, und Unbefugte abhalten soll. | S/S[25], § 308 Rn. 4 i.V.m. § 243 Rn. 7 |
| Erfaßt wird jedes **GEBÄUDE**, das einen Zweck - sei es auch nur den, wiederhergestellt zu werden - verkörpert, also auch der Rohbau und die instandsetzungsfähige Ruine. | La[22], § 308 Rn. 2 |
| **HÜTTEN** müssen ein selbständiges unbewegliches Ganzes bilden, eine nicht geringfügige Bodenfläche bedecken und gegen äußere Einwirkungen genügend dauerhaft und fest abgeschlossen sein. | Tr[48], § 308 Rn. 5 i.V.m. § 306 Rn. 3 |
| Unter **HÜTTEN** sind Bauwerke zu verstehen, die eine gewisse Bedeutung erreichen, bei denen aber die Größe, Festigkeit und Dauerhaftigkeit geringer ist als bei den Gebäuden. Ein Wochenendhäuschen ist in der Regel als Hütte anzusehen. | S/S[25], § 308 Rn. 4 i.V.m. § 306 Rn. 5 |
| **BETRIEBSSTÄTTEN** sind Einrichtungen, die als räumliche Zusammenfassung der Ausübung eines stehenden Betriebes dienen. | Verf. (S/S[25], § 325 Rn. 4) |
| **BETRIEBSSTÄTTE** ist eine ortsfeste Anlage. | Verf. (La[22], § 325 Rn. 2) |
| **TECHNISCHE EINRICHTUNG**. Der Begriff ist hier weiter als der in § 325 verwendete Begriff. Er umfaßt neben Maschinen zB auch Geräte, Fahrzeuge, Kühleinrichtungen, Heizungen und Laboratorien innerhalb einer Anlage. | Verf. (Tr[48], § 328 Rn. 11) |
| **MASCHINE** ist eine bewegliche Anlage. | Verf. (La[22], § 325 Rn. 2) |
| **WARENLAGER.** | k.A. |
| **WARENVORRÄTE** sind vereinigte Gegenstände von erheblicher | Tr[48], § 308 Rn. 6 |

| | |
|---|---|
| Menge, die zu Gebrauchszwecken dienen, und zwar zur künftigen Verwendung. | |
| **VORRÄTE**. Sie müssen einen gewissen Umfang und Wert haben, sind aber überall geschützt, auch auf dem Transport. | Tr[48], § 308 Rn. 7 |
| Zum Begriff des **VORRATS** gehören größere Menge von Gegenständen, die zum Zwecke künftiger Verwendung vereinigt sind. Gedacht ist hier auch nur an Vorräte von einem gewissen Wert, nicht z.B. an Brennmaterial im Werte von 5 -10 DM. | S/S[25], § 308 Rn. 6 |
| **KRAFTFAHRZEUG**, vgl. Abs. 4. Es sind alle durch Maschinenkraft bewegten Fahrzeuge, also auch Wassermotorboote und Flugzeuge. Ausgenommen sind Fahrzeuge, die wie z.B. Anhänger, von der Maschinenkraft anderer Fahrzeuge abhängig sind. | Verf. (Tr[48], § 248b Rn. 1) |
| **BEIM KRAFTFAHRZEUG** handelt es sich nach der Legaldefinition von Abs. 4 um Fahrzeuge, die durch Maschinenkraft bewegt werden; auf die Art der Kraftquelle kommt es nicht an. | Verf. (S/S[25], § 248b Rn. 3) |
| **KRAFTFAHRZEUGE** (Abs. 4) sind namentlich Autos, Motorräder, Flugzeuge, Schiffe, dagegen nicht Straßenbahnen, Autoanhänger, Schleppkähne ohne eigenen Antrieb usw. | Verf. (La[22], § 248b Rn. 2) |
| **SCHIENENFAHRZEUGE** sind Eisenbahnen, Wer-, Klein- Hoch, Untergrund- und Zahnradbahnen. | Verf. (La[22], § 315 Rn. 2) |
| **LUFTFAHRZEUG**. Der Begriff des Luftfahrzeugs ist in § 1 II LuftVG definiert. Danach sind folgende Fahrzeuge Luftfahrzeuge: Flugzeuge, Drehflügler (Hubschrauber), Luftschiffe, Segelflugzeuge, Motorsegler, Frei- und Fesselballone, Drachen, Fallschirme, Flugmodelle und sonstige für die Benutzung des Luftraums bestimmte Geräte, insbesondere Raumfahrzeuge, Raketen und ähnliche Flugkörper. | Verf. (Tr[48], § 109g Rn. 5) |
| Zum **LUFTVERKEHR** gehört jede Benutzung des Luftraumes durch Luftfahrzeuge, also insb. Durch Flugzeuge, Luftschiffe, Ballone und ähnliche für eine Bewegung im Luftraum bestimmte Geräte (vgl. § 1 II LuftVG). | Verf. (S/S[25], § 315a Rn. 3 i.V.m. § 315 Rn. 6) |
| **WASSERFAHRZEUG**. Hierunter fällt sowohl der See- als auch der Binnenschiffsverkehr, wobei der gesamte Verkehr von Schiffen jeder Art erfaßt wird. | Verf. (Tr[48], § 315 Rn. 6) |
| **WALDUNGEN** enthalten einen strafrechtlichen Begriff. Erfaßt ist nicht schon wie in § 2 I S.1 BWaldG, „jede mit Forstpflanzen bestockte Grundfläche“ unter Einschluß von Blößen und Lichtungen, sondern nur das auf einer Bodenfläche wachsende Holz und der Waldboden mit dem diesen bedeckenden Gras, Moos, Laub und Strauchwerk. | Tr[48], § 308 Rn. 9 |

| | |
|---|---|
| Eine **WALDUNG** besteht aus dem auf einer Bodenfläche von Natur wachsenden oder durch menschliche Tätigkeit angelegten Holzbestand und dem Waldboden mit den diesen bedekkenden sonstigen Walderzeugnissen. Es muß sich aber stets um eine umfangreiche, in sich zusammenhängende Grundfläche handeln. Eine Mehrzahl einzeln stehender Waldbäume ist keine Waldung. | S/S[25], § 308 Rn. 8 |
| **TORFMOORE**. Ein Teil des Moorlandes kann auch mit Heide bestanden sein. | Tr[48], § 308 Rn. 10 |
| Für die **TORFMOORE** genügt z.B. auch die Inbrandsetzung eines teilweise mit Heide bestandenen Stückes Moorland. | S/S[25], § 308 Rn. 9 |
| **HEIDE.** | k.A. |
| Der Begriff „**ANLAGE**" ist weit auszulegen. Hierzu gehören zB Betriebsstätten, dh die Einrichtungen, die als räumliche Zusammenfassung der Ausübung eines stehenden Betriebes dienen, sowie sonstige ortsfeste Einrichtungen. | Verf. (S/S[25], § 325 Rn. 4) |
| **ANLAGE** ist eine auf gewisse Dauer vorgesehene, als Funktionseinheit organisierte Einrichtung von nicht ganz unerheblichen Ausmaßen, die der Verwirklichung beliebiger Zwecke dient. Ob sie ortsfest (zB Betriebsstätte, Heizungsanlage) oder beweglich ist (zB Maschine), bleibt sich gleich; daher werden technische Geräte aller Art erfaßt, soweit nicht das Sprachverständnis wegen der begrenzten Funktion oder Dimension des Gegenstandes seiner Charakterisierung als Anlage entgegensteht. | Verf. (La[22], § 325 Rn. 2) |
| **LANDWIRTSCHAFTLICHE ERZEUGNISSE** sind hier nur die Rohprodukte, die Gewächse des Bodens (auch des unbearbeiteten), aber nicht dessen Substanzteile; also nicht Sand und Torf. | Tr[48], § 308 Rn. 7 |
| **LANDWIRTSCHAFTLICHE ERZEUGNISSE** sind alle Rohprodukte der Ausnutzung des Bodens, bei deren Gewinnung letzterer seiner Substanz nach unverändert bleibt, also nicht z.B. Torf, Steine, Sand. Unerheblich ist, ob bei Hervorbringung dieser Produkte eine menschliche Tätigkeit mitgewirkt hat. | S/S[25], § 308 Rn. 6 |
| **ERNÄHRUNGSWIRTSCHAFTLICHE ERZEUGNISSE.** | k.A. |
| **FORSTWIRTSCHAFTLICHE ERZEUGNISSE.** | k.A. |
| **IN BRAND SETZEN** liegt vor, wenn der Brand auch nach Entfernung des Zündstoffs sich an der Sache weiter auszubreiten vermag. | Tr[48], § 308 Rn. 1 i.V.m. § 306 Rn. 6 |
| Eine **WALDUNG** ist erst dann **IN BRAND GESETZT**, wenn ein Waldbaum oder das Unterholz so vom Feuer ergriffen ist, daß | La[22], § 308 Rn. 2 |

sie aus eigener Kraft fortbrennen und den Brand auf andere Baumstämme übertragen können.

---

**BRANDLEGUNG.** Erfaßt wird das Beschädigen oder Vernichten durch Feuer, um mögliche Strafbarkeitslücken zu schließen, die sich im Hinblick auf die moderne Bautechnik - insbesondere die Verwendung feuerresistenter und Baumaterialien - ergeben können. Um den Verbrechenstatbestand des § 306 von den Vergehenstatbeständen der §§ 303, 305 abzugrenzen, sollte ein ein Feuer von erheblichem Ausmaß vorausgesetzt werden. Ob ein solches Feuer anzunehmen ist, wird regelmäßig danach zu beurteilen sein, ob der Brandstifter es noch beherrschen kann oder nicht. Das hängt wiederum von den Kräften und Fähigkeiten des Täters sowie von den ihm zur Verfügung stehenden Hilfsmitteln, in erster Linie also von objektiven Umständen, ab. Ob das Feuer an der Sache droht, die der Täter in Brand gesetzt hat, oder erst an weiteren Sachen, auf die das Feuer wahrscheinlich übergreift, ist gleichgültig — Verf. (BTDr.)

Mit dem Begriff der **BRANDLEGUNG** werden auch die Fälle erfaßt, in denen - vom Täter nicht gewollt - der Zündstoff statt zu brennen explodiert

---

**ZERSTÖREN** ist eine so weitgehende Beschädigung einer Sache, daß ihre Gebrauchsfähigkeit völlig aufgehoben wird. — Verf. (Tr[48], § 303 Rn. 10)

**ZERSTÖRT** ist eine Sache, wenn sie so wesentlich beschädigt wurde, daß sie für ihren Zweck völlig unbrauchbar wird; eine teilweise Zerstörung, d.h. die funktionelle Ausschaltung eines wesentlichen Teiles, genügt. — Verf. (S/S[25], § 303 Rn. 11)

**ZERSTÖREN** ist nur ein stärkerer Grad des Beschädigens, d.h. eine Einwirkung mit der Folge, daß die bestimmungsmäßige Brauchbarkeit der Sache völlig aufgehoben wird. — Verf. (La[22], § 303 Rn. 7)

---

**TEILWEISE ZERSTÖRUNG** liegt vor, wenn entweder einzelne Teile der Sache, die zur Erfüllung ihrer Bestimmung dienten, unbrauchbar gemacht sind oder wenn die ganze Sache zur Erfüllung von einzelnen Aufgaben unbrauchbar geworden ist. — Verf. (Tr[48], § 305 Rn. 2)

**TEILWEISE ZERSTÖRUNG** liegt vor, wenn einzelne Teile der Sache, die der Erfüllung ihrer Zweckbestimmung dienen, mittels Substanzeinwirkung unbrauchbar gemacht werden oder wenn infolge des Eingriffs eine von mehreren Zweckbestimmung der Sache aufgehoben wird. Dies ist regelmäßig der Fall, wenn ein funktionell selbständiger Teil der Sache unbrauchbar gemacht wird. — Verf. (S/S[25], § 305 Rn. 5)

**TEILWEISES ZERSTÖREN** bedeutet, von den bestimmungsmäßigen Funktionen des Arbeitsmittels eine oder mehrere vollständig aufheben. — Verf. (La[22], § 305a Rn. 4)

## Konkurrenzen:

§ 306 verdrängt die §§ 303-305 im Wege der Gesetzeskonkurrenz (Spezialität).

## § 306a. Schwere Brandstiftung.

## Gesetzestext:

(1) Mit Freiheitsstrafe nicht unter einem Jahr wird bestraft, wer

1. ein Gebäude, ein Schiff, eine Hütte oder eine andere Räumlichkeit, die der Wohnung von Menschen dient,
2. eine Kirche oder ein anderes der Religionsausübung dienendes Gebäude *oder*
3. eine Räumlichkeit, die zeitweise dem Aufenthalt von Menschen dient, zu einer Zeit, in der Menschen sich dort aufzuhalten pflegen,

in Brand setzt oder durch eine Brandlegung ganz oder teilweise zerstört.

(2) Ebenso wird bestraft, wer eine in § 306 Abs. 1 Nr. 1 bis 6 bezeichnete Sache in Brand setzt oder durch eine Brandlegung ganz oder teilweise zerstört und dadurch einen anderen Menschen in die Gefahr einer Gesundheitsschädigung bringt.

(3) In minder schweren Fällen der Absätze 1 und 2 ist die Strafe Freiheitsstrafe von sechs Monaten bis zu fünf Jahren.

## Überblick:

- ***Typ:*** vorsätzliches Begehungsdelikt. Verletzungs- (Objekte aus Nr. 1-3) und *abstraktes* Gefährdungsdelikt (Menschen). In Abs. 2 *konkretes* Gefährdungsdelikt.
- § 306a ist teilweise ***Qualifikation*** zu § 306 I (in Abs. 1 nur, soweit Deckungsgleicheit mit den Objekten aus § 306 I Nr. 1 besteht, in Abs. 2, soweit es täterfremde Sachen betrifft). ***Prüfung*** immer mit dem Grunddelikt (Obersatz: §§ 306 I Nr. ..., 306a I Nr. ..., bzw. II) und zwar entweder hinter subjektivem Tatbestand oder hinter Schuld des Grunddeliktes.
- (Unbenannter minder schwerer Fall in Abs. 3 - klausurmäßig bedeutungslos.)
- ***Versuch*** ist strafbar (Verbrechen).
- ***Qualifikationen und Erfolgsqualifikationen*** (§ 18) in § 306b und § 306c. ***Fahrlässigkeitsvarianten*** in § 306d.
- § 306e, ***tätige Reue***, gibt Rücktrittsmöglichkeit nach Vollendung.
- Spezielle ***Strafmilderungsgründe*** und ***Strafabsehungsgründe*** im ***Kronzeugengesetz*** (Art. 4, § 2, abgedruckt als Fußnote zu § 129a, Geltungsdauer beachten, § 5!).
- ***Schutzgut*** ist das Leben.
- Wichtige Änderung durch das 6. StrRG (zum 1.4.1998): Die ursprünglich in § 306 aF enthaltene Regelung wurde um ein Tatobjekt (andere Räumlichkeit) und – wie in § 306 – um eine Handlung (Brandlegung) ***erweitert***. Die (früheren) Tatobjekte wurden ***sprachlich neugefaßt***. Abs. 2 war früher – teilweise – in § 308 aF enthalten. ***Wichtig:*** Der Verweis von Abs. 2 auf § 306 soll nur die dort benannten Objekte *als solche* betreffen, *nicht* die Eigentumslage (fremd). Der Täter kann folglich ***auch eigene Sachen*** angreifen. Das macht zwar Sinn, ist aber nach dem Wortlaut der (uneingeschränkten!) Verweisung mindestens bedenklich.

**Aufbau (Abs. 1):**

I. Tatbestand
  1. Objektiver Tatbestand:
    a. Tatobjekte - jeweils fremde:
      aa. (Nr. 1) Räumlichkeit, die der Wohnung von Menschen dient, insbesondere Gebäude *oder* Schiff *oder* Hütte *oder*
      bb. (Nr. 2) der Religionsausübung dienendes Gebäude, insbesondere eine Kirche *oder*
      cc. (Nr. 3) eine Räumlichkeit, die zeitweise dem Aufenthalt von Menschen dient
    b. (bei Nr. 3 zusätzlich) Tatsituation: zu einer Zeit, in der Menschen sich dort aufzuhalten pflegen
    c. Tathandlung
      aa. Inbrandsetzen *oder*
      bb. Brandlegung.
    d. (bei Brandlegung zusätzlich) Taterfolg: Zerstörung eines Tatobjektes (ganz oder teilweise)
  2. Subjektiver Tatbestand: Vorsatz, mindestens bedingter.
II. Rechtswidrigkeit (*keine* rechtfertigende Einwilligung möglich)
III. Schuld: keine Besonderheiten.
IV. Strafausschließungsgrund: Tätige Reue, § 306e I.

**Aufbau (Abs. 2 i.V.m. § 306 I):**

I. Tatbestand
  1. Objektiver Tatbestand:
    a. Tatobjekte – *nicht notwendig fremde* (zweifelhaft, s.Überblick):
      aa. (Nr. 1) Gebäude *oder* Hütten *oder*
      bb. (Nr. 2) Betriebsstätten *oder* technische Einrichtungen, namentlich Maschinen *oder*
      cc. (Nr. 3) Warenlager *oder* -vorräte *oder*
      dd. (Nr. 4) Kraftfahrzeuge *oder* Schienen- *oder* Luft- *oder* Wasserfahrzeuge *oder*
      ee. (Nr. 5) Wälder *oder* Heiden *oder* Moore *oder*
      ff. (Nr. 6) Anlagen *oder* Erzeugnisse
        - land- *oder*
        - ernährungs- *oder*
        - forstwirtschaftliche
    b. Tathandlung
      aa. Inbrandsetzen *oder*
      bb. Brandlegung.
    c. bei Brandlegung zusätzlich. Taterfolg: Zerstörung eines Tatobjektes (ganz oder teilweise)
    d. Taterfolg: Gefahr einer Gesundheitsschädigung
    e. Verbindung zwischen d. und b./c.
  2. Subjektiver Tatbestand: Vorsatz, mindestens bedingter.
II. Rechtswidrigkeit (*keine* rechtfertigende Einwilligung möglich) *und*

III. Schuld: keine Besonderheiten.
IV. Strafausschließungsgrund: Tätige Reue, § 306e I.

## Definitionen / Erläuterungen:

| | |
|---|---|
| **GEBÄUDE** ist ein durch Wände und Dach begrenztes, mit dem Erdboden fest- wenn auch nur durch die eigene Schwere - verbundenes Bauwerk, das den Eintritt von Menschen gestattet und das Unbefugte abhalten soll. | Tr[48], § 306 Rn. 3 i.V.m. § 243 Rn. 6 |
| **GEBÄUDE** ist ein mit dem Grund und Boden verbundenes Bauwerk, das den Eintritt von Menschen ermöglicht und geeignet und bestimmt ist, dem Schutze von Menschen oder Sachen zu dienen, und Unbefugte abhalten soll. Es ist jedoch zu berücksichtigen, daß § 306 nicht dem Schutz der Sache, sondern den menschlichen Wohnungen dient. Daher kann ein teilweise durch Brand zerstörtes Gebäude noch ein Gebäude sein. | S/S[25], § 306 Rn. 5 i.V.m. § 243 Rn. 7 |
| **SCHIFF**. Bei den Schiffen kommt es nicht auf die Größe, sondern nur darauf an, daß sie Menschen als Wohnung dienen. | Tr[48], § 306 Rn. 3 |
| Bei den **SCHIFFEN** kommt es auf die Größe nicht an; entscheidend ist nur, daß sie zur Wohnung von Menschen dienen. | S/S[25], § 306 Rn. 5 |
| **HÜTTE** ist ein selbständiges unbewegliches Ganzes. Sie muß eine nicht geringfügige Bodenfläche bedecken und gegen äußere Einwirkungen genügend dauerhaft und fest abgeschlossen sein. | Tr[48], § 306 Rn. 3 |
| Unter **HÜTTEN** sind Bauwerke zu verstehen, die eine gewisse Bedeutung erreichen, bei denen aber die Größe, Festigkeit und Dauerhaftigkeit geringer ist als bei den Gebäuden. Ein Wochenendhäuschen ist in der Regel als Hütte anzusehen. | S/S[25], § 306 Rn. 5 |
| **WOHNUNG** dient als Mittelpunkt des Aufenthaltes, insbesondere zum Übernachten, von Menschen und ist dazu bestimmt und geeignet. | Tr[48], § 306 Rn. 4 |
| **EIN DER RELIGIONSAUSÜBUNG DIENENDES GEBÄUDE**. Der geschützte Raum kann eine Kirche oder ein anderes der Religionsausübung dienendes Gebäude sein. Zur Religionsausübung dient ein Gebäude, wenn es zu diesem Zweck tatsächlich benutzt wird, ohne Rücksicht darauf, ob es dafür bereits errichtet wurde. | S/S[25], § 306 Rn. 3 i.V.m. § 243 Rn. 33 |
| **RÄUMLICHKEIT**. Hierunter fällt jeder abgeschlossene Raum beweglicher oder unbeweglicher Art, so Theater, Museen, Werkstätten, Lagerhallen, in denen Arbeiter tätig sind, Büroräume, Hüterhütten usw. | Tr[48], § 306 Rn. 5 |
| Unter **RÄUMLICHKEITEN** sind irgendwie abgeschlossene be- | S/S[25], § 306 Rn. 8 |

wegliche oder unbewegliche Räume zu verstehen.

Nicht erfaßt werden **RÄUMLICHKEITEN**, die zB wegen ihrer geringen Größe keinen eigentlichen „Aufenthalt" gewähren (PkW, Telefonzelle). — La[22], § 306 Rn. 3

---

**WELCHE ZEITWEISE ZUM AUFENTHALT VON MENSCHEN DIENT**. Erforderlich und genügend ist die bloße Tatsache des Dienens im Zeitpunkt der Tat. Bestimmung und Eignung sind unerheblich. — Tr[48], § 306 Rn. 4

**WELCHE ZEITWEISE ZUM AUFENTHALT VON MENSCHEN DIENT**. Hierfür ist erforderlich, daß die Tat zu einer Zeit verübt wurde, während der sich Menschen in der Räumlichkeit aufzuhalten pflegen; auch hier wird nicht vorausgesetzt, daß sich z.Z. der Tat wirklich Menschen in den Räumlichkeiten befunden haben. — S/S[25], § 306 Rn. 8

**WELCHE ZEITWEISE ZUM AUFENTHALT VON MENSCHEN DIENT**. Dies bedeutet, daß sie von mindestens einem Menschen rein tatsächlich bewohnt werden. Dessen vorübergehende Abwesenheit - auch für längere Zeit - ist unerheblich, es sei denn, daß er die Räume erkennbar nicht mehr als seine Wohnung betrachtet. — La[22], § 306 Rn. 3

---

Die Zeit, **WÄHREND WELCHER SICH MENSCHEN IN DEN RÄUMLICHKEITEN AUFZUHALTEN PFLEGEN**, bezieht sich auf das Brennen; fällt nur der zum Brand führende Ursachenverlauf in diese Zeit, so genügt das nicht. Ob zur Zeit der Tat wirklich Menschen anwesend sind, ist auch hier unerheblich. — La[22], § 306 Rn. 4

---

**IN BRAND SETZEN** liegt vor, wenn der Brand auch nach Entfernung des Zündstoffs sich an der Sache weiter auszubreiten vermag. — Tr[48], § 306 Rn. 6

**INBRANDSETZEN** liegt vor, wenn die Sache derart vom Feuer ergriffen ist, daß sie auch nach Entfernung oder Erlöschen des Zündstoffs selbständig weiterbrennen kann. — S/S[25], § 306 Rn. 9

**IN BRAND GESETZT** ist ein Gebäude usw., wenn es vom Feuer in einer Weise erfaßt ist, die ein Fortbrennen aus eigener Kraft ermöglicht. — La[22], § 306 Rn. 5

---

**BRANDLEGUNG.** Erfaßt wird das Beschädigen oder Vernichten durch Feuer, um mögliche Strafbarkeitslücken zu schließen, die sich im Hinblick auf die moderne Bautechnik - insbesondere die Verwendung feuerresistenter und Baumaterialien - ergeben können. Um den Verbrechenstatbestand des § 306 von den Vergehenstatbeständen der §§ 303, 305 abzugrenzen, sollte ein Feuer von erheblichem Ausmaß vorausgesetzt werden. Ob ein solches Feuer anzunehmen ist, wird regelmäßig danach zu beurteilen sein, ob der Brandstifter es noch beherrschen kann oder — Verf. (BTDr.)

nicht. Das hängt wiederum von den Kräften und Fähigkeiten des Täters sowie von den ihm zur Verfügung stehenden Hilfsmitteln, in erster Linie also von objektiven Umständen, ab. Ob das Feuer an der Sache droht, die der Täter in Brand gesetzt hat, oder erst an weiteren Sachen, auf die das Feuer wahrscheinlich übergreift, ist gleichgültig.

Mit dem Begriff der **BRANDLEGUNG** werden auch die Fälle erfaßt, in denen - vom Täter nicht gewollt - der Zündstoff statt zu brennen explodiert

| | |
|---|---|
| **ZERSTÖREN** ist eine so weitgehende Beschädigung einer Sache, daß ihre Gebrauchsfähigkeit völlig aufgehoben wird. | Verf. (Tr[48], § 303 Rn. 10) |
| **ZERSTÖRT** ist eine Sache, wenn sie so wesentlich beschädigt wurde, daß sie für ihren Zweck völlig unbrauchbar wird; eine teilweise Zerstörung, d.h. die funktionelle Ausschaltung eines wesentlichen Teiles, genügt. | Verf. (S/S[25], § 303 Rn. 11) |
| **ZERSTÖREN** ist nur ein stärkerer Grad des Beschädigens, d.h. eine Einwirkung mit der Folge, daß die bestimmungsmäßige Brauchbarkeit der Sache völlig aufgehoben wird. | Verf. (La[22], § 303 Rn. 7) |
| **TEILWEISE ZERSTÖRUNG** liegt vor, wenn entweder einzelne Teile der Sache, die zur Erfüllung ihrer Bestimmung dienten, unbrauchbar gemacht sind oder wenn die ganze Sache zur Erfüllung von einzelnen Aufgaben unbrauchbar geworden ist. | Verf. (Tr[48], § 305 Rn. 2) |
| **TEILWEISE ZERSTÖRUNG** liegt vor, wenn einzelne Teile der Sache, die der Erfüllung ihrer Zweckbestimmung dienen, mittels Substanzeinwirkung unbrauchbar gemacht werden oder wenn infolge des Eingriffs eine von mehreren Zweckbestimmung der Sache aufgehoben wird. Dies ist regelmäßig der Fall, wenn ein funktionell selbständiger Teil der Sache unbrauchbar gemacht wird. | Verf. (S/S[25], § 305 Rn. 5) |
| **TEILWEISES ZERSTÖREN** bedeutet, von den bestimmungsmäßigen Funktionen des Arbeitsmittels eine oder mehrere vollständig aufheben. | Verf. (La[22], § 305a Rn. 4) |
| **GEBÄUDE** ist ein durch Wände und Dach begrenztes, mit dem Erdboden fest- wenn auch nur durch die eigene Schwere - verbundenes Bauwerk, das den Eintritt von Menschen gestattet und das Unbefugte abhalten soll. | Tr[48], § 308 Rn. 4 i.V.m. 306 Rn. 3 i.V.m. § 243 Rn. 6 |
| **GEBÄUDE** ist ein mit dem Grund und Boden verbundenes Bauwerk, das den Eintritt von Menschen ermöglicht und geeignet und bestimmt ist, dem Schutze von Menschen oder Sachen zu dienen, und Unbefugte abhalten soll. | S/S[25], § 308 Rn. 4 i.V.m. § 243 Rn. 7 |
| Erfaßt wird jedes **GEBÄUDE**, das einen Zweck - sei es auch nur den, wiederhergestellt zu werden - verkörpert, also auch der Rohbau und die instandsetzungsfähige Ruine. | La[22], § 308 Rn. 2 |

| | |
|---|---|
| **HÜTTEN** müssen ein selbständiges unbewegliches Ganzes bilden, eine nicht geringfügige Bodenfläche bedecken und gegen äußere Einwirkungen genügend dauerhaft und fest abgeschlossen sein. | Tr[48], § 308 Rn. 5 i.V.m. § 306 Rn. 3 |
| Unter **HÜTTEN** sind Bauwerke zu verstehen, die eine gewisse Bedeutung erreichen, bei denen aber die Größe, Festigkeit und Dauerhaftigkeit geringer ist als bei den Gebäuden. Ein Wochenendhäuschen ist in der Regel als Hütte anzusehen. | S/S[25], § 308 Rn. 4 i.V.m. § 306 Rn. 5 |
| **BETRIEBSSTÄTTEN** sind Einrichtungen, die als räumliche Zusammenfassung der Ausübung eines stehenden Betriebes dienen. | Verf. (S/S[25], § 325 Rn. 4) |
| **BETRIEBSSTÄTTE** ist eine ortsfeste Anlage. | Verf. (La[22], § 325 Rn. 2) |
| **TECHNISCHE EINRICHTUNG**. Der Begriff ist hier weiter als der in § 325 verwendete Begriff. Er umfaßt neben Maschinen zB auch Geräte, Fahrzeuge, Kühleinrichtungen, Heizungen und Laboratorien innerhalb einer Anlage. | Verf. (Tr[48], § 328 Rn. 11) |
| **MASCHINE** ist eine bewegliche Anlage. | Verf. (La[22], § 325 Rn. 2) |
| **WARENLAGER.** | k.A. |
| **WARENVORRÄTE** sind vereinigte Gegenstände von erheblicher Menge, die zu Gebrauchszwecken dienen, und zwar zur künftigen Verwendung. | Tr[48], § 308 Rn. 6 |
| **VORRÄTE**. Sie müssen einen gewissen Umfang und Wert haben, sind aber überall geschützt, auch auf dem Transport. | Tr[48], § 308 Rn. 7 |
| Zum Begriff des **VORRATS** gehören größere Menge von Gegenständen, die zum Zwecke künftiger Verwendung vereinigt sind. Gedacht ist hier auch nur an Vorräte von einem gewissen Wert, nicht z.B. an Brennmaterial im Werte von 5 -10 DM. | S/S[25], § 308 Rn. 6 |
| **KRAFTFAHRZEUG**, vgl. Abs. 4. Es sind alle durch Maschinenkraft bewegten Fahrzeuge, also auch Wassermotorboote und Flugzeuge. Ausgenommen sind Fahrzeuge, die wie z.B. Anhänger, von der Maschinenkraft anderer Fahrzeuge abhängig sind. | Verf. (Tr[48], § 248b Rn. 1) |
| **BEIM KRAFTFAHRZEUG** handelt es sich nach der Legaldefinition von Abs. 4 um Fahrzeuge, die durch Maschinenkraft bewegt werden; auf die Art der Kraftquelle kommt es nicht an. | Verf. (S/S[25], § 248b Rn. 3) |
| **KRAFTFAHRZEUGE** (Abs. 4) sind namentlich Autos, Motorräder, Flugzeuge, Schiffe, dagegen nicht Straßenbahnen, Autoanhänger, Schleppkähne ohne eigenen Antrieb usw. | Verf. (La[22], § 248b Rn. 2) |

| | |
|---|---|
| **Schienenfahrzeuge** sind Eisenbahnen, Wer-, Klein- Hoch, Untergrund- und Zahnradbahnen. | Verf. (La[22], § 315 Rn. 2) |
| **Luftfahrzeug**. Der Begriff des Luftfahrzeugs ist in § 1 II LuftVG definiert. Danach sind folgende Fahrzeuge Luftfahrzeuge: Flugzeuge, Drehflügler (Hubschrauber), Luftschiffe, Segelflugzeuge, Motorsegler, Frei- und Fesselballone, Drachen, Fallschirme, Flugmodelle und sonstige für die Benutzung des Luftraums bestimmte Geräte, insbesondere Raumfahrzeuge, Raketen und ähnliche Flugkörper. | Verf. (Tr[48], § 109g Rn. 5) |
| Zum **Luftverkehr** gehört jede Benutzung des Luftraumes durch Luftfahrzeuge, also insb. Durch Flugzeuge, Luftschiffe, Ballone und ähnliche für eine Bewegung im Luftraum bestimmte Geräte (vgl. § 1 II LuftVG). | Verf. (S/S[25], § 315a Rn. 3 i.V.m. § 315 Rn. 6) |
| **Wasserfahrzeug.** Hierunter fällt sowohl der See- als auch der Binnenschiffsverkehr, wobei der gesamte Verkehr von Schiffen jeder Art erfaßt wird. | Verf. (Tr[48], § 315 Rn. 6) |
| **Waldungen** enthalten einen strafrechtlichen Begriff. Erfaßt ist nicht schon wie in § 2 I S.1 BWaldG, „jede mit Forstpflanzen bestockte Grundfläche" unter Einschluß von Blößen und Lichtungen, sondern nur das auf einer Bodenfläche wachsende Holz und der Waldboden mit dem diesen bedeckenden Gras, Moos, Laub und Strauchwerk. | Tr[48], § 308 Rn. 9 |
| Eine **Waldung** besteht aus dem auf einer Bodenfläche von Natur wachsenden oder durch menschliche Tätigkeit angelegten Holzbestand und dem Waldboden mit den diesen bedekkenden sonstigen Walderzeugnissen. Es muß sich aber stets um eine umfangreiche, in sich zusammenhängende Grundfläche handeln. Eine Mehrzahl einzeln stehender Waldbäume ist keine Waldung. | S/S[25], § 308 Rn. 8 |
| **Torfmoore**. Ein Teil des Moorlandes kann auch mit Heide bestanden sein. | Tr[48], § 308 Rn. 10 |
| Für die **Torfmoore** genügt z.B. auch die Inbrandsetzung eines teilweise mit Heide bestandenen Stückes Moorland. | S/S[25], § 308 Rn. 9 |
| **Heide.** | k.A. |
| Der Begriff „**Anlage**" ist weit auszulegen. Hierzu gehören zB Betriebsstätten, dh die Einrichtungen, die als räumliche Zusammenfassung der Ausübung eines stehenden Betriebes dienen, sowie sonstige ortsfeste Einrichtungen. | Verf. (S/S[25], § 325 Rn. 4) |
| **Anlage** ist eine auf gewisse Dauer vorgesehene, als Funktionseinheit organisierte Einrichtung von nicht ganz unerheblichen Ausmaßen, die der Verwirklichung beliebiger Zwecke | Verf. (La[22], § 325 Rn. 2) |

dient. Ob sie ortsfest (zB Betriebsstätte, Heizungsanlage) oder beweglich ist (zB Maschine), bleibt sich gleich; daher werden technische Geräte aller Art erfaßt, soweit nicht das Sprachverständnis wegen der begrenzten Funktion oder Dimension des Gegenstandes seiner Charakterisierung als Anlage entgegensteht.

---

**LANDWIRTSCHAFTLICHE ERZEUGNISSE** sind hier nur die Rohprodukte, die Gewächse des Bodens (auch des unbearbeiteten), aber nicht dessen Substanzteile; also nicht Sand und Torf.

Tr[48], § 308 Rn. 7

**LANDWIRTSCHAFTLICHE ERZEUGNISSE** sind alle Rohprodukte der Ausnutzung des Bodens, bei deren Gewinnung letzterer seiner Substanz nach unverändert bleibt, also nicht z.B. Torf, Steine, Sand. Unerheblich ist, ob bei Hervorbringung dieser Produkte eine menschliche Tätigkeit mitgewirkt hat.

S/S[25], § 308 Rn. 6

---

**ERNÄHRUNGSWIRTSCHAFTLICHE ERZEUGNISSE.**

k.A.

---

**FORSTWIRTSCHAFTLICHE ERZEUGNISSE.**

k.A.

---

**GEFAHR** ist ein durch die Tat eingetretener ungewöhnlicher Zustand, in welchem nach den konkreten Umständen der Eintritt eines Schadens wahrscheinlich ist.

La[22], § 250 Rn. 3 i.V.m. § 315c Rn. 21

---

**SCHWERE GESUNDHEITSBESCHÄDIGUNG.** Hierfür müssen nicht schwere Körperverletzungen i.S. von § 224 – (heute § 226 d.V.) zu befürchten sein, vielmehr genügen bereits Gesundheitsschäden, die den Verletzten in seiner physischen oder psychischen Stabilität oder in seiner Arbeitsfähigkeit nachhaltig beeinträchtigen oder ihn in eine qualvolle oder langwierige Krankheit stürzen könnten.

Verf. (S/S[25], § 218 Rn. 44)

**SCHWERE GESUNDHEITSBESCHÄDIGUNG** ist ein langwieriger, qualvoller oder die Leistungsfähigkeit schwer beeinträchtigender physischer oder psychischer Krankheitszustand.

Verf. (La[22], § 218 Rn. 20)

**SCHWERE GESUNDHEITSSCHÄDIGUNG** setzt keine schwere Körperverletzung (§ 224 [– heute § 226 d.V.]) voraus, sondern liegt etwa auch vor bei der Gefahr des Eintritts einer langwierigen ernsten Krankheit oder der Gefahr der erheblichen Beeinträchtigung der Arbeitskraft für eine lange Zeit.

Verf. (La[22], § 330 Rn. 2)

## Konkurrenzen:

§ 306a verdrängt § 306 im Wege der Gesetzeskonkurrenz (Spezialität).

## § 306b. Besonders schwere Brandstiftung.

### Gesetzestext:

(1) Wer durch eine Brandstiftung nach § 306 oder § 306a eine schwere Gesundheitsschädigung eines anderen Menschen oder eine Gesundheitsschädigung einer großen Zahl von Menschen verursacht, wird mit Freiheitsstrafe nicht unter zwei Jahren bestraft.

(2) Auf Freiheitsstrafe nicht unter fünf Jahren ist zu erkennen, wenn der Täter in den Fällen des § 306a

1. einen anderen Menschen durch die Tat in die Gefahr des Todes bringt,
2. in der Absicht handelt, eine andere Straftat zu ermöglichen oder zu verdekken *oder*
3. das Löschen des Brandes verhindert oder erschwert.

### Überblick:

- *Typ:* vorsätzliches Begehungsdelikt. Verletzungsdelikt (Abs. 1); Gefährdungsdelikt (Abs. 2 Nr. 1 und 3).
- § 306b ist in Abs. 1 ***Erfolgsqualifikation (§ 18)***, in Abs. 2 normale ***Qualifikation*** zu § 306 I und § 306a, bzw. nur zu § 306a (in Abs. 2). ***Prüfung*** immer mit dem Grunddelikt (Obersatz: §§ 306 I Nr.(bzw. § 306a I) ..., 306b I, bzw. §§ 306a, 306b II) und zwar entweder hinter subjektivem Tatbestand oder hinter Schuld des Grunddeliktes.
- ***Problematisch*** wird die Prüfung, wenn der Täter z.B. ein Warenlager i.S.v. § 306 I Nr. 3 in Brand setzt und dadurch einen anderen Menschen in die Gefahr des Todes bringt. Eine *direkte* Verbindung von § 306 I zu § 306b II gibt es nicht. Es gibt nur den Weg über § 306a II. Die vollständige Kette lautete damit: §§ 306 I Nr. 3, 306a II, 306b II Nr. 1. Sprachlich müßte man sich ziemlich verrenken, wollte man zuerst § 306a II objektiv und subjektiv und dann § 306b II Nr. 1 objektiv und subjektiv prüfen. Hier bietet es sich – ausnahmsweise – an, die Qualifikationstatbestände der §§ 306a II und 306b II Nr. 1 ***gemeinsam*** zu prüfen. Unproblematisch dagegen eine Kette über §§ 306 I Nr. ..., 306a II, 306b Nr. 2 (oder 3).
- (Unbenannter minder schwerer Fall in Abs. 3 – klausurmäßig bedeutungslos.)
- ***Versuch*** ist strafbar (Verbrechen).
- ***Qualifikationen und Erfolgsqualifikationen*** (§ 18) in § 306b und § 306c. ***Fahrlässigkeitsvarianten*** in § 306d.
- § 306e, ***tätige Reue***, gibt Rücktrittsmöglichkeit nach Vollendung.
- Spezielle ***Strafmilderungsgründe*** und ***Strafabsehungsgründe*** im ***Kronzeugengesetz*** (Art. 4, § 2, abgedruckt als Fußnote zu § 129a, Geltungsdauer beachten, § 5!).
- ***Schutzgut*** ist das Leben.
- Wichtige Änderung durch das 6. StrRG (zum 1.4.1998): Die ursprünglich in § 306 aF und in § 307 Nr. 2 und 3 aF enthaltenen Regelungen wurde um ein Tatobjekt (andere Räumlichkeit) ***erweitert***. Die (früheren) Tatobjekte wurden ***sprachlich neugefaßt***. Abs. 2 war früher – teilweise – in § 308 aF enthalten.

## Aufbau (Abs. 1 – EQ):

I. Tatbestand
   1. Objektiver Tatbestand:
      a. Taterfolg (schwere Folge):
         aa. schwere Gesundheitsschädigung eines anderen Menschen *oder*
         bb. (einfache) Gesundheitsschädigung einer großen Zahl von Menschen
      b. Verbindung zum Grundtatbestand.
      c. Fahrlässigkeitsmerkmale (§ 18)
         aa. obj. Sorgfaltspflichtverletzung im Hinblick auf die schwere Folge (ist durch die Brandstiftung indiziert),
         bb. obj. Vorhersehbarkeit,
         cc. obj. Zurechnungszusammenhang,
         dd. Schutzzweck der Sorgfaltspflicht (schwere Folge muß Realisierung der Brandstiftungsgefahr sein).
   2. Subjektiver Tatbestand: Eintritt der Folge gesehen (bewußte F.) oder nicht gesehen (unbewußte F.).
II. Rechtswidrigkeit.
III. Schuld:
   1. Subj. Sorgfaltspflichtverletzung,
   2. subj. Vorhersehbarkeit.

## Aufbau (Abs. 2):

I. Tatbestand
   1. Objektiver Tatbestand:
      a. Taterfolg (Nr. 1): Gefahr des Todes für einen anderen Menschen *oder*
      b. Tathandlung (Nr. 3): Verhindern oder Erschweren der Brandlöschung
      (c. Nr. 2 ist ausschließlich subjektiv)
   2. Subjektiver Tatbestand:
      a. (bei Nr. 1 und 3) Vorsatz, mindestens bedingter
      b. (Nr. 2): Absicht, eine andere Straftat zu ermöglichen oder zu verdecken
II. Rechtswidrigkeit *und*
III. Schuld: keine Besonderheiten

## Definitionen / Erläuterungen:

| | |
|---|---|
| **BEACHTE:** Wegen der Umstrukturierung haben wir hier auf die Kommentarliteratur zu § 315 zurückgegriffen, der ähnlich strukturiert ist wie § 306b (vgl. § 315 III). Entsprechend lauten dann auch die Fundstellen. Da von dort auch auf § 211 verwiesen wird, taucht ab und an das Merkmal „Tötung" oder „Tod" etwas unpassend auf. Es ist durch „Brandstiftung" zu ersetzen. | Verf. |
| **SCHWERE GESUNDHEITSSCHÄDIGUNG** ist nicht nur die Gefahr einer schweren Körperverletzung (§ 224 [– heute § 226 d.V.]), sondern auch die Gefahr, daß der Verletzte im Gebrauch seiner | Verf. (Tr[48], § 218 Rn. 16) |

Sinne oder seines Körpers oder seiner Arbeitsfähigkeit für lange Zeit erheblich beeinträchtigt wird oder in eine langwierige, ernste Krankheit verfällt.

| | |
|---|---|
| **SCHWERE GESUNDHEITSBESCHÄDIGUNG**. Hierfür müssen nicht schwere Körperverletzungen i.S. von § 224 – (heute § 226 d.V.) zu befürchten sein, vielmehr genügen bereits Gesundheitsschäden, die den Verletzten in seiner physischen oder psychischen Stabilität oder in seiner Arbeitsfähigkeit nachhaltig beeinträchtigen oder ihn in eine qualvolle oder langwierige Krankheit stürzen könnten. | Verf. (S/S[2525], § 218 Rn. 44) |
| **SCHWERE GESUNDHEITSBESCHÄDIGUNG** ist ein langwieriger, qualvoller oder die Leistungsfähigkeit schwer beeinträchtigender physischer oder psychischer Krankheitszustand. | Verf. (La[22], § 218 Rn. 20) |
| **SCHWERE GESUNDHEITSSCHÄDIGUNG** setzt keine schwere Körperverletzung (§ 224 [– heute § 226 d.V.]) voraus, sondern liegt etwa auch vor bei der Gefahr des Eintritts einer langwierigen ernsten Krankheit oder der Gefahr der erheblichen Beeinträchtigung der Arbeitskraft für eine lange Zeit. | Verf. (La[22], § 330 Rn. 2) |
| Als („Einfache") **GESUNDHEITSSCHÄDIGUNG** ist jedes Hervorrufen oder Steigern eines krankhaften Zustandes zu verstehen. | Verf. (S/S[25], § 223 Rn. 5) |
| Der Begriff „**GROßE ZAHL**" mag bei 50 beginnen. | Tr[48], § 330 Rn. 4 |
| **GEFAHR** ist ein durch die Tat eingetretener ungewöhnlicher Zustand, in welchem nach den konkreten Umständen der Eintritt eines Schadens wahrscheinlich ist. | La[22], § 315c Rn. 21 |
| **TOD EINES MENSCHEN**. Für die Feststellung des Todes kommt es weder auf den völligen Ausfall jeglicher biologischer Lebensregungen noch bereits auf den Stillstand von Herz- und Atmungstätigkeit an, sondern allein auf den sog. Hirntod. Damit ist der irreversible und totale Funktionsausfall des Gehirns gemeint. | S/S[25], Vorbem. § 211 Rn. 18 |
| **STRAFTAT**. Um eine Straftat oder zumindest um eine vermeintliche Straftat muß es sich handeln und nicht um eine bloße Ordnungswidrigkeit. | Tr[48], § 315 Rn. 21 |
| **STRAFTAT**. Hierfür kommt nur eine kriminelle strafbare Handlung i.S. von § 11 I Nr. 5 in Betracht, also ein Verbrechen oder Vergehen, nicht dagegen eine bloße Ordnungswidrigkeit. Es ist gleichgültig, ob es sich dabei um eine eigene oder fremde Straftat handelt. | S/S[25], § 211 Rn. 32 |
| **STRAFTAT** meint nicht lediglich eine Ordnungswidrigkeit. | La[22], § 211 Rn. 12 |
| **ERMÖGLICHEN**. Die Tötung muß nicht notwendiges Mittel zur Ermöglichung der Tat sein, es genügt, daß sich der Täter des- | Tr[48], § 211 Rn. 9 |

| | |
|---|---|
| halb für die zum Tod führende Handlung entscheidet, weil er glaubt, auf diese Weise die andere Straftat schneller oder leichter begehen zu können, und daß ihm nicht der Tod des Opfers, sondern lediglich die Tötungshandlung als solche als Tatmittel geeignet erscheint. | |
| Die **ERMÖGLICHUNGSABSICHT** liegt darin, daß die Tötung als Mittel zur Begehung weiteren kriminellen Unrechts dient. | S/S[25], § 211 Rn. 31 |
| **VERDECKEN.** Die Tötung muß das Mittel der Verdeckung und darf nicht nur die Folge eines anderen Mittels sein. | Tr[48], § 211 Rn. 9 |
| Die besondere Verwerflichkeit der **VERDECKUNGSABSICHT** ist darin zu erblicken, daß ein Menschenleben, sei es als Opfer der zu verdeckenden Tat, als Tatzeuge oder als Verfolger, vernichtet wird, um die eigene (oder auch eine fremde Bestrafung) zu vereiteln. | S/S[25], § 211 Rn. 31 |
| ***BEACHTE:*** vgl. zur Ermöglichungs- und Verdeckungsabsicht auch die Angaben zu § 211. | Verf. |

## § 306c. Brandstiftung mit Todesfolge.

### Gesetzestext:

Verursacht der Täter durch eine Brandstiftung nach den §§ 306 bis 306b wenigstens leichtfertig den Tod eines anderen Menschen, so ist die Strafe lebenslange Freiheitsstrafe oder Freiheitsstrafe nicht unter zehn Jahren.

### Überblick:

- ***Typ:*** Erfolgsqualifikation (§ 18) zur Brandstiftung. Wie die Formulierung „wenigstens leichtfertig" zeigt, kann die schwere Folge auch vorsätzlich herbeigeführt werden. Dann handelt es sich um ein unechtes EQ-Delikt, das wie ein ganz normales Vorsatzdelikt geprüft wird.
- ***Prüfung*** immer mit dem Grunddelikt (Obersatz: §§ 306 (...), 306c) und zwar entweder hinter subjektivem Tatbestand oder hinter Schuld des Grunddeliktes.
- Wichtige Änderung durch das 6. StrRG (zum 1.4.1998): Die Vorschrift entspricht § 307 Nr. 1 aF, allerdings mit gravierenden Abweichungen: „wenigstens" Leichtfertigkeit ist nötig (früher nur § 18); der Getötete muß sich *nicht in den in Brand gesetzten Räumlichkeiten* befunden haben.

### Aufbau:

I. Tatbestand
  1. Objektiver Tatbestand:
    a. schwere Folge (der Tod des Verletzten),
    b. Verbindung zur Tathandlung (Brandstiftung) des Grundtatbestandes.

c. Fahrlässigkeitsmerkmale (§ 18)
aa. obj. Sorgfaltspflichtverletzung im Hinblick auf die schwere Folge (ist durch die Brandstiftung indiziert): wenigstens leichtfertig,
bb. obj. Vorhersehbarkeit,
cc. obj. Zurechnungszusammenhang,
dd. Schutzzweck der Sorgfaltspflicht (schwere Folge muß Realisierung der Brandstiftungsgefahr sein).
2. Subjektiver Tatbestand: Eintritt der Folge gesehen (bewußte F.) oder nicht gesehen (unbewußte F.).
II. Rechtswidrigkeit.
III. Schuld:
1. Subj. Sorgfaltspflichtverletzung: wenigstens leichtfertig,
2. subj. Vorhersehbarkeit.

## Definitionen / Erläuterungen:

TOD EINES MENSCHEN. Für die Feststellung des Todes kommt es weder auf den völligen Ausfall jeglicher biologischer Lebensregungen noch bereits auf den Stillstand von Herz- und Atmungstätigkeit an, sondern allein auf den sog. Hirntod. Damit ist der irreversible und totale Funktionsausfall des Gehirns gemeint.

S/S[25], Vorbem. § 211 Rn. 18

# § 306d. Fahrlässige Brandstiftung.

## Gesetzestext:

(1) Wer in den Fällen des § 306 Abs. 1 oder des § 306a Abs. 1 fahrlässig handelt oder in den Fällen des § 306a Abs. 2 die Gefahr fahrlässig verursacht, wird mit Freiheitsstrafe bis zu fünf Jahren oder mit Geldstrafe bestraft.

(2) Wer in den Fällen des § 306a Abs. 2 fahrlässig handelt und die Gefahr fahrlässig verursacht, wird mit Freiheitsstrafe bis zu drei Jahren oder mit Geldstrafe bestraft.

## Überblick:

❍ *Typ:* fahrlässiges Begehungsdelikt.
❍ § 306d enthält ***drei Varianten***: das Verhalten des Täters war fahrlässig bezogen auf die Tathandlung von §§ 306 bzw. 306a (Abs. 1 Var. 1 – normales Fahrlässigkeitsdelikt). das Verhalten des Täters war fahrlässig bezogen auf die Gefahr, aber vorsätzlich bezogen auf den Grundtatbestand (Abs. 1 Var. 2 – Vorsatz-Fahrlässigkeits-Kombination). das Verhalten des Täters war fahrlässig bezogen auf die Tathandlung und die Gefahr (Abs. 2 – Fahrlässigkeits-Fahrlässigkeits-Kombination).
❍ § 306e II und III, ***tätige Reue***, gibt Rücktrittsmöglichkeit nach Vollendung.
❍ Üblicherweise wird wohl (soweit Vorsatz nicht völlig abwegig erscheint) zunächst § 306, bzw. § 306a geprüft. Nach Ablehnung des Vorsatzes im subjektiven Tatbe-

stand schwenkt man dann auf § 306d über, in dem nur noch die Fahrlässigkeitselemente zu prüfen sind. Dabei kann man, muß aber nicht, die Bezugsvorschrift mit in den Obersatz aufnehmen.

- ***Schutzgut*** ist das (Menschen) Leben vor Gefährdung.
- Wichtige Änderung durch das 6. StrRG (zum 1.4.1998): früher in abgespeckter Form enthalten in § 309 aF.

**Aufbau (Abs. 1 i.V. § 306 Abs. 1 - Fahrlässigkeit):**

I. Tatbestand
  1. Objektiver Tatbestand:
    a. Tatobjekte - jeweils fremde:
      aa. (Nr. 1) Gebäude *oder* Hütten *oder*
      bb. (Nr. 2) Betriebsstätten *oder* technische Einrichtungen, namentlich Maschinen *oder*
      cc. (Nr. 3) Warenlager *oder* -vorräte *oder*
      dd. (Nr. 4) Kraftfahrzeuge *oder* Schienen- *oder* Luft- *oder* Wasserfahrzeuge *oder*
      ee. (Nr. 5) Wälder *oder* Heiden *oder* Moore *oder*
      ff. (Nr. 6) Anlagen *oder* Erzeugnisse
        - land- *oder*
        - ernährungs- *oder*
        - forstwirtschaftliche
    b. Tathandlung
      aa. Inbrandsetzen *oder*
      bb. Brandlegung
      jeweils als: obj. Sorgfaltspflichtverletzung
    c. bei Brandlegung zusätzlich: Taterfolg: Zerstörung eines Tatobjektes (ganz oder teilweise) *und*
    d. bei Brandlegung zusätzlich: Verbindung zwischen Sorgfaltspflichtverletzung und Erfolg
      aa. csqn-Kausalität
      bb. obj. Vorhersehbarkeit,
      cc. obj. Zurechnungszusammenhang,
      dd. Schutzzweck der Sorgfaltspflicht.
  2. Subjektiver Tatbestand: Eintritt der Folge gesehen (bewußte F.) oder nicht gesehen (unbewußte F.)
II. Rechtswidrigkeit.
III. Schuld:
  1. Subj. Sorgfaltspflichtverletzung,
  2. bei Brandlegung zusätzlich: subj. Vorhersehbarkeit.
IV. Strafausschließungsgrund: Tätige Reue, § 306d II

**Aufbau (Abs. 1 i.V. § 306a Abs. 1):**

I. Tatbestand
  1. Objektiver Tatbestand:

a. Tatobjekte - jeweils fremde:
  aa. (Nr. 1) Räumlichkeit, die der Wohnung von Menschen dient, insbesondere Gebäude *oder* Schiff *oder* Hütte *oder*
  bb. (Nr. 2) der Religionsausübung dienendes Gebäude, insbesondere eine Kirche *oder*
  cc. (Nr. 3) eine Räumlichkeit, die zeitweise dem Aufenthalt von Menschen dient
b. (bei Nr. 3 zusätzlich) Tatsituation: zu einer Zeit, in der Menschen sich dort aufzuhalten pflegen
c. Tathandlung
  aa. Inbrandsetzen *oder*
  bb. Brandlegung.
  jeweils als: obj. Sorgfaltspflichtverletzung
d. bei Brandlegung zusätzlich: Taterfolg: Zerstörung eines Tatobjektes (ganz oder teilweise) *und*
e. bei Brandlegung zusätzlich: Verbindung zwischen Sorgfaltspflichtverletzung und Erfolg
  aa. csqn-Kausalität
  bb. obj. Vorhersehbarkeit,
  cc. obj. Zurechnungszusammenhang,
  dd. Schutzzweck der Sorgfaltspflicht.

2. Subjektiver Tatbestand: Eintritt der Folge gesehen (bewußte F.) oder nicht gesehen (unbewußte F.).

II. Rechtswidrigkeit.

III. Schuld:
  1. Subj. Sorgfaltspflichtverletzung,
  2. bei Brandlegung zusätzlich: subj. Vorhersehbarkeit.

IV. Strafausschließungsgrund: Tätige Reue, § 306d II.

**Aufbau (Abs. 1 i.V. § 306a Abs. 2 - Vorsatz-Fahrlässigkeits-Kombination):**

I. Tatbestand
  1. Objektiver Tatbestand (Vorsatzteil):
  a. Tatobjekte – *nicht notwendig fremde* (zweifelhaft, s.Überblick):
    aa. (Nr. 1) Gebäude *oder* Hütten *oder*
    bb. (Nr. 2) Betriebsstätten *oder* technische Einrichtungen, namentlich Maschinen *oder*
    cc. (Nr. 3) Warenlager *oder* -vorräte *oder*
    dd. (Nr. 4) Kraftfahrzeuge *oder* Schienen- *oder* Luft- *oder* Wasserfahrzeuge *oder*
    ee. (Nr. 5) Wälder *oder* Heiden *oder* Moore *oder*
    ff. (Nr. 6) Anlagen *oder* Erzeugnisse
      - land- *oder*
      - ernährungs- *oder*
      - forstwirtschaftliche
  b. Tathandlung
    aa. Inbrandsetzen *oder*

bb. Brandlegung.

c. bei Brandlegung zusätzlich: Taterfolg: Zerstörung eines Tatobjektes (ganz oder teilweise)

2. Subjektiver Tatbestand (Vorsatzteil): Vorsatz, mindestens bedingter.
3. Objektiver Tatbestand (Fahrlässigkeitsteil):
   a. Taterfolg: Gefahr einer Gesundheitsschädigung
   b. Tathandlung (Brandstiftung) als objektive Sorgfaltspflichtverletzung (indiziert)
   c. Verbindung zwischen Sorgfaltspflichtverletzung und Erfolg
      aa. csqn-Kausalität
      bb. obj. Vorhersehbarkeit,
      cc. obj. Zurechnungszusammenhang,
      dd. Schutzzweck der Sorgfaltspflicht.
4. Subjektiver Tatbestand (Fahrlässigkeitsteil): Eintritt der Gefahr gesehen (bewußte F.) oder nicht gesehen (unbewußte F.).

II. Rechtswidrigkeit

III. Schuld: keine Besonderheiten.

1. Subj. Sorgfaltspflichtverletzung (indiziert),
2. subj. Vorhersehbarkeit der Gefahr

IV. Strafausschließungsgrund: Tätige Reue, § 306e II.

**Aufbau (Abs. 2 i.V. § 306a Abs. 2 - Fahrlässigkeit-Fahrlässigkeits-Kombination):**

I. Tatbestand

1. Objektiver Tatbestand:
   a. Tatobjekte – *nicht notwendig fremde* (zweifelhaft, s.Überblick):
      aa. (Nr. 1) Gebäude *oder* Hütten *oder*
      bb. (Nr. 2) Betriebsstätten *oder* technische Einrichtungen, namentlich Maschinen *oder*
      cc. (Nr. 3) Warenlager *oder* -vorräte *oder*
      dd. (Nr. 4) Kraftfahrzeuge *oder* Schienen- *oder* Luft- *oder* Wasserfahrzeuge *oder*
      ee. (Nr. 5) Wälder *oder* Heiden *oder* Moore *oder*
      ff. (Nr. 6) Anlagen *oder* Erzeugnisse
         - land- *oder*
         - ernährungs- *oder*
         - forstwirtschaftliche
   b. Tathandlung
      aa. Inbrandsetzen *oder*
      bb. Brandlegung.
      jeweils als objektive Sorgfaltspflichtverletzung
   c. bei Brandlegung zusätzlich: Taterfolg: Zerstörung eines Tatobjektes (ganz oder teilweise)
   d. Taterfolg: Gefahr einer Gesundheitsschädigung
   e. Verbindung zwischen Sorgfaltspflichtverletzung und Erfolg
      aa. csqn-Kausalität

bb. obj. Vorhersehbarkeit,
cc. obj. Zurechnungszusammenhang,
dd. Schutzzweck der Sorgfaltspflicht.

2. Subjektiver Tatbestand: Eintritt des Erfolges gesehen (bewußte F.) oder nicht gesehen (unbewußte F.).

II. Rechtswidrigkeit

III. Schuld: keine Besonderheiten.
1. Subj. Sorgfaltspflichtverletzung,
2. subj. Vorhersehbarkeit der Gefahr

IV. Strafausschließungsgrund: Tätige Reue, § 306e II.

## Definitionen / Erläuterungen:

| | |
|---|---|
| **FREMD** ist eine Sache, die nach bürgerlichem Recht einem anderen gehört. | Tr[48], § 242 Rn. 4 |
| **FREMD** sind für den Täter auch die Gegenstände, an denen ihm Miteigentum zusteht. | S/S[25], § 308 Rn. 12 |
| **FREMD** ist die Sache, die einem anderen als dem Täter gehört. Maßgebend ist das Eigentum nach bürgerlichem Recht. | La[22], § 308 Rn. 3<br>i.V.m. § 242 Rn. 4 |
| **GEBÄUDE** ist ein durch Wände und Dach begrenztes, mit dem Erdboden fest- wenn auch nur durch die eigene Schwere - verbundenes Bauwerk, das den Eintritt von Menschen gestattet und das Unbefugte abhalten soll. | Tr[48], § 308 Rn. 4<br>i.V.m. 306 Rn. 3<br>i.V.m. § 243 Rn. 6 |
| **GEBÄUDE** ist ein mit dem Grund und Boden verbundenes Bauwerk, das den Eintritt von Menschen ermöglicht und geeignet und bestimmt ist, dem Schutze von Menschen oder Sachen zu dienen, und Unbefugte abhalten soll. | S/S[25], § 308 Rn. 4<br>i.V.m. § 243 Rn. 7 |
| Erfaßt wird jedes **GEBÄUDE**, das einen Zweck - sei es auch nur den, wiederhergestellt zu werden - verkörpert, also auch der Rohbau und die instandsetzungsfähige Ruine. | La[22], § 308 Rn. 2 |
| **HÜTTEN** müssen ein selbständiges unbewegliches Ganzes bilden, eine nicht geringfügige Bodenfläche bedecken und gegen äußere Einwirkungen genügend dauerhaft und fest abgeschlossen sein. | Tr[48], § 308 Rn. 5<br>i.V.m. § 306 Rn. 3 |
| Unter **HÜTTEN** sind Bauwerke zu verstehen, die eine gewisse Bedeutung erreichen, bei denen aber die Größe, Festigkeit und Dauerhaftigkeit geringer ist als bei den Gebäuden. Ein Wochenendhäuschen ist in der Regel als Hütte anzusehen. | S/S[25], § 308 Rn. 4<br>i.V.m. § 306 Rn. 5 |
| **BETRIEBSSTÄTTEN** sind Einrichtungen, die als räumliche Zusammenfassung der Ausübung eines stehenden Betriebes dienen. | Verf.<br>(S/S[25], § 325 Rn. 4) |
| **BETRIEBSSTÄTTE** ist eine ortsfeste Anlage. | Verf. |

| | |
|---|---|
| | (La[22], § 325 Rn. 2) |
| **TECHNISCHE EINRICHTUNG**. Der Begriff ist hier weiter als der in § 325 verwendete Begriff. Er umfaßt neben Maschinen zB auch Geräte, Fahrzeuge, Kühleinrichtungen, Heizungen und Laboratorien innerhalb einer Anlage. | Verf. (Tr[48], § 328 Rn. 11) |
| **MASCHINE** ist eine bewegliche Anlage. | Verf. (La[22], § 325 Rn. 2) |
| **WARENLAGER.** | k.A. |
| **WARENVORRÄTE** sind vereinigte Gegenstände von erheblicher Menge, die zu Gebrauchszwecken dienen, und zwar zur künftigen Verwendung. | Tr[48], § 308 Rn. 6 |
| **VORRÄTE**. Sie müssen einen gewissen Umfang und Wert haben, sind aber überall geschützt, auch auf dem Transport. | Tr[48], § 308 Rn. 7 |
| Zum Begriff des **VORRATS** gehören größere Menge von Gegenständen, die zum Zwecke künftiger Verwendung vereinigt sind. Gedacht ist hier auch nur an Vorräte von einem gewissen Wert, nicht z.B. an Brennmaterial im Werte von 5 -10 DM. | S/S[25], § 308 Rn. 6 |
| **KRAFTFAHRZEUG**, vgl. Abs. 4. Es sind alle durch Maschinenkraft bewegten Fahrzeuge, also auch Wassermotorboote und Flugzeuge. Ausgenommen sind Fahrzeuge, die wie z.B. Anhänger, von der Maschinenkraft anderer Fahrzeuge abhängig sind. | Verf. (Tr[48], § 248b Rn. 1) |
| **BEIM KRAFTFAHRZEUG** handelt es sich nach der Legaldefinition von Abs. 4 um Fahrzeuge, die durch Maschinenkraft bewegt werden; auf die Art der Kraftquelle kommt es nicht an. | Verf. (S/S[25], § 248b Rn. 3) |
| **KRAFTFAHRZEUGE** (Abs. 4) sind namentlich Autos, Motorräder, Flugzeuge, Schiffe, dagegen nicht Straßenbahnen, Autoanhänger, Schleppkähne ohne eigenen Antrieb usw. | Verf. (La[22], § 248b Rn. 2) |
| **SCHIENENFAHRZEUGE** sind Eisenbahnen, Wer-, Klein- Hoch, Untergrund- und Zahnradbahnen. | Verf. (La[22], § 315 Rn. 2) |
| **LUFTFAHRZEUG**. Der Begriff des Luftfahrzeugs ist in § 1 II LuftVG definiert. Danach sind folgende Fahrzeuge Luftfahrzeuge: Flugzeuge, Drehflügler (Hubschrauber), Luftschiffe, Segelflugzeuge, Motorsegler, Frei- und Fesselballone, Drachen, Fallschirme, Flugmodelle und sonstige für die Benutzung des Luftraums bestimmte Geräte, insbesondere Raumfahrzeuge, Raketen und ähnliche Flugkörper. | Verf. (Tr[48], § 109g Rn. 5) |
| Zum **LUFTVERKEHR** gehört jede Benutzung des Luftraumes durch Luftfahrzeuge, also insb. Durch Flugzeuge, Luftschiffe, Ballone und ähnliche für eine Bewegung im Luftraum be- | Verf. (S/S[25], § 315a Rn. 3 i.V.m. § 315 Rn. 6) |

| | |
|---|---|
| stimmte Geräte (vgl. § 1 II LuftVG). | |
| **WASSERFAHRZEUG.** Hierunter fällt sowohl der See- als auch der Binnenschiffsverkehr, wobei der gesamte Verkehr von Schiffen jeder Art erfaßt wird. | Verf. (Tr[48], § 315 Rn. 6) |
| **WALDUNGEN** enthalten einen strafrechtlichen Begriff. Erfaßt ist nicht schon wie in § 2 I S.1 BWaldG, „jede mit Forstpflanzen bestockte Grundfläche“ unter Einschluß von Blößen und Lichtungen, sondern nur das auf einer Bodenfläche wachsende Holz und der Waldboden mit dem diesen bedeckenden Gras, Moos, Laub und Strauchwerk. | Tr[48], § 308 Rn. 9 |
| Eine **WALDUNG** besteht aus dem auf einer Bodenfläche von Natur wachsenden oder durch menschliche Tätigkeit angelegten Holzbestand und dem Waldboden mit den diesen bedekkenden sonstigen Walderzeugnissen. Es muß sich aber stets um eine umfangreiche, in sich zusammenhängende Grundfläche handeln. Eine Mehrzahl einzeln stehender Waldbäume ist keine Waldung. | S/S[25], § 308 Rn. 8 |
| **TORFMOORE**. Ein Teil des Moorlandes kann auch mit Heide bestanden sein. | Tr[48], § 308 Rn. 10 |
| Für die **TORFMOORE** genügt z.B. auch die Inbrandsetzung eines teilweise mit Heide bestandenen Stückes Moorland. | S/S[25], § 308 Rn. 9 |
| **HEIDE.** | k.A. |
| Der Begriff „**ANLAGE**“ ist weit auszulegen. Hierzu gehören zB Betriebsstätten, dh die Einrichtungen, die als räumliche Zusammenfassung der Ausübung eines stehenden Betriebes dienen, sowie sonstige ortsfeste Einrichtungen. | Verf. (S/S[25], § 325 Rn. 4) |
| **ANLAGE** ist eine auf gewisse Dauer vorgesehene, als Funktionseinheit organisierte Einrichtung von nicht ganz unerheblichen Ausmaßen, die der Verwirklichung beliebiger Zwecke dient. Ob sie ortsfest (zB Betriebsstätte, Heizungsanlage) oder beweglich ist (zB Maschine), bleibt sich gleich; daher werden technische Geräte aller Art erfaßt, soweit nicht das Sprachverständnis wegen der begrenzten Funktion oder Dimension des Gegenstandes seiner Charakterisierung als Anlage entgegensteht. | Verf. (La[22], § 325 Rn. 2) |
| **LANDWIRTSCHAFTLICHE ERZEUGNISSE** sind hier nur die Rohprodukte, die Gewächse des Bodens (auch des unbearbeiteten), aber nicht dessen Substanzteile; also nicht Sand und Torf. | Tr[48], § 308 Rn. 7 |
| **LANDWIRTSCHAFTLICHE ERZEUGNISSE** sind alle Rohprodukte der Ausnutzung des Bodens, bei deren Gewinnung letzterer seiner Substanz nach unverändert bleibt, also nicht z.B. | S/S[25], § 308 Rn. 6 |

| | |
|---|---|
| Torf, Steine, Sand. Unerheblich ist, ob bei Hervorbringung dieser Produkte eine menschliche Tätigkeit mitgewirkt hat. | |
| **ERNÄHRUNGSWIRTSCHAFTLICHE ERZEUGNISSE.** | k.A. |
| **FORSTWIRTSCHAFTLICHE ERZEUGNISSE.** | k.A. |
| **IN BRAND SETZEN** liegt vor, wenn der Brand auch nach Entfernung des Zündstoffs sich an der Sache weiter auszubreiten vermag.<br><br>Eine **WALDUNG** ist erst dann **IN BRAND GESETZT**, wenn ein Waldbaum oder das Unterholz so vom Feuer ergriffen ist, daß sie aus eigener Kraft fortbrennen und den Brand auf andere Baumstämme übertragen können. | Tr[48], § 308 Rn. 1 i.V.m. § 306 Rn. 6<br><br>La[22], § 308 Rn. 2 |
| **BRANDLEGUNG.** Erfaßt wird das Beschädigen oder Vernichten durch Feuer, um mögliche Strafbarkeitslücken zu schließen, die sich im Hinblick auf die moderne Bautechnik - insbesondere die Verwendung feuerresistenter und Baumaterialien ergeben können. Um den Verbrechenstatbestand des § 306 von den Vergehenstatbeständen der §§ 303, 305 abzugrenzen, sollte ein Feuer von erheblichem Ausmaß vorausgesetzt werden. Ob ein solches Feuer anzunehmen ist, wird regelmäßig danach zu beurteilen sein, ob der Brandstifter es noch beherrschen kann oder nicht. Das hängt wiederum von den Kräften und Fähigkeiten des Täters sowie von den ihm zur Verfügung stehenden Hilfsmitteln, in erster Linie also von objektiven Umständen, ab. Ob das Feuer an der Sache droht, die der Täter in Brand gesetzt hat, oder erst an weiteren Sachen, auf die das Feuer wahrscheinlich übergreift, ist gleichgültig.<br><br>Mit dem Begriff der **BRANDLEGUNG** werden auch die Fälle erfaßt, in denen - vom Täter nicht gewollt - der Zündstoff statt zu brennen explodiert | Verf. (BTDr.) |
| **ZERSTÖREN** ist eine so weitgehende Beschädigung einer Sache, daß ihre Gebrauchsfähigkeit völlig aufgehoben wird.<br><br>**ZERSTÖRT** ist eine Sache, wenn sie so wesentlich beschädigt wurde, daß sie für ihren Zweck völlig unbrauchbar wird; eine teilweise Zerstörung, d.h. die funktionelle Ausschaltung eines wesentlichen Teiles, genügt.<br><br>**ZERSTÖREN** ist nur ein stärkerer Grad des Beschädigens, d.h. eine Einwirkung mit der Folge, daß die bestimmungsmäßige Brauchbarkeit der Sache völlig aufgehoben wird. | Verf. (Tr[48], § 303 Rn. 10)<br><br>Verf. (S/S[25], § 303 Rn. 11)<br><br>Verf. (La[22], § 303 Rn. 7) |
| **TEILWEISE ZERSTÖRUNG** liegt vor, wenn entweder einzelne Teile der Sache, die zur Erfüllung ihrer Bestimmung dienten, unbrauchbar gemacht sind oder wenn die ganze Sache zur Erfüllung von einzelnen Aufgaben unbrauchbar geworden ist. | Verf. (Tr[48], § 305 Rn. 2) |

**Teilweise Zerstörung** liegt vor, wenn einzelne Teile der Sache, die der Erfüllung ihrer Zweckbestimmung dienen, mittels Substanzeinwirkung unbrauchbar gemacht werden oder wenn infolge des Eingriffs eine von mehreren Zweckbestimmung der Sache aufgehoben wird. Dies ist regelmäßig der Fall, wenn ein funktionell selbständiger Teil der Sache unbrauchbar gemacht wird.

Verf. (S/S[25], § 305 Rn. 5)

**Teilweises Zerstören** bedeutet, von den bestimmungsmäßigen Funktionen des Arbeitsmittels eine oder mehrere vollständig aufheben.

Verf. (La[22], § 305a Rn. 4)

**Gebäude** ist ein durch Wände und Dach begrenztes, mit dem Erdboden fest- wenn auch nur durch die eigene Schwere - verbundenes Bauwerk, das den Eintritt von Menschen gestattet und das Unbefugte abhalten soll.

Tr[48], § 306 Rn. 3 i.V.m. § 243 Rn. 6

**Gebäude** ist ein mit dem Grund und Boden verbundenes Bauwerk, das den Eintritt von Menschen ermöglicht und geeignet und bestimmt ist, dem Schutze von Menschen oder Sachen zu dienen, und Unbefugte abhalten soll. Es ist jedoch zu berücksichtigen, daß § 306 nicht dem Schutz der Sache, sondern den menschlichen Wohnungen dient. Daher kann ein teilweise durch Brand zerstörtes Gebäude noch ein Gebäude sein.

S/S[25], § 306 Rn. 5 i.V.m. § 243 Rn. 7

---

**Schiff**. Bei den Schiffen kommt es nicht auf die Größe, sondern nur darauf an, daß sie Menschen als Wohnung dienen.

Tr[48], § 306 Rn. 3

Bei den **Schiffen** kommt es auf die Größe nicht an; entscheidend ist nur, daß sie zur Wohnung von Menschen dienen.

S/S[25], § 306 Rn. 5

---

**Hütte** ist ein selbständiges unbewegliches Ganzes. Sie muß eine nicht geringfügige Bodenfläche bedecken und gegen äußere Einwirkungen genügend dauerhaft und fest abgeschlossen sein.

Tr[48], § 306 Rn. 3

Unter **Hütten** sind Bauwerke zu verstehen, die eine gewisse Bedeutung erreichen, bei denen aber die Größe, Festigkeit und Dauerhaftigkeit geringer ist als bei den Gebäuden. Ein Wochenendhäuschen ist in der Regel als Hütte anzusehen.

S/S[25], § 306 Rn. 5

---

**Wohnung** dient als Mittelpunkt des Aufenthaltes, insbesondere zum Übernachten, von Menschen und ist dazu bestimmt und geeignet.

Tr[48], § 306 Rn. 4

---

**Ein der Religionsausübung dienendes Gebäude**. Der geschützte Raum kann eine Kirche oder ein anderes der Religionsausübung dienendes Gebäude sein. Zur Religionsausübung dient ein Gebäude, wenn es zu diesem Zweck tatsächlich benutzt wird, ohne Rücksicht darauf, ob es dafür bereits errichtet wurde.

S/S[25], § 306 Rn. 3 i.V.m. § 243 Rn. 33

**RÄUMLICHKEIT**. Hierunter fällt jeder abgeschlossene Raum beweglicher oder unbeweglicher Art, so Theater, Museen, Werkstätten, Lagerhallen, in denen Arbeiter tätig sind, Büroräume, Hüterhütten usw. — Tr[48], § 306 Rn. 5

Unter **RÄUMLICHKEITEN** sind irgendwie abgeschlossene bewegliche oder unbewegliche Räume zu verstehen. — S/S[25], § 306 Rn. 8

Nicht erfaßt werden **RÄUMLICHKEITEN**, die zB wegen ihrer geringen Größe keinen eigentlichen „Aufenthalt" gewähren (PkW, Telefonzelle). — La[22], § 306 Rn. 3

---

**WELCHE ZEITWEISE ZUM AUFENTHALT VON MENSCHEN DIENT**. Erforderlich und genügend ist die bloße Tatsache des Dienens im Zeitpunkt der Tat. Bestimmung und Eignung sind unerheblich. — Tr[48], § 306 Rn. 4

**WELCHE ZEITWEISE ZUM AUFENTHALT VON MENSCHEN DIENT**. Hierfür ist erforderlich, daß die Tat zu einer Zeit verübt wurde, während der sich Menschen in der Räumlichkeit aufzuhalten pflegen; auch hier wird nicht vorausgesetzt, daß sich z.Z. der Tat wirklich Menschen in den Räumlichkeiten befunden haben. — S/S[25], § 306 Rn. 8

**WELCHE ZEITWEISE ZUM AUFENTHALT VON MENSCHEN DIENT**. Dies bedeutet, daß sie von mindestens einem Menschen rein tatsächlich bewohnt werden. Dessen vorübergehende Abwesenheit - auch für längere Zeit - ist unerheblich, es sei denn, daß er die Räume erkennbar nicht mehr als seine Wohnung betrachtet. — La[22], § 306 Rn. 3

---

Die Zeit, **WÄHREND WELCHER SICH MENSCHEN IN DEN RÄUMLICHKEITEN AUFZUHALTEN PFLEGEN**, bezieht sich auf das Brennen; fällt nur der zum Brand führende Ursachenverlauf in diese Zeit, so genügt das nicht. Ob zur Zeit der Tat wirklich Menschen anwesend sind, ist auch hier unerheblich. — La[22], § 306 Rn. 4

---

**GEFAHR** ist ein durch die Tat eingetretener ungewöhnlicher Zustand, in welchem nach den konkreten Umständen der Eintritt eines Schadens wahrscheinlich ist — La[22], § 250 Rn. 3 i.V.m. § 315c Rn. 21

---

**SCHWERE GESUNDHEITSBESCHÄDIGUNG**. Hierfür müssen nicht schwere Körperverletzungen i.S. von § 224 – (heute § 226 d.V.) zu befürchten sein, vielmehr genügen bereits Gesundheitsschäden, die den Verletzten in seiner physischen oder psychischen Stabilität oder in seiner Arbeitsfähigkeit nachhaltig beeinträchtigen oder ihn in eine qualvolle oder langwierige Krankheit stürzen könnten. — Verf. (S/S[25], § 218 Rn. 44)

**SCHWERE GESUNDHEITSBESCHÄDIGUNG** ist ein langwieriger, qualvoller oder die Leistungsfähigkeit schwer beeinträchtigen- — Verf. (La[22], § 218 Rn. 20) der physischer oder psychischer Krankheitszustand.

SCHWERE GESUNDHEITSSCHÄDIGUNG setzt keine schwere Körperverletzung (§ 224 [– heute § 226 d.V.]) voraus, sondern liegt etwa auch vor bei der Gefahr des Eintritts einer langwierigen ernsten Krankheit oder der Gefahr der erheblichen Beeinträchtigung der Arbeitskraft für eine lange Zeit.

Verf. (La[22], § 330 Rn. 2)

## § 306e. Tätige Reue.

### Gesetzestext:

(1) Das Gericht kann in den Fällen der §§ 306, 306a und 306b die Strafe nach seinem Ermessen mildern (§ 49 Abs. 2) oder von Strafe nach diesen Vorschriften absehen, wenn der Täter freiwillig den Brand löscht, bevor ein erheblicher Schaden entsteht.

(2) Nach § 306d wird nicht bestraft, wer freiwillig den Brand löscht, bevor ein erheblicher Schaden entsteht.

(3) Wird der Brand ohne Zutun des Täters gelöscht, bevor ein erheblicher Schaden entstanden ist, so genügt sein freiwilliges und ernsthaftes Bemühen, dieses Ziel zu erreichen.

### Überblick:

- *Typ:* Strafausschließungsgrund. Spezialfall des Rücktritts, § 24, der nur für versuchte Delikte gilt.
- ***Keine analoge Anwendung*** auf andere Fälle tätiger Reue (str.), insbesondere nicht auf § 306f.
- Wichtige Änderung durch das 6. StrRG (zum 1.4.1998): früher in abgespeckter Form enthalten in § 310. Durch Aufnahme des Freiwilligkeitskriteriums erfolgte Anlehnung an § 24, auch bezogen auf § 24 I 2.

### Aufbau (Abs. 1 und 2):

1. Objektive Voraussetzungen
   a. Täter hat den Brand gelöscht
   b. bevor erheblicher Schaden entsteht
2. Subjektive Voraussetzungen: Freiwilligkeit

### Aufbau (Abs. 3):

1. Objektive Voraussetzungen
   a. Der Brand wurde ohne Zutun des Täters gelöscht
   b. bevor erheblicher Schaden entsteht
   c. Täter hat sich bemüht
2. Subjektive Voraussetzungen:
   a. Freiwilligkeit

b. Ernsthaftigkeit

**Definitionen / Erläuterungen:**

**ERHEBLICHER SCHADEN** k.A.

## § 306f. Herbeiführen einer Brandgefahr.

**Gesetzestext:**

(1) Wer fremde

1. feuergefährdete Betriebe oder Anlagen,
2. Anlagen oder Betriebe der Land- oder Ernährungswirtschaft, in denen sich deren Erzeugnisse befinden,
3. Wälder, Heiden oder Moore oder
4. bestellte Felder oder leicht entzündliche Erzeugnisse der Landwirtschaft, die auf Feldern lagern,

durch Rauchen, durch offenes Feuer oder Licht , durch Wegwerfen brennender oder glimmender Gegenstände oder in sonstiger Weise in Brandgefahr bringt, wird mit Freiheitsstrafe bis zu drei Jahren oder mit Geldstrafe bestraft.

(2) Ebenso wird bestraft, wer eine in Absatz 1 Nr. 1 bis 4 bezeichnete Sache in Brandgefahr bringt und dadurch Leib oder Leben eines anderen Menschen oder fremde Sachen von bedeutendem Wert gefährdet.

(3) Wer in den Fällen des Absatzes 1 fahrlässig handelt oder in den Fällen des Absatzes 2 die Gefahr fahrlässig verursacht, wird mit Freiheitsstrafe bis zu einem Jahr oder mit Geldstrafe bestraft.

**Überblick:**

- ***Typ:*** Begehungsdelikt - Gefährdungsdelikt.
- Abs. 1 enthält (vorsätzlichen) ***Grundtatbestand***. Abs. 2 enthält (vorsätzliche) ***Qualifikation***. Abs. 3 i.V.m. Abs. 1 enthält (selbständiges) ***Fahrlässigkeitsdelikt***, Abs. 3 i.V.m. Abs. 1 und 2 enthält ***Vorsatz-Fahrlässigkeitskombination***.
- ***Versuch*** ist nicht strafbar (Vergehen!)
- Da ***Gefährdung hinter Verletzung*** zurücksteht, sind immer zuerst §§ 306 ff zu prüfen, wenn die einschlägigen (teilweise ja identischen) Tatobjekte betroffen sind.
- § 306f ist ***nicht mehr anwendbar***, wenn der Täter sich über § 306e aus §§ 306-306d rausgearbeitet hat (str., **a.A. „nur" der** BGH): Wer schon wg. vollendeter Verletzung nicht strafbar ist, sollte es auch wegen lediglich vollendeter Gefährdung nicht mehr sein.
- Der Verweis von II auf I soll nur die Objekte selbst, nicht aber deren Eigentumszuordnung (fremd) betreffen. Daher kann die Tat nach II sich auch auf tätereigene Objekte beziehen. Das ist mindestens zweifelhaft (vgl. auch Bemerkung zu § 306a II).
- ***Schutzgut*** ist das (Menschen) Leben vor Gefährdung.

**Aufbau (§ 306f I - Vorsatzdelikt):**

I. Tatbestand
  1. Objektiver Tatbestand:
    a. Tatobjekte - jeweils unabhängig von den Eigentumsverhältnissen:
      aa. (Nr. 1) Betriebe oder Anlagen, feuergefährdete *oder*
      bb. (Nr. 2) Betriebe oder Anlagen der Land- oder Ernährungswirtschaft, in denen sich deren Erzeugnisse befinden *oder*
      cc. (Nr. 3) Wälder, Heiden, Moore
      dd. (Nr. 4) bestellte Felder *oder* leicht entzündliche Erzeugnisse der Landwirtschaft, die auf Feldern lagern;
    b. Taterfolg - Herbeiführen einer Brandgefahr, kausal beruhend auf:
    c. Tathandlung -
      aa. Rauchen, offenes Feuer oder Licht *oder*
      bb. Wegwerfen brennender oder glimmender Gegenstände *oder*
      cc. ein sonstiges Verhalten.
  2. Subjektiver Tatbestand: Vorsatz, mindestens bedingter.
II. Rechtswidrigkeit *und*
III. Schuld: keine Besonderheiten.

**Aufbau (§ 306f II i.V.m. I):**

I. Tatbestand
  1. Objektiver Tatbestand:
    a. Taterfolg: Gefährdung
      aa. von Leib oder Leben eins anderen Menschen *oder*
      bb. fremder Sachen von bedeutendem Wert
    b. Verbindung zwischen Grundtatbestand und Erfolg
  2. Subjektiver Tatbestand: Vorsatz, mindestens bedingter.
II. Rechtswidrigkeit *und*
III. Schuld: keine Besonderheiten.

**Aufbau (§ 306f III i.V.m. I – Fahrlässigkeitsdelikt):**

I. Tatbestand
  1. Objektiver Tatbestand:
    a. Tatobjekte - jeweils unabhängig von den Eigentumsverhältnissen:
      aa. (Nr. 1) Betriebe oder Anlagen, feuergefährdete *oder*
      bb. (Nr. 2) Betriebe oder Anlagen der Land- oder Ernährungswirtschaft, in denen sich deren Erzeugnisse befinden *oder*
      cc. (Nr. 3) Wälder, Heiden, Moore
      dd. (Nr. 4) bestellte Felder *oder* leicht entzündliche Erzeugnisse der Landwirtschaft, die auf Feldern lagern;
    b. Taterfolg - Herbeiführen einer Brandgefahr
    c. Tathandlung als objektive Sorgfaltspflichtverletzung
      aa. Rauchen, offenes Feuer oder Licht *oder*
      bb. Wegwerfen brennender oder glimmender Gegenstände *oder*

cc. ein sonstiges Verhalten.
d. Verbindung zwischen Tathandlung und Erfolg
aa. csqn-Kausalität
bb. obj. Vorhersehbarkeit der Gefahr,
cc. obj. Zurechnungszusammenhang,
dd. Schutzzweck der Sorgfaltspflicht.
2. Subjektiver Tatbestand: Eintritt des Erfolges gesehen (bewußte F.) oder nicht gesehen (unbewußte F.).

II. Rechtswidrigkeit *und*
III. Schuld.
1. Subj. Sorgfaltspflichtverletzung,
2. subj. Vorhersehbarkeit.

## Aufbau (§ 306f III i.V.m. II – Vorsatz-Fahrlässigkeitsdelikt):

I. Tatbestand
1. Objektiver Tatbestand:
a. Taterfolg: Gefährdung
aa. von Leib oder Leben eins anderen Menschen *oder*
bb. fremder Sachen von bedeutendem Wert
b. Tathandlung des Grundtatbestandes (Abs. 1) als obj. Sorgfaltspflichtverletzung (indiziert)
c. Verbindung zwischen Tathandlung und Erfolg
aa. csqn-Kausalität
bb. obj. Vorhersehbarkeit der Gefahr,
cc. obj. Zurechnungszusammenhang,
dd. Schutzzweck der Sorgfaltspflicht.
2. Subjektiver Tatbestand: Eintritt der Gefahr gesehen (bewußte F.) oder nicht gesehen (unbewußte F.).

II. Rechtswidrigkeit.
III. Schuld
1. Subj. Sorgfaltspflichtverletzung,
2. subj. Vorhersehbarkeit.

## Definitionen / Erläuterungen:

| | |
|---|---|
| **Betrieb** ist die nicht nur vorübergehende Zusammenfassung mehrerer Personen unter Einsatz von Sachmitteln in gewissem räumlichen Zusammenhang unter einer Leitung zur Erreichung eines bestimmten, nicht stets wirtschaftlichen Zweckes. Auf die rechtliche Form kommt es nicht an. | Tr[48], § 14 Rn. 8 |
| Der Begriff „**Anlage**" ist weit auszulegen. Hierzu gehören zB Betriebsstätten, dh die Einrichtungen, die als räumliche Zusammenfassung der Ausübung eines stehenden Betriebes dienen, sowie sonstige ortsfeste Einrichtungen. | Verf. (S/S[25], § 325 Rn. 4) |

| | |
|---|---|
| **ANLAGE** ist eine auf gewisse Dauer vorgesehene, als Funktionseinheit organisierte Einrichtung von nicht ganz unerheblichen Ausmaßen, die der Verwirklichung beliebiger Zwecke dient. Ob sie ortsfest (zB Betriebsstätte, Heizungsanlage) oder beweglich ist (zB Maschine), bleibt sich gleich; daher werden technische Geräte aller Art erfaßt, soweit nicht das Sprachverständnis wegen der begrenzten Funktion oder Dimension des Gegenstandes seiner Charakterisierung als Anlage entgegensteht. | Verf. (La[22], § 325 Rn. 2) |
| **FEUERGEFÄHRDET** sind vor allem Werke, die mit und an Treibstoffen oder Gasen arbeiten; es genügt, daß ein Teil des Betriebes feuergefährdet ist. | S/S[25], § 311 Rn. 1 |
| **FEUERGEFÄHRDETER BETRIEB** sind nur solche gewerblicher Art. | La[22], § 310a Rn. 1 |
| **LAND- ODER ERNÄHRUNGSWIRTSCHAFT, ERZEUGNISSE.** | k.A. |
| **WALDUNGEN** enthalten einen strafrechtlichen Begriff. Erfaßt ist nicht schon wie in § 2 I S.1 BWaldG, „jede mit Forstpflanzen bestockte Grundfläche“ unter Einschluß von Blößen und Lichtungen, sondern nur das auf einer Bodenfläche wachsende Holz und der Waldboden mit dem diesen bedeckenden Gras, Moos, Laub und Strauchwerk. | Tr[48], § 308 Rn. 9 |
| Eine **WALDUNG** besteht aus dem auf einer Bodenfläche von Natur wachsenden oder durch menschliche Tätigkeit angelegten Holzbestand und dem Waldboden mit den diesen bedekkenden sonstigen Walderzeugnissen. Es muß sich aber stets um eine umfangreiche, in sich zusammenhängende Grundfläche handeln. Eine Mehrzahl einzeln stehender Waldbäume ist keine Waldung. | S/S[25], § 308 Rn. 8 |
| **MOORE**. Ein Teil des Moorlandes kann auch mit Heide bestanden sein. | Tr[48], § 308 Rn. 10 |
| **HEIDE.** | k.A. |
| **BESTELLTE FELDER.** | k.A. |
| **LEICHT ENTZÜNDLICH.** | k.A. |
| **RAUCHEN, OFFENES FEUER, LICHT, WEGWERFEN, BRENNENDE ODER GLIMMENDER GEGENSTÄNDE.** | k.A. |
| **HERBEIFÜHREN EINER BRANDGEFAHR**. Erforderlich ist, daß eine konkrete Gefährdung eintritt und im Einzelfall festgestellt wird. | Verf. |
| **GEFÄHRDUNG** meint eine konkrete Gefahr. Gefahr ist ein | Tr[48], § 34 Rn. 3 |

durch eine beliebige Ursache eingetretener ungewöhnlicher Zustand, in welchem nach den konkreten Umständen der Eintritt eines Schadens wahrscheinlich ist.

**KONKRETE GEFAHR FÜR LEIB ODER LEBEN**. Bei der Lebens- oder Leibesgefahr genügt die Gefährdung eines Menschen, jedoch ist die Gefahr unerheblicher Körperschäden (Prellungen) auszuschließen.
S/S[25], vor § 306 Rn. 13

**GEFAHR FÜR LEIB ODER LEBEN** liegt vor, wenn als Schaden der Eintritt des Todes oder einer nicht unerheblichen Verletzung der körperlichen Unversehrtheit vorübergehender oder dauernder Art naheliegt.
La[22], § 315c Rn. 23

---

***BEACHTE:*** „Ein anderer“ ist nicht der Täter bzw. Mittäter, str. ist es bei Teilnahmern, vgl S/S[25], Vorbem. §§ 306ff. Rn. 12
Verf.

---

**FREMD** ist eine Sache, die nach bürgerlichem Recht einem anderen gehört.
Tr[48], § 242 Rn. 4

---

**SACHE** ist jeder körperliche Gegenstand.
Tr[48], § 242 Rn. 2

**SACHEN** von bedeutendem Wert. Der bedeutende Wert ist nach dem Umfang des drohenden Schadens, und zwar nach dem Verkehrswert der gefährdeten Sache und nicht nach dem Wiederherstellungsaufwand zu bestimmen, und nicht nach deren Funktionswert. Das Ausmaß der Gefährdung braucht sich mit dem eingetretenen Schaden nicht zu decken, dieser kann hinter der Gefährdung erheblich zurückbleiben. Es genügt nicht, daß eine Sache von bedeutendem Wert in unbedeutendem Umfang gefährdet wird, vielmehr muß der bei dem konkreten Verkehrsvorgang drohende Schaden bedeutend sein. Die Mindestgrenze für einen bedeutenden Sachwert wird inzwischen bei etwa 1200 DM angesichts der Teuerung u.U. auch höher liegen.
Tr[48], § 315 Rn. 14

**VON BEDEUTENDEM WERT**. Maßgeblich ist der wirtschaftliche (finanzielle) Wert, nicht die funktionale Bedeutung der Sache für den einzelnen oder die Allgemeinheit.
S/S[25], vor § 306 Rn. 15

Der **BEDEUTENDE WERT** einer fremden Sache hängt allein von ihrem Verkehrswert, nicht von ihrer funktionellen Bedeutung ab.
La[22], § 315c Rn. 24

## § 307. Herbeiführen einer Explosion durch Kernenergie (nicht bearbeitet).

### Gesetzestext:

(1) Wer es unternimmt, durch Freisetzen von Kernenergie eine Explosion herbeizuführen und dadurch Leib oder Leben eines anderen Menschen oder fremde Sachen von

bedeutendem Wert zu gefährden, wird mit Freiheitsstrafe nicht unter fünf Jahren bestraft.

(2) Wer durch Freisetzen von Kernenergie eine Explosion herbeiführt und dadurch Leib oder Leben eines anderen Menschen oder fremde Sachen von bedeutendem Wert fahrlässig gefährdet, wird mit Freiheitsstrafe von einem Jahr bis zu zehn Jahren bestraft.

(3) Verursacht der Täter durch die Tat wenigstens leichtfertig den Tod eines anderen Menschen, so ist die Strafe

1. in den Fällen des Absatzes 1 lebenslange Freiheitsstrafe oder Freiheitsstrafe nicht unter zehn Jahren,
2. in den Fällen des Absatzes 2 Freiheitsstrafe nicht unter fünf Jahren.

(4) Wer in den Fällen des Absatzes 2 fahrlässig handelt und die Gefahr fahrlässig verursacht, wird mit Freiheitsstrafe bis zu drei Jahren oder mit Geldstrafe bestraft.

## § 308. Herbeiführen einer Sprengstoffexplosion (nicht bearbeitet).

### Gesetzestext:

(1) Wer anders als durch Freisetzen von Kernenergie, namentlich durch Sprengstoff, eine Explosion herbeiführt und dadurch Leib oder Leben eines anderen Menschen oder fremde Sachen von bedeutendem Wert gefährdet, wird mit Freiheitsstrafe nicht unter einem Jahr bestraft.

(2) Verursacht der Täter durch die Tat eine schwere Gesundheitsschädigung eines anderen Menschen oder eine Gesundheitsschädigung einer großen Zahl von Menschen, so ist auf Freiheitsstrafe nicht unter zwei Jahren zu erkennen.

(3) Verursacht der Täter durch die Tat wenigstens leichtfertig den Tod eines anderen Menschen, so ist die Strafe lebenslange Freiheitsstrafe oder Freiheitsstrafe nicht unter zehn Jahren.

(4) In minder schweren Fällen des Absatzes 1 ist auf Freiheitsstrafe von sechs Monaten bis zu fünf Jahren, in minder schweren Fällen des Absatzes 2 auf Freiheitsstrafe von einem Jahr bis zu zehn Jahren zu erkennen.

(5) Wer in den Fällen des Absatzes 1 die Gefahr fahrlässig verursacht, wird mit Freiheitsstrafe bis zu fünf Jahren oder mit Geldstrafe bestraft.

(6) Wer in den Fällen des Absatzes 1 fahrlässig handelt und die Gefahr fahrlässig verursacht, wird mit Freiheitsstrafe bis zu drei Jahren oder mit Geldstrafe bestraft.

## § 309. Mißbrauch ionisierender Strahlen (nicht bearbeitet).

### Gesetzestext:

(1) Wer in der Absicht, die Gesundheit eines anderen Menschen zu schädigen, es unternimmt, ihn einer ionisierenden Strahlung auszusetzen, die dessen Gesundheit zu schädigen geeignet ist, wird mit Freiheitsstrafe von einem Jahr bis zu zehn Jahren bestraft.

(2) Unternimmt es der Täter, eine unübersehbare Zahl von Menschen einer solchen Strahlung auszusetzen, so ist die Strafe Freiheitsstrafe nicht unter fünf Jahren.

(3) Verursacht der Täter in den Fällen des Absatzes 1 durch die Tat eine schwere Gesundheitsschädigung eines anderen Menschen oder eine Gesundheitsschädigung einer großen Zahl von Menschen, so ist auf Freiheitsstrafe nicht unter zwei Jahren zu erkennen.

(4) Verursacht der Täter durch die Tat wenigstens leichtfertig den Tod eines anderen Menschen, so ist die Strafe lebenslange Freiheitsstrafe oder Freiheitsstrafe nicht unter zehn Jahren.

(5) In minder schweren Fällen des Absatzes 1 ist auf Freiheitsstrafe von sechs Monaten bis zu fünf Jahren, in minder schweren Fällen des Absatzes 3 auf Freiheitsstrafe von einem Jahr bis zu zehn Jahren zu erkennen.

(6) Wer in der Absicht, die Brauchbarkeit eine fremden Sache von bedeutendem Wert zu beeinträchtigen, sie einer ionisierenden Strahlung aussetzt welche die Brauchbarkeit der Sache zu beeinträchtigen geeignet ist, wird mit Freiheitsstrafe bis zu fünf Jahren oder mit Geldstrafe bestraft. Der Versuch ist strafbar.

## § 310. Vorbereitung eines Explosions- oder Strahlungsverbrechens (nicht bearbeitet).

### Gesetzestext:

(1) Wer zur Vorbereitung

1. eines bestimmten Unternehmens im Sinne des § 307 Abs. 1 oder des § 309 Abs. 2 *oder*
2. einer Straftat nach § 308 Abs. 1, die durch Sprengstoff begangen werden soll,

Kernbrennstoffe, sonstige radioaktive Stoffe, Sprengstoffe oder die zur Ausführung der Tat erforderlichen besonderen Vorrichtungen herstellt, sich oder einem anderen verschafft, verwahrt oder einem anderen überläßt, wird in den Fällen der Nummer 1 mit Freiheitsstrafe von einem Jahr bis zu zehn Jahren, in den Fällen der Nummer 2 mit Freiheitsstrafe von sechs Monaten bis zu fünf Jahren bestraft.

(2) In minder schweren Fällen des Absatzes 1 Nr. 1 ist die Strafe Freiheitsstrafe von sechs Monaten bis zu fünf Jahren.

## § 311. Freisetzen ionisierender Strahlen (nicht bearbeitet).

### Gesetzestext:

(1) Wer unter Verletzung verwaltungsrechtlicher Pflichten (§ 330d Nr. 4, 5)

1. ionisierende Strahlen freisetzt *oder*
2. Kernspaltungsvorgänge bewirkt,

die geeignet sind, Leib oder Leben eines anderen Menschen oder fremde Sachen von bedeutendem Wert zu schädigen, wird mit Freiheitsstrafe bis zu fünf Jahren oder mit Geldstrafe bestraft.

(2) Der Versuch ist strafbar.

(3) Wer fahrlässig

1. beim Betrieb einer Anlage, insbesondere einer Betriebsstätten eine Handlung im Sinne des Absatzes 1 in einer Weise begeht, die geeignet ist, eine Schädigung außerhalb des zur Anlage gehörenden Bereichs herbeizuführen *oder*
2. in sonstigen Fällen des Absatzes 1 unter grober Verletzung verwaltungsrechtlicher Pflichten handelt,

wird mit Freiheitsstrafe bis zu zwei Jahren oder mit Geldstrafe bestraft.

## § 312. Fehlerhafte Herstellung einer kerntechnischen Anlage (nicht bearbeitet).

### Gesetzestext:

(1) Wer eine kerntechnische Anlage (§ 330d Nr. 2) oder Gegenstände, die zur Errichtung oder zum Betrieb einer solchen Anlage bestimmt sind, fehlerhaft herstellt oder liefert und dadurch eine Gefahr für Leib oder Leben eines anderen Menschen oder für fremde Sachen von bedeutendem Wert herbeiführt, die mit der Wirkung eines Kernspaltungsvorgangs oder der Strahlung eines radioaktiven Stoffes zusammenhängt, wird mit Freiheitsstrafe von drei Monaten bis zu fünf Jahren bestraft.

(2) Der Versuch ist strafbar.

(3) Verursacht der Täter durch die Tat eine schwere Gesundheitsschädigung eines anderen Menschen oder eine Gesundheitsschädigung einer großen Zahl von Menschen, so ist auf Freiheitsstrafe von einem Jahr bis zu zehn Jahren zu erkennen.

(4) Verursacht der Täter durch die Tat den Tod eines anderen Menschen, so ist die Strafe Freiheitsstrafe nicht unter drei Jahren.

(5) In minder schweren Fällen des Absatzes 3 ist auf Freiheitsstrafe von sechs Monaten bis zu fünf Jahren, in minder schweren Fällen des Absatzes 4 auf Freiheitsstrafe von einem Jahr bis zu zehn Jahren zu erkennen.

(6) Wer in den Fällen des Absatzes 1

1. die Gefahr fahrlässig verursacht *oder*
2. leichtfertig handelt und die Gefahr fahrlässig verursacht,

wird mit Freiheitsstrafe bis zu drei Jahren oder mit Geldstrafe bestraft.

## § 313. Herbeiführen einer Überschwemmung (nicht bearbeitet).

### Gesetzestext:

(1) Wer eine Überschwemmung herbeiführt und dadurch Leib oder Leben eines anderen Menschen oder fremde Sachen von bedeutendem Wert gefährdet, wird mit Freiheitsstrafe von einem Jahr bis zu zehn Jahren bestraft.

(2) § 308 Abs. 2 bis 6 gilt entsprechend.

## § 314. Gemeingefährliche Vergiftung (nicht bearbeitet).

**Gesetzestext:**

(1) Mit Freiheitsstrafe von einem Jahr bis zu zehn Jahren wird bestraft, wer

1. Wasser in gefaßten Quellen, in Brunnen, Leitungen oder Trinkwasserspeichern *oder*
2. Gegenstände, die zum öffentlichen Verkauf oder Verbrauch bestimmt sind,

vergiftet oder ihnen gesundheitsschädliche Stoffe beimischt oder vergiftete oder mit gesundheitsschädlichen Stoffen vermischte Gegenstände im Sinne der Nummer 2 verkauft, feilhält oder sonst in den Verkehr bringt.

(2) § 308 Abs. 2 bis 4 gilt entsprechend.

## § 314a. Tätige Reue (nicht bearbeitet).

**Gesetzestext:**

(1) Das Gericht kann die Strafe in den Fällen des § 307 Abs. 1 und des § 309 Abs. 2 nach seinem Ermessen mildern (§ 49 Abs. 2), wenn der Täter freiwillig die weitere Ausführung der Tat aufgibt oder sonst die Gefahr abwendet.

(2) Das Gericht kann die in den folgenden Vorschriften angedrohte Strafe nach seinem Ermessen mildern (§ 49 Abs. 2) oder von Strafe nach diesen Vorschriften absehen, wenn der Täter

1. in den Fällen des § 309 Abs. 1 oder § 314 Abs. 1 freiwillig die weitere Ausführung der Tat aufgibt oder sonst die Gefahr abwendet *oder*
2. in den Fällen des
   a) § 307 Abs. 2,
   b) § 308 Abs. 1 und 5,
   c) § 309 Abs. 6,
   d) § 311 Abs. 1,
   e) § 312 Abs. 1 und 6 Nr. 1,
   f) § 313, auch in Verbindung mit § 308 Abs. 5,

freiwillig die Gefahr abwendet, bevor ein erheblicher Schaden entsteht

(3) Nach den folgenden Vorschriften wird nicht bestraft, wer

1. in den Fällen des
   a) § 307 Abs. 4,
   b) § 308 Abs. 6,
   c) § 311 Abs. 3,
   d) § 312 Abs. 6 Nr. 2,
   e) § 313 Abs. 2 in Verbindung mit § 308 Abs. 6

freiwillig die Gefahr abwendet, bevor ein erheblicher Schaden entsteht, *oder*

2. in den Fällen des § 310 freiwillig die weitere Ausführung der Tat aufgibt oder sonst die Gefahr abwendet.

(4) Wird ohne Zutun des Täters die Gefahr abgewendet, so genügt sein freiwilliges und ernsthaftes Bemühen, dieses Ziel zu erreichen.

## § 315. Gefährliche Eingriffe in den Bahn-, Schiffs- und Luftverkehr.

### Gesetzestext:

(1) Wer die Sicherheit des Schienenbahn-, Schwebebahn-, Schiffs- oder Luftverkehrs dadurch beeinträchtigt, daß er

1. Anlagen oder Beförderungsmittel zerstört, beschädigt oder beseitigt,
2. Hindernisse bereitet,
3. falsche Zeichen oder Signale gibt *oder*
4. einen ähnlichen, ebenso gefährlichen Eingriff vornimmt,

und dadurch Leib oder Leben eines anderen Menschen oder fremde Sachen von bedeutendem Wert gefährdet, wird mit Freiheitsstrafe von sechs Monaten bis zu zehn Jahren bestraft.

(2) Der Versuch ist strafbar.

(3) Auf Freiheitsstrafe nicht unter einem Jahr ist zu erkennen, wenn der Täter

1. in der Absicht handelt,
   a) einen Unglücksfall herbeizuführen *oder*
   b) eine andere Straftat zu ermöglichen oder zu verdecken, *oder*
2. durch die Tat eine schwere Gesundheitsschädigung eines anderen Menschen oder eine Gesundheitsschädigung einer großen Zahl von Menschen verursacht.

(4) In minder schweren Fällen des Absatzes 1 ist auf Freiheitsstrafe von drei Monaten bis zu fünf Jahren, in minder schweren Fällen des Absatzes 3 auf Freiheitsstrafe von sechs Monaten bis zu fünf Jahren zu erkennen.

(5) Wer in den Fällen des Absatzes 1 die Gefahr fahrlässig verursacht, wird mit Freiheitsstrafe bis zu fünf Jahren oder mit Geldstrafe bestraft.

(6) Wer in den Fällen des Absatzes 1 fahrlässig handelt und die Gefahr fahrlässig verursacht, wird mit Freiheitsstrafe bis zu zwei Jahren oder mit Geldstrafe bestraft.

### Überblick:

❍ ***Typ:*** Erfolgsdelikt - Gefährdungsdelikt, konkretes. Begehungsdelikt, vorsätzlich (Abs. 1 bis 3), fahrlässig (Abs. 6), Vorsatz-Fahrlässigkeitskombination (Abs. 3 Nr. 2, Abs. 5). Es gibt also drei Aufbauvarianten.

❍ ***Versuch*** ist strafbar, Abs. 2.

- Abs. 3 enthält eine ***Qualifikation*** (die durch die Strafandrohung zum Verbrechen wird, vgl. § 12 I, III). Prüfung immer mit dem Grunddelikt (Obersatz: §§ 315 I, III) und zwar entweder hinter subjektivem Tatbestand oder hinter Schuld des Grunddeliktes. Die Qualifikation ist in ***Nr. 1*** eine ***rein subjektive,*** in ***Nr. 2*** eine ***Erfolgsqualifikation (§ 18).***
- (Unbenannter minder schwerer Fall in Abs. 4, klausurmäßig bedeutunglos.)
- Spezieller ***Strafmilderungs- und -ausschließungsgrund*** in § 320.
- Spezielle ***Strafmilderungsgründe*** und ***Strafabsehungsgründe*** im ***Kronzeugengesetz*** (Art. 4, § 2, abgedruckt als Fußnote zu § 129a, Geltungsdauer beachten, § 5!).
- § 315 enthält ***drei Arten von Taterfolgen***: einmal die Beeinträchtigung des Verkehrs, zum anderen eine darauf beruhende Gefährdung, zum dritten die Verletzung (Abs. 3 Nr. 2).
- ***Für Schienenbahnen*** ist § 315d zu beachten.
- ***Schutzgut*** ist die Sicherheit des öffentlichen oder privaten Schienenbahn-, Schwebebahn-, Schiffs- und Luftverkehrs und zudem Leib, Leben und Eigentum (Tr[48], § 315 Rn. 2).
- Wichtige Änderung durch das 6. StrRG (zum 1.4.1998): Neu eingefügt wurde Abs. 3 Nr. 2, der aus dem reinen Gefährdungsdelikt des Abs. 1 ein Verletzungsdelikt macht. Die ursprünglich in Abs. 6 enthaltenen Strafmilderungs- und –ausschließungsgründe wurden in § 320 verlagert. Abs. 4 und 5 wurden umbenannt in Abs. 5 und 6.

## Aufbau (§ 315 I - Vorsatzdelikt):

I. Tatbestand
   1. Objektiver Tatbestand:
      a. Tatobjekte und -handlungen -
         aa. (Nr. 1) Anlagen oder Beförderungsmittel zerstören oder beschädigen oder beseitigen *oder*
         bb. (Nr. 2) Hindernisse bereiten *oder*
         cc. (Nr. 3) falsche Zeichen oder Signale geben *oder*
         dd. (Nr. 4) einen ähnlichen, ebenso gefährlichen Eingriff vornehmen;
      b. Taterfolg I - Herbeiführen einer Sicherheitsbeeinträchtigung von
         aa. Schienenbahn- *oder*
         bb. Schwebebahn- *oder*
         cc. Schiffs- *oder*
         dd. Luftverkehr
         kausal beruhend auf Tathandlung;
      c. Taterfolg II - Gefährdung von
         aa. Leib oder Leben eines anderen Menschen *oder*
         bb. fremden Sachen von bedeutendem Wert
         kausal beruhend auf Sicherheitsbeeinträchtigung
   2. Subjektiver Tatbestand: Vorsatz, mindestens bedingter.
II. Rechtswidrigkeit *und*
III. Schuld: keine Besonderheiten.
IV. Strafmilderungs- und -ausschließungsgrund in § 320.

**Aufbau (§ 315 I, III Nr. 1 - Vorsatz-Absichts-Delikt):**

I. Tatbestand
  1. Objektiver Tatbestand: keine qualifizierenden Merkmale.
  2. Subjektiver Tatbestand: Absicht,
    a. einen Unglücksfall herbeizuführen *oder*
    b. eine andere Straftat
      aa. zu ermöglichen *oder*
      bb. zu verdecken.
II. Rechtswidrigkeit *und*
III. Schuld: keine Besonderheiten.
IV. Strafmilderungs- und -ausschließungsgrund in § 320.

**Aufbau (§ 315 I, III Nr. 2 - Vorsatz-Fahrlässigkeits-Delikt):**

I. Tatbestand
  1. Objektiver Tatbestand:
    a. schwere Folge
      aa. schwere Gesundheitsschädigung eines anderen Menschen *oder*
      bb. eine Gesundheitsschädigung einer großen Zahl von Menschen
    b. Verbindung zur Tathandlung (Eingriffe) des Grundtatbestandes (Abs. 1),
    c. Fahrlässigkeitsmerkmale (§ 18)
      aa. obj. Sorgfaltspflichtverletzung im Hinblick auf die schwere Folge (ist durch den Eingriff indiziert),
      bb. obj. Vorhersehbarkeit,
      cc. obj. Zurechnungszusammenhang,
      dd. Schutzzweck der Sorgfaltspflicht (schwere Folge muß Realisierung des Eingriffes sein).
  2. Subjektiver Tatbestand: Eintritt der Folge gesehen (bewußte F.) oder nicht gesehen (unbewußte F.).
II. Rechtswidrigkeit.
III. Schuld:
  1. Subj. Sorgfaltspflichtverletzung,
  2. subj. Vorhersehbarkeit.

**Aufbau (§ 315 V, I - Vorsatz-Fahrlässigkeits-Delikt):**

I. Tatbestand
  1. Objektiver Tatbestand:
    a. Tatobjekte und -handlungen -
      aa. (Nr. 1) Anlagen oder Beförderungsmittel zerstören oder beschädigen oder beseitigen *oder*
      bb. (Nr. 2) Hindernisse bereiten *oder*
      cc. (Nr. 3) falsche Zeichen oder Signale geben *oder*
      dd. (Nr. 4) einen ähnlichen, ebenso gefährlichen Eingriff vornehmen;
    b. Taterfolg I - Herbeiführen einer Sicherheitsbeeinträchtigung von
      aa. Schienenbahn- *oder*

bb. Schwebebahn- *oder*
cc. Schiffs- *oder*
dd. Luftverkehr
kausal beruhend auf Tathandlung;
c. Taterfolg II - Gefährdung von
aa. Leib oder Leben eines anderen *oder*
bb. Fremde Sachen von bedeutendem Wert
kausal beruhend auf Sicherheitsbeeinträchtigung.
d. Fahrlässigkeitsmerkmale -
aa. obj. Sorgfaltspflichtverletzung durch die Sicherheitsbeeinträchtigung (indiziert),
bb. obj. Vorhersehbarkeit der Gefährdung,
cc. obj. Zurechnungszusammenhang,
dd. Schutzzweck der Sorgfaltspflicht.
2. Subjektiver Tatbestand:
a. Vorsatz, mindestens bedingter, bez. obj. TB (Objekte, Handlung, Erfolg I).
b. Fahrlässigkeit bez. Erfolg II: Eintritt der Gefährdung gesehen (bewußte F.) oder nicht gesehen (unbewußte F.).
II. Rechtswidrigkeit.
III. Schuld:
1. Vorsatzteil: Keine Besonderheiten.
2. Fahrlässigkeit bez. zweiter Erfolg:
a. Subj. Sorgfaltspflichtverletzung,
b. subj. Vorhersehbarkeit.
IV. Strafmilderungs- und -ausschließungsgrund in § 320.

**Aufbau (§ 315 VI, I - Fahrlässigkeits-Fahrlässigkeits-Delikt):**

I. Tatbestand
1. Objektiver Tatbestand:
a. Tatobjekte und -handlungen -
aa. (Nr. 1) Anlagen oder Beförderungsmittel zerstören oder beschädigen oder beseitigen *oder*
bb. (Nr. 2) Hindernisse bereiten *oder*
cc. (Nr. 3) falsche Zeichen oder Signale geben *oder*
dd. (Nr. 4) einen ähnlichen, ebenso gefährlichen Eingriff vornehmen,
b. Taterfolg I - Herbeiführen einer Sicherheitsbeeinträchtigung von
aa. Schienenbahn- *oder*
bb. Schwebebahn- *oder*
cc. Schiffs- *oder*
dd. Luftverkehr
kausal beruhend auf Tathandlung;
c. Taterfolg II - Gefährdung von
aa. Leib oder Leben eines anderen *oder*
bb. Fremde Sachen von bedeutendem Wert
kausal beruhend auf Sicherheitsbeeinträchtigung.
d. Fahrlässigkeitsmerkmale -

aa. obj. Sorgfaltspflichtverletzung im Hinblick auf die Tathandlungen (Zerstören, Beschädigen, Beseitigen, Beeinträchtigen, Geben, Vornehmen) und der resultierenden Sicherheitsbeeinträchtigung,
bb. obj. Vorhersehbarkeit der Beeinträchtigung und der Gefährdung,
cc. obj. Zurechnungszusammenhang zwischen beiden Pflichtverletzungen und den Erfolgen,
dd. Schutzzweck der Sorgfaltspflicht.

2. Subjektiver Tatbestand: Eintritt der Sicherheitsbeeinträchtigung und Gefährdung (ganz) gesehen (bewußte F.) oder (teilweise) nicht gesehen (unbewußte F.).

II. Rechtswidrigkeit.
III. Schuld:
1. Subj. Sorgfaltspflichtverletzung,
2. subj. Vorhersehbarkeit.
IV. Strafmilderungs- und -ausschließungsgrund in § 320.

## Definitionen / Erläuterungen:

**ANLAGEN** sind die von dem Verkehr dienenden festen und auf Dauer berechneten Einrichtungen mit ihrem Zubehör. — Tr[48], § 315 Rn. 8

**ANLAGEN** sind alle festen, unbeweglichen Bestandteile des Schienenbahn-, Schiffahrt- oder Luftfahrtbetriebes, z.B. Schienen und Schwellen, Signale, Stationsuhren, Leuchttürme, Bojen, Start- und Landebahnen. Auch das den Zwecken des Betriebes dienende Zubehör wird hierher zu rechnen sein, soweit es von der Verkehrsanschauung als Teil der Betriebsanlagen betrachtet wird. — S/S[25], § 315 Rn. 10

---

**BEFÖRDERUNGSMITTEL** sind die der Beförderung selbst dienenden beweglichen Einrichtungen, vor allem der Fahrzeuge, einschließlich der Zugmaschinen. — Tr[48], § 315 Rn. 8

Zu den **BEFÖRDERUNGSMITTEL** gehören vor allem die Lokomotiven, Personen- und Güterwagen sowie Luftfahrzeuge. — S/S[25], § 315 Rn. 10

---

**ZERSTÖREN** ist eine so weitgehende Beschädigung einer Sache, daß ihre Gebrauchsfähigkeit völlig aufgehoben wird. — Tr[48], § 315 Rn. 8 i.V.m. § 303 Rn. 10

**ZERSTÖRT** ist eine Sache, wenn sie so wesentlich beschädigt wurde, daß sie für ihren Zweck völlig unbrauchbar wird; eine teilweise Zerstörung, d.h. die funktionelle Ausschaltung eines wesentlichen Teiles, genügt. — S/S[25], § 315 Rn. 10 i.V.m. § 303 Rn. 11

**ZERSTÖREN** ist nur ein stärkerer Grad des Beschädigens, d.h. eine Einwirkung mit der Folge, daß die bestimmungsmäßige Brauchbarkeit der Sache völlig aufgehoben wird. — La[22], § 315 Rn. 5 i.V.m. § 303 Rn. 7

---

**BESCHÄDIGUNG** ist eine nicht ganz unerhebliche Verletzung der Substanz, der äußeren Erscheinung oder der Form einer Sa- — Tr[48], § 315 Rn. 8 i.V.m. § 303 Rn. 5

che, durch welche die Brauchbarkeit der Sache zu ihrem bestimmten Zweck beeinträchtigt wird.

Der Täter **BESCHÄDIGT** eine Sache, wenn er ihre Substanz nicht unerheblich verletzt oder auf sie körperlich derart einwirkt, daß dadurch die bestimmungsgemäße Brauchbarkeit der Sache mehr als nur geringfügig beeinträchtigt oder der Zustand der Sache mehr als nur belanglos verändert wird.
S/S[25], § 315 Rn. 10 i.V.m. § 303 Rn. 8

**BESCHÄDIGEN** ist nach der Rspr. des BGH jede nicht ganz unerhebliche körperliche Einwirkung auf die Sache, durch die ihre stoffliche Zusammensetzung verändert oder ihre Unversehrtheit derart aufgehoben wird, daß die Brauchbarkeit für ihre Zwecke gemindert ist.
La[22], § 315 Rn. 5 i.V.m. § 303 Rn. 3

---

**BESEITIGEN** ist die Verhinderung des bestimmungsgemäßen Gebrauchs durch örtliche Veränderung.
Tr[48], § 315 Rn. 8

Unter **BESEITIGEN** ist eine Einwirkung zu verstehen, durch die die Anlage räumlich entfernt wird; liegt eine sonstige Funktionsbeeinträchtigung vor, so kommt „ähnlicher Eingriff" in Betracht.
S/S[25], § 315 Rn. 10

**BESEITIGEN** bedeutet der Verfügung entziehen.
La[22], § 315 Rn. 5 i.V.m. § 87 Rn. 2

---

**BEREITEN VON HINDERNISSEN** bedeutet das Herbeiführen eines Vorgangs, der geeignet ist, durch körperliche Einwirkung den regelmäßigen Verkehr zu hemmen oder zu verzögern.
Tr[48], § 315 Rn. 9

Ein **HINDERNIS** wird durch jeden Vorgang **BEREITET**, der geeignet ist, den ordnungsmäßigen Betrieb zu hemmen oder zu verzögern.
S/S[25], § 315 Rn. 11

**HINDERNISBEREITEN** ist nach h.M. jeder Vorgang, der geeignet ist, den regelmäßigen Betrieb zu hemmen oder zu stören.
La[22], § 315 Rn. 5

---

**GEBEN FALSCHER ZEICHEN ODER SIGNALE** (typisierter optischer oder akustischer Zeichen; Not-, Warn- und Ansteuerungssignale im Luftverkehr) meint solche, welche Verkehrsvorgänge beeinflussen sollen, der Verkehrslage aber widersprechen; ob dadurch ein Hindernis bereitet wird, ist ohne Bedeutung.
Tr[48], § 315 Rn. 10

Die Ausdrücke **ZEICHEN** und **SIGNALE** sind gleichbedeutend. **FALSCH** ist jedes Zeichen, das der gegebenen Sachlage nicht entspricht, also z.B. zu früh oder zu spät gegeben wird, nicht nur ein solches, das den Formen widerspricht, in denen üblicherweise Signale gegeben werden.
S/S[25], § 315 Rn. 12

---

**ÄHNLICHE, EBENSO GEFÄHRLICHE EINGRIFFE** sind Verhaltensweisen, die unmittelbar auf Verkehrsvorgänge einwirken, den Eingriffen nach Nr.1 bis 3 ihrer Art nach verwandt und au-
Tr[48], § 315 Rn. 11

ßerdem ebenso abstrakt gefährlich, d.h. gefahrenträchtig sind.

**Ähnliche, ebenso gefährliche Eingriffe**. Damit sind Eingriffe gemeint, die den ausdrücklich genannten an Bedeutung gleichkommen, sich also unmittelbar auf die Sicherheit des Bahnbetriebs auswirken. Es reichen nur solche Eingriffe aus, die nach ihrer konkreten Beschaffenheit geeignet sind, eine Gefahr für die Verkehrssicherheit zu bilden. Das Merkmal „Eingriff" bezeichnet nicht nur von außen her vorgenommene, verkehrsfremde Maßnahmen, sondern auch innerbetriebliche Verhaltensweisen.

S/S[25], § 315 Rn. 13

**Ähnlicher Eingriff** ist jede sonstige Funktionsbeeinträchtigung

S/S[25], § 315 Rn. 10

**Ähnliche, ebenso gefährliche Eingriffe**. Er muß unmittelbar auf einen Verkehrsvorgang einwirken und sowohl der Art als auch der Gefährlichkeit nach einem der in den Nr. 1-3 genannten Eingriffe gleichwertig sein.

La[22], § 315 Rn. 6

---

**Herbeiführen** bedeutet die Verwirklichung einer konkreten Gefahr.

Tr[48], § 315 Rn. 20

---

**Sicherheitsbeeinträchtigung des Verkehrs**. Dazu genügt die Beeinträchtigung der Sicherheit des einzelnen Beförderungsmittels, des Bedienungspersonals oder der Fahrgäste. Der störende Eingriff muß aber Menschen oder Einrichtungen betreffen, die in Beziehung zu dem konkreten Verkehrsvorgang stehen; er darf sich nicht nur auf Außenstehende beziehen, etwa die Streckenarbeiter zwischen den Gleisen. Beeinträchtigt ist die Verkehrssicherheit, wenn die normale abstrakte Verkehrsgefahr gesteigert worden ist, und zwar so, daß konkrete Gefahren deutlich wahrscheinlicher geworden sind, das Entstehen einer konkreten Gefahr ist dafür ein wesentliches Indiz; insbesondere ist die Notwendigkeit einer Schnellbremsung regelmäßig ein Zeichen für eine Beeinträchtigung.

Tr[48], § 315 Rn. 13

Die **Verkehrssicherheit** ist **beeinträchtigt**, wenn der Eingriff zu einer Steigerung der normalen „Betriebsgefahr" geführt hat. Es reicht daher nicht aus, daß nur Schäden an den genannten Betriebseinrichtungen verursacht, z.B. Wagen zerstört werden, sofern dies nicht zugleich Ursache für weitere Gefährdungen ist.

S/S[25], § 315 Rn. 8

Die **Sicherheit des Verkehrs** betrifft sowohl die Betrieb der Bahn usw. im ganzen als auch das einzelne Fahrzeug, die Beförderungsgegenstände und -mittel, den Fahrgast und die im Fahr- oder Verschiebedienst tätigen Betriebsangehörigen, nicht aber den Streckenarbeiter oder den Benutzer eines Bahnübergangs. Diese betriebsfremden Personen nehmen jedoch am Strafschutz teil, wenn sie durch eine tathandlung konkret ge-

La[22], § 315 Rn. 2

fährdet werden.

Die Sicherheit des Verkehrs wird **BEEINTRÄCHTIGT**, wenn durch einen störenden Eingriff gegenüber Menschen oder Einrichtungen, die in Beziehung zu einem bestimmten Verkehrsvorgang stehen, eine Steigerung der normalen Betriebsgefahr hervorgerufen, der Verkehr also in seinem ungestörten Ablauf gefährdet wird. — La[22], § 315 Rn. 3

---

**SCHIENENBAHNVERKEHR** ist der Verkehr von Beförderungsmitteln, die sich durch Motorkraft auf Schienen bewegen, also vor allem der Eisenbahn, auch der Klein- und Werksbahnen, schienengebundener Drahtseil- und Zahnradbahnen, der Hoch- und Untergrundbahnen, der Allweg-Bahnen und Schienenbusse, nicht hingegen von Schienenbahnen, soweit sie am Straßenverkehr teilnehmen. — Tr[48], § 315 Rn. 4

Unter **SCHIENENBAHN** ist ein zur Beförderung von Menschen oder Sachgütern dienendes Transportmittel zu verstehen, dessen Fortbewegung auf einem festen Schienenstrang erfolgt. — S/S[25], § 315 Rn. 2

Zum **SCHIENENVERKEHR** gehören Eisenbahnen, Werk-, Klein-, Hoch-, Untergrund- und Zahnradbahnen. — La[22], § 315 Rn. 2

---

**SCHWEBEBAHNVERKEHR** ist der auf der Fahrt die Erde nicht berührenden Beförderungsmittel, die sich insbesondere an Drahtseilen bewegen, z.B. der Bergkabinenbahnen und Sessellifte, während Schlepplifte ausscheiden. — Tr[48], § 315 Rn. 5

**SCHWEBEBAHNEN** sind Bahnen, die sich an Drahtseilen oder in ähnlicher Weise bewegen und die Erde nicht berühren, z.B. ein Sessellift, nicht dagegen ein Schlepplift. — S/S[25], § 315 Rn. 4

Zum **SCHWEBEBAHNVERKEHR** gehören namentlich Bergkabinenbahnen und Sessellifte, nicht jedoch Schlepplifte. — La[22], § 315 Rn. 2

---

**SCHIFFSVERKEHR**: Hierunter fällt sowohl der See- als auch der Binnenschiffsverkehr, wobei der gesamte Verkehr von Schiffen jeder Art, d.h. von Wasserfahrzeugen ohne Rücksicht auf ihre Größe erfaßt wird. — Tr[48], § 315 Rn. 6

Zum **SCHIFFSVERKEHR** gehört die Seeschiffahrt ebenso wie die Binnen- und Flußschiffahrt. — S/S[25], § 315 Rn. 5

Zum **SCHIFFSVERKEHR** gehören sowohl die See- als auch die Binnenschiffahrt, unabhängig von der Größe des Schiffs. — La[22], § 315 Rn. 2

---

**LUFTVERKEHR** ist der Verkehr mit Luftfahrzeugen. — Tr[48], § 315 Rn. 7

Zum **LUFTVERKEHR** gehört jede Benutzung des Luftraumes durch Luftfahrzeuge, also insb. Durch Flugzeuge, Luftschiffe, Ballone und ähnliche für eine Bewegung im Luftraum bestimmte Geräte (vgl. § 1 II LuftVG). — S/S[25], § 315 Rn. 6

| | |
|---|---|
| **GEFÄHRDUNG** bedeutet das Vorliegen einer konkreten Gefahr, die nachzuweisen ist. Sie muß die Folge von Tathandlung und Beeinträchtigung sein, also keine Gemeingefahr. | Tr[48], § 315 Rn. 14 |
| **GEFAHR** ist ein durch eine beliebige Ursache eingetretener ungewöhnlicher Zustand, in welchem nach den konkreten Umständen den Eintritt eines Schadens wahrscheinlich ist. Wahrscheinlich ist der Eintritt, wenn die Möglichkeit nahe liegt oder begründete Besorgnis besteht. | Tr[48], § 34 Rn. 3 |
| **GEFAHR** ist ein ungewöhnlicher Zustand, in dem nach den konkreten Umständen der Eintritt eines Schadens naheliegt. | La[22], § 315 Rn. 7 i.V.m. § 315c Rn. 21 |
| Die Ausführungen zu § 315c gelten weitgehend sinngemäß, jedoch ist davon abweichend auch das vom Täter geführte, zu der hier geschützten Verkehrsart gehörende Fahrzeug in den Schutzbereich einbezogen. | La[22], § 315 Rn. 7 |
| **FREMDE** Sachen sind Sachen, die in fremdem Eigentum stehen. | Tr[48], § 315 Rn. 16 |
| **VON BEDEUTENDEM WERT**. Der bedeutende Wert ist nach dem Umfang des drohenden Schadens, und zwar nach dem Verkehrswert der gefährdeten Sache und nicht nach dem Wiederherstellungsaufwand zu bestimmen, und nicht nach der Funktionswert. Das Ausmaß der Gefährdung braucht sich mit dem eingetretenen Schaden nicht zu decken, dieser kann hinter der Gefährdung erheblich zurückbleiben. Es genügt nicht, daß eine Sache von bedeutendem Wert in unbedeutendem Umfang gefährdet wird, vielmehr muß der bei dem konkreten Verkehrsvorgang drohende Schaden bedeutend sein. Die Mindestgrenze für einen bedeutenden Sachwert wird inzwischen bei etwa 1200 DM angesichts der Teuerung u.U. auch höher liegen. | Tr[48], § 315 Rn. 16 |
| **VON BEDEUTENDEM WERT**. Maßgeblich ist der wirtschaftliche (finanzielle) Wert, nicht die funktionale Bedeutung der Sache für den einzelnen oder die Allgemeinheit. | S/S[25], § 315 Rn. 14 i.V.m. vor § 306 Rn. 15 |
| **UNGLÜCKSFALL**. Hierfür reicht eine bloße, wenn auch erhebliche Gefahr nicht aus. Vielmehr muß es sich um den plötzlichen Eintritt des durch die Gefahr drohenden Schadens handeln; welche weiteren Ziele der Täter verfolgt, ist hier ohne Bedeutung. | Tr[48], § 315 Rn. 20 |
| **UNGLÜCKSFÄLLE** sind plötzlich eintretende Ereignisse, die erhebliche Gefahren für Menschen oder Sachen hervorrufen oder hervorzurufen drohen. | S/S[25], § 315 Rn. 22 i.V.m. § 323c Rn. 5 |
| **UNGLÜCKSFALL** ist auch der deliktische Angriff des Täters, z.B. wenn er einen Fußgänger anfährt und verletzt. | S/S[25], § 315 Rn. 22 |
| **UNGLÜCKSFALL** ist ein plötzliches äußeres Ereignis, das eine erhebliche Gefahr für Personen oder Sachen bringt oder zu | La[22], § 315 Rn. 8 i.V.m. § 323c Rn. 2 |

bringen droht; der Eintritt bloßer Sachgefahr kann danach genügen.

---

| | |
|---|---|
| **STRAFTAT**. Um eine Straftat oder zumindest um eine vermeintliche Straftat muß es sich handeln und nicht um eine bloße Ordnungswidrigkeit. | Tr[48], § 315 Rn. 21 |
| **STRAFTAT**. Hierfür kommt nur eine kriminelle strafbare Handlung i.S. von § 11 I Nr. 5 in Betracht, also ein Verbrechen oder Vergehen, nicht dagegen eine bloße Ordnungswidrigkeit. Es ist gleichgültig, ob es sich dabei um eine eigene oder fremde Straftat handelt. | S/S[25], § 315 Rn. 22 i.V.m. § 211 Rn. 32 |
| **STRAFTAT** meint nicht lediglich eine Ordnungswidrigkeit. | La[22], § 315 Rn. 8 i.V.m. § 211 Rn. 12 |
| **ERMÖGLICHEN**. Die Tötung muß nicht notwendiges Mittel zur Ermöglichung der Tat sein, es genügt, daß sich der Täter deshalb für die zum Tod führende Handlung entscheidet, weil er glaubt, auf diese Weise die andere Straftat schneller oder leichter begehen zu können, und daß ihm nicht der Tod des Opfers, sondern lediglich die Tötungshandlung als solche als Tatmittel geeignet erscheint. | Tr[48], § 315 Rn. 21 i.V.m. § 211 Rn. 9 |
| Die **ERMÖGLICHUNGSABSICHT** liegt darin, daß die Tötung als Mittel zur Begehung weiteren kriminellen Unrechts dient. | S/S[25], § 315 Rn. 22 i.V.m. § 211 Rn. 31 |
| **VERDECKEN**. Die Tötung muß das Mittel der Verdeckung und darf nicht nur die Folge eines anderen Mittels sein. | Tr[48], § 315 Rn. 21 i.V.m. § 211 Rn. 9 |
| Die besondere Verwerflichkeit der **VERDECKUNGSABSICHT** ist darin zu erblicken, daß ein Menschenleben, sei es als Opfer der zu verdeckenden Tat, als Tatzeuge oder als Verfolger, vernichtet wird, um die eigene (oder auch eine fremde Bestrafung) zu vereiteln. | S/S[25], § 315 Rn. 22 i.V.m. § 211 Rn. 31 |
| ***BEACHTE:*** vgl. zur Ermöglichungs- und Verdeckungsabsicht auch die Angaben zu § 211. | Verf. |
| **SCHWERE GESUNDHEITSSCHÄDIGUNG** ist nicht nur die Gefahr einer schweren Körperverletzung (§ 224 [- heute § 226 d.V.]), sondern auch die Gefahr, daß der Verletzte im Gebrauch seiner Sinne oder seines Körpers oder seiner Arbeitsfähigkeit für lange Zeit erheblich beeinträchtigt wird oder in eine langwierige, ernste Krankheit verfällt. | Verf (Tr[48], § 218 Rn. 16) |
| **SCHWERE GESUNDHEITSBESCHÄDIGUNG**. Hierfür müssen nicht schwere Körperverletzungen i.S. von § 224 – (heute § 226 d.V.) zu befürchten sein, vielmehr genügen bereits Gesundheitsschäden, die den Verletzten in seiner physischen oder psychischen Stabilität oder in seiner Arbeitsfähigkeit nachhaltig beeinträchtigen oder ihn in eine qualvolle oder langwierige | Verf. (S/S[2525], § 218 Rn. 44) |

Krankheit stürzen könnten.

| | |
|---|---|
| **SCHWERE GESUNDHEITSBESCHÄDIGUNG** ist ein langwieriger, qualvoller oder die Leistungsfähigkeit schwer beeinträchtigender physischer oder psychischer Krankheitszustand. | Verf. (La[22], § 218 Rn. 20) |
| **SCHWERE GESUNDHEITSSCHÄDIGUNG** setzt keine schwere Körperverletzung (§ 224 [– heute § 226 d.V.]) voraus, sondern liegt etwa auch vor bei der Gefahr des Eintritts einer langwierigen ernsten Krankheit oder der Gefahr der erheblichen Beeinträchtigung der Arbeitskraft für eine lange Zeit. | Verf. (La[22], § 330 Rn. 2) |
| Als („Einfache") **GESUNDHEITSSCHÄDIGUNG** ist jedes Hervorrufen oder Steigern eines krankhaften Zustandes zu verstehen. | Verf. (S/S[25], § 223 Rn. 5) |
| Der Begriff „**GROßE ZAHL**" mag bei 50 beginnen. | Tr[48], § 330 Rn. 4 |
| ***BEACHTE FÜR TEILNAHMEFÄLLE BEI VORSATZ-FAHRLÄSSIGKEITSKOMBINATION:*** Für Teilnahme braucht man nach §§ 26, 27 eine vorsätzliche rechtswidrige Haupttat. Bei der Vorsatz-Fahrlässigkeits-Kombination hilft § 11 II StGB.<br>Wichtig ist dabei aber, daß der Teilnehmer dann **selbst** fahrlässig bezüglich der Gefährdung gehandelt hat. Begründet wird das sehr unterschiedlich, entweder mit dem Rechtsgedanken des § 18 oder mit § 29, vgl. S/S[25], § 11 Rn. 75. | Verf. |

## Konkurrenzen:

§ 315 verdrängt § 87 und § 315a I Nr. 2 im Wege der Gesetzeskonkurrenz. § 315 steht in Idealkonkurrenz mit §§ 126, 145d, 211ff, 223ff, 303ff, 315a I Nr. 1, 315b, 316.

# § 315a. Gefährdung des Bahn-, Schiffs- und Luftverkehrs.

## Gesetzestext:

(1) Mit Freiheitsstrafe bis zu fünf Jahren oder mit Geldstrafe wird bestraft, wer

1. ein Schienenbahn- oder Schwebebahnfahrzeug, ein Schiff oder ein Luftfahrzeug führt, obwohl er infolge des Genusses alkoholischer Getränke oder anderer berauschender Mittel oder infolge geistiger oder körperlicher Mängel nicht in der Lage ist, das Fahrzeug sicher zu führen, *oder*
2. als Führer eines solchen Fahrzeugs oder als sonst für die Sicherheit Verantwortlicher durch grob pflichtwidriges Verhalten gegen Rechtsvorschriften zur Sicherung des Schienenbahn-, Schwebebahn-, Schiffs- oder Luftverkehrs verstößt

und dadurch Leib oder Leben eines anderen Menschen oder fremde Sachen von bedeutendem Wert gefährdet.

(2) In den Fällen des Absatzes 1 Nr. 1 ist der Versuch strafbar.

(3) Wer in den Fällen des Absatzes 1

1. die Gefahr fahrlässig verursacht *oder*
2. fahrlässig handelt und die Gefahr fahrlässig verursacht,

wird mit Freiheitsstrafe bis zu zwei Jahren oder mit Geldstrafe bestraft.

**Überblick:**

- ***Typ:*** Begehungsdelikt, vorsätzlich (Abs. 1 und 2), fahrlässig (Abs. 3 Nr. 2), Vorsatz-Fahrlässigkeitskombination (Abs. 3 Nr. 1). Es gibt also drei Aufbauvarianten. Erfolgsdelikt - Gefährdungsdelikt, konkretes.
- ***Versuch*** ist strafbar, Abs. 2. ***Für Schienenbahnen*** ist § 315d zu beachten.
- ***Schutzgut*** ist die Sicherheit des öffentlichen oder privaten Schienenbahn-, Schwebebahn-, Schiffs- und Luftverkehrs und zudem Leib, Leben und Eigentum (Tr[48], § 315a Rn. 1).

**Aufbau (§ 315a I Nr. 1 - Vorsatzdelikt):**

I. Tatbestand
   1. Objektiver Tatbestand:
      a. Tatobjekte -
         aa. Schienenbahn- *oder*
         bb. Schwebebahnfahrzeug *oder*
         cc. Schiff *oder*
         dd. Luftfahrzeug;
      b. Tathandlung - führen;
      c. Tatsituation - Täter ist nicht in der Lage, das Fahrzeug sicher zu führen, weil er
         aa. alkoholische Getränke *oder*
         bb. andere berauschende Mittel genossen *oder*
         cc. geistige *oder*
         dd. körperliche Mängel hat;
      d. Taterfolg - Gefährdung von
         aa. Leib oder Leben eines anderen *oder*
         bb. Fremde Sachen von bedeutendem Wert
         kausal beruhend auf unsicherer Fahrzeugführung.
   2. Subjektiver Tatbestand: Vorsatz, mindestens bedingter.

II. Rechtswidrigkeit *und*

III. Schuld: keine Besonderheiten

**Aufbau (§ 315a I Nr. 2 - Vorsatzdelikt):**

I. Tatbestand
   1. Objektiver Tatbestand:
      a. Tatobjekte -
         aa. Schienenbahn- *oder*
         bb. Schwebebahnfahrzeug *oder*

cc. Schiff *oder*
dd. Luftfahrzeug;
b. Tathandlung - Verstoß, grob pflichtwidriger, gegen Rechtsvorschriften zur Sicherung des Schienenbahn- Schwebebahn-, Schiffs- oder Luftverkehrs;
c. Tatsituation - Täter ist als Führer oder sonst für die Sicherheit des Fahrzeuges verantwortlich;
d. Taterfolg - Gefährdung von
aa. Leib oder Leben eines anderen Menschen *oder*
bb. Fremde Sachen von bedeutendem Wert
kausal beruhend auf Regelverstoß.
2. Subjektiver Tatbestand: Vorsatz, mindestens bedingter.
II. Rechtswidrigkeit *und*
III. Schuld: keine Besonderheiten.
IV. (Strafausschließungs- oder -milderungsgründe: analoge Anwendung von § 315 VI wird von Lit. - nur für § 315a I Nr. 2 - gefordert.)

**Aufbau (§ 315a III Nr. 1, I Nr. 1 - Vorsatz-Fahrlässigkeits-Delikt):**

I. Tatbestand
1. Objektiver Tatbestand:
a. Tatobjekte -
aa. Schienenbahn- *oder*
bb. Schwebebahnfahrzeug *oder*
cc. Schiff *oder*
dd. Luftfahrzeug;
b. Tathandlung - führen;
c. Tatsituation - Täter ist nicht in der Lage, das Fahrzeug sicher zu führen, weil er
aa. alkoholische Getränke *oder*
bb. andere berauschende Mittel genossen *oder*
cc. geistige *oder*
dd. körperliche Mängel hat;
d. Taterfolg - Gefährdung von
aa. Leib oder Leben eines anderen *oder*
bb. Fremde Sachen von bedeutendem Wert
kausal beruhend auf unsicherer Fahrzeugführung.
e. Fahrlässigkeitsmerkmale -
aa. obj. Sorgfaltspflichtverletzung durch die unsichere Fahrzeugführung (indiziert),
bb. obj. Vorhersehbarkeit der Gefährdung,
cc. obj. Zurechnungszusammenhang,
dd. Schutzzweck der Sorgfaltspflicht.
2. Subjektiver Tatbestand:
a. Vorsatz, mindestens bedingter, bez. obj. TB (Objekte, Handlung).
b. Fahrlässigkeit bez. Erfolg: Eintritt der Gefährdung gesehen (bewußte F.) oder nicht gesehen (unbewußte F.).
II. Rechtswidrigkeit.

III. Schuld:
  1. Vorsatzteil: Keine Besonderheiten.
  2. Fahrlässigkeit bez. Erfolg:
    a. Subj. Sorgfaltspflichtverletzung,
    b. subj. Vorhersehbarkeit.

**Aufbau (§ 315a III Nr. 1, I Nr. 2 - Vorsatz-Fahrlässigkeits-Delikt):**

I. Tatbestand
  1. Objektiver Tatbestand:
    a. Tatobjekte -
      aa. Schienenbahn- *oder*
      bb. Schwebebahnfahrzeug *oder*
      cc. Schiff *oder*
      dd. Luftfahrzeug;
    b. Tathandlung - Verstoß, grob pflichtwidriger, gegen Rechtsvorschriften zur Sicherung des Schienenbahn- Schwebebahn-, Schiffs- oder Luftverkehrs;
    c. Tatsituation - Täter ist als Führer oder sonst für die Sicherheit des Fahrzeuges verantwortlich;
    d. Taterfolg - Gefährdung von
      aa. Leib oder Leben eines anderen *oder*
      bb. Fremde Sachen von bedeutendem Wert
      kausal beruhend auf Regelverstoß.
    e. Fahrlässigkeitsmerkmale -
      aa. obj. Sorgfaltspflichtverletzung durch Regelverstoß (indiziert),
      bb. obj. Vorhersehbarkeit der Gefährdung,
      cc. obj. Zurechnungszusammenhang,
      dd. Schutzzweck der Sorgfaltspflicht.
  2. Subjektiver Tatbestand:
    a. Vorsatz, mindestens bedingter, bez. obj. TB (Objekte, Handlung).
    b. Fahrlässigkeit bez. Erfolg: Eintritt der Gefährdung gesehen (bewußte F.) oder nicht gesehen (unbewußte F.).

II. Rechtswidrigkeit.

III. Schuld:
  1. Vorsatzteil: Keine Besonderheiten.
  2. Fahrlässigkeit bez. Erfolg:
    a. Subj. Sorgfaltspflichtverletzung,
    b. subj. Vorhersehbarkeit.

IV. (Strafausschließungs- oder milderungsgründe. analoge Anwendung von § 315 VI wird von Lit. - nur für § 315a I Nr. 2 - gefordert.)

**Aufbau (§ 315a III Nr. 2, I Nr. 1 - Fahrlässigkeits-Fahrlässigkeits-Delikt):**

I. Tatbestand
  1. Objektiver Tatbestand:
    a. Tatobjekte -
      aa. Schienenbahn- *oder*

bb. Schwebebahnfahrzeug *oder*
cc. Schiff *oder*
dd. Luftfahrzeug;
b. Tathandlung - führen;
c. Tatsituation - Täter ist nicht in der Lage, das Fahrzeug sicher zu führen, weil er
aa. alkoholische Getränke *oder*
bb. andere berauschende Mittel genossen *oder*
cc. geistige *oder*
dd. körperliche Mängel hat;
d. Taterfolg - Gefährdung von
aa. Leib oder Leben eines anderen *oder*
bb. Fremde Sachen von bedeutendem Wert
kausal beruhend auf unsicherer Fahrzeugführung.
e. Fahrlässigkeitsmerkmale -
aa. obj. Sorgfaltspflichtverletzung im Hinblick auf die Tathandlung (Fahrzeugführen),
bb. obj. Vorhersehbarkeit der Gefährdung,
cc. obj. Zurechnungszusammenhang zwischen der Pflichtverletzung und dem Erfolg,
dd. Schutzzweck der Sorgfaltspflicht.
2. Subjektiver Tatbestand: Eintritt der Gefährdung gesehen (bewußte F.) oder nicht gesehen (unbewußte F.).
II. Rechtswidrigkeit.
III. Schuld:
1. Subj. Sorgfaltspflichtverletzung,
2. subj. Vorhersehbarkeit.

**Aufbau (§ 315a III Nr. 2, I Nr. 2 - Fahrlässigkeits-Fahrlässigkeits-Delikt):**

I. Tatbestand
1. Objektiver Tatbestand:
a. Tatobjekte -
aa. Schienenbahn- *oder*
bb. Schwebebahnfahrzeug *oder*
cc. Schiff *oder*
dd. Luftfahrzeug;
b. Tathandlung - Verstoß, grob pflichtwidriger, gegen Rechtsvorschriften zur Sicherung des Schienenbahn- Schwebebahn-, Schiffs- oder Luftverkehrs;
c. Tatsituation - Täter ist als Führer oder sonst für die Sicherheit des Fahrzeuges verantwortlich;
d. Taterfolg - Gefährdung von
aa. Leib oder Leben eines anderen *oder*
bb. Fremde Sachen von bedeutendem Wert
kausal beruhend auf Regelverstoß.
e. Fahrlässigkeitsmerkmale -

aa. obj. Sorgfaltspflichtverletzung im Hinblick auf die Tathandlung (Fahrzeugführen, bzw. verantwortlich sein), spezieller Maßstab: grob pflichtwidrig,
bb. obj. Vorhersehbarkeit der Gefährdung,
cc. obj. Zurechnungszusammenhang zwischen der Pflichtverletzung und dem Erfolg,
dd. Schutzzweck der Sorgfaltspflicht.

2. Subjektiver Tatbestand: Eintritt der Gefährdung gesehen (bewußte F.) oder nicht gesehen (unbewußte F.).

II. Rechtswidrigkeit.

III. Schuld:

1. Subj. Sorgfaltspflichtverletzung, spezieller Maßstab: grob pflichtwidrig,
2. subj. Vorhersehbarkeit.

IV. (Strafausschließungs- oder -milderungsgründe: analoge Anwendung von § 315 VI wird von Lit. - nur für § 315a I Nr. 2 - gefordert.)

## Definitionen / Erläuterungen:

**SCHIENENBAHNVERKEHR** ist der Verkehr von Beförderungsmitteln, die sich durch Motorkraft auf Schienen bewegen, also vor allem der Eisenbahn, auch der Klein- und Werksbahnen, schienengebundener Drahtseil- und Zahnradbahnen, der Hoch- und Untergrundbahnen, der Allweg-Bahnen und Schienenbusse, nicht hingegen von Schienenbahnen, soweit sie am Straßenverkehr teilnehmen. — Tr[48], § 315a Rn. 1 i.V.m. § 315 Rn. 4

Unter **SCHIENENBAHN** ist ein zur Beförderung von Menschen oder Sachgütern dienendes Transportmittel zu verstehen, dessen Fortbewegung auf einem festen Schienenstrang erfolgt. — S/S[25], § 315a Rn. 3 i.V.m. § 315 Rn. 2

---

**SCHWEBEBAHNVERKEHR** ist der auf der Fahrt die Erde nicht berührenden Beförderungsmittel, die sich insbesondere an Drahtseilen bewegen, z.B. der Bergkabinenbahnen und Sessellifte, während Schlepplifte ausscheiden. — Tr[48], § 315a Rn. 1 i.V.m. § 315 Rn. 5

**SCHWEBEBAHNEN** sind Bahnen, die sich an Drahtseilen oder in ähnlicher Weise bewegen und die Erde nicht berühren, z.B. ein Sessellift, nicht dagegen ein Schlepplift. — S/S[25], § 315a Rn. 3 i.V.m. § 315 Rn. 4

---

**SCHIFFSVERKEHR**: Hierunter fällt sowohl der See- als auch der Binnenschiffsverkehr, wobei der gesamte Verkehr von Schiffen jeder Art, d.h. von Wasserfahrzeugen ohne Rücksicht auf ihre Größe erfaßt wird. — Tr[48], § 315a Rn. 4 i.V.m. § 315 Rn. 6

Zum **SCHIFFSVERKEHR** gehört die Seeschiffahrt ebenso wie die Binnen- und Flußschiffahrt. — S/S[25], § 315a Rn. 3 i.V.m. § 315 Rn. 5

---

**LUFTFAHRZEUG**. Der Begriff des Luftfahrzeugs ist in § 1 II LuftVG definiert. Danach sind folgende Fahrzeuge Luftfahrzeuge: Flugzeuge, Drehflügler (Hubschrauber), Luftschiffe, — Tr[48], § 315a Rn. 4 i.V.m. § 109g Rn. 5

Segelflugzeuge, Motorsegler, Frei- und Fesselballone, Drachen, Fallschirme, Flugmodelle und sonstige für die Benutzung des Luftraums bestimmte Geräte, insbesondere Raumfahrzeuge, Raketen und ähnliche Flugkörper.

Zum **Luftverkehr** gehört jede Benutzung des Luftraumes durch Luftfahrzeuge, also insb. Durch Flugzeuge, Luftschiffe, Ballone und ähnliche für eine Bewegung im Luftraum bestimmte Geräte (vgl. § 1 II LuftVG).

S/S[25], § 315a Rn. 3 i.V.m. § 315 Rn. 6

---

**Führen**. Der Begriff des Führens eines Fahrzeugs ist enger als die Teilnahme am Verkehr. Zum Führen ist erforderlich, daß jemand das Fahrzeug in Bewegung setzt oder es unter Handhabung seiner technischen Vorrichtungen während der Fahrbewegung lenkt. Vgl. auch § 21 StVG.

Tr[48], § 315a Rn. 6 i.V.m. § 315c Rn. 3

**Führer** ist, wer das Fahrzeug unter Verwendung von Antriebskräften unter eigener Verantwortlichkeit in Bewegung setzt und lenkt; der Führer braucht sich nicht immer im Fahrzeug selbst zu befinden; ein Schiffsführer kann das Ruder durch einen Rudergänger führen lassen. Ein Fahrzeug kann gleichzeitig mehrere Führer haben.

Tr[48], § 315a Rn. 4

---

**Fahrzeuge** sind alle technischen Vorrichtungen zum ortsverändernden Fahren.

Tr[48], § 315a Rn. 4

---

**Genuß alkoholischer Getränke oder anderer berauschender Mittel**. Die zu §§ 315c, 316 entwickelten Höchstgrenzen gelten für § 315a nicht. Für den Luftverkehr liegen sie erheblich niedriger, und zwar für die absolute Fluguntüchtigkeit bei 0,5 Promille, für die relative bei 0,2 Promille. Für den Schienen- und Schiffsverkehr fehlt es an festen Werten.

Tr[48], § 315a Rn. 6

**Genuß** ist weit auszulegen; er erfordert weder Einnehmen durch den Mund noch subjektives Bezwecken der Rauschwirkung oder einer anderen lustbetonten Empfindung.

La[22], § 315a Rn. 2 i.V.m. § 315c Rn. 5

**Alkoholische Getränke** (k.A.)

---

Unter **berauschenden Mitteln** sind alle Stoffe zu verstehen, die das Hemmungsvermögen sowie die intellektuelle und motorischen Fähigkeiten beeinträchtigen und die damit in ihren Auswirkungen denen des Alkohols vergleichbar sind.

S/S[25], § 315a Rn. 3 i.V.m. § 316 Rn. 3a

Andere **berauschende Mittel** sind zur Herbeiführung von Enthemmung oder zur Beseitigung von Unlustgefühlen geeignete Stoffe oder Zubereitungen, und zwar im wesentlichen die in den Anlagen I-III zu § 1 I BtMG aufgeführten, namentlich Opium, Morphium, Heroin und Kokain.

La[22], § 315a Rn. 2 i.V.m. § 315c Rn. 5

---

**Geistige oder körperliche Mängel**. Hierzu gehört auch

Tr[48], § 315a Rn. 6

die Übermüdung wegen Überschreitung der Lenk- und Ruhezeit.

i.V.m. § 315c Rn. 3b

Auch beim Führen eines Kraftfahrzeuges trotz **GEISTIGER ODER KÖRPERLICHER MÄNGEL** ist Voraussetzung, daß der Täter sich infolge der Mängel nicht sicher im Verkehr bewegen kann. Worauf der Mangel beruht und ob er chronischer oder vorübergehender Natur ist, ist bedeutungslos. In Betracht kommen geistige Erkrankungen, Epilepsie, hohes Alter, Kurzsichtigkeit, ferner die Beeinträchtigung durch einen gerade überstandenen Herzinfarkt. Aber auch eine extreme Übermüdung gehört hierher.

S/S[25], § 315a Rn. 3 i.V.m. § 315c Rn. 11

**GEISTIGE ODER KÖRPERLICHE MÄNGEL**. Es genügen auch vorübergehende Mängel, wie die Wirkung von Medikamenten, labile Zustände während der Rekonvaleszenz und vor allem Übermüdung.

La[22], § 315a Rn. 2 i.V.m. § 315c Rn. 12

---

**NICHT IN DER LAGE SEIN** bedeutet, nicht fähig sein (= Fahruntüchtigkeit), das Fahrzeug richtig zu führen.

Tr[48], § 315a Rn. 6

---

**KONKRETE GEFAHR FÜR LEIB ODER LEBEN EINES ANDEREN ODER FÜR FREMDE SACHEN VON BEDEUTENDEM WERT**. Die Gefährdung der Insassen des vom Täter geführten Fahrzeugs reicht aus. Der Gefährdete braucht nicht selbst am Verkehrsvorgang beteiligt zu sein. Die Gefahr braucht erst nach dem Führen des Fahrzeugs einzutreten.

Tr[48], § 315a Rn. 8

**KONKRETE GEFAHR FÜR LEIB ODER LEBEN**. Bei der Lebens- oder Leibesgefahr genügt die Gefährdung eines Menschen, jedoch ist die Gefahr unerheblicher Körperschäden (Prellungen) auszuschließen.

S/S[25], § 315a Rn. 12 i.V.m. vor § 306 Rn. 13

**GEFAHR FÜR LEIB ODER LEBEN** liegt vor, wenn als Schaden der Eintritt des Todes oder einer nicht unerheblichen Verletzung der körperlichen Unversehrtheit vorübergehender oder dauernder Art naheliegt.

La[22], § 315a Rn. 5 i.V.m. § 315c Rn. 23

Jedoch ist abweichend von § 315c auch das vom Täter geführte fahrzeug in den Schutzbereich einbezogen.

---

**FREMDE** Sachen sind Sachen, die in fremdem Eigentum stehen.

Tr[48], § 315a Rn. 8 i.V.m. § 315 Rn. 16

---

**VON BEDEUTENDEM WERT**. Der bedeutende Wert ist nach dem Umfang des drohenden Schadens, und zwar nach dem Verkehrswert der gefährdeten Sache und nicht nach dem Wiederherstellungsaufwand zu bestimmen, und nicht nach der Funktionswert. Das Ausmaß der Gefährdung braucht sich mit dem eingetretenen Schaden nicht zu decken, dieser kann hinter der Gefährdung erheblich zurückbleiben. Es genügt nicht, daß eine Sache von bedeutendem Wert in unbedeutendem Umfang

Tr[48], § 315a Rn. 8 i.V.m. § 315 Rn. 16

gefährdet wird, vielmehr muß der bei dem konkreten Verkehrsvorgang drohende Schaden bedeutend sein. Die Mindestgrenze für einen bedeutenden Sachwert wird inzwischen bei etwa 1200 DM angesichts der Teuerung u.U. auch höher liegen.

VON BEDEUTENDEM WERT. Maßgeblich ist der wirtschaftliche (finanzielle) Wert, nicht die funktionale Bedeutung der Sache für den einzelnen oder die Allgemeinheit.

S/S[25], § 315a Rn. 12 i.V.m. vor § 306 Rn. 15

Der BEDEUTENDE WERT einer fremden Sache hängt allein von ihrem Verkehrswert, nicht von ihrer funktionellen Bedeutung ab.

La[22], § 315a Rn. 5 i.V.m. § 315c Rn. 24

---

***BEACHTE FÜR TEILNAHMEHANDLUNGEN BEI VORSATZ-FAHRLÄSSIGKEITSKOMBINATION:*** Für Teilnahme braucht man eine vorsätzliche rechtswidrige Haupttat. Bei der Vorsatz-Fahrlässigkeits-Kombination hilft § 11 II StGB.

Verf.

Wichtig ist dabei aber, daß der Teilnehmer dann **selbst** fahrlässig gehandelt hat. Begründet wird das sehr unterschiedlich, entweder mit dem Rechtsgedanken des § 18 oder mit § 29, vgl. S/S[25], § 11 Rn. 75.

## Konkurrenzen:

§ 315a I Nr. 1 verdrängen § 315c I Nr. 1 und § 316 im Wege der Gesetzeskonkurrenz. § 315a I Nr. 1 steht in Idealkonkurrenz mit § 315, § 315a I Nr. 1, 2 steht in Idealkonkurrenz mit § 142 und Verletzungsdelikten.

# § 315b. Gefährliche Eingriffe in den Straßenverkehr.

## Gesetzestext:

(1) Wer die Sicherheit des Straßenverkehrs dadurch beeinträchtigt, daß er

1. Anlagen oder Fahrzeuge zerstört, beschädigt oder beseitigt,
2. Hindernisse bereitet *oder*
3. einen ähnlichen, ebenso gefährlichen Eingriff vornimmt,

und dadurch Leib oder Leben eines anderen Menschen oder fremde Sachen von bedeutendem Wert gefährdet, wird mit Freiheitsstrafe bis zu fünf Jahren oder mit Geldstrafe bestraft.

(2) Der Versuch ist strafbar.

(3) Handelt der Täter unter den Voraussetzungen des § 315 Abs. 3, so ist die Strafe Freiheitsstrafe von einem Jahr bis zu zehn Jahren, in minder schweren Fällen Freiheitsstrafe von sechs Monaten bis zu fünf Jahren.

(4) Wer in den Fällen des Absatzes 1 die Gefahr fahrlässig verursacht, wird mit Freiheitsstrafe bis zu drei Jahren oder mit Geldstrafe bestraft.

(5) Wer in den Fällen des Absatzes 1 fahrlässig handelt und die Gefahr fahrlässig verursacht, wird mit Freiheitsstrafe bis zu zwei Jahren oder mit Geldstrafe bestraft.

## Überblick:

- *Typ:* Erfolgsdelikt - Gefährdungsdelikt, konkretes. Begehungsdelikt, vorsätzlich (Abs. 1 bis 3), fahrlässig (Abs. 5), Vorsatz-Fahrlässigkeitskombination (Abs. 4). Es gibt also drei Aufbauvarianten.
- ***Versuch*** ist strafbar, Abs. 2.
- Abs. 3 enthält in HS. 1 durch Verweis auf § 315 Abs. 3 eine ***Qualifikation*** (die durch die Strafandrohung zum Verbrechen wird, vgl. § 12 I, III). Prüfung immer mit dem Grunddelikt (Obersatz: § 315b I, III i.Vm. § 315 III Nr. ...) und zwar entweder hinter subjektivem Tatbestand oder hinter Schuld des Grunddeliktes. Die Qualifikation ist in ***Nr. 1*** eine ***rein subjektive,*** in ***Nr. 2*** eine ***Erfolgsqualifikation (§ 18).***
- (Unbenannter minder schwerer Fall in Abs. 3 HS. 2 - klausurmäßig bedeutungslos.)
- Spezieller ***Strafmilderungs- und -ausschließungsgrund*** in § 320.
- § 315b enthält zwei ***Arten von Taterfolgen***: einmal die Beeinträchtigung des Straßenverkehrs, zum anderen eine darauf beruhende Gefährdung.
- ***Schutzgut*** ist die Sicherheit des öffentlichen Straßenverkehrs (Tr[48], § 315b Rn. 2).

## Aufbau (§ 315b I - Vorsatzdelikt):

I. Tatbestand
  1. Objektiver Tatbestand:
    a. Tatobjekte und -handlungen -
      aa. (Nr. 1) Anlagen oder Fahrzeuge
        - zerstören *oder*
        - beschädigen *oder*
        - beseitigen *oder*
      bb. (Nr. 2) Hindernisse bereiten *oder*
      cc. (Nr. 3) einen ähnlichen, ebenso gefährlichen Eingriff vornehmen;
    b. Taterfolg I - Herbeiführen einer Sicherheitsbeeinträchtigung von Straßenverkehr
      kausal beruhend auf Tathandlung;
    c. Taterfolg II - Gefährdung von
      aa. Leib oder Leben eines anderen *oder*
      bb. Fremde Sachen von bedeutendem Wert
      kausal beruhend auf Sicherheitsbeeinträchtigung.
  2. Subjektiver Tatbestand: Vorsatz, mindestens bedingter.
II. Rechtswidrigkeit *und*
III. Schuld: keine Besonderheiten.
IV. Strafmilderungs- und -ausschließungsgrund in § 320.

## Aufbau (§ 315b I, III i.V.m. § 315 I, III Nr. 1 - Vorsatz-Absichts-Delikt):

I. Tatbestand

1. Objektiver Tatbestand: keine qualifizierenden Merkmale.
2. Subjektiver Tatbestand: Absicht,
   a. einen Unglücksfall herbeizuführen *oder*
   b. eine andere Straftat
      aa. zu ermöglichen *oder*
      bb. zu verdecken.

II. Rechtswidrigkeit *und*
III. Schuld: keine Besonderheiten.
IV. Strafmilderungs- und -ausschließungsgrund in § 320.

**Aufbau (§ 315b I, III i.V.m. 315 I, III Nr. 2 - Vorsatz-Fahrlässigkeits-Delikt):**

I. Tatbestand
1. Objektiver Tatbestand:
   a. schwere Folge
      aa. schwere Gesundheitsschädigung eines anderen Menschen *oder*
      bb. eine Gesundheitsschädigung einer großen Zahl von Menschen
   b. Verbindung zur Tathandlung (Eingriffe) des Grundtatbestandes (Abs. 1),
   c. Fahrlässigkeitsmerkmale (§ 18)
      aa. obj. Sorgfaltspflichtverletzung im Hinblick auf die schwere Folge (ist durch den Eingriff indiziert),
      bb. obj. Vorhersehbarkeit,
      cc. obj. Zurechnungszusammenhang,
      dd. Schutzzweck der Sorgfaltspflicht (schwere Folge muß Realisierung des Eingriffes sein).
2. Subjektiver Tatbestand: Eintritt der Folge gesehen (bewußte F.) oder nicht gesehen (unbewußte F.).

II. Rechtswidrigkeit.
III. Schuld:
1. Subj. Sorgfaltspflichtverletzung,
2. subj. Vorhersehbarkeit.

**Aufbau (§ 315b IV, I - Vorsatz-Fahrlässigkeits-Delikt):**

I. Tatbestand
1. Objektiver Tatbestand:
   a. Tatobjekte und -handlungen -
      aa. (Nr. 1) Anlagen oder Fahrzeuge
         - zerstören *oder*
         - beschädigen *oder*
         - beseitigen *oder*
      bb. (Nr. 2) Hindernisse bereiten *oder*
      cc. (Nr. 3) einen ähnlichen, ebenso gefährlichen Eingriff vornehmen;
   b. Taterfolg I - Herbeiführen einer Sicherheitsbeeinträchtigung von Straßenverkehr
      kausal beruhend auf Tathandlung;

c. Taterfolg II - Gefährdung von
aa. Leib oder Leben eines anderen *oder*
bb. Fremde Sachen von bedeutendem Wert
kausal beruhend auf Sicherheitsbeeinträchtigung.
d. Fahrlässigkeitsmerkmale -
aa. obj. Sorgfaltspflichtverletzung durch die Sicherheitsbeeinträchtigung (indiziert),
bb. obj. Vorhersehbarkeit der Gefährdung,
cc. obj. Zurechnungszusammenhang,
dd. Schutzzweck der Sorgfaltspflicht.
2. Subjektiver Tatbestand:
a. Vorsatz, mindestens bedingter, bez. obj. TB (Objekte, Handlung, Erfolg I).
b. Fahrlässigkeit bez. Erfolg II: Eintritt der Gefährdung gesehen (bewußte F.) oder nicht gesehen (unbewußte F.).
II. Rechtswidrigkeit.
III. Schuld:
1. Vorsatzteil: Keine Besonderheiten.
2. Fahrlässigkeit bez. zweiter Erfolg:
a. Subj. Sorgfaltspflichtverletzung,
b. subj. Vorhersehbarkeit.
IV. Strafmilderungs- und -ausschließungsgrund in § 320.

**Aufbau (§ 315b V, I - Fahrlässigkeits-Fahrlässigkeits-Delikt):**

I. Tatbestand
1. Objektiver Tatbestand:
a. Tatobjekte und -handlungen -
aa. (Nr. 1) Anlagen oder Fahrzeuge
- zerstören *oder*
- beschädigen *oder*
- beseitigen *oder*
bb. (Nr. 2) Hindernisse bereiten *oder*
cc. (Nr. 3) einen ähnlichen, ebenso gefährlichen Eingriff vornehmen;
b. Taterfolg I - Herbeiführen einer Sicherheitsbeeinträchtigung von Straßenverkehr
kausal beruhend auf Tathandlung;
c. Taterfolg II - Gefährdung von
aa. Leib oder Leben eines anderen *oder*
bb. Fremde Sachen von bedeutendem Wert
kausal beruhend auf Sicherheitsbeeinträchtigung.
d. Fahrlässigkeitsmerkmale -
aa. obj. Sorgfaltspflichtverletzung im Hinblick auf
- die Tathandlungen (Zerstören, Beschädigen, Beseitigen, Beeinträchtigen, Vornehmen) *und*
- der daraus resultierenden Sicherheitsbeeinträchtigung,
bb. obj. Vorhersehbarkeit der Beeinträchtigung und der Gefährdung,

cc. obj. Zurechnungszusammenhang zwischen beiden Pflichtverletzungen und den Erfolgen,

dd. Schutzzweck der Sorgfaltspflicht.

2. Subjektiver Tatbestand: Eintritt der Sicherheitsbeeinträchtigung und Gefährdung (ganz) gesehen (bewußte F.) oder (teilweise) nicht gesehen (unbewußte F.).

II. Rechtswidrigkeit.

III. Schuld:

1. Subj. Sorgfaltspflichtverletzung,
2. subj. Vorhersehbarkeit.

IV. Strafmilderungs- und -ausschließungsgrund in § 320.

## Definitionen / Erläuterungen:

| | |
|---|---|
| **ANLAGEN** sind vor allem Verkehrsschilder und -zeichen, Leitplanken und dgl., Brücken und die Straßen selbst. | Tr[48], § 315b Rn. 4 |
| **ANLAGEN** sind alle dem Verkehr dienenden Einrichtungen wie Verkehrszeichen, Ampeln, Absperrungen, aber auch die Straße selbst. | S/S[25], § 315b Rn. 5 |

| | |
|---|---|
| **FAHRZEUGE** sind sämtliche im öffentlichen Verkehr vorkommenden Beförderungsmittel ohne Rücksicht auf die Antriebsart (nicht nur Kraftfahrzeuge, sondern auch Straßenbahnen, Fahrräder, Fuhrwerke usw.). | Tr[48], § 315b Rn. 4 |
| Zu den **FAHRZEUGEN** rechnen alle Beförderungsmittel, z.B. Straßenbahnen, Omnibusse, Kfz usw. Auf die Art des Antriebs kommt es nicht an. | S/S[25], § 315b Rn. 5 |

| | |
|---|---|
| **ZERSTÖREN** ist eine so weitgehende Beschädigung einer Sache, daß ihre Gebrauchsfähigkeit völlig aufgehoben wird. | Tr[48], § 315b Rn. 4 i.V.m. § 303 Rn. 10 |
| **ZERSTÖRT** ist eine Sache, wenn sie so wesentlich beschädigt wurde, daß sie für ihren Zweck völlig unbrauchbar wird; eine teilweise Zerstörung, d.h. die funktionelle Ausschaltung eines wesentlichen Teiles, genügt. | S/S[25], § 315b Rn. 5 i.V.m. § 303 Rn. 11 |
| **ZERSTÖREN** ist nur ein stärkerer Grad des Beschädigens, d.h. eine Einwirkung mit der Folge, daß die bestimmungsmäßige Brauchbarkeit der Sache völlig aufgehoben wird. | La[22], § 315b Rn. 3 i.V.m. § 315 Rn. 5 i.V.m. § 303 Rn. 7 |

| | |
|---|---|
| **BESCHÄDIGUNG** ist eine nicht ganz unerhebliche Verletzung der Substanz, der äußeren Erscheinung oder der Form einer Sache, durch welche die Brauchbarkeit der Sache zu ihrem bestimmten Zweck beeinträchtigt wird. | Tr[48], § 315b Rn. 4 i.V.m. § 303 Rn. 5 |
| Der Täter **BESCHÄDIGT** eine Sache, wenn er ihre Substanz nicht unerheblich verletzt oder auf sie körperlich derart einwirkt, daß dadurch die bestimmungsgemäße Brauchbarkeit der Sache mehr als nur geringfügig beeinträchtigt oder der Zustand | S/S[25], § 315b Rn. 5 i.V.m. § 303 Rn. 8 |

der Sache mehr als nur belanglos verändert wird.

| | |
|---|---|
| **BESCHÄDIGEN** ist nach der Rspr. des BGH jede nicht ganz unerhebliche körperliche Einwirkung auf die Sache, durch die ihre stoffliche Zusammensetzung verändert oder ihre Unversehrtheit derart aufgehoben wird, daß die Brauchbarkeit für ihre Zwecke gemindert ist. | La[22], § 315b Rn. 3<br>i.V.m. § 315 Rn. 5<br>i.V.m. § 303 Rn. 3 |
| **BESEITIGEN** ist die Verhinderung des bestimmungsgemäßen Gebrauchs durch örtliche Veränderung. | Tr[48], § 315b Rn. 4<br>i.V.m. § 315 Rn. 8 |
| Unter **BESEITIGEN** ist eine Einwirkung zu verstehen, durch die die Anlage räumlich entfernt wird; liegt eine sonstige Funktionsbeeinträchtigung vor, so kommt „ähnlicher Eingriff" in Betracht. | S/S[25], § 315b Rn. 5<br>i.V.m. § 315 Rn. 10 |
| Zu beachten ist, daß die Zerstörung usw. zu einer Beeinträchtigung der Sicherheit des Straßenverkehrs geführt haben muß, § 315 b enthält nicht den Fall einer bloß gemeinschädlichen Sachbeschädigung. | S/S[25], § 315b Rn. 5 |
| **BESEITIGEN** bedeutet der Verfügung entziehen. | La[22], § 315b Rn. 3<br>i.V.m. § 315 Rn. 5<br>i.V.m. § 87 Rn. 2 |
| **BEREITEN VON HINDERNISSEN** bedeutet das Herbeiführen eines Vorgangs, der geeignet ist, durch körperliche Einwirkung den regelmäßigen Verkehr zu hemmen oder zu verzögern. | Tr[48], § 315b Rn. 4a<br>i.V.m. § 315 Rn. 9 |
| **BEREITEN VON HINDERNISSEN**. Hierunter ist jede Einwirkung auf den Straßenkörper zu verstehen, die geeignet ist, den reibungslosen Verkehrsablauf zu hemmen oder zu gefährden. | S/S[25], § 315b Rn. 6 |
| **HINDERNISBEREITEN** ist nach h.M. jeder Vorgang, der geeignet ist, den regelmäßigen Betrieb zu hemmen oder zu stören. | La[22], § 315b Rn. 3<br>i.V.m. § 315 Rn. 5 |
| **ÄHNLICHE, EBENSO GEFÄHRLICHE EINGRIFFE** sind Verhaltensweisen, die unmittelbar auf Verkehrsvorgänge einwirken, den Eingriffen nach Nr.1 bis 3 ihrer Art nach verwandt und außerdem ebenso abstrakt gefährlich, d.h. gefahrenträchtig sind. | Tr[48], § 315b Rn. 4b<br>i.V.m. § 315 Rn. 11 |
| Hierunter fällt das **GEBEN FALSCHER ZEICHEN ODER SIGNALE** dann, wenn sie als verkehrsfremde Außeneingriffe gegeben werden. | Tr[48], § 315b Rn. 4b |
| Unter dem Begriff **ÄHNLICHE, EBENSO GEFÄHRLICHE EINGRIFFE** werden sonstige verkehrsgefährliche Eingriffe unter der Voraussetzung erfaßt, daß sie an Bedeutung den in Nr. 1 und 2 genannten Handlungen gleichkommen. | S/S[25], § 315b Rn. 9 |
| **ÄHNLICHE, EBENSO GEFÄHRLICHE EINGRIFFE**. Er muß unmittelbar auf einen Verkehrsvorgang einwirken und sowohl der Art als auch der Gefährlichkeit nach einem der in den Nr. 1-3 genannten Eingriffe gleichwertig sein. | La[22], § 315b Rn. 3<br>i.V.m. § 315 Rn. 6 |

| | |
|---|---|
| Auf Verkehrsvorgänge des fließenden oder ruhenden Verkehrs ist § 315b grundsätzlich nicht anwendbar, da alle Verkehrsvorgänge, die wegen ihrer Gefährlichkeit als Vergehen geahndet werden sollen, durch den Katalog des § 315c I Nr. 2 abschließend erfaßt sind. | S/S[25], § 315b Rn. 7 |
| Soweit nach diesen Grundsätzen ein Hindernisbereiten entfällt, bleibt im Einzelfall zu prüfen, ob nicht aus pflichtwidrigem Unterlassen eine Verantwortlichkeit nach § 315b I Nr. 3 begründet sein kann (z.B. der Fahrer läßt die abgesprungenen Räder auf der Fahrbahn liegen). | S/S[25], § 315b Rn. 7 |
| Anwendung findet § 315 b dagegen auf Verkehrsvorgänge, die der Sache nach verkehrsfremde Eingriffe darstellen. Entscheidend ist die bewußte Zweckentfremdung des fahrzeugs, so wenn es absichtlich als Mittel der Verkehrsbehinderung benutzt wird. | S/S[25], § 315b Rn. 8 |
| Den Gefährdungsdelikten zum Schutz des Straßenverkehrs liegt der Gedanke zugrunde, daß § 315c die bloße Fehlleistung des Fahrzeugführers in der Bewältigung von Vorgängen des fließenden oder ruhenden Verkehrs abschließend regelt, während § 315b sich nur auf den sog. verkehrsfremden Eingriff bezieht. | La[22], § 315b Rn. 4 |
| Fahrzeugführer im fließenden Verkehr nehmen nach der Rspr. einen solchen Eingriff vor, wenn sie unter grober Einwirkung von einigem Gewicht auf den Verkehrsablauf und in verkehrsfeindlicher Einstellung ihr Fahrzeug bewußt zweckwidrig einsetzen. | |

| | |
|---|---|
| **Herbeiführen** bedeutet die Verwirklichung einer konkreten Gefahr. | Tr[48], § 315b Rn. 8 i.V.m. § 315 Rn. 20 |

| | |
|---|---|
| **Sicherheitsbeeinträchtigung des Verkehrs**. Dazu genügt die Beeinträchtigung der Sicherheit des einzelnen Beförderungsmittels, des Bedienungspersonals oder der Fahrgäste. Der störende Eingriff muß aber Menschen oder Einrichtungen betreffen, die in Beziehung zu dem konkreten Verkehrsvorgang stehen; er darf sich nicht nur auf Außenstehende beziehen, etwa die Streckenarbeiter zwischen den Gleisen. | Tr[48], § 315b Rn. 6 i.V.m. § 315 Rn. 13 |
| **Beeinträchtigt** ist die Verkehrssicherheit, wenn die normale abstrakte Verkehrsgefahr gesteigert worden ist, und zwar so, daß konkrete Gefahren deutlich wahrscheinlicher geworden sind, das Entstehen einer konkreten Gefahr ist dafür ein wesentliches Indiz; insbesondere ist die Notwendigkeit einer Schnellbremsung regelmäßig ein Zeichen für eine Beeinträchtigung. | Tr[48], § 315b Rn. 6 i.V.m. § 315 Rn. 13 |
| Die **Verkehrssicherheit** ist **beeinträchtigt**, wenn infolge der Einwirkung andere Verkehrsteilnehmer nicht ohne | S/S[25], § 315b Rn. 3 |

Gefahr für Leib, Leben oder Eigentum am Verkehr teilnehmen können.

**SICHERHEIT DES VERKEHRS** wird beeinträchtigt, wenn durch einen störenden Eingriff gegenüber Menschen oder Einrichtungen, die in Beziehung zu einem bestimmten Verkehrsvorgang stehen, eine Steigerung der normalen Betriebsgefahr hervorgerufen, der Verkehr also in seinem ungestörten Ablauf gefährdet wird.

La[22], § 315b Rn. 2 i.V.m. § 315 Rn. 3

**SICHERHEIT DES STRAßENVERKEHRS**. Schutzgut ist nur die Sicherheit des öffentlichen Verkehrs, d.h. des Verkehrs von Fahrzeugen, Radfahrern und Fußgängern auf allen Wegen, Plätzen, Durchgängen und Brücken, die jedermann, oder wenigstens allgemein bestimmten Gruppen von Benutzern, wenn auch nur vorübergehend oder gegen Gebühr zur Verfügung stehen.

Tr[48], § 315b Rn. 2

---

**STRAßENVERKEHR** ist der Verkehr auf allen öffentlichen Verkehrswegen.

S/S[25], § 315b Rn. 2

Ob **ÖFFENTLICHER VERKEHR** vorliegt, bestimmt sich allein nach verkehrsrechtlichen (nicht wegerechtlichen) Gesichtspunkten.

S/S[25], § 315b Rn. 2 i.V.m. § 142 Rn. 5

**STRAßENVERKEHR** ist nur der öffentliche Verkehr, d.h. der auf Wegen (einschließlich Plätzen), die jedermann oder allgemein bestimmten Gruppen von Verkehrsteilnehmern dauernd oder vorübergehend zur Benutzung offen stehen.

La[22], § 315b Rn. 1 i.V.m. § 315c Rn. 2

---

**GEFÄHRDUNG VON LEIB ODER LEBEN EINES ANDEREN** meint die Gefährdung eines beliebigen anderen, also nicht des Täters selbst und auch nicht eines Tatbeteiligten. Der Gefährdete braucht nicht am Verkehrsvorgang beteiligt zu sein.

Tr[48], § 315b Rn. 7 i.V.m. § 315 Rn. 15

**GEFÄHRDUNG VON LEIB ODER LEBEN**. Maßstab dafür, ob eine Gefahr vorliegt, ist das allgemeine Erfahrungswissen, das unter Berücksichtigung aller individuellen Umstände des Einzelfalles eine Prognose darüber ermöglicht, ob der Eintritt schädlicher Erfolge naheliegt oder nicht. Dies ist dann der Fall, wenn der Täter die Auswirkungen der Lage nicht beherrscht, in die er das in seiner Sicherheit konkret beeinträchtigte Objekt durch sein Verhalten gebracht hat, d.h. das Ausbleiben oder der Eintritt eines Schadens nur vom Zufall abhing.

S/S[25], § 315b Rn. 12 i.V.m. vor § 306 Rn. 5

**GEFAHR FÜR LEIB ODER LEBEN** liegt vor, wenn als Schaden der Eintritt des Todes oder einer nicht unerheblichen Verletzung der körperlichen Unversehrtheit vorübergehender oder dauernder Art naheliegt.

La[22], § 315b Rn. 5 i.V.m. § 315c Rn. 23

---

**FREMD** ist eine Sache, die nach bürgerlichem Recht einem anderen gehört.

Tr[48], § 242 Rn. 4

| | |
|---|---|
| **Sache** ist jeder körperliche Gegenstand. | Tr[48], § 242 Rn. 2 |
| **Von bedeutendem Wert**. Der bedeutende Wert ist nach dem Umfang des drohenden Schadens, und zwar nach dem Verkehrswert der gefährdeten Sache und nicht nach dem Wiederherstellungsaufwand zu bestimmen, und nicht nach der Funktionswert. Das Ausmaß der Gefährdung braucht sich mit dem eingetretenen Schaden nicht zu decken, dieser kann hinter der Gefährdung erheblich zurückbleiben. Es genügt nicht, daß eine Sache von bedeutendem Wert in unbedeutendem Umfang gefährdet wird, vielmehr muß der bei dem konkreten Verkehrsvorgang drohende Schaden bedeutend sein. Die Mindestgrenze für einen bedeutenden Sachwert wird inzwischen bei etwa 1200 DM angesichts der Teuerung u.U. auch höher liegen. | Tr[48], § 315b Rn. 7 i.V.m. § 315 Rn. 16 |
| **Von bedeutendem Wert**. Maßgeblich ist der wirtschaftliche (finanzielle) Wert, nicht die funktionale Bedeutung der Sache für den einzelnen oder die Allgemeinheit. | S/S[25], § 315b Rn. 12 i.V.m. vor § 306 Rn. 15 |
| Der **bedeutende Wert** einer fremden Sache hängt allein von ihrem Verkehrswert, nicht von ihrer funktionellen Bedeutung ab. | La[22], § 315b Rn. 5 i.V.m. § 315c Rn. 24 |
| **Unglücksfall**. Hierfür reicht eine bloße, wenn auch erhebliche Gefahr nicht aus. Vielmehr muß es sich um den plötzlichen Eintritt des durch die Gefahr drohenden Schadens handeln; welche weiteren Ziele der Täter verfolgt, ist hier ohne Bedeutung. | Tr[48], § 315b Rn. 8 i.V.m. § 315 Rn. 20 |
| **Unglücksfälle** sind plötzlich eintretende Ereignisse, die erhebliche Gefahren für Menschen oder Sachen hervorrufen oder hervorzurufen drohen. | S/S[25], § 315b Rn. 15 i.V.m. § 315 Rn. 22 i.V.m. § 323c Rn. 5 |
| **Unglücksfall** ist auch der deliktische Angriff des Täters, z.B. wenn er einen Fußgänger anfährt und verletzt. | S/S[25], § 315b Rn. 15 i.V.m. § 315 Rn. 22 |
| **Unglücksfall** ist ein plötzliches äußeres Ereignis, das eine erhebliche Gefahr für Personen oder Sachen bringt oder zu bringen droht; der Eintritt bloßer Sachgefahr kann danach genügen. | La[22], § 315 Rn. 8 i.V.m. § 323c Rn. 2 |
| **Straftat**. Um eine Straftat oder zumindest um eine vermeintliche Straftat muß es sich handeln und nicht um eine bloße Ordnungswidrigkeit. | Tr[48], § 315b Rn. 8 i.V.m. § 315 Rn. 21 |
| **Straftat**. Hierfür kommt nur eine kriminelle strafbare Handlung i.S. von § 11 I Nr. 5 in Betracht, also ein Verbrechen oder Vergehen, nicht dagegen eine bloße Ordnungswidrigkeit. Es ist gleichgültig, ob es sich dabei um eine eigene oder fremde Straftat handelt. | S/S[25], § 315b Rn. 15 i.V.m. § 211 Rn. 32 |
| **Ermöglichen**. Die Tötung muß nicht notwendiges Mittel zur | Tr[48], § 315b Rn. 8 |

| | |
|---|---|
| Ermöglichung der Tat sein, es genügt, daß sich der Täter deshalb für die zum Tod führende Handlung entscheidet, weil er glaubt, auf diese Weise die andere Straftat schneller oder leichter begehen zu können, und daß ihm nicht der Tod des Opfers, sondern lediglich die Tötungshandlung als solche als Tatmittel geeignet erscheint. | i.V.m. § 315 Rn. 21<br>i.V.m. § 211 Rn. 9 |
| Die **ERMÖGLICHUNGSABSICHT** liegt darin, daß die Tötung als Mittel zur Begehung weiteren kriminellen Unrechts dient. | S/S[25], § 315b Rn. 15<br>i.V.m. § 211 Rn. 31 |
| **VERDECKEN**. Die Tötung muß das Mittel der Verdeckung und darf nicht nur die Folge eines anderen Mittels sein. | Tr[48], § 315b Rn. 8<br>i.V.m. § 315 Rn. 21<br>i.V.m. § 211 Rn. 9 |
| Die besondere Verwerflichkeit der **VERDECKUNGSABSICHT** ist darin zu erblicken, daß ein Menschenleben, sei es als Opfer der zu verdeckenden Tat, als Tatzeuge oder als Verfolger, vernichtet wird, um die eigene (oder auch eine fremde) Bestrafung zu vereiteln. | S/S[25], § 315b Rn. 15<br>i.V.m. § 211 Rn. 31 |
| ***BEACHTE:*** vgl. zur Ermöglichungs- und Verdeckungsabsicht die Anmerkungen zu § 211 | Verf. |
| **SCHWERE GESUNDHEITSSCHÄDIGUNG** ist nicht nur die Gefahr einer schweren Körperverletzung (§ 224 [– heute § 226 d.V.]), sondern auch die Gefahr, daß der Verletzte im Gebrauch seiner Sinne oder seines Körpers oder seiner Arbeitsfähigkeit für lange Zeit erheblich beeinträchtigt wird oder in eine langwierige, ernste Krankheit verfällt. | Verf.<br>(Tr[48], § 218 Rn. 16) |
| **SCHWERE GESUNDHEITSBESCHÄDIGUNG**. Hierfür müssen nicht schwere Körperverletzungen i.S. von § 224 – (heute § 226 d.V.) zu befürchten sein, vielmehr genügen bereits Gesundheitsschäden, die den Verletzten in seiner physischen oder psychischen Stabilität oder in seiner Arbeitsfähigkeit nachhaltig beeinträchtigen oder ihn in eine qualvolle oder langwierige Krankheit stürzen könnten. | Verf.<br>(S/S[2325], § 218 Rn. 44) |
| **SCHWERE GESUNDHEITSBESCHÄDIGUNG** ist ein langwieriger, qualvoller oder die Leistungsfähigkeit schwer beeinträchtigender physischer oder psychischer Krankheitszustand. | Verf.<br>(La[22], § 218 Rn. 20) |
| **SCHWERE GESUNDHEITSSCHÄDIGUNG** setzt keine schwere Körperverletzung (§ 224 [– heute § 226 d.V.]) voraus, sondern liegt etwa auch vor bei der Gefahr des Eintritts einer langwierigen ernsten Krankheit oder der Gefahr der erheblichen Beeinträchtigung der Arbeitskraft für eine lange Zeit. | Verf.<br>(La[22], § 330 Rn. 2) |
| Als („Einfache") **GESUNDHEITSSCHÄDIGUNG** ist jedes Hervorrufen oder Steigern eines krankhaften Zustandes zu verstehen. | Verf.<br>(S/S[25], § 223 Rn. 5) |
| Der Begriff „**GROẞE ZAHL**" mag bei 50 beginnen. | Tr[48], § 330 Rn. 4 |

***Beachte für Teilnahmehandlungen bei Vorsatz-Fahrlässigkeitskombination:*** Für Teilnahme braucht man eine vorsätzliche rechtswidrige Haupttat. Bei der Vorsatz-Fahrlässigkeits-Kombination hilft § 11 II StGB. Verf.

Wichtig ist dabei aber, daß der Teilnehmer dann **selbst** fahrlässig gehandelt hat. Begründet wird das sehr unterschiedlich, entweder mit dem Rechtsgedanken des § 18 oder mit § 29, vgl. S/S[25], § 11 Rn. 75.

**Konkurrenzen:**

§ 315b verdrängt §§ 87, 303 im Wege der Gesetzeskonkurrenz. § 315b steht in Idealkonkurrenz mit §§ 315c (nicht aber: 315c III Nr. 2), 316, 316a, 113, 179, 211ff, 223ff, 237, 240, 253, 305, 318, 323c.

## § 315c. Gefährdung des Straßenverkehrs.

**Gesetzestext:**

(1) Wer im Straßenverkehr

1. ein Fahrzeug führt, obwohl er

   a) infolge des Genusses alkoholischer Getränke oder anderer berauschender Mittel *oder*

   b) infolge geistiger oder körperlicher Mängel

   nicht in der Lage ist, das Fahrzeug sicher zu führen, *oder*

2. grob verkehrswidrig und rücksichtslos

   a) die Vorfahrt nicht beachtet,

   b) falsch überholt oder sonst bei Überholvorgängen falsch fährt,

   c) an Fußgängerüberwegen falsch fährt,

   d) an unübersichtlichen Stellen, an Straßenkreuzungen, Straßeneinmündungen oder Bahnübergängen zu schnell fährt,

   e) an unübersichtlichen Stellen nicht die rechte Seite der Fahrbahn einhält,

   f) auf Autobahnen oder Kraftfahrstraßen wendet, rückwärts oder entgegen der Fahrtrichtung fährt oder dies versucht *oder*

   g) haltende oder liegengebliebene Fahrzeuge nicht auf ausreichende Entfernung kenntlich macht, obwohl das zur Sicherung des Verkehrs erforderlich ist,

und dadurch Leib oder Leben eines anderen Menschen oder fremde Sachen von bedeutendem Wert gefährdet, wird mit Freiheitsstrafe bis zu fünf Jahren oder mit Geldstrafe bestraft

(2) In den Fällen des Absatzes 1 Nr. 1 ist der Versuch strafbar.

(3) Wer in den Fällen des Absatzes 1

1. die Gefahr fahrlässig verursacht *oder*
2. fahrlässig handelt und die Gefahr fahrlässig verursacht,

wird mit Freiheitsstrafe bis zu zwei Jahren oder mit Geldstrafe bestraft.

**Überblick:**

- ❍ ***Typ:*** Erfolgsdelikt - Gefährdungsdelikt, konkretes (s. auch § 316). Eigenhändiges Begehungsdelikt, vorsätzlich (Abs. 1 und 2), fahrlässig (Abs. 3 Nr. 2), Vorsatz-Fahrlässigkeitskombination (Abs. 3 Nr. 1). Es gibt also drei Aufbauvarianten.
- ❍ ***Versuch*** ist teilweise (für Abs. 1 Nr. 1) strafbar, Abs. 2.
- ❍ ***Schutzgut*** ist (hier zweifelhaft) die Sicherheit des öffentlichen Straßenverkehrs, bzw. die konkret gefährdeten Rechtsgüter (Tr[48], § 315c Rn. 2).

**Aufbau (§ 315c I Nr. 1 - Vorsatzdelikt):**

I. Tatbestand
   1. Objektiver Tatbestand:
      a. Tatobjekt - Fahrzeug;
      b. Tathandlung - führen im Straßenverkehr;
      c. Tatsituation - Täter ist nicht in der Lage, das Fahrzeug sicher zu führen, weil er
         aa. alkoholische Getränke oder andere berauschende Mittel genossen *oder*
         bb. geistige oder körperliche Mängel hat;
      d. Taterfolg - Gefährdung von
         aa. Leib oder Leben eines anderen *oder*
         bb. fremde Sachen von bedeutendem Wert;
      e. Kausalität zwischen der Gefahr und der unsicheren Fahrzeugführung.
   2. Subjektiver Tatbestand: Vorsatz, mindestens bedingter

II. Rechtswidrigkeit *und*

III. Schuld: keine Besonderheiten.

**Aufbau (§ 315c I Nr. 2 - Vorsatzdelikt):**

I. Tatbestand
   1. Objektiver Tatbestand:
      a. Tathandlung - Verstoß, grob verkehrswidrig und rücksichtslos gegen elementare Verkehrspflichten („7 Todsünden im Straßenverkehr").
         aa. Nichtbeachtung der Vorfahrt,
         bb. falsch überholen oder bei Überholvorgängen falsch fahren,
         cc. an Fußgängerüberwegen falsch fahren,
         dd. an unübersichtlichen Stellen, an Straßenkreuzungen, Straßeneinmündungen oder Bahnübergängen zu schnell fahren,
         ee. an unübersichtlichen Stellen nicht die rechte Seite der Fahrbahn einhalten,
         ff. auf Autobahnen oder Kraftfahrstraßen wenden, rückwärts oder entgegen der Fahrtrichtung fahren oder dies versuchen,

gg. haltende oder liegengebliebene Fahrzeuge nicht auf ausreichende Entfernung kenntlich machen, obwohl das zur Sicherung des Verkehrs erforderlich ist;
b. Taterfolg - Gefährdung von
aa. Leib oder Leben eines anderen *oder*
bb. fremde Sachen von bedeutendem Wert;
c. Kausalität zwischen der Gefahr und dem Verstoß,
aa. c.s.q.n. *und*
bb. Zurechnungszusammenhang.
2. Subjektiver Tatbestand: Vorsatz, mindestens bedingter.
II. Rechtswidrigkeit *und*
III. Schuld: keine Besonderheiten.

**Aufbau (§ 315c III Nr. 1, I Nr. 1 - Vorsatz-Fahrlässigkeits-Delikt):**

I. Tatbestand
1. Objektiver Tatbestand:
a. Tatobjekt - Fahrzeug;
b. Tathandlung - führen im Straßenverkehr;
c. Tatsituation - Täter ist nicht in der Lage, das Fahrzeug sicher zu führen, weil er
aa. alkoholische Getränke oder andere berauschende Mittel genossen *oder*
bb. geistige oder körperliche Mängel hat;
d. Taterfolg - Gefährdung von
aa. Leib oder Leben eines anderen *oder*
bb. fremde Sachen von bedeutendem Wert;
e. Kausalität zwischen der Gefahr und der unsicheren Fahrzeugführung, c.s.q.n.
f. Fahrlässigkeitsmerkmale -
aa. obj. Sorgfaltspflichtverletzung durch die unsichere Fahrzeugführung (indiziert),
bb. obj. Vorhersehbarkeit der Gefährdung,
cc. obj. Zurechnungszusammenhang,
dd. Schutzzweck der Sorgfaltspflicht.
2. Subjektiver Tatbestand:
a. Vorsatz, mindestens bedingter, bez. obj. TB (Objekte, Handlung).
b. Fahrlässigkeit bez. Erfolg: Eintritt der Gefährdung gesehen (bewußte F.) oder nicht gesehen (unbewußte F.).
II. Rechtswidrigkeit.
III. Schuld:
1. Vorsatzteil: Keine Besonderheiten.
2. Fahrlässigkeit bez. Erfolg:
a. Subj. Sorgfaltspflichtverletzung,
b. subj. Vorhersehbarkeit.

**Aufbau (§ 315c III Nr. 1, I Nr. 2 - Vorsatz-Fahrlässigkeits-Delikt):**

I. Tatbestand

1. Objektiver Tatbestand:
   a. Tathandlung - Verstoß, grob verkehrswidrig und rücksichtslos gegen elementare Verkehrspflichten („7 Todsünden im Straßenverkehr"):
      aa. Nichtbeachtung der Vorfahrt,
      bb. falsch überholen oder bei Überholvorgängen falsch fahren,
      cc. an Fußgängerüberwegen falsch fahren,
      dd. an unübersichtlichen Stellen, an Straßenkreuzungen, Straßeneinmündungen oder Bahnübergängen zu schnell fahren,
      ee. an unübersichtlichen Stellen nicht die rechte Seite der Fahrbahn einhalten,
      ff. auf Autobahnen oder Kraftfahrstraßen wenden, rückwärts oder entgegen der Fahrtrichtung fahren oder dies versuchen,
      gg. haltende oder liegengebliebene Fahrzeuge nicht auf ausreichende Entfernung kenntlich machen, obwohl das zur Sicherung des Verkehrs erforderlich ist;
   b. Taterfolg - Gefährdung von
      aa. Leib oder Leben eines anderen *oder*
      bb. fremde Sachen von bedeutendem Wert;
   c. Kausalität zwischen der Gefahr und dem Verstoß
      - c.s.q.n.
   d. Fahrlässigkeitsmerkmale -
      aa. obj. Sorgfaltspflichtverletzung durch Regelverstoß (indiziert),
      bb. obj. Vorhersehbarkeit der Gefährdung,
      cc. obj. Zurechnungszusammenhang,
      dd. Schutzzweck der Sorgfaltspflicht.
2. Subjektiver Tatbestand:
   a. Vorsatz, mindestens bedingter, bez. obj. TB (Handlung).
   b. Fahrlässigkeit bez. Erfolg: Eintritt der Gefährdung gesehen (bewußte F.) oder nicht gesehen (unbewußte F.).

II. Rechtswidrigkeit.

III. Schuld:
1. Vorsatzteil: Keine Besonderheiten.
2. Fahrlässigkeit bez. Erfolg:
   a. Subj. Sorgfaltspflichtverletzung,
   b. subj. Vorhersehbarkeit.

**Aufbau (§ 315c III Nr. 2, I Nr. 1 - Fahrlässigkeits-Fahrlässigkeits-Delikt):**

I. Tatbestand
1. Objektiver Tatbestand:
   a. Tatobjekt - Fahrzeug;
   b. Tathandlung - führen im Straßenverkehr;
   c. Tatsituation - Täter ist nicht in der Lage, das Fahrzeug sicher zu führen, weil er
      aa. alkoholische Getränke oder andere berauschende Mittel genossen *oder*
      bb. geistige oder körperliche Mängel hat;
   d. Taterfolg - Gefährdung von

aa. Leib oder Leben eines anderen *oder*
bb. fremde Sachen von bedeutendem Wert;
e. Kausalität zwischen der Gefahr und der unsicheren Fahrzeugführung, c.s.q.n.
f. Fahrlässigkeitsmerkmale -
aa. obj. Sorgfaltspflichtverletzung im Hinblick auf die Tathandlung (Fahrzeugführen),
bb. obj. Vorhersehbarkeit der Gefährdung,
cc. obj. Zurechnungszusammenhang zwischen der Pflichtverletzung und dem Erfolg,
dd. Schutzzweck der Sorgfaltspflicht.
2. Subjektiver Tatbestand: Eintritt der Gefährdung gesehen (bewußte F.) oder nicht gesehen (unbewußte F.).
II. Rechtswidrigkeit.
III. Schuld:
1. Subj. Sorgfaltspflichtverletzung,
2. subj. Vorhersehbarkeit.

**Aufbau (§ 315c II Nr. 2, I Nr. 2 - Fahrlässigkeits-Fahrlässigkeits-Delikt):**

I. Tatbestand
1. Objektiver Tatbestand:
a. Tathandlung - Verstoß, grob verkehrswidrig und rücksichtslos gegen elementare Verkehrspflichten („7 Todsünden im Straßenverkehr"):
aa. Nichtbeachtung der Vorfahrt,
bb. falsch überholen oder bei Überholvorgängen falsch fahren,
cc. an Fußgängerüberwegen falsch fahren,
dd. an unübersichtlichen Stellen, an Straßenkreuzungen, Straßeneinmündungen oder Bahnübergängen zu schnell fahren,
ee. an unübersichtlichen Stellen nicht die rechte Seite der Fahrbahn einhalten,
ff. auf Autobahnen oder Kraftfahrstraßen wenden, rückwärts oder entgegen der Fahrtrichtung fahren oder dies versuchen,
gg. haltende oder liegengebliebene Fahrzeuge nicht auf ausreichende Entfernung kenntlich machen, obwohl das zur Sicherung des Verkehrs erforderlich ist;
b. Taterfolg - Gefährdung von
aa. Leib oder Leben eines anderen *oder*
bb. fremde Sachen von bedeutendem Wert;
c. Kausalität zwischen der Gefahr und dem Verstoß,
- c.s.q.n.
d. Fahrlässigkeitsmerkmale -
aa. obj. Sorgfaltspflichtverletzung im Hinblick auf die Tathandlung (Fahrzeugführen, bzw. verantwortlich sein), spezieller Maßstab: grob pflichtwidrig,
bb. obj. Vorhersehbarkeit der Gefährdung,
cc. obj. Zurechnungszusammenhang zwischen der Pflichtverletzung und dem Erfolg,

dd. Schutzzweck der Sorgfaltspflicht.
2. Subjektiver Tatbestand: Eintritt der Gefährdung gesehen (bewußte F.) oder nicht gesehen (unbewußte F.).

II. Rechtswidrigkeit.

III. Schuld:
1. Subj. Sorgfaltspflichtverletzung, spezieller Maßstab: grob pflichtwidrig,
2. subj. Vorhersehbarkeit.

## Definitionen / Erläuterungen:

| | |
|---|---|
| **FAHRZEUGE** sind sämtliche im öffentlichen Verkehr vorkommenden Beförderungsmittel ohne Rücksicht auf die Antriebsart. | Tr[48], § 315c Rn. 2 i.V.m. § 315b Rn. 4 |
| **FAHRZEUGE** i.S. der Nr. 1 sind nicht nur Kfz, sondern Fahrzeuge jeder Art, die zur Beförderung von Personen oder Sachen dienen und am Verkehr auf der Straße teilnehmen. Nicht hierher gehören die besonderen Fortbewegungsmittel nach § 24 StVO, also etwa Rodelschlitten, Kinderwagen und Roller. | S/S[25], § 315c Rn. 5 |
| **FAHRZEUGE.** Anders als in § 69 I wird also nicht nur das Kraftfahrzeug, sondern z.B. auch das Fahrrad erfaßt. | La[22], § 315c Rn. 2 |
| **FÜHREN**. Der Begriff des Führens eines Fahrzeuges (§ 21 StVG) ist enger als die Teilnahme am Verkehr. Zum Führen ist es erforderlich, daß jemand das Fahrzeug in Bewegung setzt oder es unter Handhabung seiner technischen Vorrichtungen während der Fahrbewegung lenkt. | Tr[48], § 315c Rn. 3 |
| Das **FÜHREN** eines Fahrzeugs erfaßt nur Bewegungsvorgänge im Verkehr. | S/S[25], § 315c Rn. 6 |
| Um **FÜHRER** eines Kraftfahrzeugs sein zu können, muß jemand das Fahrzeug unter bestimmungsgemäßer Anwendung seiner Antriebskräfte unter eigener Allein- oder Mitverantwortung in Bewegung setzen oder das Fahrzeug unter Handhabung seiner technischen Vorrichtung während der fahrtbewegung durch den öffentlichen Verkehrsraum ganz oder wenigstens zum Teil lenken. | S/S[25], § 315c Rn. 6 i V.m. § 316 Rn. 20 |
| **FÜHREN** erfordert, daß jemand das Fahrzeug unmittelbar in Bewegung setzt oder hält, dabei dessen Antriebskräfte bestimmungsmäßig anwendet und dessen Fortbewegung unter Handhabung der jeweiligen technischen Vorrichtungen ganz oder teilweise leitet. | La[22], § 315c Rn. 3 |
| **SICHERHEIT DES STRAßENVERKEHRS** ist die des öffentlichen Verkehrs, d.h. des Verkehrs von Fahrzeugen, Radfahrern und Fußgängern auf allen Wegen, Plätzen, Durchgängen und Brükken, die jedermann, oder wenigstens allgemein bestimmten | Tr[48], § 315c Rn. 2 i.V.m. § 315b Rn. 2 |

Gruppen von Benutzern, wenn auch nur vorübergehend oder gegen Gebühr zur Verfügung stehen.

**SICHERHEIT DES STRAßENVERKEHRS**. Straßenverkehr ist nur der öffentliche Verkehr, d.h. der auf Wegen (einschließlich Plätzen), die jedermann oder allgemein bestimmten Gruppen von Verkehrsteilnehmern dauernd oder vorübergehend zur Benutzung offen stehen.

La[22], § 315c Rn. 2

---

**BERAUSCHENDE MITTEL** sind solche, die in ihren Auswirkungen denen des Alkohols vergleichbar sind, also alle Drogen i.w.S., d.h. außer alkoholischen Getränken vor allem Betäubungsmittel i.S. des BtMG, Kokain, Morphium, Opium, Lysergid, Amphetamin, aber auch schmerzstillende Arzneimittel, die als Ersatzdroge ohne therapeutische Zielsetzung eingenommen werden.

Tr[48], § 315c Rn. 3b
i.V.m. § 316 Rn. 4
i.V.m. § 64 Rn. 3a

Unter **BERAUSCHENDEN MITTELN** sind alle Stoffe zu verstehen, die das Hemmungsvermögen sowie die intellektuelle und motorischen Fähigkeiten beeinträchtigen und die damit in ihren Auswirkungen denen des Alkohols vergleichbar sind.

S/S[25], § 315c Rn. 10
i.V.m. § 316 Rn. 5

Andere **BERAUSCHENDE MITTEL** sind zur Herbeiführung von Enthemmung oder zur Beseitigung von Unlustgefühlen geeignete Stoffe oder Zubereitungen, und zwar im wesentlichen die in den Anlagen I-III zu § 1 I BtMG aufgeführten, namentlich Opium, Morphium, Heroin und Kokain.

La[22], § 315c Rn. 5

---

**GENOSSEN**. Auch durch Verabreichung von Spritzen möglich.

Tr[48], § 315c Rn. 3b
i.V.m. § 316 Rn. 4
i.V.m. § 323a Rn. 3

**GENUß** ist weit auszulegen; er erfordert weder Einnehmen durch den Mund noch subjektives Bezwecken der Rauschwirkung oder einer anderen lustbetonten Empfindung.

La[22], § 315c Rn. 5

---

**GEISTIGE ODER KÖRPERLICHE MÄNGEL** bedeutet auch die Übermüdung wegen Überschreitung der Lenk- und Ruhezeiten.

Tr[48], § 315c Rn. 3b

Auch beim Führen eines Kraftfahrzeuges trotz **GEISTIGER ODER KÖRPERLICHER MÄNGEL** ist Voraussetzung, daß der Täter sich infolge der Mängel nicht sicher im Verkehr bewegen kann. Worauf der Mangel beruht und ob er chronischer oder vorübergehender Natur ist, ist bedeutungslos. In Betracht kommen geistige Erkrankungen, Epilepsie, hohes Alter, Kurzsichtigkeit, ferner die Beeinträchtigung durch einen gerade überstandenen Herzinfarkt. Aber auch eine extreme Übermüdung gehört hierher.

S/S[25], § 315c Rn. 11

Als **GEISTIGE ODER KÖRPERLICHE MÄNGEL** kommen auch Übermüdung, Wirkung von Medikamenten oder labile Zustände während der Rekonvaleszenz in Frage.

La[22], § 315c Rn. 12

| | |
|---|---|
| **Nicht in der Lage sein** bedeutet, nicht fähig sein (= Fahruntüchtigkeit), das Fahrzeug richtig zu führen. | Tr[48], § 315a Rn. 6 |
| **Grob verkehrswidrig** ist ein besonders schwerer Verstoß gegen ein Verkehrsvorschrift. | Tr[48], § 315c Rn. 13 |
| Die **grobe Verkehrswidrigkeit** bezeichnet die objektiv besonders verkehrsgefährdende Bedeutung des Verhaltens. | S/S[25], § 315c Rn. 28 |
| **Grob verkehrswidrig** handelt, wer objektiv besonders schwer gegen eine Verkehrsvorschrift verstößt. | La[22], § 315c Rn. 19 |
| **Rücksichtslos** handelt, wer sich aus eigensüchtigen Gründen über seine Pflichten gegenüber anderen Verkehrsteilnehmern hinwegsetzt oder aus Gleichgültigkeit von vornherein Bedenken gegen sein Verhalten nicht aufkommen läßt und unbekümmert drauflosfährt. | Tr[48], § 315c Rn. 14 |
| Das Merkmal der **Rücksichtslosigkeit** bezeichnet die gesteigerte subjektive Vorwerfbarkeit. | S/S[25], § 315c Rn. 30 |
| **Rücksichtslos** handelt, wer sich aus eigensüchtigen Gründen über die ihm bewußte Pflicht zur Vermeidung unnötiger Gefährdung anderer (§ 1 StVO) hinwegsetzt oder aus Gleichgültigkeit Bedenken gegen sein Verhalten von vornherein nicht aufkommen läßt. | La[22], § 315c Rn. 19 |
| Zu den **Vorfahrtfällen** zählt jede Verkehrssituation, in der sich die Fahrlinien zweier Fahrzeuge kreuzen oder so stark annähern, daß ein reibungsloser Verkehrsablauf nicht gewährleistet ist. | S/S[25], § 315c Rn. 16 |
| **Nichtbeachten der Vorfahrt** ist nicht nur an Kreuzungen und Einmündungen, sondern stets möglich, wenn sich die Fahrtrichtungen zweier Fahrzeuge schneiden oder so stark nähern, daß ein reibungsloser Verkehrsablauf nur dann gewährleistet ist, daß ein Fahrzeug nach ausdrucklicher Verkehrsregelung den Vorrang hat. | La[22], § 315c Rn. 13 |
| **Überholen** ist ein zielgerichteter Vorgang, bei dem ein Fahrzeug sich vor ein anderes, das in gleicher Richtung fährt, zu setzen beabsichtigt. | S/S[25], § 315c Rn. 17 |
| **Überholen** ist der gesamte Vorgang des Vorbeifahrens von hinten an einem Verkehrsteilnehmer, der sich auf derselben Fahrbahn in derselben Richtung bewegt oder nur mit Rücksicht auf die Verkehrslage anhält. | La[22], § 315c Rn. 14 |
| **Zu schnelles Fahren.** Wann eine Geschwindigkeit zu hoch ist, läßt sich nur aufgrund der konkreten Verhältnisse des einzelfalls entscheiden. | S/S[25], § 315c Rn. 22 |

| | |
|---|---|
| **UNÜBERSICHTLICH** ist eine Stelle nicht nur dann, wenn die Straßenverhältnisse keinen hinreichenden Überblick über den Straßenverlauf gewähren, sondern auch dann, wenn vorübergehende Umstände wie Nebel, Dunkelheit usw. ein Überblicken der Straße erschweren. | S/S[25], § 315c Rn. 22 |
| Die **UNÜBERSICHTLICHKEIT** kann sich nicht nur aus der Beschaffenheit der Örtlichkeit ergeben, sondern ua auch durch parkende Fahrzeuge. | La[22], § 315c Rn. 16 |
| **HALTEN** bedeutet ein nicht nur ganz kurzes Halten. | Tr[48], § 315c Rn. 11 |
| **LIEGENGEBLIEBENE FAHRZEUGE** sind solche, die sich infolge von Motorschäden, Unfällen, Glatteis etc. nicht mehr fortbewegen können. | Tr[48], § 315c Rn. 11 |
| **AUSREICHENDE ENTFERNUNG** ist eine Entfernung, die es anderen Fahrzeugen ermöglicht, sich rechtzeitig einzurichten (vgl. §§ 15, 17 StVO). | Tr[48], § 315c Rn 11 |
| **KENNTLICH MACHEN**. Vgl. §§ 15, 17 StVO. | Tr[48], § 315c Rn 11 |
| **ERFORDERLICHKEIT** bestimmt sich nach den örtlichen Umständen und dem zu erwartenden Verkehr. | Tr[48], § 315c Rn. 11 |
| **GEFÄHRDUNG** meint eine konkrete Gefahr. Gefahr ist ein durch eine beliebige Ursache eingetretener ungewöhnlicher Zustand, in welchem nach den konkreten Umständen der Eintritt eines Schadens wahrscheinlich ist. | Tr[48], § 34 Rn. 3 |
| **KONKRETE GEFAHR FÜR LEIB ODER LEBEN**. Bei der Lebens- oder Leibesgefahr genügt die Gefährdung eines Menschen, jedoch ist die Gefahr unerheblicher Körperschäden (Prellungen) auszuschließen. | S/S[25], § 315c Rn. 33 i.V.m. vor § 306 Rn. 13 |
| **GEFAHR FÜR LEIB ODER LEBEN** liegt vor, wenn als Schaden der Eintritt des Todes oder einer nicht unerheblichen Verletzung der körperlichen Unversehrtheit vorübergehender oder dauernder Art naheliegt. | La[22], § 315c Rn. 23 |
| ***BEACHTE:*** „Ein anderer" ist nicht der Täter bzw. Mittäter, str. ist es bei Teilnahmern, vgl S/S[25], Vorbem. §§ 306ff. Rn. 12 | Verf. |
| **FREMD** ist eine Sache, die nach bürgerlichem Recht einem anderen gehört. | Tr[48], § 242 Rn. 4 |
| **SACHE** ist jeder körperliche Gegenstand. | Tr[48], § 242 Rn. 2 |
| **SACHEN** von bedeutendem Wert. Der bedeutende Wert ist nach dem Umfang des drohenden Schadens, und zwar nach dem Verkehrswert der gefährdeten Sache und nicht nach dem Wiederherstellungsaufwand zu bestimmen, und nicht nach deren | Tr[48], § 315c Rn. 15 i.V.m. § 315 Rn. 14 |

Funktionswert. Das Ausmaß der Gefährdung braucht sich mit dem eingetretenen Schaden nicht zu decken, dieser kann hinter der Gefährdung erheblich zurückbleiben. Es genügt nicht, daß eine Sache von bedeutendem Wert in unbedeutendem Umfang gefährdet wird, vielmehr muß der bei dem konkreten Verkehrsvorgang drohende Schaden bedeutend sein. Die Mindestgrenze für einen bedeutenden Sachwert wird inzwischen bei etwa 1200 DM angesichts der Teuerung u.U. auch höher liegen.

**VON BEDEUTENDEM WERT**. Maßgeblich ist der wirtschaftliche (finanzielle) Wert, nicht die funktionale Bedeutung der Sache für den einzelnen oder die Allgemeinheit. — S/S[25], § 315c Rn. 33 i.V.m. vor § 306 Rn. 15

Der **BEDEUTENDE WERT** einer fremden Sache hängt allein von ihrem Verkehrswert, nicht von ihrer funktionellen Bedeutung ab. — La[22], § 315c Rn. 24

---

***BEACHTE:*** Gefährdungsobjekt kann nach hM nicht das Fahrzeug selbst sein, vgl. S/S[25], Vorbem. §§ 306ff. Rn. 11. — Verf.

---

***BEACHTE FÜR TEILNAHMEHANDLUNGEN BEI VORSATZ-FAHRLÄSSIGKEITSKOMBINATION:*** Für Teilnahme braucht man eine vorsätzliche rechtswidrige Haupttat. Bei der Vorsatz-Fahrlässigkeits-Kombination hilft § 11 II StGB. — Verf.

Wichtig ist dabei aber, daß der Teilnehmer dann **selbst** fahrlässig gehandelt hat. Begründet wird das sehr unterschiedlich, entweder mit dem Rechtsgedanken des § 18 oder mit § 29, vgl. S/S[25], § 11 Rn. 75.

## Konkurrenzen:

§ 315c I Nr. 1 verdrängt § 316. § 315c I Nr. 2 steht in Idealkonkurrenz mit § 316. § 315c steht in Idealkonkurrenz mit §§ 142, 177, 178, 239, 211ff, 223ff, 315b.

# § 315d. Schienenbahnen im Straßenverkehrs.

## Gesetzestext:

Soweit Schienenbahnen am Straßenverkehr teilnehmen, sind nur die Vorschriften zum Schutz des Straßenverkehrs (§§ 315b und 315c) anzuwenden.

## Überblick:

- ***Typ:*** Anwendbarkeitsvorschrift, sachliche (s. auch: zeitlich, §§ 1, 2, örtlich, §§ 3-7, persönlich, § 10).

## § 316. Trunkenheit im Verkehr.

### Gesetzestext:

(1) Wer im Verkehr (§§ 315 bis 315d) ein Fahrzeug führt, obwohl er infolge des Genusses alkoholischer Getränke oder anderer berauschender Mittel nicht in der Lage ist, das Fahrzeug sicher zu führen, wird mit Freiheitsstrafe bis zu einem Jahr oder mit Geldstrafe bestraft, wenn die Tat nicht in § 315a oder § 315c mit Strafe bedroht ist.

(2) Nach Absatz 1 wird auch bestraft, wer die Tat fahrlässig begeht.

### Überblick:

- ***Typ:*** Gefährdungsdelikt, abstraktes (s. auch § 315c). Eigenhändiges Delikt - Dauerdelikt - Begehungsdelikt, vorsätzlich (Abs. 1) und fahrlässig (Abs. 2). Es gibt also zwei Aufbauvarianten.
- ***Versuch*** ist nicht strafbar (Vergehen!).
- Abs. 1 a.E. enthält einen gesetzlich geregelten Fall von ***Subsidiarität*** (Nachrangigkeit). Daraus folgt, daß immer erst §§ 315a und/oder 315c zu prüfen sind.
- ***Schutzgut*** ist die Sicherheit des Verkehrs (Tr[48], § 316 Rn. 2).

### Aufbau (§ 316 I - Vorsatzdelikt):

I. Tatbestand
   1. Objektiver Tatbestand:
      a. Tatobjekt - Fahrzeug;
      b. Tathandlung - führen im Verkehr;
      c. Tatsituation - Täter ist nicht in der Lage, das Fahrzeug sicher zu führen, weil er
         aa. alkoholische Getränke oder andere berauschende Mittel genossen *oder*
         bb. geistige oder körperliche Mängel hat;
      (d.Taterfolg entfällt: abstrakte Gefährdung genügt.)
   2. Subjektiver Tatbestand: Vorsatz, mindestens bedingter.
II. Rechtswidrigkeit *und*
III. Schuld: keine Besonderheiten.

### Aufbau (§ 316 II, I - Fahrlässigkeitsdelikt):

I. Tatbestand
   1. Objektiver Tatbestand:
      a. Tatobjekt - Fahrzeug;
      b. Tathandlung - führen im Verkehr;
      c. Tatsituation - Täter ist nicht in der Lage, das Fahrzeug sicher zu führen, weil er
         aa. alkoholische Getränke oder andere berauschende Mittel genossen *oder*

bb. geistige oder körperliche Mängel hat;
(d.Taterfolg entfällt: abstrakte Gefährdung genügt.)
d. Fahrlässigkeitsmerkmale -
- obj. Sorgfaltspflichtverletzung im Hinblick auf die Tathandlung (Fahrzeugführen).

2. Subjektiver Tatbestand: Sorgfaltspflichtverletzung gesehen (bewußte F.) oder nicht gesehen (unbewußte F.).

II. Rechtswidrigkeit.

III. Schuld:
- Subj. Sorgfaltspflichtverletzung.

## Definitionen / Erläuterungen:

| | |
|---|---|
| **FAHRZEUGE** sind sämtliche im öffentlichen Verkehr vorkommenden Beförderungsmittel ohne Rücksicht auf die Antriebsart. | Tr[48], § 315b Rn. 4 |
| **FÜHREN**. Der Begriff des Führens eines Fahrzeugs ist enger als die Teilnahme am Verkehr. Zum Führen ist erforderlich, daß jemand das Fahrzeug in Bewegung setzt oder es unter Handhabung seiner technischen Vorrichtungen während der Fahrbewegung lenkt. Vgl. auch § 21 StVG. | Tr[48], § 316 Rn. 4 i.V.m. § 315c Rn. 3 |
| Das **FÜHREN** eines Fahrzeugs erfaßt nur Bewegungsvorgänge im Verkehr. Um Führer eines Fahrzeuges sein zu können, muß jemand das Fahrzeug unter bestimmungsgemäßer Anwendung seiner Antriebskräfte unter eigener Allein- oder Mitverantwortung in Bewegung setzen oder das Fahrzeug unter Handhabung seiner technischen Vorrichtung während der Fahrtbewegung durch den öffentlichen Verkehrsraum ganz oder wenigstens zum Teil lenken. Dabei spielt es allerdings keine Rolle, ob das Fahrzeug sich mit Motorkraft oder auf einer Gefällstrecke infolge seiner Schwerkraft bewegt. Erforderlich ist allein ein Bewegungsvorgang des Abfahrens, der durch das Anrollen der Räder nach außen in Erscheinung tritt. | S/S[25], § 316 Rn. 20 |
| **FÜHREN** erfordert, daß jemand das Fahrzeug unmittelbar in Bewegung setzt oder hält, dabei dessen Antriebskräfte bestimmungsmäßig anwendet und dessen Fortbewegung unter Handhabung der jeweiligen technischen Vorrichtungen ganz oder teilweise leitet. | La[22], § 316 Rn. 3 i.V.m. § 315c Rn. 3 |
| **FAHRUNSICHERHEIT** liegt vor, wenn die Gesamtleistungsfähigkeit des Fahrers infolge Enthemmung sowie geistig-seelischer und körperlicher Leistungsausfälle so weit herabgesetzt ist, daß er nicht mehr fähig ist, sein Fahrzeug im Straßenverkehr eine längere Strecke, und zwar auch bei plötzlichem Auftreten schwieriger Verkehrslagen, sicher zu steuern. | S/S[25], § 316 Rn. 4 |

| | |
|---|---|
| **BERAUSCHENDE MITTEL** sind solche, die in ihren Auswirkungen denen des Alkohols vergleichbar sind, also alle Drogen i.w.S., d.h. außer alkoholischen Getränken vor allem Betäubungsmittel i.S. des BtMG, Kokain, Morphium, Opium, Lysergid, Amphetamin, aber auch schmerzstillende Arzneimittel, die als Ersatzdroge ohne therapeutische Zielsetzung eingenommen werden. | Tr[48], § 316 Rn. 4 i.V.m. § 64 Rn. 3a |
| Unter **BERAUSCHENDEN MITTELN** sind alle Stoffe zu verstehen, die das Hemmungsvermögen sowie die intellektuelle und motorischen Fähigkeiten beeinträchtigen und die damit in ihren Auswirkungen denen des Alkohols vergleichbar sind. | S/S[25], § 316 Rn. 5 |
| Andere **BERAUSCHENDE MITTEL** sind zur Herbeiführung von Enthemmung oder zur Beseitigung von Unlustgefühlen geeignete Stoffe oder Zubereitungen, und zwar im wesentlichen die in den Anlagen I-III zu § 1 I BtMG aufgeführten, namentlich Opium, Morphium, Heroin und Kokain. | La[22], § 316 Rn. 3 i.V.m. § 315c Rn. 5 |
| **GENOSSEN**. Auch durch Verabreichung von Spritzen möglich. | Tr[48], § 316 Rn. 4 i.V.m. § 323a Rn. 3 |
| **GENUß** ist weit auszulegen; er erfordert weder Einnehmen durch den Mund noch subjektives Bezwecken der Rauschwirkung oder einer anderen lustbetonten Empfindung. | La[22], § 316 Rn. 3 i.V.m. § 315c Rn. 5 |

### Konkurrenzen:

§ 316 steht in Idealkonkurrenz mit §§ 113, 142, 211ff, 223ff, 237, 315, 315a I Nr. 2, 315c I Nr. 2, 323c.

## § 316a. Räuberischer Angriff auf Kraftfahrer.

### Gesetzestext:

(1) Wer zur Begehung eines Raubes (§ 249 oder 250), eines räuberischen Diebstahls (§ 252) oder einer räuberischen Erpressung (§ 255) einen Angriff auf Leib oder Leben oder die Entschlußfreiheit des Führers eines Kraftfahrzeugs oder eines Mitfahrers verübt und dabei die besonderen Verhältnisse des Straßenverkehrs ausnutzt, wird mit Freiheitsstrafe nicht unter fünf Jahren bestraft.

(2) In minder schweren Fällen ist die Strafe Freiheitsstrafe von einem Jahr bis zu zehn Jahren.

(3) Verursacht der Täter durch die Tat wenigstens leichtfertig den Tod eines anderen Menschen, so ist die Strafe lebenslange Freiheitsstrafe oder Freiheitsstrafe nicht unter zehn Jahren.

## Überblick:

- ❍ ***Typ:*** vorsätzliches Begehungsdelikt.
- ❍ ***Versuch*** ist strafbar (Verbrechen).
- ❍ ***Eigenständiges Delikt***, das bestimmte Fälle von Raub, räuberischem Diebstahl und räuberischer Erpressung erfaßt.
- ❍ (Unbenannter besonders schwerer Fall in Abs. 2 - klausurmäßig bedeutungslos.)
- ❍ Abs. 3 enthält eine ***Erfolgsqualifikation*** (§ 18) in spezieller Ausprägung („wenigstens leichtfertig") – wie § 251. Prüfung immer mit dem Grunddelikt (Obersatz: §§ 316a I, III) und zwar entweder hinter subjektivem Tatbestand oder hinter Schuld des Grunddeliktes.
- ❍ ***Schutzgut*** ist die Zuverlässigkeit und Funktionsfähigkeit des Straßenverkehrs und das Vertrauen der Bevölkerung in dessen Sicherheit (Tr[48], § 316a Rn. 1).
- ❍ Wichtige Änderung durch das 6. StrRG (zum 1.4.1998): Aus dem früheren Unternehmensdelikt (§ 11 Nr 6) wurde ein ganz „normales" Begehungsdelikt (Angriff „verübt"). Der frühere Abs. 2 (tätige Reue) wurde damit entbehrlich, denn jetzt gilt ja der normale § 24.

## Aufbau (Abs. 1):

I. Tatbestand
  1. Objektiver Tatbestand:
    a. Tatobjekt -
      aa. Führer eines Kraftfahrzeuges *oder*
      bb. Mitfahrer;
    b. Tathandlung – Verüben eines Angriffes auf
      aa. Leib *oder*
      bb. Leben *oder*
      cc. Entschlußfreiheit;
    c. Tatsituation - unter Ausnutzung der besonderen Verhältnisse des Straßenverkehrs.
  2. Subjektiver Tatbestand:
    a. Vorsatz, mindestens bedingter, bez. obj. TB,
    b. zusätzlich: Absicht zur Begehung
      aa. eines Raubes (§§ 249 oder 250) *oder*
      bb. eines räuberischen Diebstahles (§ 252) *oder*
      cc. einer räuberischen Erpressung (§ 255)
      (= jeweils voller subjektiver Tatbestand von §§ 249, 250, 252, 255).
II. Rechtswidrigkeit *und*
III. Schuld: keine Besonderheiten.

## Aufbau (Abs. 3):

I. Tatbestand
  1. Objektiver Tatbestand:
    a. schwere Folge (der Tod eines anderen Menschen),
    b. Verbindung zur Tathandlung (Angriff) des Grundtatbestandes (Abs. 1),

c. Fahrlässigkeitsmerkmale (§ 18)
   aa. obj. Sorgfaltspflichtverletzung im Hinblick auf die schwere Folge (ist durch den Angriff indiziert): wenigstens leichtfertig,
   bb. obj. Vorhersehbarkeit,
   cc. obj. Zurechnungszusammenhang,
   dd. Schutzzweck der Sorgfaltspflicht (schwere Folge muß Realisierung der Angriffsgefahr sein).

2. Subjektiver Tatbestand: Eintritt der Folge gesehen (bewußte F.) oder nicht gesehen (unbewußte F.).

II. Rechtswidrigkeit.

III. Schuld:
1. Subj. Sorgfaltspflichtverletzung: wenigstens leichtfertig,
2. subj. Vorhersehbarkeit.

## Definitionen / Erläuterungen:

| | |
|---|---|
| **FÜHRER** ist, wer das Fahrzeug unter Verwendung von Antriebskräften unter eigener Verantwortlichkeit in Bewegung setzt und lenkt; der Führer braucht sich nicht immer im Fahrzeug selbst zu befinden; ein Schiffsführer kann das Ruder durch einen Rudergänger führen lassen. Ein Fahrzeug kann gleichzeitig mehrere Führer haben. | Tr[48], § 316a Rn. 2 i.V.m. § 315a Rn. 4 |
| Der **FÜHRER** eines Kraftfahrzeugs muß sich z.Z. der Tat nicht im Fahrzeug befunden haben, ebensowenig der Täter außerhalb desselben. | S/S[25], § 316a Rn. 5 |
| **MITFAHRER** sind u.a. der Beifahrer, der Fahrgast und auch der zur Mitfahrt Genötigte. | La[22], § 316a Rn. 2 |
| **KRAFTFAHRZEUGE**. Vgl. zu diesem Begriff § 248b Abs. 4. Es sind alle durch Maschinenkraft bewegten Fahrzeuge, also auch Wassermotorboote und Flugzeuge. Ausgenommen sind Fahrzeuge, die wie z.B. Anhänger, von der Maschinenkraft anderer Fahrzeuge abhängig sind. | Tr[48], § 248b Rn. 1 |
| **ANGRIFF AUF LEIB ODER LEBEN** bedeutet eine unmittelbar auf den Körper zielende feindselige Einwirkung, ohne daß es zur Körperberührung zu kommen braucht. | Tr[48], § 316a Rn. 2 i.V.m. § 102 Rn. 5 |
| **ANGRIFF** ist jede feindselige Handlung. | S/S[25], § 316a Rn. 3 |
| Der Angriff **AUF LEIB ODER LEBEN** setzt eine unmittelbar auf den Körper zielende Einwirkung voraus, bei der die Gefahr einer nicht ganz unerheblichen Verletzung besteht. | S/S[25], § 316a Rn. 4 |
| Angriff **AUF LEIB ODER LEBEN** ist eine feindselige, unmittelbar auf den Körper zielende Einwirkung, bei der die Gefahr einer nicht ganz unerheblichen Verletzung besteht. | La[22], § 316a Rn. 2 i.V.m. § 102 Rn. 2 |
| Der Angriff **AUF LEIB, LEBEN ODER ENTSCHLUßFREIHEIT** | La[22], § 316a Rn. 2 |

| | |
|---|---|
| braucht nur mittelbar gegen den Führer oder Mitfahrer, unmittelbar kann er auch gegen das Fahrzeug gerichtet sein. | |
| **ENTSCHLUßFREIHEIT**. Für den Angriff auf die Entschlußfreiheit genügt jede Form der Nötigung, die nicht mittels Gewalt gegen Leib oder Leben begangen wird. | Tr[48], § 316a Rn. 2 |
| Der Angriff auf die **ENTSCHLUßFREIHEIT** umfaßt sämtliche Formen der Nötigung, soweit diese nicht mittels Gewalt gegen Leib oder Leben begangen wird. | S/S[25], § 316a Rn. 4 |
| Der Angriff auf die **ENTSCHLUßFREIHEIT** kann durch Gewalt (auch gegen Sachen) oder Drohung erfolgen, aber auch durch List (hM). | La[22], § 316a Rn. 2 |
| **VERÜBEN.** Dadurch wird die im in § 316a a.F. enthaltene Gleichstellung von Versuch und Vollendung (§ 11 Abs. 1 Nr. 6) aufgegeben. | Verf. (BTDr.) |
| **AUSNUTZUNG DER BESONDEREN VERHÄLTNISSE** ist die Ausnutzung einer sich aus dem fließenden Straßenverkehr ergebenden, ihm eigentümlichen Gefahrenlage für den Kraftfahrzeugverkehrsteilnehmer. | Tr[48], § 316a Rn. 3 |
| **AUSNUTZUNG DER BESONDEREN VERHÄLTNISSE** bedeutet, daß die Tat in naher Beziehung zur Benutzung des Fahrzeugs als Verkehrsmittel stehen muß und die typischen Situationen und Gefahren des Verkehrs mit Kfz in den Dienst des Täterplans stellt. | S/S[25], § 316a Rn. 6 |
| **BESONDERE VERHÄLTNISSE** des Straßenverkehrs sind die aus der Teilnahme am fließenden Verkehr erwachsenden und ihm eigentümlichen Gefahren, die sich vor allem für den Fahrer aus der Beanspruchung durch die Lenkung und für alle Insassen aus der Erschwerung der Flucht oder Gegenwehr, daneben aber auch aus der Isolierung und Unerreichbarkeit fremder Hilfe ergeben (h.M.). | La[22], § 316a Rn. 3 |
| **AUSNUTZUNG** soll nach Rspr. und überwiegender Lehre nicht nur während der fahrt oder im verkehrsbedingt vorübergehend haltenden Fahrzeug, sondern auch außerhalb des Fahrzeugs uU sogar nach Erreichen des Fahrziels möglich sein. | La[22], § 316a Rn. 3 |

## Konkurrenzen:

§ 316a verdrängt den Versuch von §§ 249, 252, 255 im Wege der Gesetzeskonkurrenz. § 316a steht in Idealkonkurrenz mit §§ 177, 211, 212, 224, 249, 250, 252, 255, 315, 315b.

## § 316b. Störung öffentlicher Betriebe (nicht bearbeitet).

(1) Wer den Betrieb

1. einer Eisenbahn, der Post oder dem öffentlichen Verkehr dienender Unternehmen oder Anlagen,
2. einer der öffentlichen Versorgung mit Wasser, Licht, Wärme oder Kraft dienenden Anlage oder eines für die Versorgung der Bevölkerung lebenswichtigen Unternehmens *oder*
3. einer der öffentlichen Ordnung oder Sicherheit dienenden Einrichtung oder Anlage

dadurch verhindert oder stört, daß er eine dem Betrieb dienende Sache zerstört, beschädigt, beseitigt, verändert oder unbrauchbar macht oder die für den Betrieb bestimmte elektrische Kraft entzieht, wird mit Freiheitsstrafe bis zu fünf Jahren oder mit Geldstrafe bestraft.

(2) Der Versuch ist strafbar.

(3) In besonders schweren Fällen ist die Strafe Freiheitsstrafe von sechs Monaten bis zu zehn Jahren. Ein besonders schwerer Fall liegt in der Regel vor, wenn der Täter durch die Tat die Versorgung der Bevölkerung mit lebenswichtigen Gütern, insbesondere mit Wasser, Licht, Wärme oder Kraft, beeinträchtigt.

## § 316c. Angriffe auf den Luft- und Seeverkehr (nicht bearbeitet).

(1) Mit Freiheitsstrafe nicht unter fünf Jahren wird bestraft, wer

1. Gewalt anwendet oder die Entschlußfreiheit einer Person angreift oder sonstige Machenschaften vornimmt, um dadurch die Herrschaft über
   a) ein im zivilen Luftverkehr eingesetztes und im Flug befindliches Luftfahrzeug *oder*
   b) ein im zivilen Seeverkehr eingesetztes Schiff

   zu erlangen oder auf dessen Führung einzuwirken, *oder*
2. um ein solches Luftfahrzeug oder Schiff oder dessen an Bord befindliche Ladung zu zerstören oder zu beschädigen, Schußwaffen gebraucht oder es unternimmt, eine Explosion oder einen Brand herbeizuführen.

Einem im Flug befindlichen Luftfahrzeug steht ein Luftfahrzeug gleich, das von Mitgliedern der Besatzung oder von Fluggästen bereits betreten ist oder dessen Beladung bereits begonnen hat oder das von Mitgliedern der Besatzung oder von Fluggästen noch nicht planmäßig verlassen ist oder dessen planmäßige Entladung noch nicht abgeschlossen ist.

(2) In minder schweren Fällen ist die Strafe Freiheitsstrafe von einem Jahr bis zu zehn Jahren.

(3) Verursacht der Täter durch die Tat wenigstens leichtfertig den Tod eines anderen Menschen, so ist die Strafe lebenslange Freiheitsstrafe oder Freiheitsstrafe nicht unter zehn Jahren.

(4) Wer zur Vorbereitung einer Straftat nach Absatz 1 Schußwaffen, Sprengstoffe oder sonst zur Herbeiführung einer Explosion oder eines Brandes bestimmte Stoffe oder Vorrichtungen herstellt, sich oder einem anderen verschafft, verwahrt oder einem anderen überläßt, wird mit Freiheitsstrafe von sechs Monaten bis zu fünf Jahren bestraft.

## § 317. Störung von Fernmeldeanlagen (nicht bearbeitet).

(1) Wer den Betrieb einer öffentlichen Zwecken dienenden Fernmeldeanlage dadurch verhindert oder gefährdet, daß er eine dem Betrieb dienende Sache zerstört, beschädigt, beseitigt, verändert oder unbrauchbar macht oder die für den Betrieb bestimmte elektrische Kraft entzieht, wird mit Freiheitsstrafe bis zu fünf Jahren oder mit Geldstrafe bestraft.

(2) Der Versuch ist strafbar.

(3) Wer die Tat fahrlässig begeht, wird mit Freiheitsstrafe bis zu einem Jahr oder mit Geldstrafe bestraft.

## § 318. Beschädigung wichtiger Anlagen (nicht bearbeitet).

(1) Wer Wasserleitungen, Schleusen, Wehre, Deiche, Dämme oder andere Wasserbauten oder Brücken, Fähren, Wege oder Schutzwehre oder dem Bergwerksbetrieb dienende Vorrichtungen zur Wasserhaltung, zur Wetterführung oder zum Ein- und Ausfahren der Beschäftigten beschädigt oder zerstört und dadurch Leib oder Leben eines anderen Menschen gefährdet, wird mit Freiheitsstrafe von drei Monaten bis zu fünf Jahren bestraft.

(2) Der Versuch ist strafbar.

(3) Verursacht der Täter durch die Tat eine schwere Gesundheitsschädigung eines anderen Menschen oder eine Gesundheitsschädigung einer großen Zahl von Menschen, so ist auf Freiheitsstrafe von einem Jahr bis zu zehn Jahren zu erkennen.

(4) Verursacht der Täter durch die Tat den Tod eines anderen Menschen, so ist die Strafe Freiheitsstrafe nicht unter drei Jahren.

(5) In minder schweren Fällen des Absatzes 3 ist auf Freiheitsstrafe von sechs Monaten bis zu fünf Jahren, in minder schweren Fällen des Absatzes 4 auf Freiheitsstrafe von einem Jahr bis zu zehn Jahren zu erkennen.

(6) Wer in den Fällen des Absatzes 1

1. die Gefahr fahrlässig verursacht *oder*
2. fahrlässig handelt und die Gefahr fahrlässig verursacht,

wird mit Freiheitsstrafe bis zu drei Jahren oder mit Geldstrafe bestraft.

## § 319. Baugefährdung (nicht bearbeitet).

(1) Wer bei der Planung, Leitung oder Ausführung eines Baues oder des Abbruchs eines Bauwerks gegen die allgemein anerkannten Regeln der Technik verstößt und dadurch Leib oder Leben eines anderen Menschen gefährdet, wird mit Freiheitsstrafe bis zu fünf Jahren oder mit Geldstrafe bestraft.

(2) Ebenso wird bestraft, wer in Ausübung eines Berufs oder Gewerbes bei der Planung, Leitung oder Ausführung eines Vorhabens, technische Einrichtungen in ein Bauwerk einzubauen oder eingebaute Einrichtungen dieser Art zu ändern, gegen die allgemein anerkannten Regeln der Technik verstößt und dadurch Leib oder Leben eines anderen Menschen gefährdet.

(3) Wer die Gefahr fahrlässig verursacht, wird mit Freiheitsstrafe bis zu drei Jahren oder mit Geldstrafe bestraft.

(4) Wer in den Fällen der Absätze 1 und 2 fahrlässig handelt und die Gefahr fahrlässig verursacht, wird mit Freiheitsstrafe bis zu zwei Jahren oder mit Geldstrafe bestraft.

## § 320. Tätige Reue (nicht bearbeitet).

(1) Das Gericht kann die Strafe in den Fällen des § 316c Abs. 1 nach seinem Ermessen mildern (§ 49 Abs. 2), wenn der Täter freiwillig die weitere Ausführung der Tat aufgibt oder sonst den Erfolg abwendet.

(2) Das Gericht kann die in den folgenden Vorschriften angedrohte Strafe nach seinem Ermessen mildern (§ 49 Abs. 2) oder von Strafe nach diesen Vorschriften absehen, wenn der Täter in den Fällen

1. des § 315 Abs. 1, 3 Nr. 1 oder Abs. 5,
2. des § 315b Abs. 1, 3 oder 4, Abs. 3 in Verbindung mit § 315 Abs. 3 Nr. 1,
3. des § 318 Abs. 1 oder 6 Nr. 1,
4. des § 319 Abs. 1 bis 3

freiwillig die Gefahr abwendet, bevor ein erheblicher Schaden entsteht.

(3) Nach den folgenden Vorschriften wird nicht bestraft, wer

1. in den Fällen des
   a) § 315 Abs. 6,
   b) § 315b Abs. 5,
   c) § 318 Abs. 6 Nr. 2,
   d) § 319 Abs. 4

   freiwillig die Gefahr abwendet, bevor ein erheblicher Schaden entsteht, *oder*
2. in den Fällen des § 316c Abs. 4 freiwillig die weitere Ausführung der Tat aufgibt oder sonst die Gefahr abwendet.

(4) Wird ohne Zutun des Täters die Gefahr oder der Erfolg abgewendet, so genügt sein freiwilliges und ernsthaftes Bemühen, dieses Ziel zu erreichen.

## § 321. Führungsaufsicht (nicht bearbeitet).

In den Fällen der §§ 306 bis 306c und 307 Abs. 1 bis 3, des § 308 Abs. 1 bis 3, des § 309 Abs. 1 bis 4, des § 310 Abs. 1 und des § 316c Abs. 1 Nr. 2 kann das Gericht Führungsaufsicht anordnen (§ 68 Abs. 1).

## § 322. Einziehung (nicht bearbeitet).

Ist eine Straftat nach den §§ 306 bis 306c, 307 bis 314 oder 316c begangen worden, so können

1. Gegenstände, die durch die Tat hervorgebracht oder zu ihrer Begehung oder Vorbereitung gebraucht worden oder bestimmt gewesen sind, *und*
2. Gegenstände, auf die sich eine Straftat nach den §§ 310 bis 312, 314 oder 316c bezieht, eingezogen werden."

## § 323a. Vollrausch.

### Gesetzestext:

(1) Wer sich vorsätzlich oder fahrlässig durch alkoholische Getränke oder andere berauschende Mittel in einen Rausch versetzt, wird mit Freiheitsstrafe bis zu fünf Jahren oder mit Geldstrafe bestraft, wenn er in diesem Zustand eine rechtswidrige Tat begeht und ihretwegen nicht bestraft werden kann, weil er infolge des Rausches schuldunfähig war oder weil dies nicht auszuschließen ist.

(2) Die Strafe darf nicht schwerer sein als die Strafe, die für die im Rausch begangene Tat angedroht ist.

(3) Die Tat wird nur auf Antrag, mit Ermächtigung oder auf Strafverlangen verfolgt, wenn die Rauschtat nur auf Antrag, mit Ermächtigung oder auf Strafverlangen verfolgt werden könnte.

### Überblick:

- ***Typ:*** Begehungsdelikt, vorsätzliches und fahrlässiges. Gefährdungsdelikt, abstraktes (h.M., aber str., vgl. S/S[25], § 323a Rn 1 ff.).
- Grund der Strafbarkeit ist die Gefährlichkeit des Rausches, die sich aus der Enthemmung des Berauschten und der Verminderung seines Einsichts- und Unterscheidungsvermögens ergib; daneben ist aber auch die Gefährlichkeit mangelnder Reaktionsfähigkeit und Körperbeherrschung zu berücksichtigen.
- Die Straftat im Rausch ist nur ***obj. Bedingung der Strafbarkeit***.
- § 323a enthält eine verhältnismäßig niedrige Höchststrafandrohung. Es ist daher nach Ablehnung einer Normal-Strafbarkeit wg. Vorliegen des § 20 immer zunächst eine ***actio libera in causa (a.l.i.c.)*** zu prüfen, wenn man deren Zulässigkeit nach der jüngeren Rechtsprechung des BGH (dort zu Verkehrsdelikten abgelehnt) noch an-

nimmt (sehr zweifelhaft). Erst dann kann § 323a eingreifen. Abs. 2 enthält Höchststrafenregelung.

- Abs. 3 enthält eine dem tatsächlich begangenen Delikt angepaßte ***Antragsregelung*** (Strafverfolgungshindernis).

## Aufbau (Vorsatzvariante):

I. Tatbestand
   1. Objektiver Tatbestand:
      - Tathandlung - Versetzen in einen Rausch mittels alkoholischer Getränke oder anderer berauschender Mittel.
   2. Subjektiver Tatbestand: Vorsatz, mindestens bedingter, bez. obj. TB.
   3. Tatbestandsannex: rechtswidrige Rauschtat, wegen der der Täter nicht bestraft werden kann, weil
      a. er infolge des Rausches schuldunfähig war *oder*
      b. dies nicht auszuschließen ist
      (objektive Bedingung der Strafbarkeit, die nicht vom Vorsatz erfaßt sein muß!)

II. Rechtswidrigkeit *und*

III. Schuld: keine Besonderheiten (insbes.: Schuldfähigkeit im Zeitpunkt der Berauschung).

## Aufbau (Fahrlässigkeitsvariante):

I. Tatbestand
   1. Objektiver Tatbestand:
      a. Tathandlung - Versetzen in einen Rausch mittels alkoholischer Getränke oder anderer berauschender Mittel.
      b. Fahrlässigkeitsmerkmale - obj. Sorgfaltspflichtverletzung im Hinblick auf die Tathandlung (Sich berauschen).
   2. Subjektiver Tatbestand: Berauschung gesehen (bewußte F.) oder nicht gesehen (unbewußte F.).
   3. Tatbestandsannex: rechtswidrige Rauschtat, wegen der der Täter nicht bestraft werden kann, weil
      a. er infolge des Rausches schuldunfähig war *oder*
      b. dies nicht auszuschließen ist
      (objektive Bedingung der Strafbarkeit, die nicht von der Fahrlässigkeit erfaßt sein muß!)

II. Rechtswidrigkeit.

III. Schuld:
   - Subj. Sorgfaltspflichtverletzung.

## Definitionen / Erläuterungen:

**RAUSCH** ist der Zustand einer akuten Intoxikation. — Tr[48], § 323a Rn. 2

Das Merkmal **RAUSCH** ist dahin zu bestimmen, daß darunter exogene psychische Ausnahmesituationen, d.h. alle Intoxikati- — S/S[25], § 323a Rn. 8

| | |
|---|---|
| onszustände zu verstehen sind, in denen die Schuldfähigkeit ausgeschlossen oder so beeinträchtigt ist, daß eine Verurteilung wegen der Rauschtat nicht in Betracht kommt.<br>Ein Rauschzustand kann auch dann herbeigeführt sein, wenn der Zustand der Schuldunfähigkeit noch nicht erreicht ist. | |
| **RAUSCH** ist ein Zustand der Enthemmung, der sich in dem für das jeweilige Rauschmittel typischen, die psychischen Fähigkeiten durch Intoxikation beeinträchtigenden Erscheinungsbild widerspiegelt (h.M.). | La[22], § 323a Rn. 3 |
| Als **MINDESTSCHWEREGRAD** der psychischen Beeinträchtigung hat die Rechtsprechung lange Zeit angenommen, daß mindestens „der sichere Bereich" verminderter Schuldfähigkeit „überschritten" sein müsse.<br>Daß jedenfalls unter dieser Voraussetzung ein Rausch vorliegt, nimmt auch der BGH an, der jedoch offen läßt, ob auch Rauschzustände geringeren Grades einzubeziehen sind. | La[22], § 323a Rn. 4 |
| **VERSETZEN** | k.A. |
| **BERAUSCHENDE MITTEL** sind solche, die in ihren Auswirkungen denen des Alkohols vergleichbar sind, also alle Drogen i.w.S., d.h. außer alkoholischen Getränken vor allem Betäubungsmittel i.S. des BtMG, Kokain, Morphium, Opium, Lysergid, Amphetamin, aber auch schmerzstillende Arzneimittel, die als Ersatzdroge ohne therapeutische Zielsetzung eingenommen werden.<br>**BERAUSCHENDE MITTEL** sind zur Herbeiführung von Enthemmung oder zur Beseitigung von Unlustgefühlen geeignete Stoffe oder Zubereitungen, und zwar im wesentlichen die in den Anlagen I-III zu § 1 I BtMG aufgeführten, namentlich Opium, Morphium, Heroin und Kokain. | Tr[48], § 323a Rn. 3 i.V.m. § 316 Rn. 4 i.V.m. § 64 Rn. 3a<br>La[22], § 323a Rn. 2 i.V.m. § 315c Rn. 5 |

## Konkurrenzen:

Bei mehreren Rauschtaten in demselben Rausch ist nur eine einzige Tat nach § 323a gegeben. Gegenüber einer a.l.i.c. (deren Existenz mittlerweile fragwürdig geworden ist) tritt § 323a als subsidiär zurück.

# § 323b. Gefährdung einer Entziehungskur.

## Gesetzestext:

Wer wissentlich einem anderen, der auf Grund behördlicher Anordnung oder ohne seine Einwilligung zu einer Entziehungskur in einer Anstalt untergebracht ist, ohne

Erlaubnis des Anstaltsleiters oder seines Beauftragten alkoholische Getränke oder andere berauschende Mittel verschafft oder überläßt oder ihn zum Genuß solcher Mittel verleitet, wird mit Freiheitsstrafe bis zu einem Jahr oder mit Geldstrafe bestraft.

## Überblick:

- ***Typ:*** Begehungsdelikt, vorsätzliches. Gefährdungsdelikt, abstraktes.
- ***Schutzgut*** ist die Durchführung einer behördlich angeordneten Entziehungskur vor Störungen.

## Aufbau:

I. Tatbestand
  1. Objektiver Tatbestand:
    a. Tatobjekt - ein anderer, der
      aa. aufgrund behördlicher Anordnung *oder*
      bb. ohne seine Einwilligung zu einer Entziehungskur
      in einer Anstalt untergebracht ist;
    b. Tathandlung -
      aa. Verschaffen *oder*
      bb. überlassen *oder*
      cc. zum Genuß verleiten von:
      alkoholischen Getränken oder anderen berauschenden Mitteln,
    c. ohne Erlaubnis
      aa. des Anstaltsleiters *oder*
      bb. seines Beauftragten.
  2. Subjektiver Tatbestand: Vorsatz, bedingter genügt nicht, nötig sind dolus directus I oder II („wissentlich").

II. Rechtswidrigkeit *und*

III. Schuld: keine Besonderheiten.

## Definitionen / Erläuterungen:

| | |
|---|---|
| **BEHÖRDLICHER ANORDNUNG**. Z.B. nach §§ 64, 63, nach § 126a StPO, auf gerichtlich für zulässig erklärte Anordnungen von Verwaltungsbehörden auf Grund der landesrechtlichen Unterbringungsgesetze. | Tr[48], § 323b Rn. 2 |
| Als **BEHÖRDLICHE ANORDNUNG** der Unterbringung kommen insbesondere eine strafrichterliche nach §§ 63, 64 oder § 126a StPO so wie die gerichtlich für zulässig erklärten Anordnungen der Verwaltungsbehörden nach Maßgabe der Landesunterbringungsgesetze in Betracht. | S/S[25], § 323b Rn. 5 |
| Als **BEHÖRDLICHE ANORDNUNG** kommen namentlich die des Strafrichters nach §§ 63, 64 in Frage, daneben auch Anordnungen von Verwaltungsbehörden nach den Landesunterbrin- | La[22], § 323b Rn. 2 |

| | |
|---|---|
| gungsgesetzen, über deren Zulässigkeit das Gericht entschieden hat (Art. 104 II GG). | |
| **EINWILLIGUNG**. Sie kann sich, nachdem BVerfGE 10, 302 auch bei einem volljährigen Entmündigten außer der Zustimmung des Vormundes richterliche Bestätigung nach Art. 104 II GG für erforderlich erklärt hat, nur auf Minderjährige, von Eltern oder Vormund Untergebrachte beziehen, wobei die zusätzliche Einwilligung der Minderjährigen keine rechtserhebliche im Sinne von § 323b ist. | Tr[48], § 323b Rn. 2 |
| **ENTZIEHUNGSKUR**. Die Kur muß mindestens einer der Unterbringungszwecke sein. | Tr[48], § 323b Rn. 2 |
| **ANSTALT** bedeutet vor allem, aber nicht ausschließlich, eine Entziehungsanstalt. | Tr[48], § 323b Rn. 2 |
| Als **ANSTALT** kommt insb. eine Entziehungsanstalt, eine Trinkerheilanstalt oder auch eine besondere Abteilung einer psychiatrischen oder sonstigen Krankenanstalt in Betracht. | S/S[25], § 323b Rn. 4 |
| **ANSTALT** im Sinne dieser Vorschrift ist i.d.R. eine Entziehungsanstalt, aber auch psychiatrisches Krankenhaus oder sonst eine Klinik. | La[22], § 323b Rn. 2 |
| **UNTERGEBRACHT** ist, wer die Anstalt nicht ohne besondere Erlaubnis verlassen darf. | S/S[25], § 323b Rn. 4 |
| **VERSCHAFFEN** bedeutet das Zugänglichmachen des Mittels in der Art, daß die untergebrachte Person die unmittelbare Verfügungsgewalt darüber erlangt. | S/S[25], § 323b Rn. 9 |
| **VERSCHAFFEN** setzt das tatsächliche Ermöglichen des Genusses voraus. | La[22], § 323b Rn. 3 |
| **ÜBERLASSEN** ist das Verschaffen berauschender Mittel aus dem Besitz oder Gewahrsam des Täters zur Verfügung oder zum Gebrauch des Untergebrachten. | S/S[25], § 323b Rn. 9 |
| **ÜBERLASSEN** setzt das tatsächliche Ermöglichen des Genusses voraus. | La[22], § 323b Rn. 3 |
| **VERLEITEN** bedeutet, den Willen des anderen zu beeinflussen. | Tr[48], § 323b Rn. 3 i.V.m. § 160 Rn. 1 |
| Das Merkmal **VERLEITEN** ist hier auch i.S.v. Verführen zu verstehen; daneben erfaßt dieses Merkmal auch den Begriff des Verleitens i.S.v. § 160. Daher ist unerheblich, ob der Untergebrachte das Mittel als Rauschmittel erkennt oder nicht. | S/S[25], § 323b Rn. 9 |
| **VERLEITEN** bedeutet Bestimmen, gleichviel mit welchem Mittel. | La[22], § 323b Rn. 3 |
| **BERAUSCHENDE MITTEL** sind solche, die in ihren Auswirkun- | Tr[48], § 323b Rn. 3 |

| | |
|---|---|
| gen denen des Alkohols vergleichbar sind, also alle Drogen i.w.S., d.h. außer alkoholischen Getränken vor allem Betäubungsmittel i.S. des BtMG, Kokain, Morphium, Opium, Lysergid, Amphetamin, aber auch schmerzstillende Arzneimittel, die als Ersatzdroge ohne therapeutische Zielsetzung eingenommen werden. | i.V.m. § 316 Rn. 4<br>i.V.m. § 64 Rn. 3a |
| **BERAUSCHENDE MITTEL**. Hierzu gehören z.B. Cannabis (Marihuana), Haschisch, Kokain, Opium, Morphium, Heroin, Mescalin, LSD, Amphetamin, Barbiturate, Psychopharmaka. | S/S[25], § 323b Rn. 8<br>i.V.m. § 64 Rn. 4 |
| Andere **BERAUSCHENDE MITTEL** sind zur Herbeiführung von Enthemmung oder zur Beseitigung von Unlustgefühlen geeignete Stoffe oder Zubereitungen, und zwar im wesentlichen die in den Anlagen I-III zu § 1 I BtMG aufgeführten, namentlich Opium, Morphium, Heroin und Kokain. | La[22], § 323b Rn. 3<br>i.V.m. § 315c Rn. 5 |
| **OHNE ERLAUBNIS** = negatives Tatbestandsmerkmal; nachträgliche Zustimmung reicht nicht aus. | Tr[48], § 323b Rn. 3 |
| Hinsichtlich der Wirkung einer **ERLAUBNIS** ist zu unterscheiden. Liegt diese innerhalb des Behandlungsplanes des Süchtigen, so wirkt sie tatbestandsausschließend. Dagegen ist die Erlaubnis Rechtfertigungsgrund, wenn die Verabreichung des Mittels nicht therapeutischen Zwecken dient, wohl aber nach der Vorstellung des Arztes unbedenklich ist. Eine Erlaubnis, die weder medizinisch indiziert noch medizinisch unbedenklich ist, kann nur als Strafausschließungsgrund in Betracht kommen, ist andererseits aber nicht unbeachtlich. Wirksam ist nur eine Erlaubnis, die vor der Tathandlung erteilt wird. | S/S[25], § 323b Rn. 13 |
| **ANSTALTSLEITER** ist nur der ärztliche Leiter der Entziehungsanstalt. Seine Beauftragten sind sonstige Ärzte oder medizinisches Betreuungspersonal. Eine Erlaubnis des Verwaltungsdirektors einer Anstalt ist unerheblich, selbst wenn dieser Vorgesetzter des leitenden Arztes sein sollte. | S/S[25], § 323b Rn. 12 |

### Konkurrenzen:

§ 323b steht in Idealkonkurrenz mit §§ 223, 258 II.

## § 323c. Unterlassene Hilfeleistung.

### Gesetzestext:

Wer bei Unglücksfällen oder gemeiner Gefahr oder Not nicht Hilfe leistet, obwohl dies erforderlich und ihm den Umständen nach zuzumuten, insbesondere ohne erhebliche eigene Gefahr und ohne Verletzung anderer wichtiger Pflichten möglich ist, wird mit Freiheitsstrafe bis zu einem Jahr oder mit Geldstrafe bestraft.

## Überblick:

- *Typ:* Unterlassungsdelikt, echtes, vorsätzliches.
- ***Versuch*** ist nicht strafbar (Vergehen!).
- Wegen der geringen Strafandrohung ist § 323c ***den unechten Unterlassungsdelikten*** (§§ xyz, 13) gegenüber ***nachrangig***.
- ***Schutzgut*** sind die bedrohten Individualrechtsgüter des in Not Geratenen (La[22], § 323c Rn. 1).

## Aufbau:

I. Tatbestand
  1. Objektiver Tatbestand:
    a. Tatobjekt - ein anderer, der sich befindet in:
    b. Tatsituation -
      aa. Unglücksfall *oder*
      bb. gemeiner Gefahr *oder*
      cc. Not;
    c. (unterlassene) Tathandlung - (unterlassene) Hilfeleistung,
      aa. erforderliche *und*
      bb. zumutbare (insbesondere ohne erhebliche eigene Gefahr oder Verletzung anderer wichtiger Pflichten).
  2. Subjektiver Tatbestand: Vorsatz, mindestens bedingter.
II. Rechtswidrigkeit *und*
III. Schuld: keine Besonderheiten.

## Definitionen / Erläuterungen:

| | |
|---|---|
| **UNGLÜCKSFALL** ist ein plötzlich eintretendes Ereignis, das erhebliche Gefahr für ein Individualrechtsgut mit sich bringt. | Tr[48], § 323c Rn. 3 |
| **UNGLÜCKSFÄLLE** sind plötzlich eintretende Ereignisse, die erhebliche Gefahren für Menschen oder Sachen hervorrufen oder hervorzurufen drohen. | S/S[25], § 323c Rn. 5 |
| **UNGLÜCKSFALL** ist ein plötzliches äußeres Ereignis, das eine erhebliche Gefahr für Personen oder Sachen bringt oder zu bringen droht; der Eintritt bloßer Sachgefahr kann danach genügen. | La[22], § 323c Rn. 2 |
| **GEMEINE GEFAHR** ist eine konkrete Gefahr für eine unbestimmte Zahl von Menschen oder zahlreiche Sachen von mindestens insgesamt hohem Wert. | Tr[48], § 323c Rn. 4 i.V.m. § 243 Rn. 36 |
| **GEMEINGEFAHR** bedeutet die Gefährdung einer größeren An- | S/S[25], § 323c Rn. 8 |

| | |
|---|---|
| zahl von Menschenleben oder erheblicher Sachwerte. | i.V.m. vor § 306 Rn. 19 |
| **GEMEINE GEFAHR** ist ein Zustand, bei dem die Möglichkeit eines erheblichen Schadens an Leib oder Leben oder an bedeutenden Sachwerten für unbestimmt viele Personen naheliegt. | La[22], § 323c Rn. 3 |
| **GEMEINE NOT** ist eine die Allgemeinheit betreffende Notlage. | Tr[48], § 323c Rn. 5 = S/S[25], § 323c Rn. 8 |
| **GEMEINE NOT** bedeutet Notlage der Allgemeinheit. | La[22], § 323c Rn. 3 |
| **HILFELEISTUNG** bezeichnet eine Tätigkeit, die der Intention nach auf Abwehr weiterer Schäden gerichtet ist. Ob die Tätigkeit ausreicht, um wirkliche Hilfe zu sein, ob sie unzweckmäßig ist und damit trotz einer Handlung des Täters evtl. doch keine „Hilfeleistung" vorliegt, ist nach objektiven Maßstäben zu beurteilen. | S/S[25], § 323c Rn. 11 |
| **ERFORDERLICHKEIT**. Sie liegt nicht vor, wenn sichere Gewähr für sofortige anderweitige Hilfe besteht. Auf die Erfolgsaussichten der Hilfeleistung kommt es nicht an, ebensowenig auf die Folgen des Unterlassens. | Tr[48], § 323c Rn. 6 |
| **ERFORDERLICH** ist die Hilfeleistung dann, wenn ohne sie die Gefahr besteht, daß die durch § 323c charakterisierte Unglückssituation sich zu einer nicht ganz unerheblichen Schädigung von Personen oder Sachen auswirkt. | S/S[25], § 323c Rn. 13 |
| In allen Fällen ist erforderlich, daß die **GEFAHR WEITERER SCHÄDEN** besteht, deren Verhinderung oder Verminderung durch Einsatz des Hilfspflichtigen jedenfalls generell möglich erscheint. | S/S[25], § 323c Rn. 8 |
| Maßgebend für die **ERFORDERLICHKEIT** ist das Ex-ante-Urteil eines verständigen Beobachters, ob der Täter zur Zeit der möglichen Hilfe eine Chance hatte, drohenden Schaden abzuwenden. | La[22], § 323c Rn. 5 |
| **ZUMUTBARKEIT**. Es kommt dabei nach allgemeinen sittlichen Maßstäben an auf seine Persönlichkeit, seine physischen und geistigen Kräfte im kritischen Augenblick, auf seine Lebenserfahrung und seine Vorbildung. Er muß die für ihn bestmögliche Hilfe leisten. Auch geistig-seelischer Beistand sowie Sach- und Arbeitsleistungen können zugemutet werden. Die Gefahr einer Strafverfolgung befreit nicht von der Pflicht zu Hilfe, vor allem nicht, wenn der Täter den Unglücksfall fahrlässig verschuldet hat. | Tr[48], § 323c Rn. 7 |
| Maßgebend für die **ZUMUTBARKEIT** ist das allgemeine Sittlichkeitsempfinden. Dabei sind die Gefahren der Unglückssi- | S/S[25], § 323c Rn. 20 |

tuation und die eigenen Interessen des Täters in Beziehung zu setzen und nach ethischen Maßstäben gegeneinander abzuwägen. Dabei können die persönlichen Grenzen der Zumutbarkeit je nach der Stellung zum Gefährdeten verschieden sein. Auch die Besonderheiten, die sich aus der Zugehörigkeit zu einem anderen Kulturkreis, insbesondere zu einer anderen Religion oder Weltanschauung ergeben, können berücksichtigt werden.

Für die **ZUMUTBARKEIT** der Hilfe sind namentlich bedeutsam: der Grad der Gefährdung, der von Schwere und Wahrscheinlichkeit des dem Verunglückten drohenden Schadens abhängt; die Wahrscheinlichkeit des Rettungserfolges, für die es vor allem auf die individuellen Fähigkeiten des Verpflichteten und die ihm zur Verfügung stehenden Hilfsmittel ankommt; die Verstrickung des Verpflichteten in das Unglücksgeschehen; seine räumliche Beziehung zum Unglücksort; seine schutzwürdigen kollidierenden Interessen. — La[22], § 323c Rn. 7

---

**OHNE ERHEBLICHE EIGENE GEFAHR.** Unvorsichtiges Draufgängertum oder eine aussichtslose Hilfeleistung zugunsten eines von einer Übermacht Angegriffenen wird nicht verlangt. — Tr[48], § 323c Rn. 7

Unter **EIGENER GEFAHR** ist die Bedrohung eines Rechtsgutes des Täters oder naher Angehöriger zu verstehen, z.B. eine Gefahr für Gesundheit, Leben, Freiheit oder Vermögen. Eigene Gefahr kann z.B. auch darin bestehen, das der Täter sich oder einen Angehörigen durch die Hilfe einer Strafverfolgung oder der Gefahr der Ansteckung mit einer schweren Krankheit, z.B. mit Aids aussetzen würde. — S/S[25], § 323c Rn. 21

---

**VERLETZUNG ANDERER WICHTIGER PFLICHTEN.** Gemeint sind Pflichten, die höherwertiger sind (erkennt man an der Strafandrohung). — Tr[48], § 323c Rn. 7 i.V.m. vor § 32 Rn. 11, 15

**VERLETZUNG ANDERER WICHTIGER PFLICHTEN.** So ist z.B. dem Ehemann, dessen Ehefrau eine Heilbehandlung aus religiöser Überzeugung ablehnt, nicht zuzumuten, daß er sie von ihrem Verzicht abzubringen sucht. Die Rspr. verneint die Zumutbarkeit der Hilfspflicht in den Fällen eines Abwägungssuizids. — S/S[25], § 323c Rn. 21

## Konkurrenzen:

§ 323c steht in Idealkonkurrenz mit §§ 142, 315b I.

# Neunundzwanzigster Abschnitt. Straftaten gegen die Umwelt.

## § 324. Gewässerverunreinigung

### Gesetzestext:

(1) Wer unbefugt ein Gewässer verunreinigt oder sonst dessen Eigenschaften nachteilig verändert, wird mit Freiheitsstrafe bis zu fünf Jahren oder mit Geldstrafe bestraft.

(2) Der Versuch ist strafbar.

(3) Handelt der Täter fahrlässig, so ist die Strafe Freiheitsstrafe bis zu drei Jahren oder Geldstrafe.

### Übersicht:

- ***Typ:*** vorsätzliches Begehungsdelikt, Abs. 1, fahrlässiges Begehungsdelikt, Abs. 3. Verletzungs- und Erfolgsdelikt (str., a.A.: potentielles Gefährdungsdelikt = generelle Gefährlichkeit der Tat ohne Eintritt einer konkreten Gefahr).
- ***Versuch*** ist strafbar, Abs. 2.
- ***Begriffsbestimmungen*** in § 330d. ***Unbefugt*** ist kein TB-Merkmal, sondern nur Hinweis auf die Wirkung einer behördlichen Gestattung als Rechtfertigungsgrund (verwaltungsrechtlich: repressives Verbot mit Befreiungsvorbehalt).
- ***Besonders schwerer Fall*** in § 330 I (Regelbeispiele). Qualifikation der vorsätzlichen Begehung in § 330 II (keine Regelbeispiele).
- ***Schutzgut*** ist die Reinhaltung der Gewässer i.S. der Erhaltung ihres naturgegebenen Zustandes und zwar nicht als Selbstzweck, sondern im Interesse der Allgemeinheit nach Maßgabe eines ökologischen (und nicht wasserwirtschaftlichen) Rechtsgutbegriffes (Tr[48], § 324 Rn. 1).

### Aufbau (Abs. 1 - Vorsatzdelikt):

I. Tatbestand
  1. Objektiver Tatbestand
    a. Tatobjekt: ein Gewässer (vgl. § 330d Nr. 1)
    b. Tathandlung:
      aa. Eigenschaftsveränderung, nachteilige
      bb. insbesondere: Verunreinigen
  2. Subjektiver Tatbestand: Vorsatz, mindestens bedingter.

II. Rechtswidrigkeit: Unbefugt = keine Gestattung durch Behörde (vgl. auch § 330d Nr. 5)

III. Schuld: keine Besonderheiten.

IV. Besonderheit: Strafzumessungsregel (Regelbeispiele) nach § 330.

### Aufbau (Abs. 2 i.V.m. Abs. 1 - Fahrlässigkeitsdelikt):

I. Tatbestand
  1. Objektiver Tatbestand

a. Tatobjekt: ein Gewässer (vgl. § 330d Nr. 1)
b. Tathandlung:
   aa. Eigenschaftsveränderung, nachteilige
   bb. insbesondere: Verunreinigen
c. Fahrlässigkeitsmerkmale:
   aa. Objektive Sorgfaltspflichtverletzung (bez. der Tathandlung) (strenger Maßstab: „umweltbewußter Rechtsgenosse" Tr[48], § 324 Rn. 10)
   bb. Objektive Vorhersehbarkeit (bez. des Taterfolges: Gefahr)
   cc. Objektiver Zurechnungszusammenhang
   dd. Schutzzweck der Sorgfaltspflicht

2. Subjektiver Tatbestand: Eigenschaftsveränderung gesehen (bewußte F.) oder nicht gesehen (unbewußte F.)

II. Rechtswidrigkeit: Unbefugt = keine Gestattung durch Behörde (vgl. auch § 330d Nr. 5)

III. Schuld:
1. Subjektive Sorgfaltspflichtverletzung
2. Subjektive Vorhersehbarkeit

## Definitionen/Erläuterungen:

| | |
|---|---|
| **GEWÄSSER**: vgl. § 330d Nr. 1. **OBERIRDISCHE GEWÄSSER** sind das ständig oder zeitweilig in Betten fließende oder stehende oder aus Quellen wild abfließende Wasser (§ 1 I Nr. 1 WHG), also nicht das in Leitungen, in Behältnissen oder sonst gefaßte Wasser oder anderes Wasser, dem ein Gewässerbett fehlt. | Tr[48], § 324 Rn. 2 = S/S[25], § 324 Rn. 3/4 |
| **OBERIRDISCHE GEWÄSSER** sind das ständig oder zeitweilig in (natürlichen oder künstlich angelegten) Betten fließende oder stehende oder aus Quellen wild abfließende Wasser (§ 1 I Nr. 1 WHG). Ganz ohne Bett abfließendes Wasser, in Vertiefungen sich gelegentlich ansammelndes Wasser und in Leitungen oder anderen Behältnissen gefaßtes Wasser scheiden daher aus. | La[22], § 324 Rn. 2 |
| Unter **GRUNDWASSER** (§ 1 I Nr. 2 WHG) ist das gesamte unterirdische Wasser, also auch stehende und fließende Gewässer in Erdhöhlen gemeint. | Tr[48], § 324 Rn. 3 = S/S[25], § 324 Rn. 5 = La[22], § 326 Rn. 2 |
| **MEER** meint nicht nur nationale Küstengewässer (wie § 1 I Nr. 1a WHG), sondern wegen des nichtbeschränkten Meeresbegriffs auch fremde und die Hohe See. | Tr[48], § 324 Rn. 4 |
| Zum **MEER** gehören alle Küstengewässer und die Hohe See ohne räumliche Begrenzung. | S/S[25], § 324 Rn. 6 |
| **MEER** bedeutet ohne räumliche Beschränkung auch das fremde Küstenmeer und die hohe See. | La[22], § 324 Rn. 2a |
| **VERUNREINIGEN** bedeutet die Beeinträchtigung der Benutzungsmöglichkeiten und Verschlechterung der physikalischen, | Tr[48], § 324 Rn. 5 |

chemischen, biologischen Eigenschaften des Gewässers (hM). Hierunter fallen alle Handlungen und Unterlassungen, die für die Verunreinigung ursächlich sind, nicht nur die in § 3 WHG aufgeführten Benutzungsarten.

VERUNREINIGT ist ein Gewässer, wenn es sich in seinem äußeren Erscheinungsbild nach dem Eingriff des Täters als weniger „rein" darstellt als zuvor. — S/S[25], § 324 Rn. 8

VERUNREINIGEN umfaßt - ohne Rücksicht auf die Zweckrichtung - alle Handlungen und garantenpflichtwidrigen Unterlassungen, wenn sie nur unmittelbar oder mittelbar zu einer äußerlich erkennbaren, dauernden oder vorübergehenden nachteiligen Veränderung der Gewässereigenschaften führen, sei es des Gewässers im ganzen oder eines nicht unerheblichen Teils davon. Das setzt ein Minus an Wassergüte, dh eine nicht ganz unerhebliche objektive Verschlechterung der physikalischen, chemischen, biologischen oder thermischen Beschaffenheit des Wassers voraus, für deren Vorliegen Größe und Tiefe des Gewässers, Wasserführung, Fließgeschwindigkeit sowie Menge und Gefährlichkeit der Schadstoffe Anhaltspunkte bieten können. Dabei kann sich ein solcher Nachteil nicht nur auf die wirtschaftlichen Benutzungsmöglichkeiten, sondern auch auf ökologische Bedürfnisse beziehen. — La[22], § 324 Rn. 4

---

Mit einer SONSTIGEN NACHTEILIGEN VERÄNDERUNG sind in ökologisch (nicht wasserwirtschaftlich) orientierter Auslegung Beeinträchtigungen gemeint, die keine Verunreinigungen ieS sind, sondern Verschlechterungen der physikalischen, chemischen, biologischen oder thermischen Beschaffenheit des Wassers in einer für die Benutzungsmöglichkeiten oder in einer für die natürliche Biozönose (dynamisches Gleichgewicht der natürlichen Lebensgemeinschaft von Pflanzen und Tieren in einem Gewässer) erheblichen Weise (die über unbedeutende vernachlässigbare kleine Beeinträchtigungen hinausgeht). — Tr[48], § 324 Rn. 6

Unter „SONSTIGE NACHTEILIGE VERÄNDERUNGEN" fallen diejenigen Beeinträchtigungen, die vom „Verunreinigen" nicht erfaßt werden können. Gemeint sind also die nicht sichtbaren Veränderungen der Wassereigenschaften, also insbesondere eine Verschlechterung der physikalischen, chemischen oder biologischen Beschaffenheit des Wassers. Erforderlich ist auch hier nicht, daß konkrete Nachteile, wie zB Fischsterben, eintreten. — S/S[25], § 324 Rn. 9

SONST NACHTEILIGES VERÄNDERN von Gewässereigenschaften betrifft diejenigen Handlungen, die nicht als Verunreinigen erfaßt werden können, weil sie die physikalische, chemische, biologische oder thermische Beschaffenheit des Wassers nicht äußerlich erkennbar beeinträchtigen, zB Erwärmung durch — La[22], § 324 Rn. 5

Einleiten von Kühlwasser aus einem Kraftwerk oder radioaktive Kontaminierungen. Es genügt die Beeinträchtigung der natürlichen Lebensgemeinschaft von Pflanzen und Tieren durch Absenken des Wasserspiegels eines Teichs, der zum Lebensraum von Amphibien geworden ist.

---

FAHRLÄSSIG handelt der Täter, wenn er zB einen Verkehrs- oder sonstigen Unfall oder eine Schiffskollision schuldhaft verursacht, der zu einer Gewässerverunreinigung führt oder auf eine andere ihm zurechenbare Weise einen solchen Erfolg bewirkt oder wenn ein überwachungspflichtiger Amtsträger vorwerfbar Gewässerverunreinigungen nicht erkennt, wobei ein strenger Sorgfaltsmaßstab (der eines „umweltbewußten Rechtsgenossen") anzulegen ist.

Tr[48], § 324 Rn. 10

FAHRLÄSSIG handelt, wer entweder die Sorgfalt außer acht läßt, zu der er nach den Umständen und seinen persönlichen Verhältnissen verpflichtet und fähig ist, und deshalb die Tatbestandsverwirklichung nicht erkennt (unbewußte Fahrlässigkeit) oder wer die Tatbestandsverwirklichung für möglich hält, jedoch pflichtwidrig und vorwerfbar im Vertrauen darauf handelt, daß sie nicht eintreten werde (unbewußte Fahrlässigkeit).

La[22], § 324 Rn. 7 i.V.m. § 15 Rn. 35

Bei fahrlässigem Handeln nach Abs. 3 ist der Sorgfaltsmaßstab eines umweltbewußten Rechtsgenossen anzulegen und namentlich auch eine etwa bestehende Sonderpflicht des Täters zu berücksichtigen.

La[22], § 324 Rn. 7

---

UNBEFUGT handelt der Täter, wenn er rechtswidrig handelt. Hieran fehlt es namentlich, wenn die Tat aufgrund einer nach dem WHG oder den Landeswassergesetzen erteilten Bewilligung oder Erlaubnis oder aufgrund von Ausnahmeregelungen nach den Gesetzen zum Schutze des Meeres oder gewohnheitsrechtlich oder - ausnahmsweise - nach § 34 gerechtfertigt ist.

Tr[48], § 324 Rn. 7

UNBEFUGT bedeutet, daß „nach einschlägigen gesetzlichen Regelungen und allgemeinen Rechtsgrundsätzen zu prüfen ist, ob das im übrigen tatbestandsmäßige Verhalten straflos ist", so daß die Befugnis als Rechtfertigungsgrund anzusehen ist.

Tr[48], § 324 Rn. 7 i.V.m. § 203 Rn. 27

Das Merkmal „UNBEFUGT" ist allgemeines Verbrechensmerkmal.

S/S[25], § 324 Rn. 11

UNBEFUGT bezeichnet hier nur das allgemeine Verbrechensmerkmal der Rechtswidrigkeit und gehört daher nicht zum Tatbestand (hM).

La[22], § 324 Rn. 8

---

***BEACHTE:*** Die Tat ist gerechtfertigt, wenn sie von einer behördlichen Befugnis gedeckt ist, insbesondere einer solchen des WHG. Diese Verbindung mit dem Verwaltungsrecht nennt man *Verwaltungsakzessorietät*. Inzidenter ist nach hM bei der Be-

Verf.

fugnis allein deren verwaltungsrechtliche *Wirksamkeit* (nicht Rechtmäßigkeit!) zu prüfen (§ 44 VwVfG). Eine Besonderheit ergibt sich nur aus § 330d Nr. 5, der bestimmte Arten rechtsmißbräuchlichen Verhaltens dem genehmigungslosen Verhalten gleichstellt.

## Konkurrenzen:

§ 324 steht in Idealkonkurrenz mit §§ 303 ff. 313, 314, 316b I Nr. 2, 318, 319, 326, 329 II, II, 330a (Tr[48], § 324 Rn. 11).
§ 324 verdrängt aber § 326 I Nr. 4 im Wege der Gesetzeskonkurrenz (Subsidiarität), wenn eine nachhaltige Gewässerverunreinigung durch die Beseitigung von Abwässern herbeigeführt wird (Tr[48], § 326 Rn. 18).

# § 324a. Bodenverunreinigung.

## Gesetzestext:

(1) Wer unter Verletzung verwaltungsrechtlicher Pflichten Stoffe in den Boden einbringt, eindringen läßt oder freisetzt und diesen dadurch

1. in einer Weise, die geeignet ist, die Gesundheit eines anderen, Tiere, Pflanzen oder andere Sachen von bedeutendem Wert oder ein Gewässer zu schädigen, *oder*
2. in bedeutendem Umfang

verunreinigt oder sonst nachteilig verändert, wird mit Freiheitsstrafe bis zu fünf Jahren oder mit Geldstrafe bestraft.

(2) Der Versuch ist strafbar.

(3) Handelt der Täter fahrlässig, so ist die Strafe Freiheitsstrafe bis zu drei Jahren oder Geldstrafe.

## Übersicht:

- ***Typ:*** in den Begehungsweisen *Einbringen* und *Freisetzen:* vorsätzliches Begehungsdelikt, Abs. 1, fahrlässiges Begehungsdelikt, Abs. 3. In der Begehungsweise *Eindringen lassen:* vorsätzliches Unterlassungsdelikt, Abs. 1, fahrlässiges Unterlassungsdelikt, Abs. 3. Verletzungs- und Erfolgsdelikt.
- ***Versuch*** ist strafbar, Abs. 2.
- ***Begriffsbestimmungen*** in § 330d. ***Unter Verletzung verwaltungsrechtlicher Pflichten*** ist TB-Merkmal (verwaltungsrechtlich: präventives Verbot mit Erlaubnisvorbehalt).
- ***Besonders schwerer Fall*** in § 330 I (Regelbeispiele). ***Qualifikation*** der vorsätzlichen Begehung in § 330 II (keine Regelbeispiele).
- ***Schutzgut*** ist der Boden als wesentliche Lebensgrundlage und Lebensraum für Menschen, Tiere und Pflanzen, außerdem die Gesundheit eines anderen, Tiere, Pflanzen und andere Sachen von bedeutendem Wert (Tr[48], § 324a Rn. 2).

**Aufbau (Abs. 1 - Vorsatzdelikt):**

I. Tatbestand
  1. Objektiver Tatbestand
    a. Tatobjekte:
      aa. Boden
      bb. Stoffe
    b. Tathandlung:
      aa. Einbringen (Var. 1)
      bb. Eindringen lassen (Var. 2 - Unterlassen!) - Verhinderung war
        (1) tatsächlich möglich *und*
        (2) rechtlich zumutbar
      cc. Freisetzen (Var. 3)
    c. Taterfolg I:
      Verletzung verwaltungsrechtlicher Pflichten (vgl. § 330d Nr. 4, 5) *und*
    d. Taterfolg II:
      - Nachteilige Veränderung des Bodens, insbesondere Verunreinigung
        (1) Eignung zur Schädigung von
          (a) Gesundheit eines anderen *oder*
          (b) Tieren *oder*
          (c) Pflanzen *oder*
          (d) anderen Sachen von bedeutendem Wert *oder*
          (e) Gewässern (vgl. § 330d Nr. 1) *oder*
        (2) Veränderung in bedeutendem Umfang
  2. Subjektiver Tatbestand: Vorsatz, mindestens bedingter.
II. Rechtswidrigkeit *und*
III. Schuld: keine Besonderheiten.
IV. Besonderheit: Strafzumessungsregel (Regelbeispiele) nach § 330.

**Aufbau (Abs. 3 i.V.m. Abs. 1 - Fahrlässigkeitsdelikt):**

I. Tatbestand
  1. Objektiver Tatbestand
    a. Tatobjekte:
      aa. Boden
      bb. Stoffe
    b. Tathandlung:
      aa. Einbringen (Var. 1)
      bb. Eindringen lassen (Var. 2 - Unterlassen!) - Verhinderung war
        (1) tatsächlich möglich *und*
        (2) rechtlich zumutbar
      cc. Freisetzen (Var. 3)
    c. Taterfolg I:
      - Verletzung verwaltungsrechtlicher Pflichten (vgl. § 330d Nr. 4, 5) *und*
    d. Taterfolg II:
      - Nachteilige Veränderung des Bodens, insbesondere Verunreinigung
        (1) Eignung zur Schädigung von

(a) Gesundheit eines anderen *oder*
(b) Tieren *oder*
(c) Pflanzen *oder*
(d) anderen Sachen von bedeutendem Wert *oder*
(e) Gewässern (vgl. § 330d Nr. 1) *oder*
(2) Veränderung in bedeutendem Umfang
e. Fahrlässigkeitsmerkmale:
aa. Objektive Sorgfaltspflichtverletzung (bez. der Tathandlung)
bb. Objektive Vorhersehbarkeit (bez. des Taterfolges)
cc. Objektiver Zurechnungszusammenhang
dd. Schutzzweck der Sorgfaltspflicht
2. Subjektiver Tatbestand: Veränderung gesehen (bewußte F.) oder nicht gesehen (unbewußte F.)

II. Rechtswidrigkeit: keine Besonderheiten

III. Schuld
1. Subjektive Sorgfaltspflichtverletzung
2. Subjektive Vorhersehbarkeit

## Definitionen/Erläuterungen:

| | |
|---|---|
| Der Begriff des **BODENS** ist vom Schutzzweck der Vorschrift her weit auszulegen. Erfaßt ist die obere Schicht der Erdkruste einschließlich ihrer flüssigen oder gasförmigen Bestandteile, soweit sie als Träger ökologischer Funktionen Bestandteil des Naturhaushalts ist. | S/S[25], § 324a Rn. 3 |
| **BODEN** ist - nach den Bodenschutzgesetzen einzelner Bundesländer - die oberste überbaute und nicht überbaute Schicht der festen Erdkruste einschließlich des Grundes fließender und stehender Gewässer, soweit sie durch menschliche Aktivitäten beeinflußt werden kann (§ 2 I BodSchG Baden-Württemberg). | La[22], § 324a Rn. 2 |
| **STOFFE** sind solche, die auf mechanischem oder thermischem Wege wirken. Auch Bakterien, soweit man sie nicht als Gifte zu bezeichnen pflegt, gehören hierher. | Tr[48], § 324a Rn. 4 i.V.m. § 229 Rn. 3 |
| **STOFFE** sind nicht nur Gifte, sondern alle festen, flüssigen oder gasförmigen Substanzen, die zu einer nachteiligen Beeinflussung der physikalischen, chemischen oder biologischen Bodenbeschaffenheit geeignet sind. | S/S[25], § 324a Rn. 5 |
| **STOFFE** können Gifte, aber auch zB Bakterien oder Viren sein, oder auch Stoffe, die mechanisch wirken. | La[22], § 324a Rn. 6 i.V.m. § 229 Rn. 2 |
| Mit **EINBRINGEN** wird der finale Stoffeintrag in den Boden beschrieben. | Tr[48], § 324a Rn. 4 |
| **EINBRINGEN** beschreibt den finalen Stoffeintrag. | La[22], § 324a Rn. 6 = S/S[25], § 324a Rn. 7 |

| | |
|---|---|
| Mit **EINDRINGEN LASSEN** sollen die Fälle erfaßt werden, in denen pflichtwidrig nicht verhindert wird, daß der Boden durch Stoffe verunreinigt wird. | Tr[48], § 324a Rn. 4 |
| **EINDRINGEN LASSEN** beschreibt das pflichtwidrige Nichtverhindern des Eindringens von Stoffen in den Boden. | La[22], § 324a Rn. 6 |
| **FREISETZEN** bedeutet nicht nur zielgerichtetes und kalkuliertes Gelangenlassen der Stoffe in die Umwelt, sondern gerade auch unkontrolliertes oder nicht mehr kontrollierbares Geschehenlassen in dem Sinne, daß sich solche Stoffe innerhalb des Schutzbereichs umweltgefährdend ausdehnen können. | Tr[48], § 324a Rn. 4 i.V.m. § 330a Rn. 3 |
| **FREISETZEN** umfaßt alle übrigen Handlungen, durch die eine Lage geschaffen wird, in der sich der Stoff ganz oder teilweise unkontrollierbar vom Boden aus in die Umwelt ausbreiten kann. | S/S[25], § 324a Rn. 7 |
| **FREISETZEN** beschreibt das Schaffen einer Lage, in der sich der Stoff unkontrollierbar ausbreiten kann. | La[22], § 324a Rn. 6 |
| **VERWALTUNGSRECHTLICHE PFLICHTEN** sind, auch wenn die ausdrückliche Bezugnahme, wie sie der Klammerhinweis in § 311d gibt, hier fehlt, in § 330d Nr. 4,5 näher umschrieben. Sie können sich sowohl aus Verwaltungsakten als auch aus Rechtsvorschriften ergeben, wenn diese so bestimmt gefaßt sind, daß der Normadressat das ihm in der konkreten Situation abverlangte Verhalten mit hinreichender Sicherheit erkennen kann. | Tr[48], § 324a Rn. 3 |
| Das Merkmal der **VERLETZUNG VERWALTUNGSRECHTLICHER PFLICHTEN** schränkt den Tatbestand weiter ein. Die Pflicht kann sich aus Rechtsvorschriften, gerichtlichen Entscheidungen oder Verwaltungsakten ergeben, die dem Schutz vor schädlichen Einwirkungen auf den Boden dienen. Rechtsvorschriften sind nur bei hinreichender Bestimmtheit zur Begründung solcher Pflichten tauglich. | La[22], § 324a Rn. 7 |
| ***BEACHTE:*** Die Tat ist tatbestandlich nicht verwirklicht, wenn sie von einer behördlichen Befugnis gedeckt ist, insbesondere einer solchen des WHG. Diese Verbindung mit dem Verwaltungsrecht nennt man *Verwaltungsakzessorietät.* Inzidenter ist nach hM bei der Befugnis allein deren verwaltungsrechtliche *Wirksamkeit* (nicht Rechtmäßigkeit!) zu prüfen (§ 44 VwVfG). Eine Besonderheit ergibt sich nur aus § 330d Nr. 5, der bestimmte Arten rechtsmißbräuchlichen Verhaltens dem genehmigungslosen Verhalten gleichstellt. | Verf. |
| **VERUNREINIGEN** bedeutet die Beeinträchtigung der Benutzungsmöglichkeiten und Verschlechterung der physikalischen, | Tr[48], § 324a Rn. 4 i.V.m. § 324 Rn. 5 |

chemischen, biologischen Eigenschaften des Gewässers (hM). Hierunter fallen alle Handlungen und Unterlassungen, die für die Verunreinigung ursächlich sind, nicht nur die in § 3 WHG aufgeführten Benutzungsarten.

**VERUNREINIGEN** erfaßt jede äußerlich wahrnehmbaren Veränderung der Bodenzusammensetzung, die sich ökologisch nachteilig auswirkt. — S/S[25], § 324a Rn. 9

**VERUNREINIGEN** erfaßt jede sichtbare Veränderung der Bodenzusammensetzung, die sich ökologisch nachteilig auswirkt. Die Veränderung der physikalischen, chemischen oder biologischen Beschaffenheit des Bodens muß dazu führen, daß die Funktionen des Bodens beeinträchtigt werden. — La[22], § 324a Rn. 3

---

Mit einer **SONSTIGEN NACHTEILIGEN VERÄNDERUNG** sind in ökologisch (nicht wasserwirtschaftlich) orientierter Auslegung Beeinträchtigungen gemeint, die keine Verunreinigungen ieS sind, sondern Verschlechterungen der physikalischen, chemischen, biologischen oder thermischen Beschaffenheit des Wassers in einer für die Benutzungsmöglichkeiten oder in einer für die natürliche Biozönose (dynamisches Gleichgewicht der natürlichen Lebensgemeinschaft von Pflanzen und Tieren in einem Gewässer) erheblichen Weise (die über unbedeutende vernachlässigbare kleine Beeinträchtigungen hinausgeht). — Tr[48], § 324a Rn. 5 i.V.m. § 324 Rn. 6

**NACHTEILIG** ist jede Veränderung der physikalischen, chemischen, biologischen oder thermischen Bodenbeschaffenheit, die die ökologisch bedeutsamen Bodenfunktionen beeinträchtigt. — S/S[25], § 324a Rn. 9

Ein **NACHTEILIGES VERÄNDERN** liegt in jeder an ökologischen Bedürfnissen gemessenen Verschlechterung der natürlichen Bodenbeschaffenheit. — La[22], § 324a Rn. 3

---

**GEEIGNET ZUR SCHÄDIGUNG** setzt weder Schadenseintritt noch konkrete Gefährdung voraus; Dauer und Intensität der Immission müssen nach gesicherter naturwissenschaftlicher Erfahrung lediglich in ihrer konkreten Beschaffenheit und unter den konkreten Umständen generell tauglich sein, Schädigungen an Rechtsgutobjekten der genannten Art zu verursachen. — La[22], § 324a Rn. 4 i.V.m. § 325 Rn. 13

---

Eine **BESCHÄDIGUNG DER GESUNDHEIT** besteht im Hervorrufen oder Steigern eines, wenn auch vorübergehenden pathologischen Zustandes. — Tr[48], § 324a Rn. 7 i.V.m. § 223 Rn. 6

**GESUNDHEITSSCHÄDIGUNG** ist jede Beeinträchtigung der Gesundheit iSv § 223. — S/S[25], § 324a Rn.11 i.V.m. § 325 Rn. 14

**GESUNDHEITSSCHÄDIGUNG** ist jedes Hervorrufen oder Steigern eines vom normalen Zustand der körperlichen Funktionen nachteilig abweichenden (pathologischen) Zustandes. — La[22], § 324a Rn. 4 i.V.m. § 325 Rn. 13 i.V.m: § 223 Rn. 5

| | |
|---|---|
| Der Begriff „**VON BEDEUTENDEM WERT**" ist nicht nur ökonomisch, sondern auch ökologisch zu verstehen. | Tr[48], § 324a Rn. 8 |
| Der Begriff des **BEDEUTENDEN WERTES** ist hier anders als im rahmen der §§ 315 ff. nicht rein ökonomisch zu verstehen. Vielmehr sind neben wertvollen auch nach materiellen Kriterien wertlose, aber für den Naturhaushalt bedeutsame tatobjekte geschützt. | S/S[25], § 324a Rn. 11 |
| Sachen haben auch hier **BEDEUTENDEN WERT** nicht nur, wenn sie ökonomisch, sondern auch dann, wenn ökologisch wertvoll sind. | La[22], § 324a Rn. 4 |

| | |
|---|---|
| **GEWÄSSER**: vgl. § 330d Nr. 1. **OBERIRDISCHE GEWÄSSER** sind das ständig oder zeitweilig in Betten fließende oder stehende oder aus Quellen wild abfließende Wasser (§ 1 I Nr. 1 WHG), also nicht das in Leitungen, in Behältnissen oder sonst gefaßte Wasser oder anderes Wasser, dem ein Gewässerbett fehlt. | S/S[25], § 324a Rn. 11 i.V.m. § 324 Rn. 4 |
| **GEWÄSSER**: vgl. § 330d Nr. 1. **OBERIRDISCHE GEWÄSSER** sind ständig oder zeitweilig in (natürlichen oder künstlich angelegten) Betten fließende oder stehende (zB Teiche, die sich zu Biotopen entwickelt haben) oder aus Quellen wild abfließende Wasser (§ 1 I Nr. 1 WHG). | La[22], § 324a Rn. 4 i.V.m. § 324 Rn. 2 |
| Unter **GRUNDWASSER** (§ 1 I Nr. 2 WHG) ist das gesamte am natürlichen Kreislauf teilnehmende unterirdische Wasser einschließlich fließender oder stehender Gewässer in Erdhöhlen. | La[22], § 324a Rn. 4 i.V.m. § 324 Rn. 2 |
| **MEER** bedeutet ohne räumliche Beschränkung auch das fremde Küstenmeer und die hohe See. | La[22], § 324a Rn. 4 i.V.m. § 324 Rn. 2a |

| | |
|---|---|
| Der Begriff „**VON BEDEUTENDEM UMFANG**" ist nicht nur ökonomisch, sondern auch ökologisch zu verstehen. | Tr[48], § 324a Rn. 10 |
| Mit dem Kriterium „**BEDEUTEND**" soll sichergestellt werden, daß nicht bereits unbedeutende Eingriffe in den Boden mit Strafe bedroht sind. | La[22], § 324a Rn. 3 |
| Die Formel „**BEDEUTENDER UMFANG**" ist nicht nur rein quantitativ zu verstehen. Intensität und Dauer der Beeinträchtigung sind ebenso zu beachten wie der Aufwand zu ihrer Beseitigung. | La[22], § 324a Rn. 5 |

| | |
|---|---|
| **FAHRLÄSSIG** handelt, wer entweder die Sorgfalt außer acht läßt, zu der er nach den Umständen und seinen persönlichen Verhältnissen verpflichtet und fähig ist, und deshalb die Tatbestandsverwirklichung nicht erkennt (unbewußte Fahrlässigkeit) oder wer die Tatbestandsverwirklichung für möglich hält, jedoch pflichtwidrig und vorwerfbar im Vertrauen darauf han- | La[22], § 324a Rn. 8 i.V.m. § 324 Rn. 7 i.V.m. § 15 Rn. 35 |

delt, daß sie nicht eintreten werde (unbewußte Fahrlässigkeit).

Bei fahrlässigem Handeln nach Abs. 3 ist der Sorgfaltsmaßstab eines umweltbewußten Rechtsgenossen anzulegen und namentlich auch eine etwa bestehende Sonderpflicht des Täters zu berücksichtigen. La[22], § 324a Rn. 8 i.V.m. § 324 Rn. 7

## Konkurrenzen:

§ 324 steht in Idealkonkurrenz mit §§ 303 ff., 316b I Nr. 2, 318, 319, 329 II, II, 330a (Tr[48], § 324 Rn. 13).

# § 325. Luftverunreinigung.

## Gesetzestext:

(1) Wer beim Betrieb einer Anlage, insbesondere einer Betriebsstätte oder Maschine, unter Verletzung verwaltungsrechtlicher Pflichten Veränderungen der Luft verursacht, die geeignet sind, außerhalb des zur Anlage gehörenden Bereichs die Gesundheit eines anderen, Tiere, Pflanzen oder andere Sachen von bedeutendem Wert zu schädigen, wird mit Freiheitsstrafe bis zu fünf Jahren oder mit Geldstrafe bestraft. Der Versuch ist strafbar.

(2) Wer beim Betrieb einer Anlage, insbesondere einer Betriebsstätte oder Maschine, unter grober Verletzung verwaltungsrechtlicher Pflichten Schadstoffe in bedeutendem Umfang in die Luft außerhalb des Betriebsgeländes freisetzt, wird mit Freiheitsstrafe bis zu fünf Jahren oder mit Geldstrafe bestraft.

(3) Handelt der Täter fahrlässig, so ist die Strafe Freiheitsstrafe bis zu drei Jahren oder Geldstrafe.

(4) Schadstoffe im Sinne des Absatzes 2 sind Stoffe, die geeignet sind,

1. die Gesundheit eines anderen, Tiere, Pflanzen oder andere Sachen von bedeutendem Wert zu schädigen *oder*
2. nachhaltig ein Gewässer, die Luft oder den Boden zu verunreinigen oder sonst nachteilig zu verändern.

(5) Die Absätze 1 bis 3 gelten nicht für Kraftfahrzeuge, Schienen-, Luft- oder Wasserfahrzeuge.

## Übersicht:

- ***Typ:*** vorsätzliches Begehungsdelikt, Abs. 1 und 2, fahrlässiges Begehungsdelikt, Abs. 3. Abs. 1 (Luftveränderung) und 2 (Schadstoffemission) sind jeweils eigenständige Delikte (mit eigenen Obersätzen). Potentielles Gefährdungsdelikt (keine konkrete Schädigung nötig, sondern nur Eignung der Tathandlung zur Schädigung).
- ***Versuch*** ist nur im Fall von Abs. 1 strafbar, S. 2.

- ❍ ***Begriffsbestimmungen*** in Abs. 4 und in § 330d. ***Unter (grober) Verletzung verwaltungsrechtlicher Pflichten*** ist TB-Merkmal (verwaltungsrechtlich: präventives Verbot mit Erlaubnisvorbehalt).
- ❍ ***(Negative) Begriffsbestimmung*** in Abs. 5.
- ❍ ***Besonders schwerer Fall*** in § 330 I (Regelbeispiele). Qualifikation der vorsätzlichen Begehung in § 330 II (keine Regelbeispiele).
- ❍ ***Schutzgut*** ist in Abs. 1 die Gesundheit eines Menschen, daneben aber eigenständig auch die Umwelt, nämlich Pflanzen, Tiere und andere Sachen von bedeutendem (ökologischen, wirtschaftlichen, historischen oder sonst allgemein oder individuell interessierenden) Wert im Sinne des Interesses an der Erhaltung der Sache. Nicht nur der Wert der Sache muß bedeutend sein, sondern auch die ihr drohende Schädigung. In Abs. 2 sind über Abs. 4 Nr. 2 zusätzlich geschützt die Umweltmedien Gewässer, Luft, Boden (Tr[48], § 325 Rn. 2).
- ❍ § 325 wird ergänzt durch §§ 326, 327 II und 328.

**Aufbau (Abs. 1 - Vorsatzdelikt):**

I. Tatbestand
   1. Objektiver Tatbestand
      a. Tatobjekte:
         aa. die Luft
         bb. eine Anlage, insbesondere eine Betriebsstätte oder eine Maschine, die im Betrieb ist (mit Ausschluß bestimmter Anlagen, vgl. Abs. 5)
      b. Tathandlung:
         - beliebiges Verhalten als Verursachung (von Luftveränderungen)
      c. Taterfolg I:
         - Verletzung verwaltungsrechtlicher Pflichten (vgl. § 330d Nr. 4, 5) *und*
      d. Taterfolg II:
         - Veränderung der Luft,
           (1) mit Eignung zur Schädigung von
               (a) Gesundheit eines anderen *oder*
               (b) Tieren *oder*
               (c) Pflanzen *oder*
               (d) anderen Sachen von bedeutendem Wert
           (2) jeweils außerhalb des zur Anlage gehörenden Bereiches
   2. Subjektiver Tatbestand: Vorsatz, mindestens bedingter.
II. Rechtswidrigkeit *und*
III. Schuld: keine Besonderheiten.
IV. Besonderheit: Strafzumessungsregel (Regelbeispiele) nach § 330.

**Aufbau (Abs. 2 i.V.m. Abs. 4 - Vorsatzdelikt):**

I. Tatbestand
   1. Objektiver Tatbestand
      a. Tatobjekte:
         aa. die Luft

bb. eine Anlage, insbesondere eine Betriebsstätte oder eine Maschine, die im Betrieb ist (mit Ausschluß bestimmter Anlagen, vgl. Abs. 5)
cc. Schadstoffe (vgl. Abs. 4) = Stoffe mit Eignung
(1) zur Schädigung von
(a) Gesundheit eines anderen *oder*
(b) Tieren *oder*
(c) Pflanzen *oder*
(d) anderen Sachen von bedeutendem Wert *oder*
(2) zur nachteiligen Veränderung, insbesondere zur nachhaltigen Verunreinigung von
(a) Gewässern (vgl. § 330d Nr. 1) *oder*
(b) Luft *oder*
(c) Boden
b. Tathandlung:
aa. Freisetzen
bb. in bedeutendem Umfang
c. Taterfolg I:
- grobe Verletzung verwaltungsrechtlicher Pflichten (vgl. § 330d Nr. 4, 5) *und*
d. Taterfolg II:
- Schadstoffe gelangen in einen Bereich außerhalb des Betriebsgeländes
2. Subjektiver Tatbestand: Vorsatz, mindestens bedingter.
II. Rechtswidrigkeit *und*
III. Schuld: keine Besonderheiten.
IV. Besonderheit: Strafzumessungsregel (Regelbeispiele) nach § 330.

**Aufbau (Abs. 3 i.V.m. Abs. 1 - Fahrlässigkeitsdelikt):**

I. Tatbestand
1. Objektiver Tatbestand
a. Tatobjekte:
aa. die Luft
bb. eine Anlage, insbesondere eine Betriebsstätte oder eine Maschine, die im Betrieb ist (mit Ausschluß bestimmter Anlagen, vgl. Abs. 5)
b. Tathandlung:
- beliebiges Verhalten als Verursachung (von Luftveränderungen)
c. Taterfolg I:
- Verletzung verwaltungsrechtlicher Pflichten (vgl. § 330d Nr. 4, 5) *und*
d. Taterfolg II:
- Veränderung der Luft,
(1) mit Eignung zur Schädigung von
(a) Gesundheit eines anderen *oder*
(b) Tieren *oder*
(c) Pflanzen *oder*
(d) anderen Sachen von bedeutendem Wert
(2) jeweils außerhalb des zur Anlage gehörenden Bereiches
e. Fahrlässigkeitsmerkmale:

aa. Objektive Sorgfaltspflichtverletzung (bez. der Tathandlung)
bb. Objektive Vorhersehbarkeit (bez. des Taterfolges)
cc. Objektiver Zurechnungszusammenhang
dd. Schutzzweck der Sorgfaltspflicht
2. Subjektiver Tatbestand: Veränderung und Pflichtverletzung gesehen (bewußte F.) oder nicht gesehen (unbewußte F.)
II. Rechtswidrigkeit: keine Besonderheiten
III. Schuld
1. Subjektive Sorgfaltspflichtverletzung
2. Subjektive Vorhersehbarkeit

**Aufbau (Abs. 3 i.V.m. Abs. 2 i.V.m. Abs. 4 - Fahrlässigkeitsdelikt):**

I. Tatbestand
1. Objektiver Tatbestand
a. Tatobjekte:
aa. die Luft
bb. eine Anlage, insbesondere eine Betriebsstätte oder eine Maschine, die im Betrieb ist (mit Ausschluß bestimmter Anlagen, vgl. Abs. 5)
cc. Schadstoffe (vgl. Abs. 4) = Stoffe mit Eignung
(1) zur Schädigung von
(a) Gesundheit eines anderen *oder*
(b) Tieren *oder*
(c) Pflanzen *oder*
(d) anderen Sachen von bedeutendem Wert *oder*
(2) zur nachteiligen Veränderung, insbesondere zur nachhaltigen Verunreinigung von
(a) Gewässern (vgl. § 330d Nr. 1) *oder*
(b) Luft *oder*
(c) Boden
b. Tathandlung:
aa. Freisetzen
bb. in bedeutendem Umfang
c. Taterfolg I:
- grobe Verletzung verwaltungsrechtlicher Pflichten (vgl. § 330d Nr. 4, 5) *und*
d. Taterfolg II:
- Schadstoffe gelangen in einen Bereich außerhalb des Betriebsgeländes
e. Fahrlässigkeitsmerkmale:
aa. Objektive Sorgfaltspflichtverletzung (bez. der Tathandlung)
bb. Objektive Vorhersehbarkeit (bez. des Taterfolges)
cc. Objektiver Zurechnungszusammenhang
dd. Schutzzweck der Sorgfaltspflicht
2. Subjektiver Tatbestand: Schadstoffemission und Pflichtverletzung gesehen (bewußte F.) oder nicht gesehen (unbewußte F.)
II. Rechtswidrigkeit: keine Besonderheiten
III. Schuld

1. Subjektive Sorgfaltspflichtverletzung
2. Subjektive Vorhersehbarkeit

## Definitionen/Erläuterungen:

**ANLAGEN** iS des I sind vor allem Großfeuerungsanlagen und Feuerungsanlagen iS der BImSchV, in strafrechtlicher Auslegung aber auch Flugplätze, öffentliche Verkehrswege und Grundstücke, soweit auf ihnen Stoffe gelagert oder abgelagert oder imissionsträchtige Arbeiten durchgeführt werden, zB auch Müllverbrennungsanlagen, Autofriedhöfe, auch Areale, auf denen Autowracks ständig gewerblich gelagert und ausgeschlachtet werden, Oberflächenbehandlungs-, Chemischreinigungs-, Textilausrüstungs- und Extraktionsanlagen iS der 2. BImSchV; Hochöfen, Trockenöfen oder sonstige Betriebsstätten oder Einrichtungen, ferner Maschinen und technische Geräte aller Art, soweit sie nach Funktion und Größe begrifflich noch als Anlage iwS zu verstehen sind, Geräte und sonstige ortsveränderliche technische Einrichtungen sowie Fahrzeuge, ausgenommen jedoch Verkehrsfahrzeuge, selbst wenn sie mit Giftfässern beladen sind. Tr[48], § 325 Rn. 4

Der Begriff „**ANLAGE**" ist weit auszulegen. Hierzu gehören zB Betriebsstätten, dh die Einrichtungen, die als räumliche Zusammenfassung der Ausübung eines stehenden Betriebes dienen, sowie sonstige ortsfeste Einrichtungen. Neben Fabriken, ähnlichen industriellen Werken und handwerklichen Betriebsstätten fallen hierunter etwa Feuerungsanlagen, Müllverbrennungsanlagen, Abfallaufbereitungsanlagen, Klärwerke, Motorsportanlagen, Kompostwerke, Schweinemästereien. Anlagen sind ferner ortsveränderliche technische Einrichtungen, insb. Maschinen und Geräte, wie Bagger, Planierraupen, Betonmischer, sonstige Baumaschinen, mobile Pumpen. Außerdem gehören Grundstücke unabhängig von baulichen und technischen Einrichtungen zu den Anlagen, soweit auf ihnen Stoffe gelagert oder abgelagert oder emissionsträchtige Arbeiten durchgeführt werden. Nicht erforderlich ist, daß das Grundstück insgesamt oder überwiegend solchen Zwecken dient. S/S[25], § 325 Rn. 4

**ANLAGE** ist eine auf gewisse Dauer vorgesehene, als Funktionseinheit organisierte Einrichtung von nicht ganz unerheblichen Ausmaßen, die der Verwirklichung beliebiger Zwecke dient. Ob sie ortsfest (zB Betriebsstätte, Heizungsanlage) oder beweglich ist (zB Maschine), bleibt sich gleich; daher werden technische Geräte aller Art erfaßt, soweit nicht das Sprachverständnis wegen der begrenzten Funktion oder Dimension des Gegenstandes seiner Charakterisierung als Anlage entgegensteht. La[22], § 325 Rn. 2

| | |
|---|---|
| **Betriebsstätten** sind Einrichtungen, die als räumliche Zusammenfassung der Ausübung eines stehenden Betriebes dienen. | S/S[25], § 325 Rn. 4 |
| **Betriebsstätte** ist eine ortsfeste Anlage. | La[22], § 325 Rn. 2 |
| **Maschine** ist eine bewegliche Anlage. | La[22], § 325 Rn. 2 |
| In **Betrieb** ist die Anlage, sobald sie für ihre Zwecke in Gang gesetzt ist und solange sie auch nicht völlig stillgelegt ist, oder noch nicht gegen eine unbefugte Weiterbenützung abgesichert ist. Erfaßt ist schon die Erprobung der Anlage. | Tr[48], § 325 Rn. 5 |
| Die Anlage wird **betrieben**, wenn und solange sie für ihre Zwecke in Gebrauch ist, also vom Ingangsetzen bis zur vollständigen Stillegung. Der zweckdienliche Gebrauch beschränkt sich nicht auf die Verwendung einer Anlage in ihrer bestimmungsgemäßen Funktion. Er umfaßt auch den mittelbar hierfür wesentlichen Gebrauch, wie die Erprobung einer Anlage, deren Wartung oder Reparaturen. | S/S[25], § 325 Rn. 6 |
| **Betrieb** einer Anlage entspricht dem Betreiben im Sinne des § 4 BImSchG. Es ist weit auszulegen und umfaßt alle Handlungen, die zum tatsächlichen In-Funktion-Setzen oder -Halten beitragen; beendigt ist es erst nach völliger Stillegung, bei Müllplätzen also erst nach wirksamer Absicherung gegen (auch unbefugte) Weiterbenutzung. | La[22], § 325 Rn. 2 |
| Für eine **Verursachung** muß das pflichtwidrige Verhalten (Tun oder Unterlassen) kausal für eine Veränderung der natürlichen Zusammensetzung der Luft gewesen sein. | S/S[25], § 325 Rn. 12 |
| **Verursachen** ist auch durch Unterlassen in Garantenstellung, zB durch Unterlassen des Einbaus von Schutzfiltern, möglich. | La[22], § 325 Rn. 13 |
| **Verletzung verwaltungsrechtlicher Pflichten**, vgl. § 330d Nr. 4, 5. | Tr[48], § 325 Rn. 3 |
| ***Beachte:*** Die Tat ist tatbestandlich nicht verwirklicht, wenn sie von einer behördlichen Befugnis gedeckt ist, insbesondere einer solchen des WHG. Diese Verbindung mit dem Verwaltungsrecht nennt man *Verwaltungsakzessorietät*. Inzidenter ist nach hM bei der Befugnis allein deren verwaltungsrechtliche *Wirksamkeit* (nicht Rechtmäßigkeit!) zu prüfen (§ 44 VwVfG). Eine Besonderheit ergibt sich nur aus § 330d Nr. 5, der bestimmte Arten rechtsmißbräuchlichen Verhaltens dem genehmigungslosen Verhalten gleichstellt. | Verf |
| Das Erfordernis der **Eignung zur Herbeiführung bestimmter Schädigungen** liegt vor, wenn Immissionen von einer Dauer und Stärke verursacht werden, die nach gesicherter | Tr[48], § 325 Rn. 7 |

naturwissenschaftlicher Erfahrung in ihrer konkreten Beschaffenheit und unter konkreten Umständen generell geeignet sind, Schädigungen an einem der geschützten Rechtsgüter herbeizuführen.

Für die **Eignung zur Schadensverursachung** reicht aus, wenn die Luftverunreinigung sich erst mittelbar schädlich auswirken kann, zB Schadstoffbelastung des Bodens mit möglichen Folgewirkungen für Pflanzen und die sie verzehrenden Tiere oder für Menschen durch Genuß solcher Pflanzen und Tiere. Gleiches gilt für das mögliche Abwandern von Tieren, sofern hierdurch der Naturhaushalt sich nachteilig ändert und infolgedessen Tiere oder Pflanzen Schaden erleiden. — S/S[25], § 325 Rn. 18

**Geeignet zur Schädigung** setzt weder Schadenseintritt noch konkrete Gefährdung voraus; Dauer und Intensität der Immission müssen nach gesicherter naturwissenschaftlicher Erfahrung lediglich in ihrer konkreten Beschaffenheit und unter den konkreten Umständen generell tauglich sein, Schädigungen an Rechtsgutobjekten der genannten Art zu verursachen. — La[22], § 325 Rn. 13

---

Eine **Beschädigung der Gesundheit** besteht im Hervorrufen oder Steigern eines, wenn auch vorübergehenden pathologischen Zustandes. — Tr[48], § 325 Rn. 2 i.V.m. § 324a Rn. 7 i.V.m. § 223 Rn. 6

Als **Gesundheitsschädigung** ist jede Beeinträchtigung der Gesundheit iSv § 223a nzusehen, das Hervorrufen oder Steigern eines (auch vorübergehenden) pathologischen Zustandes in Betracht. — S/S[25], § 325 Rn. 14

**Gesundheitsbeschädigung** ist jedes Hervorrufen oder Steigern eines vom normalen Zustand der körperlichen Funktionen nachteilig abweichenden (pathologischen) Zustandes, gleichgültig, auf welche Art und Weise er verursacht wird und ob das Opfer dabei Schmerz empfindet. — La[22], § 325 Rn. 13 i.V.m. § 223 Rn. 5

---

**Schäden bei Tieren oder Pflanzen** liegen vor, wenn diese eingehen oder verkümmern. — S/S[25], § 325 Rn. 15

---

Unter **bedeutender Wert** ist der ökologische, wirtschaftliche, historische oder sonst allgemein oder individuell interessierende Wert, zu verstehen. — Tr[48], § 325 Rn. 2

Bei der **Wertbeurteilung** sind nicht nur wirtschaftliche, sondern auch ökologische Faktoren (einschließlich Artenerhaltung) zu berücksichtigen. Von wesentlicher Bedeutung ist daher u.a., ob die Schäden zu nachteiligen Änderungen im Tier- oder Pflanzenhaushalt eines bestimmten Gebietes führen. — S/S[25], § 325 Rn. 15

Der Begriff **„von bedeutendem Wert“** ist nicht nur ökonomisch, sondern auch ökologisch zu verstehen. — Tr[48], § 325 Rn. 10 i.V.m. § 324a Rn. 8

**Andere Sachen von bedeutendem Wert**, die betroffen — S/S[25], § 325 Rn. 16

sein können, sind vor allem Gebäude, sonstige Bauwerke und Kunstwerke.

Tiere, Pflanzen und andere Sachen haben **BEDEUTENDEN WERT** liegt vor, wenn ein gewichtiges wirtschaftliches, ökologisches oder historisches Allgemein- oder Individualinteresse an ihrer Erhaltung besteht.

La[22], § 325 Rn. 13

---

**AUßERHALB DES ZUR ANLAGE GEHÖRENDEN BEREICHS** müssen die schädlichen Wirkungen auftreten, dh für die Nachbarschaft oder die Allgemeinheit, soweit sie unter normalen Umständen von den schädigenden Einwirkungen erfaßt werden können.

Tr[48], § 325 Rn. 11

**AUßERHALB DES ZUR ANLAGE GEHÖRENDEN BEREICHS**: Hierfür bleibt es sich gleich, ob die Allgemeinheit als unbestimmte Mehrheit von Betroffenen oder die Nachbarschaft als ein bestimmter Kreis Betroffener den schädlichen Immissionen ausgesetzt ist. Die Nachbarschaft beschränkt sich nicht auf den unmittelbar an die Anlage angrenzenden Bereich. Zu ihr zählt vielmehr der gesamte Bereich in der Nähe der Anlage, der unter gewöhnlichen Umständen von den Immissionen unmittelbar erfaßt wird.

S/S[25], § 325 Rn. 17

**AUßERHALB DES ZUR ANLAGE GEHÖRENDEN BEREICHS**: Es müssen die Allgemeinheit oder die Nachbarschaft betroffen sein. Einwirkungen auf die Anlage selbst, die sich jeweils auf den räumlichen Bereich erstreckt, für den die verwaltungsrechtlichen Pflichten zur Vermeidung schädlicher Umwelteinwirkungen auferlegt sind, scheiden für die Beurteilung der Eignung einer Immission zur Schädigung aus. Für Schädigungen innerhalb der Anlage gilt neben den allgemeinen Tatbeständen (zB §§ 222, 230) das Arbeitsschutzrecht.

La[22], § 325 Rn. 3

---

**SCHADSTOFFE** sind Stoffe mit der Eignung, potentiell auf die Gesundheit eines Menschen, Tiere, Pflanzen oder andere Sachen von bedeutendem Wert zu wirken.

Tr[48], § 325 Rn. 17

**SCHADSTOFFE** sind alle Stoffe, die geeignet sind, die Gesundheit eines anderen, Tiere, Pflanzen oder andere Sachen von bedeutendem Wert zu schädigen.

S/S[25], § 325 Rn. 22

---

**NACHHALTIG** bedeutet in erheblichem Umfang und für längere Dauer.

Tr[48], § 325 Rn. 17 i.V.m. § 326 Rn. 5a

**NACHHALTIG** ist eine Verunreinigung sein, wenn es nach Intensität und Dauer zu größeren Schäden kommen kann.

S/S[25], § 325 Rn. 22

---

**GEWÄSSER**: vgl. § 330d Nr. 1. **OBERIRDISCHE GEWÄSSER** sind das ständig oder zeitweilig in Betten fließende oder stehende oder aus Quellen wild abfließende Wasser (§ 1 I Nr. 1 WHG), also nicht das in Leitungen, in Behältnissen oder sonst

Tr[48], § 324 Rn. 2 = S/S[25], § 324 Rn. 4

| | |
|---|---|
| gefaßte Wasser oder anderes Wasser, dem ein Gewässerbett fehlt. | |
| **GEWÄSSER**: vgl. § 330d Nr. 1. **OBERIRDISCHE GEWÄSSER** sind ständig oder zeitweilig in (natürlichen oder künstlich angelegten) Betten fließende oder stehende (zB Teiche, die sich zu Biotopen entwickelt haben) oder aus Quellen wild abfließende Wasser (§ 1 I Nr. 1 WHG). | (La[22], § 324 Rn. 2) |
| Unter **GRUNDWASSER** (§ 1 I Nr. 2 WHG) ist das gesamte unterirdische Wasser, also auch stehende und fließende Gewässer in Erdhöhlen gemeint. | Tr[48], § 324 Rn. 3 = S/S[25], § 324 Rn. 5 |
| Unter **GRUNDWASSER** (§ 1 I Nr. 2 WHG) ist das gesamte am natürlichen Kreislauf teilnehmende unterirdische Wasser einschließlich fließender oder stehender Gewässer in Erdhöhlen. | (La[22], § 324 Rn. 2) |
| **MEER** meint nicht nur nationale Küstengewässer (wie § 1 I Nr. 1a WHG), sondern wegen des nichtbeschränkten Meeresbegriffs auch fremde und die Hohe See. | Tr[48], § 324 Rn. 4 |
| Zum **MEER** gehören alle Küstengewässer und die Hohe See ohne räumliche Begrenzung. | S/S[25], § 324 Rn. 6 |
| **MEER** bedeutet ohne räumliche Beschränkung auch das fremde Küstenmeer und die hohe See. | La[22], § 324 Rn. 2a |
| Unter **LUFTVERUNREINIGUNG** ist eine Veränderung der natürlichen Zusammensetzung der Luft, insb. durch Freisetzen von Staub, Gasen, Dämpfen oder Geruchsstoffen, zu verstehen. | S/S[25], § 325 Rn. 2 |
| **BODEN** ist - nach den Bodenschutzgesetzen einzelner Bundesländer - die oberste überbaute und nicht überbaute Schicht der festen Erdkruste einschließlich des Grundes fließender und stehender Gewässer, soweit sie durch menschliche Aktivitäten beeinflußt werden kann (§ 2 I BodSchG Baden-Württemberg). | La[22], § 324a Rn. 2 |
| Mit einer **SONSTIGEN NACHTEILIGEN VERÄNDERUNG** sind in ökologisch (nicht wasserwirtschaftlich) orientierter Auslegung Beeinträchtigungen gemeint, die keine Verunreinigungen ieS sind, sondern Verschlechterungen der physikalischen, chemischen, biologischen oder thermischen Beschaffenheit des Wassers in einer für die Benutzungsmöglichkeiten oder in einer für die natürliche Biozönose (dynamisches Gleichgewicht der natürlichen Lebensgemeinschaft von Pflanzen und Tieren in einem Gewässer) erheblichen Weise (die über unbedeutende vernachlässigbare kleine Beeinträchtigungen hinausgeht). | Tr[48], § 325 Rn. 17 i.V.m. § 324 Rn. 6 |
| **FREISETZEN** bedeutet, daß die Schadstoffe unkontrollierbar frei in die Luft gelangen können, wozu auch die Beseitigung von Sicherungs- oder Verhütungseinrichtungen ausreichen kann. | Tr[48], § 325 Rn. 16 |

| | |
|---|---|
| **FREIGESETZT** sind Stoffe, wenn sie sich ungehindert außerhalb des Betriebsgeländes in der Luft verbreiten können. | S/S[25], § 325 Rn. 22 |
| **FREISETZEN** setzt voraus, daß durch positives Tun oder Geschehenlassen in Garantenstellung eine Lage geschaffen wird, in der sich Gift ganz oder wenigstens zum Teil unkontrollierbar in der Umwelt ausbreiten kann. | La[22], § 325 Rn. 14 i.V.m. § 330a Rn. 3 |
| **IN BEDEUTENDEM UMFANG** sind die Schadstoffe in die Luft freigesetzt worden, wenn sie „nach Art, Beschaffenheit oder Menge erheblichem Ausmaß" (RegE) freigesetzt wurden. | Tr[48], § 325 Rn. 18 |
| Die Formel „**BEDEUTENDER UMFANG**" ist nicht nur rein quantitativ zu verstehen. Intensität und Dauer der Beeinträchtigung sind ebenso zu beachten wie der Aufwand zu ihrer Beseitigung. | La[22], § 325 Rn. 14 i.V.m. § 324a Rn. 5 |
| Der bedeutende Umfang ist in Relation zur Art, Beschaffenheit oder Menge der Schadstoffe zu bestimmen, Anhaltspunkte können sich etwa aus § 29 BImSchG ergeben. | La[22], § 325 Rn. 14 |
| **GROBE VERLETZUNG** liegt bei grob pflichtwidrigem Verhalten vor, das sich sowohl aus dem Grad der Pflichtwidrigkeit als auch aus der Bedeutung der verletzten Pflicht ergeben kann, was bedeutet, daß die Pflicht in besonders schwerem Maße verletzt wird oder der Verstoß sich gegen eine besonders gravierende Pflicht richtet, wobei ihre Zumutbarkeit Bedeutung erlangen kann. | Tr[48], § 325 Rn. 14 |
| Eine **GROBE PFLICHTWIDRIGKEIT** kann sich aus dem Grad der Pflichtwidrigkeit oder aus der Bedeutung der verletzten Pflicht ergeben. Sie liegt danach vor, wenn die jeweilige Pflicht in besonders schwerem Maß verletzt wird oder der Verstoß sich gegen eine besonders gewichtige Pflicht richtet. | S/S[25], § 325 Rn. 24 |
| **GROB PFLICHTWIDRIG** erfordert ein nach dem Ausmaß der Gefährlichkeit oder dem Grad der Pflichtwidrigkeit besonders schwerwiegendes Verhalten (Tun oder Unterlassen); es kann deshalb sowohl aus dem besonderen Gewicht der verletzten Pflicht als auch aus dem besonderen Maß der Pflichtvergessenheit in bezug auf eine an sich nicht wichtige Pflicht hergeleitet werden. Es fehlt allgemein, wenn das Verhalten materiell rechtmäßig ist, und wird häufig auch fehlen, wenn sich ein sofort vollziehbarer Verwaltungsakt nach Tatbegehung im Widerspruchs- oder verwaltungsgerichtlichen Verfahren als nicht bestandskräftig erweist. | La[22], § 325 Rn. 11 |
| **FAHRLÄSSIG** handelt, wer entweder die Sorgfalt außer acht läßt, zu der er nach den Umständen und seinen persönlichen Verhältnissen verpflichtet und fähig ist, und deshalb die Tatbestandsverwirklichung nicht erkennt (unbewußte Fahrlässigkeit) oder wer die Tatbestandsverwirklichung für möglich hält, je- | La[22], § 325 Rn. 16 i.V.m. § 15 Rn. 35 |

doch pflichtwidrig und vorwerfbar im Vertrauen darauf handelt, daß sie nicht eintreten werde (unbewußte Fahrlässigkeit).

**KRAFTFAHRZEUGE, SCHIENENFAHRZEUGE, LUFTFAHRZEUGE, WASSERFAHRZEUGE.** Der Ausschluß gilt nur für Verkehrsfahrzeuge, aber nicht für Baumaschinen, mobile Pumpen, Hebewerke. — Tr[48], § 325 Rn. 23

## Konkurrenzen:

§ 325 steht in Idealkonkurrenz mit §§ 223, 230, 303, 304, 326, 327 II Nr. 1, 329 (Tr[48], § 325 Rn. 26).

# § 325a. Verursachen von Lärm, Erschütterungen und nichtionisierenden Strahlen.

## Gesetzestext:

(1) Wer beim Betrieb einer Anlage, insbesondere einer Betriebsstätte oder Maschine, unter Verletzung verwaltungsrechtlicher Pflichten Lärm verursacht, der geeignet ist, außerhalb des zur Anlage gehörenden Bereichs die Gesundheit eines anderen zu schädigen, wird mit Freiheitsstrafe bis zu drei Jahren oder mit Geldstrafe bestraft.

(2) Wer beim Betrieb einer Anlage, insbesondere einer Betriebsstätte oder Maschine, unter Verletzung verwaltungsrechtlicher Pflichten, die dem Schutz vor Lärm, Erschütterungen oder nichtionisierenden Strahlen dienen, die Gesundheit eines anderen, ihm nicht gehörende Tiere oder fremde Sachen von bedeutendem Wert gefährdet, wird mit Freiheitsstrafe bis zu fünf Jahren oder mit Geldstrafe bestraft.

(3) Handelt der Täter fahrlässig, so ist die Strafe

1. in den Fällen des Absatzes 1 Freiheitsstrafe bis zu zwei Jahren oder Geldstrafe,
2. in den Fällen des Absatzes 2 Freiheitsstrafe bis zu drei Jahren oder Geldstrafe.

(4) Die Absätze 1 bis 3 gelten nicht für Kraftfahrzeuge, Schienen-, Luft- oder Wasserfahrzeuge.

## Übersicht:

- ***Typ:*** vorsätzliches Begehungsdelikt, Abs. 1 und 2, fahrlässiges Begehungsdelikt, Abs. 3. Abs. 1 (bloße Lärmverursachung) und Abs. 2 sind jeweils eigenständige Delikte (mit eigenen Obersätzen). Abs. 1 ist potentielles Gefährdungsdelikt (keine konkrete Schädigung nötig, sondern nur Eignung der Tathandlung zur Schädigung), Abs. 2 ist konkretes Gefährdungsdelikt.
- ***Versuch*** ist nicht strafbar (Vergehen!).
- ***Begriffsbestimmungen*** in § 330d. ***Unter Verletzung verwaltungsrechtlicher Pflichten*** ist TB-Merkmal (verwaltungsrechtlich: präventives Verbot mit Erlaubnisvorbehalt).
- ***(Negative) Begriffsbestimmung*** in Abs. 4.

- ***Besonders schwerer Fall*** in § 330 I (Regelbeispiele). Qualifikation der vorsätzlichen Begehung in § 330 II (keine Regelbeispiele).
- Für Abs. 2 enthält § 330b I S. 1 einen fakultativen *(möglichen)* ***Strafmilderungs- bzw. -aufhebungsgrund***, für die fahrlässige Begehung nach Abs. 3 enthält § 330b I S. 2 i.V.m. S. 1 einen *zwingenden* ***Strafaufhebungsgrund*** (Tätige Reue).
- ***Schutzgut*** ist in Abs. 1 die Gesundheit eines Menschen, in Abs. 2 zusätzlich dem Täter nicht gehörende Tiere oder fremde Sachen (Tr[48], § 325a Rn. 1).

**Aufbau (Abs. 1 - Vorsatzdelikt):**

I. Tatbestand
   1. Objektiver Tatbestand
      a. Tatobjekte:
         - eine Anlage, insbesondere eine Betriebsstätte oder eine Maschine, die im Betrieb ist (mit Ausschluß bestimmter Anlagen, vgl. Abs. 4)
      b. Tathandlung:
         - beliebiges Verhalten als Verursachung (von Lärm)
      c. Taterfolg I:
         - Verletzung verwaltungsrechtlicher Pflichten (vgl. § 330d Nr. 4, 5) *und*
      d. Taterfolg II: Lärm,
         aa. mit Eignung zur Schädigung der Gesundheit eines anderen
         bb. in einem Bereich außerhalb der Anlage
   2. Subjektiver Tatbestand: Vorsatz, mindestens bedingter.

II. Rechtswidrigkeit *und*
III. Schuld: keine Besonderheiten.
IV. Besonderheit: Strafzumessungsregel (Regelbeispiele) nach § 330.

**Aufbau (Abs. 2 - Vorsatzdelikt):**

I. Tatbestand
   1. Objektiver Tatbestand
      a. Tatobjekte:
         - eine Anlage, insbesondere eine Betriebsstätte oder eine Maschine, die im Betrieb ist (mit Ausschluß bestimmter Anlagen, vgl. Abs. 4)
      b. Tathandlung:
         - beliebiges Verhalten als Verursachung (von Gefährdung)
      c. Taterfolg I:
         - Verletzung verwaltungsrechtlicher Pflichten (vgl. § 330d Nr. 4, 5), die dem Schutz dienen vor
           (1) Lärm *oder*
           (2) Erschütterungen *oder*
           (3) nichtionisierenden Strahlen
      d. Taterfolg II:
         - (konkrete) Gefährdung von
           (1) Gesundheit eines anderen *oder*
           (2) dem Täter nicht gehörender Tiere *oder*
           (3) fremden Sachen von bedeutendem Wert.

2. Subjektiver Tatbestand: Vorsatz, mindestens bedingter.
II. Rechtswidrigkeit *und*
III. Schuld: keine Besonderheiten.
IV. Besonderheit:
1. Strafmilderungs- bzw. -aufhebungsgrund in § 330b I S. 1 (Tätige Reue)
2. Strafzumessungsregel (Regelbeispiele) nach § 330.

**Aufbau (Abs. 3 Nr. 1 i.V.m. Abs. 1 - Fahrlässigkeitsdelikt):**

I. Tatbestand
1. Objektiver Tatbestand
a. Tatobjekte:
- eine Anlage, insbesondere eine Betriebsstätte oder eine Maschine, die im Betrieb ist (mit Ausschluß bestimmter Anlagen, vgl. Abs. 4)
b. Tathandlung:
- beliebiges Verhalten als Verursachung (von Lärm)
c. Taterfolg I:
- Verletzung verwaltungsrechtlicher Pflichten (vgl. § 330d Nr. 4, 5) *und*
d. Taterfolg II: Lärm,
aa. mit Eignung zur Schädigung der Gesundheit eines anderen
bb. in einem Bereich außerhalb der Anlage
e. Fahrlässigkeitsmerkmale:
aa. Objektive Sorgfaltspflichtverletzung (bez. der Tathandlung)
bb. Objektive Vorhersehbarkeit (bez. des Taterfolges)
cc. Objektiver Zurechnungszusammenhang
dd. Schutzzweck der Sorgfaltspflicht
2. Subjektiver Tatbestand: Lärmverursachung und Pflichtverletzung gesehen (bewußte F.) oder nicht gesehen (unbewußte F.)
II. Rechtswidrigkeit: keine Besonderheiten
III. Schuld
1. Subjektive Sorgfaltspflichtverletzung
2. Subjektive Vorhersehbarkeit

**Aufbau (Abs. 3 Nr. 2 i.V.m. Abs. 2 - Fahrlässigkeitsdelikt):**

I. Tatbestand
1. Objektiver Tatbestand
a. Tatobjekte:
- eine Anlage, insbesondere eine Betriebsstätte oder eine Maschine, die im Betrieb ist (mit Ausschluß bestimmter Anlagen, vgl. Abs. 4)
b. Tathandlung:
- beliebiges Verhalten als Verursachung (von Gefährdung)
c. Taterfolg I:
- Verletzung verwaltungsrechtlicher Pflichten (vgl. § 330d Nr. 4, 5), die dem Schutz dienen vor
(1) Lärm *oder*
(2) Erschütterungen *oder*

(3) nichtionisierenden Strahlen

d. Taterfolg II:

- (konkrete) Gefährdung von
  (1) Gesundheit eines anderen *oder*
  (2) dem Täter nicht gehörender Tiere *oder*
  (3) fremden Sachen von bedeutendem Wert.

e. Fahrlässigkeitsmerkmale:

aa. Objektive Sorgfaltspflichtverletzung (bez. der Tathandlung)
bb. Objektive Vorhersehbarkeit (bez. des Taterfolges)
cc. Objektiver Zurechnungszusammenhang
dd. Schutzzweck der Sorgfaltspflicht

2. Subjektiver Tatbestand: Gefährdung und Pflichtverletzung gesehen (bewußte F.) oder nicht gesehen (unbewußte F.)

II. Rechtswidrigkeit: keine Besonderheiten

III. Schuld

1. Subjektive Sorgfaltspflichtverletzung
2. Subjektive Vorhersehbarkeit

IV. Besonderheit: Strafaufhebungsgrund in § 330b I S. 2 i V.m. S. 1 (Tätige Reue)

## Definitionen/Erläuterungen:

**ANLAGEN** sind vor allem Großfeuerungsanlagen und Feuerungsanlagen iS der BImSchV, in strafrechtlicher Auslegung aber auch Flugplätze, öffentliche Verkehrswege und Grundstücke, soweit auf ihnen Stoffe gelagert oder abgelagert oder imissionsträchtige Arbeiten durchgeführt werden, zB auch Müllverbrennungsanlagen, Autofriedhöfe, auch Areale, auf denen Autowracks ständig gewerblich gelagert und ausgeschlachtet werden, Oberflächenbehandlungs-, Chemischreinigungs-, Textilausrüstungs- und Extraktionsanlagen iS der 2. BImSchV; Hochöfen, Trockenöfen oder sonstige Betriebsstätten oder Einrichtungen, ferner Maschinen und technische Geräte aller Art, soweit sie nach Funktion und Große begrifflich noch als Anlage iwS zu verstehen sind, Geräte und sonstige ortsveränderliche technische Einrichtungen sowie Fahrzeuge, ausgenommen jedoch Verkehrsfahrzeuge, selbst wenn sie mit Giftfässern beladen sind.

Tr[48], § 325a Rn. 2 i.V.m. § 325 Rn. 4

Der Begriff „**ANLAGE**" ist weit auszulegen. Hierzu gehören zB Betriebsstätten, dh die Einrichtungen, die als räumliche Zusammenfassung der Ausübung eines stehenden Betriebes dienen, sowie sonstige ortsfeste Einrichtungen. Neben Fabriken, ähnlichen industriellen Werken und handwerklichen Betriebsstätten fallen hierunter etwa Feuerungsanlagen, Müllverbrennungsanlagen, Abfallaufbereitungsanlagen, Klärwerke, Motorsportanlagen, Kompostwerke, Schweinemästereien. Anlagen sind ferner ortsveränderliche technische Einrichtungen, insb.

S/S[25], § 325a Rn. 4 i.V.m § 325 Rn. 4

Maschinen und Geräte, wie Bagger, Planierraupen, Betonmischer, sonstige Baumaschinen, mobile Pumpen. Außerdem gehören Grundstücke unabhängig von baulichen und technischen Einrichtungen zu den Anlagen, soweit auf ihnen Stoffe gelagert oder abgelagert oder emissionsträchtige Arbeiten durchgeführt werden. Nicht erforderlich ist, daß das Grundstück insgesamt oder überwiegend solchen Zwecken dient.

**ANLAGE** ist eine auf gewisse Dauer vorgesehene, als Funktionseinheit organisierte Einrichtung von nicht ganz unerheblichen Ausmaßen, die der Verwirklichung beliebiger Zwecke dient. Ob sie ortsfest (zB Betriebsstätte, Heizungsanlage) oder beweglich ist (zB Maschine), bleibt sich gleich; daher werden technische Geräte aller Art erfaßt, soweit nicht das Sprachverständnis wegen der begrenzten Funktion oder Dimension des Gegenstandes seiner Charakterisierung als Anlage entgegensteht.

La[22], § 325a Rn. 2 i.V.m. § 325 Rn. 2

---

**BETRIEBSSTÄTTEN** sind Einrichtungen, die als räumliche Zusammenfassung der Ausübung eines stehenden Betriebes dienen.

S/S[25], § 325 Rn. 4

**BETRIEBSSTÄTTE** ist eine ortsfeste Anlage.

La[22], § 325a i.V.m. § 325 Rn. 2

---

**MASCHINE** ist eine bewegliche Anlage.

La[22], § 325a i.V.m. § 325 Rn. 2

---

In **BETRIEB** ist die Anlage, sobald sie für ihre Zwecke in Gang gesetzt ist und solange sie auch nicht völlig stillgelegt ist, oder noch nicht gegen eine unbefugte Weiterbenützung abgesichert ist. Erfaßt ist schon die Erprobung der Anlage.

Tr[48], § 325a Rn. 2 i.V.m. § 325 Rn. 5

**BETRIEB** einer Anlage entspricht dem Betreiben im Sinne des § 4 BImSchG. Es ist weit auszulegen und umfaßt alle Handlungen, die zum tatsächlichen In-Funktion-Setzen oder -Halten beitragen; beendigt ist es erst nach völliger Stillegung, bei Müllplätzen also erst nach wirksamer Absicherung gegen (auch unbefugte) Weiterbenutzung.

La[22], § 325a Rn. 2 i.V.m. § 325 Rn. 2

---

**VERURSACHEN** ist auch durch Unterlassen in Garantenstellung, zB durch Unterlassen des Einbaus von Schutzfiltern, möglich.

La[22], § 325a Rn. 5 i.V.m. § 325 Rn. 13

---

**VERLETZUNG VERWALTUNGSRECHTLICHER PFLICHTEN**, vgl. § 330d Nr. 4,5.

Tr[48], § 325a Rn. 2 i.V.m. § 325 Rn. 3

---

***BEACHTE:*** Die Tat ist tatbestandlich nicht verwirklicht, wenn sie von einer behördlichen Befugnis gedeckt ist, insbesondere einer solchen des WHG. Diese Verbindung mit dem Verwaltungsrecht nennt man *Verwaltungsakzessorietät.* Inzidenter ist nach hM bei der Befugnis allein deren verwaltungsrechtliche

Verf.

*Wirksamkeit* (nicht Rechtmäßigkeit!) zu prüfen (§ 44 VwVfG). Eine Besonderheit ergibt sich nur aus § 330d Nr. 5, der bestimmte Arten rechtsmißbräuchlichen Verhaltens dem genehmigungslosen Verhalten gleichstellt.

---

**LÄRM** ist ein beträchtliches Geräusch, dem entweder (in I) eine Eignung zur Schädigung der Gesundheit eines Menschen zukommt oder das (in II) einen Menschen, Tiere oder Sachen gefährdet.
Tr[48], § 325a Rn. 3

**LÄRM** ist ein beträchtliches Geräusch, das vom menschlichen Ohr wahrgenommen werden kann und dessen Wahrnehmung normal empfindende Menschen stört.
S/S[25], § 325 Rn. 2

Unter **LÄRM** sind Geräusche, dh hörbare, durch Schallwellen verbreitete Einwirkungen, zu verstehen, die geeignet sind, einen normal lärmempfindlichen Menschen zu belästigen.
La[22], § 325a Rn. 5

---

Das Erfordernis der **EIGNUNG ZUR HERBEIFÜHRUNG BESTIMMTER SCHÄDIGUNGEN** liegt vor, wenn Immissionen von einer Dauer und Stärke verursacht werden, die nach gesicherter naturwissenschaftlicher Erfahrung in ihrer konkreten Beschaffenheit und unter konkreten Umständen generell geeignet sind, Schädigungen an einem der geschützten Rechtsgüter herbeizuführen.
Tr[48], § 325a Rn. 2 i.V.m. § 325 Rn. 7

**GEEIGNET ZUR SCHÄDIGUNG** setzt weder Schadenseintritt noch konkrete Gefährdung voraus; Dauer und Intensität der Immission müssen nach gesicherter naturwissenschaftlicher Erfahrung lediglich in ihrer konkreten Beschaffenheit und unter den konkreten Umständen generell tauglich sein, Schädigungen an Rechtsgutobjekten der genannten Art zu verursachen.
La[22], § 325a Rn. 5 i.V.m. § 325 Rn. 13

Der zur Schädigung der Gesundheit geeignete Lärm kommt nicht erst in Frage bei einem Dauerschallpegel von 80 Dezibel oder mehr, auf den sich die Krankheit der Lärmschwerhörigkeit zurückführen läßt, sondern unter Umständen schon bei Einzeleinwirkungen mit einem Einzel- oder Gesamtschallpegel von 100 Dezibel oder mehr, weil dadurch andere physiologische Störungen verursacht werden.
La[22], § 325a Rn. 5

---

Eine **BESCHÄDIGUNG DER GESUNDHEIT** besteht im Hervorrufen oder Steigern eines, wenn auch vorübergehenden pathologischen Zustandes.
Tr[48], § 325a Rn. 2 i.V.m. § 325 Rn. 8 i.V.m. § 223 Rn. 6

**GESUNDHEITSBESCHÄDIGUNG** ist jede Beeinträchtigung der Gesundheit iSv § 223, also das Hervorrufen oder Steigern eines (auch nur vorübergehenden) pathologischen Zustandes.
S/S[25], § 325a Rn. 5 i.V.m. § 325 Rn. 14

**GESUNDHEITSBESCHÄDIGUNG** ist jedes Hervorrufen oder Steigern eines vom normalen Zustand der körperlichen Funktionen nachteilig abweichenden (pathologischen) Zustandes,
La[22], § 325a Rn. 6 i.V.m. § 223 Rn. 5

| | |
|---|---|
| gleichgültig, auf welche Art und Weise er verursacht wird und ob das Opfer dabei Schmerz empfindet. | |
| **Außerhalb des zur Anlage gehörenden Bereichs** müssen die schädlichen Wirkungen auftreten, dh für die Nachbarschaft oder die Allgemeinheit, soweit sie unter normalen Umständen von den schädigenden Einwirkungen erfaßt werden können. | Tr[48], § 325a Rn. 2 i.V.m. § 325 Rn. 11 |
| Pflichten, die dem Schutz (...) **dienen** erfaßt alle Verstöße gegen Pflichten i.S.d. § 330d Nr. 4, 5, die sich insbesondere aus allen Rechtsvorschriften des BImSchG oder anderen Gesetzen (z.B. AtomG, ChemG, GewO) ergeben, soweit sie umweltschützende Funktionen für die genannten Schutzbreiche erfüllen und dem Bestimmtheitserfordernis des Art. 103 II GG genügen. | Tr[48], § 325a Rn. 5 |
| **Erschütterung** | k.A. |
| **Nichtionisierende Strahlen** sind zB elektromagnetische, Radar- oder Laserstrahlen. | Tr[48], § 325a Rn. 4 |
| Zu den **nichtionisierenden Strahlen** gehören namentlich solche elektromagnetischer Art. | S/S[25], § 325a Rn. 9 |
| Dem Täter **nicht gehörende Tiere** sind fremde oder wildlebende Tiere. | La[22], § 325a Rn. 6 |
| **Fremd** ist eine Sache nach bürgerlichem Recht, wenn sie einem anderen gehört, so daß - anders als bei § 325 - eigene und herrenlose Sachen sowie wildlebende Tiere nicht von § 325a geschützt sind. | Tr[48], § 325a Rn. 6 |
| **Bedeutend** kann ein **Wert** nicht nur iS der ökonomischen, sondern auch in ökologischer Betrachtung sein, jedoch unter der Voraussetzung, daß es sich um eine fremde Sache handelt. | Tr[48], § 325a Rn. 6 |
| Tiere, Pflanzen und andere Sachen haben **bedeutenden Wert** liegt vor, wenn ein gewichtiges wirtschaftliches, ökologisches oder historisches Allgemein- oder Individualinteresse an ihrer Erhaltung besteht. | La[22], § 325a Rn. 6 i.V.m. § 325 Rn. 13 |
| **Fahrlässig** handelt, wer entweder die Sorgfalt außer acht läßt, zu der er nach den Umständen und seinen persönlichen Verhältnissen verpflichtet und fähig ist, und deshalb die Tatbestandsverwirklichung nicht erkennt (unbewußte Fahrlässigkeit) oder wer die Tatbestandsverwirklichung für möglich hält, jedoch pflichtwidrig und vorwerfbar im Vertrauen darauf handelt, daß sie nicht eintreten werde (unbewußte Fahrlässigkeit). | La[22], § 325a Rn. 8 i.V.m. § 15 Rn. 35 |
| **Kraftfahrzeuge, Schienenfahrzeuge, Luftfahrzeuge, Wasserfahrzeuge.** Der Ausschluß gilt nur für Ver- | Tr[48], § 325 Rn. 23 |

kehrsfahrzeuge, aber nicht für Baumaschinen, mobile Pumpen, Hebewerke.

**Konkurrenzen:**

§ 325a steht in Idealkonkurrenz mit §§ 222, 223, 230, 303, 304, 326, 327 II Nr. 1, 329 (Tr[48], § 325 Rn. 26).
§ 325 II verdrängt § 325 I im Wege der Gesetzeskonkurrenz (Subsidiarität).

## § 326. Unerlaubter Umgang mit gefährlichen Abfällen.

**Gesetzestext:**

(1) Wer unbefugt Abfälle, die

1. Gifte oder Erreger von auf Menschen oder Tiere übertragbaren gemeingefährlichen Krankheiten enthalten oder hervorbringen können,
2. für den Menschen krebserzeugend, fruchtschädigend oder erbgutverändernd sind,
3. explosionsgefährlich, selbstentzündlich oder nicht nur geringfügig radioaktiv sind *oder*
4. nach Art, Beschaffenheit oder Menge geeignet sind,
   a) nachhaltig ein Gewässer, die Luft oder den Boden zu verunreinigen oder sonst nachteilig zu verändern *oder*
   b) einen Bestand von Tieren oder Pflanzen zu gefährden,

außerhalb einer dafür zugelassenen Anlage oder unter wesentlicher Abweichung von einem vorgeschriebenen oder zugelassenen Verfahren behandelt, lagert, ablagert, ab läßt oder sonst beseitigt, wird mit Freiheitsstrafe bis zu fünf Jahren oder mit Geldstrafe bestraft.

(2) Ebenso wird bestraft, wer Abfälle im Sinne des Absatzes 1 entgegen einem Verbot oder ohne die erforderliche Genehmigung in den, aus dem oder durch den Geltungsbereich dieses Gesetzes verbringt.

(3) Wer radioaktive Abfälle unter Verletzung verwaltungsrechtlicher Pflichten nicht abliefert, wird mit Freiheitsstrafe bis zu drei Jahren oder mit Geldstrafe bestraft.

(4) In den Fällen der Absätze 1 und 2 ist der Versuch strafbar.

(5) Handelt der Täter fahrlässig, so ist die Strafe

1. in den Fällen der Absätze 1 und 2 Freiheitsstrafe bis zu drei Jahren oder Geldstrafe,
2. in den Fällen des Absatzes 3 Freiheitsstrafe bis zu einem Jahr oder Geldstrafe.

(6) Die Tat ist dann nicht strafbar, wenn schädliche Einwirkungen auf die Umwelt, insbesondere auf Menschen, Gewässer, die Luft, den Boden, Nutztiere oder Nutzpflanzen, wegen der geringen Menge der Abfälle offensichtlich ausgeschlossen sind

## Übersicht:

- *Typ:* vorsätzliches Begehungsdelikt, Abs. 1 und 2, vorsätzliches (echtes) Unterlassungsdelikt, Abs. 3. Fahrlässiges Begehungsdelikt, Abs. 5 Nr. 1 i.V.m. Abs. 1 bzw. 2, fahrlässiges (echtes) Unterlassungsdelikt, Abs. 5 Nr. 2 i.V.m. Abs. 3.
- Abs. 1 Nr. 4 ist potentielles Gefährdungsdelikt, alle anderen sind abstrakte Gefährdungsdelikte (auf Gefährdung, Verunreinigung oder Veränderung kommt es nicht an).
- ***Abs. 2*** erweitert Abs. 1 um eine Tathandlung (Mülltourismus), verweist aber in Rechtsfolge (vollständig) und in Voraussetzungen (teilweise: Abfälle) auf Abs. 1, kann deshalb nicht alleine stehen (Obersatz: § 326 II, I). ***Abs. 3*** enthält einen eigenen von Abs. 1 unabhängigen Tatbestand.
- ***Versuch*** ist strafbar in den Fällen von Abs. 1 und 2, ***Abs. 4.*** Versuch des Abs. 3 ist nicht strafbar (Vergehen!).
- ***Begriffsbestimmungen*** in § 330d. ***Unbefugt*** ist kein TB-Merkmal, sondern nur Hinweis auf die Wirkung einer behördlichen Gestattung als Rechtfertigungsgrund (verwaltungsrechtlich: repressives Verbot mit Befreiungsvorbehalt). ***Unter Verletzung verwaltungsrechtlicher Pflichten*** ist TB-Merkmal (verwaltungsrechtlich: präventives Verbot mit Erlaubnisvorbehalt).
- ***(Sachlicher) Strafausschließungsgrund*** in Abs. 6.
- ***Besonders schwerer Fall*** in § 330 I (Regelbeispiele). Qualifikation der vorsätzlichen Begehung in § 330 II (keine Regelbeispiele).
- Für Abs. 1-3 enthält § 330b I S. 1 einen fakultativen *(möglichen)* ***Strafmilderungs- bzw. -aufhebungsgrund,*** für die fahrlässige Begehung nach Abs. 4 enthält § 330b I S. 2 i.V.m. S. 1 einen *zwingenden* ***Strafaufhebungsgrund*** (Tätige Reue). § 330c enthält eine (klausurmäßig bedeutungslose) Einziehungsmöglichkeit.
- § 326 wird ergänzt durch § 328 III (für Nicht-Abfälle).
- ***Schutzgut*** ist neben der menschlichen Gesundheit auch die Reinhaltung der ökologischen Umwelt, namentlich des Bodens, der Gewässer und der Luft sowie der Schutz von ökologisch oder wirtschaftlich bedeutsamen Tieren und Pflanzen (Tr[48], § 326 Rn. 1).
- Wichtige Änderung durch das 6. StrRG (zum 1.4.1998): Die ***Überschrift*** wurde geändert. Die Gesetzesbegründung dazu lautet so: Am 7. Oktober 1996 ist das Kreislaufwirtschafts- und Abfallgesetz vom 27. September 1994 (BGBl. I S. 2705) in Kraft getreten. Durch § 3 dieses Gesetzes wurde ein neuer Abfallbegriff eingeführt, der abfallrechtlich zwischen „Abfällen zur Beseitigung“ und „Abfällen zur Verwertung“ unterscheidet. Um dem Eindruck entgegenzuwirken, § 326 erfasse künftig nur den Bereich von „Abfällen zur Beseitigung“, soll die Überschrift geändert werden. Durch die Reform des Abfallrechts sollte nach dem Willen des Gesetzgebers der ***strafrechtliche Begriff des Abfalls*** nicht eingeschränkt werden.

## Aufbau (Abs. 1 - Vorsatzdelikt):

I. Tatbestand
   1. Objektiver Tatbestand
      a. Tatobjekt: Abfälle, die
         (1) Gifte oder Erreger von auf Menschen oder Tiere übertragbaren gemeingefährlichen Krankheiten

(a) enthalten *oder*
(b) vorbringen können;
(2) für den Menschen
(a) krebserzeugend *oder*
(b) fruchtschädigend *oder*
(c) erbgutverändernd sind;
(3) explosionsgefährlich *oder* selbstentzündlich *oder* nicht nur geringfügig radioaktiv sind;
(4) geeignet sind, nach Art (generell) *oder* Beschaffenheit (Schadstoffgehalt) *oder* Menge
(a) nachteilig zu verändern, insbesondere nachhaltig zu verunreinigen
- ein Gewässer (vgl. § 330d Nr. 1) *oder*
- die Luft *oder*
- den Boden
(b) zu gefährden einen Bestand von
- von Tieren *oder*
- Pflanzen

b. Tathandlung:
- beseitigen, insbesondere
(1) behandeln *oder*
(2) lagern *oder*
(3) ablagern *oder*
(4) ablassen

c. Taterfolg:
aa. Abfall gelangt an eine Ort außerhalb einer dafür zugelassenen Anlage *oder*
bb. Abfall wird beseitigt unter wesentlicher Abweichung von einem
(1) vorgeschriebenem *oder*
(2) zugelassenem Verfahren

2. Subjektiver Tatbestand: Vorsatz, mindestens bedingter.

II. Rechtswidrigkeit (Unbefugt)
III. Schuld: keine Besonderheiten.
IV. Besonderheit:
1. Strafausschließungsgrund in Abs. 6.
2. Strafmilderungs- bzw. -aufhebungsgrund in § 330b I S. 1 (Tätige Reue)
3. Strafzumessungsregel (Regelbeispiele) nach § 330.

**Aufbau (Abs. 2 i.V.m. 1 - Vorsatzdelikt):**

I. Tatbestand
1. Objektiver Tatbestand
a. Tatobjekt: Abfälle, die
(1) Gifte oder Erreger von auf Menschen oder Tiere übertragbaren gemeingefährlichen Krankheiten
(a) enthalten *oder*
(b) vorbringen können;
(2) für den Menschen

(a) krebserzeugend *oder*
(b) fruchtschädigend *oder*
(c) erbgutverändernd sind;
(3) explosionsgefährlich *oder* selbstentzündlich *oder* nicht nur geringfügig radioaktiv sind;
(4) geeignet sind, nach Art (generell) *oder* Beschaffenheit (Schadstoffgehalt) *oder* Menge
(a) nachteilig zu verändern, insbesondere nachhaltig zu verunreinigen
- ein Gewässer (vgl. § 330d Nr. 1) *oder*
- die Luft *oder*
- den Boden
(b) zu gefährden einen Bestand von
- von Tieren *oder*
- Pflanzen

b. Tathandlung:
- Verbringung
(1) in
(2) aus
(3) durch
den Geltungsbereich des StGB

c. Taterfolg:
bb. Verstoß gegen ein Verbot *oder*
cc. Verletzung der Pflicht zur Einholung einer erforderlichen Genehmigung

2. Subjektiver Tatbestand: Vorsatz, mindestens bedingter.

II. Rechtswidrigkeit
III. Schuld: keine Besonderheiten.
IV. Besonderheit:
1. Strafausschließungsgrund in Abs. 6.
2. Strafmilderungs- bzw. -aufhebungsgrund in § 330b I S. 1 (Tätige Reue)
3. Strafzumessungsregel (Regelbeispiele) nach § 330.

**Aufbau (Abs. 3 - Vorsatzdelikt):**

I. Tatbestand
1. Objektiver Tatbestand
a. Tatobjekt: Abfälle, radioaktive
b. Tathandlung: nicht abliefern
c. Taterfolg:
- Verletzung verwaltungsrechtlicher Pflichten (vgl. § 330d Abs. 4, 5)

2. Subjektiver Tatbestand: Vorsatz, mindestens bedingter.

II. Rechtswidrigkeit
III. Schuld: keine Besonderheiten.
IV. Besonderheit:
1. Strafausschließungsgrund in Abs. 6.
2. Strafmilderungs- bzw. -aufhebungsgrund in § 330b I S. 1 (Tätige Reue)
3. Strafzumessungsregel (Regelbeispiele) nach § 330.

**Aufbau (Abs. 5 Nr. 1 i.V.m. Abs. 1 - Fahrlässigkeitsdelikt):**

I. Tatbestand
  1. Objektiver Tatbestand
    a. Tatobjekt: Abfälle, die
      (1) Gifte oder Erreger von auf Menschen oder Tiere übertragbaren gemeingefährlichen Krankheiten
        (a) enthalten *oder*
        (b) vorbringen können;
      (2) für den Menschen
        (a) krebserzeugend *oder*
        (b) fruchtschädigend *oder*
        (c) erbgutverändernd sind;
      (3) explosionsgefährlich *oder* selbstentzündlich *oder* nicht nur geringfügig radioaktiv sind;
      (4) geeignet sind, nach Art (generell) *oder* Beschaffenheit (Schadstoffgehalt) *oder* Menge
        (a) nachteilig zu verändern, insbesondere nachhaltig zu verunreinigen
          - ein Gewässer (vgl. § 330d Nr. 1) *oder*
          - die Luft *oder*
          - den Boden
        (b) zu gefährden einen Bestand von
          - von Tieren *oder*
          - Pflanzen
    b. Tathandlung:
      - beseitigen, insbesondere
        (1) behandeln *oder*
        (2) lagern *oder*
        (3) ablagern *oder*
        (4) ablassen
    c. Taterfolg:
      aa. Abfall gelangt an eine Ort außerhalb einer dafür zugelassenen Anlage *oder*
      bb. Abfall wird beseitigt unter wesentlicher Abweichung von einem
        (1) vorgeschriebenem *oder*
        (2) zugelassenem Verfahren
    d. Fahrlässigkeitsmerkmale
      aa. Objektive Sorgfaltspflichtverletzung (bez. der Tathandlung)
      bb. Objektive Vorhersehbarkeit (bez. des Taterfolges)
      cc. Objektiver Zurechnungszusammenhang
      dd. Schutzzweck der Sorgfaltspflicht
  2. Subjektiver Tatbestand: Lärmverursachung und Pflichtverletzung gesehen (bewußte F.) oder nicht gesehen (unbewußte F.)
II. Rechtswidrigkeit: keine Besonderheiten
III. Schuld
  1. Subjektive Sorgfaltspflichtverletzung
  2. Subjektive Vorhersehbarkeit
IV. Besonderheit:

1. Strafausschließungsgrund in Abs. 6.
2. Strafaufhebungsgrund in § 330b I S. 2, 1 (Tätige Reue)

**Aufbau (Abs. 5 Nr. 1 i.V.m. Abs. 2 i.V.m. Abs. 1 - Fahrlässigkeitsdelikt):**

I. Tatbestand
  1. Objektiver Tatbestand
    a. Tatobjekt: Abfälle, die
      (1) Gifte oder Erreger von auf Menschen oder Tiere übertragbaren gemeingefährlichen Krankheiten
        (a) enthalten *oder*
        (b) vorbringen können;
      (2) für den Menschen
        (a) krebserzeugend *oder*
        (b) fruchtschädigend *oder*
        (c) erbgutverändernd sind;
      (3) explosionsgefährlich *oder* selbstentzündlich *oder* nicht nur geringfügig radioaktiv sind;
      (4) geeignet sind, nach Art (generell) *oder* Beschaffenheit (Schadstoffgehalt) *oder* Menge
        (a) nachteilig zu verändern, insbesondere nachhaltig zu verunreinigen
          - ein Gewässer (vgl. § 330d Nr. 1) *oder*
          - die Luft *oder*
          - den Boden
        (b) zu gefährden einen Bestand von
          - von Tieren *oder*
          - Pflanzen
    b. Tathandlung:
      - Verbringung
        (1) in den
        (2) aus den
        (3) durch den
        Geltungsbereich des StGB
    c. Taterfolg:
      bb. Verstoß gegen ein Verbot *oder*
      cc. Verletzung der Pflicht zur Einholung einer erforderlichen Genehmigung
    d. Fahrlässigkeitsmerkmale:
      aa. Objektive Sorgfaltspflichtverletzung (bez. der Tathandlung)
      bb. Objektive Vorhersehbarkeit (bez. des Taterfolges)
      cc. Objektiver Zurechnungszusammenhang
      dd. Schutzzweck der Sorgfaltspflicht
  2. Subjektiver Tatbestand: Verbotswidrigkeit oder Genehmigungsbedürftigkeit gesehen (bewußte F.) oder nicht gesehen (unbewußte F.)
II. Rechtswidrigkeit: keine Besonderheiten
III. Schuld
  1. Subjektive Sorgfaltspflichtverletzung
  2. Subjektive Vorhersehbarkeit

IV. Besonderheit:
   1. Strafausschließungsgrund in Abs. 6.
   2. Strafaufhebungsgrund in § 330b I S. 2, 1 (Tätige Reue)

## Aufbau (Abs. 5 Nr. 2 i.V.m. Abs. 3 - Fahrlässigkeitsdelikt):

I. Tatbestand
   1. Objektiver Tatbestand
      a. Tatobjekt: Abfälle, radioaktive
      b. Tathandlung: nicht abliefern (= echtes Unterlassen)
         aa. Tatsächliche Möglichkeit des Ablieferns
         bb. Rechtliche Zumutbarkeit des Ablieferns
      c. Taterfolg:
         - Verletzung verwaltungsrechtlicher Pflichten (vgl. § 330d Abs. 4, 5)
      d. Fahrlässigkeitsmerkmale:
         aa. Objektive Sorgfaltspflichtverletzung (bez. der Tathandlung)
         bb. Objektive Vorhersehbarkeit (bez. des Taterfolges)
         cc. Objektiver Zurechnungszusammenhang
         dd. Schutzzweck der Sorgfaltspflicht
   2. Subjektiver Tatbestand: Pflichtverletzung gesehen (bewußte F.) oder nicht gesehen (unbewußte F.)

II. Rechtswidrigkeit: keine Besonderheiten

III. Schuld
   1. Subjektive Sorgfaltspflichtverletzung
   2. Subjektive Vorhersehbarkeit

IV. Besonderheit:
   1. Strafausschließungsgrund in Abs. 6.
   2. Strafaufhebungsgrund in § 330b I S. 2, 1 (Tätige Reue)

## Definitionen/Erläuterungen:

**Abfälle** sind Stoffe, deren sich der Besitzer, weil er sie nicht weiter zu verwenden beabsichtigt, entledigen will („gewillkürter Abfall“, subjektiver Abfallbegriff), sowie Stoffe, deren geordnete Entsorgung zur Wahrung des Gemeinwohls, insbesondere zum Schutze der Umwelt geboten ist („Zwangsabfall“, verwaltungsrechtsbezogener, objektiver Abfallbegriff). Für die Zuordnung ist eine Gesamtbetrachtung aller Umstände unter Berücksichtigung des konkreten und gegenwärtigen Zustandes der Sache sowie die Absicht des 2. UKG maßgebend, eine Grenze zwischen Abfällen und Wirtschaftsgutern zu ziehen. Ist die Sache ohne Entsorgung nach § 1 II AbfG objektiv ohne Gebrauchswert und umweltgefährdend, so liegt Zwangsabfall und kein Wirtschaftsgut vor. — Tr[48], § 326 Rn. 2

**Abfälle** sind alle beweglichen Sachen -d.h. feste, flüssige und gasförmige Stoffe, die letzteren freilich nur, wenn sie in Be- — S/S[25], § 326 Rn. 2b hältern, Röhren usw. gefaßt sind-, deren sich der Besitzer entledigen will („gewillkürter Abfall", subjektiver Abfallbegriff), sowie Stoffe, deren geordnete Entsorgung zur Wahrung des Wohls der Allgemeinheit, insbesondere der Umwelt geboten ist bzw. deren sich der Bestitzer entledigen muß („Zwangsabfall", , objektiver Abfallbegriff).

**ABFÄLLE** sind nach § 3 I KrW-/AbfGbewegliche Sachen, die unter einer der in Anh I genannten Abfallgruppen fallen und deren sich der Besitzer entledigt ( 3 I KrW-/AbfG) beziehungsweise entledigen will (§ 3 III KrW-/AbfG, sog. gewillkürter Abfall) oder entledigen muß(§ 3 IV KrW-/AbfG, sog. Zwangsabfall). — La[22], § 326 Rn. 2

Dieser Abfallbegriff bedarf einer konkretisierenden Auslegung: Beim (privatrechtsbezogenen) gewillkürten Abfall ist sie um den Gesichtspunkt zu ergänzen, daß der Täter die Sachen „loswerden", dh sich ihrer als für ihn wertlos entledigen, nicht unmittelbar einer Weiterverwendung oder -verarbeitung zuführen will; nach neuerer Rspr., die auch die EG-Richtlinien zum Abfallrecht berücksichtigt, steht dem nicht entgegen, daß eine wirtschaftliche Wiederverwendung nach der Entsorgung noch möglich und ins Auge gefaßt ist. Der Entledigungswille muß geäußert, dh nach außen hin erkennbar gemacht werden, allerdings nicht notwendig verbal; es genügt, daß er nur aus der Art und Weise des Verhaltens hervorgeht. Beim (verwaltungsrechtsbezogenen) Zwangsabfall muß hinzukommen, daß die Sachen - sei es auch nur aufgrund ihrer Verunreinigung, die eine Entsorgung erfordert - objektiv ohne gegenwärtigen Gebrauchswert sind; so zB ein Autowrack nach Ausbau von Motor und Getriebe, nicht jedoch, wenn dessen Motor noch neuwertig ist. — La[22], § 326 Rn. 2a

---

**GIFT** ist jeder (organische oder anorganische) Stoff, der unter bestimmten Bedingungen (Einatmen, Verschlucken, Aufnahme auf der Haut) durch chemische oder chemisch-physikalische Wirkung (z.B. ätzend, reizend, Hervorrufen von Überempfindlichkeitsreaktionen, krebserregend) geeigent ist, die Gesundheit zu zerstören. — Tr[48], § 326 Rn. 3 i.V.m. § 229 Rn. 2

Als **GIFTE** sind nur solche Stoffe anzusehen, die unter bestimmten Bedingungen durch chemische oder chemisch-physikalische Einwirkung nach ihrer Beschaffenheit und Menge geeignet sind, die Gesundheit von Menschen zu zerstören. Der fragliche Stoff muß hierzu nach Art und Menge generell geeignet sein; daß er erst infolge der besonderen körperlichen Beschaffenheit einzelner diese Eignung hat, genügt nicht. — S/S[25], § 326 Rn. 4

Unter **GIFT** ist jeder anorganische oder organische Stoff zu verstehen, der unter bestimmten Bedingungen lediglich durch — La[22], § 326 Rn. 4 i.V.m. § 229 Rn. 2

chemische oder chemisch-physikalische Wirkung die Gesundheit zu zerstören vermag.

---

**ERREGER** übertragbarer Krankheiten sind iS des § 1 BseuchG, Tierseuchen iS des § 1 TierSG erfaßt. — Tr[48], § 326 Rn. 3

Mit den **AUF MENSCHEN ODER TIERE ÜBERTRAGBARE KRANKHEITEN** sind nunmehr in Anlehnung an § 1 BseuchwnG alle Krankheiten erfaßt, die unmittelbar oder mittelbar auf Menschen oder tiere oder von Tieren auf Menschen übertragen werden. — S/S[25], § 326 Rn. 4

Die Umschreibung der **SEUCHENERREGER** lehnt sich an Art. 74 Nr. 19 GG an. — La[22], § 326 Rn. 4

---

**GEMEINGEFÄHRLICH** ist eine **KRANKHEIT**, wenn zu der erheblichen Gesundheitsgefahr eine Gefährdung weiterer Bevölkerungskreise hinzukommt. — Tr[48], § 326 Rn. 3

**GEMEINGEFÄHRLICH** ist eine **KRANKHEIT**, wenn sie von einiger Erheblichkeit ist und wenn sie außerdem einer größeren Anzahl von menschen oder Tieren droht. — S/S[25], § 326 Rn. 4

Unter „**ÜBERTRAGBARE GEMEINGEFÄHRLICHE KRANKHEITEN**“ werden alle Krankheiten erfaßt, die durch Krankheitserreger unmittelbar oder mittelbar auf Menschen oder Tiere oder von Tieren auf Menschen und umgekehrt übertragen werden können; einbezogen sind auch Krankheiten, die durch Vermittlung von Pflanzen oder durch ein unbelebtes Agens übertragen werden. Der Erreger muß nicht vom infizierten Menschen oder Tier weiterübertragen werden können. — La[22], § 326 Rn. 4

---

**ENTHALTEN** — k.A.

---

**HERVORGEBRACHT** bedeutet durch chemische, physikalische oder biologische Eigenreaktionen oder auf Grund natürlicher Umwelteinflüsse erzeugt werden zu können. — S/S[25], § 326 Rn. 4

---

**KREBSERZEUGEND.** Das 2. UKG hat den Begriff § 7a I WHG und § 3a I Nr. 12 bis 14 ChemG entlehnt und zur Orientierung über die Karzinogenität eines Stoffes auf Anhang II GefStoffV verwiesen. — Tr[48], § 326 Rn. 4

**KREBSERREGEND** ist ein Stoff danach, wenn er beim Einatmen, Schlucken oder der Aufnahme durch die Haut Krebs erregen oder die Krebshäufigkeit erhöhen kann — S/S[25], § 326 Rn. 4a

---

**FRUCHTSCHÄDIGEND.** Das 2. UKG hat den Begriff § 7a I WHG und § 3a I Nr. 12 bis 14 ChemG entlehnt und zur näheren Präzisierung auf die ChemGiftInfoV verwiesen. — Tr[48], § 326 Rn. 4

**FRUCHTSCHÄDIGEND** ist ein Stoff, wenn er nichtvererbbare Schäden der Nachkommenschaft hervorrufen oder deren Häu- — S/S[25], § 326 Rn. 4a

| | |
|---|---|
| figkeit erhöhen kann. | |
| **ERBGUTVERÄNDERND.** Das 2. UKG hat den Begriff § 7a I WHG und § 3a I Nr. 12 bis 14 ChemG entlehnt und zur näheren Präzisierung auf die ChemGiftInfoV verwiesen. | Tr[48], § 326 Rn. 4 |
| **ERBGUTVERÄNDERND** ist ein Stoff, wenn er vererbbare genetische Schäden zur Folge haben oder deren Häufigkeit erhöhen kann. | S/S[25], § 326 Rn. 4a |
| **EXPLOSIONSGEFÄHRLICH**: vgl. § 3 I SprengG. | Tr[48], § 326 Rn. 4 |
| Für den Begriff der **EXPLOSIONSGEFÄHRLICHKEIT** sind die §§ 1 ff. SprengstoffG maßgebend. | S/S[25], § 326 Rn. 5 |
| **EXPLOSIONSGEFÄHRLICH**, § 1 I SprengG. | La[22], § 326 Rn. 5 |
| **SELBSTENTZÜNDLICH** ist ein Stoff, der deshalb besonders brennbar und daher (feuer)gefährlich ist, weil er unter den von der Natur gegebenen Bedingungen ohne besondere Zündung sich erhitzen und schließlich entzünden kann. | Tr[48], § 326 Rn. 4 = S/S[25], § 326 Rn. 5 = La[22], § 326 Rn. 5 |
| **RADIOAKTIVE** (§ 2 I AtG) Abfälle sind solche, die kernbrennstoffhaltig sind oder sonst spontan ionisierende Strahlen aussenden. | Tr[48], § 326 Rn. 4 |
| **RADIOAKTIVE** Abfälle sind solche Abfallstoffe, die kernbrennstoffhaltig sind oder sonst spontan ionisierende Strahlen aussenden (vgl. § 2 I AtomG), wobei nur geringfügig radioaktive Stoffe mangels hinreichender Gefährlichkeit vom Tatbestand jedoch ausgenommen sind. | S/S[25], § 326 Rn. 5 |
| **RADIOAKTIV**, § 2 I, II AtG; § 3 I StrlSchV; zum Ausschluß nur geringfügig radioaktiver Abfälle beachte auch § 9a II S.2 AtG; § 4 IV Nr. 2, §§ 45, 46 StrlSchV. | La[22], § 326 Rn. 5 |
| Nach der „**ART**“ bedeutet, aus dessen generellen Eigenschaften unabhängig von der Menge. | S/S[25], § 326 Rn. 8 |
| Nach der „**BESCHAFFENHEIT**“ bedeutet, nach der konkreten Zusammensetzung und Verfassung im Hinblick auf den Gehalt an Schadstoffen. | S/S[25], § 326 Rn. 8 |
| Das Erfordernis der **EIGNUNG ZUR HERBEIFÜHRUNG BESTIMMTER SCHÄDIGUNGEN** liegt vor, wenn Immissionen von einer Dauer und Stärke verursacht werden, die nach gesicherter naturwissenschaftlicher Erfahrung in ihrer konkreten Beschaffenheit und unter konkreten Umständen generell geeignet sind, Schädigungen an einem der geschützten Rechtsgüter herbeizuführen. | Tr[48], § 326 Rn. 5 i.V.m. § 325 Rn. 7 |
| **EIGNUNG ZUR HERBEIFÜHRUNG BESTIMMTER SCHÄDIGUNGEN** ist gegeben, wenn der Ist-Zustand des Abfalls so beschaf- | S/S[25], § 326 Rn. 8 |

| | |
|---|---|
| fen ist, daß das in ihm enthaltene Schadstoffpotential selbsttätig, wenn auch erst unter bestimmten Umweltbedingungen, mit den genannten Folgen freigesetzt werden kann. | |
| **Geeignet zur Schädigung** setzt weder Schadenseintritt noch konkrete Gefährdung voraus; Dauer und Intensität der Immission müssen nach gesicherter naturwissenschaftlicher Erfahrung lediglich in ihrer konkreten Beschaffenheit und unter den konkreten Umständen generell tauglich sein, Schädigungen an Rechtsgutobjekten der genannten Art zu verursachen. | La[22], § 326 Rn. 6 i.V.m. § 325 Rn. 13 |
| **Verunreinigt** ist ein Gewässer, wenn es sich in seinem äußeren Erscheinungsbild nach dem Eingriff des Täters als weniger „rein" darstellt als zuvor. | S/S[25], § 324 Rn. 7 i.V.m. § 324 Rn. 8 |
| **Nachhaltig** bedeutet in erheblichem Umfang und für längere Dauer. | Tr[48], § 326 Rn. 5a = La[22], § 326 Rn. 6 |
| **Nachhaltig** ist die Verunreinigung usw. nur, wenn es bei den genannten Umweltgütern nach Intensität und Dauer der Verunreinigung usw. zu größeren Schäden kommen kann. Auszuscheiden haben demnach Fälle, in denen eine nur vorübergehende oder eine zwar länger dauernde, in ihrer Intensität aber nur unerhebliche Schadenseinwirkung eintreten kann. | S/S[25], § 326 Rn. 7 |
| Unter „**sonstige nachteilige Veränderungen**" fallen diejenigen Beeinträchtigungen, die vom „Verunreinigen" nicht erfaßt werden können. Gemeint sind also die nicht sichtbaren Veränderungen der Wassereigenschaften, also insbesondere eine Verschlechterung der physikalischen, chemischen oder biologischen Beschaffenheit des Wassers. Erforderlich ist auch hier nicht, daß konkrete Nachteile, wie zB Fischsterben, eintreten. | S/S[25], § 326 Rn. 7 i.V.m. § 324 Rn. 9 |
| **Gewässer**: vgl. § 330d Nr. 1. **Oberirdische Gewässer** sind das ständig oder zeitweilig in Betten fließende oder stehende oder aus Quellen wild abfließende Wasser (§ 1 I Nr. 1 WHG), also nicht das in Leitungen, in Behältnissen oder sonst gefaßte Wasser oder anderes Wasser, dem ein Gewässerbett fehlt. | Tr[40], § 326 Rn. 5a i.V.m. § 324 Rn. 2 = S/S[25], § 326 Rn. 7 i.V.m. § 324 Rn. 4 |
| Unter **Grundwasser** (§ 1 I Nr. 2 WHG) ist das gesamte unterirdische Wasser, also auch stehende und fließende Gewässer in Erdhöhlen gemeint. | Tr[48], § 326 Rn. 5a i.V.m. § 324 Rn. 3 = S/S[25], § 326 Rn. 7 i.V.m. § 324 Rn. 5 |
| **Meer** meint nicht nur nationale Küstengewässer (wie § 1 I Nr. 1a WHG), sondern wegen des nichtbeschränkten Meeresbegriffs auch fremde und die Hohe See. | Tr[48], § 326 Rn. 5a i.V.m. § 324 Rn. 4 |
| Zum **Meer** gehören alle Küstengewässer und die Hohe See | S/S[25], § 326 Rn. 7 |

| | |
|---|---|
| ohne räumliche Begrenzung. | i.V.m. § 324 Rn. 6 |
| **Gewässer**: vgl. § 330d Nr. 1. **Oberirdische Gewässer** sind ständig oder zeitweilig in (natürlichen oder künstlich angelegten) Betten fließende oder stehende (zB Teiche, die sich zu Biotopen entwickelt haben) oder aus Quellen wild abfließende Wasser (§ 1 I Nr. 1 WHG). | La[22], § 326 Rn. 6 i.V.m. § 324 Rn. 2 |
| Unter **Grundwasser** (§ 1 I Nr. 2 WHG) ist das gesamte am natürlichen Kreislauf teilnehmende unterirdische Wasser einschließlich fließender oder stehender Gewässer in Erdhöhlen. | La[22], § 326 Rn. 6 i.V.m. § 324 Rn. 2 |
| **Meer** bedeutet ohne räumliche Beschränkung auch das fremde Küstenmeer und die hohe See. | La[22], § 326 Rn. 6 i.V.m. § 324 Rn. 2a |
| **Luft** | k.A. |
| **Boden** ist - nach den Bodenschutzgesetzen einzelner Bundesländer - die oberste überbaute und nicht überbaute Schicht der festen Erdkruste einschließlich des Grundes fließender und stehender Gewässer, soweit sie durch menschliche Aktivitäten beeinflußt werden kann (§ 2 I BodSchG Baden-Württemberg). | La[22], § 324a Rn. 2 |
| Unter **Bestand** versteht das 2. UKG eine Tier- und Pflanzenpopulation in einem bestimmten Gebiet. | Tr[48], § 326 Rn. 5b |
| **Bestand** ist in Anlehnung an § 39 PflSchG eine Tier- oder Pflanzenpopulation in einem bestimmten Gebiet. | S/S[25], § 326 Rn. 7a |
| **Gefährdung des Bestandes von Tieren oder Pflanzen.** Damit soll die sonstige belebte Natur besser vor gefährlichen Abfällen geschützt werden. Die Reichweite dieser Erweiterung der Verbotsmaterie ist unbestimmt. Der Verweis auf § 39 PflanzenSchG (Tier- und Pflanzenpopulation in einem bestimmten Gebiet) führt kaum über den Wortlaut der Nr. 4b hinaus. | La[22], § 326 Rn. 6a |
| Unter **behandeln** sind nur solche Verhaltensweisen zu verstehen, die nicht der wirtschaftlichen Verwertung, sondern der Abfallentsorgung dienen, wie das Aufbereiten, Zerkleinern, Kompostieren, Entgiften oder Verbrennen, ebenso das Vermischen von verschmutztem Erdreich mit nicht verunreinigtem Material. | Tr[48], § 326 Rn. 7 |
| **Behandeln** umfaßt das Aufbereiten, Zerkleinern, Kompostieren, Verbrennen, Entgiften und sonstige qualitative oder quantitative Veränderungen von Abfällen. | S/S[25], § 326 Rn. 10a |
| **Behandeln** umfaßt zB Aufbereiten, Zerkleinern, Kompostieren, Entgiften oder Verbrennen, wenn sie nicht unmittelbar der wirtschaftlichen Verwertung, sondern der Beseitigung dienen. | La[22], § 326 Rn. 7b |
| Mit **lagern** ist jede vorübergehende Aufbewahrung, insbe- | Tr[48], § 326 Rn. 7 |

sondere der Zwischenlagerung, mit dem Ziel anderweitiger oder endgültiger Beseitigung gemeint, also auch dann, wenn die Abfälle nach Entsorgung ganz oder zT dem Wirtschaftskreislauf wieder zugeführt werden; erfaßt ist der Fall des Umlagerns auch dann, wenn die Zwischenlagerung des Abfalls keine Störung drohender Gefahr für das Umweltgut bewirkt haben sollte, was jedoch strafmildernd berücksichtigt werden kann.

**LAGERN** ist das Zwischenlagern, d.h. die vorübergehende Aufbewahrung zum Zweck einer anderweitigen Beseitigung. — S/S[25], § 326 Rn. 10a

**LAGERN** bezeichnet die vorübergehende Zwischenlagerung, dh die Aufbewahrung zur nachfolgenden anderweitigen Beseitigung; daß die Sache nach Entsorgung durch Aufbereitung oder Reststoffverwertung wieder in den Wirtschaftskreislauf eingeführt werden soll, ist unerheblich. — La[22], § 326 Rn. 7b

---

Das **ABLAGERN** muß mit dem Ziel geschehen, sich der Abfälle endgültig zu entledigen, hierunter fällt auch, wer einen Hund auf einer Spielwiese abkoten läßt und den Kot nicht beseitigt. — Tr[48], § 326 Rn. 7 = S/S[25], § 326 Rn. 10a

**ABLAGERN** ist die endgültige Beseitigung. — La[22], § 326 Rn. 7b

---

Das **ABLASSEN** bezieht sich auf Flüssigkeiten und umfaßt jegliches Ausfließen ohne Rücksicht auf seine Ursache, zB das Ablassen von Altöl in das Meer oder in ein sonstiges Gewässer. — Tr[48], § 326 Rn. 7 = S/S[25], § 326 Rn. 10a

**ABLASSEN** ist jegliches Ausfließen, ohne Rücksicht auf seine Ursache. — La[22], § 326 Rn. 7b

---

**„SONST-BESEITIGEN“** ist bei § 326 tatbestandsbezogen und nicht etwa nur iS bloßer Ortsveränderung auszulegen, sondern als eine Handlung, die unmittelbar zur endgültigen Beseitigung des Abfalls führt, so auch, wer Abfälle dadurch der gesetzlich vorgesehenen Entsorgung entzieht, daß er sie in einer dafür zugelassenen Anlage vorübergehend lagert, um sie dann an ein Unternehmen weiterzugeben, das seinerseits keine Erlaubnis zur Abfallbeseitigung hat. — Tr[48], § 326 Rn. 7

Zum Merkmal des („sonst“) **BESEITIGENS** gehört etwa das Einbringen von Abfällen in ein Gewässer oder in die Luft. Ein Beseitigen kann es auch schon sein, wenn der Abfall einem gutgläubigen Dritten zur endgültigen Wegschaffung übergeben wird, sofern der Täter auf diesen keinerlei Einwirkungsmöglichkeiten mehr hat. — S/S[25], § 326 Rn. 10a

**BESEITIGEN** ist eine Handlung oder Unterlassung in Garantenstellung mit der Tendenz, sich einer Sache - sei es auch erst nach Vornahme weiterer Handlungen - auf Dauer zu entledigen; jedoch werden nicht nur Sachen erfaßt, die vollständig beseitigt werden sollen, sondern auch solche, die nach Entsorgung — La[22], § 326 Rn. 7a durch Aufbereitung oder Reststoffverwertung dem Wirtschaftskreislauf wieder zugeführt werden können.

---

**ANLAGEN** sind vor allem Großfeuerungsanlagen und Feuerungsanlagen iS der BImSchV, in strafrechtlicher Auslegung aber auch Flugplätze, öffentliche Verkehrswege und Grundstücke, soweit auf ihnen Stoffe gelagert oder abgelagert oder immissionsträchtige Arbeiten durchgeführt werden, zB auch Müllverbrennungsanlagen, Autofriedhöfe, auch Areale, auf denen Autowracks ständig gewerblich gelagert und ausgeschlachtet werden, Oberflächenbehandlungs-, Chemischreinigungs-, Textilausrüstungs- und Extraktionsanlagen iS der 2. BImSchV; Hochöfen, Trockenöfen oder sonstige Betriebsstätten oder Einrichtungen, ferner Maschinen und technische Geräte aller Art, soweit sie nach Funktion und Größe begrifflich noch als Anlage iwS zu verstehen sind, Geräte und sonstige ortsveränderliche technische Einrichtungen sowie Fahrzeuge, ausgenommen jedoch Verkehrsfahrzeuge, selbst wenn sie mit Giftfässern beladen sind.

Tr[48], § 326 Rn. 8
i.V.m. § 325 Rn. 4

Es braucht sich hierbei nicht um spezielle Abfallentsorgungsanlagen iS der §§ 4, 5, 7 AbfG zu handeln, sondern es können auch Anlagen nach § 3 TierKBG oder nach § 9a AtG sein. Entscheidend ist, ob die bezeichneten Handlungen typisches Merkmal der Anlage sind, daher kann auch eine „wilde" Müllkippe darunter fallen.

Tr[48], § 326 Rn. 8

Der Begriff „**ANLAGE**" ist weit auszulegen. Hierzu gehören zB Betriebsstätten, dh die Einrichtungen, die als räumliche Zusammenfassung der Ausübung eines stehenden Betriebes dienen, sowie sonstige ortsfeste Einrichtungen. Neben Fabriken, ähnlichen industriellen Werken und handwerklichen Betriebsstätten fallen hierunter etwa Feuerungsanlagen, Müllverbrennungsanlagen, Abfallaufbereitungsanlagen, Klärwerke, Motorsportanlagen, Kompostwerke, Schweinemästereien. Anlagen sind ferner ortsveränderliche technische Einrichtungen, insb. Maschinen und Geräte, wie Bagger, Planierraupen, Betonmischer, sonstige Baumaschinen, mobile Pumpen. Außerdem gehören Grundstücke unabhängig von baulichen und technischen Einrichtungen zu den Anlagen, soweit auf ihnen Stoffe gelagert oder abgelagert oder emissionsträchtige Arbeiten durchgeführt werden. Nicht erforderlich ist, daß das Grundstück insgesamt oder überwiegend solchen Zwecken dient.

S/S[25], § 326 Rn. 12
i.V.m. § 325 Rn. 4

Als Anlagen iS der 1. Alt. kommen nicht nur Abfallentsorgungsanlagen nach § 4 I AbfG oder Autoverwertungsanlagen nach § 5 I AbfG, sondern auch andere Einrichtungen in Betracht, zB die Tierkörperbeseitigungsanstalten nach § 1 I Nr. 4 TierkörperbeseitigungsG und die Anlagen nach § 9a III

S/S[25], § 326 Rn. 12

AtomG.

**ANLAGE** ist eine auf gewisse Dauer vorgesehene, als Funktionseinheit organisierte Einrichtung von nicht ganz unerheblichen Ausmaßen, die der Verwirklichung beliebiger Zwecke dient. Ob sie ortsfest (zB Betriebsstätte, Heizungsanlage) oder beweglich ist (zB Maschine), bleibt sich gleich; daher werden technische Geräte aller Art erfaßt, soweit nicht das Sprachverständnis wegen der begrenzten Funktion oder Dimension des Gegenstandes seiner Charakterisierung als Anlage entgegensteht. — La[22], § 326 Rn. 8 i.V.m. § 325 Rn. 2

---

**ZUGELASSEN** ist eine Anlage dann, wenn für sie eine Planfeststellung oder eine Genehmigung vorliegt (§§ 7, 7a AbfG), sie im Falle einer Altanlage der zuständigen Behörde angezeigt ist (§ 9 AbfG) oder sich aus anderen Rechtsvorschriften eine Zulassung ergibt. — Tr[48], § 326 Rn. 8

**ZUGELASSEN** ist die Anlage, wenn für sie eine wirksame Genehmigung bzw. bei Deponien eine bestandskräftige Planfeststellung vorliegt, wenn sie als Altanlage von der zuständigen Behörde nicht untersagt wurde und nicht gegen Auflagen usw. verstößt (§ 9 AbfG) oder wenn sie nach sonstigen Rechtsvorschriften zulässig oder nicht ausdrücklich verboten ist. — S/S[25], § 326 Rn. 12

Eine Anlage ist **ZUGELASSEN**, wenn für sie eine Planfeststellung oder Genehmigung vorliegt (§ 7 AbfG), wenn sie als Altanlage der zuständigen Behörde angezeigt worden ist (§ 9 I aF AbfG) oder wenn sich die Zulässigkeit aus anderen Rechtsvorschriften ergibt. — La[22], § 326 Rn. 8

---

Die Tathandlung geschieht **UNTER WESENTLICHER ABWEICHUNG VON EINEM VORGESCHRIEBENEN ODER ZUGELASSENEN VERFAHREN**, wenn bei der Abfallbeseitigung besondere Untersuchungsmethoden üblich und erforderlich sind oder wenn die Abfallbeseitigung zwar außerhalb einer Anlage geschehen darf, der Täter aber hierbei nach einem durch allgemeine oder spezielle Rechtsnormen umschriebenen und zugelassenen Verfahren vorgehen müßte und in umweltgefährdender Weise hiervon abgewichen ist. — Tr[48], § 326 Rn. 9

**WESENTLICH** ist die Abweichung nicht schon, wenn zwingende Vorschriften verletzt sind; auch bei diesen begründen geringfügige Verstöße noch keine wesentliche Abweichung, sondern nur dann, wenn die Gefährlichkeit des Abfalls wegen der Reststoffe nicht im wesentlichen ausgeschaltet wird oder wenn mit der Art und Weise der Behandlung eine Umweltgefährdung verbunden ist, die durch das vorgeschriebene usw. Verfahren vermieden worden wäre. — S/S[25], § 326 Rn. 12

Die Abweichung ist **WESENTLICH**, wenn infolge der vor- — La[22], § 326 Rn. 8

| | |
|---|---|
| schriftswidrigen Behandlung die Möglichkeit offen bleibt, daß die generelle Gefährlichkeit des Abfalls für die Umwelt nicht ausgeschaltet wurde. | |
| **VERBRINGEN** ist jede Beförderung im Sinne einer Ortsveränderung. | S/S[25], § 326 Rn. 12c |
| **VERBRINGEN** meint nur grenzüberschreitendes Verbringen. Neben der Ein- und Ausfuhr ist auch die Durchfuhr als tathandlung aufgenommen. | La[22], § 326 Rn. 8 |
| **VERBOT**. Gemeint sind absolute Verbote. | Tr[48], § 326 Rn. 11 |
| **UNBEFUGT** handelt der Täter, wenn er rechtswidrig handelt. Hieran fehlt es namentlich, wenn die Tat aufgrund einer nach dem WHG oder den Landeswassergesetzen erteilten Bewilligung oder Erlaubnis oder aufgrund von Ausnahmeregelungen nach den Gesetzen zum Schutze des Meeres oder gewohnheitsrechtlich oder - ausnahmsweise - nach § 34 gerechtfertigt ist. | Tr[48], § 326 Rn. 10 i.V.m. § 324 Rn. 7 |
| Das Merkmal „**UNBEFUGT**" in Abs. 1 hat eine Doppelfunktion: Soweit die Beseitigung bestimmter Abfälle außerhalb einer Anlage generell zulässig ist, weil dies vom Gesetz als unbedenklich angesehen wird, begrenzt die Befugnis hierzu schon den Tatbestand dieser Alt. des § 326. Im übrigen bezeichnet „unbefugt" das allgemeine Deliktsmerkmal der Rechtswidrigkeit. | S/S[25], § 326 Rn. 16 |
| **UNBEFUGT** bezeichnet hier nur das allgemeine Verbrechensmerkmal der Rechtswidrigkeit. | La[22], § 326 Rn. 11 |
| ***BEACHTE:*** Die Tat ist tatbestandlich nicht verwirklicht, wenn sie von einer behördlichen Befugnis gedeckt ist, insbesondere einer solchen des WHG. Diese Verbindung mit dem Verwaltungsrecht nennt man *Verwaltungsakzessorietät.* Inzidenter ist nach hM bei der Befugnis allein deren verwaltungsrechtliche *Wirksamkeit* (nicht Rechtmäßigkeit!) zu prüfen (§ 44 VwVfG). Eine Besonderheit ergibt sich nur aus § 330d Nr. 5, der bestimmte Arten rechtsmißbräuchlichen Verhaltens dem genehmigungslosen Verhalten gleichstellt. | Verf. |
| **ERFORDERLICHE GENEHMIGUNG**. Dazu sind insbesondere die nach § 13 AbfG und § 11 StrSchV erforderlichen speziellen Genehmigungen zur Ein- oder Ausfuhr zu rechnen. | Tr[48], § 326 Rn. 11 = La[22], § 326 Rn. 8a |
| **RADIOAKTIVE ABFÄLLE** sind radioaktive Reststoffe sowie ausgebaute oder abgebaute Anlageteile, die aus Strahlenschutzgründen geordnet beseitigt werden müssen. | Tr[48], § 326 Rn. 12 |
| **NICHT ABLIEFERN**. Nicht ablieferungspflichtig sind nur geringfügig radioaktive Abfälle (§ 47 i.V.m. § 4 IV Nr. 2e, §§ 45, 46 StrlSchV). Für die Vollendung der Tat gelten keine Besonder- | La[22], § 326 Rn. 9 |

| | |
|---|---|
| heiten. Sie tritt ein, wenn der Täter an dem Abfall Besitz erlangt hat (§ 9a II S. 1 AtG), ihm die Ablieferung möglich und nach den Umständen zumutbar ist. Im Regelfall läuft das auf die Verpflichtung zu unverzüglichem Handeln hinaus. | |
| **VERLETZUNG VERWALTUNGSRECHTLICHER PFLICHTEN**, vgl. § 330d Nr. 4, 5. | Tr[48], § 326 Rn. 12 |
| **FAHRLÄSSIG** handelt, wer entweder die Sorgfalt außer acht läßt, zu der er nach den Umständen und seinen persönlichen Verhältnissen verpflichtet und fähig ist, und deshalb die Tatbestandsverwirklichung nicht erkennt (unbewußte Fahrlässigkeit) oder wer die Tatbestandsverwirklichung für möglich hält, jedoch pflichtwidrig und vorwerfbar im Vertrauen darauf handelt, daß sie nicht eintreten werde (unbewußte Fahrlässigkeit). | La[22], § 326 Rn. 10 i.V.m. § 15 Rn. 35 |
| **SCHÄDLICHE EINWIRKUNGEN AUF DIE UMWELT** bedeutet nicht in jeder Hinsicht dasselbe wie die „schädlichen Umwelteinwirkungen" nach § 3 I BImSchG (...). Der Wortlaut verdeutlicht, daß die Voraussetzungen des VI positiv feststehen müssen, bei Zweifeln es also bei I bis IV verbleibt. | Tr[48], § 326 Rn. 17 |
| Der **AUSSCHLUß** schädlicher Einwirkungen auf die Umwelt ist **OFFENSICHTLICH,** wenn die Ungefährlichkeit aufgrund der festgestellten - uU auch nur nach dem Grundsatz in dubio pro reo unterstellten - Tatsachen jedem Zweifel entrückt ist, dh sich dem Beurteiler unmittelbar aufdrängt; insoweit noch bestehende Zweifel, nicht dagegen Zweifel über die der Beurteilung zugrundezulegenden Tatsachen, gehen zu Lasten des Täters. | La[22], § 326 Rn. 12 |

### Konkurrenzen:

§ 325a steht in Idealkonkurrenz mit §§ 324, 325 I Nr. 1, 327 II Nr. 3, 330a, und zwischen Abs. 3 und §§ 327 I, 328 II, 329 III (Var. 2) (Tr[48], § 326 Rn. 18).
§ 325 II verdrängt § 325 I im Wege der Gesetzeskonkurrenz (Subsidiarität).

## § 327. Unerlaubtes Betreiben von Anlagen.

### Gesetzestext:

(1) Wer ohne die erforderliche Genehmigung oder entgegen einer vollziehbaren Untersagung

1. eine kerntechnische Anlage betreibt, eine betriebsbereite oder stillgelegte kerntechnische Anlage innehat oder ganz oder teilweise abbaut oder eine solche Anlage oder ihren Betrieb wesentlich ändert *oder*
2. eine Betriebsstätte, in der Kernbrennstoffe verwendet werden, oder deren Lage wesentlich ändert,

wird mit Freiheitsstrafe bis zu fünf Jahren oder mit Geldstrafe bestraft.

(2) Mit Freiheitsstrafe bis zu drei Jahren oder mit Geldstrafe wird bestraft, wer

1. eine genehmigungsbedürftige Anlage oder eine sonstige Anlage im Sinne des Bundes-Immissionsschutzgesetzes, deren Betrieb zum Schutz vor Gefahren untersagt worden ist,
2. eine genehmigungsbedürftige oder anzeigepflichtige Rohrleitungsanlage zum Befördern wassergefährdender Stoffe im Sinne des Wasserhaushaltsgesetzes *oder*
3. eine Abfallentsorgungsanlage im Sinne des Abfallgesetzes

ohne die nach dem jeweiligen Gesetz erforderliche Genehmigung oder Planfeststellung oder entgegen einer auf dem jeweiligen Gesetz beruhenden vollziehbaren Untersagung betreibt.

(3) Handelt der Täter fahrlässig, so ist die Strafe

1. in den Fällen des Absatzes 1 Freiheitsstrafe bis zu drei Jahren oder Geldstrafe,
2. in den Fällen des Absatzes 2 Freiheitsstrafe bis zu zwei Jahren oder Geldstrafe.

## Übersicht:

- ***Typ:*** vorsätzliches Begehungsdelikt, Abs. 1 und 2. Fahrlässiges Begehungsdelikt, Abs. 3 Nr. 1 i.V.m. Abs. 1 bzw. 2. Alle Begehungsformen sind abstrakte Gefährdungsdelikte (Gefahr muß nicht eingetreten sein).
- ***Versuch*** ist nicht strafbar (Vergehen!).
- ***Begriffsbestimmungen*** in § 330d. ***Unbefugt*** ist kein TB-Merkmal, sondern nur Hinweis auf die Wirkung einer behördlichen Gestattung als Rechtfertigungsgrund (verwaltungsrechtlich: repressives Verbot mit Befreiungsvorbehalt). ***Ohne die erforderliche Genehmigung oder entgegen einer vollziehbaren Untersagung*** ist TB-Merkmal (verwaltungsrechtlich: Verwaltungsungehorsam).
- ***Besonders schwerer Fall*** in § 330 I (Regelbeispiele). Qualifikation der vorsätzlichen Begehung in § 330 II (keine Regelbeispiele).
- § 330c enthält eine (klausurmäßig bedeutungslose) Einziehungsmöglichkeit.
- ***Schutzgut*** ist nach der Abschnittsüberschrift die Umwelt als Ganzes, jedoch nicht um ihrer selbst willen (str., La[22], § 327 Rn. 4), auch nicht umfassend, sondern in ihren Medien (Boden, Luft, Wasser) und Erscheinungsformen (Tier- und Pflanzenwelt). Die Umwelt ist eigenständiges Rechtsgut nur in bezug auf das gegenwärtige und zukunftsorientierte menschliche Interesse an der Erhaltung humaner Umweltbedingungen (ökologisch-anthropozentrische Rechtsgutauffassung) (Tr[48], § 327 Rn. 1 i.V.m. Vor § 324 Rn. 3).
- Der eigentliche Zweck der Vorschrift liegt darin, im Bereich gefährlicher Anlagen die Dispositions- und Entscheidungsbefugnis der zuständigen Genehmigungsbehörden zu schützen, und zwar bereits gegen bloßen Verwaltungsungehorsam, was im Hinblick auf die Gefahren, die der Allgemeinheit durch verbotswidrigen Umgang mit Kernbrennstoffen drohen können, gerechtfertigt erscheint (Tr[48], § 327 Rn. 1).

**Aufbau (Abs. 1 Nr. 1 - Vorsatzdelikt):**

I. Tatbestand
  1. Objektiver Tatbestand
    a. Tatobjekt: eine kerntechnische Anlage (vgl. § 330d Nr. 2)
      aa. im Betrieb (Var. 1)
      bb. betriebsbereit oder stillgelegt (Var. 2-4)
    b. Tathandlung:
      aa. Betreiben (Var. 1) *oder*
      bb. innehaben (Var. 2) *oder*
      cc. abbauen, ganz oder teilweise (Var. 3) *oder*
      dd. wesentliche Änderung (Var. 4)
        (1) der Anlage *oder*
        (2) des Betriebes der Anlage
    c. Taterfolg: Verstoß gegen
      aa. die Pflicht zur Einholung einer erforderlichen Genehmigung *oder*
      bb. eine vollziehbare Untersagung
  2. Subjektiver Tatbestand: Vorsatz, mindestens bedingter.
II. Rechtswidrigkeit
III. Schuld: keine Besonderheiten.
IV. Besonderheit: Strafzumessungsregel (Regelbeispiele) nach § 330.

**Aufbau (Abs. 1 Nr. 2 - Vorsatzdelikt):**

I. Tatbestand
  1. Objektiver Tatbestand
    a. Tatobjekt: eine Betriebsstätte, in der Kernbrennstoffe verwendet werden
    b. Tathandlung: wesentliche Änderung
      aa. der Betriebsstätte *oder*
      bb. der Lage der Betriebsstätte
    c. Taterfolg: Verstoß gegen
      aa. die Pflicht zur Einholung einer erforderlichen Genehmigung *oder*
      bb. eine vollziehbare Untersagung
  2. Subjektiver Tatbestand: Vorsatz, mindestens bedingter.
II. Rechtswidrigkeit
III. Schuld: keine Besonderheiten.
IV. Besonderheit: Strafzumessungsregel (Regelbeispiele) nach § 330.

**Aufbau (Abs. 2 - Vorsatzdelikt):**

I. Tatbestand
  1. Objektiver Tatbestand
    a. Tatobjekt:
      aa. (Nr. 1) eine Anlage im Sinne des Bundesimmissionsschutzgesetzes
        (1) die genehmigungsbedürftig ist (vgl. § 4 BImSchG und 4. BImSchV) *oder*

(2) eine sonstige (vgl. § 22 BImSchG), deren Betrieb zum Schutz vor Gefahren untersagt worden ist

bb. (Nr. 2) eine Rohrleitungsanlage zum Befördern wassergefährdender Stoffe im Sinne des Wasserhaushaltsgesetzes (vgl. § 19a I, III WHG), die

(1) genehmigungsbedürftig (vgl. § 19a I WHG) *oder*

(2) anzeigepflichtig (z.B. § 19e II S. 1, 4, 5 WHG) ist

cc. (Nr. 3) eine Abfallentsorgungsanlage im Sinne des Abfallgesetzes (vgl. §§ 4, 5, 7 AbfG; ab 6.10.1996: Kreislaufwirtschafts- und Abfallgesetz)

b. Tathandlung: Betreiben

c. Taterfolg: Verstoß gegen

aa. die Pflicht zur Einholung einer erforderlichen Genehmigung *oder*

bb. die Pflicht zur Herbeiführung einer erforderlichen Planfeststellung *oder*

cc. eine auf dem jeweiligen Gesetz beruhenden, vollziehbaren Untersagung

2. Subjektiver Tatbestand: Vorsatz, mindestens bedingter.

II. Rechtswidrigkeit

III. Schuld: keine Besonderheiten.

IV. Besonderheit: Strafzumessungsregel (Regelbeispiele) nach § 330.

**Aufbau (Abs. 3 Nr. 1 i.V.m. Abs. 1 Nr. 1 - Fahrlässigkeitsdelikt):**

I. Tatbestand

1. Objektiver Tatbestand

a. Tatobjekt: eine kerntechnische Anlage (vgl. § 330d Nr. 2)

aa. im Betrieb (Var. 1)

bb. betriebsbereit oder stillgelegt (Var. 2-4)

b. Tathandlung:

aa. Betreiben (Var. 1) *oder*

bb. innehaben (Var. 2) *oder*

cc. abbauen, ganz oder teilweise (Var. 3) *oder*

dd. wesentliche Änderung (Var. 4)

(1) der Anlage *oder*

(2) des Betriebes der Anlage

c. Taterfolg: Verstoß gegen

aa. die Pflicht zur Einholung einer erforderlichen Genehmigung *oder*

bb. eine vollziehbare Untersagung

d. Fahrlässigkeitsmerkmale:

aa. Objektive Sorgfaltspflichtverletzung (bez. der Tathandlung)

bb. Objektive Vorhersehbarkeit (bez. des Taterfolges)

cc. Objektiver Zurechnungszusammenhang

dd. Schutzzweck der Sorgfaltspflicht

2. Subjektiver Tatbestand: Verstoß gesehen (bewußte F.) oder nicht gesehen (unbewußte F.)

II. Rechtswidrigkeit: keine Besonderheiten

III. Schuld

1. Subjektive Sorgfaltspflichtverletzung

2. Subjektive Vorhersehbarkeit

**Aufbau (Abs. 3 Nr. 1 i.V.m. Abs. 1 Nr. 2 - Fahrlässigkeitsdelikt):**

I. Tatbestand
  1. Objektiver Tatbestand
    a. Tatobjekt: eine Betriebsstätte, in der Kernbrennstoffe verwendet werden
    b. Tathandlung: wesentliche Änderung
      aa. der Betriebsstätte *oder*
      bb. der Lage der Betriebsstätte
    c. Taterfolg: Verstoß gegen
      aa. die Pflicht zur Einholung einer erforderlichen Genehmigung *oder*
      bb. eine vollziehbare Untersagung
    d. Fahrlässigkeitsmerkmale:
      aa. Objektive Sorgfaltspflichtverletzung (bez. der Tathandlung)
      bb. Objektive Vorhersehbarkeit (bez. des Taterfolges)
      cc. Objektiver Zurechnungszusammenhang
      dd. Schutzzweck der Sorgfaltspflicht
  2. Subjektiver Tatbestand: Verstoß gesehen (bewußte F.) oder nicht gesehen (unbewußte F.)
II. Rechtswidrigkeit: keine Besonderheiten
III. Schuld
  1. Subjektive Sorgfaltspflichtverletzung
  2. Subjektive Vorhersehbarkeit

**Aufbau (Abs. 3 Nr. 2 i.V.m. Abs. 2 - Fahrlässigkeitsdelikt):**

I. Tatbestand
  1. Objektiver Tatbestand
    a. Tatobjekt:
      aa. (Nr. 1) eine Anlage im Sinne des Bundesimmissionsschutzgesetzes
        (1) die genehmigungsbedürftig ist (vgl. § 4 BImSchG und 4. BImSchV) *oder*
        (2) eine sonstige (vgl. § 22 BImSchG), deren Betrieb zum Schutz vor Gefahren untersagt worden ist
      bb. (Nr. 2) eine Rohrleitungsanlage zum Befördern wassergefährdender Stoffe im Sinne des Wasserhaushaltsgesetzes (vgl. § 19a I, III WHG), die
        (1) genehmigungsbedürftig (vgl. § 19a I WHG) *oder*
        (2) anzeigepflichtig (z.B. § 19e II S. 1, 4, 5 WHG) ist
      cc. (Nr. 3) eine Abfallentsorgungsanlage im Sinne des Abfallgesetzes (vgl. §§ 4, 5, 7 AbfG; ab 6.10.1996: Kreislaufwirtschafts- und Abfallgesetz)
    b. Tathandlung: Betreiben
    c. Taterfolg: Verstoß gegen
      aa. die Pflicht zur Einholung einer erforderlichen Genehmigung *oder*
      bb. die Pflicht zur Herbeiführung einer erforderlichen Planfeststellung *oder*
      cc. eine auf dem jeweiligen Gesetz beruhenden, vollziehbaren Untersagung
    d. Fahrlässigkeitsmerkmale:
      aa. Objektive Sorgfaltspflichtverletzung (bez. der Tathandlung)
      bb. Objektive Vorhersehbarkeit (bez. des Taterfolges)

cc. Objektiver Zurechnungszusammenhang
dd. Schutzzweck der Sorgfaltspflicht
2. Subjektiver Tatbestand: Verstoß gesehen (bewußte F.) oder nicht gesehen (unbewußte F.)

II. Rechtswidrigkeit: keine Besonderheiten

III. Schuld
1. Subjektive Sorgfaltspflichtverletzung
2. Subjektive Vorhersehbarkeit

## Definitionen/Erläuterungen:

| | |
|---|---|
| **Kerntechnische Anlage** ist eine Anlage zur Erzeugung oder zur Bearbeitung oder Verarbeitung oder zur Spaltung von Kernbrennstoffen oder zur Aufbereitung bestrahlter Kernbrennstoffe. | Tr[48], § 327 Rn. 2 |
| **Kerntechnische Anlage** ist nach der Legaldefinition des § 330 d Nr. 2 eine Anlage zur Erzeugung oder zur Bearbeitung oder Verarbeitung oder zur Spaltung von Kernbrennstoffen oder zur Aufbereitung bestrahlter Kernbrennstoffe. | S/S[25], § 327 Rn. 3 |
| **Kerntechnische Anlage**. Zur Begriffsbestimmung beachte § 7 AtG. | La[22], § 327 Rn. 3 i.V.m. § 330 d Rn. 2 |
| In **Betrieb** ist die Anlage, sobald sie für ihre Zwecke in Gang gesetzt ist und solange sie auch nicht völlig stillgelegt ist, oder noch nicht gegen eine unbefugte Weiterbenützung abgesichert ist. Erfaßt ist schon die Erprobung der Anlage. | Tr[48], § 327 Rn. 2 i.V.m. § 325 Rn. 5 |
| Die Anlage wird **betrieben**, wenn und solange sie für ihre Zwecke in Gebrauch ist, also vom Ingangsetzen bis zur vollständigen Stillegung. Der zweckdienliche Gebrauch beschränkt sich nicht auf die Verwendung einer Anlage in ihrer bestimmungsgemäßen Funktion. Er umfaßt auch den mittelbar hierfür wesentlichen Gebrauch, wie die Erprobung einer Anlage, deren Wartung oder Reparaturen. | S/S[25], § 327 Rn. 5 i.V.m. § 325 Rn. 6 |
| **Betrieb** einer Anlage entspricht dem Betreiben im Sinne des § 4 BImSchG. Es ist weit auszulegen und umfaßt alle Handlungen, die zum tatsächlichen In-Funktion-Setzen oder -Halten beitragen; beendigt ist es erst nach völliger Stillegung, bei Müllplätzen also erst nach wirksamer Absicherung gegen (auch unbefugte) Weiterbenutzung. | La[22], § 327 Rn. 4 i.V.m. § 325 Rn. 2 |
| **Betriebsbereit und stillgelegte** Anlagen sind solche, von denen Strahlungsrisiken ausgehen. | Tr[48], § 327 Rn. 2 = La[22], § 327 Rn. 4 |
| **Betriebsbereit und stillgelegte** Anlagen. Damit kommt eine noch nicht betriebsbereite oder eine nie betriebene Anlage als Tatobjekt nicht in Betracht. | S/S[25], § 327 Rn. 7 |

| | |
|---|---|
| **BETREIBEN** bedeutet die bestimmungsmäßige Nutzung. | Tr[48], § 327 Rn. 5 |
| Der Begriff „**INNEHABEN**" soll nach hM alle weiteren Möglichkeiten des Besitzes abdecken. | S/S[25], § 327 Rn. 6 |
| **GANZ ODER TEILWEISE ABBAUEN.** Dies betrifft Eingriffe in die Sachsubstanz. | S/S[25], § 327 Rn. 8 |
| Eine Anlage wird **GEÄNDERT**, wenn etwa deren technische oder bauliche Einrichtungen beseitigt oder durch konstruktiv andere Elemente ersetzt werden; freilich liegt hier häufig auch ein Abbau vor. Als Betriebsänderungen kommen etwa in Betracht Leistungserhöhung des Reaktors, Verwendung anderer Brennelemente oder auch Verzicht auf betriebsbezogene Sicherheitsvorkehrungen. | S/S[25], § 327 Rn. 9 |
| Eine **WESENTLICHE** Änderung setzt voraus, da § 327 die von einer kerntechnischen Anlage eventuell ausgehenden Gefahren verhindern will, daß durch die Änderung die abstrakte Gefahr erhöht wird. So kommen etwa selbst erhebliche bauliche Veränderungen nicht in Betracht, wenn sich diese als Verstärkung der bisher schon vorhandenen Sicherheitseinrichtungen darstellen. | S/S[25], § 327 Rn. 10 |
| **BETRIEBSSTÄTTE** ist enger als der Begriff der Anlage zu verstehen. Erfaßt werden nur zu einem stehenden Betrieb räumlich zusammengefaßte Einrichtungen. | S/S[25], § 327 Rn. 11 |
| Die **LAGE** einer **BETRIEBSSTÄTTE** wird **GEÄNDERT**, wenn eine Anlage auf ein anderes Grundstück verlegt wird. | S/S[25], § 327 Rn. 11 |
| **KERNBRENNSTOFFE**, vgl § 2 I Nr. 1 AtG. | Tr[48], § 327 Rn. 3a = La[22], § 327 Rn. 3 |
| **VERWENDET**, zB bearbeitet oder verarbeitet. | Tr[48], § 327 Rn. 3a |
| **OHNE DIE ERFORDERLICHE GENEHMIGUNG**, vgl. § 7 AtomG sowie Art. 1 § 5 UmwRG-DDR. | S/S[25], § 327 Rn. 11 |
| **VOLLZIEHBARE UNTERSAGUNG.** Vollziehbar sind VwAkte, wenn sie verbindlich gegenüber dem Betroffenen sind, wenn ein Suspensiveffekt der Anfechtung nicht besteht. Das ist nicht nur bei anfechtbaren VwAkten der Fall, sondern gilt auch, wenn die aufschiebende Wirkung der Anfechtung ausgeschlossen ist, weil ein Fall des Ausnahmekatalogs vorliegt. | Tr[48], § 327 Rn. 3 i.V.m. § 330d Rn. 9 |
| Verwaltungsakte sind **VOLLZIEHBAR**, wenn sie dem Betroffenen gegenüber verwaltungsrechtlich durchsetzbar sind. Außerdem darf die Möglichkeit, den Vollzug des Verwaltungsakts durch Rechtsbehelfe abzuwenden, nicht oder nicht mehr bestehen. Das trifft nicht nur für unanfechtbare Verwaltungsakte, | La[22], § 327 Rn. 2 i.V.m. § 325 Rn. 7 |

| | |
|---|---|
| sondern auch für solche zu, deren sofortige Vollziehbarkeit sich entweder aus dem Gesetz ergibt (§ 80 II Nr. 1-3 VwGO) oder ausdrücklich schriftlich angeordnet ist (§ 80 II Nr. 4 VwGO). | |
| Zu Abs. 1 beachte auch § 19 III AtG. Gemeint sind ausschließlich solche Verwaltungsakte, die auf dem zugehörigen, das Verwaltungsrecht regelnden Gesetz beruhen. | La[22], § 327 Rn. 2 |
| ***Beachte:*** Die Tat ist bei Vorliegen einer Genehmigung bzw. Nichtvorliegen einer Untersagung tatbestandslos. Diese Verbindung mit dem Verwaltungsrecht nennt man *Verwaltungsakzessorietät*. Inzidenter ist nach hM bei der Befugnis allein deren verwaltungsrechtliche *Wirksamkeit* (nicht Rechtmäßigkeit!) zu prüfen (§ 44 VwVfG). Eine Besonderheit ergibt sich nur aus § 330d Nr. 5, der bestimmte Arten rechtsmißbräuchlichen Verhaltens dem genehmigungslosen Verhalten gleichstellt. | Verf. |
| **Genehmigungsbedürftige** Anlage, vgl. §§ 19a I WHG, nach dem der gesamte technische Betriebsapparat einer behördlichen Vorprüfung unterzogen werden muß. | Tr[48], § 327 Rn. 4 |
| **Genehmigungsbedürftige Anlage im Sinne des BImSchG**, § 4 BImSchG i.V.m. der 4. BImSchV, zB eine Feuerstätte, in der Kupferkabel zur Rückgewinnung des Buntmetalls abgebrannt werden. | La[22], § 327 Rn. 3 |
| **Sonstige Anlage im Sinne des BImSchG** sind nicht genehmigungsbedürftige Anlagen nach §§ 22, 23 BImSchG. | La[22], § 327 Rn. 3 |
| **Anzeigepflichtige** Rohrleitungsanlage, zB für nach § 19e II S. 1, 4, 5 WHG nicht genehmigungsbedürftige bestehende Rohrleitungsanlagen. | Tr[48], § 327 Rn. 4 |
| **Zum Befördern wassergefährdender Stoffe**, vgl. § 19a I, III WHG. | Tr[48], § 327 Rn. 4 |
| **Abfallentsorgungsanlage iSd Abfallgesetzes**, hierzu gehören auch Anlagen zur - nicht nur vorübergehenden - Lagerung oder Behandlung von Autowracks, Autoverschrottungsbetriebe, die Erstellung eines Beckens zur Aufnahme von Fäkalschlamm, auch schon jede bloße Grundstücksfläche reicht aus, selbst wenn sie auch noch anderen Zwecken als der Abfallentsorgung dient, soweit sie hierfür für einen nicht unerheblichen Zeitraum bestimmt wird; nicht aber im Falle einer vorübergehenden Ausnahmesituation. Nicht hierzu gehören aber Anlagen, die ausschließlich zum Einsammeln und Befördern von Abfällen dienen, es sei denn, es handelt sich um Umschlagstationen zur Zwischenlagerung. | Tr[48], § 327 Rn. 4 |
| Unter **Abfallentsorgungsanlagen i.S. des AbfG** sind nach § 27 KrW-/AbfG die für die Behandlung, Lagerung und | S/S[25], § 327 Rn. 17 |

Ablagerung von Abfällen zugelassenen Anlagen und Einrichtungen zu verstehen, wie etwa Müllverbrennungs-, Kompostier- oder Tierkörperbeseitigungsanlagen. Hierzu zählen auch Anlagen zur Lagerung oder Behandlung von Autowracks, unabhängig davon, ob sich auf dem Grundstück bauliche bzw. technische Einrichtungen oder Betriebsstätten zur Behandlung von Autowracks befinden. Grundstücke werden nämlich bereits dann zur Anlage i.S. des AbfG, wenn der Nutzungsberechtigte sie zur Lagerung oder Behandlung von Abfällen bestimmt hat und die Abfallagerungen typisches Merkmal des Grundstücks sind. Erforderlich ist darüber hinaus, daß das Grundstück mit einer gewissen Stetigkeit für einen nicht unerheblichen Zeitraum zur Lagerung oder Behandlung von Abfällen genutzt wird.

**ABFALLENTSORGUNGSANLAGE** ist ein Begriff, den das neue KrW-/AbfG nicht kennt, dessen §§ 27 ff betreffen „Abfallbeseitigungsanlage". Erfaßt sind nur nach dem KrW-/AbfG zulassungspflichtige Deponien. Nach altem Recht war der Begriff weit auszulegen; er umfaßte auch Grundstücke, auf denen bestimmungsgemäß Abfälle mit einer gewissen Erheblichkeit und Dauer zwischen- oder endgelagert oder Autowracks oder Altreifen behandelt oder gelagert werden. Auch die Zwischenlagerung schadstoffbelasteter Altöle in Tankbehältern wird erfaßt. — La[22], § 327 Rn. 3

---

**ERFORDERLICHE GENEHMIGUNG**, vgl. § 4 I, 15 BImSchG, § 19a WHG, § 7 II AbfG/§31 KrW-/AbfG. — S/S[25], § 327 Rn. 18

---

**PLANFESTSTELLUNG**, vgl. § 7 I AbfG. — S/S[25], § 327 Rn. 18

---

**ERFORDERLICHE GENEHMIGUNG ODER PLANFESTSTELLUNG** ist jeweils die in § 7 AtG, § 4 BImSchG oder § 7 I, II AbfG vorgeschriebene. Sie muß nicht notwendig schon ihrem Typ nach als das abschließende Ergebnis des vorgeschriebenen Genehmigungs- oder Planfeststellungsverfahrens erscheinen, kann vielmehr auch in anderen verwaltungsrechtlich wirksamen Formen Gestattung bestehen. — La[22], § 327 Rn. 2

---

**FAHRLÄSSIG** handelt, wer entweder die Sorgfalt außer acht läßt, zu der er nach den Umständen und seinen persönlichen Verhältnissen verpflichtet und fähig ist, und deshalb die Tatbestandsverwirklichung nicht erkennt (unbewußte Fahrlässigkeit) oder wer die Tatbestandsverwirklichung für möglich hält, jedoch pflichtwidrig und vorwerfbar im Vertrauen darauf handelt, daß sie nicht eintreten werde (unbewußte Fahrlässigkeit). — La[22], § 327 Rn. 5 i.V.m. § 325 Rn. 16 i.V.m. § 15 Rn. 35

## Konkurrenzen:

§ 327 I steht in Idealkonkurrenz mit § 328; § 327 II Nr. 1 steht in Idealkonkurrenz mit §§ 324, 325, 329; §§ 327 II Nr. 3 steht in Idealkonkurrenz mit §§ 324-326 (Tr[48], § 327 Rn. 8).

# § 328. Unerlaubter Umgang mit radioaktiven Stoffen und anderen gefährlichen Stoffen und Gütern.

## Gesetzestext:

(1) Mit Freiheitsstrafe bis zu fünf Jahren oder mit Geldstrafe wird bestraft,

1. wer ohne die erforderliche Genehmigung oder entgegen einer vollziehbaren Untersagung Kernbrennstoffe oder
2. wer grob pflichtwidrig ohne die erforderliche Genehmigung oder wer entgegen einer vollziehbaren Untersagung sonstige radioaktive Stoffe, die nach Art, Beschaffenheit oder Menge geeignet sind, durch ionisierende Strahlen den Tod oder eine schwere Gesundheitsschädigung eines anderen herbeizuführen,

aufbewahrt, befördert, bearbeitet, verarbeitet oder sonst verwendet, einführt oder ausführt.

(2) Ebenso wird bestraft, wer

1. Kernbrennstoffe, zu deren Ablieferung er auf Grund des Atomgesetzes verpflichtet ist, nicht unverzüglich abliefert *oder*
2. Kernbrennstoffe oder die in Absatz 1 Nr. 2 bezeichneten Stoffe an Unberechtigte abgibt oder die Abgabe an Unberechtigte vermittelt.

(3) Mit Freiheitsstrafe bis zu fünf Jahren oder mit Geldstrafe wird bestraft, wer unter grober Verletzung verwaltungsrechtlicher Pflichten

1. beim Betrieb einer Anlage, insbesondere einer Betriebsstätte oder technischen Einrichtung, radioaktive Stoffe oder Gefahrstoffe im Sinne des Chemikaliengesetzes lagert, bearbeitet, verarbeitet oder sonst verwendet *oder*
2. gefährliche Güter befördert, versendet, verpackt oder auspackt, verlädt oder entlädt, entgegennimmt oder anderen überläßt

und dadurch die Gesundheit eines anderen, ihm nicht gehörende Tiere oder fremde Sachen von bedeutendem Wert gefährdet.

(4) Der Versuch ist strafbar.

(5) Handelt der Täter fahrlässig, so ist die Strafe Freiheitsstrafe bis zu drei Jahren oder Geldstrafe.

## Übersicht:

❍ ***Typ:*** vorsätzliches Begehungsdelikt, Abs. 1 bis 3. Fahrlässiges Begehungsdelikt, Abs. 5 i.V.m. Abs. 1, 2 oder 3. Abs. 1 und 2 enthalten abstrakte Gefährdungsdelikte

(Gefahr muß nicht eingetreten sein), für Abs. 2 Nr. 2 wird auch vertreten: potentielles Gefährdungsdelikt (generelle Gefährlichkeit ohne konkrete Gefahr). Abs. 3 enthält konkrete Gefährdungsdelikte.

- ***Versuch*** ist strafbar, Abs. 4.
- ***Abs. 2*** erweitert Abs. 1 um eigenen Tatbestand, verweist aber in der Rechtsfolge (vollständig) auf Abs. 1, kann deshalb nicht alleine stehen (Obersatz: § 326 II, I). ***Abs. 3*** enthält einen eigenen von Abs. 1 unabhängigen Tatbestand.
- ***Begriffsbestimmungen*** in § 330d. ***Ohne die erforderliche Genehmigung oder entgegen einer vollziehbaren Untersagung*** ist TB-Merkmal (verwaltungsrechtlich: Verwaltungsungehorsam). ***Unter Verletzung verwaltungsrechtlicher Pflichten*** ist TB-Merkmal (verwaltungsrechtlich: präventives Verbot mit Erlaubnisvorbehalt).
- ***Besonders schwerer Fall*** in § 330 I (Regelbeispiele). Qualifikation der vorsätzlichen Begehung in § 330 II (keine Regelbeispiele).
- Für Abs. 1-3 enthält § 330b I S. 1 einen fakultativen *(möglichen)* ***Strafmilderungs- bzw. -aufhebungsgrund,*** für die fahrlässige Begehung nach Abs. 5 enthält § 330b I S. 2 i.V.m. S. 1 einen *zwingenden* ***Strafaufhebungsgrund*** (Tätige Reue). § 330c enthält eine (klausurmäßig bedeutungslose) Einziehungsmöglichkeit.
- ***Schutzgut*** ist nach der Abschnittsüberschrift die Umwelt als Ganzes, jedoch nicht um ihrer selbst willen (str., Lackner 4), auch nicht umfassend, sondern in ihren Medien (Boden, Luft, Wasser) und Erscheinungsformen (Tier- und Pflanzenwelt). Die Umwelt ist eigenständiges Rechtsgut nur in bezug auf das gegenwärtige und zukunftsorientierte menschliche Interesse an der Erhaltung humaner Umweltbedingungen (ökologisch-anthropozentrische Rechtsgutauffassung) (Tr[48], § 328 Rn. 1 i.V.m. Vor § 324 Rn. 3).
- Die Vorschrift will den Umgang mit gefährlichen Stoffen und Gütern durch einen am Rechtsgüterschutz orientierten Grundtatbestand erfassen und damit auch der Bedeutung des strafrechtlichen Rechtsgüterschutzes gegen die von der Verletzung von Sicherheits- und Kontrollvorschriften drohenden Gefahren unterstreichen und der Nuklearkriminalität begegnen (Tr[48], § 328 Rn. 1).

## Aufbau (Abs. 1 - Vorsatzdelikt):

I. Tatbestand
  1. Objektiver Tatbestand
    a. Tatobjekt:
      aa. Kernbrennstoffe
      bb. sonstige radioaktive Stoffe in einer Art *oder* Beschaffenheit *oder* Menge
        (1) mit Eignung zur Herbeiführung von
          (a) schwerer Gesundheitsbeschädigung eines anderen *oder*
          (b) Tod eines anderen
        (2) aufgrund ionisierender Strahlen
    b. Tathandlung:
      aa. aufbewahren *oder*
      bb. befördern *oder*
      cc. verwenden, insbesondere
        (1) bearbeiten *oder*
        (2) verarbeiten

dd. einführen *oder*
ee. ausführen
c. Taterfolg: Verstoß (Nr. 2: grober Verstoß) gegen
aa. die Pflicht zur Einholung einer erforderlichen Genehmigung *oder*
bb. eine vollziehbare Untersagung
2. Subjektiver Tatbestand: Vorsatz, mindestens bedingter.
II. Rechtswidrigkeit
III. Schuld: keine Besonderheiten.
IV. Besonderheit:
1. Strafmilderungs- bzw. -aufhebungsgrund in § 330b I S. 1 (Tätige Reue)
2. Strafzumessungsregel (Regelbeispiele) nach § 330.

**Aufbau (Abs. 2 Nr. 1 - Vorsatzdelikt):**

I. Tatbestand
1. Objektiver Tatbestand
a. Tatobjekt: Kernbrennstoffe
b. Tathandlung: Nichtablieferung, unverzügliche (echtes Unterlassungsdelikt)
aa. Tatsächliche Möglichkeit der Ablieferung
bb. Rechtliche Zumutbarkeit der Ablieferung
c. Taterfolg: Verstoß gegen die Pflicht zur Ablieferung aufgrund des Atomgesetzes
2. Subjektiver Tatbestand: Vorsatz, mindestens bedingter.
II. Rechtswidrigkeit
III. Schuld: keine Besonderheiten.
IV. Besonderheit:
1. Strafmilderungs- bzw. -aufhebungsgrund in § 330b I S. 1 (Tätige Reue)
2. Strafzumessungsregel (Regelbeispiele) nach § 330.

**Aufbau (Abs. 2 Nr. 2 - Vorsatzdelikt):**

I. Tatbestand
1. Objektiver Tatbestand
a. Tatobjekt:
aa. Kernbrennstoffe
bb. sonstige radioaktive Stoffe in einer Art *oder* Beschaffenheit *oder* Menge
(1) mit Eignung zur Herbeiführung von
(a) schwerer Gesundheitsbeschädigung eines anderen *oder*
(b) Tod eines anderen
(2) aufgrund ionisierender Strahlen
b. Tathandlung:
aa. Abgabe an Unberechtigte
bb. Vermittlung der Abgabe an Unberechtigte
2. Subjektiver Tatbestand: Vorsatz, mindestens bedingter.
II. Rechtswidrigkeit
III. Schuld: keine Besonderheiten.
IV. Besonderheit:

1. Strafmilderungs- bzw. -aufhebungsgrund in § 330b I S. 1 (Tätige Reue)
2. Strafzumessungsregel (Regelbeispiele) nach § 330.

**Aufbau (Abs. 3 Nr. 1 - Vorsatzdelikt):**

I. Tatbestand
  1. Objektiver Tatbestand
    a. Tatobjekt:
      aa. radioaktive Stoffe *oder*
      bb. Gefahrstoffe im Sinne des Chemikaliengesetzes
    b. Tathandlung: Verwenden, insbesondere
      aa. Lagern *oder*
      bb. Bearbeiten *oder*
      cc. Verarbeiten
      *jeweils:* beim Betrieb einer Anlage, insbesondere
      dd. einer Betriebsstätte *oder*
      ee. technischen Einrichtung
    c. Taterfolg I:
      - grobe Verletzung verwaltungsrechtlicher Pflichten (vgl. § 330d Nr. 4, 5)
    d. Taterfolg II: Gefährdung von
      aa. Gesundheit eines anderen *oder*
      bb. ihm nicht gehörende Tiere *oder*
      cc. fremde Sachen von bedeutendem Wert
  2. Subjektiver Tatbestand: Vorsatz, mindestens bedingter.
II. Rechtswidrigkeit
III. Schuld: keine Besonderheiten.
IV. Besonderheit:
  1. Strafmilderungs- bzw. -aufhebungsgrund in § 330b I S. 1 (Tätige Reue)
  2. Strafzumessungsregel (Regelbeispiele) nach § 330.

**Aufbau (Abs. 3 Nr. 2 - Vorsatzdelikt):**

I. Tatbestand
  1. Objektiver Tatbestand
    a. Tatobjekt: gefährliche Güter (vgl. § 330d Nr. 3)
    b. Tathandlung:
      aa. Befördern *oder*
      bb. Versenden *oder*
      cc. Verpacken *oder*
      dd. Auspacken *oder*
      ee. Verladen *oder*
      ff. Entladen *oder*
      gg. Entgegennehmen *oder*
      hh. einem anderen überlassen
    c. Taterfolg I:
      - grobe Verletzung verwaltungsrechtlicher Pflichten (vgl. § 330d Nr. 4, 5)
    d. Taterfolg II: Gefährdung

aa. der Gesundheit eines anderen *oder*
bb. ihm nicht gehörender Tiere *oder*
cc. fremder Sachen von bedeutendem Wert
2. Subjektiver Tatbestand: Vorsatz, mindestens bedingter.
II. Rechtswidrigkeit
III. Schuld: keine Besonderheiten.
IV. Besonderheit:
1. Strafmilderungs- bzw. -aufhebungsgrund in § 330b I S. 1 (Tätige Reue)
2. Strafzumessungsregel (Regelbeispiele) nach § 330.

**Aufbau (Abs. 5 i.V.m. Abs. 1 - Fahrlässigkeitsdelikt):**

I. Tatbestand
1. Objektiver Tatbestand
a. Tatobjekt:
aa. Kernbrennstoffe
bb. sonstige radioaktive Stoffe in einer Art *oder* Beschaffenheit *oder* Menge
(1) mit Eignung zur Herbeiführung von
(a) schwerer Gesundheitsbeschädigung eines anderen *oder*
(b) Tod eines anderen
(2) aufgrund ionisierender Strahlen
b. Tathandlung:
aa. aufbewahren *oder*
bb. befördern *oder*
cc. verwenden, insbesondere
(1) bearbeiten *oder*
(2) verarbeiten
dd. einführen *oder*
ee. ausführen
c. Taterfolg: Verstoß (bei Nr. 2: grober Verstoß) gegen
aa. die Pflicht zur Einholung einer erforderlichen Genehmigung *oder*
bb. eine vollziehbare Untersagung
d. Fahrlässigkeitsmerkmale:
aa. Objektive Sorgfaltspflichtverletzung (bez. der Tathandlung)
bb. Objektive Vorhersehbarkeit (bez. des Taterfolges)
cc. Objektiver Zurechnungszusammenhang
dd. Schutzzweck der Sorgfaltspflicht
2. Subjektiver Tatbestand: Verstoß gesehen (bewußte F.) oder nicht gesehen (unbewußte F.)
II. Rechtswidrigkeit: keine Besonderheiten
III. Schuld
1. Subjektive Sorgfaltspflichtverletzung
2. Subjektive Vorhersehbarkeit
IV. Besonderheit: Strafaufhebungsgrund in § 330b I S. 2, 1 (Tätige Reue)

**Aufbau (Abs. 5 i.V.m. Abs. 2 Nr. 1 - Fahrlässigkeitsdelikt):**

I. Tatbestand
  1. Objektiver Tatbestand
    a. Tatobjekt: Kernbrennstoffe
    b. Tathandlung: Nichtablieferung, unverzügliche (echtes Unterlassungsdelikt)
      aa. Tatsächliche Möglichkeit der Ablieferung
      bb. Rechtliche Zumutbarkeit der Ablieferung
    c. Taterfolg: Verstoß gegen die Pflicht zur Ablieferung aufgrund des Atomgesetzes
    d. Fahrlässigkeitsmerkmale:
      aa. Objektive Sorgfaltspflichtverletzung (bez. der Tathandlung)
      bb. Objektive Vorhersehbarkeit (bez. des Taterfolges)
      cc. Objektiver Zurechnungszusammenhang
      dd. Schutzzweck der Sorgfaltspflicht
  2. Subjektiver Tatbestand: Verstoß gesehen (bewußte F.) oder nicht gesehen (unbewußte F.)
II. Rechtswidrigkeit: keine Besonderheiten
III. Schuld
  1. Subjektive Sorgfaltspflichtverletzung
  2. Subjektive Vorhersehbarkeit
IV. Besonderheit: Strafaufhebungsgrund in § 330b I S. 2, 1 (Tätige Reue)

**Aufbau (Abs. 5 i.V.m. Abs. 2 Nr. 2 - Fahrlässigkeitsdelikt):**

I. Tatbestand
  1. Objektiver Tatbestand
    a. Tatobjekt:
      aa. Kernbrennstoffe
      bb. sonstige radioaktive Stoffe in einer Art *oder* Beschaffenheit *oder* Menge
        (1) mit Eignung zur Herbeiführung von
          (a) schwerer Gesundheitsbeschädigung eines anderen *oder*
          (b) Tod eines anderen
        (2) aufgrund ionisierender Strahlen
    b. Tathandlung:
      aa. Abgabe an Unberechtigte
      bb. Vermittlung der Abgabe an Unberechtigte
    c. Fahrlässigkeitsmerkmale:
      - Objektive Sorgfaltspflichtverletzung (bez. der Tathandlung)
  2. Subjektiver Tatbestand: Sorgfaltspflichtverletzung gesehen (bewußte F.) oder nicht gesehen (unbewußte F.)
II. Rechtswidrigkeit: keine Besonderheiten
III. Schuld
  - Subjektive Sorgfaltspflichtverletzung
IV. Besonderheit: Strafaufhebungsgrund in § 330b I S. 2, 1 (Tätige Reue)

**Aufbau (Abs. 5 i.V.m. Abs. 3 Nr. 1 - Fahrlässigkeitsdelikt):**

I. Tatbestand
  1. Objektiver Tatbestand
    a. Tatobjekt:
      aa. radioaktive Stoffe *oder*
      bb. Gefahrstoffe im Sinne des Chemikaliengesetzes
    b. Tathandlung: Verwenden, insbesondere
      aa. Lagern *oder*
      bb. Bearbeiten *oder*
      cc. Verarbeiten
      *jeweils:* beim Betrieb einer Anlage, insbesondere
      dd. einer Betriebsstätte *oder*
      ee. technischen Einrichtung
    c. Taterfolg I:
      - grobe Verletzung verwaltungsrechtlicher Pflichten (vgl. § 330d Nr. 4, 5)
    d. Taterfolg II: Gefährdung von
      aa. Gesundheit eines anderen *oder*
      bb. ihm nicht gehörende Tiere *oder*
      cc. fremde Sachen von bedeutendem Wert
    e. Fahrlässigkeitsmerkmale:
      aa. Objektive Sorgfaltspflichtverletzung (bez. der Tathandlung)
      bb. Objektive Vorhersehbarkeit (bez. des Taterfolges)
      cc. Objektiver Zurechnungszusammenhang
      dd. Schutzzweck der Sorgfaltspflicht
  2. Subjektiver Tatbestand: Pflichtverletzung und Gefährdung gesehen (bewußte F.) oder nicht gesehen (unbewußte F.)
II. Rechtswidrigkeit: keine Besonderheiten
III. Schuld
  1. Subjektive Sorgfaltspflichtverletzung
  2. Subjektive Vorhersehbarkeit
IV. Besonderheit: Strafaufhebungsgrund in § 330b I S. 2, 1 (Tätige Reue)

**Aufbau (Abs. 5 i.V.m. Abs. 3 Nr. 2 - Fahrlässigkeitsdelikt):**

I. Tatbestand
  1. Objektiver Tatbestand
    a. Tatobjekt: gefährliche Güter (vgl. § 330d Nr. 3)
    b. Tathandlung:
      aa. Befördern *oder*
      bb. Versenden *oder*
      cc. Verpacken *oder*
      dd. Auspacken *oder*
      ee. Verladen *oder*
      ff. Entladen *oder*
      gg. Entgegennehmen *oder*
      hh. einem anderen überlassen
    c. Taterfolg I:

- grobe Verletzung verwaltungsrechtlicher Pflichten (vgl. § 330d Nr. 4, 5)

d. Taterfolg II: Gefährdung
   aa. der Gesundheit eines anderen *oder*
   bb. ihm nicht gehörender Tiere *oder*
   cc. fremder Sachen von bedeutendem Wert

e. Fahrlässigkeitsmerkmale:
   aa. Objektive Sorgfaltspflichtverletzung (bez. der Tathandlung)
   bb. Objektive Vorhersehbarkeit (bez. des Taterfolges)
   cc. Objektiver Zurechnungszusammenhang
   dd. Schutzzweck der Sorgfaltspflicht

2. Subjektiver Tatbestand: Pflichtverletzung und Gefährdung gesehen (bewußte F.) oder nicht gesehen (unbewußte F.)

II. Rechtswidrigkeit: keine Besonderheiten

III. Schuld
   1. Subjektive Sorgfaltspflichtverletzung
   2. Subjektive Vorhersehbarkeit

IV. Besonderheit: Strafaufhebungsgrund in § 330b I S. 2, 1 (Tätige Reue)

## Definitionen/Erläuterungen:

| | |
|---|---|
| **KERNBRENNSTOFF** ist nach dem maßgeblichen § 2 I AtG spaltbares Material. | Tr[48], § 328 Rn. 2 |
| **KERNBRENNSTOFFE** sind die in der Legaldefinition des § 2 I Nr. 1 AtomG genannten Substanzen, wie Plutonium 239 und 241, Uran 233 oder bestimmte Isotopenanreicherungen und -mischungen. Unerheblich ist, ob das spaltbare Material als Metall, Legierung oder chemische Verbindung vorliegt. | S/S[25], § 328 Rn. 2 |
| **KERNBRENNSTOFFE** sind besonders spaltbare Stoffe im Sinne des hier maßgeblichen § 2 I Nr. 1 AtG. | La[22], § 328 Rn. 3 |
| **SONSTIGE RADIOAKTIVE STOFFE** (§ 2 I Nr. 2 AtG) sind Stoffe sowohl natürlichen wie künstlichen Ursprungs, bei deren Zerfall ionisierende Strahlen ausgesendet werden. | Tr[48], § 328 Rn. 2a i.V.m. § 311b Rn. 4 |
| **SONSTIGE RADIOAKTIVE STOFFE** sind im Sinne der legaldefinition des § 2 I Nr.2 AtomG alle nicht schon unter Nr.1 fallenden Substanzen, die spontan ionisierende Strahlen aussenden. | S/S[25], § 328 Rn. 3 |
| **IONISIERENDE STRAHLUNG** ist Strahlung, die von natürlichen oder künstlichen radioaktiven Stoffen (§ 2 I, II AtG; § 3 I StrlSchV) ausgeht, ferner Neutronenstrahlung, die bei der Spaltung von Kernbrennstoffen entsteht, und künstlich erzeugte ioniserende Strahlung, namentlich auch die Röntgenstrahlung. | La[22], § 328 Rn. 3 i.V.m. § 311a Rn. 2 |
| Eine **BESCHÄDIGUNG DER GESUNDHEIT** besteht im Hervorrufen oder Steigern eines, wenn auch vorübergehenden pathologischen Zustandes. | Tr[48], § 328 Rn. 2a i.V.m. § 223 Rn. 6 |

| | |
|---|---|
| Unter **SCHWERER GESUNDHEITSBESCHÄDIGUNG** ist abweichend von § 224 nicht nur eine schwere Körperverletzung, sondern auch die erhebliche Beeinträchtigung im Gebrauch der Sinne, des Körpers oder der Arbeitsfähigkeit für lange Zeit gemeint. | Tr[48], § 328 Rn. 2a |
| Die **SCHWERE GESUNDHEITSBESCHÄDIGUNG** deckt sich nicht mit der schweren Körperverletzung nach § 224 StGB, sondern meint jede erhebliche oder längerfristige Beeinträchtigungen der Gesundheit oder Arbeitsfähigkeit. | S/S[25], § 328 Rn. 3 |
| Die **SCHWERE GESUNDHEITSSCHÄDIGUNG** schließt abweichend von § 224 auch Fälle der Gefahr des Eintritts einer langwierigen Krankheit oder erheblicher Beeinträchtigung der Arbeitsfähigkeit für längere Zeit ein. | La[22], § 328 Rn. 3 |
| **TOD**. Als Todeszeitpunkt wird nach h.M. der Hirntod angesehen, d.h. das irreversible Erlöschen der gesamten Hirntätigkeit, also namentlich auch des Stammhirns. | La[22], § 328 Rn. 3 i.V.m. vor § 211 Rn. 4 |
| **AUFBEWAHREN**, § 5 AtomG. | Tr[48], § 328 Rn. 5 |
| **BEFÖRDERN**, §§ 4 bis 4b AtomG. | Tr[48], § 328 Rn. 5 |
| Unter **BEFÖRDERN** ist jede Herbeiführung einer Ortsveränderung zu verstehen einschließlich des Be- und Entladens. | S/S[25], § 328 Rn. 7 |
| **BEARBEITEN**, § 9 AtG. | Tr[48], § 328 Rn. 5 |
| **VERARBEITEN**, § 9 AtG. | Tr[48], § 328 Rn. 5 |
| **SONST VERWENDEN**, § 9 AtG. | Tr[48], § 328 Rn. 5 |
| **EINFÜHREN**, § 3 AtG, vgl. auch die nach den §§ 11, 12 AtG erlassenen RechtsVOen. | Tr[48], § 328 Rn. 5 |
| **AUSFÜHREN**, § 3 AtG, vgl. auch die nach den §§ 11, 12 AtG erlassenen RechtsVOen. | Tr[48], § 328 Rn. 5 |
| **GROBE VERLETZUNG** liegt bei grob pflichtwidrigem Verhalten vor, das sich sowohl aus dem Grad der Pflichtwidrigkeit als auch aus der Bedeutung der verletzten Pflicht ergeben kann, was bedeutet, daß die Pflicht in besonders schwerem Maße verletzt wird oder der Verstoß sich gegen eine besonders gravierende Pflicht richtet, wobei ihre Zumutbarkeit Bedeutung erlangen kann. | Tr[48], § 328 Rn. 3 i.V.m. § 325 Rn. 14 |
| **GROB** ist eine Pflicht verletzt, wenn die jeweilige Pflicht in besonders schwerem Maße verletzt wird oder der Verstoß sich gegen eine besonders gewichtige Pflicht richtet; bei Zweifeln über das geforderte Verhalten dürfte das Merkmal „grob“ nicht erfüllt sein. | Tr[48], § 328 Rn. 3 |

Unter einem **GROB PFLICHTWIDRIGEN VERHALTEN** ist hier im wesentlichen wie bei § 315a, c StGB ein Verhalten zu verstehen, daß entweder schon in sich besonders vorwerfbar ist, oder eine besonders wichtige Verhaltenspflicht betrifft.

S/S[25], § 328 Rn. 10

**GROB PFLICHTWIDRIG** erfordert ein nach dem Ausmaß der Gefährlichkeit oder dem Grad der Pflichtwidrigkeit besonders schwerwiegendes Verhalten (Tun oder Unterlassen); es kann deshalb sowohl aus dem besonderen Gewicht der verletzten Pflicht als auch aus dem besonderen Maß der Pflichtvergessenheit in bezug auf eine an sich nicht wichtige Pflicht hergeleitet werden. Es fehlt allgemein, wenn das Verhalten materiell rechtmäßig ist, und wird häufig auch fehlen, wenn sich ein sofort vollziehbarer Verwaltungsakt nach Tatbegehung im Widerspruchs- oder verwaltungsgerichtlichen Verfahren als nicht bestandskräftig erweist.

La[22], § 328 Rn. 2
i.V.m. § 325 Rn. 11

---

**OHNE DIE ERFORDERLICHE GENEHMIGUNG**, vgl. § 7 AtomG sowie Art. 1 § 5 UmwRG-DDR.

S/S[25], § 328 Rn. 12
i.V.m. § 327 Rn. 11

**ERFORDERLICHE GENEHMIGUNG** ist jeweils die in § 7 AtG, § 4 BImSchG oder § 7 I, II AbfG vorgeschriebene. Sie muß nicht notwendig schon ihrem Typ nach als das abschließende Ergebnis des vorgeschriebenen Genehmigungs- oder Planfeststellungsverfahrens erscheinen, kann vielmehr auch in anderen verwaltungsrechtlich wirksamen Formen Gestattung bestehen.

La[22], § 328 Rn. 2
i.V.m. § 327 Rn. 2

---

**VOLLZIEHBARE UNTERSAGUNG.** Vollziehbar sind VwAkte, wenn sie verbindlich gegenüber dem Betroffenen sind, wenn ein Suspensiveffekt der Anfechtung nicht besteht. Das ist nicht nur bei anfechtbaren VwAkten der Fall, sondern gilt auch, wenn die aufschiebende Wirkung der Anfechtung ausgeschlossen ist, weil ein Fall des Ausnahmekatalogs vorliegt.

Tr[48], § 328 Rn. 4
i.V.m. § 330d Rn. 9

Verwaltungsakte sind **VOLLZIEHBAR**, wenn sie dem Betroffenen gegenüber verwaltungsrechtlich durchsetzbar sind. Außerdem darf die Möglichkeit, den Vollzug des Verwaltungsakts durch Rechtsbehelfe abzuwenden, nicht oder nicht mehr bestehen. Das trifft nicht nur für unanfechtbare Verwaltungsakte, sondern auch für solche zu, deren sofortige Vollziehbarkeit sich entweder aus dem Gesetz ergibt (§ 80 II Nr. 1-3 VwGO) oder ausdrücklich schriftlich angeordnet ist (§ 80 II Nr. 4 VwGO)

La[22], § 328 Rn. 2
i.V.m. § 327 Rn. 2
i.V.m. § 325 Rn. 7

Zu Abs. 1 beachte auch § 19 III AtG. Gemeint sind ausschließlich solche Verwaltungsakte, die auf dem zugehörigen, das Verwaltungsrecht regelnden Gesetz beruhen.

La[22], § 328 Rn. 2
i.V.m. § 327 Rn. 2

---

***BEACHTE:*** Die Tat ist bei Vorliegen einer Genehmigung bzw. Nichtvorliegen einer Untersagung tatbestandslos. Diese Verbindung mit dem Verwaltungsrecht nennt man *Verwaltungsak-*

Verf.

*zessorietät*. Inzidenter ist nach hM bei der Befugnis allein deren verwaltungsrechtliche *Wirksamkeit* (nicht Rechtmäßigkeit!) zu prüfen (§ 44 VwVfG). Eine Besonderheit ergibt sich nur aus § 330d Nr. 5, der bestimmte Arten rechtsmißbräuchlichen Verhaltens dem genehmigungslosen Verhalten gleichstellt.

| | |
|---|---|
| Die **ABLIEFERUNGSPFLICHT** ergibt sich aus § 5 III, IV AtomG. | S/S[25], § 328 Rn. 12 |
| **UNVERZÜGLICH** bedeutet ohne schuldhaftes Zögern. | S/S[25], § 328 Rn. 12 |
| **UNBERECHTIGT** ist eine Person, die nicht zur Entgegennahme oder zum Besitz der Stoffe berechtigt ist (§ 5 V AtG). | Tr[48], § 328 Rn. 5 |
| **ABGEBEN** ist die bewußte Gewahrsamsübertragung auf einen anderen. | S/S[25], § 328 Rn. 13 |
| **ABGABE VERMITTELN** | k.A. |
| **RADIOAKTIVE STOFFE ODER GEFAHRSTOFFE IM SINNE DES CHEMG**: nach der umfassenden Begriffsbestimmung in § 19 II ChemG werden neben Stoffen auch Zubereitungen und Erzeugnisse im Sinne des Chemikalienrechts erfaßt; auch sind Stoffe, Zubereitungen und Erzeugnisse eingeschlossen, bei deren Herstellung oder Verwendung erst gefährliches oder explodierendes Material entstehen oder freigesetzt werden kann. | La[22], § 328 Rn. 3 |
| Mit **LAGERN** ist jede vorübergehende Aufbewahrung, insbesondere der Zwischenlagerung, mit dem Ziel anderweitiger oder endgültiger Beseitigung gemeint, also auch dann, wenn die Abfälle nach Entsorgung ganz oder zT dem Wirtschaftskreislauf wieder zugeführt werden; erfaßt ist der Fall des Umlagerns auch dann, wenn die Zwischenlagerung des Abfalls keine Störung drohender Gefahr für das Umweltgut bewirkt haben sollte, was jedoch strafmildernd berücksichtigt werden kann. | Tr[48], § 328 Rn. 11 i.V.m. § 326 Rn. 7 |
| **BEARBEITEN, VERARBEITEN ODER SONST VERWENDEN**, vgl. §§ 17, 23, 27 I Nr. 1, II ChemG. | Tr[48], § 328 Rn. 11 |
| **ANLAGEN** sind vor allem Großfeuerungsanlagen und Feuerungsanlagen iS der BImSchV, in strafrechtlicher Auslegung aber auch Flugplätze, öffentliche Verkehrswege und Grundstücke, soweit auf ihnen Stoffe gelagert oder abgelagert oder imissionsträchtige Arbeiten durchgeführt werden, zB auch Müllverbrennungsanlagen, Autofriedhöfe, auch Areale, auf denen Autowracks ständig gewerblich gelagert und ausgeschlachtet werden, Oberflächenbehandlungs-, Chemischreinigungs-, Textilausrüstungs- und Extraktionsanlagen iS der 2. BImSchV; Hochöfen, Trockenöfen oder sonstige Betriebsstät- | Tr[48], § 328 Rn. 11 i.V.m. § 325 Rn. 4 |

ten oder Einrichtungen, ferner Maschinen und technische Geräte aller Art, soweit sie nach Funktion und Größe begrifflich noch als Anlage iwS zu verstehen sind, Geräte und sonstige ortsveränderliche technische Einrichtungen sowie Fahrzeuge, ausgenommen jedoch Verkehrsfahrzeuge, selbst wenn sie mit Giftfässern beladen sind.

Der Begriff „**ANLAGE**“ ist weit auszulegen. Hierzu gehören zB Betriebsstätten, dh die Einrichtungen, die als räumliche Zusammenfassung der Ausübung eines stehenden Betriebes dienen, sowie sonstige ortsfeste Einrichtungen. Neben Fabriken, ähnlichen industriellen Werken und handwerklichen Betriebsstätten fallen hierunter etwa Feuerungsanlagen, Müllverbrennungsanlagen, Abfallaufbereitungsanlagen, Klärwerke, Motorsportanlagen, Kompostwerke, Schweinemästereien. Anlagen sind ferner ortsveränderliche technische Einrichtungen, insb. Maschinen und Geräte, wie Bagger, Planierraupen, Betonmischer, sonstige Baumaschinen, mobile Pumpen. Außerdem gehören Grundstücke unabhängig von baulichen und technischen Einrichtungen zu den Anlagen, soweit auf ihnen Stoffe gelagert oder abgelagert oder emissionsträchtige Arbeiten durchgeführt werden. Nicht erforderlich ist, daß das Grundstück insgesamt oder überwiegend solchen Zwecken dient. — S/S[25], § 328 Rn. 15 i.V.m. § 325 Rn. 4

**ANLAGE** ist eine auf gewisse Dauer vorgesehene, als Funktionseinheit organisierte Einrichtung von nicht ganz unerheblichen Ausmaßen, die der Verwirklichung beliebiger Zwecke dient. Ob sie ortsfest (zB Betriebsstätte, Heizungsanlage) oder beweglich ist (zB Maschine), bleibt sich gleich; daher werden technische Geräte aller Art erfaßt, soweit nicht das Sprachverständnis wegen der begrenzten Funktion oder Dimension des Gegenstandes seiner Charakterisierung als Anlage entgegensteht. — La[22], § 328 Rn. 4 i.V.m. § 325 Rn. 2

---

In **BETRIEB** ist die Anlage, sobald sie für ihre Zwecke in Gang gesetzt ist und solange sie auch nicht völlig stillgelegt ist, oder noch nicht gegen eine unbefugte Weiterbenützung abgesichert ist. Erfaßt ist schon die Erprobung der Anlage. — Tr[48], § 328 Rn. 11 i.V.m. § 325 Rn. 5

**BETRIEB** einer Anlage entspricht dem Betreiben im Sinne des § 4 BImSchG. Es ist weit auszulegen und umfaßt alle Handlungen, die zum tatsächlichen In-Funktion-Setzen oder -Halten beitragen; beendigt ist es erst nach völliger Stillegung, bei Müllplätzen also erst nach wirksamer Absicherung gegen (auch unbefugte) Weiterbenutzung. — La[22], § 328 Rn. 4 i.V.m. § 325 Rn. 2

---

**BETRIEBSSTÄTTE**, z.B. Hochöfen, Trockenöfen oder sonstige Extraktionsanlagen i.S. der 2. BImSchV. — Tr[48], § 328 Rn. 11 i.V.m. § 325 Rn. 4

---

**TECHNISCHE EINRICHTUNG**. Der Begriff ist hier weiter als der — Tr[48], § 328 Rn. 11

in § 325 verwendete Begriff. Er umfaßt neben Maschinen zB auch Geräte, Fahrzeuge, Kühleinrichtungen, Heizungen und Laboratorien innerhalb einer Anlage.

| | |
|---|---|
| **LAGERN, BEARBEITEN UND VERARBEITEN** sind nur als exemplarische Beispielsfälle des **VERWENDENS** gemeint. | S/S[25], § 328 Rn. 15 |
| **VERLETZUNG VERWALTUNGSRECHTLICHER PFLICHTEN**, vgl. § 330d Nr. 4, 5. | Tr[48], § 328 Rn. 8 |
| **GROBE VERLETZUNG VERWALTUNGSRECHTLICHER PFLICHTEN** ergeben sich bei Abs. 3 Nr. 1, soweit es um pflichtenbegründende Rechtsvorschriften geht, etwa aus §§ 7, 23 BImSchG mit den jeweils auf ihnen beruhenden Verordnungen, aus § 17 ChemG mit der GefahrstoffVO und aus §§ 10-12 AtG mit der StrlSchV sowie aus sonstigen Vorschriften der Gefahrenabwehr wie etwa § 14 ArbeitsstättenVO; bei Abs. 3 Nr. 2 ergeben sich solche Pflichten etwa aus den Gefahrgutverordnungen Straße, Eisenbahn, See und Binnenschiffahrt sowie aus allgemeinen Normen der Gefahrenabwehr wie etwa solchen der StVO. | La[22], § 328 Rn. 2 |
| Eine **BESCHÄDIGUNG DER GESUNDHEIT** besteht im Hervorrufen oder Steigern eines, wenn auch vorübergehenden pathologischen Zustandes. Maßgebend ist der strafrechtliche Gesundheitsbegriff. | Tr[48], § 328 Rn. 7<br>i.V.m. § 324a Rn. 7<br>i.V.m. § 223 Rn. 6 |
| Tiere oder fremde Sachen | k.A. |
| Unter **BEDEUTENDER WERT** ist der ökologische, wirtschaftliche, historische oder sonst allgemein oder individuell interessierende Wert, zu verstehen. | Tr[48], § 328 Rn. 8<br>i.V.m. § 325 Rn. 2 |
| Nach § 2 II GefahrgutG umfaßt der Begriff **„GEFÄHRLICHE GÜTER“** Stoffe und Gegenstände, von denen aufgrund ihrer Natur, Eigenschaften oder Zustände im Zusammenhang mit der Beförderung Gefahren für die Allgemeinheit, für wichtige Gemeingüter oder für Leben und Gesundheit von Menschen sowie für Tiere und andere Sachen ausgehen können. | Tr[48], § 328 Rn. 12 |
| **GEFÄHRLICHE GÜTER** sind allgemein umschrieben in § 2 I GBG und für den jeweiligen Anwendungsbereich in den unter Rn. 2 genannten Gefahrgutverordnungen näher konkretisiert. | La[22], § 328 Rn. 3 |
| **BEFÖRDERN.** Dazu zählt das GefahrgutG auch die damit im Zusammenhang stehenden Vorgänge wie z.B. Übernahme, Ablieferung. | Tr[48], § 328 Rn. 12 |
| **BEFÖRDERN, VERSENDEN, VERPACKEN, AUSPACKEN, VERLADEN, ENTLADEN, ENTGEGENNEHMEN, ANDEREN ÜBERLASSEN.** Die im einzelnen genannten Tathandlungen sollen den | La[22], § 328 Rn. 4 |

Beförderungsvorgang im ganzen erfassen, also nicht nur die Ortsveränderung, sondern auch Übernahme und Ablieferung des Gutes, Vorbereitungs- und Abschlußhandlungen sowie vorübergehende Aufenthalte während der Beförderung.

**FAHRLÄSSIG** handelt, wer entweder die Sorgfalt außer acht läßt, zu der er nach den Umständen und seinen persönlichen Verhältnissen verpflichtet und fähig ist, und deshalb die Tatbestandsverwirklichung nicht erkennt (unbewußte Fahrlässigkeit) oder wer die Tatbestandsverwirklichung für möglich hält, jedoch pflichtwidrig und vorwerfbar im Vertrauen darauf handelt, daß sie nicht eintreten werde (unbewußte Fahrlässigkeit).

La[22], § 328 Rn. 5 i.V.m. § 325 Rn. 16 i.V.m. § 15 Rn. 35

## Konkurrenzen:

§ 328 steht in Idealkonkurrenz mit §§ 311b, 311c, 311d, 326 III, 327 I, sowie mit §§ 310b, 311a (str.) (Tr[48], § 328 Rn. 16).

# § 329. Gefährdung schutzbedürftiger Gebiete.

## Gesetzestext:

(1) Wer entgegen einer auf Grund des Bundes-Immissionsschutzgesetzes erlassenen Rechtsverordnung über ein Gebiet, das eines besonderen Schutzes vor schädlichen Umwelteinwirkungen durch Luftverunreinigungen oder Geräusche bedarf oder in dem während austauscharmer Wetterlagen ein starkes Anwachsen schädlicher Umwelteinwirkungen durch Luftverunreinigungen zu befürchten ist, Anlagen innerhalb des Gebiets betreibt, wird mit Freiheitsstrafe bis zu drei Jahren oder mit Geldstrafe bestraft. Ebenso wird bestraft, wer innerhalb eines solchen Gebiets Anlagen entgegen einer vollziehbaren Anordnung betreibt, die auf Grund einer in Satz 1 bezeichneten Rechtsverordnung ergangen ist. Die Sätze 1 und 2 gelten nicht für Kraftfahrzeuge, Schienen-, Luft- oder Wasserfahrzeuge.

(2) Wer entgegen einer zum Schutz eines Wasser- oder Heilquellenschutzgebietes erlassenen Rechtsvorschrift oder vollziehbaren Untersagung

1. betriebliche Anlagen zum Umgang mit wassergefährdenden Stoffen betreibt,
2. Rohrleitungsanlagen zum Befördern wassergefährdender Stoffe betreibt oder solche Stoffe befördert *oder*
3. im Rahmen eines Gewerbebetriebes Kies, Sand, Ton oder andere feste Stoffe abbaut,

wird mit Freiheitsstrafe bis zu drei Jahren oder mit Geldstrafe bestraft. 2 Betriebliche Anlage im Sinne des Satzes 1 ist auch die Anlage in einem öffentlichen Unternehmen.

(3) Wer entgegen einer zum Schutz eines Naturschutzgebietes, einer als Naturschutzgebiet einstweilig sichergestellten Fläche oder eines Nationalparks erlassenen Rechtsvorschrift oder vollziehbaren Untersagung

1. Bodenschätze oder andere Bodenbestandteile abbaut oder gewinnt,

2. Abgrabungen oder Aufschüttungen vornimmt,
3. Gewässer schafft, verändert oder beseitigt,
4. Moore, Sümpfe, Brüche oder sonstige Feuchtgebiete entwässert,
5. Wald rodet,
6. Tiere einer im Sinne des Bundesnaturschutzgesetzes besonders geschützten Art tötet, fängt, diesen nachstellt oder deren Gelege ganz oder teilweise zerstört oder entfernt,
7. Pflanzen einer im Sinne des Bundesnaturschutzgesetzes besonders geschützten Art beschädigt oder entfernt *oder*
8. ein Gebäude errichtet

und dadurch den jeweiligen Schutzzweck nicht unerheblich beeinträchtigt, wird mit Freiheitsstrafe bis zu fünf Jahren oder mit Geldstrafe bestraft.

(4) Handelt der Täter fahrlässig, so ist die Strafe

1. in den Fällen der Absätze 1 und 2 Freiheitsstrafe bis zu zwei Jahren oder Geldstrafe,
2. in den Fällen des Absatzes 3 Freiheitsstrafe bis zu drei Jahren oder Geldstrafe.

## Übersicht:

- ***Typ:*** vorsätzliches Begehungsdelikt, Abs. 1 bis 3. Fahrlässiges Begehungsdelikt, Abs. 4 i.V.m. Abs. 1, 2 oder 3. Abs. 1 und 2 enthalten abstrakte Gefährdungsdelikte (Gefahr muß nicht eingetreten sein). Abs. 3 enthält potentielle Gefährdungsdelikte mit dem tatbestandsmäßigen Erfolg einer Beeinträchtigung.
- ***Versuch*** ist nicht strafbar (Vergehen!).
- ***Abs. 1*** enthält in S. 1 den eigentlichen Tatbestand (für Smog-Gebiete), in S. 2 erweitert um eine zusätzliche Begehungsweise (Obersatz: § 329 I S. 2, 1), in S. 3 eingeschränkt für bestimmte Fahrzeuge (negative Begriffsbestimmung). ***Abs. 2*** enthält in S. 1 einen eigenen Tatbestand, in S. 2 eine Begriffsbestimmung. ***Abs. 3*** enthält einen eigenen Tatbestand.
- ***Begriffsbestimmungen*** in § 330d. ***Entgegen einer vollziehbaren Untersagung*** ist TB-Merkmal (verwaltungsrechtlich: Verwaltungsungehorsam).
- ***Besonders schwerer Fall*** in § 330 I (Regelbeispiele). Qualifikation der vorsätzlichen Begehung in § 330 II (keine Regelbeispiele).
- § 330c enthält eine (klausurmäßig bedeutungslose) Einziehungsmöglichkeit.
- ***Schutzgut*** ist nach der Abschnittsüberschrift die Umwelt als Ganzes, jedoch nicht um ihrer selbst willen, auch nicht umfassend, sondern in ihren Medien (Boden, Luft, Wasser) und Erscheinungsformen (Tier- und Pflanzenwelt). Die Umwelt ist eigenständiges Rechtsgut nur in bezug auf das gegenwärtige und zukunftsorientierte menschliche Interesse an der Erhaltung humaner Umweltbedingungen (ökologisch-anthropozentrische Rechtsgutauffassung) (Tr[48], § 328 Rn. 1 i.V.m. Vor § 324 Rn. 3).
- Geschützt werden durch § 329 die Unversehrtheit von Menschen, Tieren und Pflanzen sowie das Eigentum an Sachen (vgl. § 1 BImSchG) (Tr[48], § 329 Rn. 1).

**Aufbau (Abs. 1 - Vorsatzdelikt):**

I. Tatbestand
  1. Objektiver Tatbestand
    a. Tatobjekt: Anlagen (aber nicht: Fahrzeuge i.S. von Abs. 1 S. 3)
    b. Tathandlung: betreiben (innerhalb eines Gebietes)
    c. Taterfolg: Verstoß gegen (ein Verbot des Betreibens durch eine)
      aa. Rechtsverordnung,
        (1) die auf Grund des Bundes-Immissionsschutzgesetzes erlassen wurde *und*
        (2) über ein Gebiet gilt,
        - das eines besonderen Schutzes vor schädlichen Umwelteinwirkungen durch Luftverunreinigungen oder Geräusche bedarf *oder*
        - in dem während austauscharmer Wetterlagen ein starkes Anwachsen schädlicher Umwelteinwirkungen durch Luftverunreinigungen zu befürchten ist
      bb. vollziehbare Anordnung (S. 2 i.V.m. S.1), die auf Grund einer solchen Rechtsverordnung ergangen ist
  2. Subjektiver Tatbestand: Vorsatz, mindestens bedingter.
II. Rechtswidrigkeit
III. Schuld: keine Besonderheiten.
IV. Besonderheit: Strafzumessungsregel (Regelbeispiele) nach § 330.

**Aufbau (Abs. 2 - Vorsatzdelikt):**

I. Tatbestand
  1. Objektiver Tatbestand
    a. Tatobjekt:
      aa. (Nr. 1) betriebliche Anlagen zum Umgang mit wassergefährdenden Stoffen (auch: Anlagen i.S. von Abs. 2 S. 2) *oder*
      bb. (Nr. 2 Var. 1) Rohrreinigungsanlagen zum Befördern wassergefährdender Stoffe *oder*
      cc. (Nr. 2 Var. 2) wassergefährdende Stoffe *oder*
      dd. (Nr. 3) feste Stoffe, insbesondere
        Kies, Sand, Ton
    b. Tathandlung:
      aa. (Nr. 1 und Nr. 2 Var. 1) betreiben *oder*
      bb. (Nr. 2 Var. 2) befördern *oder*
      cc. (Nr. 3) Abbauen im Rahmen eines Gewerbebetriebes
    c. Taterfolg: Verstoß gegen (ein Verbot des Betreibens, Beförderns, Abbauens durch eine)
      aa. Rechtsvorschrift, die zum Schutz eines Wasser- oder Heilquellenschutzgebietes erlassen wurde *oder*
      bb. vollziehbare Untersagung
  2. Subjektiver Tatbestand: Vorsatz, mindestens bedingter.
II. Rechtswidrigkeit
III. Schuld: keine Besonderheiten.
IV. Besonderheit: Strafzumessungsregel (Regelbeispiele) nach § 330.

**Aufbau (Abs. 3 - Vorsatzdelikt):**

I. Tatbestand
  1. Objektiver Tatbestand
    a. Tatobjekte:
      (1) Bodenschätze *oder* andere Bodenbestandteile *oder*
      (2) Abgrabungen *oder* Aufschüttungen *oder*
      (3) Gewässer (vgl. § 330d Nr. 1) *oder*
      (4) Feuchtgebiete, insbesondere Moore, Sümpfe, Brüche *oder*
      (5) Wald *oder*
      (6) Tiere einer im Sinne des Bundesnaturschutzgesetzes besonders geschützten Art *oder* deren Gelege *oder*
      (7) Pflanzen einer im Sinne des Bundesnaturschutzgesetzes besonders geschützten Art *oder*
      (8) Gebäude
    b. Tathandlungen:
      (1) abbauen *oder* gewinnen *oder*
      (2) vornehmen *oder*
      (3) schaffen *oder* verändern *oder* beseitigen *oder*
      (4) entwässern *oder*
      (5) roden *oder*
      (6) töten *oder* fangen *oder* nachstellen (Tiere) *oder* zerstören *oder* entfernen (Gelege) *oder*
      (7) beschädigen *oder* entfernen *oder*
      (8) errichten
    c. Taterfolg: Verstoß gegen (ein Verbot der Tathandlung durch eine)
      aa. Rechtsvorschrift, die zum Schutz
        (1) eines Naturschutzgebietes *oder*
        (2) einer als Naturschutzgebietes einstweilig sichergestellten Fläche *oder*
        (3) eines Nationalparkes erlassen wurde *oder*
      bb. vollziehbare Untersagung
  2. Subjektiver Tatbestand: Vorsatz, mindestens bedingter.

II. Rechtswidrigkeit

III. Schuld: keine Besonderheiten.

IV. Besonderheit: Strafzumessungsregel (Regelbeispiele) nach § 330.

**Aufbau (Abs. 4 Nr.1 i.V.m. Abs. 1 - Fahrlässigkeitsdelikt):**

I. Tatbestand
  1. Objektiver Tatbestand
    a. Tatobjekt: Anlagen (aber nicht: Fahrzeuge i.S. von Abs. 1 S. 3)
    b. Tathandlung: betreiben (innerhalb eines Gebietes)
    c. Taterfolg: Verstoß gegen (ein Verbot des Betreibens durch eine)
      aa. Rechtsverordnung,
        (1) die auf Grund des Bundes-Immissionsschutzgesetzes erlassen wurde *und*
        (2) über ein Gebiet gilt,

- das eines besonderen Schutzes vor schädlichen Umwelteinwirkungen durch Luftverunreinigungen oder Geräusche bedarf *oder*
- in dem während austauscharmer Wetterlagen ein starkes Anwachsen schädlicher Umwelteinwirkungen durch Luftverunreinigungen zu befürchten ist

bb. vollziehbare Anordnung (S. 2 i.V.m. S.1), die auf Grund einer solchen Rechtsverordnung ergangen ist

d. Fahrlässigkeitsmerkmale:

aa. Objektive Sorgfaltspflichtverletzung (bez. der Tathandlung)

bb. Objektive Vorhersehbarkeit (bez. des Taterfolges)

cc. Objektiver Zurechnungszusammenhang

dd. Schutzzweck der Sorgfaltspflicht

2. Subjektiver Tatbestand: Verstoß gesehen (bewußte F.) oder nicht gesehen (unbewußte F.)

II. Rechtswidrigkeit: keine Besonderheiten

III. Schuld

1. Subjektive Sorgfaltspflichtverletzung

2. Subjektive Vorhersehbarkeit

**Aufbau (Abs. 4 Nr. 1 i.V.m. Abs. 2 - Fahrlässigkeitsdelikt):**

I. Tatbestand

1. Objektiver Tatbestand

a. Tatobjekt:

aa. (Nr. 1) betriebliche Anlagen zum Umgang mit wassergefährdenden Stoffen (auch: Anlagen i.S. von Abs. 2 S. 2) *oder*

bb. (Nr. 2 Var. 1) Rohrreinigungsanlagen zum Befördern wassergefährdender Stoffe *oder*

cc. (Nr. 2 Var. 2) wassergefährdende Stoffe *oder*

dd. (Nr. 3) feste Stoffe, insbesondere
Kies, Sand, Ton

b. Tathandlung:

aa. (Nr. 1 und Nr. 2 Var. 1) betreiben *oder*

bb. (Nr. 2 Var. 2) befördern *oder*

cc. (Nr. 3) Abbauen im Rahmen eines Gewerbebetriebes

c. Taterfolg: Verstoß gegen (ein Verbot des Betreibens, Beförderns, Abbauens durch eine)

aa. Rechtsvorschrift, die zum Schutz eines Wasser- oder Heilquellenschutzgebietes erlassen wurde *oder*

bb. vollziehbare Untersagung

d. Fahrlässigkeitsmerkmale:

aa. Objektive Sorgfaltspflichtverletzung (bez. der Tathandlung)

bb. Objektive Vorhersehbarkeit (bez. des Taterfolges)

cc. Objektiver Zurechnungszusammenhang

dd. Schutzzweck der Sorgfaltspflicht

2. Subjektiver Tatbestand: Verstoß gesehen (bewußte F.) oder nicht gesehen (unbewußte F.)

II. Rechtswidrigkeit: keine Besonderheiten
III. Schuld
  1. Subjektive Sorgfaltspflichtverletzung
  2. Subjektive Vorhersehbarkeit

**Aufbau (Abs. 4 Nr. 2 i.V.m. Abs. 3 - Fahrlässigkeitsdelikt):**

I. Tatbestand
  1. Objektiver Tatbestand
    a. Tatobjekte:
      (1) Bodenschätze *oder* andere Bodenbestandteile *oder*
      (2) Abgrabungen *oder* Aufschüttungen *oder*
      (3) Gewässer (vgl. § 330d Nr. 1) *oder*
      (4) Feuchtgebiete, insbesondere Moore, Sümpfe, Brüche *oder*
      (5) Wald *oder*
      (6) Tiere einer im Sinne des Bundesnaturschutzgesetzes besonders geschützten Art *oder* deren Gelege *oder*
      (7) Pflanzen einer im Sinne des Bundesnaturschutzgesetzes besonders geschützten Art *oder*
      (8) Gebäude
    b. Tathandlungen:
      (1) abbauen *oder* gewinnen *oder*
      (2) vornehmen *oder*
      (3) schaffen *oder* verändern *oder* beseitigen *oder*
      (4) entwässern *oder*
      (5) roden *oder*
      (6) töten *oder* fangen *oder* nachstellen (Tiere) *oder* zerstören *oder* entfernen (Gelege) *oder*
      (7) beschädigen *oder* entfernen *oder*
      (8) errichten
    c. Taterfolg: Verstoß gegen (ein Verbot der Tathandlung durch eine)
      aa. Rechtsvorschrift, die zum Schutz
        (1) eines Naturschutzgebietes *oder*
        (2) einer als Naturschutzgebietes einstweilig sichergestellten Fläche *oder*
        (3) eines Nationalparkes erlassen wurde *oder*
      bb. vollziehbare Untersagung
    d. Fahrlässigkeitsmerkmale:
      aa. Objektive Sorgfaltspflichtverletzung (bez. der Tathandlung)
      bb. Objektive Vorhersehbarkeit (bez. des Taterfolges)
      cc. Objektiver Zurechnungszusammenhang
      dd. Schutzzweck der Sorgfaltspflicht
  2. Subjektiver Tatbestand: Verstoß gesehen (bewußte F.) oder nicht gesehen (unbewußte F.)
II. Rechtswidrigkeit: keine Besonderheiten
III. Schuld
  1. Subjektive Sorgfaltspflichtverletzung

2. Subjektive Vorhersehbarkeit

## Definitionen/Erläuterungen:

**ANLAGEN** sind vor allem Großfeuerungsanlagen und Feuerungsanlagen iS der BImSchV, in strafrechtlicher Auslegung aber auch Flugplätze, öffentliche Verkehrswege und Grundstücke, soweit auf ihnen Stoffe gelagert oder abgelagert oder imissionsträchtige Arbeiten durchgeführt werden, zB auch Müllverbrennungsanlagen, Autofriedhöfe, auch Areale, auf denen Autowracks ständig gewerblich gelagert und ausgeschlachtet werden, Oberflächenbehandlungs-, Chemischreinigungs-, Textilausrüstungs- und Extraktionsanlagen iS der 2. BImSchV; Hochöfen, Trockenöfen oder sonstige Betriebsstätten oder Einrichtungen, ferner Maschinen und technische Geräte aller Art, soweit sie nach Funktion und Größe begrifflich noch als Anlage iwS zu verstehen sind, Geräte und sonstige ortsveränderliche technische Einrichtungen sowie Fahrzeuge, ausgenommen jedoch Verkehrsfahrzeuge, selbst wenn sie mit Giftfässern beladen sind.

Tr[48], § 329 Rn. 4 i.V.m. § 325 Rn. 4

Unter **ANLAGEN** sind solche i.S. von § 3 V BImSchG zu verstehen. Dazu zählen neben Betriebsstätten und sonstigen ortsfesten Einrichtungen auch Maschinen, Geräte und u.U. auch Grundstücke, sofern die Lagerung von Stoffen bzw. die Durchführung von potentiell emitierenden Arbeiten typisches Merkmal der Nutzung der betreffenden Grundstücksfläche ist.

S/S[25], § 329 Rn. 8

**ANLAGE** ist eine auf gewisse Dauer vorgesehene, als Funktionseinheit organisierte Einrichtung von nicht ganz unerheblichen Ausmaßen, die der Verwirklichung beliebiger Zwecke dient. Ob sie ortsfest (zB Betriebsstätte, Heizungsanlage) oder beweglich ist (zB Maschine), bleibt sich gleich; daher werden technische Geräte aller Art erfaßt, soweit nicht das Sprachverständnis wegen der begrenzten Funktion oder Dimension des Gegenstandes seiner Charakterisierung als Anlage entgegensteht.

La[22], § 329 Rn. 6 i.V.m. § 325 Rn. 2

Jedoch kommen hier wegen der Beschränkung auf Rechtsverordnungen nach § 49 BImSchG nur solche nach § 3 V aaO in Frage.

La[22], § 329 Rn. 6

---

**KRAFTFAHRZEUGE, SCHIENENFAHRZEUGE, LUFTFAHRZEUGE, WASSERFAHRZEUGE.** Der Ausschluß gilt nur für Verkehrsfahrzeuge, aber nicht für Baumaschinen, mobile Pumpen, Hebewerke.

Tr[48], § 325 Rn. 23

---

Für das **BETREIBEN** ist das Ingangsetzen oder Inganghalten der Anlage entgegen einer vollziehbaren Verbotsanordnung oder

Tr[48], § 329 Rn. 4

| | |
|---|---|
| Betriebsbeschränkung erforderlich, aber, da eine Schädigungswirkung nicht einzutreten braucht, ist bereits die rechtswidrige Verursachung abstrakter Gefahren ausreichend. | |
| Die Anlage wird **BETRIEBEN**, wenn und solange sie zweckentsprechend in Gebrauch ist. Da jedoch hier eine Schädigungswirkung nicht einzutreten braucht, genügt bereits der Probebetrieb, wie etwa zur Belastungsprüfung. Denn für das Betreiben ist lediglich wesentlich, daß nach der Verkehrsauffassung die jeweilige Anlage als technisches Hilfsmittel benutzt wird, die Handlung also mit technischen Prozessen unmittelbar zusammenhängt. | S/S[25], § 329 Rn. 9 |
| **BETRIEB** einer Anlage entspricht dem Betreiben im Sinne des § 4 BImSchG. Es ist weit auszulegen und umfaßt alle Handlungen, die zum tatsächlichen In-Funktion-Setzen oder -Halten beitragen; beendigt ist es erst nach völliger Stillegung, bei Müllplätzen also erst nach wirksamer Absicherung gegen (auch unbefugte) Weiterbenutzung. | La[22], § 329 Rn. 6 i.V.m. § 325 Rn. 2 |
| Errichten der Anlage genügt nicht (dazu § 62 I Nr. 8 BImSchG). | La[22], § 329 Rn. 6 |
| In **BETRIEB** ist die Anlage, sobald sie für ihre Zwecke in Gang gesetzt ist und solange sie auch nicht völlig stillgelegt ist, oder noch nicht gegen eine unbefugte Weiterbenützung abgesichert ist. Erfaßt ist schon die Erprobung der Anlage. | Tr[48], § 329 Rn. 6 i.V.m. § 325 Rn. 5 |
| **ENTGEGEN EINER ERLASSENEN RECHTSVERORDNUNG.** Gemeint sind z.B. die Smog-Verordnungen der Bundesländer ebenso wie die Ozon-Verordnungen einzelner Länder. | Tr[48], § 329 Rn. 3 |
| **ENTGEGEN EINER ERLASSENEN RECHTSVERORDNUNG.** Das ist der Fall, wenn der Täter dem Verbot entweder überhaupt nicht oder nicht richtig, nicht vollständig oder nicht rechtzeitig nachkommt. | S/S[25], § 329 Rn. 10 |
| ***BEACHTE:*** Die Tat ist bei Vorliegen einer Genehmigung bzw. Nichtvorliegen einer Untersagung tatbestandslos. Diese Verbindung mit dem Verwaltungsrecht nennt man *Verwaltungsakzessorietät.* Inzidenter ist nach hM bei der Befugnis allein deren verwaltungsrechtliche *Wirksamkeit* (nicht Rechtmäßigkeit!) zu prüfen (§ 44 VwVfG). Eine Besonderheit ergibt sich nur aus § 330d Nr. 5, der bestimmte Arten rechtsmißbräuchlichen Verhaltens dem genehmigungslosen Verhalten gleichstellt. | Verf. |
| **GEBIET, DAS EINES BESONDEREN SCHUTZES VOR SCHÄDLICHEN UMWELTEINWIRKUNGEN DURCH LUFTVERUNREINIGUNGEN ODER GERÄUSCHE BEDARF.** Hierunter fallen zB (§ 49 I BImSchG) Kur-, Erholungs oder Klinikgebiete. | Tr[48], § 329 Rn. 3 |

| | |
|---|---|
| **GEBIET, DAS EINES BESONDEREN SCHUTZES VOR SCHÄDLICHEN UMWELTEINWIRKUNGEN DURCH LUFTVERUNREINIGUNGEN ODER GERÄUSCHE BEDARF.** Hierunter fallen zum einen luftreinhaltungs- und geräuschfreihaltungsbedürftige Gebiete iSv § 49 I BImSchG und zum anderen sog. Smog-Gebiete iSv § 49 II BImSchG. | S/S[25], § 329 Rn. 4/5 |
| **GEBIET, IN DEM WÄHREND AUSTAUSCHARMER WETTERLAGEN EIN STARKES ANWACHSEN SCHÄDLICHER UMWELTEINWIRKUNGEN DURCH LUFTVERUNREINIGUNGEN ZU BEFÜRCHTEN IST.** Hierunter fallen die sog. Smog-Gebiete, dh Gebiete (§ 49 II S. 1 BImSchG), die ohnehin stark umweltbelastend sind und innerhalb derer - etwa bei Inversionswetterlagen - auch bei geringfügiger Erhöhung der Immissionen nicht hinnehmbare Umweltbeeinträchtigungen eintreten, denen durch Erlaß von sog. Smog-VOen der Länder entgegengewirkt werden soll. | Tr[48], § 329 Rn. 3 |
| **VOLLZIEHBARE UNTERSAGUNG.** Vollziehbar sind VwAkte, wenn sie verbindlich gegenüber dem Betroffenen sind, wenn ein Suspensiveffekt der Anfechtung nicht besteht. Das ist nicht nur bei anfechtbaren VwAkten der Fall, sondern gilt auch, wenn die aufschiebende Wirkung der Anfechtung ausgeschlossen ist, weil ein Fall des Ausnahmekatalogs vorliegt. | Tr[48], § 329 Rn. 2 i.V.m. § 330d Rn. 9 |
| **BETRIEBLICHE ANLAGEN**, § 3 V BImSchG. | Tr[48], § 329 Rn. 7 |
| „**BETRIEBLICH**" geht weiter als „gewerblich". | Tr[48], § 329 Rn. 7 |
| **BETRIEBLICHE ANLAGEN** sind solche, die lediglich dem Privatgebrauch, sondern einem Betrieb dienen, also auch einem öffentlichen Unternehmen oder einem nichtgewerblichen Betrieb, etwa einer Arztpraxis. | La[22], § 329 Rn. 7 |
| **ANLAGEN ZUM UMGANG MIT WASSERGEFÄHRDENDEN STOFFEN**, § 19g I, II WHG. | Tr[48], § 329 Rn. 7 = La[22], § 329 Rn. 7= S/S[25], § 329 Rn. 15 |
| **WASSERGEFÄHRDENDE STOFFE** sind nach § 19g V WHG solche, die geeignet sind, nachhaltig die physikalische, chemische oder biologische Beschaffenheit des Wassers zu ändern. | Tr[48], § 329 Rn. 7a |
| **WASSERGEFÄHRDENDE STOFFE** sind solche, die geeignet sind, nachhaltig die physikalische, chemische oder biologische Beschaffenheit des Wassers nachteilig zu verändern. | S/S[25], § 329 Rn. 22 |
| Unter **WASSERGEFÄHRDENDEN STOFFEN** sind dabei nach § 19g V WHG solche zu verstehen, die geeignet sind, nachhaltig die Beschaffenheit des Wassers nachteilig zu verändern. | La[22], § 329 Rn. 7 |
| **UMGANG** ist in erster Linie das **LAGERN**. Dazu gehört insbe- | S/S[25], § 329 Rn. 18 |

sondere das Aufbewahren zu späterer Verwendung oder Wiederverwendung.

Ferner kommt das **Abfüllen** in Betracht, das Überleiten eines Stoffes aus seinem bisherigen Behältnis in ein anderes. — S/S[25], § 329 Rn. 20

Des weiteren werden Vorgänge des **Umschlagens** erfaßt, wodurch Stoffe in Transportanlagen, Beförderungsanlagen sowie in festen Anlagen, die dem Bereitstellen oder Aufbewahren zum Transport oder Befördern dienen, überführt werden. — S/S[25], § 329 Rn. 21

---

**Rohrleitungsanlage** iS der Richtlinie zu § 19a WHG. — Tr[48], § 329 Rn. 8

Zu den **Rohrleitungsanlagen** gehören zunächst die Rohrleitungen als solche, dh jeder umschlossene Hohlraum, durch den ein Stoff fließen kann, ohne Rücksicht auf das Material der umschließenden Hülle, darüber hinaus aber auch alle Einrichtungen, die zu jedem Betreiben gehören, wie zB die Pump-, Molch-, Übergabe-, Verteiler- und Sicherheitsstationen, ferner die Sicherheits- und Entleerungstanks sowie die technischen Einrichtungen der Kopf- und Endstation, soweit diese im Hinblick auf den Schutzzweck - nämlich die Verhinderung des Auslaufens wassergefährdender Stoffe in den genannten Schutzgebieten - im weitesten Sinne von Bedeutung sein können. — S/S[25], § 329 Rn. 25

---

**Rohrleitungsanlagen zum Befördern wassergefährdender Stoffe** sind insbesondere auch die Pump-, Abzweig-, Übergabe- sowie Absperr- und Entlastungsstationen. — Tr[48], § 329 Rn. 8

Zu den **Rohrleitungsanlagen** gehören zunächst die Rohrleitungen als solche, d.h. jeder umschlossene Hohlraum, durch den ein Stoff fließen kann, ohne Rücksicht auf das Material der umschließenden Hülle, darüber hinaus aber auch alle Einrichtungen, die zu jedem Betreiben gehören. — S/S[25], § 329 Rn. 25

**Rohrleitungsanlagen zum Befördern wassergefährdender Stoffe**, § 19a WHG. — La[22], § 329 Rn. 7

---

Unter **Befördern** ist das Verbringen der Stoffe von einem Ort zu einem anderen mittels Durchsetzens durch die Rohrleitung zu verstehen. — S/S[25], § 329 Rn. 27

---

Als Tatobjekt kommen neben dem beispielhaft aufgezählten **Kies, Sand oder Ton** jegliche Arten von abbaufähigen festen Stoffen in Frage, nämlich solche, die in ihrem Aggregatzustand weder flüssig noch gasförmig sind. — S/S[25], § 329 Rn. 31

---

Unter **Abbauen** ist hier jede Tätigkeit zu verstehen, die durch Abgrabung, Aushebung oder ähnliche Maßnahmen auf die Förderung oder Gewinnung fester Stoffe gerichtet ist. — S/S[25], § 329 Rn. 32

**Im Rahmen eines Gewerbebetriebs**. Gewerblich ist jede auf Gewinnerzielung gerichtete, auf gewisse Dauer fortgesetzte, selbständige und erkennbar am Wirtschaftsleben teilhabende Tätigkeit, ohne daß es dabei - im Unterschied zum Zulässigkeitserfordernis des § 1 GewO - auf die generelle rechtliche Erlaubtheit dieser Tätigkeit ankommen kann.

S/S[25], § 329 Rn. 33

---

**Andere feste Stoffe**, zB Humus, Schlamm.

Tr[48], § 329 Rn. 9

Zu **anderen festen Stoffen** zählen neben Erde, Torf und Humus auch Schlamm, der (wie zB Heilschlamm) aus unverfestigten, feinkörnigen, tonreichen, viel Wasser enthaltenden Gesteinsstoffen besteht.

S/S[25], § 329 Rn. 31

---

**Öffentliche Unternehmen** sind Organisationsformen der öffentlichen Verwaltung, die als Erzeuger oder Verteiler von Gütern am Wirtschaftsleben teilnehmen, gleichgültig ob sie öffentlich- oder privatrechtlich organisiert sind (z.B. kommunale Verkehrsbetriebe, Gas- und Elektrizitätswerke oder Wohnungsbaugesellschaften).

Tr[48], § 329 Rn. 7
i.V.m. § 264 Rn. 11

---

**Wasser- und Heilquellenschutzgebiete**. Sie bestimmen sich nach § 19 WHG, sowie nach landesrechtlichen Regelungen (zB § 26 LWG NW, §§ 38 ff. BW WG) und sind wegen ihrer Immissionsempfindlichkeit besonders schutzbedürftig. Maßgebend sind aber nicht nur Verbote für Handlungen, die innerhalb eines geschützten Gebiets vorgenommen werden. Die WasserG einiger Länder lassen Schutzanordnungen zu, die Handlungen erfassen, die außerhalb des Schutzgebiets vorgenommen werden, zB in der Nähe eines Wasserschutz oder Heilquellenschutzgebiets, so zB § 25 III HessWG, § 13 V LWGRhPf, § 19 SaarlWG, § 16 IV LWGNW.

Tr[48], § 329 Rn. 5

**Wasserschutzgebiete** sind Zonen, in denen zur Wahrung der Menge und Güte des Wassers und seiner Abflußverhältnisse bestimmte Handlungen zu dulden und zu unterlassen sind (vgl. § 19 WHG).

S/S[25], § 329 Rn. 13

**Wasserschutzgebiet**, § 19 WHG.

La[22], § 329 Rn. 4

**Heilquellenschutzgebiete** sind Zonen, in denen natürlich zutage tretende oder künstlich erschlossene Wasser- oder Gasvorkommen ihrer Heilwirkung wegen schutzbedürftig sind (vgl. § 19 WHG).

S/S[25], § 329 Rn. 13

**Heilquellenschutzgebiete** bestimmen sich nach Landesrecht.

La[22], § 329 Rn. 4

---

**Bodenschätze oder andere Bodenbestandteile abbaut oder gewinnt**, vgl. § 13 I Nr. 1 BWNatSchG, §§ 15, 16 HE NatG, § 9 I Nr. 2 SchlHLPflegeG, § 2 Nr. 5 Nds

Tr[48], § 329 Rn. 12

| | |
|---|---|
| NatSchG; hierzu gehört auch der unerlaubte Kies- oder Sandabbau. | |
| Mit den **BODENSCHÄTZEN** werden die Lagerstätten abbauwürdiger, natürlicher Anhäufungen von Mineralien, Gasen oder Gesteinen erfaßt, so insbes. Brennstoffe wie Steinkohle, Braunkohle, Torf und Erdöl, aber auch Kies, Sand und Erze. | S/S[25], § 329 Rn. 39 |
| Durch die Schutzausweitung auf **ANDERE BODENBESTANDTEILE** wird klargestellt, daß sämtliche Eingriffe in die Pflanzendecke, den Mutterboden sowie die Oberflächengestaltung erfaßt werden. Dabei ist Boden die oberste von Tieren und Pflanzen belebte Schicht der Erdoberfläche, und zwar sowohl auf festem Land als auch unter der Wasserfläche in Bächen, Flüssen und Seen. | S/S[25], § 329 Rn. 39 |
| Unter **GEWINNUNG** sind alle Arbeitsgänge zu verstehen, die mit der unmittelbaren Loslösung der Bodenschätze oder Bodenbestandteile aus dem natürlichen Verbund zusammenhängen und auf Förderung ausgerichtet sind. | S/S[25], § 329 Rn. 39 |
| **ABGRABUNGEN ODER AUFSCHÜTTUNGEN VORNEHMEN**, vgl. § 13 I Nr. 2 BWNatSchG, § 5 Nr. 1 HE NatG, § 4 I Nr. 3 RhPf LPflG; hierzu gehören auch Auf- oder Abspülungen. | Tr[48], § 329 Rn. 13 |
| Unter **VORNAHME VON ABGRABUNGEN ODER AUFSCHÜTTUNGEN** sind einerseits Vertiefungen des Bodenniveaus (wie zB Sand- oder Kiesgruben), andererseits Erhöhungen der Bodengestalt (wie insbes. durch Auffüllungen) zu verstehen; auch Auf- oder Abspülungen gehören dazu. Wesentlich ist dabei, daß die Veränderungen tendenziell längerfristig vorgenommen sein müssen, so daß nur kurzfristige Lagerungen, wie etwa von Erde, Stein oder Kies, noch keine Aufschüttung darstellen. | S/S[25], § 329 Rn. 40 |
| **GEWÄSSER**: vgl. § 330d Nr. 1. **OBERIRDISCHE GEWÄSSER** sind das ständig oder zeitweilig in Betten fließende oder stehende oder aus Quellen wild abfließende Wasser (§ 1 I Nr. 1 WHG), also nicht das in Leitungen, in Behältnissen oder sonst gefaßte Wasser oder anderes Wasser, dem ein Gewässerbett fehlt. | Tr[48], § 329 Rn. 14 i.V.m. § 324 Rn. 2 = S/S[25], § 329 Rn. 41 i.V.m. § 324 Rn. 3/4 |
| Unter **GRUNDWASSER** (§ 1 I Nr. 2 WHG) ist das gesamte unterirdische Wasser, also auch stehende und fließende Gewässer in Erdhöhlen gemeint. | Tr[48], § 329 Rn. 14 i.V.m. § 324 Rn. 3 = S/S[25], § 329 Rn. 41 i.V.m. § 324 Rn. 5 |
| **MEER** meint nicht nur nationale Küstengewässer (wie § 1 I Nr. 1a WHG), sondern wegen des nichtbeschränkten Meeresbegriffs auch fremde und die Hohe See. | Tr[48], § 329 Rn. 14 i.V.m. § 324 Rn. 4 |

Unter **Meer** werden hier nur solche Gewässer erfaßt, die im Geltungsbereich der naturschutzrechtlichen Vorschriften liegen. Das ist hinsichtlich der hohen See sowie fremder Küstengewässer zu verneinen.

S/S[25], § 329 Rn. 41

---

Gewässer **schafft, verändert oder beseitigt**, zB wenn oberirdische Binnengewässer von natürlichen Wasserläufen abgeleitet, künstliche Teiche oder Seen angelegt oder natürliche ganz oder teilweise eingeschüttet werden, aber auch wenn in Küstengewässern, etwa im Wattbereich, unzulässige Eindeichungen vorgenommen werden oder wenn der Grundwasserspiegel verändert wird.

Tr[48], § 329 Rn. 14

---

Ein **Schaffen** eines Gewässers geschieht dadurch, daß die entstehende Wasseransammlung die Merkmale eines Gewässers erfüllt und für eine gewisse Zeit bestehen bleibt. Dies ist auch dann der Fall, wenn das zunächst geschaffene Gewässer später wieder zugeschüttet werden soll.

S/S[25], § 329 Rn. 41

Tatbestandsmäßig ist somit beispielsweise als Schaffen eines Gewässers das Anlegen von künstlichen Teichen und Seen, Kanälen oder Durchstichen, aber auch durch das Freilegen von Grundwasser, wie etwa bei Kiesgewinnung, weil dadurch ein oberirdisches Gewässer hergestellt wird.

S/S[25], § 329 Rn. 42

---

Die **Veränderung** setzt eine Umgestaltung des Gewässers im weitesten Sinne voraus, ohne daß durch diese Maßnahme das gesamte Gewässer betroffen sein muß; ausreichend ist daher bereits die Veränderung eines Teils des Gewässers (wie zB des Gewässerbettes), sofern dadurch wesentliche Bestandteile der Schutzgebiete beeinträchtigt werden.

S/S[25], § 329 Rn. 41

Eine Gewässerveränderung kann entstehen durch Ableiten von natürlichen Wasserläufen, unzulässige Eindeichungen in Küstengewässern, Beseitigung von Inseln, Einbau von Buhlen, Erweiterung eines vorhandenen Teichs durch Kiesabbau, Bau von Talsperren oder Hochwasserrückhaltebecken, aber auch durch Maßnahmen, die zu einer Hebung oder Senkung des Wasserspiegels führen, weil gerade dadurch die Schutzgebiete besonders beeinträchtigt werden können.

S/S[25], § 329 Rn. 42

---

**Beseitigen** bedeutet die Aufhebung des äußeren Zustandes des Gewässers, wie etwa durch Abdämmung oder Verfüllung einer Flußschleife, aber auch durch Einbeziehen in ein Kanalisationssystem, weil dadurch das Gewässer aus dem natürlichen Wasserkreislauf abgesondert wird.

S/S[25], § 329 Rn. 41

Ein Beseitigen liegt insbesondere im Zuschütten stehender Gewässer.

S/S[25], § 329 Rn. 42

| | |
|---|---|
| **MOORE, SÜMPFE, BRÜCHE ODER SONSTIGE FEUCHTGEBIETE**, vgl. § 10 I Nr. 5, § 16 I Nr. 1 BWNatSchG, § 15a SchlHNatSchG.<br>Zu den **SONSTIGEN FEUCHTGEBIETEN** gehören neben Tümpeln, Streuwiesen, Rieden oder Auswäldern insbesondere auch die Verlandungsbereiche stehender Gewässer. | Tr[48], § 329 Rn. 15<br>S/S[25], § 329 Rn. 43 |
| Ein **ENTWÄSSERN** liegt vor, wenn der in diesen Biotopen vorhandene Überschuß an Wasser abgeführt wird, wie insbesondere infolge von grobflächigen Auffüllungen, Abtorfungen oder Trockenlegungen. | S/S[25], § 329 Rn. 43 |
| Unter **WALD** ist jede mit Forstpflanzen (Waldbäume und Waldsträucher) bestockte Grundfläche zu verstehen (vgl. § 2 BWaldG). Diese Ansammlung von wild oder aufgrund forstwirtschaftlichen Anbaus wachsenden Laub- und Nadelbaumarten muß ein flächenartigen Eindruck vermitteln. Die Mindestgröße einer Waldfläche läßt sich zahlenmäßig nicht festlegen; doch dürften einen Anhalt die in der Begr. zum BWaldG genannten 0,2 ha sein. | S/S[25], § 329 Rn. 44 |
| **WALD RODET**, vgl. § 84 WaldG BW, Art. 40 I Nr. 2 BayWaldG, § 8 HessForstG; hierbei sind nur Rodungen erheblichen Umfangs (vgl. § 2 BWaldG) zu verstehen.<br>Ein **RODEN** liegt vor, wenn mit der Räumung der Bestockung eine Entfernung des Knollen- und Wurzelwerkes der Forstpflanzen verbunden ist. | Tr[48], § 329 Rn. 16<br>S/S[25], § 329 Rn. 44 |
| **TIERE** einer iS des BNatSchG besonders geschützten Art, vgl. § 20e BNatSchG iVm BArtSchV. | Tr[48], § 329 Rn. 16a |
| Zum **FANGEN** gehört, ein Tier seiner Freiheit zu berauben mit der Absicht, ihm diese nicht alsbald und am Ort des Zugriffs wiederzugeben. | S/S[25], § 329 Rn. 44a |
| **NACHSTELLEN** meint das Auf-dem-Anstand-Stehen, selbst mit ungeladenem Gewehr, wenn es nur leicht schußfertig zu machen ist. | Tr[48], § 329 Rn. 16a i.V.m. § 292 Rn. 12 |
| **GELEGE** bedeutet die Gesamtheit der Eier, die eierlegende Tiere an einer Stelle ablegen. | Tr[48], § 329 Rn. 16a |
| ganz oder teilweise zerstört | k.A. |
| **PFLANZEN** einer iS des BNatSchG besonders geschützten Art, vgl. § 20e BNatSchG iVm BArtSchV | Tr[48], § 329 Rn. 16a |
| **BESCHÄDIGUNG** ist jede nicht unerhebliche Einwirkung auf die Pflanze, durch die diese entweder in ihrer Substanz verletzt | Tr[48], § 329 Rn. 16b= S/S[25], § 329 Rn. 44b |

oder in ihrer Lebensfunktion beeinträchtigt wird.

| | |
|---|---|
| **ENTFERNEN** bedeutet aus dem geschützten Gebiet verbringen. | Tr[48], § 329 Rn. 16b= S/S[25], § 329 Rn. 44b |
| **GEBÄUDE** ist ein durch Wände und Dach begrenztes, mit dem Erdboden fest- wenn auch nur durch die eigene Schwere - verbundenes Bauwerk, das den Eintritt von Menschen gestattet und das Unbefugte abhalten soll. | Tr[48], § 329 Rn. 16c i.V.m. § 243 Rn. 6 |
| **ERRICHTEN.** | k.A. |
| **NICHT UNERHEBLICH**, die Grenze dürfte etwa bei DM 500,- liegen. | Tr[48], § 329 Rn. 11 i.V.m. § 311e Rn. 3 |
| **BEEINTRÄCHTIGT** bedeutet eine nicht nur vorübergehende Störung von einer gewissen Intensität, die das Eintreten konkreter Gefahren für die in der Schutzanordnung beschriebenen Güter wahrscheinlich macht, was voraussetzt, daß die Handlung im Hinblick auf das jeweilige Gebiet zu bewerten ist. | Tr[48], § 329 Rn. 11 |
| Eine **BEEINTRÄCHTIGUNG** liegt vor, wenn die ökologische Funktionsfähigkeit mit einiger Intensität und nicht nur vorübergehend gestört und damit der Eintritt konkreter schutzrelevanter Gefahren wahrscheinlich ist. Dies setzt nicht eine völlige Zerstörung voraus; doch müssen die betroffenen Gebietsteile hinsichtlich ihrer physikalischen, chemischen oder biologischen Beschaffenheit jedenfalls so verändert werden, daß sie gegenüber dem vorangegangenen Zustand eine, wenn auch nur graduelle, so doch erhebliche Verschlechterung erfahren haben. | S/S[25], § 329 Rn. 46 |
| **NATURSCHUTZGEBIET**, § 13 BNatSchG. | Tr[48], § 329 Rn. 10 = La[22], § 329 Rn. 5 |
| **NATURSCHUTZGEBIETE** sind rechtsverbindlich festgesetzte Gebiete, in denen ein besonderer Schutz von Natur und Landschaft in ihrer Ganzheit oder in einzelnen Teilen zur Erhaltung von Lebensgemeinschaften oder Lebensstätten bestimmter wildwachsender Pflanzen oder wildlebender Tierarten aus wissenschaftlichen, naturgeschichtlichen oder landeskundlichen Gründen oder wegen ihrer Seltenheit, besonderen Eigenart oder hervorragenden Schönheit erforderlich ist (vgl. § 14 BNatSchG). | S/S[25], § 329 Rn. 36 |
| **ALS NATURSCHUTZGEBIET EINSTWEILIG SICHERGESTELLTE FLÄCHEN**, § 12 III Nr. 2 BNatSchG. | Tr[48], § 329 Rn. 10 = La[22], § 329 Rn. 5 |
| **NATIONALPARK**, § 14 BNatSchG. | Tr[48], § 329 Rn. 10 = La[22], § 329 Rn. 5 |
| **NATIONALPARKS** sind rechtsverbindlich festgesetzte, einheitlich zu schützende Gebiete, die großräumig und von besonderer | S/S[25], § 329 Rn. 36 |

Eigenart sind, im überwiegendem Teil ihrer Fläche die Voraussetzungen eines Naturschutzgebietes erfüllen, sich in einem für Menschen nicht oder wenig beeinflußten Zustand befinden und vornehmlich der Erhaltung eines möglichst artenreichen heimischen Pflanzen- oder Tierbestandes dienen (§ 14 BNatSchG).

**FAHRLÄSSIG** handelt, wer entweder die Sorgfalt außer acht läßt, zu der er nach den Umständen und seinen persönlichen Verhältnissen verpflichtet und fähig ist, und deshalb die Tatbestandsverwirklichung nicht erkennt (unbewußte Fahrlässigkeit) oder wer die Tatbestandsverwirklichung für möglich hält, jedoch pflichtwidrig und vorwerfbar im Vertrauen darauf handelt, daß sie nicht eintreten werde (unbewußte Fahrlässigkeit).

La[22], § 329 Rn. 9 i.V.m. § 325 Rn. 16 i.V.m. § 15 Rn. 35

### Konkurrenzen:

§ 329 I steht in Idealkonkurrenz mit §§ 325, 327 II Nr. 1; § 329 II steht in Idealkonkurrenz mit §§ 324, 326 I, 327 II; § 329 III steht in Idealkonkurrenz mit §§ 324, 327 II (Tr[48], § 329 Rn. 19).

## § 330. Besonders schwerer Fall einer Umweltstraftat.

### Gesetzestext:

(1) In besonders schweren Fällen wird eine vorsätzliche Tat nach den §§ 324 bis 329 mit Freiheitsstrafe von sechs Monaten bis zu zehn Jahren bestraft. Ein besonders schwerer Fall liegt in der Regel vor, wenn der Täter

1. ein Gewässer, den Boden oder ein Schutzgebiet im Sinne des § 329 Abs. 3 derart beeinträchtigt, daß die Beeinträchtigung nicht, nur mit außerordentlichem Aufwand oder erst nach längerer Zeit beseitigt werden kann,
2. die öffentliche Wasserversorgung gefährdet,
3. einen Bestand von Tieren oder Pflanzen der vom Aussterben bedrohten Arten nachhaltig schädigt *oder*
4. aus Gewinnsucht handelt.

(2) Wer durch eine vorsätzliche Tat nach den §§ 324 bis 329

1. einen anderen Menschen in die Gefahr des Todes oder einer schweren Gesundheitsschädigung oder eine große Zahl von Menschen in die Gefahr einer Gesundheitsschädigung bringt *oder*
2. den Tod eines anderen Menschen verursacht,

wird in den Fällen der Nummer 1 mit Freiheitsstrafe von einem Jahr bis zu zehn Jahren, in den Fällen der Nummer 2 mit Freiheitsstrafe nicht unter drei Jahren bestraft, wenn die Tat nicht in § 330a Abs. 1 bis 3 mit Strafe bedroht ist.

(3) In minder schweren Fällen des Absatzes 2 Nr. 1 ist auf Freiheitsstrafe von sechs Monaten bis zu fünf Jahren, in minder schweren Fällen des Absatzes 2 Nr. 2 auf Freiheitsstrafe von einem Jahr bis zu zehn Jahren zu erkennen.

## Übersicht:

- *Typ:* Abs. 1: ***Regelbeispiel*** = Strafzumessungsregel, kein Tatbestand (wie § 243). ***Prüfung*** immer mit dem Grunddelikt (Obersatz z.B. §§ 324, 330 I S. 1, S. 2 Nr. ...) und zwar hinter Schuld des Grunddeliktes (ohne Schuld keine Straf*barkeit,* ohne Strafbarkeit keine Straf*zumessung).* Abs. 2: ***Qualifikation*** zu den ***vorsätzlichen Begehungen*** der §§ 324-329. Prüfung immer mit dem Grunddelikt (Obersatz: §§ 324 (...), 330 II Nr. ...) und zwar entweder hinter subjektivem Tatbestand oder hinter Schuld des Grunddeliktes. Dabei ist Nr. 1 eine normale, Nr. 2 eine Erfolgsqualifikation (§ 18).
- ***Begriffsbestimmungen*** in § 330d. Die Strafrahmenerhöhung gilt nur für *vorsätzlich* begangene Delikte nach §§ 324-329.
- Wichtige Änderung durch das 6. StrRG (zum 1.4.1998): Aus den früheren Regelbeispielen § 330 Nrn. 1 und 2 a.F. wurde Abs. 2 Nr. 1 und 2, der als Qualifikation ausgestaltet ist (kein Regelbeispiel!)

## Aufbau (Abs. 1 Nr. 1):

1. Objektive Elemente:
   a. Taterfolg:
      aa. Beeinträchtigung
         (1) eines Gewässers (vgl. § 330d Nr. 1) *oder*
         (2) des Bodens *oder*
         (3) eines Schutzgebietes im Sinne von § 329 III (Naturschutzgebiet *oder* eine als Naturschutzgebiet einstweilig sichergestellte Fläche *oder* ein Nationalparkes)
      bb. die beseitigt werden kann
         (1) nicht *oder*
         (2) nur mit außerordentlichem Aufwand *oder*
         (3) erst nach längerer Zeit
   b. Verbindung zum Grundtatbestand (Kausalität)
2. Subjektive Elemente: Vorsatz

## Aufbau (Abs. 1 Nr. 2):

1. Objektive Elemente:
   a. Taterfolg: Gefährdung der öffentlichen Wasserversorgung
   b. Verbindung zum Grundtatbestand (Kausalität)
2. Subjektive Elemente: Vorsatz

**Aufbau (Abs. 1 Nr. 3):**

1. Objektive Elemente:
   a. Taterfolg: Nachhaltige Schädigung eines Bestandes von
      aa. Tieren *oder*
      bb. Pflanzen
      der vom Aussterben bedrohten Arten
   b. Verbindung zum Grundtatbestand (Kausalität)
2. Subjektive Elemente: Vorsatz

**Aufbau (Abs. 1 Nr. 4):**

1. Objektive Elemente: keine
2. Subjektive Elemente: Gewinnsucht.

**Aufbau (Abs. 2 Nr. 1):**

I. Tatbestand
   1. Objektiver Tatbestand:
      a. Taterfolg: Gefahr des
         aa. Todes *oder*
         bb. schweren Gesundheitsschädigung
         eines Menschen *oder*
         cc. Gesundheitsschädigung einer großen Zahl von Menschen
      b. Verbindung zum Grundtatbestand (Kausalität)
   2. Subjektiver Tatbestand: Vorsatz, mindestens bedingter
II. Rechtswidrigkeit: keine Besonderheiten
III. Schuld

**Aufbau (Abs. 2 Nr. 1):**

I. Tatbestand
   1. Objektiver Tatbestand:
      a. Taterfolg: Tod
      b. Verbindung zum Grundtatbestand (Kausalität)
      c. Fahrlässigkeitsmerkmale:
         aa. Objektive Sorgfaltspflichtverletzung (bez. der Tathandlung)
         bb. Objektive Vorhersehbarkeit (bez. des Taterfolges)
         cc. Objektiver Zurechnungszusammenhang
         dd. Schutzzweck der Sorgfaltspflicht
   2. Subjektiver Tatbestand
      - Tod gesehen (bewußte F.) oder nicht gesehen (unbewußte F.)
II. Rechtswidrigkeit: keine Besonderheiten
III. Schuld
   1. Subjektive Sorgfaltspflichtverletzung,
   2. Subjektive Vorhersehbarkeit

## Definitionen/Erläuterungen:

| | |
|---|---|
| **Beeinträchtigung** erfordert eine nachteilige Beeinflussung des jeweiligen Schutzobjekts im Vergleich zu dem Zustand vor dem Eingriff. | S/S[25], § 330 Rn. 27 |
| Eine **Beeinträchtigung** liegt vor, wenn die ökologische Funktionsfähigkeit mit einiger Intensität und nicht nur vorübergehend gestört und damit der Eintritt konkreter schutzrelevanter Gefahren wahrscheinlich ist. Dies setzt nicht eine völlige Zerstörung voraus; doch müssen die betroffenen Gebietsteile hinsichtlich ihrer physikalischen, chemischen oder biologischen Beschaffenheit jedenfalls so verändert werden, daß sie gegenüber dem vorangegangenen Zustand eine, wenn auch nur graduelle, so doch erhebliche Verschlechterung erfahren haben. | S/S[25], § 330 Rn. 6 i.V.m. § 329 Rn. 46 |
| **Beeinträchtigung** bedeutet nachhaltige Veränderung der genannten Umweltschutzobjekte. | La[22], § 330 Rn. 4 |
| **Gewässer**: vgl. § 330d Nr. 1. **Oberirdische Gewässer** sind das ständig oder zeitweilig in Betten fließende oder stehende oder aus Quellen wild abfließende Wasser (§ 1 I Nr. 1 WHG), also nicht das in Leitungen, in Behältnissen oder sonst gefaßte Wasser oder anderes Wasser, dem ein Gewässerbett fehlt. | Tr[48], § 330 Rn. 5 i.V.m. § 324 Rn. 2 = S/S[25], § 330 Rn. 5i.V.m. § 324 Rn. 3/4 |
| Unter **Grundwasser** (§ 1 I Nr. 2 WHG) ist das gesamte unterirdische Wasser, also auch stehende und fließende Gewässer in Erdhöhlen gemeint. | Tr[48], § 330 Rn. 5 i.V.m. § 324 Rn. 3 = S/S[25], § 330 Rn. 5i.V.m. § 324 Rn. 5 |
| **Meer** meint nicht nur nationale Küstengewässer (wie § 1 I Nr. 1a WHG), sondern wegen des nichtbeschränkten Meeresbegriffs auch fremde und die Hohe See. | Tr[48], § 330 Rn. 5 i.V.m. § 324 Rn. 4 |
| **Gewässer**: vgl. § 330d Nr. 1. **Oberirdische Gewässer** sind ständig oder zeitweilig in (natürlichen oder künstlich angelegten) Betten fließende oder stehende (zB Teiche, die sich zu Biotopen entwickelt haben) oder aus Quellen wild abfließende Wasser (§ 1 I Nr. 1 WHG). | La[22], § 330 Rn. 4 i.V.m. § 324 Rn. 2 |
| Unter **Grundwasser** (§ 1 I Nr. 2 WHG) ist das gesamte am natürlichen Kreislauf teilnehmende unterirdische Wasser einschließlich fließender oder stehender Gewässer in Erdhöhlen. | La[22], § 330 Rn. 4 i.V.m. § 324 Rn. 2 |
| Zum **Meer** gehören alle Küstengewässer und die Hohe See ohne räumliche Begrenzung. | S/S[25], § 330 Rn. 5i.V.m. § 324 Rn. 6 |
| **Meer** bedeutet ohne räumliche Beschränkung auch das fremde Küstenmeer und die hohe See. | La[22], § 330 Rn. 4 i.V.m. § 324 Rn. 2a |

| | |
|---|---|
| **Boden** ist - nach den Bodenschutzgesetzen einzelner Bundesländer - die oberste überbaute und nicht überbaute Schicht der festen Erdkruste einschließlich des Grundes fließender und stehender Gewässer, soweit sie durch menschliche Aktivitäten beeinflußt werden kann (§ 2 I BodSchG Baden-Württemberg). | La[22], § 330 Rn. 4 i.V.m. § 324a Rn. 2 |
| **Naturschutzgebiet**, § 13 BNatSchG. | Tr[48], § 330 Rn. 5 i.V.m. § 329 Rn. 10 = La[22], § 329 Rn. 5 |
| **Naturschutzgebiete** sind rechtsverbindlich festgesetzte Gebiete, in denen ein besonderer Schutz von Natur und Landschaft in ihrer Ganzheit oder in einzelnen Teilen zur Erhaltung von Lebensgemeinschaften oder Lebensstätten bestimmter wildwachsender Pflanzen oder wildlebender Tierarten aus wissenschaftlichen, naturgeschichtlichen oder landeskundlichen Gründen oder wegen ihrer Seltenheit, besonderen Eigenart oder hervorragenden Schönheit erforderlich ist (vgl. § 14 BNatSchG). | S/S[25], § 329 Rn. 36 |
| **Als Naturschutzgebiet einstweilig sichergestellte Flächen**, § 12 III Nr. 2 BnatSchG. | Tr[48], § 330 Rn. 5 i.V.m. § 329 Rn. 10 = La[22], § 329 Rn. 5 |
| **Nationalpark**, § 14 BNatSchG. | Tr[48], § 330 Rn. 5 i.V.m. § 329 Rn. 10 = La[22], § 329 Rn. 5 |
| **Nationalparks** sind rechtsverbindlich festgesetzte, einheitlich zu schützende Gebiete, die großräumig und von besonderer Eigenart sind, im überwiegendem Teil ihrer Fläche die Voraussetzungen eines Naturschutzgebietes erfüllen, sich in einem für Menschen nicht oder wenig beeinflußten Zustand befinden und vornehmlich der Erhaltung eines möglichst artenreichen heimischen Pflanzen- oder Tierbestandes dienen (§ 14 BNatSchG). | S/S[25], § 329 Rn. 36 |
| „**Längere Zeit**“: Der Zeitraum muß unangemessen lang sein, was etwa bei einer nur mehrstündigen oder auch -tägigen Unterbrechung der Gewässernutzung wegen eines Ölunfalls regelmäßig noch nicht der Fall ist. Ebenso dürfte häufig für Einleitungen in fließende Gewässer zu entscheiden sein, daß hier die Minderung der Wasserqualität durch den Zufluß neuen Wassers regelmäßig in kurzer Zeit behoben sein wird. Hingegen wird man beim „Umkippenlassen“ eines stehenden Gewässers keinen Zweifel an der Tatbestandsmäßigkeit hegen. | S/S[25], § 330 Rn. 7 |
| **nur mit außerordentlichem Aufwand oder erst nach längerer Zeit.** Der dem Naturhaushalt zugefügte Nachteil muß besonders schwerwiegend, d.h. nicht oder nur schwer reversibel sein. | S/S[25], § 330 Rn. 7 |

| | |
|---|---|
| Mit der Einschränkung „**NUR MIT AUẞERORDENTLICHER AUFWAND ODER ERST NACH LÄNGERER ZEIT**“ sollen nur besonders schwerwiegende Beeinträchtigungen erfaßt werden. Ein unbenannter besonders schwerer Fall kann vorliegen, wenn Gewässer oder der Boden so beeinträchtigt sind, daß sie auf längere Zeit nicht mehr wie bisher oder geplant genutzt werden können. | La[22], § 330 Rn. 4 |
| **BESEITIGT.** Behebung der Beeinträchtigung. | Tr[48], § 330 Rn. 5 |
| **ÖFFENTLICHE** Wasserversorgung bedeutet nicht die private oder betriebliche Wasserversorgung. | Tr[48], § 330 Rn. 6 |
| **ÖFFENTLICHE WASSERVERSORGUNG** meint die ständige Versorgung der Allgemeinheit mit Trink- und Brauchwasser in einem bestimmten Versorgungsgebiet. | Tr[48], § 330 Rn. 6 = S/S[25], § 330 Rn. 8 |
| **GEFÄHRDET** wird sie zB, wenn Teile der Wasserspeicher verseucht sind und das Trinkwasser rationiert werden muß. | Tr[48], § 330 Rn. 6 |
| **GEFÄHRDUNG DER ÖFFENTLICHEN WASSERVERSORGUNG** bedeutet die ständige Versorgung anderer mit Trink- oder Brauchwasser in einem bestimmten Versorgungsgebiet, also nicht die private oder betriebliche Eigenversorgung. | La[22], § 330 Rn. 5 |
| Eine **NACHHALTIGE SCHÄDIGUNG** setzt eine Schädigung in erheblichem Umfang und für längere Dauer voraus. | Tr[48], § 330 Rn. 7 |
| Unter **BESTAND** versteht das 2. UKG eine Tier- und Pflanzenpopulation in einem bestimmten Gebiet. | Tr[48], § 330 Rn. 8 i.V.m. § 326 Rn. 5b |
| Vom Aussterben bedrohte Arten i.S.v. § 20e I S. 2 III S. 2 BNatSchG i.V.m. § 1 BArtSchV und der zur Durchführung des Washingtoner Artenschutz-Übk. in der EG erlassenen VO (EWG) Nr. 3626/82 des Rates v. 30.6.1982 (ABl EG Nr. L 384/1), letzte ÄndVO (EWG) Nr. 1970/92 der Kommission (ABl. EG Nr. L 201/1). | Tr[48], § 330 Rn. 7 |
| **GEWINNSUCHT** ist ein auf ein sittlich anstößiges Ausmaß gesteigertes Gewinnstreben, so daß das Merkmal nicht schon dann vorliegt, wenn der Täter um der Kostenersparnis willen umweltrechtliche Anforderungen mißachtet. | S/S[25], § 330 Rn. 10 |
| **GEWINNSUCHT** ist Steigerung des Erwerbssinns auf ein ungewöhnliches, ungesundes, sittlich anstößiges Maß. | La[22], § 330 Rn. 7 i.V.m. § 235 Rn. 5 |
| **GEFAHR** ist ein ungewöhnlicher Zustand, in dem nach den konkreten Umständen der Eintritt eines Schadens naheliegt. | La[22], § 330 Rn. 3 i.V.m. § 315c Rn. 21 |
| **TOD.** Als Todeszeitpunkt wird nach h.M. der Hirntod angesehen, d.h. das irreversible Erlöschen der gesamten Hirntätigkeit, also namentlich auch des Stammhirns. | La[22], § 330 Rn. 2 i.V.m. vor § 211 Rn. 4 |

| | |
|---|---|
| Unter einer **SCHWEREN GESUNDHEITSSCHÄDIGUNG** ist nicht nur eine schwere Körperverletzung iS des § 224 zu verstehen, sondern auch die Beeinträchtigung durch langwierige ernste Krankheiten, insbesondere die erhebliche Beeinträchtigung im Gebrauch der Sinne, des Körpers und der Arbeitsfähigkeit. | Tr[48], § 330 Rn. 3 |
| **SCHWERE GESUNDHEITSSCHÄDIGUNG** setzt keine schwere Körperverletzung i.S.d. § 224 voraus. Vielmehr genügt der Eintritt jeder Gesundheitsbeschädigung, die die Gefahr einer langwierigen, schweren Krankheit, einer nicht unerheblichen Beeinträchtigung der Arbeitsfähigkeit oder vergleichbar schwerer Folgen mit sich bringt. | S/S[25], § 330 Rn. 3 |
| **SCHWERE GESUNDHEITSSCHÄDIGUNG** setzt keine schwere Körperverletzung (§ 224) voraus, sondern liegt etwa auch vor bei der Gefahr des Eintritts einer langwierigen ernsten Krankheit oder der Gefahr der erheblichen Beeinträchtigung der Arbeitskraft für eine lange Zeit. | La[22], § 330 Rn. 2 |
| **GESUNDHEITSBESCHÄDIGUNG** ist jedes Hervorrufen oder Steigern eines vom normalen Zustand der körperlichen Funktionen nachteilig abweichenden (pathologischen) Zustandes, gleichgültig, auf welche Art und Weise er verursacht wird und ob das Opfer dabei Schmerz empfindet. | La[22], § 330 Rn. 3 i.V.m. § 223 Rn. 5 |
| Der Begriff „**GROßE ZAHL**“ mag bei 50 beginnen. | Tr[48], § 330 Rn. 4 |
| Die **GROßE ZAHL** erfordert weniger Menschen als in § 311a vorausgesetzte unübersehbare Zahl; in diesem Fall reicht die Verursachung der Gefahr einer einfachen Gesundheitsschädigung. | La[22], § 330 Rn. 3 |
| **VERURSACHT** worden ist die Gefahr durch die Tathandlung, wenn mindestens - sei es auch bei Mitverschulden des Gefährdeten - mitverursacht sein und ihren Grund gerade in dem Fehlverhalten haben, das die einzelne Tathandlung beschreibt. | La[22], § 330 Rn. 3 i.V.m. § 315c Rn. 27 |

## Konkurrenzen:

§ 330 I enthält nur Regelbeispiele, aber keinen eigenen Tatbestand. § 330 II verdrängt im Wege der Gesetzeskonkurrenz (Spezialität) den jeweiligen Tatbestand, den er qualifiziert.

# § 330a. Schwere Gefährdung durch Freisetzen von Giften.

## Gesetzestext:

(1) Wer Stoffe, die Gifte enthalten oder hervorbringen können, verbreitet oder freisetzt und dadurch die Gefahr des Todes oder einer schweren Gesundheitsschädigung eines anderen Menschen oder die Gefahr einer Gesundheitsschädigung einer großen Zahl von Menschen verursacht, wird mit Freiheitsstrafe von einem Jahr bis zu zehn Jahren bestraft.

(2) Verursacht der Täter durch die Tat den Tod eines anderen Menschen, so ist die Strafe Freiheitsstrafe nicht unter drei Jahren.

(3) In minder schweren Fällen des Absatzes 1 ist auf Freiheitsstrafe von sechs Monaten bis zu fünf Jahren, in minder schweren Fällen des Absatzes 2 auf Freiheitsstrafe von einem Jahr bis zu zehn Jahren zu erkennen.

(4) Wer in den Fällen des Absatzes 1 die Gefahr fahrlässig verursacht, wird mit Freiheitsstrafe bis zu fünf Jahren oder mit Geldstrafe bestraft.

(5) Wer in den Fällen des Absatzes 1 leichtfertig handelt und die Gefahr fahrlässig verursacht, wird mit Freiheitsstrafe bis zu drei Jahren oder mit Geldstrafe bestraft.

## Übersicht:

- ***Typ:*** vorsätzliches Begehungsdelikt, ***Abs. 1*** enthält einen konkreten Lebensgefährdungstatbestand. ***Abs. 2*** enthält ein Erfolgsdelikt. ***Abs. 4*** i.V.m. Abs. 1 enthält eine Vorsatz-Fahrlässigkeits-Kombination, ***Abs. 5*** i.V.m. Abs. 1 enthält eine Fahrlässigkeits (Leichtfertigkeit)-Fahrlässigkeits-Kombination.
- Abs. 1 ist ***Grundtatbestand***. Abs. 2 ist ***Erfolgsqualifikation*** (§ 18). Prüfung immer mit dem Grunddelikt (Obersatz: §§ 330a I, II) und zwar entweder hinter subjektivem Tatbestand oder hinter Schuld des Grunddeliktes.
- (Abs. 3 enthält unbenannten minder schweren Fall – klausurmäßig bedeutungslos.)
- ***Versuch*** ist strafbar (Verbrechen).
- Für Abs. 1 und 4 enthält § 330b I S. 1 einen fakultativen *(möglichen)* ***Strafmilderungs- bzw. -aufhebungsgrund***, für die fahrlässige Begehung nach Abs. 5 enthält § 330b I S. 2 i.V.m. S. 1 einen *zwingenden* ***Strafaufhebungsgrund*** (Tätige Reue).
- ***Schutzgut*** ist die menschliche Gesundheit (Tr[48], § 330a Rn. 1).

## Aufbau (Abs. 1 - Vorsatzdelikt):

I. Tatbestand
  1. Objektiver Tatbestand
    a. Tatobjekt: Stoffe, die Gift
      aa. enthalten *oder*
      bb. hervorbringen können
    b. Tathandlung:
      aa. verbreiten *oder*
      bb. freisetzen
    c. Taterfolg: Gefahr (konkrete) des

aa. Todes eines anderen *oder*
bb. einer schweren Gesundheitsschädigung eines anderen *oder*
cc. einer Gesundheitsschädigung einer großen Zahl von Menschen
2. Subjektiver Tatbestand: Vorsatz, mindestens bedingter.
II. Rechtswidrigkeit
III. Schuld: keine Besonderheiten.
IV. Besonderheit: Strafmilderungs- bzw. -aufhebungsgrund in § 330b I S. 1 (Tätige Reue)

**Aufbau (Abs. 2 - Vorsatz-Fahrlässigkeits-Delikt):**

I. Tatbestand
1. Objektiver Tatbestand
a. Taterfolg: Tod eines anderen Menschen
b. Fahrlässigkeitsmerkmale:
aa. Objektive Sorgfaltspflichtverletzung (durch die -vorsätzliche- Verbreitung, bzw. Freisetzung indiziert)
bb. Objektive Vorhersehbarkeit (bez. des Taterfolges: Tod)
cc. Objektiver Zurechnungszusammenhang
dd. Schutzzweck der Sorgfaltspflicht
2. Subjektiver Tatbestand:
a. Eintritt des Taterfolges gesehen (bewußte F.) oder
b. nicht gesehen (unbewußte F.)
II. Rechtswidrigkeit
III. Schuld:
1. Subjektive Sorgfaltspflichtverletzung
2. Subjektive Vorhersehbarkeit

**Aufbau (Abs. 4 - Vorsatz-Fahrlässigkeits-Delikt):**

I. Tatbestand
1. Objektiver Tatbestand
a. Tatobjekt: Stoffe, die Gift
aa. enthalten *oder*
bb. hervorbringen können
b. Tathandlung:
aa. verbreiten *oder*
bb. freisetzen
c. Taterfolg: Gefahr (konkrete) des
aa. Todes eines anderen *oder*
bb. einer schweren Gesundheitsschädigung eines anderen *oder*
cc. einer Gesundheitsschädigung einer großen Zahl von Menschen
d. Fahrlässigkeitsmerkmale:
aa. Objektive Sorgfaltspflichtverletzung (durch die -vorsätzliche- Verbreitung, bzw. Freisetzung indiziert)
bb. Objektive Vorhersehbarkeit (bez. des Taterfolges: Gefahr)
cc. Objektiver Zurechnungszusammenhang

dd. Schutzzweck der Sorgfaltspflicht
2. Subjektiver Tatbestand:
a. Vorsatz, mindestens bedingter bez. Tatobjekt und Tathandlung
b. Eintritt des Taterfolges gesehen (bewußte F.) oder nicht gesehen (unbewußte F.)
II. Rechtswidrigkeit
III. Schuld:
1. Vorsatzteil: keine Besonderheiten.
2. Fahrlässigkeitsteil:
a. Subjektive Sorgfaltspflichtverletzung
b. Subjektive Vorhersehbarkeit
IV. Besonderheit: Strafmilderungs- bzw. -aufhebungsgrund in § 330b I S. 1 (Tätige Reue)

**Aufbau (Abs. 5 - Fahrlässigkeits-Fahrlässigkeits-Delikt):**

I. Tatbestand
1. Objektiver Tatbestand
a. Tatobjekt: Stoffe, die Gift
aa. enthalten *oder*
bb. hervorbringen können
b. Tathandlung:
aa. verbreiten *oder*
bb. freisetzen
c. Taterfolg: Gefahr (konkrete) des
aa. Todes eines anderen *oder*
bb. einer schweren Gesundheitsschädigung eines anderen *oder*
cc. einer Gesundheitsschädigung einer großen Zahl von Menschen
d. Fahrlässigkeitsmerkmale:
aa. Objektive Sorgfaltspflichtverletzung, besonders grobe (= Leichtfertigkeit) im Hinblick auf die Tathandlung
bb. Objektive Vorhersehbarkeit (bez. des Taterfolges: Gefahr)
cc. Objektiver Zurechnungszusammenhang
dd. Schutzzweck der Sorgfaltspflicht
2. Subjektiver Tatbestand:
Eintritt des Taterfolges gesehen (bewußte F.) oder nicht gesehen (unbewußte F.)
II. Rechtswidrigkeit
III. Schuld:
1. Subjektive Sorgfaltspflichtverletzung
2. Subjektive Vorhersehbarkeit
IV. Besonderheit: Strafaufhebungsgrund in § 330b I S. 2, 1 (Tätige Reue)

**Definitionen/Erläuterungen:**

**Stoffe, die Gifte hervorbringen**, zB durch eine chemische Reaktion bei Kontakt mit dem Wasser oder dem Sauer- Tr[48], § 330a Rn. 2

| | |
|---|---|
| stoff der Luft. | |
| **STOFFE, DIE GIFTE ENTHALTEN ODER HERVORBRINGEN** sind Stoffe, die erst durch den Kontakt mit den Umweltmedien aufgrund chemischer Reaktionen giftig werden. | La[22], § 330a Rn. 2 |
| **GIFT** ist jeder (organische oder anorganische) Stoff, der unter bestimmten Bedingungen (Einatmen, Verschlucken, Aufnahme auf der Haut) durch chemische oder chemisch-physikalische Wirkung (z.B. ätzend, reizend, Hervorrufen von Überempfindlichkeitsreaktionen, krebserregend) geeigent ist, die Gesundheit zu zerstören. | Tr[48], § 330a Rn. 2 i.V.m. § 229 Rn. 2 |
| Unter **GIFT** ist jeder anorganische oder organische Stoff zu verstehen, der unter bestimmten Bedingungen lediglich durch chemische oder chemisch-physikalische Wirkung die Gesundheit zu zerstören vermag. | S/S[25], § 330a Rn. 3 i.V.m. § 229 Rn. 3 = La[22], § 330a Rn. 2 i.V.m. § 229 Rn. 2 |
| **GIFT** ist jeder organische oder anorganische Stoff, der unter bestimmten Bedingungen durch chemische oder chemisch-physikalische Wirkung die Gesundheit zu zerstören geeignet ist. | La[22], § 330a Rn. 2 i.V.m. § 229 Rn. 2 |
| Ein Gift ist **VERBREITET ODER FREIGESETZT**, wenn es in unkontrollierbar geworden ist, sich also nicht mehr im Gewahrsam oder Einwirkungsbereich des Täters befindet. Verbreiten und Freisetzen lassen sich nicht voneinander abgrenzen. | S/S[25], § 330a Rn. 4 |
| **VERBREITEN** setzt voraus, daß durch positives Tun oder Geschehenlassen in Garantenstellung eine Lage geschaffen wird, in der sich Gift ganz oder wenigstens zum Teil unkontrollierbar in der Umwelt ausbreiten kann. | La[22], § 330a Rn. 3 |
| **FREISETZEN** bedeutet nicht nur zielgerichtetes und kalkuliertes Gelangenlassen der Stoffe in die Umwelt, sondern gerade auch unkontrolliertes oder nicht mehr kontrollierbares Geschehenlassen in dem Sinne, daß sich solche Stoffe innerhalb des Schutzbereichs umweltgefährdend ausdehnen können. | Tr[48], § 330a Rn. 3 |
| Ein Gift ist **FREIGESETZT**, wenn es in der Luft, in einem Gewässer, im Boden oder auch anders („sonst") unkontrollierbar geworden ist, sich also nicht mehr im Gewahrsam oder Einwirkungsbereich des Täters befindet. | S/S[25], § 330a Rn. 4 |
| **FREISETZEN** setzt voraus, daß durch positives Tun oder Geschehenlassen in Garantenstellung eine Lage geschaffen wird, in der sich Gift ganz oder wenigstens zum Teil unkontrollierbar in der Umwelt ausbreiten kann. | La[22], § 330a Rn. 3 |
| **GEFAHR** ist ein durch eine beliebige Ursache eingetretener ungewöhnlicher Zustand, in welchem nach den konkreten Umständen der Eintritt eines Schadens wahrscheinlich ist. | Tr[48], § 330a Rn. 4 i.V.m. § 34 Rn. 3 |

Maßstab dafür, ob eine **GEFAHR** vorliegt, ist das allgemeine Erfahrungswissen, das unter Berücksichtigung aller individuellen Umstände des Einzelfalles eine Prognose darüber ermöglicht, ob der Eintritt schädlicher Erfolge naheliegt oder nicht. Dies ist dann der Fall, wenn der Täter die Auswirkungen der Lage nicht beherrscht, in die er das in seiner Sicherheit konkret beeinträchtigte Objekt durch sein Verhalten gebracht hat, d.h. das Ausbleiben oder der Eintritt eines Schadens nur vom Zufall abhing.

S/S[25], § 330a Rn. 7 i.V.m. vor § 306 Rn. 5

**GEFAHR** ist ein ungewöhnlicher Zustand, in dem nach den konkreten Umständen der Eintritt eines Schadens naheliegt.

La[22], § 330a Rn. 4 i.V.m. § 315c Rn. 21

---

Unter einer **SCHWEREN GESUNDHEITSSCHÄDIGUNG** ist nicht nur eine schwere Körperverletzung iS des § 224 zu verstehen, sondern auch die Beeinträchtigung durch langwierige ernste Krankheiten, insbesondere die erhebliche Beeinträchtigung im Gebrauch der Sinne, des Körpers und der Arbeitsfähigkeit.

Tr[48], § 330a Rn. 4 i.V.m. § 330 Rn. 3

**SCHWERE GESUNDHEITSSCHÄDIGUNG** setzt keine schwere Körperverletzung i.S.d. § 224 voraus. Vielmehr genügt der Eintritt jeder Gesundheitsbeschädigung, die die Gefahr einer langwierigen, schweren Krankheit, einer nicht unerheblichen Beeinträchtigung der Arbeitsfähigkeit oder vergleichbar schwerer Folgen mit sich bringt.

S/S[25], § 330 Rn. 3

**SCHWERE GESUNDHEITSSCHÄDIGUNG** setzt keine schwere Körperverletzung (§ 224) voraus, sondern liegt etwa auch vor bei der Gefahr des Eintritts einer langwierigen ernsten Krankheit oder der Gefahr der erheblichen Beeinträchtigung der Arbeitskraft für eine lange Zeit.

La[22], § 330a Rn. 4 i.V.m. § 330 Rn. 2

---

**GESUNDHEITSBESCHÄDIGUNG** ist jedes Hervorrufen oder Steigern eines vom normalen Zustand der körperlichen Funktionen nachteilig abweichenden (pathologischen) Zustandes, gleichgültig, auf welche Art und Weise er verursacht wird und ob das Opfer dabei Schmerz empfindet.

La[22], § 330a Rn. 4 i.V.m. § 330 Rn. 3 i.V.m. § 223 Rn. 5

---

Der Begriff „**GROSSE ZAHL**" mag bei 50 beginnen.

Tr[48], § 330a Rn. 4 i.V.m. § 330 Rn. 4

Die **GROSSE ZAHL** erfordert weniger Menschen als in § 311a vorausgesetzte unübersehbare Zahl; in diesem Fall reicht die Verursachung der Gefahr einer einfachen Gesundheitsschädigung

La[22], § 330a Rn. 4 i.V.m. § 330 Rn. 3

---

**FAHRLÄSSIGKEIT** ist gegeben, wenn der Täter einen Tatbestand rechtswidrig und vorwerfbar verwirklicht, ohne die Verwirklichung zu erkennen oder zu wollen.

Tr[48], § 330a Rn. 7 i.V.m. § 15 Rn. 12

**FAHRLÄSSIG** handelt, wer entweder die Sorgfalt außer acht

La[22], § 330a Rn. 5

| | |
|---|---|
| läßt, zu der er nach den Umständen und seinen persönlichen Verhältnissen verpflichtet und fähig ist, und deshalb die Tatbestandsverwirklichung nicht erkennt (unbewußte Fahrlässigkeit) oder wer die Tatbestandsverwirklichung für möglich hält, jedoch pflichtwidrig und vorwerfbar im Vertrauen darauf handelt, daß sie nicht eintreten werde (unbewußte Fahrlässigkeit). | i.V.m. § 15 Rn. 35 |
| **LEICHTFERTIG** bedeutet einen erhöhten Grad von Fahrlässigkeit, der etwa der groben Fahrlässigkeit des bürgerlichen Rechts entspricht, aber im Gegensatz dazu auf die persönlichen Fähigkeiten des Täters abstellt. Auch Fälle unbewußter Fahrlässigkeit können darunter fallen; jedoch können die Fälle bewußter Fahrlässigkeit nicht mit denen der Leichtfertigkeit gleichgesetzt werden. | Tr[48], § 330a Rn. 7 i.V.m. § 15 Rn. 20 |

## Konkurrenzen:

§ 330a steht in Idealkonkurrenz mit §§ 211 ff., 223 ff., 229, 324 ff. i.V.m. 330; § 330a III steht in Idealkonkurrenz mit §§ 222, 230 (Tr[48], § 330a Rn. 8).

# § 330b. Tätige Reue.

## Gesetzestext:

(1) Das Gericht kann in den Fällen des § 325a Abs. 2, des § 326 Abs. 1 bis 3, des § 328 Abs. 1 bis 3 und des § 330a Abs. 1 bis 4* die Strafe nach seinem Ermessen mildern (§ 49 Abs. 2) oder von Strafe nach diesen Vorschriften absehen, wenn der Täter freiwillig die Gefahr abwendet oder den von ihm verursachten Zustand beseitigt, bevor ein erheblicher Schaden entsteht. Unter denselben Voraussetzungen wird der Täter nicht nach § 325a Abs. 3 Nr. 2, § 326 Abs. 5, § 328 Abs. 5 und § 330a Abs. 4* bestraft.

(2) Wird ohne Zutun des Täters die Gefahr abgewendet oder der rechtswidrig verursachte Zustand beseitigt, so genügt sein freiwilliges und ernsthaftes Bemühen, dieses Ziel zu erreichen.

---

* Die Formulierung „§ 330a Abs. 1 bis 4" scheint uns ein Redaktionsversehen zu sein. Immerhin wird in § 330a Abs. 2 der Tod eines Menschen verursacht. Wie der Täter da etwas machen soll, „bevor ein erheblicher Schaden entsteht", ist nicht nachvollziehbar. Es liegt wohl daran, daß der ursprüngliche Gesetzesentwurf in Abs. 2 einen minder schweren Fall installieren und die Absätze 3 und 4 unverändert lassen wollte. Richtig muß es heißen: „(...) in den Fällen des § 325a Abs. 2, des § 326 Abs. 1 bis 3, des § 328 Abs. 1 bis 3 und des § 330a Abs. 1, 3 und 4* die Strafe (...)".

* Durch das 6. StrRG wurde aus § 330a Abs. 4 aF. der neue § 330a Abs. 5. Trotzdem wurde § 330b I S. 2 nicht geändert. Nachdem aber zugleich aus § 330a Abs. 3 aF. der neue § 330a Abs. 4 und dies in § 330b I S. 1 berücksichtigt wurde, liegt wohl ein Redaktionsversehen vor und in § 330b I S. 2 muß es richtig heißen: „Unter denselben Voraussetzungen wird der Täter nicht nach § 325a Abs. 3 Nr. 2, § 326 Abs. 5, § 328 Abs. 5 und § 330a ***Abs. 5*** bestraft."

**Übersicht:**

- *Typ:* fakultativer (möglicher) Strafmilderungs- oder aufhebungsgrund für diverse vorsätzlich begangene Delikte in Abs. 1 S. 1, zwingender (obligatorischer) Strafaufhebungsgrund für die entsprechenden Fahrlässigkeitsformen in Abs. 1 S. 2.
- Spezialfall des Rücktritts, § 24, der nur für versuchte Delikte gilt. Abs. 2 gilt für die Fälle, in denen das Erfolgsunrecht ohne Zutun des Täters neutralisiert wird, der Täter sich aber bemüht hatte, sein noch bestehendes Handlungsunrecht durch eine gegengerichtete (Rechts-) Handlung zu neutralisieren.
- ***Keine analoge Anwendung*** auf andere Fälle tätiger Reue (str.)

**Aufbau (Abs. 1 S. 1 - bei Vorsatzdelikten):**

1. Voraussetzungen, objektive
   a. in den Fällen der vorsätzlichen **konkreten** Gefährdungstatbestände der §§ 325a II, 330a I und III:
      - Täter wendet die Gefahr ab.
   b. in den Fällen der vorsätzlichen **abstrakten** Gefährdungstatbestände der §§ 326 I bis III, 328 I bis III
      aa. Täter beseitigt den von ihm geschaffenen Zustand *und*
      bb. es ist kein erheblicher Schaden entstanden.
2. Voraussetzungen, subjektive
   - Freiwilligkeit des Täterverhaltens

**Aufbau (Abs. 1 S. 2 i.V.m. S. 1 - bei Fahrlässigkeitsdelikten):**

1. Voraussetzungen, objektive
   a. in den Fällen der fahrlässigen **konkreten** Gefährdungstatbestände der §§ 325a III, 330a IV;
      - Täter wendet die Gefahr ab.
   b. in den Fällen der fahrlässigen **abstrakten** Gefährdungstatbestände der §§ 326 V, 328 V
      aa. Täter beseitigt den von ihm geschaffenen Zustand *und*
      bb. es ist kein erheblicher Schaden entstanden.
2. Voraussetzungen, subjektive
   - Freiwilligkeit des Täterverhaltens

**Aufbau (Abs. 2 i.V.m. Abs. 1 S. 1 - bei Vorsatzdelikten):**

1. Voraussetzungen, objektive
   a. in den Fällen der vorsätzlichen **konkreten** Gefährdungstatbestände der §§ 325a II, 330a I und III:
      aa. Die Gefahr ist ohne Zutun des Täters abgewendet worden *und*
      bb. der Täter hat sich bemüht, die Gefahr abzuwenden.
   b. in den Fällen der vorsätzlichen **abstrakten** Gefährdungstatbestände der §§ 326 I bis III, 328 I bis III

aa. Der vom Täter geschaffenen Zustand ist ohne Zutun des Täters beseitigt worden *und*
bb. es ist kein erheblicher Schaden entstanden *und*
cc. der Täter hat sich bemüht, den Zustand zu beseitigen.

2. Voraussetzungen, subjektive
   a. Freiwilligkeit des Täterverhaltens
   b. Ernsthaftigkeit des Täterverhaltens

**Aufbau (Abs. 2 i.V.m. Abs. 1 S. 2 i.V.m. S. 1 - bei Fahrlässigkeitsdelikten):**

1. Voraussetzungen, objektive
   a. in den Fällen der fahrlässigen **konkreten** Gefährdungstatbestände der §§ 325a III, 330a IV:
      aa. Die Gefahr ist ohne Zutun des Täters abgewendet worden *und*
      bb. der Täter hat sich bemüht, die Gefahr abzuwenden.
   b. in den Fällen der fahrlässigen **abstrakten** Gefährdungstatbestände der §§ 326 V, 328 V
      aa. Der vom Täter geschaffenen Zustand ist ohne Zutun des Täters beseitigt worden *und*
      bb. es ist kein erheblicher Schaden entstanden *und*
      cc. der Täter hat sich bemüht, den Zustand zu beseitigen.
2. Voraussetzungen, subjektive
   a. Freiwilligkeit des Täterverhaltens
   b. Ernsthaftigkeit des Täterverhaltens

**Definitionen / Erläuterungen:**

| | |
|---|---|
| Eine **GEFAHRABWENDUNG** ist zB dann gegeben, wenn der Täter das durch Freisetzen von Gift gefährdete Opfer so rechtzeitig ins Krankenhaus bringt, daß kein ernsthafter Gesundheitsschaden eintritt. | S/S[25], § 330b Rn. 2 |
| **FREIWILLIG** gibt der Täter die weitere Ausführung der Tat auf, wenn er, obwohl er ihr ursprüngliches Ziel noch für erreichbar hält, die Tatvollendung aus autonomen (selbstgesetzten) Motiven nicht mehr erreichen will. | Tr[48], § 330b Rn. 2 i.V.m. § 24 Rn. 6 |
| Die Aufgabe der Tat ist **FREIWILLIG**, wenn sie nicht durch äußere Umstände aufgezwungen ist, also in dem Sinne situationsunabhängig motiviert ist, daß sich gemäß dem Tatplan aus der Handlungssituation selbst an sich keine Notwendigkeit für die Aufgabe ergibt. Das ist der Fall, wenn sich der Täter ohne wesentliche Erschwerung der äußeren Ausführungssituation aufgrund von inneren Beweggründen (wie Scham, Reue, Mitleid oder auch letztendlichem Zurückschrecken vor dem Straffälligwerden) zur Umkehr entschließt, wobei jedoch der Anstoß zu diesem Umdenken auch von außen kommen kann, wie etwa | S/S[25], § 330b Rn. 2 i.V.m. § 24 Rn. 44 |

| | |
|---|---|
| von einem Appell des Opfers, von Bedenken eines Tatbeteiligten oder auch durch Angstschreie eines hinzukommenden Dritten. | |
| Das Merkmal „**ZUSTAND**“ schließt Taten aus, die sich in der Handlung selbst erschöpfen, also nur während dieses Moments zur abstrakten Gefahr führen. Gemeint ist ein Zeitfaktor, in dem sich eine abstrakte zu einer konkreten Gefahr verdichten kann. | Tr[48], § 330b Rn. 2 |
| **BESEITIGEN** | k.A. |
| **ERHEBLICHER SCHADEN**, die Grenze dürfte etwa bei DM 500,- liegen. | Tr[48], § 330b Rn. 2 i.V.m. § 311e Rn. 3 |
| Ein **ERHEBLICHER SCHADEN** ist bei Personenschäden von einigem Gewicht auch dann anzunehmen, wenn sie unterhalb der Schwelle des § 224 liegen; bei Sachwerten wird ein erheblicher Schaden dann anzunehmen sein, wenn ein bedeutender Wertverlust eingetreten ist. | S/S[25], § 330b Rn. 2 |
| **ERNSTHAFTES BEMÜHEN** bedeutet nicht nur zum Schein bemühen. | Tr[48], § 330b Rn. 5 |

## § 330c. Einziehung.

### Gesetzestext:

Ist eine Straftat nach den §§ 326, 327 Abs. 1 oder 2, §§ 328, 329 Abs. 1, 2 oder 3, dieser auch in Verbindung mit Abs. 4, begangen worden, so können

1. Gegenstände, die durch die Tat hervorgebracht oder zu ihrer Begehung oder Vorbereitung gebraucht worden oder bestimmt gewesen sind, *und*
2. Gegenstände, auf die sich die Tat bezieht,

eingezogen werden. § 74a ist anzuwenden.

### Übersicht:

❍ ***Typ:*** Rechtsfolgenregelung, vgl. auch §§ 73 ff. Klausurmäßig bedeutungslos.

## § 330d. Begriffsbestimmungen.

### Gesetzestext:

Im Sinne dieses Abschnitts ist

1. ein Gewässer:

   ein oberirdisches Gewässer, das Grundwasser und das Meer;

2. eine kerntechnische Anlage:

   eine Anlage zur Erzeugung oder zur Bearbeitung oder Verarbeitung oder zur Spaltung von Kernbrennstoffen oder zur Aufarbeitung bestrahlter Kernbrennstoffe;

3. ein gefährliches Gut:

   ein Gut im Sinne des Gesetzes über die Beförderung gefährlicher Güter und einer darauf beruhenden Rechtsverordnung und im Sinne der Rechtsvorschriften über die internationale Beförderung gefährlicher Güter im jeweiligen Anwendungsbereich;

4. eine verwaltungsrechtliche Pflicht:

   eine Pflicht, die sich aus

   a) einer Rechtsvorschrift,

   b) einer gerichtlichen Entscheidung,

   c) einem vollziehbaren Verwaltungsakt,

   d) einer vollziehbaren Auflage *oder*

   e) einem öffentlich-rechtlichen Vertrag, soweit die Pflicht auch durch Verwaltungsakt hätte auferlegt werden können,

   ergibt und dem Schutz vor Gefahren oder schädlichen Einwirkungen auf die Umwelt, insbesondere auf Menschen, Tiere oder Pflanzen, Gewässer, die Luft oder den Boden, dient;

5. ein Handeln ohne Genehmigung, Planfeststellung oder sonstige Zulassung ist auch ein Handeln auf Grund einer durch Drohung, Bestechung oder Kollusion erwirkten oder durch unrichtige oder unvollständige Angaben erschlichenen Genehmigung, Planfeststellung oder sonstigen Zulassung.

## Übersicht:

○ ***Typ:*** Begriffsbestimmung. Hat im Rahmen von Tatbestand oder Rechtswidrigkeit der jeweiligen Strafnorm Bedeutung.

## Definitionen / Erläuterungen:

| | |
|---|---|
| Der **GEWÄSSERBEGRIFF** umfaßt auch ausländische Flüsse, um auch Auslandstaten Deutscher erfassen zu können, bei denen der Taterfolg im Ausland eintritt, der Deutsche aber wieder in die BRep. zurückkehrt. | Tr[48], § 330d Rn. 2 |
| **GEWÄSSER**: vgl. § 330d Nr. 1. **OBERIRDISCHE GEWÄSSER** sind ständig oder zeitweilig in (natürlichen oder künstlich angelegten) Betten fließende oder stehende (zB Teiche, die sich zu Biotopen entwickelt haben) oder aus Quellen wild abfließende Wasser (§ 1 I Nr. 1 WHG). | La[22], § 330d Rn. 1 i.V.m. § 324 Rn. 2 |
| Unter **GRUNDWASSER** (§ 1 I Nr. 2 WHG) ist das gesamte am natürlichen Kreislauf teilnehmende unterirdische Wasser ein- | La[22], § 330d Rn. 1 i.V.m. § 324 Rn. 2 |

schließlich fließender oder stehender Gewässer in Erdhöhlen.

| | |
|---|---|
| **MEER** bedeutet ohne räumliche Beschränkung auch das fremde Küstenmeer und die hohe See. | La[22], § 330d Rn. 1 i.V.m. § 324 Rn. 2a |
| **GEFÄHRLICHE GÜTER** sind gemäß § 2 I GBG Stoffe und Gegenstände, von denen aufgrund ihrer Natur, ihrer Eigenschaften oder ihres Zustandes im Zusammenhang mit der Beförderung Gefahren für die öffentliche Sicherheit oder Ordnung, insbesondere für die Allgemeinheit, für wichtige Gemeingüter, für Leben und Gesundheit von Menschen sowie Tiere und Sachen ausgehen können. | Tr[48], § 330d Rn. 4 |
| **RECHTSVORSCHRIFTEN** sind sowohl formelle Gesetze als auch nicht im förmlichen Gesetzgebungsverfahren ergehende Rechtsverordnungen, sowie die im Rahmen der Gesetzgebungsbefugnis (Art. 28 GG) erlassene Satzung. | Tr[48], § 330d Rn. 6 |
| **VOLLZIEHBAR** sind VwAkte (im Sinne des § 35 VwVfG), wenn sie verbindlich gegenüber dem Betroffenen sind, wenn ein Suspensiveffekt der Anfechtung nicht besteht. Das ist nicht nur bei anfechtbaren VwAkten der Fall, sondern gilt auch, wenn die aufschiebende Wirkung der Anfechtung ausgeschlossen ist, weil ein Fall des Ausnahmekatalogs vorliegt. | Tr[48], § 330d Rn. 9 |
| **KOLLUSION**. Inwieweit die Einbeziehung dieses Begriffes „klarstellend" (Ber. II 25) wirkt, ist das Geheimnis des Gesetzgebers; er hat, um Nr. 5 für weitere Fälle des geheimen, einverständlichen, sittenwidrigen Zusammenwirkens, die zu definieren er sich deutschsprachig nicht der Lage sieht, zu weiter begrifflicher Ausdehnung eingeladen und ein die gesetzgeberische Situation kaschierendes Fremdwort gewählt, das Zweifel an der Bestimmtheit schon deswegen aufkommen läßt, weil der Normadressat heute nicht erkennen kann, welche Begriffsentfaltung der Rspr., der die Konkretisierung des Begriffs anvertraut wird, einfallen wird. | Tr[48], § 330d Rn. 13 |
| **KOLLUSION** soll vorliegen, wenn die Genehmigung in bewußtem Zusammenwirken mit der pflichtwidrig handelnden Behörde unter beiderseitiger vorsätzlicher Mißachtung des geltenden Rechts erlangt ist. | S/S[25], § 330d Rn. 37 |
| Die Fälle der **DROHUNG UND BESTECHUNG** entsprechen den in § 48 II S. 2 Nr. 1 VwVfG genannten Fällen ausgeschlossenen Vertrauensschutzes. | S/S[25], § 330d Rn. 33 |
| **BESTECHUNG** hat eine von §§ 331ff. abweichende Bedeutung und ist bei Ermessensentscheidungen nur gegeben, wenn der Amtsträger das Angebot oder den Empfang eines Vorteils zur Grundlage seiner Entscheidung gemacht hat. | S/S[25], § 330d Rn. 35 |
| **ERWIRKEN UND ERSCHLEICHEN.** Die setzt ein ziel- und | S/S[25], § 330d Rn. 36 |

zweckgerichtetes Verhalten voraus, so daß fahrlässiges Handeln nicht ausreicht.

# Dreißigster Abschnitt. Straftaten im Amte.

## § 331. Vorteilsannahme.

### Gesetzestext:

(1) Ein Amtsträger oder ein für den öffentlichen Dienst besonders Verpflichteter, der für die Dienstausübung einen Vorteil für sich oder einen Dritten fordert, sich versprechen läßt oder annimmt, wird mit Freiheitsstrafe bis zu dreiJahren oder mit Geldstrafe bestraft.

(2) Ein Richter oder Schiedsrichter, der einen Vorteil für sich oder einen Dritten als Gegenleistung dafür fordert, sich versprechen läßt oder annimmt, daß er eine richterliche Handlung vorgenommen hat oder künftig vornehme, wird mit Freiheitsstrafe bis zu fünf Jahren oder mit Geldstrafe bestraft. Der Versuch ist strafbar.

(3) Die Tat ist nicht nach Absatz 1 strafbar, wenn der Täter einen nicht von ihm geforderten Vorteil sich versprechen läßt oder annimmt und die zuständige Behörde im Rahmen ihrer Befugnisse entweder die Annahme vorher genehmigt hat oder der Täter unverzüglich bei ihr Anzeige erstattet und sie die Annahme genehmigt.

### Überblick:

- ❍ ***Typ:*** Begehungsdelikt, vorsätzliches. Amtsdelikt, echtes (= echtes Sonderdelikt).
- ❍ ***Versuch des Abs. 1*** ist nicht strafbar (Vergehen!).
- ❍ ***Versuch des Abs. 2*** ist strafbar, Abs. 2 S. 2.
- ❍ ***Grundtatbestand*** in Abs. 1.
- ❍ Abs. 2 enthält ***teilweise Qualifikation*** (Richter ist sowieso auch Amtsträger, vgl. § 11 I Nr. 2a), ***teilweise eigenständiges Delikt*** (Schiedsrichter muß kein Amtsträger sein) , § 332 ist Qualifikation zu § 331
- ❍ ***Rechtfertigungsgrund*** (h.M., str. - a.A.: Tatbestandsausschluß) für I in III.
- ❍ ***Schutzgut*** (str.): Generelle Gefährdung des Staatsapparates, da dadurch das Vertrauen der Allgemeinheit in die Sachlichkeit staatlicher Entscheidungen leidet.

### Aufbau (Abs. 1):

I. Tatbestand
  1. Objektiver Tatbestand:
    a. Tatsubjekt -
      aa. Amtsträger *oder*
      bb. ein für den öffentlichen Dienst besonders Verpflichteter;
    b. Tathandlung - einen Vorteil für sich oder einen Dritten
      aa. Fordern *oder*
      bb. sich versprechen lassen *oder*
      cc. Annehmen
      für Dienstausübung
  2. Subjektiver Tatbestand: Vorsatz, mindestens bedingter.
II. Rechtswidrigkeit: Rechtfertigung nach Abs. 3.

III. Schuld: keine Besonderheiten.

**Aufbau Abs. 2 (Bei Richtern - Obersatz: §§ 331 I, II, im übrigen: § 331 II):**

I. Tatbestand
  1. Objektiver Tatbestand:
    a. Tatsubjekt -
      aa. Richter *oder*
      bb. Schiedsrichter;
    b. Tathandlung -
      aa. Fordern *oder*
      bb. Versprechenlassen *oder*
      cc. Annehmen
      eines Vorteils für sich oder einen Dritten
      - als Gegenleistung (= Unrechtsvereinbarung) für
      - die vergangene *oder*
      - die künftige Vornahme
      einer richterlichen Handlung.
  2. Subjektiver Tatbestand: Vorsatz, mindestens bedingter.
II. Rechtswidrigkeit: Keine Rechtfertigung nach Abs. 3 möglich!
III. Schuld: keine Besonderheiten.

**Aufbau Abs. 3 (Rechtfertigungsgrund):**

1. Objektive Elemente:
  a. Der Vorteil, den der Täter annimmt oder sich versprechen läßt, ist nicht von ihm gefordert.
  b. Die zuständige Behörde hat im Rahmen ihrer Befugnisse
    aa. (Var. 1) die Annahme entweder vorher genehmigt (BGB-Deutsch: eingewilligt) *oder*
    bb. (Var. 2) der Täter hat die Annahme bei ihr angezeigt und sie hat dann - nachher - genehmigt (= Genehmigungsfähigkeit im Zeitpunkt der Annahme).
2. Subjektive Elemente: Kenntnis des Täters von der Genehmigung, bzw. Genehmigungsfähigkeit.

**Definitionen / Erläuterungen:**

Die Bestechungsdelikte wurden durch das Gesetz zur Bekämpfung der Korruption vom 20.8.1997 geändert. Alle hier verwandten Kommentare sind z.Z. der Drucklegung noch nicht auf dem neuen Stand gewesen. Verf.

**AMTSTRÄGER**: vgl. § 11 I Nr.2

**FÜR DEN ÖFFENTLICHEN DIENST BESONDERS VERPFLICHTETER**: vgl. § 11 I Nr. 4

**FORDERN**, ausdrückliches oder verstecktes, aber schlüssiges Erkennenlassen, daß ein Vorteil für die Handlung begehrt wird. — Tr[48], § 331 Rn. 12

**FORDERN** ist das einseitige Verlangen einer Leistung. Das Verlangen kann - und wird häufig - in versteckter Form erfolgen. Notwendig ist, daß der Täter erkennen läßt, daß er den Vorteil für seine Handlung begehrt; erforderlich ist daher, daß dieses Begehren dem potentiellen Geber oder seinem Mittelsmann zur Kenntnis gebracht wird. — S/S[25], § 331 Rn. 22

**FORDERN** ist einseitiges Verlangen, sei es auch in versteckter Form; auf Zustimmung des Aufgeforderten kommt es nicht an, auch nicht darauf, ob dieser den objektiven Sinn der Forderung überhaupt versteht oder ob er ihm erkennbar ist. — La[22], § 331 Rn. 7

---

**SICH VERSPRECHEN LASSEN** ist das entsprechende Angebot, eine künftige Leistung ausdrücklich oder schlüssig anzunehmen. — Tr[48], § 331 Rn. 13

**SICHVERSPRECHENLASSEN** bedeutet die Annahme des Angebots von noch zu erbringenden Vorteilen, mag auch die spätere Hingabe von Bedingungen abhängig gemacht sein; macht allerdings der Täter die spätere Annahme von der Genehmigung abhängig, so kommt Abs. 3 in Betracht. — S/S[25], § 331 Rn. 23

**SICH VERSPRECHEN LASSEN** ist die Annahme eines auch nur bedingten Angebots der späteren Zuwendung; Angebot und Annahme können stillschweigend erklärt werden. — La[22], § 331 Rn. 7

---

**ANNEHMEN** ist das tatsächliche Empfangen eines geforderten oder angebotenen Vorteils, wobei der Täter den Willen haben muß, den Vorteil zu genießen, zu behalten oder über ihn als eigenen zu verfügen. — Tr[48], § 331 Rn. 14

**ANNEHMEN** bedeutet die tatsächliche Entgegennahme der Vorteils mit dem zumindest nach außen erklärten Ziel, eigene Verfügungsgewalt darüber zu erlangen. — S/S[25], § 331 Rn. 24

Ein **ANNEHMEN** ist auch dann möglich, wenn sich der Amtsträger vorbehält, den Vorteil nicht endgültig zu behalten, sondern ihn ggf. zurückzugeben; denn auch hier nimmt er den Vorteil mit dem Ziel entgegen, nach eigenem Ermessen über sein späteres Schicksal zu entscheiden. — S/S[25], § 331 Rn. 25

**ANNEHMEN** ist das tatsächliche Empfangen des angebotenen Vorteils mit dem Willen der Ausnutzung im eigenen Interesse. — La[22], § 331 Rn. 7

---

**VORTEIL** ist jede Leistung des Zuwendenden, auf die der Amtsträger keinen gesetzlich begründeten Anspruch hat und die ihn materiell oder auch immateriell in seiner wirtschaftlichen, rechtlichen oder auch nur persönlichen Lage objektiv besser stellt. — Tr[48], § 331 Rn. 11

| | |
|---|---|
| **VORTEIL** ist jede unentgeltliche Leistung materieller oder immaterieller Art, die den Täter besser stellt und auf die er keinen rechtlich begründeten Anspruch hat. | S/S[25], § 331 Rn. 17 |
| **VORTEIL** ist eine Zuwendung, auf die die Amtsperson keinen Rechtsanspruch hat und die ihre wirtschaftliche, rechtliche oder auch nur persönliche Lage objektiv meßbar verbessert. | La[22], § 331 Rn. 4 |
| ***BEACHTE:*** In Absatz 1 wurde das früher dort enthaltene Merkmal „als Gegenleistung" gestrichen und durch ein „für die Dienstausübung" ersetzt. Das ergab sich aus der Notwendigkeit, daß unter „Dienstausübung" auch noch nicht genauer konkretisierbare Handlungen fallen sollen, bei denen sich ein Äquivalenzverhältnis zum Vorteil noch nicht feststellen läßt. In der alten Fassung „als Gegenleistung" wurde eine gewisse Konkretisierung auf eine bestimmte Handlung des Amtsträgers gefordert, was Gesetzeslücken nach sich zog. | Verf. |
| **GEGENLEISTUNG** bedeutet, es muß ein Zusammenhang i.S. eines „do ut des", ein sog. Äquivalenzverhältnis zwischen Amtshandlung und Vorteil bestehen, das beiden Teilen bewußt ist. | Tr[48], § 331 Rn. 17 |
| Aus der **GEGENLEISTUNG** ergibt sich, daß ein Zusammenhang zwischen Diensthandlung und Vorteil bestehen muß. | S/S[25], § 331 Rn. 28 |
| „Als **GEGENLEISTUNG** dafür" setzt ein der Tathandlung zugrundeliegendes, also nicht erst nachträglich entstehendes Beziehungsverhältnis der Gestalt voraus, daß der Vorteil dem Empfänger um einer bestimmten geschehenen oder künftigen Diensthandlung willen zugute kommen soll. | La[22], § 331 Rn. 10 |
| **DIENSTHANDLUNG.** | (k.A.) |
| **RICHTER**: vgl. § 11 I Nr. 3 | |
| **SCHIEDSRICHTER**: vgl. §§ 1025 ff ZPO; §§ 101-110 ArbGG | |
| **RICHTERLICHE HANDLUNG** ist jede durch die richterliche Unabhängigkeit gedeckte und Rechtsgrundsätzen unterliegende Handlung, gleichgültig ob sie in Sachen unter Beteiligung mehrerer mit widerstreitenden Interessen oder in einseitigen Rechtsangelegenheiten ergeht. | Tr[48], § 331 Rn. 6 |
| **RICHTERLICHE HANDLUNGEN** sind solche, die nach den jeweils geltenden Rechtsvorschriften dem Richter zur Entscheidung zugewiesen sind, d.h. in seinen Zuständigkeitsbereich fallen. | S/S[25], § 331 Rn. 11 |
| **RICHTERLICHE HANDLUNGEN** sind solche, deren Vornahme in den Bereich derjenigen Pflichten fällt, die durch die richterliche Unabhängigkeit geschützt sind. | La[22], § 331 Rn. 12 |

| | |
|---|---|
| **Zuständige Behörde**. Die Zuständigkeit muß sachlich und örtlich gegeben sein. | Tr[48], § 331 Rn. 19 |
| **Zuständige Behörde** ist bei Beamten die vorgesetzte Dienstbehörde, bei Angestellten und Arbeitern des öffentlichen Dienstes der öffentlich-rechtliche Arbeitgeber; bei privatrechtlich organisierten Unternehmen der staatlichen Daseinsvorsorge dürfte ebenfalls der Arbeitgeber genehmigungsbefugt sein. | La[22], § 331 Rn. 17 |
| **Befugnisse**. Die Behörde muß zur Genehmigung im Einzelfall befugt sein. | Tr[48], § 331 Rn. 19 |
| **Im Rahmen ihrer Befugnisse**. Wann dies der Fall ist, entscheidet sich nach öffentlichem, insbesondere nach Beamtenrecht. | S/S[25], § 331 Rn. 51 |
| Die Grenzen der **Befugnis** werden durch das Recht des öffentlichen Dienstes bestimmt. Es kommt dabei nicht allein auf die verwaltungsrechtliche Bestandskraft der Genehmigung an. | La[22], § 331 Rn. 17 |
| **Genehmigt**. Die Genehmigungsfähigkeit richtet sich nach dem öffentlichen Recht, insbesondere dem der Beamten (z.B. § 70 BBG; § 43 BRRG). | Tr[48], § 331 Rn. 19 |
| Die **Genehmigung** kann generell für bestimmte Arten von Vorteilen oder für den Einzelfall erteilt werden. | S/S[25], § 331 Rn. 52 |
| Die **Genehmigung** kann vor der Tathandlung ausdrücklich oder stillschweigend, allgemein oder für den Einzelfall erteilt werden. | La[22], § 331 Rn. 16 |
| **Angezeigt**. Die Anzeige kann schriftlich oder mündlich erfolgen. | Tr[48], § 331 Rn. 21 |

### Konkurrenzen:

§ 331 steht in Idealkonkurrenz mit §§ 263, 253. Der Vorteilsgeber ist nicht wegen Teilnahme strafbar, da die §§ 331 ff die Strafbarkeit des Empfängers und des Gebers abschließend regeln.

## § 332. Bestechlichkeit.

### Gesetzestext:

(1) Ein Amtsträger oder ein für den öffentlichen Dienst besonders Verpflichteter, der einen Vorteil für sich oder einen Dritten als Gegenleistung dafür fordert, sich versprechen läßt oder annimmt, daß er eine Diensthandlung vorgenommen hat oder künftig vornehme und dadurch seine Dienstpflichten verletzt hat oder verletzen würde, wird mit Freiheitsstrafe von sechs Monaten bis zu fünf Jahren, in minder schweren Fällen

mit Freiheitsstrafe bis zu drei Jahren oder mit Geldstrafe bestraft. Der Versuch ist strafbar.

(2) Ein Richter oder Schiedsrichter, der einen Vorteil für sich oder einen Dritten als Gegenleistung dafür fordert, sich versprechen läßt oder annimmt, daß er eine richterliche Handlung vorgenommen hat oder künftig vornehme und dadurch seine richterlichen Pflichten verletzt hat oder verletzen würde, wird mit Freiheitsstrafe von einem Jahr bis zu zehn Jahren, in minder schweren Fällen mit Freiheitsstrafe von sechs Monaten bis zu fünf Jahren bestraft.

(3) Falls der Täter den Vorteil als Gegenleistung für eine künftige Handlung fordert, sich versprechen läßt oder annimmt, so sind die Absätze 1 und 2 schon dann anzuwenden, wenn er sich dem anderen gegenüber bereit gezeigt hat,

1. bei der Handlung seine Pflichten zu verletzen oder,
2. soweit die Handlung in seinem Ermessen steht, sich bei Ausübung des Ermessens durch den Vorteil beeinflussen zu lassen.

## Überblick:

- *Typ:* § 332 ist Qualifikation zu § 331. Nach der jüngsten Gesetzesänderung ist die Strafbarkeitsgrenze in § 331 gegenüber § 332 vorverlagert („Dienst*ausübung*" ist weiter als „Dienst*handlung*"). § 331 bestraft speziell die (rechtmäßige) Dienstausübung, § 332 ist durch die **Rechtswidrigkeit** der Diensthandlung qualifiziert.
- ***Versuch nach Abs. 1*** ist strafbar, Abs. 1 S. 2
- ***Versuch nach Abs. 2*** ist ohne weiteres strafbar (Verbrechen!).
- Abs. 3 bestätigt (nur), daß es für die Erfüllung des Tatbestandes nur auf die Unrechtsvereinbarung (Tathandlung) ankommt, nicht auf die (spätere) Diensthandlung.
- ***Besonders schwerer Fall*** (Regelbeispiele) in § 335.

## Aufbau (Abs. 1):

I. Tatbestand
  1. Objektiver Tatbestand:
    - Die Diensthandlung (vergangene bzw. künftige) aus dem Grunddelikt
      aa. ist eine Verletzung von Dienstpflichten (bei vergangenen) *oder*
      bb. würde eine solche sein (bei künftigen).
  2. Subjektiver Tatbestand: Vorsatz, mindestens bedingter.

II. Rechtswidrigkeit *und*
III. Schuld: keine Besonderheiten.
IV. Ggf: Regelbeispiel, § 335

## Aufbau (Abs. 2):

I. Tatbestand
  1. Objektiver Tatbestand: -
  - Die richterliche Handlung (vergangene bzw. künftige) aus dem Grunddelikt
    aa. ist eine Verletzung von richterlichen Pflichten (bei vergangenen) *oder*
    bb. würde eine solche sein (bei künftigen).

2. Subjektiver Tatbestand: Vorsatz, mindestens bedingter.

II. Rechtswidrigkeit *und*

III. Schuld: keine Besonderheiten.

IV. Ggf. Regelbeispiel, § 335

## Definitionen / Erläuterungen:

| | |
|---|---|
| Die Bestechungsdelikte wurden durch das Gesetz zur Bekämpfung der Korruption vom 20.8.1997 geändert. Alle hier verwandten Kommentare sind z.Z. der Drucklegung noch nicht auf dem neuen Stand gewesen. Sie wurden daher nur insoweit Berücksichtigt, als es sinnvoll erschien. | Verf. |
| **PFLICHTWIDRIGKEIT** einer Handlung bestimmt sich nach dem Gesetz (so allein für den Richter), nach Dienstvorschriften und Anordnungen der Vorgesetzten. | Tr[48], § 332 Rn. 4 |
| Eine Diensthandlung ist **PFLICHTWIDRIG**, wenn sie gegen Gesetze, Verwaltungsvorschriften, Richtlinien, allgemeine Dienstanweisungen oder Anweisungen des Vorgesetzten verstößt. | S/S[25], § 332 Rn. 7 |
| **VERLETZUNG EINER DIENSTPFLICHT** setzt voraus, daß die Diensthandlung selbst (nicht nur die Vorteilsannahme) gegen ein auf Gesetz, Dienstvorschrift oder Einzelanordnung beruhnedes Gebot oder Verbot verstößt. | La[22], § 332 Rn. 3 |
| **ALS GEGENLEISTUNG**. Es muß ein Zusammenhang zwischen Diensthandlung und Vorteil bestehen. | S/S[25], § 332 Rn. 21 i.V.m. § 331 Rn. 26 |
| Zweifelhaft kann sein, in welchem Umfang die dienstliche oder richterliche Handlung konkretisiert sein muß. | S/S[25], § 332 Rn. 21 i.V.m. § 331 Rn. 29 |
| So soll es ausreichen, wenn ein bestimmter Kreis von Lebensbeziehungen feststehe, in dem sich der Beamte in gewisser Richtung durch einzelne Handlungen betätigen solle. | |

## Konkurrenzen:

§ 332 verdrängt § 331 im Wege der Gesetzeskonkurrenz (Spezialität). § 332 steht in Idealkonkurrenz mit §§ 174, 174a, 174b, 180 III, 180a I, 253, 263, 266.

# § 333. Vorteilsgewährung.

## Gesetzestext:

(1) Wer einem Amtsträger, einem für den öffentlichen Dienst besonders Verpflichteten oder einem Soldaten der Bundeswehr für die Dienstausübung einen Vorteil für diesen oder einen Dritten anbietet, verspricht oder gewährt, wird mit Freiheitsstrafe bis zu drei Jahren oder mit Geldstrafe bestraft.

(2) Wer einem Richter oder Schiedsrichter einen Vorteil für diesen oder einen Dritten als Gegenleistung dafür anbietet, verspricht oder gewährt, daß er eine richterliche Handlung vorgenommen hat oder künftig vornehme, wird mit Freiheitsstrafe bis zu fünf Jahren oder mit Geldstrafe bestraft.

(3) Die Tat ist nicht nach Absatz 1 strafbar, wenn die zuständige Behörde im Rahmen ihrer Befugnisse entweder die Annahme des Vorteils durch den Empfänger vorher genehmigt hat oder sie auf unverzügliche Anzeige des Empfängers genehmigt.

## Überblick:

- ***Typ:*** Begehungsdelikt, vorsätzliches.
- ***Versuch*** ist nicht strafbar (Vergehen!).
- ***Grundtatbestand*** in Abs. 1.
- Abs. 2 enthält ***teilweise Qualifikation*** (Richter ist sowieso auch Amtsträger, vgl. § 11 I Nr. 2a), ***teilweise eigenständiges Delikt*** (Schiedsrichter muß kein Amtsträger sein), Qualifikation in § 334 (str.).
- ***Rechtfertigungsgrund*** (h.M., str. - a.A.: Tatbestandsausschluß) für Abs. 1 in Abs. 3.
- ***Begriffsbestimmungen und -erweiterungen*** in § 336.
- ***Schutzgut*** (str.): Generelle Gefährdung des Staatsapparates, da dadurch das Vertrauen der Allgemeinheit in die Sachlichkeit staatlicher Entscheidungen leidet.

## Aufbau (Abs. 1):

I. Tatbestand
  1. Objektiver Tatbestand:
    a. Tatsubjekt - jeder;
    b. Tatobjekt -
      aa. Amtsträger *oder*
      bb. für den öffentlichen Dienst besonders Verpflichteter *oder*
      cc. Soldat der Bundeswehr;
    c. Tathandlung - Vorteil für Tatobjekt oder Dritten
      aa. Anbieten *oder*
      bb. Versprechen *oder*
      cc. Gewähren
      für die Dienstausübung.
  2. Subjektiver Tatbestand: Vorsatz, mindestens bedingter.
II. Rechtswidrigkeit: Rechtfertigung nach Abs. 3.
III. Schuld: keine Besonderheiten.

## Aufbau Abs. 2 (Bei Richtern - Obersatz: §§ 333 I, II, im übrigen: § 333 II):

I. Tatbestand
  1. Objektiver Tatbestand:
    a. Tatsubjekt - jeder;
    b. Tatobjekt -

aa. Richter *oder*
bb. Schiedsrichter;
c. Tathandlung -
aa. Anbieten *oder*
bb. Versprechen *oder*
cc. Gewähren
(1) eines Vorteils
(a) für sich oder
(b) einen Dritten
(2) als Gegenleistung (=Unrechtsvereinbarung) für
(3) die Vornahme einer richterlichen Handlung
(a) vergangene *oder*
(b) die künftige
2. Subjektiver Tatbestand: Vorsatz, mindestens bedingter.
II. Rechtswidrigkeit: Keine Rechtfertigung nach Abs. 3 möglich!)
III. Schuld: keine Besonderheiten.

## Aufbau Abs. 3 (Rechtfertigungsgrund).

1. Objektive Elemente:
- Die zuständige Behörde hat im Rahmen ihrer Befugnisse
aa. (Var. 1) die Annahme entweder vorher genehmigt (BGB-Deutsch: eingewilligt) *oder*
bb. (Var. 2) der Empfänger hat die Annahme bei ihr angezeigt und sie hat dann - nachher - genehmigt (= Genehmigungsfähigkeit im Zeitpunkt der Annahme).
2. Subjektive Elemente: Kenntnis des Täters von der Genehmigung, bzw. Genehmigungsfähigkeit.

## Definitionen / Erläuterungen:

Die Bestechungsdelikte wurden durch das Gesetz zur Bekämpfung der Korruption vom 20.8.1997 geändert. Alle hier verwandten Kommentare waren z.Z. der Drucklegung noch nicht auf dem neuen Stand. — Verf.

**AMTSTRÄGER**: vgl. § 11 I Nr.2

**FÜR DEN ÖFFENTLICHEN DIENST BESONDERS VERPFLICHTETER**: vgl. § 11 I Nr. 4

**ANBIETEN** meint eine Offerte (*sehr hilfreich*).

Das **ANBIETEN** korrespondiert dem Fordern in § 331. Die Handlung bedeutet das Inaussichtstellen eines Vorteils. Die Erklärung kann ausdrücklich oder schlüssig erfolgen. — S/S[25], § 333 Rn. 8

Das **ANBIETEN** entspricht dem Fordern; es ist die auf Abschluß einer Unrechtsvereinbarung gerichtete ausdrückliche oder still- — La[22], § 333 Rn. 3

schweigende Erklärung, die auch in vorsichtig formulierten Fragen und Sondierungen bestehen kann und die zur Kenntnis der Amtsperson gelangen muß (str.). Ob diese den Sinn versteht, ist unerheblich; es genügt, das sie ihn verstehen soll.

---

**VERSPRECHEN** bedeutet Zusichern.

Das **VERSPRECHEN** korrespondiert dem Sichversprechenlassen in § 331. Die Handlung bedeutet das Inaussichtstellen eines Vorteils. Die Erklärung kann ausdrücklich oder schlüssig erfolgen. — S/S[25], § 333 Rn. 8

**VERSPRECHEN** entspricht dem Versprechenlassen. — La[22], § 333 Rn. 3

---

**GEWÄHREN** liegt vor, wenn der andere annimmt. — Tr[48], § 333 Rn. 4

**GEWÄHREN** ist die tatsächliche Zuwendung an den Amtsträger usw.; es entspricht dem Annehmen. — S/S[25], § 333 Rn. 8

**GEWÄHREN** entspricht dem Annehmen. — La[22], § 333 Rn. 3

---

**VORTEIL** ist jede Leistung des Zuwendenden, auf die der Amtsträger keinen gesetzlich begründeten Anspruch hat und die ihn materiell oder auch immateriell in seiner wirtschaftlichen, rechtlichen oder auch nur persönlichen Lage objektiv besser stellt. — Tr[48], § 331 Rn. 11

**VORTEIL** ist jede unentgeltliche Leistung materieller oder immaterieller Art, die den Täter besser stellt und auf die er keinen rechtlich begründeten Anspruch hat. — S/S[25], § 333 Rn. 7 i.V.m. § 331 Rn. 17

---

**GEGENLEISTUNG** bedeutet, es muß ein Zusammenhang i.S. eines „do ut des", ein sog. Äquivalenzverhältnis zwischen Amtshandlung und Vorteil bestehen, das beiden Teilen bewußt ist. — Tr[48], § 331 Rn. 17

Aus der **GEGENLEISTUNG** ergibt sich, daß ein Zusammenhang zwischen Diensthandlung und Vorteil bestehen muß. — S/S[25], § 333 Rn. 7 i.V.m. § 331 Rn. 28

***BEACHTE:*** In Absatz 1 wurde das früher dort enthaftene Merkmal „als Gegenleistung" gestrichen und durch ein „für die Dienstausübung" ersetzt. Das ergab sich daraus, daß unter „Dienstausübung" auch noch nicht genauer konkretisierbare Handlungen fallen sollen, bei denen sich ein Äquivalenzverhältnis zum Vorteil noch nicht feststellen läßt. In der alten Fassung „als Gegenleistung" wurde eine gewisse Konkretisierung auf eine bestimmte Handlung des Amtsträgers gefordert, was bedenkliche Gesetzeslücken nach sich zog — Verf.

---

**RICHTER**: vgl. § 11 I Nr. 3

---

**SCHIEDSRICHTER**: vgl. §§ 1025 ff ZPO; §§ 101-110 ArbGG

---

**SOLDAT** ist, wer entweder aufgrund der Wehrpflicht oder aufgrund freiwilliger Verpflichtung in einem Wehrdienstverhältnis — S/S[25], § 333 Rn. 17a steht (vgl. § 1 I SoldG).

| | |
|---|---|
| **RICHTERLICHE HANDLUNG** ist jede durch die richterliche Unabhängigkeit gedeckte und Rechtsgrundsätzen unterliegende Handlung, gleichgültig ob sie in Sachen unter Beteiligung mehrerer mit widerstreitenden Interessen oder in einseitigen Rechtsangelegenheiten ergeht. | Tr[48], § 331 Rn. 6 |
| **RICHTERLICHE HANDLUNGEN** sind solche, die nach den jeweils geltenden Rechtsvorschriften dem Richter zur Entscheidung zugewiesen sind, d.h. in seinen Zuständigkeitsbereich fallen. | S/S[25], § 333 Rn. 5 i.V.m. § 331 Rn. 11 |
| **RICHTERLICHE HANDLUNGEN** sind solche, deren Vornahme in den Bereich derjenigen Pflichten fällt, die durch die richterliche Unabhängigkeit geschützt sind. | La[22], § 333 Rn. 5 i.V.m. § 331 Rn. 12 |
| **ZUSTÄNDIGE BEHÖRDE**. Die Zuständigkeit muß sachlich und örtlich gegeben sein. | Tr[48], § 331 Rn. 19 |
| **BEFUGNISSE**. Die Behörde muß zur Genehmigung im Einzelfall befugt sein. | Tr[48], § 331 Rn. 19 |
| **GENEHMIGT**. Die Genehmigungsfähigkeit richtet sich nach dem öffentlichen Recht, insbesondere dem der Beamten (z.B. § 70 BBG; § 43 BRRG). | Tr[48], § 331 Rn. 19 |
| Die **GENEHMIGUNG** kann vor der Tathandlung ausdrücklich oder stillschweigend, allgemein oder für den Einzelfall erteilt werden. | La[22], § 333 Rn. 7 i.V.m. § 331 Rn. 16 |
| **ANGEZEIGT**. Die Anzeige kann schriftlich oder mündlich erfolgen. | Tr[48], § 331 Rn. 21 |

## § 334. Bestechung.

### Gesetzestext:

(1) Wer einem Amtsträger, einem für den öffentlichen Dienst besonders Verpflichteten oder einem Soldaten der Bundeswehr einen Vorteil für diesen oder einen Dritten als Gegenleistung dafür anbietet, verspricht oder gewährt, daß er eine Diensthandlung vorgenommen hat oder künftig vornehme und dadurch seine Dienstpflichten verletzt hat oder verletzen würde, wird mit Freiheitsstrafe von drei Monaten bis zu fünf Jahren, in minder schweren Fällen mit Freiheitsstrafe bis zu zwei Jahren oder mit Geldstrafe bestraft.

(2) Wer einem Richter oder Schiedsrichter einen Vorteil für diesen oder einen Dritten als Gegenleistung dafür anbietet, verspricht oder gewährt, daß er eine richterliche Handlung

1. vorgenommen und dadurch seine richterlichen Pflichten verletzt hat oder

2. künftig vornehme und dadurch seine richterlichen Pflichten verletzen würde,

wird in den Fällen der Nummer 1 mit Freiheitsstrafe von drei Monaten bis zu fünf Jahren, in den Fällen der Nummer 2 mit Freiheitsstrafe von sechs Monaten bis zu fünf Jahren bestraft. Der Versuch ist strafbar.

(3) Falls der Täter den Vorteil als Gegenleistung für eine künftige Handlung anbietet, verspricht oder gewährt, so sind die Absätze 1 und 2 schon dann anzuwenden, wenn er den anderen zu bestimmen versucht, daß dieser

1. bei der Handlung seine Pflichten verletzt oder,
2. soweit die Handlung in seinem Ermessen steht, sich bei der Ausübung des Ermessens durch den Vorteil beeinflussen läßt.

## Überblick:

- ***Typ:*** Qualifikation zu § 333 (hM). Auch hier ist in § 333 Abs. 1 die Strafbarkeit schon vorverlagert.
- ***Versuch nach Abs. 1*** ist nicht strafbar (Vergehen!),
- ***Versuch nach Abs. 2*** ist strafbar, Abs. 2 S. 2.
- ***Besonders schwerer Fall*** (Regelbeispiele) in § 335.
- ***Prüfung*** immer mit dem Grunddelikt (Obersatz: § 333 Abs. ..., 334 Abs. ...) und zwar bereits ***ab dem objektiven Tatbestand!*** (Eine spätere Prüfung ist hier nicht sinnvoll, da sonst evtl. schon der objektive Tatbestand des Grunddeliktes daran scheitern könnte, daß es z.B. um eine vergangene Diensthandlung geht.)
- Abs. 3 bestätigt (nur), daß es für die Erfüllung des Tatbestandes nur auf die Unrechtsvereinbarung (Tathandlung) ankommt, nicht auf die (spätere) Diensthandlung.

## Aufbau (Abs. 1):

I. Tatbestand
   1. Objektiver Tatbestand:
      - Tathandlung - Vorteil für Tatobjekt oder Dritten
        aa. Anbieten *oder*
        bb. Versprechen *oder*
        cc. Gewähren
        als Gegenleistung (= Unrechtsvereinbarung) für die Vornahme einer Diensthandlung,
        - vergangene *oder*
        - künftige *und*
        - die eine Verletzung von Dienstpflichten ist (bei vergangenen) *oder*
        - eine solche sein würde (bei künftigen).
   2. Subjektiver Tatbestand: Vorsatz, mindestens bedingter.

II. Rechtswidrigkeit *und*
III. Schuld: keine Besonderheiten.

## Aufbau (Abs. 2):

I. Tatbestand

1. Objektiver Tatbestand,
   - Tathandlung - Vorteil für Tatobjekt oder Dritten
     aa. Anbieten *oder*
     bb. Versprechen *oder*
     cc. Gewähren
     - als Gegenleistung (= Unrechtsvereinbarung) für die Vornahme einer richterlichen Handlung,
       - vergangene *oder*
       - künftige *und*
       - die eine Verletzung von richterlichen Pflichten (bei vergangenen) ist *oder*
       - eine solche sein würde (bei künftigen).
2. Subjektiver Tatbestand: Vorsatz, mindestens bedingter.

II. Rechtswidrigkeit: Keine Rechtfertigung nach Abs. 3 möglich!

III. Schuld: keine Besonderheiten.

**Definitionen / Erläuterungen:**

**PFLICHTWIDRIGKEIT** einer Handlung bestimmt sich nach dem Gesetz (so allein für den Richter), nach Dienstvorschriften und Anordnungen der Vorgesetzten. — Tr[48], § 332 Rn. 4

**Konkurrenzen:**

§ 334 verdrängt § 333 im Wege der Gesetzeskonkurrenz (Spezialität). Begeht der Amtsträger mit der pflichtwidrigen Handlung eine Straftat liegt Idealkonkurrenz zu dieser vor.

## § 335. Besonders schwere Fälle der Bestechlichkeit und Bestechung.

**Gesetzestext:**

(1) In besonders schweren Fällen wird

1. eine Tat nach
   a) § 332 Abs. 1 Satz 1, auch in Verbindung mit Abs. 3, und
   b) § 334 Abs. 1 Satz 1 und Abs. 2, jeweils auch in Verbindung mit Abs. 3,

   mit Freiheitsstrafe von einem Jahr bis zu zehn Jahren *und*
2. eine Tat nach § 332 Abs. 2, auch in Verbindung mit Abs. 3, mit Freiheitsstrafe nicht unter zwei Jahren bestraft.

(2) Ein besonders schwerer Fall im Sinne des Absatzes 1 liegt in der Regel vor, wenn

1. die Tat sich auf einen Vorteil großen Ausmaßes bezieht,

2. der Täter fortgesetzt Vorteile annimmt, die er als Gegenleistung dafür gefordert hat, daß er eine Diensthandlung künftig vornehme, *oder*
3. der Täter gewerbsmäßig oder als Mitglied einer Bande handelt, die sich zur fortgesetzten Begehung solcher Taten verbunden hat.

**Überblick:**

- ***Typ:*** Regelbeispiel = Strafzumessung, kein Tatbestand.
- ***Prüfung*** immer mit dem Grunddelikt und zwar hinter der Schuld (wie bei § 243).

**Definitionen / Erläuterungen:**

| | |
|---|---|
| Die Bestechungsdelikte wurden durch das Gesetz zur Bekämpfung der Korruption vom 20.8.1997 geändert. Alle hier verwandten Kommentare sind z.Z. der Drucklegung noch nicht auf dem neuen Stand gewesen. Die neue Strafzumessungsregel des § 335 war daher noch nicht kommentiert. | Verf. |
| Bei Nr. 3 kann sinngemäß z.B. auf die Ausführungen zu § 244 Abs. 1 Nr. 3 oder § 260 Abs. 1 Nr. 3 verwiesen werden. | Verf. |
| **VERMÖGENSVERLUST GROßEN AUSMAßES.** Der Verbrechenstatbestand ist damit nur bei hohem Schaden anwendbar. Er geht auf das tatbestandsähnliche Regelbeispiel in § 264 Abs. 2 Satz 2 Nr. 1 zurück. Es wird ein Betrag von etwa 100 000 DM zugrunde zu legen sein | Verf. (BTDr.) |

## § 336. Unterlassen der Diensthandlung.

**Gesetzestext:**

Der Vornahme einer Diensthandlung oder einer richterlichen Handlung im Sinne der §§ 331 bis 335 steht das Unterlassen der Handlung gleich.

**Überblick:**

- ***Typ:*** Erweiterung des Taterfolges.
- ***Prüfungsstandort:*** Objektiver Tatbestand von §§ 331-335, jeweils bei Vornahme einer Diensthandlung. Wenn es um eine unterlassene Diensthandlung geht, kommt § 336 mit in den Obersatz (z.B. §§ 331 I, 336).
- ***Abgrenzung:*** Es geht nicht um eine Strafbarkeit wegen Unterlassens (dann (z.B.) §§ 331, 13), denn ***nicht die Tathandlung*** besteht in einem Unterlassen (wie z.B. Annehmen durch Unterlassen = Nichtrückgabe), ***sondern der Erfolg***.

## § 337. Schiedsrichtervergütung (nicht bearbeitet).

Die Vergütung eines Schiedsrichters ist nur dann ein Vorteil im Sinne der §§ 331 bis 334, wenn der Schiedsrichter sie von einer Partei hinter dem Rücken der anderen fordert, sich versprechen läßt oder annimmt oder wenn sie ihm eine Partei hinter dem Rücken der anderen anbietet, verspricht oder gewährt.

## § 338. Vermögensstrafe und erweiterter Verfall (nicht bearbeitet).

(1) In den Fällen des § 332, auch in Verbindung mit den §§ 336 und 337, ist § 73d anzuwenden, wenn der Täter gewerbsmäßig oder als Mitglied einer Bande handelt, die sich zur fortgesetzten Begehung solcher Taten verbunden hat.

(2) In den Fällen des § 334, auch in Verbindung mit §§ 336 und 337, sind die §§ 43 a, 73d anzuwenden, wenn der Täter als Mitglied einer Bande handelt, die sich zur fortgesetzten Begehung solcher Taten verbunden hat. § 73d ist auch dann anzuwenden, wenn der Täter gewerbsmäßig handelt.

## § 339. Rechtsbeugung (nicht bearbeitet).

Ein Richter, ein anderer Amtsträger oder ein Schiedsrichter, welcher sich bei der Leitung oder Entscheidung einer Rechtssache zugunsten oder zum Nachteil einer Partei einer Beugung des Rechts schuldig macht, wird mit Freiheitsstrafe von einem Jahr bis zu fünf Jahren bestraft.

## § 340. Körperverletzung im Amt.

### Gesetzestext:

(1) Ein Amtsträger, der während der Ausübung seines Dienstes oder in Beziehung auf seinen Dienst eine Körperverletzung begeht oder begehen läßt, wird mit Freiheitsstrafe von drei Monaten bis zu fünf Jahren bestraft. In minder schweren Fällen ist die Strafe Freiheitsstrafe bis zu fünf Jahren oder Geldstrafe.

(2) Der Versuch ist strafbar.

(3) Die §§ 224 bis 229 gelten für Straftaten nach Abs. 1 Satz 1 entsprechend.

### Überblick:

- ***Typ:*** Sonderdelikt, unechtes (kann auch als „normales" Delikt begangen werden).
- ***Versuch*** ist strafbar (Abs.2)
- ***Qualifikation*** zur einfachen Körperverletzung (§ 223 I) in Abs. 1.

- Prüfung mit dem Grunddelikt (Obersatz: §§ 223, 340 I S. 1) und zwar entweder hinter subjektivem Tatbestand oder hinter Schuld des Grundtatbestandes.
- (Unbenannter minder schwerer Fall Abs. 1 HS. 2 - klausurmäßig bedeutungslos.)
- Für ***Teilnehmer*** gilt § 28 II.
- ***Kein Antrag*** nach § 230 nötig, ***keine Einwilligung*** nach § 228 möglich.
- ***Schutzgut*** wie bei § 223: Körper und Gesundheit.

## Aufbau:

I. Tatbestand
  1. Objektiver Tatbestand:
    a. Tatsubjekt - ein Amtsträger;
    b. Tatsituation -
      aa. während der Ausübung seines Dienstes *oder*
      bb. in Beziehung auf seinen Dienst.
  2. Subjektiver Tatbestand: Vorsatz, mindestens bedingter.

II. Rechtswidrigkeit *und*

III. Schuld: keine Besonderheiten.

## Definitionen / Erläuterungen:

AMTSTRÄGER, vgl. § 11 I Nr. 2.

---

WÄHREND DER AUSÜBUNG SEINES DIENSTES bedeutet die Zeit, in der der Amtsträger befugt als solcher tätig ist. — Tr[48], § 340 Rn. 2

WÄHREND DER DIENSTAUSÜBUNG begeht ein Amtsträger dann eine Körperverletzung, wenn er diese in Ausübung seiner dienstlichen Tätigkeit verübt; es muß also ein sachlicher Zusammenhang zwischen der Körperverletzung und der Dienstausübung bestehen. Es ist hierfür nicht entscheidend, ob sich der Beamte im Dienstanzug oder in Zivil befindet. — S/S[25], § 340 Rn. 3

---

IN BEZIEHUNG AUF SEINEN DIENST findet jede Tätigkeit statt, die in einem sachlichen Zusammenhang damit steht - nicht notwendig örtlich oder zeitlich. — Tr[48], § 340 Rn. 2

IN BEZIEHUNG AUF den Dienst ist die Körperverletzung begangen, wenn die Tat zwar nicht äußerlich einen Teil der Dienstausübung darstellt, aber doch durch diese in erkennbarer Weise veranlaßt ist; zwischen der Dienststellung und der Körperverletzung muß ein innerer Zusammenhang bestehen. — S/S[25], § 340 Rn. 3

## Konkurrenzen:

§ 340 I verdrängt § 223 I im Wege der Gesetzeskonkurrenz (Spezialität).

## §§ 341, 342. (Aufgehoben durch Art. 19 Nr. 190 EGStGB.)

## § 343. Aussageerpressung (nicht bearbeitet).

(1) Wer als Amtsträger, der zur Mitwirkung an

1. einem Strafverfahren, einem Verfahren zur Anordnung einer behördlichen Verwahrung,
2. einem Bußgeldverfahren *oder*
3. einem Disziplinarverfahren oder einem ehrengerichtlichen oder berufsgerichtlichen Verfahren

berufen ist, einen anderen körperlich mißhandelt, gegen ihn sonst Gewalt anwendet, ihm Gewalt androht oder ihn seelisch quält, um ihn zu nötigen, in dem Verfahren etwas auszusagen oder zu erklären oder dies zu unterlassen, wird mit Freiheitsstrafe von einem Jahr bis zu zehn Jahren bestraft.

(2) In minder schweren Fällen ist die Strafe Freiheitsstrafe von sechs Monaten bis zu fünf Jahren.

## § 344. Verfolgung Unschuldiger (nicht bearbeitet).

(1) Wer als Amtsträger, der zur Mitwirkung an einem Strafverfahren, abgesehen von dem Verfahren zur Anordnung einer nicht freiheitsentziehenden Maßnahme (§ 11 Abs. 1 Nr. 8), berufen ist, absichtlich oder wissentlich einen Unschuldigen oder jemanden, der sonst nach dem Gesetz nicht strafrechtlich verfolgt werden darf, strafrechtlich verfolgt oder auf eine solche Verfolgung hinwirkt, wird mit Freiheitsstrafe von einem Jahr bis zu zehn Jahren, in minder schweren Fällen mit Freiheitsstrafe von drei Monaten bis zu fünf Jahren bestraft. Satz 1 gilt sinngemäß für einen Amtsträger, der zur Mitwirkung an einem Verfahren zur Anordnung einer behördlichen Verwahrung berufen ist.

(2) Wer als Amtsträger, der zur Mitwirkung an einem Verfahren zur Anordnung einer nicht freiheitsentziehenden Maßnahme (§ 11 Abs. 1 Nr. 8) berufen ist, absichtlich oder wissentlich jemanden, der nach dem Gesetz nicht strafrechtlich verfolgt werden darf, strafrechtlich verfolgt oder auf eine solche Verfolgung hinwirkt, wird mit Freiheitsstrafe von drei Monaten bis zu fünf Jahren bestraft. 2 Satz 1 gilt sinngemäß für einen Amtsträger, der zur Mitwirkung an

1. einem Bußgeldverfahren *oder*
2. einem Disziplinarverfahren oder einem ehrengerichtlichen oder berufsgerichtlichen Verfahren

berufen ist. Der Versuch ist strafbar.

## § 345. Vollstreckung gegen Unschuldige (nicht bearbeitet).

(1) Wer als Amtsträger, der zur Mitwirkung bei der Vollstreckung einer Freiheitsstrafe, einer freiheitsentziehenden Maßregel der Besserung und Sicherung oder einer behördlichen Verwahrung berufen ist, eine solche Strafe, Maßregel oder Verwahrung vollstreckt, obwohl sie nach dem Gesetz nicht vollstreckt werden darf, wird mit Freiheitsstrafe von einem Jahr bis zu zehn Jahren, in minder schweren Fällen mit Freiheitsstrafe von drei Monaten bis zu fünf Jahren bestraft.

(2) Handelt der Täter leichtfertig, so ist die Strafe Freiheitsstrafe bis zu einem Jahr oder Geldstrafe.

(3) Wer, abgesehen von den Fällen des Absatzes 1, als Amtsträger, der zur Mitwirkung bei der Vollstreckung einer Strafe oder einer Maßnahme (§ 11 Abs. 1 Nr. 8) berufen ist, eine Strafe oder Maßnahme vollstreckt, obwohl sie nach dem Gesetz nicht vollstreckt werden darf, wird mit Freiheitsstrafe von drei Monaten bis zu fünf Jahren bestraft. Ebenso wird bestraft, wer als Amtsträger, der zur Mitwirkung bei der Vollstreckung

1. eines Jugendarrestes,
2. einer Geldbuße oder Nebenfolge nach dem Ordnungswidrigkeitenrecht,
3. eines Ordnungsgeldes oder einer Ordnungshaft *oder*
4. einer Disziplinarmaßnahme oder einer ehrengerichtlichen oder berufsgerichtlichen Maßnahme

berufen ist, eine solche Rechtsfolge vollstreckt, obwohl sie nach dem Gesetz nicht vollstreckt werden darf. Der Versuch ist strafbar.

## §§ 346, 347. (weggefallen)

## § 348. Falschbeurkundung im Amt.

### Gesetzestext:

(1) Ein Amtsträger, der, zur Aufnahme öffentlicher Urkunden befugt, innerhalb seiner Zuständigkeit eine rechtlich erhebliche Tatsache falsch beurkundet oder in öffentliche Register, Bücher oder Dateien falsch einträgt oder eingibt, wird mit Freiheitsstrafe bis zu fünf Jahren oder mit Geldstrafe bestraft.

(2) Der Versuch ist strafbar.

### Überblick:

- ***Typ:*** Sonderdelikt, echtes (kann nicht als „normales" Delikt begangen werden).
- ***Versuch*** ist strafbar, Abs. 2.
- Für ***Teilnehmer*** gilt § 28 I.
- § 348 erfaßt echte öffentliche Tatobjekte (Urkunden etc.), also solche bei denen der richtige Aussteller erkennbar ist, die aber inhaltlich unwahr sind.

## Aufbau:

I. Tatbestand
  1. Objektiver Tatbestand:
    a. Tatsubjekt - ein Amtsträger, der zur Aufnahme öffentlicher Urkunden befugt ist;
    b. Tatobjekt - öffentliche
      aa. Urkunden *oder*
      bb. Register *oder*
      cc. Bücher *oder*
      dd. Dateien;
    c. Tathandlung - falsch
      aa. beurkunden *oder*
      bb. eintragen *oder*
      cc. eingeben
      einer rechtlich erheblichen Tatsache innerhalb der Zuständigkeit des Amtsträgers.
  2. Subjektiver Tatbestand: Vorsatz, mindestens bedingter.

II. Rechtswidrigkeit *und*

III. Schuld: keine Besonderheiten.

## Definitionen / Erläuterungen:

AMTSTRÄGER, vgl. § 11 I Nr. 2.

| | |
|---|---|
| AUFNEHMEN ist der Akt, durch den der Amtsträger eine vor ihm von einem anderen abgegebene Erklärung oder von ihm bzw. durch ihn vollzogene Tatsache oder von ihm als Amtsträger gemachte Wahrnehmungen zum Zwecke des Beweises feststellt. Weiter noch (im Sinne von Ausstellen) die Lit. | Tr[48], § 348 Rn. 2 |
| AUFNEHMEN bedeutet an sich, daß der Beamte Erklärungen zu beurkunden hat, die ein anderer vor ihm abgibt, oder Wahrnehmungen, die er selbst gemacht hat. | S/S[25], § 348 Rn. 4 |
| ÖFFENTLICHE URKUNDEN. Für den Begriff beruft sich die Rspr. meist auf §§ 415, 417, 418 ZPO. In Wahrheit verstehen aber die §§ 271, 348 den Begriff enger. Er umfaßt auch ausländische Urkunden, wenn (auch) deutsche Rechtsgüter durch sie geschützt oder (beim Mißbrauch) beeinträchtigt sind. | Tr[48], § 271 Rn. 3 |
| ÖFFENTLICHE URKUNDEN sind Urkunden, die von einer öffentlichen Behörde oder einer mit öffentlichem Glauben versehenen Person innerhalb ihrer Zuständigkeit in der vorgeschriebenen Form aufgenommen sind. | S/S[25], § 348 Rn. 3 i.V.m. § 271 Rn. 4 |
| ÖFFENTLICHE URKUNDEN, sind nach § 415 I ZPO solche, die von einer Behörde oder einer mit öffentlichem Glauben versehenen Person innerhalb ihrer sachlichen Zuständigkeit in der vorgeschriebenen Form aufgenommen werden und Beweis für | La[22], § 348 Rn. 4 i.V.m. § 271 Rn. 2 |

und gegen jedermann erbringen.

| | |
|---|---|
| **ÖFFENTLICH** ist nur das, was Beweiskraft für und gegen jedermann hat, denn nur dies genießt Wahrheitsschutz. | Tr[48], § 271 Rn. 6 |
| Es muß bestimmungsgemäß für den Verkehr nach außen bestimmt sein. | Tr[48], § 271 Rn. 7 |
| **ÖFFENTLICH** i.S. dieser Vorschrift ist eine Urkunde nur dann, wenn sie den für öffentliche Urkunden dieser Art vorgeschriebenen Formvorschriften genügt. | S/S[25], § 348 Rn. 3 |
| **ÖFFENTLICH** sind die Bücher, Register und Dateien, die öffentlichen Glauben haben, die Beweis für und gegen jedermann begründen. | S/S[25], § 348 Rn. 12 |
| **BEFUGT** zur Aufnahme öffentlicher Urkunden ist ein Amtsträger, wenn er sachlich und örtlich zuständig ist, Erklärungen oder Tatsachen mit voller Beweiskraft zu beurkunden. | S/S[25], § 348 Rn. 5 |
| **BÜCHER**. Die wichtigsten Beispiele sind Heirats-, Geburten- oder Sterbebuch und die Auszüge aus diesen Büchern. | Tr[48], § 271 Rn. 12 |
| **DATEIEN** sind codierte, auf einen Datenträger fixierte Informationen über eine außerhalb des verwendeten Zeichensystems befindliche Wirklichkeit. | Tr[48], § 268 Rn. 4 |
| Daten sind **BEWEISERHEBLICH**, wenn sie nach ihrem Informationsgehalt Gedankenerklärungen sind, die abgesehen von ihrer visuellen Wahrnehmbarkeit, sämtliche Urkundenmerkmale erfüllen. | La[22], § 348 Rn. 4<br>i.V.m. § 271 Rn. 4<br>i.V.m. § 269 Rn. 4 |
| **REGISTER**, öffentliche, sind z.B. das Vereins- und das Handelsregister. | Tr[48], § 271 Rn. 13 |
| **TATSACHEN** sind nicht nur alle Sachverhalte, die Gegenstand sinnlicher Wahrnehmung sein könnten, sondern auch innere Sachverhalte (wie Charaktereigenschaften), sobald sie zu äußeren Erscheinungen in Beziehung treten. | Tr[48], § 186 Rn. 1 |
| **RECHTSERHEBLICHKEIT** ist vor allem bei den Tatsachen der Fall, zu deren Feststellung der Amtshelfer durch Gesetz oder Dienstanweisung verpflichtet ist. | S/S[25], § 348 Rn. 11 |
| **RECHTSERHEBLICH** ist die Erklärung usw. dann, wenn sie allein oder in Verbindung mit anderen Tatsachen für die Entstehung, Erhaltung, Veränderung eines öffentlichen oder privaten Rechts oder Rechtsverhältnisses von unmittelbarer oder mittelbarer Bedeutung ist. | S/S[25], § 348 Rn. 11<br>i.V.m. § 271 Rn. 18 |
| Die **RECHTLICH ERHEBLICHE TATSACHE** muß aus der Beurkundung als ausdrücklicher und wenigstens konkludent erklärter Inhalt hervorgehen; sie darf sich nicht erst aus gedanklichen | La[22], § 348 Rn. 6 |

Schlußfolgerungen ergeben.

| | |
|---|---|
| **Beurkundung** ist die Herstellung einer echten öffentlichen Urkunde durch einen Amtsträger. | Tr[48], § 348 Rn. 3 |
| Der Amtsträger **beurkundet** eine Tatsache, wenn er sie in der vorgeschriebenen Form in einer Weise feststellt, die dazu bestimmt ist, Beweis für und gegen jedermann zu begründen; das ist etwa bei der Eintragung des nächsten Hauptprüfungstermins in einen Kraftfahrzeugschein der Fall. | S/S[25], § 348 Rn. 8 |
| **Falsch** bedeutet eine Abweichung von der festgehaltenen Tatsache zur Wirklichkeit. | |
| Eine Tatsache ist **falsch** beurkundet, wenn sie überhaupt nicht oder in anderer Weise geschehen ist. | S/S[25], § 348 Rn. 9 |
| **Falsch** beurkundet, eingetragen oder eingegeben ist eine Tatsache, wenn das mit öffentlichem Glauben Beurkundete usw. nicht mit der Wirklichkeit übereinstimmt. | La[22], § 348 Rn. 8 |

## Konkurrenzen:

§ 348 steht in Idealkonkurrenz zu § 267.

## § 349. (weggefallen)

## §§ 350–351. (Aufgehoben durch Art. 19 Nr. 194 EGStGB.)

## § 352. Gebührenüberhebung (nicht bearbeitet).

(1) Ein Amtsträger, Anwalt oder sonstiger Rechtsbeistand, welcher Gebühren oder andere Vergütungen für amtliche Verrichtungen zu seinem Vorteil zu erheben hat, wird, wenn er Gebühren oder Vergütungen erhebt, von denen er weiß, daß der Zahlende sie überhaupt nicht oder nur in geringerem Betrag schuldet, mit Freiheitsstrafe bis zu einem Jahr oder mit Geldstrafe bestraft.

(2) Der Versuch ist strafbar.

## § 353. Abgabenüberhebung; Leistungskürzung (nicht bearbeitet).

(1) Ein Amtsträger, der Steuern, Gebühren oder andere Abgaben für eine öffentliche Kasse zu erheben hat, wird, wenn er Abgaben, von denen er weiß, daß der Zahlende sie überhaupt nicht oder nur in geringerem Betrag schuldet, erhebt und das rechtswid-

rig Erhobene ganz oder zum Teil nicht zur Kasse bringt, mit Freiheitsstrafe von drei Monaten bis zu fünf Jahren bestraft.

(2) Ebenso wird bestraft, wer als Amtsträger bei amtlichen Ausgaben an Geld oder Naturalien dem Empfänger rechtswidrig Abzüge macht und die Ausgaben als vollständig geleistet in Rechnung stellt.

## § 353a. Vertrauensbruch im auswärtigen Dienst (nicht bearbeitet).

(1) Wer bei der Vertretung der Bundesrepublik Deutschland gegenüber einer fremden Regierung, einer Staatengemeinschaft oder einer zwischenstaatlichen Einrichtung einer amtlichen Anweisung zuwiderhandelt oder in der Absicht, die Bundesregierung irrezuleiten, unwahre Berichte tatsächlicher Art erstattet, wird mit Freiheitsstrafe bis zu fünf Jahren oder mit Geldstrafe bestraft.

(2) Die Tat wird nur mit Ermächtigung der Bundesregierung verfolgt.

## § 353b. Verletzung des Dienstgeheimnisses und einer besonderen Geheimhaltungspflicht (nicht bearbeitet).

(1) Wer ein Geheimnis, das ihm als

1. Amtsträger,
2. für den öffentlichen Dienst besonders Verpflichteten *oder*
3. Person, die Aufgaben oder Befugnisse nach dem Personalvertretungsrecht wahrnimmt,

anvertraut worden oder sonst bekanntgeworden ist, unbefugt offenbart und dadurch wichtige öffentliche Interessen gefährdet, wird mit Freiheitsstrafe bis zu fünf Jahren oder mit Geldstrafe bestraft. Hat der Täter durch die Tat fahrlässig wichtige öffentliche Interessen gefährdet, so wird er mit Freiheitsstrafe bis zu einem Jahr oder mit Geldstrafe bestraft.

(2) Wer, abgesehen von den Fällen des Absatzes 1, unbefugt einen Gegenstand oder eine Nachricht, zu deren Geheimhaltung er

1. auf Grund des Beschlusses eines Gesetzgebungsorgans des Bundes oder eines Landes oder eines seiner Ausschüsse verpflichtet ist *oder*
2. von einer anderen amtlichen Stelle unter Hinweis auf die Strafbarkeit der Verletzung der Geheimhaltungspflicht förmlich verpflichtet worden ist,

an einen anderen gelangen läßt oder öffentlich bekanntmacht und dadurch wichtige öffentliche Interessen gefährdet, wird mit Freiheitsstrafe bis zu drei Jahren oder mit Geldstrafe bestraft.

(3) Der Versuch ist strafbar.

(4) Die Tat wird nur mit Ermächtigung verfolgt. Die Ermächtigung wird erteilt

1. von dem Präsidenten des Gesetzgebungsorgans

a) in den Fällen des Absatzes 1, wenn dem Täter das Geheimnis während seiner Tätigkeit bei einem oder für ein Gesetzgebungsorgan des Bundes oder eines Landes bekanntgeworden ist,
b) in den Fällen des Absatzes 2 Nr. 1;

2. von der obersten Bundesbehörde
   a) in den Fällen des Absatzes 1, wenn dem Täter das Geheimnis während seiner Tätigkeit sonst bei einer oder für eine Behörde oder bei einer anderen amtlichen Stelle des Bundes oder für eine solche Stelle bekanntgeworden ist,
   b) in den Fällen des Absatzes 2 Nr. 2, wenn der Täter von einer amtlichen Stelle des Bundes verpflichtet worden ist;
3. von der obersten Landesbehörde in allen übrigen Fällen der Absätze 1 und 2 Nr. 2.

## § 353c. (Aufgehoben durch Art. 1 Nr. 3 des 17. StÄG.)

## § 353d. Verbotene Mitteilungen über Gerichtsverhandlungen (nicht bearbeitet).

Mit Freiheitsstrafe bis zu einem Jahr oder mit Geldstrafe wird bestraft, wer

1. entgegen einem gesetzlichen Verbot über eine Gerichtsverhandlung, bei der die Öffentlichkeit ausgeschlossen war, oder über den Inhalt eines die Sache betreffenden amtlichen Schriftstücks öffentlich eine Mitteilung macht,
2. entgegen einer vom Gericht auf Grund eines Gesetzes auferlegten Schweigepflicht Tatsachen unbefugt offenbart, die durch eine nichtöffentliche Gerichtsverhandlung oder durch ein die Sache betreffendes amtliches Schriftstück zu seiner Kenntnis gelangt sind, *oder*
3. die Anklageschrift oder andere amtliche Schriftstücke eines Strafverfahrens, eines Bußgeldverfahrens oder eines Disziplinarverfahrens, ganz oder in wesentlichen Teilen, im Wortlaut öffentlich mitteilt, bevor sie in öffentlicher Verhandlung erörtert worden sind oder das Verfahren abgeschlossen ist.

## § 354. (aufgehoben).

## § 355. Verletzung des Steuergeheimnisses (nicht bearbeitet).

(1) Wer unbefugt

1. Verhältnisse eines anderen, die ihm als Amtsträger
   a) in einem Verwaltungsverfahren oder einem gerichtlichen Verfahren in Steuersachen,

b) in einem Strafverfahren wegen einer Steuerstraftat oder in einem Bußgeldverfahren wegen einer Steuerordnungswidrigkeit,

c) aus anderem Anlaß durch Mitteilung einer Finanzbehörde oder durch die gesetzlich vorgeschriebene Vorlage eines Steuerbescheids oder einer Bescheinigung über die bei der Besteuerung getroffenen Feststellungen

bekanntgeworden sind, *oder*

2. ein fremdes Betriebs- oder Geschäftsgeheimnis, das ihm als Amtsträger in einem der in Nummer 1 genannten Verfahren bekanntgeworden ist,

offenbart oder verwertet, wird mit Freiheitsstrafe bis zu zwei Jahren oder mit Geldstrafe bestraft.

(2) Den Amtsträgern im Sinne des Absatzes 1 stehen gleich

1. die für den öffentlichen Dienst besonders Verpflichteten,
2. amtlich zugezogene Sachverständige *und*
3. die Träger von Ämtern der Kirchen und anderen Religionsgesellschaften des öffentlichen Rechts.

(3) Die Tat wird nur auf Antrag des Dienstvorgesetzten oder des Verletzten verfolgt. Bei Taten amtlich zugezogener Sachverständiger ist der Leiter der Behörde, deren Verfahren betroffen ist, neben dem Verletzten antragsberechtigt.

## § 356. Parteiverrat (nicht bearbeitet).

(1) Ein Anwalt1 oder ein anderer Rechtsbeistand, welcher bei den ihm in dieser Eigenschaft anvertrauten Angelegenheiten in derselben Rechtssache beiden Parteien durch Rat oder Beistand pflichtwidrig dient, wird mit Freiheitsstrafe von drei Monaten bis zu fünf Jahren bestraft.

(2) Handelt derselbe im Einverständnis mit der Gegenpartei zum Nachteil seiner Partei, so tritt Freiheitsstrafe von einem Jahr bis zu fünf Jahren ein.

## § 357. Verleitung eines Untergebenen zu einer Straftat (nicht bearbeitet).

(1) Ein Vorgesetzter, welcher seine Untergebenen zu einer rechtswidrigen Tat im Amt verleitet oder zu verleiten unternimmt oder eine solche rechtswidrige Tat seiner Untergebenen geschehen läßt, hat die für diese rechtswidrige Tat angedrohte Strafe verwirkt.

(2) Dieselbe Bestimmung findet auf einen Amtsträger Anwendung, welchem eine Aufsicht oder Kontrolle über die Dienstgeschäfte eines anderen Amtsträgers übertragen ist, sofern die von diesem letzteren Amtsträger begangene rechtswidrige Tat die zur Aufsicht oder Kontrolle gehörenden Geschäfte betrifft.

## § 358. Nebenfolgen (nicht bearbeitet).

Neben einer Freiheitsstrafe von mindestens sechs Monaten wegen einer Straftat nach den §§ 332, 336, 340, 343, 344, 345 Abs. 1 und 3, §§ 348, 352 bis 353b Abs. 1, §§ 354, 355 und 357 kann das Gericht die Fähigkeit, öffentliche Ämter zu bekleiden (§ 45 Abs. 2), aberkennen.

# Materialien zur Änderung durch das 6. StrRG

| | |
|---|---|
| ***Referentenentwurf*** des BMJ vom 15.7.1996. Auszugsweise abgedruckt bei *Freund:* Der Entwurf eines 6. Gesetzes zur Reform des Strafrechts | ZStW 109 (1997), 455-489 [mit Stellungnahme eines Arbeitskreises von Strafrechtslehrern] |
| ***Regierungsentwurf*** vom 25.9.1997 (inkl. Stellungnahme des Bundesrates) | BT-Drs. 13/8587 (http://dip.bundestag.de) |
| (angenommene) ***Beschlußempfehlung*** des Rechtsausschusses des Deutschen Bundestages vom 12.11.1997 | BT-Drs. 13/8991 mit Bericht BT-Drs. 13/9064 (http://dip.bundestag.de) |
| *Callies:* Der Rechtscharakter der Regelbeispiele im Strafrecht | NJW 1998, 929 ff. |
| *Jescheck:* Einführung in das StGB (Vorwort) | StGB Gesetzestext im dtv S. XXIII – XXXII (7,90) |
| *Kreß:* Das Sechste Gesetz zur Reform des Strafrechts | NJW 1998, 634 ff. |
| *Kudlich:* Das 6. Gesetz zur Reform des Strafrechts | JuS 1998, 468 ff. |
| *Rengier:* Die Brandstiftungsdelikte nach dem 6. Gesetz zur Reform des Strafrechts | JuS 1998, 397 ff. |
| *Stächelin:* Das 6. Strafrechtsreformgesetz – Vom Streben nach Harmonie großer Reformen und höherer Strafen | StV 1998, 98 ff. |
| *Wilhelm:* Synoptische Gegenüberstellung | Beck-Texte (19,80) |

Wer sonst gar nichts lesen will, lese bitte nur diesen Aufsatz:

| | |
|---|---|
| *Hörnle:* Das 6. Gesetz zur Reform des Strafrechts | Jura 1998, 169 ff. |

Nachstehend einige Mini-Fällchen, an denen sich wichtige Auswirkungen des 6. StrRG zeigen. Die Lösungsschemata sind auf Fall und Problem reduziert. Die vollständigen Schemata (für alle Varianten) finden sich im Buch.

1. **[§ 242]** Stasi-Mitarbeiter T öffnet heimlich Briefe. Soweit diese Geldscheine enthalten, entnimmt er sie und gibt das Geld bei der übergeordneten Behörde ab. Anschließend verschließt er die Briefe und bringt sie in den Beförderungsablauf.
   - I. Tatbestand
     - 1. Objektiver Tatbestand:
       - a. Tatobjekt - Sache,
         - aa. fremde,
         - bb. bewegliche;
       - b. Tathandlung - Wegnahme.
     - 2. Subjektiver Tatbestand:
       - a. Vorsatz, mindestens bedingter, bez. obj. TB,
       - b. zusätzlich: Absicht bez.
         - aa. Zueignung,
           - (1) für sich oder
           - (2) ***für einen Dritten***
         - bb. Rechtswidrigkeit der erstrebten Zueignung.
   - II. Rechtswidrigkeit und
   - III. Schuld: keine Besonderheiten.
   - ➔ **Problem** hier: ***Drittzueignung*** [früher straflos, heute nicht]

2. **[§ 246]** T verkauft eine ihm nicht gehörende Lastwagenladung, wobei er einen Irrtum des Fernfahrers ausnutzt, der Alleingewahrsam an der Ladung hatte und diese dem Käufer auf Geheiß des T direkt aushändigt.
   - I. Tatbestand
     - 1. Objektiver Tatbestand:
       - a. Tatobjekt - Sache,
         - aa. fremde,
         - bb. bewegliche,
       - b. Tathandlung - Zueignung für
         - aa. den Täter oder
         - bb. einen Dritten.
     - 2. Subjektiver Tatbestand: Vorsatz, mindestens bedingter.
   - II. Rechtswidrigkeit und
   - III. Schuld: keine Besonderheiten.
   - ➔ **Problem** hier: ***gewahrsamslose Zueignung*** [früher straflos, heute nicht]

3. **[§ 244]** T bricht in die Wohnung des O ein und nimmt von dort ein Gemälde mit. Er hatte von Anfang an nicht vor, selbst mit dem Gemälde irgendetwas anzufangen. Seine Motivation war, O zu schädigen. Das Gemälde gibt T dem M, der T auf die Gelegenheit zur Schädigung durch Einbruch aufmerksam gemacht hatte. Beim Einbruch trägt T einen schweren Schraubenzieher bei sich, den er nutzen will, um ggfls. eine Tür aufzubrechen.
   - I. Tatbestand
     - 1. Objektiver Tatbestand:

a. Nr. 1.a)
  aa. Tatsubjekt: Täter
  bb. Tathandlung: Beisichführen
  cc. Tatobjekt: eines anderen gefährlichen Werkzeuges
b. Nr. 3
  aa. Tatobjekt: eine Wohnung.
  bb. Tathandlung: Einbrechen
2. Subjektiver Tatbestand:
a. Vorsatz, mindestens bedingter.
b. Bei Nr. 3 zusätzlich: die Tathandlung *zur Ausführung der Tat* (= § 242) zu begehen.

II. Rechtswidrigkeit und
III. Schuld: keine Besonderheiten.
IV. Kein Antragserfordernis nach § 248a.
➔ **Probleme** hier: ***dolos-absichtsloses Werkzeug*** [früher allenfalls §§ 242, 25 I Var. 2, 27, heute Täterschaft] ***Wohnungseinbruch*** [früher Regelbeispiel, § 243 I S. 2 Nr. 1, heute Qualifikation] ***gefährliches Werkzeug*** [früher nur mit Gebrauchsabsicht, heute auch so strafbar].

4. **[§ 250 I]** T schlägt O nieder und nimmt ihm seine Geldbörse weg. Bei der Tat führt er eine Spielzeugpistole bei sich, die er einsetzen will, wenn O sein Ansinnen vorzeitig erkennt, und ein Seil, mit dem er O fesseln will, falls dieser sich nach dem Niederschlagen noch bewegt.
I. Tatbestand
1. Objektiver Tatbestand:
a. Nr. 1. – Tatsubjekt: Täter
b. Nr. 1.b)
  aa. Tathandlung: Beisichführen
  bb. Tatobjekt: ***sonst eines Werkzeuges oder Mittels***
2. Subjektiver Tatbestand: Vorsatz, mindestens bedingter.

II. Rechtswidrigkeit und
III. Schuld: keine Besonderheiten.
➔ **Probleme** hier: ***Scheinwaffe*** [früher strittig, heute geklärt] Tatmittel, Hinweis: ***Verwenden*** (Abs. 2) liegt bereits bei Drohen vor.

5. **[§ 251]** T schießt O nieder und nimmt ihm die Geldbörse weg. O stirbt an den Folgen des Schusses, was T vorausgesehen und billigend in Kauf genommen hatte.
**(Echtes EQ-Delikt)**
I. Tatbestand
1. Objektiver Tatbestand:
a. schwere Folge (der Tod des Verletzten),
b. Verbindung zur Tathandlung (Gewalt, Drohung, Wegnahme) des Grundtatbestandes (§ 249 I),
c. Fahrlässigkeitsmerkmale (§ 18)
  aa. obj. Sorgfaltspflichtverletzung im Hinblick auf die schwere Folge (ist durch den Raub indiziert): ***wenigstens*** leichtfertig,
  bb. obj. Vorhersehbarkeit,
  cc. obj. Zurechnungszusammenhang,

dd. Schutzzweck der Sorgfaltspflicht (schwere Folge muß Realisierung der Raubgefahr sein).
2. Subjektiver Tatbestand: Eintritt der Folge gesehen (bewußte F.) oder nicht gesehen (unbewußte F.).
II. Rechtswidrigkeit.
III. Schuld:
1. Subj. Sorgfaltspflichtverletzung: ***wenigstens*** leichtfertig,
2. subj. Vorhersehbarkeit.

**(Hier: Unechtes EQ-Delikt)**
I. Tatbestand
1. Objektiver Tatbestand:
a. schwere Folge (der Tod des Verletzten),
b. Verbindung zur Tathandlung (Gewalt, Drohung, Wegnahme) des Grundtatbestandes (§ 249 I),
2. Subjektiver Tatbestand: Vorsatz, mindestens bedingter
II. Rechtswidrigkeit und
III. Schuld: keine Besonderheiten
➔ **Probleme** hier: Leichtfertigkeit als (nur) Untergrenze [früher strittig, heute geklärt]

6. **[§ 316a]** T lauert an einer Straßenkreuzung, um die dort bei Rotlicht haltenden Autofahrer auszurauben. Als der Pkw des O zum Stillstand kommt, stürmt T auf ihn zu. Gerade will er die Türe aufreißen, als er sich anders besinnt. Sein Gewissen meldet sich und er läßt von seinem Vorhaben ab. O hatte von dem ganzen Vorgang nichts bemerkt.
I. Tatbestand
- Nichtvollendung / Strafbarkeit des Versuchs
1. Subjektiver Tatbestand: Tatentschluß (= Vorsatz) bez.
a. Tatobjekt: Führer eines Kraftfahrzeuges
b. Tathandlung – ***Verüben*** eines Angriffes auf
aa. Leib *oder*
bb. Leben *oder*
cc. Entschlußfreiheit;
c. Tatsituation - unter Ausnutzung der besonderen Verhältnisse des Straßenverkehrs.
d. zusätzlich: Absicht zur Begehung eines Raubes (§§ 249 oder 250) (– jeweils voller subjektiver Tatbestand von §§ 249, 250).
2. Objektiver Tatbestand: Unmittelbarer Ansatz
II. Rechtswidrigkeit und
III. Schuld.
IV. Besonderheiten: Rücktritt, § 24 I
➔ **Probleme** hier: ***Verüben*** eines Angriffs, ***Versuch und Rücktritt*** [früher Unternehmensdelikt, heute Rücktritt möglich]

7. **[§ 263]** T schwatzt dem Bauern O mit Hinweis auf einen besonders günstigen Preis eine Melkmaschine auf, die für dessen Zwecke völlig ungeeignet ist. O gerät durch die Zahlungen für die Maschine an den Rand des Konkurses.

IV. Strafzumessungsregel, § 263 III
   1. Objektive Elemente:
      - (Nr. 3) Taterfolg: wirtschaftliche Not einer anderen Person
   2. Subjektive Elemente: Vorsatz, mindestens bedingter, bez. obj. Elemente

➔ **Probleme** hier: Völlig neue Regelbeispiele

8. **[§ 265]** T will sich durch folgendes Vorhaben sanieren: Er überläßt den Pkw seiner Frau F dem Autoschieber A. Dieser soll den Wagen nach Polen schaffen und dort veräußern. Sobald dies geschehen ist, will T den Wagen bei der Versicherung als gestohlen melden. F weiß von all dem nichts, sie wird im fraglichen Zeitraum in Urlaub sein. T gibt A den Wagen.

   I. Tatbestand
      1. Objektiver Tatbestand:
         a. Tatobjekt:
            aa. eine Sache, die
            bb. versichert ist gegen
            cc. Untergang, Beschädigung, Beeinträchtigung der Brauchbarkeit, Verlust oder Diebstahl
         b. Tathandlung: beiseite schaffen *oder* einem anderen überlassen
      2. Subjektiver Tatbestand:
         a. Vorsatz, mindestens bedingter, bez. obj. TB,
         b. zusätzlich: Absicht,
            aa. sich *oder*
            bb. einem Dritten

            Leistungen aus der Versicherung zu verschaffen
   II. Rechtswidrigkeit und
   III. Schuld: keine Besonderheiten.

   ➔ **Probleme** hier: Verlagerung der Strafbarkeit in´s Vorfeld. Andere Objekte, keine betrügerische Absicht mehr nötig [früherer § 265 ist in § 264 III Nr. 5 gewandert]

9. **[§ 221]** Bergführer T läßt den (kerngesunden, erwachsenen) Bergwanderer O im pfadlosen Hochgebirge allein zurück. Es ist bitterkalt und es besteht für beide das Risiko von schweren Erfrierungen. Die Wahrscheinlichkeit, daß O ohne T keine Erfrierungen erleidet, ist erheblich geringer als mit T, sein Leben steht aber nie auf dem Spiel.

10. **[§ 221]** Krankenschwester T bleibt völlig ungerührt neben dem kranken O sitzen, als dieser eine Injektion benötigt. O kommt dadurch in die Gefahr des Todes.

   **Aufbau (Abs. 1 Nr. 1):**

   I. Tatbestand
      1. Objektiver Tatbestand:
         a. Tatobjekt – jeder Mensch
         b. Tathandlung – Versetzen in hilflose Lage;
         c. Taterfolg - Gefahr einer schweren Gesundheitsschädigung
         d. kausal beruhend auf Tathandlung.
      2. Subjektiver Tatbestand: Vorsatz, mindestens bedingter.
   II. Rechtswidrigkeit und

III. Schuld: keine Besonderheiten.

**Aufbau (Abs. 1 Nr. 2):**

I. Tatbestand
   1. Objektiver Tatbestand:
      a. Tatobjekt – jeder Mensch
      b. Tathandlung – Im Stich lassen in hilfloser Lage = Nicht-Helfen = Unterlassen, nur tb-mäßig, wenn Tatsubjekt (Täter) = Garant: Beistandsverpflichteter (insbesondere: Obhutsverpflichteter);
         aa. tatsächliche Möglichkeit *und*
         bb. Zumutbarkeit des Helfens.
      c. Taterfolg - Gefahr einer schweren Gesundheitsschädigung
      d. kausal beruhend auf Im Stich Lassen.
   2. Subjektiver Tatbestand: Vorsatz, mindestens bedingter.

II. Rechtswidrigkeit und

III. Schuld: keine Besonderheiten.

➔ **Probleme** hier: ***Leibesgefahr*** [früher wurde teilweise Lebensgefahr gefordert, heute reicht`s] ***gesunde Opfer*** [früher nur hilflose] ***Verstärken*** einer Gefahr / ***Im Stich lassen*** [keine räumliche Trennung nötig]

11. **[§ 224 I Nr. 1]** T flößt O eine Flüssigkeit ein, die bei O eine langanhaltende Lähmung hervorrufen soll. O fühlt sich aber kurz darauf so übel, daß er sich erbricht und es zu keiner weiteren Beeinträchtigung kommt.

I. Tatbestand
   1. Objektiver Tatbestand:
      - Beibringung von gesundheits*gefährlichen* Stoffen, insbesondere Gift
   2. Subjektiver Tatbestand: Vorsatz, mindestens bedingter.

II. Rechtswidrigkeit (§ 228) *und*

III. Schuld: keine Besonderheiten.

➔ **Probleme** hier: Gesundheits*gefährlich*, statt gesundheits*zerstörend*, keine Gesundheitszerstörungs*absicht* (um dessen Gesundheit zu beschädigen)

12. **[§ 226]** T tritt O vor das Knie, welches dadurch so schwer beschädigt wird, daß das Bein auf Dauer steif bleibt.

**Aufbau (echtes EQ-Delikt – bei Fahrlässigkeit):**

I. Tatbestand
   1. Objektiver Tatbestand:
      a. schwere Folge (Nr. 2):
         aa. wichtiges Glied des Körpers
         bb. dauernde Gebrauchsunfähigkeit
      b. Körperverletzung als obj. Sorgfaltspflichtverletzung im Hinblick auf die schwere Folge (ist indiziert)
      c. Verbindung zur Körperverletzung des Grundtatbestandes (§ 223),
         aa. csqn-Kausalität *und*
         bb. obj. Vorhersehbarkeit *und*
         cc. obj. Zurechnungszusammenhang *und*
         dd. Schutzzweck der Sorgfaltspflicht (schwere Folge muß Realisierung der Körperverletzungsgefahr sein).

2. Subjektiver Tatbestand: Eintritt der Folge gesehen (bewußte F.) oder nicht gesehen (unbewußte F.).

II. Rechtswidrigkeit (§ 228).

III. Schuld:
1. Subj. Sorgfaltspflichtverletzung,
2. Subj. Vorhersehbarkeit.

➔ **Probleme** hier: Gebrauchsunfähigkeit eines wichtigen Gliedes (früher nur: Verlust)

13. **[§ 235]** T leidet an unerfülltem Kinderwunsch. Sie beschließt daher, ein Kind zu entführen. Zugleich will sie sich den dazu passenden Kinderwagen besorgen. Sie geht auf die Säuglingsstation des X-Krankenhauses, entdeckt dort einen schlafenden Säugling in einem Kinderwagen und schiebt den Wagen zum Ausgang. Kurz davor wird sie von einer Krankenschwester angesprochen, fühlt sich ertappt, läßt den Wagen mit Kind stehen und flieht.

I. Tatbestand
1. Subjektiver Tatbestand: Tatentschluß (= Vorsatz) bez.
a. Tatobjekt: (Nr. 2) ein Kind (vgl. § 176 I)
b. Tatsubjekt: (Nr. 2) jeder, der nicht Angehöriger (vgl. § 11 Nr. 1) des Tatobjektes ist.
c. Tathandlung:
aa. (Nr. 1 und 2) (**Was**) Entziehen
bb. (Nr. 1 und 2) (**Wem**) den Eltern
bb. (Nr. 1) durch (**Wie**) List
2. Objektiver Tatbestand: Unmittelbarer Ansatz.

II. Rechtswidrigkeit: keine Besonderheiten.

III. Schuld: keine Besonderheiten.

IV. Besonderheit: Strafantrag nach § 235 VII

➔ **Probleme** hier: ***Versuchsstrafbarkeit*** nach § 235. Versuchte Entziehung war früher nicht strafbar. Es blieb dann beim versuchten Diebstahl am Kinderwagen.

14. **[§ 306 I]** T will das Fabrikgebäude seines Nachbarn zerstören. Er wirft einen brennenden Stoffetzen hinein, es wird aber lediglich die Deckenverkleidung erfaßt, die vollständig verbrennt. Hierbei kommt es zu erheblichen Rußschäden.

I. Tatbestand
1. Objektiver Tatbestand:
a. Tatobjekte - fremdes: (Nr. 1) Gebäude
b. Tathandlung: ***Brandlegung***
c. zusätzlich: Taterfolg: Zerstörung eines Tatobjektes (ganz oder teilweise)
2. Subjektiver Tatbestand: Vorsatz, mindestens bedingter.

II. Rechtswidrigkeit (rechtfertigende Einwilligung möglich) und

III. Schuld: keine Besonderheiten.

[IV. Strafausschließungsgrund: Tätige Reue, § 306e I.]

➔ **Probleme** hier: ***Brandlegung*** als neue Begehungsform

15. **[§ 306a II]** Wie gerade, aber: T setzt ein *ihm selbst gehörendes* Getreidefeld in Brand. Während des Brandes besteht für die dort arbeitenden Menschen die Gefahr einer schweren Rauchvergiftung.

I. Tatbestand

1. Objektiver Tatbestand:

a. Tatobjekte – *nicht notwendig fremde* (zweifelhaft):

- (Nr. 6) Anlagen *oder* Erzeugnisse
  - land- *oder* ernährungs- *oder* forstwirtschaftliche

b. Tathandlung: Inbrandsetzen

c. Taterfolg: Gefahr einer Gesundheitsschädigung

d. Verbindung zwischen d. und b./c.

2. Subjektiver Tatbestand: Vorsatz, mindestens bedingter.

II. Rechtswidrigkeit (*keine* rechtfertigende Einwilligung möglich) und

III. Schuld: keine Besonderheiten.

[IV. Strafausschließungsgrund: Tätige Reue, § 306e I.]

➔ **Probleme** hier: § 306a II als Qualifikation des § 306 I / aber hier: ***selbständiges Delikt*** (§ 306 I liegt mangels Fremdheit nicht vor.)

16. **[§ 306b II]** Wie gerade, aber: das Feld gehört dem O und während des Brandes besteht für die dort arbeitenden Menschen akute Todesgefahr.

I. Tatbestand

1. Objektiver Tatbestand: Taterfolg (Nr. 1): Gefahr des Todes für einen anderen Menschen

2. Subjektiver Tatbestand: Vorsatz, mindestens bedingter

II. Rechtswidrigkeit und

III. Schuld: keine Besonderheiten

➔ **Probleme** hier: ***§ 306b II*** nur als Folge eines ***Kettenverweises*** über § 306a II auf § 306 I. § 306 I Nr. 6 liegt zwar vor, das reicht aber gemäß § 306b II nicht. Es gibt keine direkte Verbindung zwischen § 306 I und § 306b. Da aber zugleich § 306a II vorliegt, kann § 306b II auf diese Weise angewandt werden (also: §§ 306 I Nr. 6, 306b Nr. 1 gibt´s nicht, aber: §§ 306 I Nr. 6, 306a II, 306b Nr. 1)